U0541859

经时济世
继往开来
贺教育部
重大攻关项目
成果出版

季羡林
时年九十有八

教育部哲学社會科学研究重大課題攻關項目

转型时期消费需求升级与产业发展研究

A STUDY OF CONSUMPTION UPGRADE AND INDUSTRIAL DEVELOPMENT IN TRANSITIONAL PERIOD

臧旭恒

等著

经济科学出版社
Economic Science Press

图书在版编目（CIP）数据

转型时期消费需求升级与产业发展研究/臧旭恒等著 .—北京：经济科学出版社，2012.4

（教育部哲学社会科学研究重大课题攻关项目）

ISBN 978 -7 -5141 -1637 -3

Ⅰ.①转… Ⅱ.①臧… Ⅲ.①顾客需求 -关系 -产业发展 -研究 -中国 Ⅳ.①F126.1②F121.3

中国版本图书馆 CIP 数据核字（2012）第 038122 号

责任编辑：于海汛
责任校对：刘欣欣 杨晓莹
版式设计：代小卫
技术编辑：邱 天

转型时期消费需求升级与产业发展研究
臧旭恒 等著
经济科学出版社出版、发行 新华书店经销
社址：北京市海淀区阜成路甲 28 号 邮编：100142
总编部电话：88191217 发行部电话：88191540
网址：www.esp.com.cn
电子邮箱：esp@esp.com.cn
北京中科印刷有限公司印装
787×1092 16 开 43.75 印张 910000 字
2012 年 9 月第 1 版 2012 年 9 月第 1 次印刷
ISBN 978 -7 -5141 -1637 -3 定价：89.00 元
（图书出现印装问题，本社负责调换）

课题组主要成员

（按姓氏笔画为序）

于国安	王立平	尹　莉
邢宏建	曲　创	刘国亮
杨风禄	杨蕙馨	何青松
张东辉	张圣平	张晖明
张继海	林　平	

编审委员会成员

总 序

哲学社会科学是人们认识世界、改造世界的重要工具，是推动历史发展和社会进步的重要力量。哲学社会科学的研究能力和成果，是综合国力的重要组成部分，哲学社会科学的发展水平，体现着一个国家和民族的思维能力、精神状态和文明素质。一个民族要屹立于世界民族之林，不能没有哲学社会科学的熏陶和滋养；一个国家要在国际综合国力竞争中赢得优势，不能没有包括哲学社会科学在内的“软实力”的强大和支撑。

近年来，党和国家高度重视哲学社会科学的繁荣发展。江泽民同志多次强调哲学社会科学在建设中国特色社会主义事业中的重要作用，提出哲学社会科学与自然科学“四个同样重要”、“五个高度重视”、“两个不可替代”等重要思想论断。党的十六大以来，以胡锦涛同志为总书记的党中央始终坚持把哲学社会科学放在十分重要的战略位置，就繁荣发展哲学社会科学做出了一系列重大部署，采取了一系列重大举措。2004 年，中共中央下发《关于进一步繁荣发展哲学社会科学的意见》，明确了新世纪繁荣发展哲学社会科学的指导方针、总体目标和主要任务。党的十七大报告明确指出：“繁荣发展哲学社会科学，推进学科体系、学术观点、科研方法创新，鼓励哲学社会科学界为党和人民事业发挥思想库作用，推动我国哲学社会科学优秀成果和优秀人才走向世界。”这是党中央在新的历史时期、新的历史阶段为全面建设小康社会，加快推进社会主义现代化建设，实现中华民族伟大复兴提出的重大战略目标和任务，为进一步繁荣发展哲学社会科学指明了方向，提供了根本保证和强大动力。

高校是我国哲学社会科学事业的主力军。改革开放以来，在党中央的坚强领导下，高校哲学社会科学抓住前所未有的发展机遇，紧紧围绕党和国家工作大局，坚持正确的政治方向，贯彻“双百”方针，以发展为主题，以改革为动力，以理论创新为主导，以方法创新为突破口，发扬理论联系实际学风，弘扬求真务实精神，立足创新、提高质量，高校哲学社会科学事业实现了跨越式发展，呈现空前繁荣的发展局面。广大高校哲学社会科学工作者以饱满的热情积极参与马克思主义理论研究和建设工程，大力推进具有中国特色、中国风格、中国气派的哲学社会科学学科体系和教材体系建设，为推进马克思主义中国化，推动理论创新，服务党和国家的政策决策，为弘扬优秀传统文化，培育民族精神，为培养社会主义合格建设者和可靠接班人，做出了不可磨灭的重要贡献。

自2003年始，教育部正式启动了哲学社会科学研究重大课题攻关项目计划。这是教育部促进高校哲学社会科学繁荣发展的一项重大举措，也是教育部实施“高校哲学社会科学繁荣计划”的一项重要内容。重大攻关项目采取招投标的组织方式，按照“公平竞争，择优立项，严格管理，铸造精品”的要求进行，每年评审立项约40个项目，每个项目资助30万～80万元。项目研究实行首席专家负责制，鼓励跨学科、跨学校、跨地区的联合研究，鼓励吸收国内外专家共同参加课题组研究工作。几年来，重大攻关项目以解决国家经济建设和社会发展过程中具有前瞻性、战略性、全局性的重大理论和实际问题为主攻方向，以提升为党和政府咨询决策服务能力和推动哲学社会科学发展为战略目标，集合高校优秀研究团队和顶尖人才，团结协作，联合攻关，产出了一批标志性研究成果，壮大了科研人才队伍，有效提升了高校哲学社会科学整体实力。国务委员刘延东同志为此做出重要批示，指出重大攻关项目有效调动各方面的积极性，产生了一批重要成果，影响广泛，成效显著；要总结经验，再接再厉，紧密服务国家需求，更好地优化资源，突出重点，多出精品，多出人才，为经济社会发展做出新的贡献。这个重要批示，既充分肯定了重大攻关项目取得的优异成绩，又对重大攻关项目提出了明确的指导意见和殷切希望。

作为教育部社科研究项目的重中之重，我们始终秉持以管理创新服务学术创新的理念，坚持科学管理、民主管理、依法管理，切实增强服务意识，不断创新管理模式，健全管理制度，加强对重大攻关项目的选题遴选、评审立项、组织开题、中期检查到最终成果鉴定的全过程管理，逐渐探索并形成一套成熟的、符合学术研究规律的管理办法，努力将重大攻关项目打造成学术精品工程。我们将项目最终成果汇编成“教育部哲学社会科学研究重大课题攻关项目成果文库”统一组织出版。经济科学出版社倾全社之力，精心组织编辑力量，努力铸造出版精品。国学大师季羡林先生欣然题词：“经时济世　继往开来——贺教育部重大攻关项目成果出版”；欧阳中石先生题写了“教育部哲学社会科学研究重大课题攻关项目”的书名，充分体现了他们对繁荣发展高校哲学社会科学的深切勉励和由衷期望。

创新是哲学社会科学研究的灵魂，是推动高校哲学社会科学研究不断深化的不竭动力。我们正处在一个伟大的时代，建设有中国特色的哲学社会科学是历史的呼唤，时代的强音，是推进中国特色社会主义事业的迫切要求。我们要不断增强使命感和责任感，立足新实践，适应新要求，始终坚持以马克思主义为指导，深入贯彻落实科学发展观，以构建具有中国特色社会主义哲学社会科学为己任，振奋精神，开拓进取，以改革创新精神，大力推进高校哲学社会科学繁荣发展，为全面建设小康社会，构建社会主义和谐社会，促进社会主义文化大发展大繁荣贡献更大的力量。

教育部社会科学司

前　言

本书是教育部哲学社会科学研究重大课题攻关项目《转型时期消费需求升级与产业发展研究》（项目批准号：06JZD0017）的最终研究成果。

本书借鉴发达国家的历史经验，以中国改革开放以来经济社会的双重转型为背景，以经济增长—居民收入变动—消费需求升级和消费行为变化—产业发展为主线，以居民收入的快速增长、收入分配结构的变化和中等收入阶层的形成为切入点，揭示转型时期中国消费需求升级的表现形式、主要动因和主要特征，深入研究消费需求升级与产业发展的内在关联机制，进而对消费需求升级背景下的产业发展，包括产业技术进步、产业结构演变、产业融合等进行理论探讨和实证研究，在此基础上提出引导消费需求升级、促进产业发展的政策建议。

进入21世纪以来，中国人均GDP从世纪初的1 000美元快速提高到3 000美元。2008年，东部沿海广东、福建、浙江、上海、江苏、山东、天津、北京、辽宁等9个省市人均GDP超过3万元人民币，平均达到了4万元人民币，按照现行汇率，折合成美元达到6 000美元左右，人口大约4.5亿元，占全国总人口的34%，GDP总量占全国的58%[①]。如果考虑到每年10%的增长速度和汇率变动的因素，大约在今后的3～5年中，中国将有1/3以上的人口生活在人均GDP达到10 000美元的经济体系中。这一过程相比经济发达国家曾经经历的过

① 根据中国国家统计局《中国统计年鉴（2009）》中的相关数据计算得到。

程要短很多，因此中间所出现的问题，以及问题的解决过程所呈现的震荡要比经济发达国家明显和剧烈。

中国快速经济增长过程的必然结果应该是大多数人分享到经济成长带来的成果，其最终的表现应该是形成一个庞大的中等收入阶层，以及与其相适应的消费需求水平和结构。目前无论是对居民收入增长特别是对农民收入增长缓慢的关注，还是对居民收入分配不均等化以及对宏观政策效应的质疑等，都可以被看做是对中等收入阶层形成过程中出现的阶段性问题的关注和解决方案的选择，未来的变动趋势和政策调整导致的结果是中等收入阶层的不断发育和成长壮大。这一过程伴随有中国继续推动的制度变迁、日益开放的经济背景、更多地依赖自主知识创新和持续的技术进步推动经济社会的发展、谋求经济社会资源环境的和谐发展等巨大变化，由此导致的中国居民消费需求升级，必然在消费需求总量的增长态势，消费需求的结构调整和升级，消费者资产的形式多样化，消费者消费、储蓄、投资等消费行为甚至消费观念等方面发生重大变化。这种变化不仅会直接影响到宏观经济的运行状态，而且将导致某些产业组织以及产业结构的特别调整，这些调整可能表现为新兴产业的出现、传统产业发展空间的变化、产业间的相互融合和产业政策制定机制的变化，甚至会影响到产业内部企业的发展战略和竞争性策略的制定。因此，我们基于中国转型时期经济快速增长、收入分配结构的变化和中等收入阶层的逐渐形成这一基本认识，研究在新的经济社会背景下消费需求升级的具体表现，并将这种消费需求升级与产业发展的趋势建立起某种关联，总结转型时期消费需求升级和产业发展的一些规律性表现，从而为实现未来宏观经济稳定协调发展提供合理的理论解释。这一研究也是对有关消费需求升级和产业发展理论研究的进一步推进，将为政府部门制定消费需求升级和产业发展政策提供理论依据。

本书的整体安排如下：除前言之外，总计包括六篇，第一篇是转型时期的基本特征，作为本书的研究背景。共分为两章，第一章对转型时期的经济社会背景做简单分析，并偏重于对制度背景和开放背景的说明，第二章重点分析了转型时期我国居民收入增长和收入差距的变化，并延伸到对中国中等收入阶层形成的说明。第二篇从总体上研究转型时期的居民消费需求。共分为两章，其中第三章给出了消费需求升级理论的基本分析框架，第四章从总体上分析了我国居民消费需求升级的基本情况和变化趋势。第三篇是对转型时期居民消费需求的分类研究。共分为四章，第五章是对居民食品和衣着消费的具体研究，第六章是对居住消费需求的研究，第七章是对居民交通通讯消费支出的研究，第八章是对居民教育和医疗保健消费支出的研究。第四篇包含两章，第九章研究了对外经济交流产生的对国内消费需求的影响，第十章研究了居民消费品品质升级的过程。第五篇研究了转型时期消费需求升级与产业发展的关联关系。共分为两章，其中第十一章阐述了分析消费需求升级与产业发展之间关系的主要方法，第十二章基于投入产出方法，研究了消费需求升级对产业发展的影响。第六篇主要是基于对消费需求升级的认识，分析了与消费需求升级相对应的主要产业的发展。共分为四章，除第十三章从整体上简要描述了中国改革开放以来产业发展的进程外，第十四章和十五章分别分析了主要消费品产业以及相关产业的发展，第十六章主要从技术进步与产业融合的角度分析了消费需求升级背景下的产业发展。最后一章（第十七章）是全书的重要结论和政策建议。

参加本书工作的除课题组主要成员外，还有山东大学的部分教师、博士和硕士研究生等。最终研究报告由我提出撰写详细纲要并同刘国亮、曲创共同讨论商定。我们三人在子课题研究报告基础上，共同执笔完成最终的研究报告。

摘　要

本书借鉴发达国家的历史经验，以中国改革开放以来经济社会的双重转型为背景，以经济增长—居民收入变动—消费需求升级和消费行为变化—产业发展为主线，以居民收入的快速增长、收入分配结构的变化和中等收入阶层的形成为切入点，揭示转型时期中国消费需求升级的表现形式、主要动因和主要特征，深入研究消费需求升级与产业发展的内在关联机制，进而对消费需求升级背景下的产业发展，包括产业技术进步、产业结构演变、产业融合等进行理论探讨和实证研究，在此基础上提出引导消费需求升级、促进产业发展的政策建议。

本书除前言外，包括六篇，第一篇是转型时期的基本特征，作为本书研究的背景。共分为两章，第一章对转型时期的经济社会背景做简单分析，并偏重于对制度背景和开放背景的说明，第二章重点分析了转型时期我国居民收入增长和收入差距的变化，并延伸到对中国中等收入阶层形成的说明。第二篇从总体上研究转型时期的居民消费需求。共分为两章，其中第三章给出了消费需求升级理论的基本分析框架，第四章从总体上分析了我国居民消费需求升级的基本情况和变化趋势。第三篇是对转型时期居民消费需求的分类研究。共分为四章，第五章是对居民食品和衣着消费的具体研究，第六章是对居住消费需求的研究，第七章是对居民交通通讯消费支出的研究，第八章是对居民教育和医疗保健消费支出的研究。第四篇包含两章，第九章研究了对外经济交流产生的对国内消费需求的影响，第十章研究了居民消费品品质升级的过程。第五篇研究了转型时期消费需求升级与产业发展的关联关系。共分为两章，其中第十一章阐述了分析消费需求升级与产业发展之间关系的主要方法，第十二章基于投入产出方法，研究了消费需求升级对产业发展的影响。第六篇主要是基于对消费需求升级的认识，分析了与消费需求升级相对应的主要产业的发展。共分为四章，除第十三章从整体上简要描述了中国改革开放以来产业发展的进程外，第十四章和第十五章分别分析了主要消费品产业以及相关产业的发展，第十六章主要从技术进步与产业融合的角度分析了消费需求升级背景下的产业发展。最后一章（第十七章）是全书的重要结论和政策建议。

Abstract

In the circumstances of economic and social transformation since China's reform and opening up, following the main line of economic growth-income changes-consumption upgrading and consumer behavior changing-industrial development, this study takes the historical experience of developed countries for reference and starts with rapid growth of income, income distribution changing and the formation of middle-income class to reveal the manifestations, main motive and features of the consumption upgrading in transitional China, in order to in-depth investigate the inter-relate mechanism between consumption upgrading and industrial development, and furthermore, make discussion and research into the industrial development in the situation of consumption upgrading theoretically and empirically, including the technological progress of industries, evolution of industrial structure, industrial convergence, etc. Finally, in this context, some policy implications and suggestion about how to contribute to guiding consumption and promoting industrial development are desirable.

In addition to introduction, this study is comprised with 6 parts. Part Ⅰ gives the background of this study basically characterized transitional period including two chapters. The first chapter simply analyzes economic and social circumstances of the transitional period with fundamental description about the social system and economic opening-up. The second chapter focuses on the changes of income growth and disparity in transitional period, and further extends to the formation of the Chinese middle-income class. Part Ⅱ, including two chapters, generally studies residents' consumption in transitional period. The third chapter sets up the framework of consumption upgrading, the fourth chapter mainly deals with basic circumstances and trends of China's consumption upgrading. Part Ⅲ, including five chapters, is the research focused on the classification of consumption in transitional period. The fifth chapter specifically studies residents' consumption for foods and clothes, the sixth chapter deals with housing, meanwhile, the consumption for transportation and communication as well as for education and health care are the subjects of the seventh and the eighth chapter respectively, afterwards, in the next chapter, namely the ninth chapter, some foreign economic exchanges bring impact on domestic consumption, the tenth chapter discusses the process of quality upgrading on consumer goods. Part Ⅴ, including two chapters, studies the inter-relate mechanism between consumption upgrading and industrial development in transitional period. The eleventh chapter elaborates main methods analyzing the relationship between consumption upgrading and industrial development, while the twelfth chapter discusses impact of consumption upgrading on industrial development based on input-output method. Part Ⅵ analyzes some key industries' development corresponding to consumption upgrading based on the above understandings about consumption upgrading in four chapters, in addition to a brief and general description of the process of industrial development since reform and opening-up reflected in the thirteenth chapter, the fourteenth and fifteenth chapters deal with the development of main consumer goods industry and related industries respectively, afterwards, the sixteenth chapter focuses on industrial development under consumption upgrading from a viewpoint of technical progress and industrial convergence. Finally, the seventeenth chapter concludes the whole study by giving suggestion and policy implications.

目录

Contents

Contents

第一篇

研究背景：转型时期的特征

第一章

转型时期的经济社会背景变化

大多数学者都认同中国从1978年开始了以改革开放为鲜明政策特征的转型时期，中国的消费需求升级和产业发展以及由此产生的理论突破和政策实践过程，不可避免地要受到这一转型过程的约束。这也使得中国的消费需求升级和产业发展过程中的理论创新和政策实践过程带有不同于西方传统理论的许多新内容。对中国转型过程的理解实际上是一个复杂和艰巨的任务，我们把这一转型过程看做是一个复合的过程：它是体制转型和社会发展进步过程的双重转型过程。从体制转型来说，中国的体制转型是一个相对渐进的过程；从社会发展进步过程来说，中国的社会发展进步过程是快速的。这一复合过程的具体表现可以类举出很多，它们都会影响到我们对中国转型时期经济社会发展规律的认识。

第一，从传统的计划经济体制过渡到市场经济体制，这也许是所谓过渡性的最明显表现。在这一过程中，市场机制取代政府计划成为实现资源配置的基础性机制，同时我们需要理解和解决的一个重大问题是，市场经济条件下是否需要政府对某些行业或者企业的管制，这种管制的规则是否与计划经济时代相同，毕竟计划经济时代的许多做法是我们熟悉的。

第二，从1978年以来，中国进入到有史以来最好的发展时期，是中国从传统社会向现代化社会迈进取得重大进展的时期，人均收入水平不断提高，消费增长显著而快速，一个相对庞大的中等收入阶层将逐渐形成。这一阶层的出现意味着将发生某些重大的消费需求变化，某些产业特别是第三产业中的新兴产业的发展具有广阔的空间，资本市场的发展、保险业的发展、休闲与旅游业的发展甚至奢侈品市场的发展等都不再是空泛的，而成为重要的现实。同时，收入的分化也带来了许多社会问题，等等。

第三，从封闭经济到开放经济的转变。中国成为世界市场的一部分，这意味着中国对国际市场的依赖增强，贸易活动和国际投资不仅会对国内居民消费需求产生影响，也会对产业结构演化和产业发展产生影响。这种开放性也影响到了我们的宏观政策制定过程，控制和妥协、内外部兼顾成为我们必须学会的新规则。

第四，知识和技术的快速发展改变了传统产业的经营方式、组织形态和竞争格局，也为新产业的出现和发展奠定了基础，特别是为后发展国家快速形成竞争优势提供了良机。上述背景是我们认识转型时期中国居民收入变动、消费需求升级及产业发展的前提和出发点。

本书基于中国转型时期经济快速增长这一基本经济背景，研究在新的经济社会背景下消费需求升级的具体表现，并将这种消费需求升级与产业发展的趋势建立起某种关联，总结转型时期消费需求升级和产业发展的一些规律性表现，从而为实现未来宏观经济稳定协调发展提供合理的理论解释。

本章主要就制度变化及经济的开放性发展做简要说明，快速经济增长带来的收入增长及分配问题将在第二章进行分析。

第一节　转型时期的市场经济发展与体制变迁

一、从计划经济到市场经济：市场化指数变化

1978 年，中国开始了从计划经济向市场经济转型的过程，尽管这个过程还没有结束，而且也无法确定这个过程应该在哪里结束，但是市场化进程取得了举世公认的成功。

有许多研究试图对这一过程进行某种程度的描述，甚至对这一过程给出定量分析，通过数字变化和比较，把握中国的经济转型过程。其中引人关注的研究是中国经济改革研究基金会国民经济研究所完成的《中国市场化指数——各省区市场化相对进程》系列报告，从 2001 年出版第一份研究报告，直到 2006 年出版第四个研究报告，研究中通过对五个方面的指数计量合成为不同区域（省份）的市场化指数，这五个方面分别反映市场化的某一特定方面。它们是：政府与市场的关系、非国有经济的发展、产品市场的发育程度、要素市场的发育程度、市场中介组织发育和法律制度环境。每个指数下面，又包含若干分项指标，有的分

项指标下面还有二级分项指标，总计由 23 项基础指标构成①。

根据他们的研究，从市场化指数总体评分的情况看，全国 31 个省市区中 30 个省市区 2005 年的评分比 2001 年均有提高，只有海南省的总得分略有下降（见表 1－1），这说明在这五年中全国总的市场化程度明显提高了。全国 31 个省份平均市场化程度评分由 2001 年的 4.64（算术平均，下同）上升到 2005 年的 6.52，平均提高幅度为 1.88。2005 年和 2003 年相比，所有 31 个省市区的得分均有所上升，各省市区平均得分由 2003 年的 5.50 上升到 2005 年的 6.52，平均提高幅度为 1.02②。

表 1－1　　　　不同地区市场化指数变化

地区＼年份	2001	2002	2003	2004	2005	2003 年比 2001 年上升或下降	2005 年比 2003 年上升或下降
北京	6.17	6.92	7.50	8.19	8.62	1.33	1.12
天津	6.59	6.73	7.03	7.86	8.34	0.44	1.31
河北	4.93	5.29	5.59	6.05	6.41	0.66	0.82
山西	3.40	3.93	4.63	5.13	5.26	1.22	0.64
内蒙古	3.53	4.00	4.39	5.12	5.52	0.86	1.13
辽宁	5.47	6.06	6.61	7.36	7.84	1.13	1.23
吉林	4.00	4.58	4.69	5.49	5.89	0.69	1.20
黑龙江	3.73	4.09	4.45	5.05	5.26	0.72	0.81
上海	7.62	8.34	9.35	9.81	10.41	1.74	1.05
江苏	6.83	7.40	7.97	8.63	9.07	1.14	1.10
浙江	7.64	8.37	9.10	9.77	9.90	1.46	0.80
安徽	4.75	4.95	5.37	5.99	6.56	0.62	1.19
福建	7.39	7.63	7.97	8.33	8.62	0.58	0.65
江西	4.00	4.63	5.06	5.76	6.22	1.06	1.17
山东	5.66	6.23	6.81	7.52	8.21	1.15	1.40
河南	4.14	4.30	4.89	5.64	6.20	0.75	1.31
湖北	4.25	4.65	5.47	6.11	6.55	1.22	1.18

①② 参见《中国市场化指数——各省区市场化相对进程》2006 年度报告（2001 年、2002 年、2003 年、2004 年、2005 年指数）。

续表

年份 地区	2001	2002	2003	2004	2005	2003 年比 2001 年上升或下降	2005 年比 2003 年上升或下降
湖南	3.94	4.41	5.03	6.11	6.55	1.09	1.51
广东	8.18	8.63	8.99	9.36	10.06	0.81	1.06
广西	3.93	4.75	5.00	5.42	5.82	1.07	0.82
海南	5.66	5.09	5.03	5.41	5.54	-0.63	0.51
重庆	5.20	5.71	6.47	7.20	7.23	1.27	0.76
四川	5.00	5.35	5.85	6.38	6.86	0.86	1.01
贵州	2.95	3.04	3.67	4.17	4.57	0.72	0.90
云南	3.82	3.80	4.23	4.81	5.15	0.41	0.92
西藏	0.33	0.63	0.79	1.55	2.50	0.47	1.71
陕西	3.37	3.90	4.11	4.46	4.80	0.74	0.69
甘肃	3.04	3.05	3.32	3.95	4.44	0.28	1.12
青海	2.37	2.45	2.60	3.10	3.84	0.22	1.24
宁夏	2.70	3.24	4.24	4.56	4.85	1.54	0.61
新疆	3.18	3.41	4.26	4.76	5.02	1.08	0.76

注：本表中的数字为各省市区市场化指数的总体评分，较高的数值表示较高的市场化程度。最后两列数字表示市场化评分的变化，正数表示 2003 年与 2001 年相比以及 2005 年与 2003 年相比得分上升（市场化程度提高），负数表示得分下降（市场化程度降低）。

另一个重要的研究是由北京师范大学经济与资源管理研究所完成的①。在他们的研究中，市场化指数是按照欧美反倾销领域中市场经济地位标准、测度体系及中国现实市场经济状况所确定的 33 项市场化测度指标构造的。研究的结论是，虽然市场经济发展在不同领域尚不平衡，但是中国市场化测度的各子因素和类因素的评分走向是正向的，2002 年和 2003 年两年，中国市场化指数已分别达到 72.8% 和 73.8%，远远超过 60% 的临界值，中国从总体上已经毫无疑问地属于一个发展中的市场经济国家。

因此，改革开放以来的体制变迁趋势是市场经济新体制的逐步形成并成为资源配置的基础性制度安排。

① 《2005 中国市场经济发展报告》（中文版），中国商务出版社 2005 年版。

二、所有制结构变化

伴随着市场经济新体制的逐步形成，所有制结构也发生了巨大变化，从单一的公有制为主导逐步演变为国有制经济为主体，多种所有制经济共同发展的所有制结构，集体经济、私营经济、个体经济、联营经济、股份制经济、外商投资经济和港澳台投资经济等快速发展，成为支撑国民经济发展的重要力量。

所有制结构的多元化趋势既是我国改革的初始目标之一，也是我国选择社会主义市场经济体制改革方向的必然结果。在今后 10～20 年的时间内，非国有经济对增长的贡献率还会超过国有经济，因此，国有工业比重的下降和非国有工业比重的上升仍是一种主导趋势。

第一，从工业总产值增长情况看（见表 1－2），1991～2007 年间，全国工业总产值增加 15 倍，其中，国有工业产值增加 8 倍，私营工业企业 2007 年的产值比 1998 年增加了 16.6 倍。虽然总量不断上升，但是国有经济的产值比重由 56% 下降到 29%，非公有制经济在整个工业总产值中的比重达到 71%。港澳台和外资工业产值增长同样非常迅速，占全部工业产值的比重从 1994 年的 9.5% 提高到 2007 年的 31%，尤其是最近 6 年的增长速度更是远远超过了国有企业和私营企业的速度，反映了我国加入世界贸易组织和改革开放的深入带来的良好吸引外资的效应。

表 1－2　国有工业企业、私营工业企业、外资的企业产值　单位：亿元

年份	国有工业企业	私营工业企业	外资与合资
1991	14 955		
1992	17 824		
1993	22 725		
1994	26 201		6 645
1995	31 220		10 722
1996	36 173		12 117
1997	35 968		14 399
1998	33 621	10 667	17 750
1999	35 571	14 601	20 078
2000	40 554	22 128	23 464
2001	42 408	36 218	27 213

续表

年份	国有工业企业	私营工业企业	外资与合资
2002	45 178	49 176	32 458
2003	53 407	67 607	44 357
2004	70 229	119 357	58 847
2005	83 750	123 820	73 264
2006	98 910	149 736	100 756
2007	119 685	177 080	127 629

第二，国有及国有控股企业的数量也在不断减少，私营企业的数量持续上升（见图1－1）。国有企业数量的减少在1997年以后是最快的，这与当时国有企业实行大范围的改革与重组有关，国有企业数量的大幅减少伴随着国有企业产值总量的不断增加，因此虽然国有企业的产值比重下降了，但是单个企业的规模显著增大了，国有企业改革让企业迅速摆脱了竞争力下降的困境，进入了快速发展的阶段。

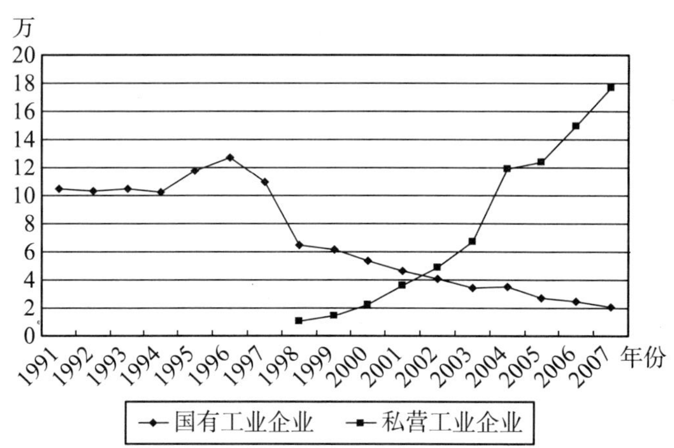

图1－1　国有企业和私营企业单位数

第三，国有企业从业人员大幅减少，非国有企业从业人员大幅增加。自改革开放以来，工业从业人员的所有制构成中，人员增加最快的是私有制企业，其次是外资和港澳台企业，国有企业和集团所有制企业的就业人数基本呈下降的趋势（见表1－3）。从1991年到2007年，总从业人员由65 491万人增加到76 990万人，增幅为17.5%；国有经济的就业人员由10 664万人减少到6 424万人，降幅为39.7%；城镇集体经济的就业人数由3 628万人减少到718万人，降幅为80.2%；私有企业的就业人数由183万人增加到7 253万人，增幅为3 863%；外资和港澳台企业的就业人数由166万人增加到1 577万人，增幅为850%。

表 1-3　不同所有制企业的就业人数　单位：万人

年份	国有工业企业	私营工业企业	集体单位	外资与港澳台单位
1991	10 664	183	3 628	166
1992	10 889	232	3 621	331
1993	10 920	354	3 393	288
1994	11 214	658	3 285	1 406
1995	11 261	936	3 147	513
1996	11 244	1 071	3 016	540
1997	11 044	1 350	2 883	581
1998	9 058	1 703	1 963	599
1999	8 572	2 011	1 712	611
2000	8 102	2 397	1 499	641
2001	7 640	2 703	1 291	663
2002	7 163	3 405	1 122	758
2003	6 876	4 239	1 000	862
2004	6 710	5 020	897	1 033
2005	6 488	5 835	810	1 237
2006	6 430	6 367	764	1 405
2007	6 424	7 253	718	1 577

第四，所有制结构变迁同时还体现在工业各个行业所有制结构的变化过程中。如果用主要行业国有及国有控股企业实收资本占规模以上工业企业实收资本的比重变迁来反映，可以看出，1999~2007 年间，国有及国有控股企业实收资本占全部规模以上企业实收资本的比重超过 50%，从而国有资本能够绝对控制的行业由 20 个降低到 8 个行业，而比重处于 30%~50%，从而能够相对控制的行业由 10 个降低为 6 个（见表 1-4）。到了 2007 年，在 38 个工业行业中，国有资本可以绝对或者相对控制的有 8 个行业，而其余的 30 个行业中非国有资本占有主导地位，即使是国有资本占有主导地位的行业，国有资本的比重也在不断下降。

表 1－4　1999～2007 年主要工业行业国有及国有控股企业实收资本占全部规模以上企业实收资本比重　单位：%

年份	1999	2001	2003	2005	2007
全国总计	61.6	60.1	52.9	46.7	43.8
煤炭开采和洗选业	93.3	93.4	92.1	83.7	79.2
石油和天然气开采业	99.7	96.1	96.8	95.9	98.9
黑色金属矿采选业	85.5	81.7	72.5	62.3	55.8
有色金属矿采选业	73.4	68.4	60.6	48.3	45.9
非金属矿采选业	70.4	78.2	71.2	38.5	38.1
烟草制品业	97.7	98.1	97	98.1	98.3
石油加工、炼焦及核燃料	89.5	88.9	84.7	77.5	70.8
化学原料及化学制品制造业	65.1	61.6	55.3	45.6	45.1
医药制造业	55.8	49.2	40.3	34.1	28.1
化学纤维制造业	64	57.4	41.9	40.7	39.1
黑色金属冶炼及压延加工业	86.9	87.8	82.7	61.5	57.2
有色金属冶炼及压延加工业	66.2	68.6	61	50.7	47
通用设备制造业	54.5	49.9	41.4	27.5	25.1
专用设备制造业	59.1	53.9	52.7	38.1	32.2
交通运输设备制造业	74.7	75.5	67.7	55.3	53.6
电气机械及器材制造业	0.9	29	20.6	14.5	11.6
通信设备、计算机及其他电子	46	38.6	28.8	18.8	15.3
仪器仪表文化办公用机械	43.3	39.5	27.4	19.8	18.6
电力燃气及水的生产供应业	85.3	85.1	84.6	86.5	88.5

三、就业制度的演化

在计划经济体制下，中国实行一种旨在彻底消除失业的劳动就业制度。以1952 年政务院颁布的《关于劳动就业问题的决定》为基础，中国逐渐形成了计划经济体制下“统招统配”的劳动就业制度，所有的城镇职工都纳入到国家保障就业的体系之中，同时加强对农村劳动力流入城市的限制。

1978 年之后，伴随着中国经济体制改革的进行，对传统就业体制的改革也拉开了序幕。城市劳动就业的改革突破了城市劳动力配置的完全计划化，推行在国家统筹规划和指导下的劳动部门介绍就业、自愿组织就业以及自谋职业三者结合的就业模式，在国家计划之外的劳动力市场开始呈现端倪。劳动就业制度的存量改革始于1987年开始的“搞活固定工制度”改革，在要求企业招收新工人一律实行劳动合同制，企业与职工自愿签订劳动合同的同时，改革也触及到企业原有职工，标志着城市以国有企业为重点的劳动就业政策改革的全面开展。这种改革第一次在国有企业固定工制度中引进了“劳动组合、择优上岗、合同化管理”等形式。同时，随着国家逐步扩大国有企业的包括劳动用工权在内的各项经营自主权，企业管理者开始具有筛选、解雇职工的合法权，也有权根据企业效益和职工的表现决定和调整工资水平。

20世纪90年代末以来，在职工大批下岗，城市失业率上升的情况下，政府实施了一系列政策，采取了很多措施缓解劳动力市场压力，涉及政府自身、企业和劳动力等不同层面。在这个促进就业和再就业的过程中，政府显然是不可替代的角色，涉及就业、再就业的重大政策的实施、重要制度的建设和重要服务体系的建立，政府都参与其中，承担主要责任。

虽然政府对于特殊困难群体的就业扶持起到了重要的作用，但是，就业岗位归根结底不能依靠政府来创造。中国劳动力市场在经历这次冲击之前，非公有制经济已经获得了很大的发展，因而为冲击发生时应对城市职工下岗、失业的严峻局面做了一定的铺垫。另一方面，通过拆除城乡之间、地域之间、部门之间和所有制之间的制度分割，矫正生产要素价格信号，从而利用劳动力市场促进就业，比政府扶持本身可能产生的效果要大得多。因此，也可以说，在政府积极就业政策的各种措施中，效果最明显的莫过于劳动力机制作用的发挥。同时，其他促进就业的措施，也应该与市场作用的方向相一致。

中国强劲的经济增长一直伴随着城市就业的快速增长。这个趋势在20世纪90年代后期经历劳动力市场冲击以后并没有改变，1995~2005年期间，即使不考虑农村进城劳动力就业，城市就业也增长了43.5%。而这种就业增长主要是通过改革以来非公有制经济和非正规部门的扩大推动，由逐步得到发育的劳动力市场机制配置的。2002年以来，按照国际劳工组织标准计算的城镇失业率稳中有降。国有企业下岗职工基本生活保障向失业保险并轨已经完成。

在20世纪90年代后期，国有企业进行旨在减员增效的就业制度改革之前，由于当时国有企业“大锅饭”还没有打破，虽然非公有制经济已经得到了一定的发展，但是其吸纳就业的作用主要还是边际上的。而一旦城镇就业制度进行了根本性的改革，尽管在一段时间里发生了较为严峻的下岗和失业现象，一方面通过包括下岗再就业政策、失业保险制度、基本养老保险制度和最低生活保障制度的重建，保证了基本平稳的过渡；另一方面通过劳动力高层的发育和持续的经济增长，保证了就业的扩大，最终实现了劳动力资源由市场配置的改革目标。

四、社会保障体制变革

新中国成立后数十年间建立在计划经济基础上的社会福利制度，在改革开始以后变得愈来愈不能适应经济体制改革的需要。从20世纪80年代中期开始中国对计划经济体制下的传统社会保障制度进行改革。由此开始，新的社会保障制度以城市作为主战场展开，形成了以养老保险、失业保险、医疗保险和最低生活保障制度为重点的制度演进格局。

中国社会保障体制改革，大致上可以划分为三个阶段（见表1-5）：第一阶段为1984~1992年，是社会保障体制改革的探索时期。第二阶段为1993~2000年，是全面建立城镇社会保障体系的时期。第三阶段为2001年至今，是完善城镇社会保障体系、加快建立农村社会保障体制的时期。

表1-5　　中国社会保障体制改革进程

	城镇	农村
养老保险	1984年养老保险费用社会统筹改革	1986年农村建立养老保险试点
	1991年提出建立“三支柱”的养老保险制度	1992年提出建立县级农村社会养老保险的改革方案
	1993年提出社会统筹与个人账户相结合的制度	1998年以来处于停滞和衰退状况，部分地区仍在试点
	1997年提出建立统一的企业职工基本养老保险制度	2005年北京等地开始建立农村新型养老保险制度
	2000年进行完善城镇社会保障体系改革试点	
	2005年对做实个人账户等方面做了进一步规定	
失业保险	1986年建立企业职工待业保险制度	
	1993年扩大失业保险的覆盖范围和转为市县级统筹	
	1998年建立下岗职工再就业服务中心	
	1999年正式确立失业保险制度	

续表

	城镇	农村
医疗保险	1984 年对传统公费医疗制度进行改革	1980 年着手实施“初级卫生保健”工作
	1985 年部分地区实行医疗费用社会统筹试点	1990 年提出“农村实现 2000 年人人享有卫生保健的规划目标”
	1989 年进行医疗保险制度改革试点	1994 年开展农村合作医疗改革试点
	1992 年深圳进行职工医疗保险改革试点	1997 年提出建立和完善农村合作医疗制度
	1994 年提出进行“大病统筹”改革试点	2003 年提出建立新型的农村合作医疗制度
	1998 年正式确立城镇职工基本医疗保险制度	2008 年建立覆盖全部农村的合作医疗体系
	2007 年提出建立覆盖城镇所有人口的医疗保险制度	

20 世纪 80 年代中期，城镇社会保障体制首先从养老保险制度入手进行改革。1984 年，国家开始退休费用社会统筹试点，对市、县一级的国有企业按照“以支定收、略有结余”的原则，实行保险费的统一收缴、养老金的统一发放，将养老保险从“企业保险”转变为“地方保险”。1991 年，国务院发布了《关于企业职工养老保险制度改革的决定》，规定实行基本养老保险、企业补充养老保险和职工个人储蓄性养老保险相结合的养老保险制度，费用由国家、企业和个人共同负担，明确规定养老保险费实行社会统筹，并逐步由市、县级统筹过渡到省级统筹。较之于此前的企业本位上的现收现付制养老计划，社会统筹机制的确立，提高了传统退休金制度的社会化程度，并在一定时期内缓解了老企业的退休费用支付压力，使传统的退休金计划得以在社会统筹再保险机制的“保障”下继续生存。与此同时，城镇失业保险制度和医疗保险制度的改革相继启动。

但是，这个时期社会保障体制是以单项制度改革为突破口，在社会保险模式选择、保险费用分担等方面进行了积极探索，但在改革目标、方法等方面还有许多局限性，主要表现在社会保障改革的出发点局限于为企业改革提供配套服务，企业改革需要什么样的社会保险措施配合，就出台什么样的社会保障改革办法，没有从整个社会经济发展的高度进行通盘设计，也没有触动传统保障制度基本构架。这个时期农村养老保险制度也在进行改革试点，但同样缺乏整体的制度设计。农村合作医疗体系基本上处于萎缩和瘫痪状态。

1993 年，中共十四届三中全会通过了《关于建立社会主义市场经济体制若干问题的决定》，提出建立有中国特色的社会主义市场经济。作为经济体制改革的一项重要内容，《决定》对社会保障改革提出了明确要求和原则规范。对于城镇社会保障体制改革，要求建立一套社会统筹与个人账户相结合的社会保险制度。对于农村社会保障体制改革，要求在完善农村家庭养老的基础上，逐步建立和完善农村社会保障制度。

社会保障制度改革重点放在城镇社会保障体制建立和完善，旨在通过加快城镇社会保障体制改革，建立起适应社会主义市场经济要求的城镇社会保障制度，也就是要建立起独立于企业事业单位之外、资金来源多元化、保障制度规范化、管理服务社会化的社会保障体系。

我们不再简单地把这个阶段的社会保障改革看做是国有企业改革的配套措施，而是把它作为建立市场经济体制的重要组成部分，从整体上全面推进，对城镇社会保险（养老、医疗、失业、生育和工伤）和最低生活保障制度等进行全面创新。随着一系列社会保障政策和法规的相继出台，城镇社会保障体系的制度框架基本建立。此外，为了深化国有企业改革的需要，国家建立了下岗职工基本生活保障、失业保险和城市居民最低生活保障为内容的“三条社会保障线”，这种具有过渡性特点的社会保障制度为促进国有企业改革和保持社会稳定发挥了重要作用。相比之下，农村社会保障体制滞后。随着1998年的政府机构改革，农村养老保障体制改革出现停滞局面。农村合作医疗改革虽然进入了政策视野，但改革的实际进展不大。

21世纪初以来，在科学发展观的统领下，中国社会保障体系改革进入了新的发展阶段，改革步伐明显加快。2006年，中共十六届六中全会提出把建立覆盖城乡的社会保障体系列为构建和谐社会的重要内容。2007年，中共十七大报告提出在科学发展观指导下，加快建立覆盖城乡居民的社会保障体系，保障人民基本生活。

城镇社会保障制度改革包括以下几个方面：（1）扩大对城镇职工和人口的覆盖面，完善社会保险制度。例如，养老保险制度改革在东北三省改革试点的基础上，从2005年开始着手做实个人账户工作；2007年，城镇开始建立覆盖所有城镇人口的医疗保险制度。（2）开展农民工社会保障体系的试点工作，探索适合农民工的社会保障体系制度模式。（3）把失地农民的社会保障纳入城镇社会保障体系。

农村社会保障体制改革成为这个阶段的重要内容。农村社会保障体系建设，特别是新型农村合作医疗制度和农村最低生活保障制度取得重大突破，农村养老制度也在不少省市进行全面的试点工作。2003年，国家明确提出在农村建立新型合作医疗制度。2008年底，计划建立覆盖全国所有乡村的新型合作医疗制度。随着农村社会保障体系的建立和完善，到2020年，中国有望建成一套覆盖城乡的社会保障体系。

20 世纪 90 年代后期以来，劳动力市场发育与社会保障制度的建设是同步进行的，因而从体制上奠定了市场配置劳动力的基础。社会保障制改革的节奏，与劳动力市场发育的过程也密切相关。当城市就业制度改革进入相对激进的阶段，社会保障制度的改革速度也相应加快，并且这项改革被纳入政府积极就业政策的一个重要方面。

首先，建立三条保障线对就业制度改革起到了积极的保障作用。1998 年以来，政府建立了以国有企业下岗职工基本生活保障、失业保险和城市居民最低生活保障为内容的“三条保障线”制度。下岗职工在再就业服务中心期间，可领取由政府、企业和社会共同筹集、由再就业中心发放的基本生活费，并获得信息和培训等方面的就业服务。期满出中心后没有实现再就业的下岗职工和其他失业人员，已参加失业保险并足额缴费的，可按规定领取最长期限为两年的失业保险金。城市居民家庭人均收入低于当地最低生活保障标准的下岗失业人员，可按规定享受城市居民最低生活保障标准。

其次，向失业保险制度的渐进式转型对劳动力市场发育的配套作用至关重要。由于在出现严峻的下岗和失业现象的就业制度改革初期，社会保障体系尚不完善，所以政府采取了建立下岗再就业中心的方式，由企业、中央和地方政府以及社会渠道筹资，为下岗人员提供保障和再就业服务，保障了群众的基本生活和社会稳定。

在失业保险制度逐渐完善的前提下，政府鼓励通过增量改革的方式，把职工下岗并由企业再就业服务中心发放基本生活补贴的办法，转变为职工加入失业保险，失业后与原单位脱钩，领取失业救济金。也就是说，企业新裁减人员不再进入再就业服务中心，而是通过失业保险机制把失业人员直接推向劳动力市场。同时创造条件，与目前再就业服务中心中的下岗职工解除劳动关系，并使社会保险关系随之接续上来。随着社会保障水平的提高，下岗与失业两种保障方式逐步实现了并轨，下岗这个概念已经成为历史。

再次，养老保障制度从单位到社会的转变，适应了市场经济的需要，也是对人口转变阶段的积极反应。经过理论准备和局部试验，政府决定建立统一的城镇职工养老保障制度，采取社会统筹和个人账户相结合的双支柱模式。主要的推进领域包括：(1) 向更高的统筹层次即省级统筹过渡，提高了各地特别是失业严重地区的保障水平；(2) 把覆盖面从国有企业和城镇集体扩大到非公有制经济，以及个体劳动者和非正规就业者；(3) 通过调整缴费责任和管理方式，做实个人账户，等等。随着在经济社会发展和计划生育政策的双重推动下人口转变的提前完成，人口老龄化的问题愈益突出，并显示了现收现付式的养老保障制度的不可持续性。而目前这个领域的改革探索已经注意到了这个人口因素。

最后，各种社会保障制度的设计，越来越着眼于在城乡和地区之间的统筹，以及把流动人口纳入覆盖对象。目前在地区之间、城乡之间，以及城市户籍居民和流动人口之间，仍然存在着在社会保障覆盖水平方面的差距，这种差距甚至要远远大于在收入方面表现出的差距。随着政府越来越认识到社会保障是一个公共产品，是处理好再分配中公平与效率关系的重要领域，在推进社会主义和谐社会建设以及实施新农村建设方针的同时，改革重点转移到创造条件，提高社会保障和公共服务的公平享有程度，最终过渡到各地区、各部门和各人群之间的阳光普照。

从我国城镇医疗保障体制的发展历程来看，我国从20世纪80年代就开始了改革探寻。经历了20世纪90年代初期的社会统筹试点、90年代中期的社会统筹与个人账户相结合试点和90年代后期以来的统账结合全面推广阶段，我国当前城镇居民医疗保障体系是基本医疗保险、补充医疗保险、社会医疗救助和商业医疗保险等多层次的医疗保障体系。原则上，机关、企业、事业单位及其职工和城镇个体劳动者都要参加基本医疗保险，基本医疗保险对全部城镇职工实行统一的有限保障，实行属地管理，基本医疗费用由国家、用人单位、职工三方合理负担。医疗社会统筹基金设置最高支付限额，超过封顶线以上的大额医疗费用，可以通过商业医疗保险等途径加以解决。在参加基本医疗保险的基础上，国家公务员享受医疗补助政策，主要用于医疗保险统筹基金封顶线以上符合规定的医疗费用补助，个人自付超过一定数额的医疗费用补助；企业事业单位、社会团体、民办非企业人员享受基本医疗保险待遇，在参加基本医疗保险的同时，允许企业建立补充医疗保险。根据卫生部第四次国家卫生服务调查结果，截至2008年，我国城市地区居民拥有各种社会保险的比例为71.9%，参加城镇职工医疗保险的比例为44.2%，比2003年增加了14个百分点，城镇居民基本医疗保险的参保率为12.5%①。这在数量上会提高对医疗保健的需求。

农村医疗保障体系的建设一直以合作医疗的发展为主线。改革开放以来，传统的合作医疗制度随着集体经济体制的瓦解而迅速解体，导致农村医疗保障状况全面倒退，农民又回到"谁看病，谁付钱"的自费医疗状态。由于市场化进程使得自费医疗运行的体制环境较计划经济有了剧烈变化，如财政对农村卫生机构的补贴越来越少、药品价格放开导致药价虚高等，农民的健康保障问题越来越突出。从20世纪80年代中后期，地方开始自发恢复和重建合作医疗的尝试，90年代，中央政府开始进行完善和发展合作医疗的努力，但是未见明显成效。从1998年第二次国家卫生服务调查可以看出，我国农村有87.3%的居民没有任何形式的医疗保障。2003年第三次国家卫生服务调查显示，我国农村仍有79%的居民没有任何形式的医疗保障，完全是自费医疗。2003年初国务院办公厅转发

① 卫生部信息中心：《2008中国卫生服务调查研究》，中国协和医科大学出版社2009年版。

卫生部等部门《关于〈建立新型农村合作医疗制度意见〉的通知》，重建合作医疗。农村新型合作医疗制度从2003年7月试点以来，发展迅速，农村参合人数与参合比例增速明显。根据卫生部2008年中国卫生事业发展统计公报，截至2008年底，全国已有2 729个县（区、市）开展了新型农村合作医疗，参合农民8.15亿人，参合率为91.5%。与上年比较，开展新农合的县（区、市）增加278个，参合农民增加0.89亿人，参合率上升5.3个百分点。2008年度筹资总额达785.0亿元，人均筹资96.3元。全国新农合基金支出662.0亿元；补偿支出受益5.85亿人次，其中：住院补偿0.51亿人次，门诊补偿4.86亿人次，体检及其他0.48亿人。新农合的发展在一定程度上减轻了农民的医疗负担，农民"看病难、看病贵"现象有一定程度缓解，这也是近年农村居民医疗保健支出比重开始下降的原因。

事实上，经济转型时期，传统医疗保障体制的弊端日益明显，我国从20世纪80年代就开始了改革探寻。经历了90年代初期的社会统筹试点、90年代中期的社会统筹与个人账户相结合试点，1998年中央颁布了《国务院关于建立城镇职工基本医疗保险制度的决定》，"统账结合"体制开始全面推广。我国当前城镇居民医疗保障体系是基本医疗保险、补充医疗保险、社会医疗救助和商业医疗保险等多层次的医疗保障体系。原则上，机关、企业、事业单位及其职工和城镇个体劳动者都要参加基本医疗保险，基本医疗保险对全部城镇职工实行统一的有限保障，实行属地管理，基本医疗费用由国家、用人单位、职工三方合理负担。医疗社会统筹基金设置最高支付限额，超过封顶线以上的大额医疗费用，可以通过商业医疗保险等途径加以解决。在参加基本医疗保险的基础上，国家公务员享受医疗补助政策，主要用于医疗保险统筹基金封顶线以上符合规定的医疗费用补助，个人自付超过一定数额的医疗费用补助；企业事业单位、社会团体、民办非企业人员享受基本医疗保险待遇，在参加基本医疗保险的同时，允许企业建立补充医疗保险。根据《中国劳动统计年鉴（2007）》，截至2006年，我国城镇居民已有1.57亿人参加了城镇居民基本医疗保险。医疗保险的覆盖对于居民来说相当于降低了医疗保健的实际支付价格，这在数量上会提高居民对医疗保健的需求量，增加对医疗卫生服务的利用，同时也对缓解居民"看病贵"的现象起到一定作用。

我国卫生战略规划"健康中国2020"提出"到2020年人人享有基本医疗保障"的目标。2009年4月出台的新医改方案明确提出2009～2011年的基本医疗保障制度建设目标：基本医疗保障制度全面覆盖城乡居民，3年内城镇职工基本医疗保险、城镇居民基本医疗保险和新型农村合作医疗参保（合）率均达到90%以上；城乡医疗救助制度覆盖到全国所有困难家庭。以提高住院和门诊大病保障为重点，逐步提高筹资和保障水平，2010年各级财政对城镇居民基本医疗保险和新型农村合作医疗的补助标准提高到每人每年120元。做好医疗保险关系转移接续和异地就医结算服务，完善医疗保障管理体制机制，有效减轻城乡居民个人医药费用负担。

如果这一政策目标能够得到实现，无疑对提高城乡居民医疗保健需求起到极大的促进作用。但是应该看到，我国地区间经济发展极不平衡。城市低收入阶层和落后地区农民对基本医疗保障的支付能力和支付意愿均较低，地方财政的支持力度也是有限。因此，政府应集中财力，并借助转移支付的形式，以保证基本医疗保障制度目标的顺利实现，同时，也要积极鼓励商业保险机构的发展，满足居民多样化的健康需求。

第二节　转型时期日益开放的中国经济

自1978年十一届三中全会以来，我国真正走上了对外开放的道路。在对外开放的过程中，我国逐渐由传统的计划经济向社会主义市场经济转变，对外开放水平不断提高，并且形成了全方位、多层次、宽领域的对外开放格局。

总体而言，我国对外开放的历程大致分为三个阶段：第一阶段（1978～1991年），可以概括为“点—线—面”渐进式政策性开放，政府分批开放广州、大连等沿海经济特区，开发长江三角洲、珠江三角洲等经济开发区，这一阶段对外开放的主要形式是招商引资。第二阶段（1992～2001年），充分利用“两个市场”、“两种资源”，加速外向型经济发展战略的实施。为此，中央政府将更多的权力交给地方政府，地方政府采取多种优惠政策加大招商引资的力度。第三阶段（2001年以后），从政策开放转向制度开放，全方位实现与国际接轨，以全面的、相对稳定的法律制度确保对外开放的推进更具有稳定性和可预见性。这一阶段我国拓宽了对外开放的领域，包括分销、物流、旅游、建筑等在内的服务行业逐步开放。在日益注重“引进来”质量的同时，我国企业“走出去”步伐加快，对外开放程度正在进一步提高。

经过30年的发展，我国对外开放取得了举世瞩目的成就，主要体现在对外开放程度的提高，外商直接投资（FDI）的增加和对外直接投资（OFDI）步伐的加快三个方面。

第一，对外开放程度不断提高。贸易依存度是衡量一个国家或地区经济发展与世界经济联系紧密程度的重要指标，它是指一个国家或地区进出口总额占该国或该地区国内生产总值的比重。贸易依存度越高，表明一国经济发展对世界的依赖越多。根据贸易对象的不同，贸易依存度可以细分为货物贸易依存度和服务贸易依存度，分别表示一国货物和服务贸易进出口总额占国内生产总值的比重。如果用出口额或进口额在国内生产总值中占比重来衡量，贸易依存度还可以可分为出口依存度和进口依存度。

改革开放30年间，我国的贸易依存度逐步提升，尤其是20世纪90年代以来，随着对外开放的深入，我国贸易依存度大幅提升。如图1-2所示，一方面，我国货物贸易依存度从1978年的10%稳步提高到2007年的66.3%，服务贸易依存度由1990年的2.05%上升至2007年的7.63%；另一方面，我国出口贸易依存度从1990年的16.70%上升到2007年的40.52%，进口贸易依存度则由1990年的14.84%上升至2007年的32.84%。由此不难发现，货物贸易依存度比服务贸易依存度高很多，这是由第二产业在我国当前经济发展阶段的主导地位所决定的。相比之下，长期以来进口贸易依存度和出口贸易依存度可谓同步提升。值得注意的是，近年来进口贸易依存度相对稳定，出口贸易依存度则稳步增加，这使得两者之间差距逐渐拉大。

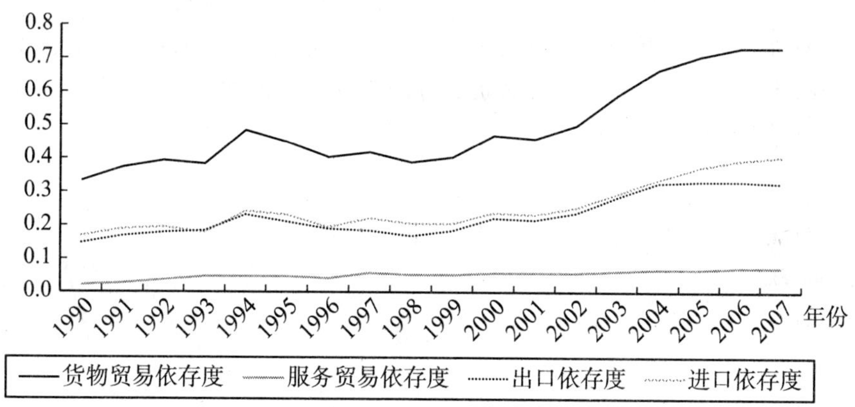

图1-2 1990~2007年我国贸易依存度变动趋势

资料来源：根据历年《中国统计年鉴》相关数据整理所得。

第二，外商直接投资逐年增加。改革开放之初，我国吸引外商直接投资极少，1979~1984年间我国吸引外资总额仅为41.04亿美元。进入20世纪90年代之后，我国每年吸引外资的流量迅速攀升，从1990年的34.87亿美元猛增至2008年的923.95亿美元①，年平均增长率高达18.82%，远远高于同期我国经济的增长率。1993年以来我国一直是吸引外资最多的发展中国家，同时也是世界上吸引外资最多的国家之一，占全世界FDI总量的5%左右。截至2008年上半

① 国家统计局：《中国统计年鉴（2009）》，中国统计出版社2009年版。

年，全世界已有近200个国家和地区来我国投资，全球500强企业中已有480多家在我国投资设厂。①

随着外商直接投资的增加，其对我国经济发展的促进和拉动作用逐步显现。外资工业产值占一国工业总产值的比重是衡量外资对东道国经济增长贡献率的重要指标。1981年我国外资工业企业产值占工业总产值的比重仅为0.58%，1990年达到2.28%，在此之后，一直保持较高的增长幅度，2007年该比重高达31.5%。② 这表明外资在我国经济中的重要性日益提高，也反映出对外开放对我国经济发展的贡献愈发突出。此外，外资对我国贸易的发展同样做出了巨大贡献，多年来外资企业贸易额占我国贸易总额的比重一直保持在50%以上，2007年外资企业完成了我国贸易总额的57.73%。③

第三，对外直接投资步伐加快。加入WTO以后，我国在“引进来”的同时，越来越注重“走出去”。与外商直接投资相比，我国对外直接投资起步较晚，规模也相对较小。不过，随着开放程度的加深，我国对外直接投资正在快速发展（见图1-3）。商务部数据显示，2000年我国对外直接投资仅为10亿美元，2007年已经增加到265.1亿美元④，其中非金融类对外直接投资占93.7%。2008年我国对外直接投资突破500亿美元，达到521.5亿美元，其中，非金融类直接投资406.5亿美元，占对外直接投资总额的78%；金融类对外直接投资为115亿美元，占总额的22%。⑤

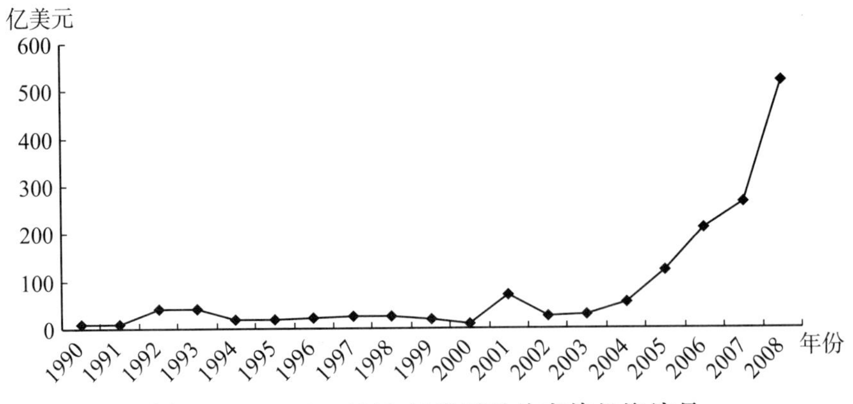

图1-3　1990～2008年我国对外直接投资流量

资料来源：《中国对外直接投资统计公报》，2008年数据来自商务部公布的相关数据。

① 《中国外商直接投资公报（2008）》。

② 根据《中国统计年鉴（2008）》相关数据计算得到。

③ 《中国外商投资统计公报（2007）》。

④ 《中国对外直接投资统计公报（2007）》。

⑤ 中国商务部统计数据。

目前，我国对外直接投资范围已扩展到160多个国家和地区，投资重点区域逐步从港澳台地区和北美地区转移到亚太、非洲、拉美等广大发展中国家和地区，对外直接投资多元化发展趋势日益显著。此外，我国对外直接投资领域主要集中在批发零售业、商务服务业、交通运输仓储业、制造业和金融业等领域，以上五大领域占2007年我国对外直接投资总额的91%以上。[①]

需要指出，我国对外直接投资的主体是国有企业，截至2007年非金融类对外直接投资的78.5%是由国有企业完成的，但是国有企业对外直接投资所占比重正在逐年下降，2007年同比下降10%。[②]

第三节 本章小结

经济社会背景变化还可以表现在许多其他的方面，比如技术进步步伐的加快，资源与环境约束问题日益严重等，这些不仅是我们转型经济国家面临的问题，也是所有国家经济社会发展过程中共同面临的问题。

中国转型时期的独特背景变化也还有许多方面，他们都会对我们研究的居民消费需求升级与产业发展产生影响，比如人口数量及结构的巨大变化，城市化过程带来的影响，教育、住房等具有重要公共品特性的商品供给制度的变化等，限于篇幅，我们不在此做特别说明了。

①② 《中国对外直接投资统计公报（2007）》。

第二章

转型时期的居民收入高速增长及收入差距

自20世纪70年代末以来，我国经济体制开始由传统的计划经济体制向市场经济体制转变，这一时期通常被称为经济转型期。国内外经济学界对于经济转型并没有一个统一的界定。科尔奈认为“转型是一个大概念，不能仅仅简单归结为从计划经济转向市场经济。转型并不仅仅只包括经济的转型，还包括了生活方式、文化的转型，政治、法律制度的转型等多个方面，因此必须多维度的考察转型”。而国内对于转型的界定，就现有文献来看，比较典型的观点有三种：(1) 体制转型。即把转型狭义地界定为从传统的计划经济体制向市场经济体制的转型，使市场机制在资源配置中发挥基础性调节作用，就是通常所说的市场化。市场经济和市场化是中国经济改革或经济转型最鲜明和最突出的标志。不过，仅仅用市场化还不足以概括和反映中国经济转型的全部含义，中国的经济改革或经济转型有着更加深刻、更加丰富的内涵。(2) 从传统的农业社会向现代工业社会的过渡，以及从传统的工业社会向当代信息社会的过渡，这就是所谓的工业化与信息化，或者说是新型工业化。(3) 经济增长方式的转型与体制转型，也就是“两个根本性转变”，即从计划经济体制向市场经济体制的根本性转交，从粗放型经济增长方式向集约型经济增长方式的根本性转变，并认为在“两个转变”中，体制转变更具有根本性意义，只有体制转变顺利完成才能从根本上实现经济增长方式的转变。其他的还有所谓的“市场格局的转型”，即从卖方市场向买方市场的转型；从短缺经济向过剩经济的转型；从单一的农业国向工业国转型；等等。

我国经济转型产生了两个结果：其一，经济持续高速增长。改革开放以来，我国经济以令人瞩目的速度增长。1978～2007年，人均国内生产总值从381元增加到18 934元，年均增长率为14.42%。经济的增长加速了居民收入的增长，在这30年的时间里，城镇居民家庭人均可支配收入从343.4元增加到13 785.8元，平均年增长率为13.58%；农村居民家庭人均纯收入从133.6元增加到4 140.4元，平均年增长率为12.57%。其二，在经济社会急剧转型的过程中，由于经济体制的变革以及制度的不健全、不完善等各种因素都对收入分配产生了重大影响，使收入分配问题在新的形势下发生了很大的变化，最突出的就是居民收入差距日益扩大。1981年农村基尼系数为0.247，2007年则为0.4232。1981年城镇基尼系数为0.163，2007年则为0.280。

收入差距不仅仅是经济问题，还是一个社会问题。在一定的生产关系容量内，要保持经济的持续快速增长，必须有一个稳定的增长环境。而收入差距过大特别是贫富两极分化不仅会影响经济的增长，还会给社会带来不安定因素。我国居民的收入差距表现在：城乡之间、城乡居民内部、行业之间以及地区之间的差距。

在我国经济转型期，社会成员之间的收入分配存在一定的差距，有一定的积极性，也是难以避免的。但是，如果差距过大，就会造成严重后果，突出表现在：一方面，收入差距如果过大，会导致国民经济在物质生产部门与非物质生产部门之间、城乡之间、不同地区之间、必需品和奢侈品的生产和消费之间形成多层面上的恶性循环，影响宏观经济运行；另一方面，收入差距过大会影响社会秩序的稳定和政治稳定。因此，从某种意义上说，收入差距问题不仅是一个经济问题，而且还是一个政治问题。对关乎经济社会发展的收入分配及其差距问题进行系统研究，从而提出有效的治理措施，理应是经济学研究不能回避的重大课题。

第一节　转型时期的居民收入增长

改革开放几十年来，我国经济持续增长，与此同时，农村居民和城镇居民收入也快速增加。以下将分别就农村和城镇居民收入总量变化做出分析，并对收入总量变化给予制度诠释。

一、农村居民收入总量变化分析

（一）农村居民收入总量变化

表2－1给出了1978～2007年间农村居民人均纯收入的变化。数据显示，农

村居民人均纯收入由1978年的133.6元快速增至2007年的4 140.4元，平均年增长率为12.13%。根据图2－1和图2－2，可以把农村居民收入总量变化划分为以下六个阶段：

表2－1　　1978～2007年农村居民家庭人均纯收入统计

年份	农村居民家庭人均纯收入（元/年）	农村居民家庭人均纯收入增长率（%）	年份	农村居民家庭人均纯收入（元/年）	农村居民家庭人均纯收入增长率（%）
1978	133.6	—	1993	921.6	17.55
1979	160.2	19.91	1994	1 221	32.49
1980	191.3	19.41	1995	1 577.7	29.21
1981	223.4	16.78	1996	1 926.1	22.08
1982	270.1	20.90	1997	2 090.1	8.51
1983	309.8	14.70	1998	2 162	3.44
1984	355.3	14.69	1999	2 210.3	2.23
1985	397.6	11.91	2000	2 253.4	1.95
1986	423.8	6.59	2001	2 366.4	5.01
1987	462.6	9.16	2002	2 475.6	4.61
1988	544.9	17.79	2003	2 622.2	5.92
1989	601.5	10.39	2004	2 936.4	11.98
1990	686.3	14.10	2005	3 254.9	10.85
1991	708.6	3.25	2006	3 587	10.20
1992	784	10.64	2007	4 140.4	15.43

资料来源：根据《中国统计年鉴（2008）》和《新中国五十五年统计资料汇编》计算整理得到。

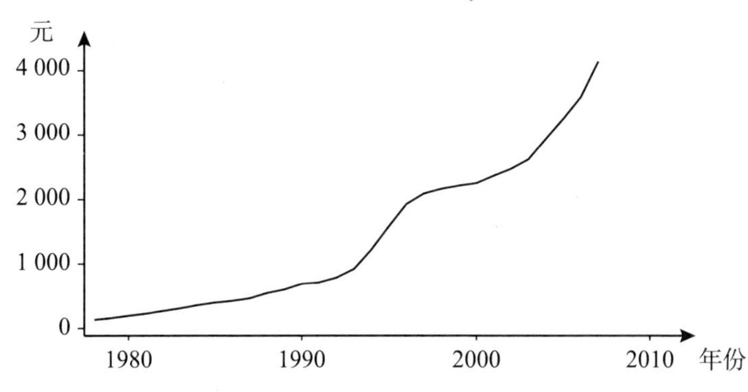

图2－1　1978～2007年农村居民家庭人均纯收入变动

图 2－2　1978～2007 年农村居民家庭人均纯收入环比增长率

第一阶段（1978～1984 年）。这个阶段农民收入快速增长，农村居民家庭人均纯收入由 133.6 元增加到 355.3 元，年均增长率为 17.71%，扣除物价影响仍达 15.9%。其间，由于实行家庭联产承包责任制，大大提高了农村居民的生产积极性，农村的生产力得以释放，农产品总量快速增长。与此同时，农产品的价格大幅度提高，直接快速增加了农村居民的收入。

第二阶段（1985～1988 年）。这个阶段，农村居民家庭人均纯收入由 397.6 元增加到 544.9 元，年均增长率为 8.20%。相对于第一阶段年均增长率 17.71%，差不多下降了 10 个百分点，而且该阶段由于发生了通货膨胀，物价大幅度上涨。如果以 1985 年作为基准，农村居民消费价格指数 1985 年为 100，到 1988 年则上升到 188.5，平均年上升率为 17.17%。因此，扣掉物价因素，这阶段农村居民实际收入年均增长率仅为 1.16%。

第三阶段（1989～1991 年）。这一阶段农村居民名义收入增长几乎停滞。1989 年名义人均纯收入为 601.5 元，1991 年为 708.6 元，平均年增长率为 8.50%。考虑到价格上涨因素，该阶段的人均实际收入增长率仅为 3.27%。

第四阶段（1992～1996 年）。这一阶段为农村居民收入恢复性增长期，农民人均纯收入年均实际增长 5.6%，现金纯收入年均增长 24.4%。这一阶段主要得益于农产品特别是粮食两次提价，同时国家增加了对农业的投入。

第五阶段（1997～2003 年）。从 1997 年开始，农村居民收入进入增幅持续下跌阶段。1996 年农村居民纯收入增长率为 22.08%，1997 年则迅速下降为 8.51%，此后几年继续下降，一直到 2000 年，下降到谷底，增长率仅为 1.95%。虽然此后 3 年开始有所恢复，但增长幅度不大。该阶段尽管农产品总量是增加的，但由于受农产品价格下降的影响，农民出售农产品的收入减少了。同时，农民从乡镇企业获得的收入增长不多，进城和外出打工的劳务收入减少，非农产业收入下滑。

第六阶段（2004～2007 年）。从 2004 年开始，农村居民人均纯收入开始出现恢复性增长，人均收入从 2004 年的 2 936.4 元增加到 2007 年的 4 140.4 元，虽然各年份增长率仍不稳定，但平均年增长率仍达到 12.14%。该阶段农村居民收入增长与国家投入力度、支持政策有关，同时，农民非农业收入增加也是农村居民纯收入增长的原因。

从以上分析可以看出，农村居民收入总量虽然在不断增加，但各个阶段增长的速度是不同的。农村居民收入受多方面因素作用的影响，但归根结底是转型期各种制度不断改革的结果。以下就此做出制度分析。

（二）农村居民收入总量变化的制度分析

农村居民收入的增长，首先得益于农村生产制度的创新——家庭联产承包责任制，之后则是户籍制度改革和包括劳动市场、资本市场等在内的市场制度的确立以及完善。转型期正是由于这一系列制度的变革，使农村居民经营性收入快速增长，而且劳动市场带来的工资性收入，资本市场带来的财产性收入，连同从不同渠道获得的转移性收入，使农村居民的收入日益多元化。多元化收入不仅增加了农村居民收入的总量，而且改变了其收入结构，使农村居民的收入风险不断下降。因此，从此种意义上说，转型期的制度创新，不仅增长了农村居民收入的量，更重要的是改变了其收入的质。

1. 户籍制度改革与农民收入增长

户籍制度是指与户口或户籍管理相关的一套政治经济和法律制度，其中包括通过户籍来证明个人身份、执行资源配置和财富分配。[①] “城乡二元分割”的户籍管理制度从 1958 年开始实行，这是当时中国作为落后国家要实现工业化而做出的无奈选择。由于城市无法提供更多的就业机会和社会福利，只能用户口这种形式把农民组织起来固定在土地上，为城市居民提供稳定的农副产品。改革开放以来，随着农村家庭联产承包责任制的推行，农业劳动生产率的提高，对劳动力的需求必然下降。与此同时，农村人口多，新劳动力成长快，导致农村劳动力供给大幅度上升。这样，必然会产生剩余劳动力。据统计，目前我国农村劳动力约 4.58 亿人，剩余劳动力约在 1.8 亿人左右，而且每年还要新增几百万人，增长远远超过了农业生产对劳动力的需求，形成了规模庞大的农村剩余劳动力。大量转移农村剩余劳动力是彻底解决“三农”问题的关键，这已成为学术界的共识。然而刚性的户籍管理制度没有做出及时的相应调整和变化，大大限制了农村剩余劳动力的转移。针对户籍管理制度存在问题和站在解决“三农”问题的战略高

① 陆益龙：《户籍制度——控制与社会差别》，商务印书馆 2003 年版。

度出发，20 世纪末，我国开始改革户籍管理制度。尽管改革还不彻底，但已经大大促进了农村剩余劳动力的转移。

(1) 户籍制度改革与农村劳动力转移。随着户籍制度改革的不断深入，越来越多的剩余劳动力从农村转移出来。表 2-2 给出了 1983～2005 年期间农村劳动力就业情况统计。统计结果显示，1983～2005 年间，农村剩余劳动力转移迅猛增加。1983 年农村共有劳动力 37 735 万人，其中有 3 045 万人从农业中转移出来从事非农业生产，此后 23 年间一直持续、快速增加，到 2005 年底，有 20 411.7 万剩余劳动力从事非农行业，23 年间平均年增长率为 8.62%。从转移出来的劳动力所占比重看，1983 年仅占全部农村劳动力的 8.07%，2005 年则上升到 40.51%。

从表 2-2 可以看出，农村劳动力转移大致分为四个阶段：

第一阶段（1983～1988 年），农村劳动力转移的起步阶段。1983 年，以推行联产承包责任制为主体的农村经营体制改革全面铺开。这一时期，农民家庭成为农业生产经营主体，广大农民生产积极性得到了极大地激发和释放，农户有了劳动力自由使用和劳动时间的自主支配权力。由于生产效率的提高，地少人多的矛盾开始凸显，劳动力剩余和劳动时间的剩余使农民寻求发展多种经营和第二、三产业，出现劳动力向非农产业转移，乡镇企业成为劳动力转移的主渠道。转移

表 2-2　　中国主要年份农村劳动力就业统计　　单位：万人

年份	乡村从业人员	劳动力转移人数	劳动力转移人数比重	年份	乡村从业人员	劳动力转移人数	劳动力转移人数比重
1983	34 690	3 045	8.07%	1995	32 335	12 707	28.21%
1984	35 968	4 283	10.64%	1996	32 260	13 028	28.77%
1985	30 352	6 714	18.11%	1997	32 678	13 527	29.28%
1986	30 468	7 522	19.80%	1998	32 626	13 806	29.73%
1987	30 870	8 130	20.85%	1999	32 912	13 985	29.82%
1988	31 456	8 611	21.49%	2000	32 798	15 165	31.62%
1989	32 441	8 498	20.76%	2001	32 451	15 778	32.71%
1990	33 336	8 673	20.65%	2002	31 991	16 536	34.08%
1991	34 186	8 906	20.67%	2003	31 260	17 711	36.17%
1992	34 037	9 765	22.29%	2004	30 596	19 099	38.43%
1993	33 258	10 998	24.85%	2005	29 976	20 412	40.51%
1994	32 690	11 964	26.79%				

资料来源：《中国农业发展报告（2007）》。

的劳动力比重在这段时间持续上升，1983 年为 8.07%，到 1988 年这一比重迅速增加到 21.49%。

第二阶段（1989~1991 年），三年转移停滞期。这段时间，国家为治理通货膨胀，开始压缩银行贷款和固定资产投资规模，大量吸纳农村劳动力的乡镇企业也由此受到影响，导致一部分农民工又重返第一产业。由表 2-2 可知，这 3 年间，农村劳动力转移人数仅仅增加了 408 万人，非农产业劳动力占农村总劳动力的比重由 1988 年的 21.49% 下降到 1991 年的 20.67%。

第三阶段（1992~1998 年），农村劳动力转移快速上升时期。随着农村改革的深化，国家大力支持发展乡镇企业和民营经济，鼓励农村劳动力向非农产业和城镇转移，统筹城乡劳动力就业。特别是 1993 年中央十四届三中全会明确指出要建立劳动力市场，消除城乡劳动力的身份差别。受其推动，在这一阶段，农村劳动力转移的速度迅速加快。由表 2-2 可知，1992 年转移劳动力为 9 765 万人，1998 年则增加到 13 806 万人，年均增长 5.94%。

第四阶段（1999~2005 年），农村劳动力转移有序发展的新阶段。国家逐步取消了针对农村居民的进城限制和不合理收费，建立城乡统一的劳动力市场。这些举措打破了用工界限，打破了城乡户籍管理的二元壁垒，为农民工合理流动创造了良好环境；同时解决了拖欠农民工工资问题、农民工的劳动保护问题、农民工的医疗卫生保险问题、进城农民工的子女教育和计划生育问题、农民工的医疗卫生保险问题、进城农民工的法律援助问题。这些宏观政策环境的改善、阻碍农村劳动力转移的体制和机制等因素的逐步化解，以及农民工的各项保障问题与技能培训问题的逐步得到解决，使我国农村劳动力转移进入了一个全新的历史发展时期，主要标志是农村劳动力转移由无序化向有序化、规范化转变。由表 2-2 的数据可以看出，1999 年转移劳动力为 13 985 万人，到 2005 年增加到 20 412 万人，平均年增长率达到 6.51%。从比重上看，到 2005 年，从事非农行业的农村劳动力已经占到 40.51%。

（2）农村劳动力转移与农民收入增长。随着农村劳动力转移不断加快，农村居民的收入将从两个方向增加。随着联产承包责任制的实施，中国农村逐渐成为劳动力过剩的经济。在一个存在剩余劳动力的经济中，部分劳动力的流出无疑会有助于流出地的收入增长。同时，劳动力的流出过程也是农村资源尤其是农村劳动力资源的重新配置过程：外出劳动力能够获得更高的报酬率[①]，非外出劳动力则由于一部分劳动力的流出，其边际劳动生产率也会相应提高。

① Chai, Knight and Song: *The Rural Labor Force Survey for China*, 1994: *The Main Results*, Draft, 1996.

①劳动力流动带来工资性收入。从农村转移出来的劳动力，由于从事非农行业的生产，因此可以获得工资性收入。工资性收入已成为农村居民收入的主要来源之一。表 2－3 统计了 1997～2000 年从事非农行业的劳动力人均汇款状况。从统计数据可知，横向看，农村劳动力向不同的区域转移，人均邮寄款数额是不同的。随着转移的区域半径不断扩大，人均邮寄款反而不断下降，原因可能是存在转移成本（包括在异地的生活费用），在乡内转移的劳动力是最多的。再从纵向看，无论转移到那个区域，人均汇款均是逐年递增的，这也说明农村劳动力的转移带来的工资收入确实是逐年递增的。

表 2－3　1997～2000 年按就业地域划分的人均汇寄款情况　单位：元/年

年份	乡内	县内乡外	省内县外	省外
1997	3 758.71	3 450.54	3 023.69	2 649.04
1998	3 926.59	3 621.51	3 268.25	2 786.76
1999	5 090.03	4 469.60	3 932.80	3 217.82
2000	5 259.05	4 731.85	4 007.04	3 272.36

资料来源：根据人力资源社会保障部网站（http：//www.lm.gov.cn）《中国农村劳动力就业与流动状况》（1997～2000）整理计算得到。

为了进一步说明劳动力流动对农民收入增长的影响，有学者把全体农村劳动力分为外出劳动力和非外出劳动力，把全体农户分为外出劳动力户和非外出劳动力户。在此分类的基础上，根据中国社科院经济研究所 1995 年居民收入抽样调查的农户数据，计算了全国和分省的外出劳动力户和非外出劳动力户的人均收入和每个劳动力创造的平均收入，计算结果如表 2－4 所示。

表 2－4　中国农村外出劳动力户与非外出劳动力户收入的比较

地区	农户人均收入（元）		农户劳动力平均收入（元）	
	外出劳动力户	非外出劳动力户	外出劳动力户	非外出劳动力户
全国平均	2 027	2 014	3 243	3 777
北京	2 627	4 824	4 127	7 974
河北	1 404	1 816	2 781	3 915
山西	1 443	1 216	3 187	2 695
辽宁	2 251	1 977	4 034	3 369
吉林	2 366	1 963	3 795	3 797
江苏	3 718	3 628	5 386	5 473

续表

地区	农户人均收入（元）		农户劳动力平均收入（元）	
	外出劳动力户	非外出劳动力户	外出劳动力户	非外出劳动力户
浙江	2 396	3 795	3 372	6 045
安徽	1 537	1 759	2 464	3 290
江西	1 800	1 617	2 844	3 149
山东	2 906	2 560	4 098	4 151
河南	2 170	1 603	3 619	2 925
湖北	1 787	1 727	2 666	2 986
湖南	1 499	1 435	2 450	2 971
广东	3 671	4 306	5 709	8 564
四川	1 759	1 408	2 444	2 264
贵州	1 367	1 233	1 995	2 423
云南	1 189	1 391	1 698	2 481
陕西	1 612	1 291	3 067	2 965
甘肃	1 090	1 047	1 985	1 957

注：外出劳动力是指 1995 年在外就业或寻找工作 1 个月以上的劳动力。表中外出劳动力户是指家中至少有一个外出劳动力的住户。

资料来源：中国社科院经济研究所 1995 年居民收入抽样调查数据。

表 2－4 的结果显示，在 1995 年居民收入调查中，19 个省份外出劳动力户中人均收入高于非外出劳动户的省份有 13 个，这些省份多为经济欠发达的省份，如河南、四川、贵州等。这说明经济落后的省份可以通过转移劳动力提高农村居民的收入。而外出劳动力户中人均收入低于非外出劳动户的省份有 6 个，这 6 个多为经济比较发达的省份，如广东、浙江等。而在外出劳动户劳动力人均收入的统计中，外出劳动力户中劳动力人均收入高于非外出劳动力户的省份有 6 个，它们在经济上同样欠发达，劳动力转移所得到的劳动报酬明显高于在当地就业的收入水平，因此在统计上表现为外出劳动力户的平均劳动力收入高出非外出劳动力户。总之，经济比较落后地区的劳动力可以通过劳动力转移，通过获得较高的工资性收入从而提高家庭的人均收入；同样可以推断出，经济比较发达的省份的劳动力的转移，是因为他们通过转移，可以获取更多、更好的就业机会，从而提高他们的收入水平。

②外出劳动力边际生产率的提高对收入增加的贡献。随着过剩劳动力的流出，留下的资源特别是劳动力资源经过重新配置，可以提高劳动生产率，从而增

加对收入的贡献。这也是农村劳动力流动影响农户收入增长的另一个方面的效应。为了验证这一效应，赵人伟、李实（1999）分别对外出劳动力户和非外出劳动力户的收入函数进行了估计。在外出劳动力户的收入估计方程中，外出劳动力人数和非外出劳动力人数被引入作为劳动方面的自变量；而在非外出劳动力户的收入函数中，劳动方面的变量只有非外出劳动力人数。在对两个收入方程进行估计的基础上，通过比较非外出劳动力人数前的参数估计值，判断两组农户内部非外出劳动力对家庭总收入的边际贡献率的差异。

表2-5给出了外出劳动力与非外出劳动力的生产函数参数估计值。估计结果显示，外出劳动力户方程中的非外出劳动力人数变量的系数估计值为0.099，而非外出劳动力户方程中的相同变量的系数估计值为0.069，也就是说前者比后者高出约3个百分点。这表明，非外出劳动力在外出劳动力户的边际劳动生产率要高于他们在非外出劳动力户的边际劳动生产率（由于两种农户的家庭人均收入的差别很小，所以外出劳动力户中的非外出劳动力对家庭总收入的贡献的绝对水平也高于非外出劳动力户的非外出劳动力），这就证明了外出劳动力不仅能够获得更高的劳动报酬率，而且他们的流动还会对家庭中其他劳动力的劳动报酬率的提高产生积极的影响。

表2-5　　　　外出劳动力与非外出劳动力生产函数的比较

	系数估计值		调整 R^2	F统计值
	外出劳动力	非外出劳动力		
全国：外出劳动力户方程	0.186	0.099	0.267	27.0
非外出劳动力户方程		0.069	0.225	83.8
安徽：外出劳动力户方程	0.420	0.113	0.238	4.07
非外出劳动力户方程		0.038	0.057	5.64
河南：外出劳动力户方程	0.248	0.113	0.200	6.02
非外出劳动力户方程		0.064	0.129	22.5
广东：外出劳动力户方程	0.214	0.025	0.130	5.24
非外出劳动力户方程		0.032	0.092	9.75
四川：外出劳动力户方程	0.339	0.083	0.111	6.93
非外出劳动力户方程		0.061	0.088	14.3
贵州：外出劳动力户方程	0.190	0.078	0.125	3.25
非外出劳动力户方程		0.040	0.014	1.76
云南：外出劳动力户方程	0.272	0.223	0.335	4.02
非外出劳动力户方程		0.029	0.124	10.28

续表

	系数估计值		调整 R^2	F 统计值
	外出劳动力	非外出劳动力		
陕西：外出劳动力户方程	0.580	0.147	0.091	2.31
非外出劳动力户方程		0.0003	0.004	1.23
甘肃：外出劳动力户方程	0.035	0.128	0.131	2.62
非外出劳动力户方程		0.033	0.398	40.52

注：定义的农村流动劳动力是指：①劳动力发生地域性转移，即转移到乡外就业6个月以上的劳动力；②劳动力未发生地域性转移，但在本乡内到非农产业就业6个月以上的劳动力。由于婚姻关系而引起的地域的变化，以及由于考取大学、中专等院校和参军而离开农村的，都不应视为农村流动劳动力。

资料来源：赵人伟、李实等：《居民收入分配再研究》，中国财政经济出版社1999年版。全国和各省的农户收入函数回归方程中都引入了土地和生产性资产变量，限于篇幅，表中没有列出它们的系数估计值。

2. 市场化与农村居民收入来源多元化

随着经济体制的转型，劳动市场、资本市场的不断完善，农民在获取经营性收入的同时，能够获取工资性收入和财产性收入。此外，从各种途径获得的转移性收入也不断增加。因此，农村居民收入多元化是农村居民收入总量增长的重要原因。表2-6给出了1985~2007年间人均纯收入的不同来源的变动情况。

表2-6　　中国主要年份农村家庭人均居民纯收入构成及其比重

年份	纯收入合计（元/人）	工资性收入（元/人）	工资性收入比重（%）	经营性收入（元/人）	经营性收入比重（%）	财产性收入（元/人）	财产性收入比重（%）	转移性收入（元/人）	转移性收入比重（%）
1985	397.6	72.2	18.2	296	74.4		0	29.5	7.4
1986	423.8	81.6	19.3	313.3	73.9		0	28.9	6.8
1987	462.6	95.5	20.6	345.5	74.7		0	21.6	4.7
1988	544.9	117.8	21.6	403.2	74		0	24	4.4
1989	601.5	136.5	22.7	434.6	72.3		0	30.5	5.1
1990	686.3	138.8	20.2	518.6	75.6		0	29	4.2
1991	708.6	151.9	21.4	523.6	73.9		0	33	4.7
1992	784	184.4	23.5	561.6	71.6		0	38	4.8
1993	921.6	194.5	21.1	678.5	73.6	7	0.8	41.6	4.5

续表

年份	纯收入合计（元/人）	工资性收入（元/人）	工资性收入比重（%）	经营性收入（元/人）	经营性收入比重（%）	财产性收入（元/人）	财产性收入比重（%）	转移性收入（元/人）	转移性收入比重（%）
1994	1 221	263	21.5	881.9	72.2	28.6	2.3	47.6	3.9
1995	1 577.7	353.7	22.4	1 125.8	71.4	41	2.6	57.3	3.6
1996	1 926.1	450.8	23.4	1 362.5	70.7	42.6	2.2	70.2	3.6
1997	2 090.1	514.6	24.6	1 472.7	70.5	23.6	1.1	79.3	3.8
1998	2 162	573.6	26.5	1 466	67.8	30.4	1.4	92	4.3
1999	2 210.3	630.3	28.5	1 448.4	65.5	31.6	1.4	100.2	4.5
2000	2 253.4	702.3	31.2	1 427.3	63.3	45	2	78.8	3.5
2001	2 366.4	771.9	32.6	1 459.6	61.7	47	2	87.9	3.7
2002	2 475.6	840.2	33.9	1 486.5	60	50.7	2	98.2	4
2003	2 622.2	918.4	35	1 541.3	58.8	65.8	2.5	96.8	3.7
2004	2 936.4	998.5	34	1 745.8	59.5	76.6	2.6	115.5	3.9
2005	3 254.9	1 174.5	36.1	1 844.5	56.7	88.5	2.7	147.4	4.5
2006	3 587	1 374.8	38.3	1 931	53.8	101	2.8	180.8	5
2007	4 140.4	1 596.2	38.6	2 193.7	53	128	3.1	222.3	5.4

注：1992 年以前的转移性收入包括财产性收入。

资料来源：顾海兵、王亚红：《中国城乡居民收入差距的解构分析：1985～2007》，载于《经济学家》2008 年第 6 期。

（1）经营性收入变动。农村居民经营性收入是指农民从事农业生产及其相关活动获得的收入。从统计数据来看，经营性收入始终在总量中占主导地位。从绝对量来看，1985 年经营性收入仅为 296 元，2007 年则增加到 2 193.7 元，年均增长率为 9.53%；从其在总量中所占比重变动情况来看，呈现逐年下降的趋势，1985 年为 74.4%，2007 年则下降到 53%，尽管期间个别年份有所反弹，但反弹幅度不大。从经营性收入变动情况来看，尽管其所占比重趋于下降，但迄今为止仍是最主要的收入来源。

（2）工资性收入变动。随着城乡一体化进程的推进，社会经济中城乡融合明显加快，农民从事非农就业的机会明显增多，工资性收入已经成为农民收入的重要来源之一。从绝对量来看，1985 年工资性收入仅为 72.2 元，到 2007 年则增加到 1 596.2 元，年均增长率为 15.11%。从其在总量中所占比重变动情况来看，呈现逐年递增的趋势，1985 年仅占 18.2%，2007 年则递增到 38.6%。可见，工资性收入已经成为农村居民收入的第二大收入来源。

（3）财产性收入变动。农村居民的财产性收入数量在1992年以前很少，统计中将其归入转移性收入，1992年后单独统计。从绝对量来看，1993年财产性收入仅为7元，2007年则增加到128.2元，年均增长率为23.08%。从其在总量中所占比重变动情况来看，总体上是递增的，个别年份稍微有所下降，但下降幅度不大。

（4）转移性收入变动。农民转移性收入指农村住户和家庭成员无须付出任何对应物而获得的货物、服务、资金或资产所有权等，包括在外人口寄回或带回、农村外部亲友赠送的收入、调查补贴、保险赔款、救济金、救灾款、退休金、抚恤金、五保户的供给、奖励收入、土地征用补偿收入和其他转移性收入。近几年，国家先后出台了粮食直补、良种补贴、农机具购置补贴等一系列优惠政策，带动了农民转移性收入的增加。从1985～2007年的绝对量来看，1985年转移性收入仅为29.5元，2007年则增加到222.3元，增加了6.54倍。再从其在总量中所占比重情况来看，则经历了一个先下降后上升的过程，1985年转移性收入所占比重最大，为7.4%，2000年所占比重最低，仅为3.5%，最近几年则稳步上升。

二、城镇居民收入总量变化分析

继农村实行家庭联产承包责任制后，国有企业开始改革，国有企业改革的初始阶段，城镇居民的收入开始快速增长。与此同时，市场化改革使城镇居民的收入也日益多元化。因此，同农村居民一样，转型期城镇居民的收入变动也是制度改革的结果。

（一）城镇居民收入总量变化

改革开放以来，城镇居民家庭人均可支配收入由1978年的343.4元增至2007年的13 758.8元，平均年增长率为13.09%。表2－7给出了1978～2007年城镇居民家庭人均可支配收入总量变动情况。城镇居民的收入变动可分为以下四个阶段。

第一阶段（1978～1983年），城镇居民人均可支配收入平稳增加阶段。在这一阶段，城镇居民人均可支配收入从期初的343.4元增加到期末的564.6元，年均增长率为10.46%。这是因为中国的改革开放首先是从农村进行的。这一阶段城镇居民收入分配基本上保持了传统体制下的特征，政府减少投资、提高消费的倾斜性的分配政策，促进了居民个人收入水平整体上的显著提高。

表 2 -7　　1978～2007 年城镇居民家庭人均可支配收入统计

年份	城镇居民家庭人均可支配收入（元/年）	城镇居民家庭人均可支配收入增长率（%）	年份	城镇居民家庭人均可支配收入（元/年）	城镇居民家庭人均可支配收入增长率（%）
1978	343.4	—	1993	2 577.4	27.18
1979	405	17.94	1994	3 496.2	35.65
1980	477.6	17.93	1995	4 283	22.50
1981	500.4	4.77	1996	4 838.9	12.98
1982	535.3	6.97	1997	5 160.3	6.64
1983	564.6	5.47	1998	5 425.1	5.13
1984	652.1	15.50	1999	5 854.02	7.91
1985	739.1	13.34	2000	6 280	7.28
1986	900.9	21.89	2001	6 859.6	9.23
1987	1 002.1	11.23	2002	7 702.8	12.29
1988	1 180.2	17.77	2003	8 472.2	9.99
1989	1 373.9	16.41	2004	9 421.6	11.21
1990	1 510.2	9.92	2005	10 493	11.37
1991	1 700.6	12.61	2006	11 759.5	12.07
1992	2 026.6	19.17	2007	13 785.8	17.23

资料来源：根据《中国统计年鉴（2008)》和《新中国五十五年统计资料汇编》计算整理得到。

第二阶段（1984～1994 年），城镇居民人均可支配收入快速增加阶段。1984 年，中国改革开放的重心从农村逐渐转移到城镇。直接影响城镇居民收入的改革主要有：使企业的所有权和经营权分离的企业承包制度和十三大提出“按劳分配为主，多种分配形式并存”的分配制度。这些改革大大促进了非国有制经济的发展和社会主义市场经济的发展，在提高城镇职工积极性的同时，也使城镇居民收入水平持续高速增长。在该阶段，1984 年人均可支配收入为 652.1 元，1994 年则增加到 3 496.2 元，年均增长率为 18.28%。

第三阶段（1995～2000 年），城镇居民人均可支配收入增速开始快速下降阶段。从 1995 年开始，宏观经济进入结构调整时期。该阶段，经济增长速度明显放慢，城镇居民收入增幅开始下降。居民家庭减收面扩大，其中包括部分高收入家庭。与此同时，国有企业改革力度加大，城镇下岗职工大量产生，也进一步降低了城镇居民人均可支配收入的增长率，但绝对数仍然增加，1995 年为 4 283 元，2000

年则增加到 6 280 元，年均增长率为 7.95%，但相对于上个阶段，下降了 10 个多百分点。其中 1998 年比 1997 年仅仅增加了 264.8 元，增长率更是跌到谷底，仅仅比上年增长了 5.13%。此后两年，增长速度虽然稍有提高，但增长幅度不大。

第四阶段（2001 ~ 2007 年），城镇居民人均可支配收入呈现恢复性稳定增长阶段。随着经济体制改革的进一步深化，收入分配制度由按劳分配为主转变为把按劳分配和按生产要素分配结合起来，允许和鼓励资本、技术等生产要素参与收益分配，从而使要素市场的供求关系逐渐成为收入分配的基础性调节机制。收入来源多元化的利益激励机制推动了城镇经济的增长，从而使城镇居民可支配收入开始稳定增长。在此期间，2001 年人均可支配收入为 6 859.6 元，2007 年则增加到 13 785.8 元，年均增长率为 12.34%。其中 2007 年比 2006 年增长 17.23%，为本阶段最高。

（二）市场化与城镇居民收入多元化

受市场化的影响，城镇居民不仅可以获取工资性收入，而且还可以获取经营性收入、财产性收入。此外，转移性收入也构成城镇居民可支配收入的一个重要组成部分。表 2－8 给出了 1985 ~ 2007 年间城镇居民人均可支配收入的不同来源的变动情况，图 2－3、图 2－4 刻画了不同来源的收入及其所占比重的变动趋势。

表 2－8　　中国主要年份城镇居民人均可支配收入构成及其比重

年份	可支配收入（元/人）	工资性收入（元/人）	工资性收入比重（%）	经营性收入（元/人）	经营性收入比重（%）	财产性收入（元/人）	财产性收入比重（%）	转移性收入（元/人）	转移性收入比重（%）
1985	739.1	612.7	82.9	10.1	1.4	3.7	0.5	65	8.8
1986	870.7	714.4	82.1	10.3	1.2	4.6	0.5	88.4	10.2
1987	1 002.2	816.1	81.4	10.6	1.1	5.5	0.6	111.8	11.2
1988	1 181.4	905.1	76.6	16.2	1.4	7.3	0.6	179.3	15.2
1989	1 375.7	1 031.4	75	20.1	1.5	11.9	0.9	220.6	16
1990	1 510.2	1 136.9	75.3	22.3	1.5	15.5	1	247.9	16.4
1991	1 700.6	1 276.4	75.1	24.9	1.5	19.6	1.2	272.4	16
1992	2 026.6	1 605.9	79.2	28.5	1.4	30.5	1.5	236.9	11.7
1993	2 577.4	1 984.5	77	40.6	1.6	45.7	1.8	325	12.6
1994	3 496.2	2 683.1	76.7	61.5	1.8	68.7	2	473.5	13.5
1995	4 283	3 266.5	76.3	90.5	2.1	90.3	2.1	586.9	13.7
1996	4 838.9	3 663.9	75.7	115.8	2.4	111.8	2.3	659.6	13.6

续表

年份	可支配收入（元/人）	工资性收入（元/人）	工资性收入比重（%）	经营性收入（元/人）	经营性收入比重（%）	财产性收入（元/人）	财产性收入比重（%）	转移性收入（元/人）	转移性收入比重（%）
1997	5 160. 3	3 777. 5	73. 2	167. 3	3. 2	123. 7	2. 4	752. 7	14. 6
1998	5 425. 1	3 851. 7	71	185. 5	3. 4	132. 1	2. 4	873. 6	16. 1
1999	5 854	4 060. 3	69. 4	213. 5	3. 6	127. 9	2. 2	1 249. 7	21. 3
2000	6 280	4 454. 4	70. 9	244. 8	3. 9	127. 6	2	1 432. 4	22. 8
2001	6 859. 6	4 796. 7	69. 9	272. 2	4	133. 7	1. 9	1 619. 2	23. 6
2002	7 702. 8	5 406. 8	70. 2	312. 9	4. 1	96. 2	1. 2	1 886. 9	24. 5
2003	8 472. 2	5 993. 6	70. 7	377. 6	4. 5	126. 2	1. 5	1 974. 9	23. 3
2004	9 421. 6	6 653. 5	70. 6	459. 4	4. 9	149. 9	1. 6	2 158. 8	22. 9*
2005	10 493	7 227. 4	68. 9	629. 9	6	178. 8	1. 7	2 456. 9	23. 4
2006	11 760	8 105. 5	68. 9	748. 5	6. 4	225. 6	1. 9	2 679. 9	22. 8
2007	13 786	9 464	68. 7	869. 9	6. 3	322. 3	2. 3	3 129. 7	22. 7

注：1992 年以前的转移性收入包括财产性收入。

资料来源：顾海兵、王亚红：《中国城乡居民收入差距的解构分析：1985 ~ 2007》，载于《经济学家》2008 年第 6 期。

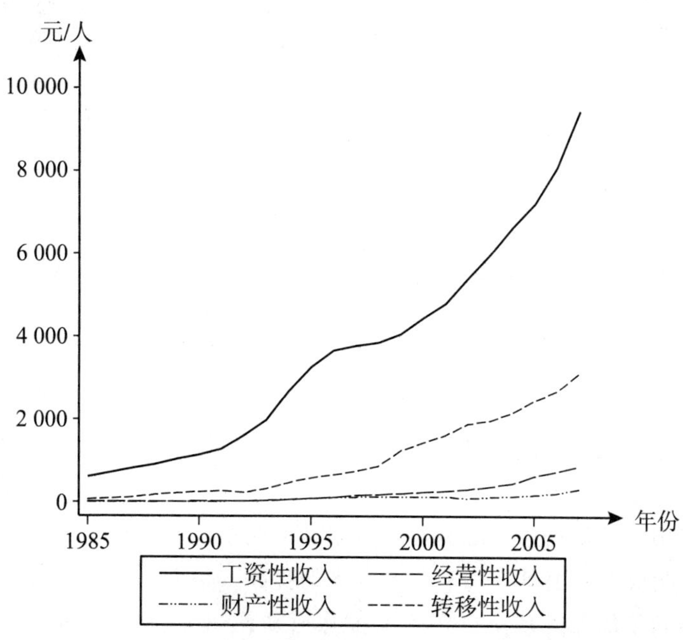

图 2－3　中国主要年份城镇居民人均可支配收入构成

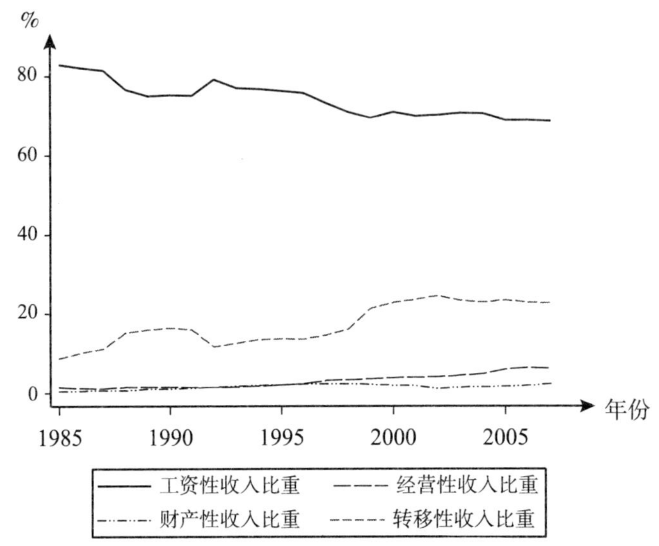

图 2-4　中国主要年份城镇居民人均可支配收入构成比重

1. 工资性收入变动

工资性收入是城镇居民最主要的收入来源，占据绝对的主体地位。从统计时段收入的绝对量来看，1985 年工资性收入仅为 612.7 元，2007 年则递增到 9 464 元，22 年间增加了 13.45 倍，年均增长率为 12.91%。再从其在总量中所占比重变动情况来看，总体上呈现递减的趋势，1985 年占 82.9%，到 2007 年递减到 68.7%，尽管其间个别年份有所反弹，但反弹幅度不大。从工资性收入变动情况来看，尽管其所占比重趋于下降，但迄今为止仍是城镇居民最主要的收入来源。

2. 经营性收入变动

随着市场经济的不断完善，国家积极鼓励城市居民自主创业，并且为个体、私营经济发展创造越来越好的外部环境，个体、私营经济发展较快。居民家庭中个体经营从业人员不断增加，城镇居民经营性收入不断获得大幅增长。从绝对量看，1985 年经营性收入仅为 10.1 元，2007 年则快速上升到 869.9 元，22 年间上涨了 84.13 倍，年均增长率为 22.39%。从其在总量中所占比重变动情况来看，总体上看呈现递增的趋势，1985 年仅占 1.4%，到 2007 年增加到 6.3%。可见，经营性收入已经成为城镇居民可支配收入的重要来源。

3. 财产性收入变动

随着我国证券市场的不断完善，越来越多的城镇居民被股市财富所吸引，拿出手中的钱买股票；另外，随着收入水平的提高，很大一部分居民选择购买储蓄性保险，近几年的保险产品也在逐渐推陈出新，如分红一类的险种不仅可以保值，同时定期还可以获利分红，居民家庭的保险收益较为可观。基于以上原因，我国居民家庭现如今的资产组合，已由过去单一的银行存款，正逐步被股票、保险、基金等更多金融资产组合所取代，这些投资成为部分居民家庭财富增长的最直接原因。另外，有的大企业集团经济效益良好，定期向职工发放股息与红利收入，这项收入较稳定，同时也是企业职工收入的一项重要来源。所有这些都增加了城镇居民的财产性收入。从绝对量来看，1985 年财产性收入仅为 3.7 元，2007 年则增加到 322.3 元，22 年增加了 85.11 倍，年均增长率为 22.45%。再从其在总量中所占比重变动情况来看，1985 年仅为 0.5%，2007 年则上升到 2.3%，其间虽然增长率不断波动，但总体上趋于递增的态势。

4. 转移性收入的变动

城镇居民家庭转移性收入包括离退休金、价格补贴、赡养收入、赠送收入、亲友搭伙费、记账补贴、出售财物收入等。随着社会保障制度的不断完善，以及职工最低工资标准和居民最低生活保障按时足额发放，城镇居民转移性收入呈现出较快增长。从绝对量来看，1985 年转移性收入仅为 65 元，2007 年则增加到 3 129.7 元，22 年间增长了 47.15 倍，年均增长率为 19.26%。从其在总量中所占比重变动情况来看，1990 年是拐点，从 1985 年的 8.8% 上升到 1990 年的 16.4%，之后经历了两年的下降，从 1993 年开始呈现递增的趋势。

由上面的分析可以得到以下结论：

首先，农村居民和城镇居民的收入总量总体来说是不断增加的，但增长的速度有差异，城镇居民人均可支配收入年均增长率为 13.09%，而农村居民人均纯收入年均增长率为 12.13%。由此可以看出，城镇居民的收入增长要快于农村居民的收入增长。

其次，农村居民和城镇居民的收入增长具有明显的阶段性，不同阶段增长速度是不同的。

最后，农村居民和城镇居民的收入增长是各种制度转型的结果。经济转型期各种制度的改革使居民的收入日益多元化，而收入多元化成为收入增长的重要保障。

第二节　收入分配差异

自 1978 年以来，中国人均国内生产总值以年均 14.42% 的速度增长，城镇居民人均可支配收入也以年均 13.58% 的速度增长。但同时，无论是城乡之间还是城镇和农村内部，收入差距都扩大了。用城镇居民人均可支配收入与农村居民人均纯收入之比来衡量城乡之间的收入差距，1978 年为 2.57，2002 年上升到

3.11，2007年进一步扩大到3.33。同时，根据相关数据测算出的农村居民收入的基尼系数由1978年的0.21上升到2007年的0.42，城镇居民收入的基尼系数由1978年的0.16上升到2007年的0.28。其中，2007年农村居民收入的基尼系数已经突破国际公认的警戒线水平0.4。这些数据表明，29年来中国的城镇、农村和全国的收入差距呈不断扩大的趋势，特别是有些年份已经超过了国际警戒线水平。以下将分别测度和分解农村内部、城镇居民内部以及城乡居民之间的收入差距。

一、农村居民的收入差距

由农村居民的收入总量分析可知，在经济转型期，农村居民人均纯收入迅速增加，但与此同时，农村居民收入差距也不断扩大。具体说来，农村居民的收入差距不仅表现在一个区域的农村内部收入差距，也表现为区域差距。

（一）农村居民的内部收入差距

表2-9给出了1978～2007年农村居民的基尼系数。结果显示，1978年基尼系数为0.2124，2007年则上升到0.4232，平均年增长率为2.25%。图2-5则给出了农村居民收入差距的变动趋势。根据图2-5可以把农村居民收入差距的变动分为以下四个阶段。

第一阶段（1978～1984年），农村居民收入差距先增加后稳定阶段。从1978年起，农村开始推行家庭联产承包责任制，大大释放了农村居民的生产积极性，农村居民的收入开始大幅增加。但与此同时，由于各个农村家庭的资源禀赋的差异性，农村居民收入差距开始扩大。从表2-9的数据可以看出，1978年农村居民收入的基尼系数为0.2124，但1979年迅速上升到0.2407，随后几年里，基尼系数几乎没有变动。这段时间农村居民收入差距先突然上升，然后趋于相对稳定的原因是这段时间农民的收入来源单一，基本上都是经营性收入，其他诸如工资性收入等占的比重极低。根据边际报酬递减规律，起初农村经营随着投入增加，经营性收入不断增加，但增加到一定限度，边际报酬开始下降，从而表现出收入先增加后稳定的特征。

第二阶段（1985～1991年），农村居民收入差距呈加速扩大趋势阶段。在这一阶段，由于联产承包责任制的普遍推行，劳动生产率不断提高，农村劳动力开始过剩。与此同时，随着中国工业化进程的加快，占用的耕地不断增加，导致农村居民人均耕地持续下降，而农用生产资料价格大幅度上升，致使仅仅靠获取经营性收入的农村居民的收入大幅度下降。然而，中国率先开放的东南沿海一带的农村居民，其收入来源不断多元化，工资性收入和财产性收入在总收入中的比重开始超过经营性收入构成农民的重要收入来源，从而农村居民的收入差距开始加速扩大。表 2－9 显示，1985 年我国农村居民的基尼系数为 0.2267，1991 年则上升到的 0.3072，增加了 8 个多百分点。

表 2－9　　农村居民收入差距测度指标

年份	农村居民人均纯收入	基尼系数	年份	农村居民人均纯收入	基尼系数
1978	133.6	0.2124	1993	921.6	0.3292
1979	160.2	0.2407	1994	1 221	0.321
1980	191.3	0.2406	1995	1 577.7	0.3415
1981	223.4	0.2417	1996	1 926.1	0.3229
1982	270.1	0.2416	1997	2 090.1	0.3285
1983	309.8	0.2461	1998	2 162	0.3369
1984	355.3	0.2439	1999	2 210.3	0.3361
1985	397.6	0.2267	2000	2 253.4	0.3536
1986	423.8	0.2843	2001	2 366.4	0.3603
1987	462.6	0.2889	2002	2 475.6	0.3646
1988	544.9	0.3053	2003	2 622.2	0.368
1989	601.5	0.3185	2004	2 936.4	0.3692
1990	686.3	0.3099	2005	3 254.9	0.3751
1991	708.6	0.3072	2006	3 587	0.3737
1992	784	0.3134	2007	4 140.4	0.4232

资料来源：根据相关年份的《中国统计年鉴》计算得到。

第三阶段（1992～1999 年），这一阶段，农村居民收入差距呈现出小幅波动震荡的特征。由表 2－9 可知，1992～1993 年，农村居民的基尼系数快速上升，1992 年为 0.31，1993 年则扩大到 0.3292。1994～1999 年则出现不规律的、小幅波动震荡的特征，其中在 1995 年出现波峰，该年的基尼系数高达 0.3415，是改革开放以来最大的一年，并成为这一阶段农村居民收入差距变动的拐点。其原因在于，1992 年邓小平南方谈话后，改革开放早、力度大的东南沿海地区农村经济快速发展、农村居民收入日益多元化从而推动农民收入迅速增长；而中、西部地区由于改革晚、经济发展较慢，居民收入增长缓慢，进一步拉大了农村居民收入差距，以至于在 1995 年差距达到最大值。1995 年 2 月，旨在推动乡镇企业发展以带动小城镇经济发展的《乡镇企业东西合作示范工程方案》和《小城镇综合改革试点指导意见》的出台，使包括中、西部地区在内的广大农村地区农民收入的来源逐渐增多，从而抑制了农村收入差距的快速扩大。由表2-9可以看出，1996~1999年农村的基尼系数基本上稳定在0.33左右。

第四阶段（2000~2007年），这一阶段，农村居民收入差距先缓慢扩大，后跳跃式扩张。我国农村居民的基尼系数由2000年的0.3536缓慢扩大到2006年的0.3737，而2007年则越过国际警戒线达到0.4232。在本阶段，我国主要农产品生产价格大幅度下降，粮食连年减产，农村家庭经营性收入减少，而劳动力比较多的家庭通过转移劳动力从事非农行业的持续上升的工资性收入使其收入稳定增长，导致收入差距扩大。

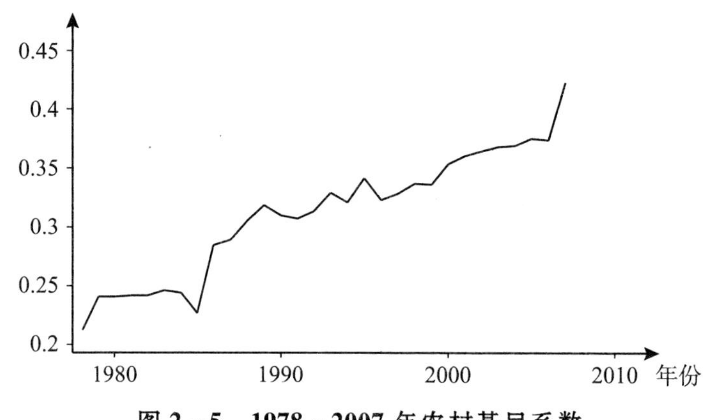

图2-5　1978~2007年农村基尼系数

（二）农村居民收入差距的区域差异

表2-10、图2-6显示，东、中、西三大地带间，农村居民收入呈现不同的演变态势，这些差距的演变路径如下：

1. 中、西部收入差距的演变

第一阶段（1978~1992年），农村收入差距相对平稳阶段。1978~1992年，中、西部收入差距不大，而且比较平稳。1978年中、西部收入比为1.10，1992年为1.15，虽然期间有所波动，但幅度不大。相对东部，中、西部改革开放都比较晚，这是中、西部收入差距稳定的主要原因。

第二阶段（1993~1996年），中、西部农村收入差距迅速扩大阶段。1992年，邓小平南方谈话及建立市场经济体制的决定，以及随着改革的推进，中部改革开放的力度开始加大，使得中部农村居民收入多元化加快，而西部的改革仍然比较滞后，所以中、西部农村居民收入差距开始加大。1993年中、西部收入差距比是1.19，1996年则迅速上升到1.47。

表 2－10　1978～2007 年西部、中部和东部农村居民人均纯收入比较

年份	西部地区	中部地区	东部地区	中部：西部	东部：中部	东部：西部
1978	120	132	164	1.10	1.37	1.24
1980	172	188	242	1.09	1.41	1.29
1985	323	380	513	1.18	1.59	1.35
1990	559	649	968	1.16	1.73	1.49
1992	619	712	1 156	1.15	1.87	1.62
1993	678	810	1 399	1.19	2.06	1.73
1994	858	1 122	1 813	1.31	2.11	1.62
1995	1 052	1 422	2 346	1.35	2.23	1.65
1996	1 221	1 798	2 776	1.47	2.27	1.54
1997	1 399	1 978	3 005	1.41	2.15	1.52
1998	1 501	2 054	3 151	1.37	2.10	1.53
1999	1 520	2 058	3 237	1.35	2.13	1.57
2000	1 606	2 171	3 649	1.35	2.27	1.68
2001	1 721	2 154	3 542	1.25	2.06	1.64
2002	1 821	2 269	3 758	1.25	2.06	1.66
2003	1 856	2 392	3 988	1.29	2.15	1.67
2004	2 283	2 566	4 565	1.12	2.00	1.78
2005	2 508	2 815	5 123	1.12	2.04	1.82
2006	2 588	3 283	5 188	1.27	2.00	1.58
2007	3 028	3 844	5 854	1.27	1.93	1.52

资料来源：根据《中国统计年鉴》各相关年份数据统计整理计算。

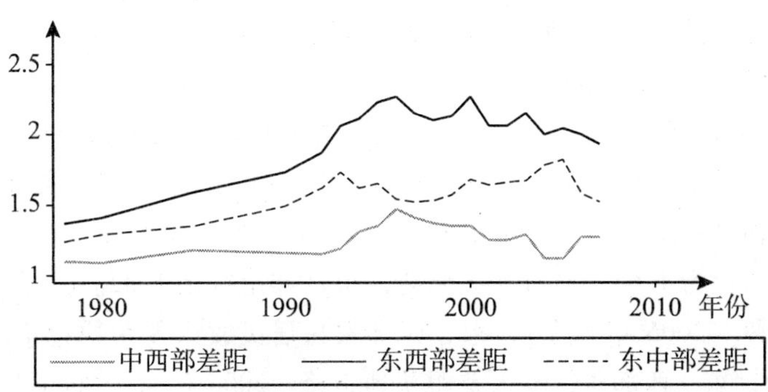

图 2－6　中国主要年份三大地带农村收入差距

第三阶段（1997～2005年），中、西部收入差距逐渐下降阶段。随着国家对西部发展的支持力度不断加大，中、西部收入差距开始不断下降，1997年中、西部农村居民收入比为1.41，2005年则下降到1.12。特别值得关注的是从2001年开始，中、西部收入比开始大幅下降，1999年和2000年都是1.35，2001年突然下降到1.25。原因是1999年国家制定了西部大开发战略，国家对西部投入力度的加大以及开放较早、发展较好的东部地区的投资向西部的转移，导致西部地区的农村居民收入来源开始多元化，虽然中部地区农民收入也在增加，但是西部地区农村居民的收入增长更快，从而导致收入差距快速下降。

第四阶段（2006年至今），中、西部收入差距缓慢增加阶段。2005年，国家明确制定促进中部地区崛起的规划和措施，以充分发挥中部地区的区位优势和综合经济优势，加强现代农业特别是粮食主产区建设。中部崛起战略涉及加强现代农业发展的举措，能提高中部地区农村居民的收入。而东部崛起的加强综合交通运输体系和能源、重要原材料基地建设，加快发展有竞争力的制造业和高新技术产业，开拓中部地区大市场，发展大流通的举措，可以带动中部农村劳动力的转移，促进中部农村居民收入的多元化。所以，从2006年开始，中、西部农村居民的收入差距又开始拉大。

2. 东、西部收入差距的演变

第一阶段（1978～1992年），东、西部收入差距不断扩大阶段。从绝对量上看，1978年东部地区是164元，西部地区是120元，绝对差额为44元，到了1992年，东部地区为1 156元，西部地区为619元，绝对差额为537元；从相对量上看，1978年东、西部农村居民收入比为1.24，1992年则上升到1.73。由此可知，得益于东部地区率先开放，东、西部地区农村居民收入差距不断扩大。

第二阶段（1993～1998年），东、西部农村居民收入差距波动下降阶段。1992年决定建立市场经济体制，促使西部地区各类市场建立和完善，这带动了农村居民收入的多元化，西部农村居民的收入不断增长，从而导致东、西部农村居民的收入差距整体上有所缩小。1993年东、西部农村居民收入比为1.62，1998年则下降到1.53，虽然期间偶尔有所波动，但波动的幅度不大。

第三阶段（1999～2005年），波动式上升阶段。虽然国家1999年制定西部大开发战略，推动了西部农村居民收入的增长，但这一阶段东部农村居民收入增长更快，从而这一阶段东、西部农村居民收入呈波动式上升特征。1999年东、西部居民收入比为1.68，经过几次波动，2005年上升到1.82。

第四阶段（2006年至今），东、西部农村居民收入差距快速下降阶段。从2006年开始，东、西部居民收入差距快速下降。2006年东、西部居民收入比快速下降到1.58，2007年则进一步下降到1.52。

3. 东、中部收入差距的演变

第一阶段（1978～1996 年），收入差距不断扩大阶段。由于中部地区晚于东部地区进行改革开放，导致这一阶段中部地区的农村居民收入增长缓慢，东、中部农村居民收入差距持续扩大。从绝对差额看，1978 年东部比中部收入高 32 元，1996 年则上升到 978 元；从相对差距看，1978 年，东、中部农村居民收入比为 1.37，1996 年则上升到 2.27，差不多翻了一番。

第二阶段（1997～2005 年），收入差距震荡式下降阶段。随着中部地区改革开放的深入，中部地区农村居民的收入快速增长，东、中部农村居民的收入差距开始震荡式下降。1997 年东、中部收入比为 2.15，2005 年则下降到 2.04。在这个下降过程中，呈现震荡式波动，尤其是 2000 年，收入差距再次扩大到 2.27，但总的趋势是下降的。

第三阶段（2006 年至今），收入差距持续下降阶段。随着中部崛起战略的实施，中部经济发展迅速，而此时东部面临结构调整，因此，东、中部农村居民的收入差距开始不断下降。2006 年东、中部地区居民收入比为 2.00，2007 年则下降到 1.92。

由以上分析可以看出，三大地带的收入差距演变有以下规律：

其一，在西部、中部和东部两两差距的演变中，每一年份的东、西部差距始终大于东、中部差距，而东、中部差距又始终大于中、西部差距。由图 2－6 可以看出，东、西部差距曲线位于最顶端，而中、西部差距曲线位于最底部，东、中部收入差距则一直位于中间位置。

其二，三个差距都经历了一个先上升然后逐渐下降的阶段。由图 2－6 可以看出，无论是东、西部差距，东、中部差距还是中、西部差距，都经历了先上升后下降的过程。东、西部差距的下降要早于中、西部和东、中部差距的下降，东、西部收入差距经历了一个上升过程后，于 1996 年率先开始下降，而中、西部和东、西部收入的差距则从 1997 年开始下降。

其三，三个差距的演变过程大致反映了国家转型由点及面的轨迹。国家东部改革开放、西部大开发和中部崛起战略的先后实施，给三大地带农村居民收入差距的演变打下了深深的政策烙印。比如，国家决定从 1999 年开始西部大开发，经过两年的开发，从 2001 年开始，中、西部差距和东、西部差距开始下降；2005 年，国家制定中部崛起的战略，中、西部收入差距又开始上升，而中、东部收入差距则开始快速下降。

二、城镇居民的收入差距

由上面分析可知我国城镇居民收入分配现状。近年来，随着我国经济的快速增长和改革开放的不断深入，人民生活水平有了比较大的提高。但与此同时，我国城镇居民收入的差距也不断扩大，个别年份甚至超过了国际公认的警戒线。在上述背景下，本书利用国家统计局公布的关于城镇居民收入的相关数据，通过计算各种衡量城镇居民可支配收入差距的测度指标（见表2-11），详尽分析了1985~2007年中国城镇居民收入分配差距的变动趋势。此外，还利用各省（市）主要年份城镇居民可支配收入数据来测度城镇居民收入的区域差距。

（一）城镇居民收入总差距

表2-11给出了城镇居民收入总差距的各种测度指标统计值。图2-7刻画了几个衡量城镇居民收入差距指标的变动趋势。表2-12则给出了衡量城镇居民各种福利的指数。由上述统计值及其变动可以看出，中国城镇居民收入分配差距的变动趋势具有以下特征：

表2-11　1985~2007年中国城镇居民可支配收入（或生活费收入）差距的各种测度指标

年份	基尼系数	变异系数	库兹涅茨比率	库兹涅茨指数（%）	阿鲁瓦利亚指数（%）	收入不良指数	绝对极比	相对极差
1985	0.166	0.3007	20.66	26.64	32.34	1.8033	3.233	1.171
1986	0.135	0.2954	21.25	25.17	31.51	1.7436	3.309	1.135
1987	0.167	0.3069	21.06	26.49	32.50	1.7916	3.294	1.203
1988	0.175	0.3215	22.05	26.59	32.03	1.8447	3.483	1.259
1989	0.179	0.3324	22.71	26.98	31.61	1.9073	3.644	1.312
1990	0.172	0.3239	22.36	26.71	31.65	1.8869	3.553	1.268
1991	0.168	0.3104	21.35	27.06	32.40	1.8358	3.300	1.208
1992	0.184	0.3408	23.39	27.68	30.89	2.0137	3.801	1.341
1993	0.203	0.3803	26.46	29.37	29.36	2.2780	4.250	1.473
1994	0.214	0.4007	27.91	30.15	28.34	2.4479	4.631	1.545
1995	0.206	0.3866	26.93	29.66	28.78	2.3660	4.374	1.494
1996	0.208	0.3870	27.28	29.94	28.535	2.4089	4.355	1.484
1997	0.218	0.4072	28.53	30.27	28.14	2.5133	4.743	1.568
1998	0.225	0.4219	29.65	30.94	27.44	2.6515	4.985	1.615
1999	0.230	0.4351	30.58	31.06	27.00	2.7193	5.196	1.667
2000	0.214	0.336	29.05	31.79	26.52	2.8664	5.017	1.697

续表

年份	基尼系数	变异系数	库兹涅茨比率	库兹涅茨指数（%）	阿鲁瓦利亚指数（%）	收入不良指数	绝对极比	相对极差
2001	0.260	0.272	29.80	32.17	27.02	2.8938	3.655	1.345
2002	0.232	0.421	38.27	35.72	22.215	4.0899	7.887	2.153
2003	0.243	0.439	39.05	36.36	21.91	4.2308	8.431	2.272
2004	0.282	0.461	41.19	38.16	21.91	4.4577	8.226	2.366
2005	0.305	0.474	42.32	39.04	21.84	4.6508	8.519	2.420
2006	0.295	0.468	42.06	38.77	22.00	4.5583	8.958	2.415
2007	0.280	0.634	40.93	38.06	17.78	4.3938	8.737	2.363

注：（1）以上数据均按人口—可支配收入（或生活费收入）—8分组（不等分）计算，8分组情况是困难户（5%）、最低收入户（5%）、低收入户（10%）、中等偏下户（20%）、中等收入户（20%）、中等偏上户（20%）、高收入户（10%）和最高收入户（10%），括号内数字表示调查户比重。

（2）库兹涅茨比率是各个分组的收入比重与人口比重（或家户比重）之差的绝对值加总值。

（3）库兹涅茨指数通常以最富有的20%的人口的收入比重来表示；阿鲁瓦利亚指数通常以最贫穷的40%人口的收入比重表示；收入不良指数通常以最富有的20%人口的收入比重之比表示，这里用家户份额代替人口份额。

（4）绝对极比指最高收入组的人均可支配收入与最低收入组的人均可支配收入之比，相对极差指极差与总体人均可支配收入之比。

资料来源：其中1985～1996年为人均生活费收入，1997～2007为人均可支配收入。其中1985～1999年各种指标数值来源于张东辉、徐启福：《中国城镇居民收入分配差距的实证研究》，载于《当代经济研究》2002年第2期。2000～2007年根据相关年份《中国统计年鉴》中的“人民生活——城镇居民家庭基本情况”有关数据计算得到。

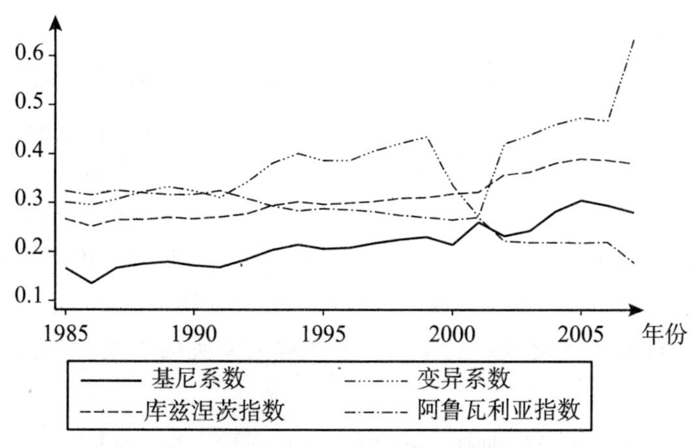

图2－7　我国城镇居民收入差距测度指标

其一，尽管有些年份有所波动，但城镇居民收入差距整体是扩大的。其中，1985 年基尼系数是 0.166，到了 2007 年上升为 0.280，22 年间年平均上升率为 2.40%；以最富有的 20% 的人口的收入比重来表示的库兹涅茨指数总体上也是逐年递增的；以最贫穷的 40% 人口的收入比重表示的阿鲁瓦利亚指数从 1985 ~ 1999 年经历了一个缓慢的上升之后，2000 ~ 2007 年则经历了一个迅猛的下降。这些指标的变动都从不同角度说明中国城镇居民收入差距总体上是不断扩大的。

其二，总体上，收入分配差距的扩大是与居民人均可支配收入的增长相伴随的。我们用："增长与收入分配平等的替代系数"（见表 2 - 12）来衡量增长与收入差距的替代关系，若系数大于零，表明增长伴随着收入差距的扩大；若系数小于零，则表明增长伴随着收入差距的缩小。从表 2 - 12 可以看到，有 8 个年份的替代系数是负数，14 个年份的替代系数是正数。这说明大多数年份收入的增长并没有缩小收入差距。相反，在收入增长的同时，收入分配差距反而更大。但值得关注的是，从 2006 年开始，替代系数不仅是负数，而且呈递减的趋势，这说明收入增长引起收入差距扩大的效应有所减弱。此外，我们通过回归方程检验了收入增长与收入分配差距之间的关系，结果如下：

$$GINI = -0.4332 + 0.0929 LogR \quad (2-1)$$

$$(-9.38) \quad (14.08)$$

$$R^2 = 0.9042 \quad adj - R^2 = 0.8996$$

$$GINI = -0.3031 + 0.0559 LogRY + 0.0026 (LogRY)^2 \quad (2-2)$$

$$(-0.38) \quad (0.25) \quad (0.16)$$

$$R^2 = 0.9043 \quad adj - R^2 = 0.8948$$

方程（2 - 1）通过了显著性检验，但方程（2 - 2）没有通过显著性检验，表明收入增长与收入分配差距扩大之间具有较强的正相关性（因为相关系数较高），可是并不符合库兹涅茨的倒"U"形假说。这说明，直到目前为止，城镇居民的收入增长与收入分配差距缩小还是不能兼得。为了更好地从整体上衡量城镇居民的福利水平，我们采用了社会福利指数[①]来替代实际人均可支配收入（见表 2 - 12）。由表 2 - 12 可知，除少数年份外，社会福利指数的增长率一般低于实际人均可支配收入的增长率。由表 2 - 11 可知，城镇居民可支配收入的基尼系数与上年相比下降的年份有 1986 年、1990 年、1991 年、1995 年、2000 年、2002 年、2006 年和 2007 年共 8 年，而这 8 年恰恰是社会福利指数的增长率高于实际人均可支配收入的增长率的年份，表明收入差距的扩大会降低社会福利水

① Stark, Oded and Yitzhaki, Shlomo: Migration, Growth, Distribution and Welfare, *Economics Letters*, Elsevier, 1982, Vol. 10.

平，缩小差距则会提高社会福利水平。

表 2 - 12　　1985 ~ 2007 年中国城镇居民各种福利指数

年份	社会福利指数		实际人均可支配收入（或生活费收入）			收入增长与收入分配平等的替代系数
	指数	增长率（%）	指数	增长率（%）	下降率（%）	
1985	459	14.19	551	1.26	—	—
1986	524	1.90	606	10.09	-3.91	-1.049
1987	534	-3.26	642	5.82	-0.94	1.569
1988	517	-0.35	627	-2.32	-0.49	0.268
1989	515	9.32	628	0.14	0.92	0.139
1990	563	7.67	680	8.39	0.52	-0.400
1991	606	7.61	729	7.15	-2.11	-0.184
1992	653	6.99	800	9.72	-2.55	0.497
1993	698	7.01	876	9.54	-1.50	0.380
1994	747	5.95	951	8.50	1.07	0.152
1995	792	3.58	997	4.88	-0.26	-0.166
1996	820	2.13	1 035	3.84	-1.31	0.075
1997	837	4.82	1 071	3.43	-0.95	0.724
1998	878	8.62	1 133	5.77	-0.71	0.626
1999	953	8.63	1 238	9.32	2.21	0.281
2000	1 036	2.13	1 318	6.42	-6.35	-0.956
2001	1 058	17.72	1 429	8.48	4.29	2.329
2002	1 245	7.44	1 621	13.43	-1.56	-0.876
2003	1 338	2.11	1 767	9.00	-5.55	0.475
2004	1 366	6.11	1 903	7.66	-3.51	1.432
2005	1 450	12.02	2 086	9.62	1.59	0.717
2006	1 624	14.56	2 303	10.43	2.39	-0.272
2007	1 860	14.19	2 584	12.17	-3.91	-0.295

注：（1）社会福利指数的计算公式：$Lg = Y(1 - G)$，其中 Y 表示实际收入，G 表示基尼系数。参见李实、张平等（2000），第 10 页。

（2）增长与收入分配平等的替代系数表示收入增长 1 个百分点所引起的收入差距指数或测度指标（这里采用基尼系数）上升的幅度。参见李实、张平等（2000），第 12 页。

（3）下降率表示实际人均可支配收入（或生活费收入）增长率与社会福利指数增长率之差。

资料来源：同表 2 - 11，其中实际收入 = 当年可支配收入/城镇居民生活价格指数，生活价格指数 1978 年 = 100。

（二）城镇居民收入的区域差距

改革开放以来，我国各地区城镇居民收入均有所提高，但收入增长速度不尽相同，甚至差异很大，导致地区间居民收入差距的扩大。尤其是20世纪90年代以后，东部地区的经济得到迅猛发展，其居民的收入也随着大幅上升，东、中、西部的相对收入差距和绝对收入差距更加明显。

由图2-8可以看出，各省（市）中处于最低和最高的收入线起初间距非常小，但是不断扩大的。由表2-13和图2-9可以看出，省际间的城镇居民收入差距总体上经历了一个先上升后波动下降的过程。1981~1995年，绝对极比一直快速上升，1981年绝对极比为1.72，1995年则上升到2.61；1996~1998年，则快速下降，1996年绝对极比为2.43，1998年则下降为2.20。之后则是一个缓慢波动上升的过程，但最近几年则基本稳定在2.3左右。

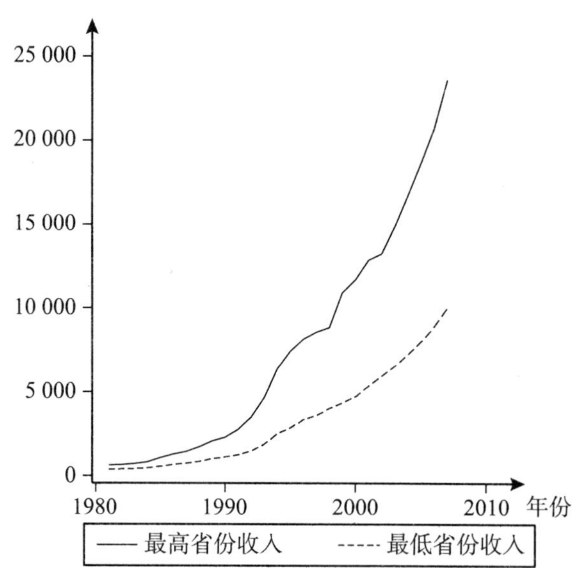

图2-8 中国省际间城镇居民最高、最低人均收入

表2-13 中国省际间城镇居民人均收入的地区差别（1981~2007年）

年份	收入最高省份收入（元）	收入最低省份收入（元）	绝对极比	年份	收入最高省份收入（元）	收入最低省份收入（元）	绝对极比
1981	637	369.7	1.72	1984	818.37	466.82	1.75
1982	659	402.23	1.64	1985	1 075	560.95	1.92
1983	714	422.06	1.69	1986	1 293	667.55	1.94

续表

年份	收入最高省份收入（元）	收入最低省份收入（元）	绝对极比	年份	收入最高省份收入（元）	收入最低省份收入（元）	绝对极比
1987	1 437	744.25	1.93	1998	8 839.68	4 009.61	2.20
1988	1 723	862.12	2.00	1999	10 931.64	4 342.61	2.52
1989	2 086	1 015.01	2.06	2000	11 718.01	4 724.11	2.48
1990	2 303.15	1 119.10	2.06	2001	12 883.46	5 340.46	2.41
1991	2 752.18	1 249.5	2.20	2002	13 249.80	5 944.08	2.23
1992	3 476.7	1 478.91	2.35	2003	14 867.49	6 530.48	2.28
1993	4 632.38	1 879.29	2.47	2004	16 682.82	7 217.87	2.31
1994	6 367.08	2 503.01	2.54	2005	18 645.03	7 990.15	2.33
1995	7 438.68	2 845.72	2.61	2006	20 667.91	8 871.27	2.33
1996	8 159.0	3 353.94	2.43	2007	23 622.73	10 012.34	2.36
1997	8 561.71	3 592.43	2.38				

资料来源：1981～1999年的各省城镇居民人均收入数据来源于《新中国五十年统计资料汇编》（1999年），2000～2007年各省城镇居民人均可支配收入的数据来源于相关年份的《中国统计年鉴》，据此计算出绝对极比。

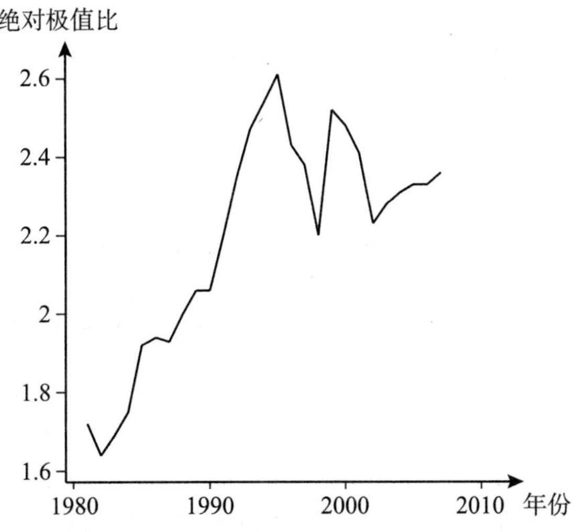

图2－9　中国省际间城镇居民收入差距测度

三、城乡居民的收入差距

改革开放以来我国城乡居民收入水平不断提高，但差距也在逐渐扩大，并出现一些波动。对城乡居民收入差距及其变化趋势做出一个实事求是的判断，对于制定相应的政策，促进城乡经济协调健康发展具有重要意义。

（一）城乡居民的收入总差距

1. 用城乡居民收入比测度的总差距

从现有统计资料来看，城乡居民收入差距大致经历了一个先下降后震荡上升的过程（见表 2－14 和图 2－10）。在改革开放的初期的几年里，城乡居民的收入差距呈现下降的趋势，1983 年下降到最低，经过相对稳定的 1984 年和 1985 年，从 1986 年开始，则呈现震荡式上升趋势。具体说来，城乡居民收入差距的变动可以划分为以下几个阶段：

第一阶段（1978～1983 年），城乡居民收入差距呈较快缩小趋势。在这一阶段，从 1979 年开始试点，1983 年全面推行家庭联产承包责任制，大大调动了广大农村居民的生产积极性，劳动生产率得到极大提高，农村人均产出飞跃式增加，再加上国家大幅度地提高农产品的收购价格，使农村居民的收入有了快速增加；而相对于农村改革，这一阶段，城市改革尚未进行，城镇居民的收入变化不大，因此这一阶段城乡居民收入差距呈现快速下降的特征。表 2－14 表明，1978 年城乡居民收入比为 2.57，1983 年则下降到 1.82，期间虽然由小幅波动，但这一阶段整体是下降的。

第二阶段（1984～1994 年），城乡居民收入差距总体上呈现急剧扩大的趋势。从 1984 年开始，经济改革从农村转向城市，借鉴农村成功改革的经验，政府在国有企业开始推行类似于农村联产承包责任制的企业承包经营责任制，实行工资收入与企业经营绩效挂钩的办法，与此同时，国家机关和事业单位的工资制度也进行了初步的改革，于是城镇居民的收入有了大幅度地增长。相对于城镇居民的快速增长，农村居民收入的增速开始放缓。农村经济经过一个挖潜式的增长后，开始出现不利于农村居民收入继续快速增长的因素：随着农村劳动生产率的提高和新的劳动力的增加，农村劳动力开始大量过剩，而农村耕地面积的下降使人均产出大幅度的下降，而农业生产资料价格的上涨则提高了农产品的生产成本。农产品生产成本的上升和收益的下降，从两个方面放缓了农村居民纯收入的增长速度。城镇居民收入的快速上升与农村居民收入的增速放缓，使城乡居民收入差距急剧扩大。表 2－14 表明，1984 年，城乡居民收入比为 1.83，1994 年则

表 2-14　中国城乡居民收入比测度的城乡收入差距　单位：元

年份	城镇居民人均可支配收入	农村居民人均纯收入	城乡居民收入比	年份	城镇居民人均可支配收入	农村居民人均纯收入	城乡居民收入比
1978	343.4	133.6	2.57	1993	2 577.4	921.6	2.80
1979	387	160.2	2.42	1994	3 496.2	1 221	2.86
1980	477.6	191.3	2.50	1995	4 283	1 577.7	2.71
1981	492	223.4	2.20	1996	4 838.9	1 926.1	2.51
1982	527	270.1	1.95	1997	5 160.3	2 090.1	2.47
1983	564	309.8	1.82	1998	5 425.1	2 162	2.51
1984	651	355.3	1.83	1999	5 854.02	2 210.3	2.65
1985	739.1	397.6	1.86	2000	6 280	2 253.4	2.79
1986	899.6	423.8	2.12	2001	6 859.6	2 366.4	2.90
1987	1 002.2	462.6	2.17	2002	7 702.8	2 475.6	3.11
1988	1 181.4	544.9	2.17	2003	8 472.2	2 622.2	3.23
1989	1 373.9	601.5	2.28	2004	9 421.6	2 936.4	3.21
1990	1 510.2	686.3	2.20	2005	10 493	3 254.9	3.22
1991	1 700.6	708.6	2.40	2006	11 759.5	3 587	3.28
1992	2 026.6	784	2.58	2007	13 785.8	4 140.4	3.33

资料来源：根据《新中国五十年统计资料汇编》（1999 年）以及相关年份的《中国统计年鉴》数据得出，据此计算出城乡收入比。

急剧上升到 2.86，10 年间平均年上升率为 4.56%。

第三阶段（1995～1997 年），城乡居民收入差距再度缩小。这一阶段城镇居民收入增长了 20.48%，年均增长 10.24%，农村居民收入增长了 32.84%，年均增长 6.24%，收入差距从 1995 年的 2.71 缩小到 1997 年的 2.51。在这个阶段，物价持续上涨，经济出现通货膨胀。为了抑制物价上涨，政府采取了紧缩的货币政策，实现了经济的软着陆，把国民经济增长速度控制在 10% 以内，同时工资改革步伐放慢，导致城镇企业的职工收入增长速度开始下降。此外，随着国企改革的深入，国有企业下岗职工大幅度增加。这些因素导致城镇居民的收入增长速度放慢。与之相对应的是，该阶段国家大幅度提高农产品收购价格，乡镇企业也重新开始快速的发展，从而，农民收入增长速度超过了城镇居民收入增长速度，城乡居民收入差距缩小。

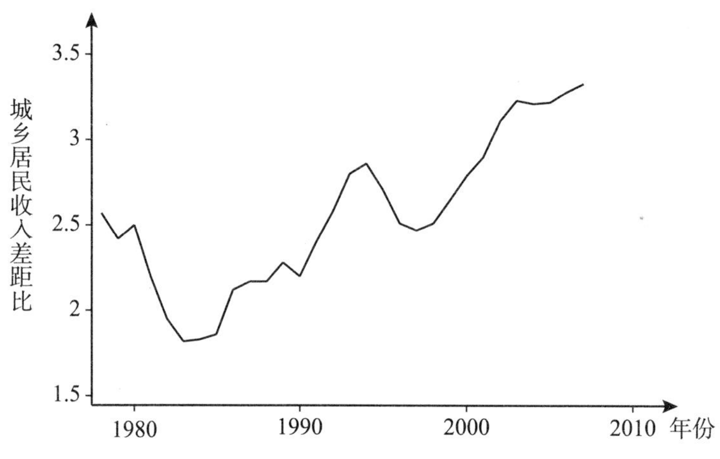

图 2-10　我国城乡居民收入差距变动

第四阶段（1998～2003 年），城乡居民收入差距再次呈现扩大趋势。1998～2003 年城镇居民人均可支配收入年均增长率为 8.6%，同期农民人均纯收入年均增长率为 3.85%，城镇高出农村一倍多。这个阶段城镇居民收入的增长得益于国家重要的决策或制度的实施：其一，为了让国有企业摆脱困境，我国政府在 1997 年初提出，要用 3 年的时间使国有大型企业和骨干企业摆脱困境，实现体制的创新。经过 3 年的努力，国有企业效益逐渐实现了恢复性的增长。1999 年我国国有及国有控股企业实现利润 967 亿元，比 1998 年增长了 77.7%，亏损额减少 15.9%，是近 5 年来的最好水平。国有企业效益的提高使在国有企业就业的城镇居民的收入得以增加。其二，为了帮助下岗职工再就业，国家实施再就业工程。其三，国家建立了三条保障线制度，保障覆盖面不断扩大，保障标准不断提高，城镇居民的转移性收入明显增加。与此同时，农民的收入却增长缓慢，主要有以下因素：一是该阶段农产品的供求关系发生了从严重短缺到阶段性、结构性的供大于求的重大变化，导致农产品价格连年下跌，粮食产量不断下降，1998 年的总产量为 51 229.5 万吨，2003 年则下降到 43 067 万吨，平均年下降率为 3.41%。农产品价格的下降和产量的减少直接导致农民来自出售农产品收入的减少。二是乡镇企业也在 20 世纪 90 年代中后期进入了结构调整阶段，一些企业效益下降，甚至一些企业关闭破产，致使乡镇企业吸纳农村剩余劳动力的能力下降，使农村居民来自乡镇企业的工资性收入下降。由上面的分析可知，此阶段城镇居民的收入增长速度超过了农村居民收入增长速度，从而城乡收入差距重新出现不断扩大的趋势。表 2-14 显示，1998 年城乡收入差距比为 2.51，2003 年则上升到 3.23，平均年上升 5.17%。

第五阶段（2004～2007 年），城乡收入差距保持相对稳定。随着农产品产量的逐年下降，农村居民收入的下降，“三农”问题日益引起中央政府的重视。为了解决“三农”问题，政府出台了一系列诸如取消农业特产税，减免农业税，推行种粮农民直接补贴、良种补贴和大型农机具购置补贴三项补贴政策及坚决保护耕地、加大农业投入、严格控制农资价格和实行粮食最低收购价四项保障措施。在各级政府的努力下，该阶段，农民收入增长速度和城镇居民收入增长速度差不多，城乡居民收入差距基本上维持在原来的水平。

由以上的分析可知，城乡居民收入差距在转型过程中程度是不同的，大体上经历了缩小—扩大—又缩小—再扩大—逐步稳定的过程，这种差距特征深深打上了国家各种制度转型的烙印。

2. 城乡收入总差距分解

为了进一步分析城乡收入差距中各差距的构成及其对总差距的贡献，刘学良（2007）测度了 1995 ~ 2006 年的城乡收入差距的泰尔指数并进行分解，在此基础上，本书利用相关数据，计算了 2007 年的泰尔指数并进行分解，所有的统计量如表 2 - 15 所示，各统计量的变动趋势如图 2 - 11 所示。

表 2 - 15　　1995 ~ 2007 年城乡收入差距分解

年份	泰尔指数值	城乡组内差距贡献（%）	城乡组间差距贡献（%）	城镇对组内差距贡献（%）	农村对组内差距贡献（%）
1995	0.1819	36.64	63.36	39.10	60.90
1996	0.1600	38.85	61.15	38.27	61.73
1997	0.1641	42.02	57.98	37.13	62.87
1998	0.1696	41.49	58.51	32.42	67.58
1999	0.1829	38.54	61.46	34.02	65.98
2000	0.1993	36.93	63.07	35.63	64.37
2001	0.2092	34.68	65.32	36.48	63.52
2002	0.2156	27.89	72.11	25.11	74.89
2003	0.2259	25.34	74.66	32.08	67.92
2004	0.2184	23.85	76.15	36.79	63.21
2005	0.2215	28.45	71.55	72.29	27.71
2006	0.2211	27.16	72.84	72.79	27.21
2007	0.2263	18.50	81.50	71.61	28.39

资料来源：1995 ~ 2006 年的数据来源于刘学良：《中国收入差距的分解：1995 ~ 2006》，载于《经济科学》2008 年第 3 期；2007 年的数据根据《中国统计年鉴（2008）》计算得到。

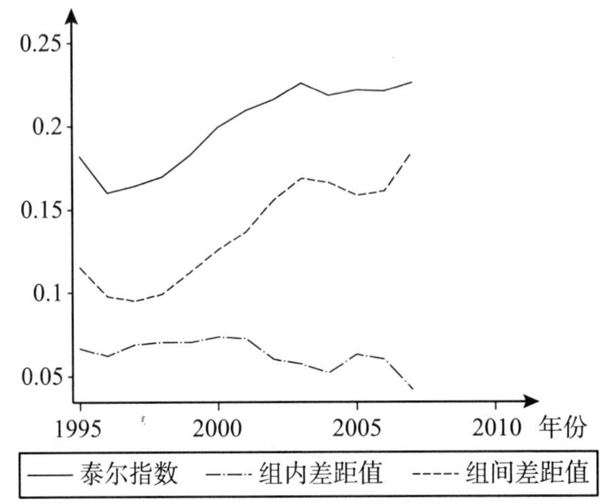

图 2－11　1995～2007 年测度城乡收入差距的泰尔指数

表 2－15 列出了 1995～2007 年用来测度城乡收入差距的泰尔指数，组间差距值和组内差距值可以通过总体泰尔指数值乘以各自贡献得到。据此可以画出图 2－11，用来刻画总体泰尔指数、组间差距值和组内差距值随时间序列变动的趋势。

从图 2－11 中可以看出，用泰尔指数测度的总体收入差距 1995 年为 0. 1819，2006 年则下降到 0. 1600。从 1997 年开始，城乡居民收入差距总体上呈现逐渐扩大的特征，尽管 2004 年稍微有所下降，但 2005 年又小幅度上升，之后 2005～2007 年呈基本稳定的态势。组间差距值 1995～1997 年有较为明显的下降，2004 年开始有稍微下降，其余都是上升；而组内差距相对稳定，变化趋势不太明显，并在 2001 年后有一定程度的下降。

图 2－12 用来刻画城乡组内差距和组间差距对总体泰尔指数贡献随时间序列而变动的趋势。从图中可以看出，1995～1996 年组间差距贡献呈缩小的趋势，尽管组内差距呈扩大的趋势，但由于组间差距的贡献大于组内差距的贡献，所以这两年的城乡居民收入差距最终是下降的。1997～2003 年，城乡组间差距贡献不断攀升，组内差距贡献则不断下降，由于城乡组间差距贡献上升的幅度大于组内差距贡献下降的幅度，最终这段时间总体收入差距不断扩大。2004 年，城乡组间差距贡献稍稍下降，组内差距贡献则有所回升，但由于下降的程度大于上升的程度，导致 2004 年总体收入差距缩小。从 2005 年开始，城乡组间差距贡献又开始不断攀升，但由于组内差距贡献等幅度下降，最终收入差距趋向稳定。刘学良（2008）[①] 曾预测 2007 年的总体泰尔指数值、城乡组间差距值以及城乡组间

① 刘学良：《中国收入差距的分解：1995～2006》，载于《经济科学》2008 年第 3 期。

差距贡献率可能再次缩小，但本书利用2007年的相关数据计算的结果表明并没有达到其预测。

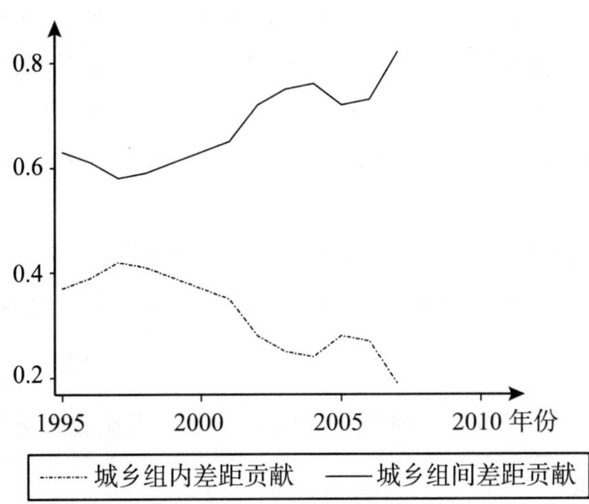

图2-12　1995~2007年城乡收入差距分解

之后，根据表2-14中的城镇组内差距贡献和农村组内差距贡献，描出这两个统计量随时间变动而变动的趋势，得到图2-13。由图中可以看出，城镇内部差距对组内差距贡献呈现先下降后上升的趋势，与之相对应的农村内部差距对组内差距的贡献则先上升后下降。但不能因此得到农村收入差距缩小的结论，因为根据泰尔指数的计算方法分组的组内差距除了其差距水平外还要乘以其收入份额的权重，农村组内差距的逐渐缩小主要是因为农村收入份额占总体收入份额的缩小造成的，而不是因为其差距水平明显降低。①

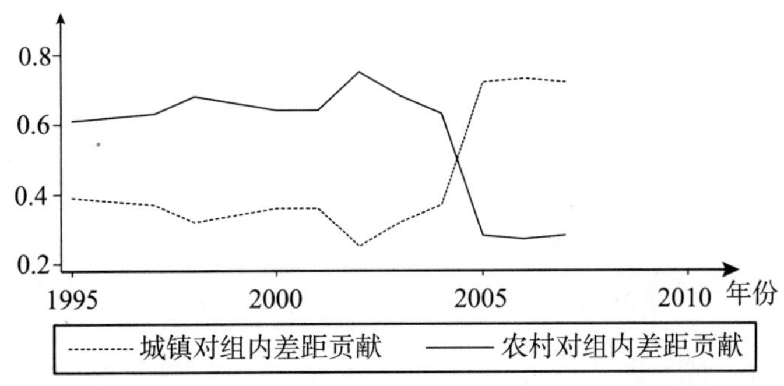

图2-13　1995~2007年城乡组内差距分解

① 刘学良：《中国收入差距的分解：1995~2006》，载于《经济科学》2008年第3期。

（二）城乡居民收入差距的省际比较

我国是一个幅员辽阔的国家，由于各个地区资源禀赋以及国家政策等原因，导致各地区的非平衡发展。从地域角度看，我国东部地区尤其是东部沿海地区历来是最发达的，中部地区比较发达，而西部地区则是最落后的。对于我们这样一个各地区发展不平衡的地域广阔的国家来说，研究城乡收入差距时分析省际差距有重要的理论意义与现实意义。

本书选用的统计指标仍然是城镇居民人均可支配收入和农村居民人均纯收入。通过城市居民人均可支配收入与农村居民人均纯收入的比值来表示城乡居民收入差距（见表2-16、图2-14）。

表2-16　　2000~2007年我国省际城乡居民收入差距

序号	地区	城镇居民人均可支配收入的平均值（1）（元）	农村居民家庭平均每人纯收入平均值（2）（元）	（1）÷（2）	（1）-（2）（元）
1	全国	9 346.83	3 237.56	2.89	6 109.27
2	北京	15 441.38	7 047.81	2.19	8 393.57
3	天津	11 436.98	5 465.96	2.09	5 971.02
4	河北	8 077.27	3 457.42	2.34	4 619.85
5	山西	7 720.50	2 806.16	2.75	4 914.33
6	内蒙古	7 965.56	2 883.88	2.76	5 081.68
7	辽宁	8 088.13	3 631.64	2.23	4 456.48
8	吉林	7 625.95	3 193.17	2.39	4 432.79
9	黑龙江	7 286.13	3 222.50	2.26	4 063.63
10	上海	16 542.16	8 136.88	2.03	8 405.28
11	江苏	10 609.78	5 177.39	2.05	5 432.39
12	浙江	14 289.75	6 429.33	2.22	7 860.42
13	安徽	7 624.94	2 713.41	2.81	4 911.53
14	福建	10 961.28	4 442.31	2.47	6 518.97
15	江西	7 628.60	3 094.75	2.47	4 533.84
16	山东	9 530.61	3 843.60	2.48	5 687.01
17	河南	7 608.17	2 853.80	2.67	4 754.38
18	湖北	7 948.52	3 152.45	2.52	4 796.07
19	湖南	8 571.46	3 095.77	2.77	5 475.70

续表

序号	地区	城镇居民人均可支配收入的平均值（1）（元）	农村居民家庭平均每人纯收入平均值（2）（元）	（1）÷（2）	（1）-（2）（元）
20	广东	13 225.86	4 861.65	2.72	8 364.21
21	广西	8 459.55	2 599.50	3.25	5 860.06
22	海南	7 691.36	3 063.06	2.51	4 628.30
23	重庆	8 994.22	2 484.83	3.62	6 509.39
24	四川	7 806.45	2 726.87	2.86	5 079.59
25	贵州	7 294.45	1 914.92	3.81	5 379.54
26	云南	8 463.66	2 082.56	4.06	6 381.10
27	西藏	8 843.66	2 112.54	4.19	6 731.13
28	陕西	7 442.59	2 065.54	3.60	5 377.05
29	甘肃	7 188.04	1 975.88	3.64	5 212.16
30	青海	7 324.18	2 156.46	3.40	5 167.72
31	宁夏	7 300.32	2 481.85	2.94	4 818.47
32	新疆	7 598.92	2 470.65	3.08	5 128.27

资料来源：相关年份的《中国统计年鉴》，其中城镇居民人均可支配的收入的平均值是以2000～2007年各省份城镇人口作为权重的加权平均值，农村居民家庭平均每人纯收入平均值是以2000～2007年各省份农村居民人口作为权重的加权平均值。

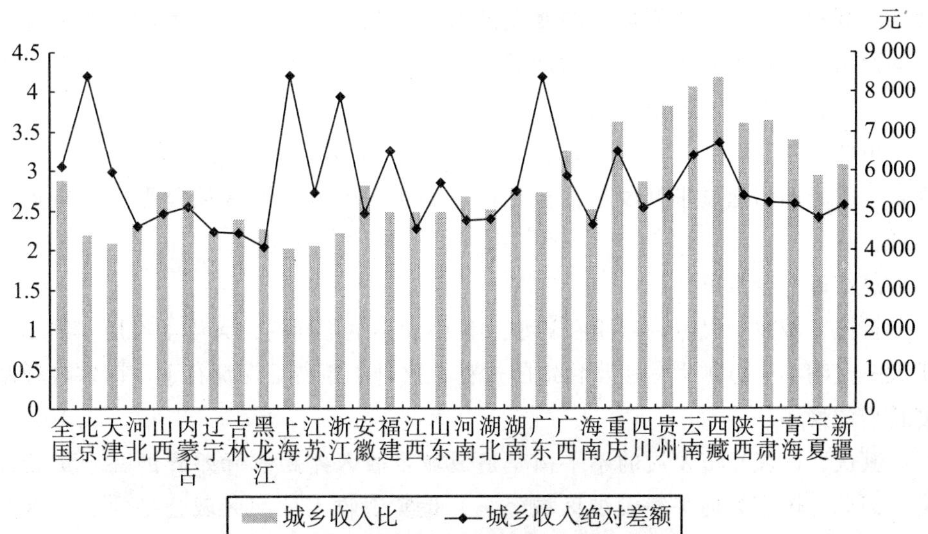

图2-14　中国城乡收入差距的省际差异

从表 2－16 和图 2－14 可以得出以下结论：

其一，从城镇居民人均可支配收入的平均值排列来看，排在前五位的是上海、北京、浙江、广东和天津，这五个省（市）都属于东部地区；排在最后五位的分别是青海、宁夏、贵州、黑龙江和甘肃，这五个省份中有四个处于西部地区，其中排在首位的上海是排在末位甘肃的 2.30 倍。从农村人均纯收入的平均值的排列来看，排在前五位的是上海、北京、浙江、天津和江苏，也全部属于东部地区；排在最后五位的分别是西藏、云南、陕西、甘肃和贵州，这五个省份全部处于西部地区，其中，排在首位的上海是排在末位贵州的 2.27 倍。从对城镇居民人均可支配收入和农村居民人均纯收入的平均值来看，还可以得出以下结论：首先，无论是城镇收入还是农村收入，从东往西是依次递减的；其次，除个别省份外，城镇居民收入越高的，农村居民收入也越高。

其二，从城镇居民收入与农村居民收入的绝对差额来看，排在前五位的依次是上海、北京、广东、浙江和西藏，这五个省（市）前四个都处于东部地区；排在后五位的依次是河北、江西、辽宁、吉林和黑龙江，这五个省份中两个处于东部、三个处于中部，但这五个省份都不属于经济发达地区。从中可以看出，经济越发达的地区，城镇居民收入与农村居民收入的绝对差额可能越大，但这并不能说明相对差距也越大。

其三，从城镇居民收入与农村居民收入的相对收入差距来看，排在前五位的依次是西藏、云南、贵州、甘肃和重庆，这五个省份全部属于西部地区；排在后五位的依次是浙江、北京、天津、江苏和上海，这五个省（市）全部属于东部地区。其中相对收入差距最大的西藏是 4.19，最小的上海则是 2.03，西藏是上海的两倍多。不难发现，经济发展越落后的地区，城乡居民的相对收入差距越大；反之，相对收入差距则越小。

由此可知，区域经济发展的不平衡是造成城乡收入差距的省际差异一个重要因素。国家如何通过平衡发展区域经济，是实现收入分配区域公平的一个重要途径。

总结以上分析可知：

首先，城乡居民收入差距在转型过程中大小是不同的，大体上经历了缩小—扩大—又缩小—再扩大—逐步稳定的过程，这种差距特征深深打上了国家各种制度转型的烙印。

其次，区域经济发展的不平衡是造成城乡收入差距省际差异的一个重要因素。因此，国家如何平衡发展区域经济，是实现收入分配区域公平的一个重要途径。

最后，在城乡收入差距的泰尔指数分解中发现，城乡组内差距和组间差距在不同时期对城乡收入总差距的贡献是不同的。经济转型的初期、中期，内部差距是导致城乡收入差距的主因；而最近几年，组间差距一直呈现出不断扩大的趋势，甚至已经超过组内差距成为城乡收入总差距扩大的主因。

第三节　转型时期行业收入差距

经济转型之前，由于受传统的计划经济体制的制约，我国在居民收入分配政策上实行的是平均主义，不同行业之间的收入差距并不明显。经济开始转型以来，随着市场经济的建立，传统计划经济条件下分配制度被打破，不同行业间职工的收入差距开始逐步扩大。特别是进入21世纪以来，由于各行业就业者的收入水平都有了一定的提高，而提高的程度各不相同，导致了行业间的收入差距进一步扩大，收入的高低位次发生了明显的变化。在市场经济中，出现一定的行业收入差距是不可避免的，甚至可以说一定的行业收入差距有其积极合理的一面。但是，当行业收入差距超过一定的限度，特别是出现不合理的行业收入差距时，就会给社会的经济和发展带来严重的负面影响。因此，如何准确测度行业收入差距以及如何应对行业收入差距成为转型时期一个重要的命题。

一、行业收入总差距

（一）行业收入总差距

表2－17给出了1978～2007年我国行业收入总差距的测度指标统计值，然后基于这些统计值，得到图2－15，以刻画行业收入总差距的演变趋势。

表2－17　转型期行业收入总差距的衡量指标　单位：元

年份	最高工资	最低工资	极值差	极值比	年份	最高工资	最低工资	极值差	极值比
1978	850	392	458	2.17	1983	1 104	508	596	2.17
1979	941	421	520	2.24	1984	1 321	588	733	2.25
1980	1 035	475	560	2.18	1985	1 406	777	629	1.81
1981	1 045	478	567	2.19	1986	1 604	980	624	1.64
1982	1 067	484	583	2.20	1987	1 768	1 085	683	1.63

续表

年份	最高工资	最低工资	极值差	极值比	年份	最高工资	最低工资	极值差	极值比
1988	2 025	1 280	745	1.58	1998	10 633	4 528	6 105	2.35
1989	2 378	1 389	989	1.71	1999	12 046	4 832	7 214	2.49
1990	2 718	1 541	1 177	1.76	2000	13 620	5 184	8 436	2.63
1991	2 942	1 652	1 290	1.78	2001	16 437	5 741	10 696	2.86
1992	3 392	1 828	1 564	1.86	2002	19 135	6 398	12 737	2.99
1993	4 320	2 042	2 278	2.12	2003	32 244	6 969	25 275	4.63
1994	6 712	2 819	3 893	2.38	2004	34 988	7 611	27 377	4.60
1995	7 843	3 522	4 321	2.23	2005	40 558	8 309	32 249	4.88
1996	8 816	4 050	4 766	2.18	2006	44 763	9 430	35 333	4.75
1997	9 734	4 311	5 423	2.26	2007	49 435	11 086	38 349	4.46

资料来源：根据相关年份的《中国统计年鉴》整理、计算得到。

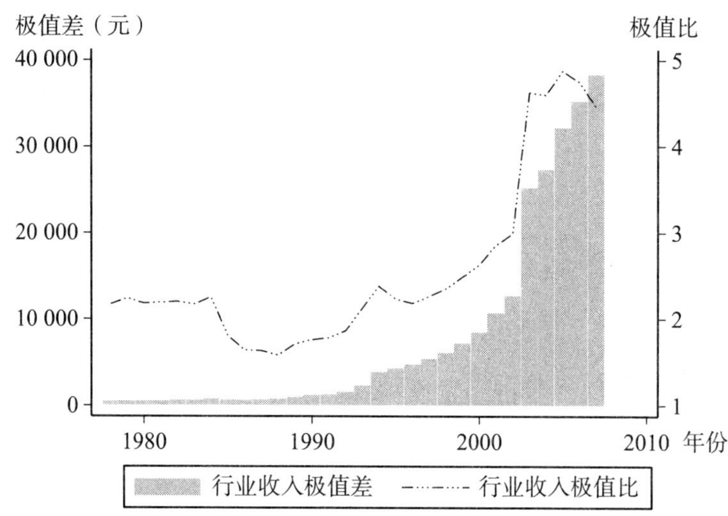

图 2－15　中国行业收入总差距

根据图 2－15，把行业收入差距的演变分为以下四个阶段。

第一阶段（1978～1984 年），行业收入差距相对稳定时期。这一阶段处于经济体制改革的初期，市场经济尚未最终确立。在该阶段中，各行业的收入差距不大，可以说这段时期行业收入差距相对稳定。1978 年，工资最高的行业与最低的行业相差 458 元，极值比为 2.17。到了 1984 年，工资最高的行业与最低的行业的极差值为 588 元，极值比为 2.25。这段时间行业收入差距比较稳定，主要原因是经济体制改革从农村开始，其他行业的改革尚未开始。

第二阶段（1985～1988年），行业收入差距不断缩小的阶段。由于从1984年开始，农村普遍推行家庭联产承包责任制，农林牧渔行业的收入迅速上升，尽管该行业收入仍然是最低的，但由于其他行业改革的滞后，其他行业的收入虽然也在增长，但增长的速度要低于农业收入的增长速度，因此，最终行业的收入差距越来越小。1985年的工资最高的行业与最低的行业的极差值为629元，极值比为1.81，到了1988年，行业收入的极差值为745元，极值比降为1.58。

第三阶段（1989～2005年），行业收入差距不断扩大的阶段。随着农村剩余劳动力的不断增加和农村耕地的不断减少，人均产出的增长速度开始放缓，于是农业行业的从业者的人均收入的增长速度不断下降。与此同时，随着经济体制改革的重心由农村向城镇的转移，其他行业的收入开始大幅度的增加，特别是1992年中央明确建立市场经济体制，市场机制的不断增强更是大大提高了其他行业收入的增长速度。特别是随着垄断行业和新兴行业的发展，从事这些行业的职工的收入更是飞跃式地增长，因此，行业收入差距不断扩大。1989年，行业收入的绝对极差值为989元，相对极值比为1.71，到了2005年，行业收入的绝对极差值上升到32 249元，相对极值比则为4.88，16年的时间里，极值差平均年增长率为24.33%，相对极值比则差不多翻了两番。

第四阶段（2006年至今），行业收入差距缓慢下降阶段。随着国家对农村经济发展力度的加大，农林牧渔行业的收入开始上升，从而导致行业收入差距开始下降。2006年的行业绝对极值差为35 333元，相对极值比为4.75，到了2007年，绝对极值差为38 349元，相对极值比则下降为4.46。

（二）行业收入总差距分解

为了进一步分析行业收入差距中各差距的构成及其对总差距的贡献，我们利用相关数据计算了2000～2007年的泰尔指数并进行分解，所有的统计量如表2－17所示，各统计量的变动趋势如图2－16所示。

表2－18列出了2000～2007年用来测度行业收入差距的泰尔指数，组间差距值和组内差距值可以通过总体泰尔指数值乘以各自贡献得到。据此可以画出图2－17，用来刻画总体泰尔指数、组间差距值和组内差距值随时间序列变动的趋势。从图中可以看出，用泰尔指数测度的总体收入差距2000年为0.0360，2006年则持续上升到0.0511，从2007年开始，泰尔指数则下降为0.0481。由此可以看出，行业收入差距总体上呈现逐渐扩大的特征。组内差距大体上经历了一个先上升后下降的过程，2000～2004年为上升阶段，2005～2007年则处于下降阶段。组间差距值则经历了一个先下降后上升再下降的过程，2000～2001年为下降阶段，经历了短期下降阶段后，2002～2006年是快速上升阶段，从2007年又开始下降。

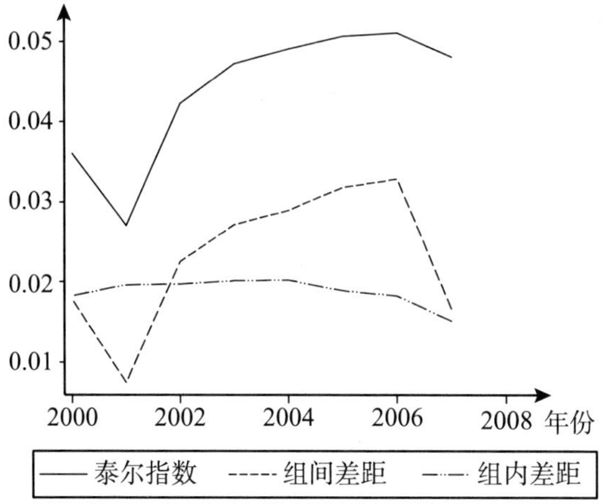

图 2－16　2000～2007 年行业收入泰尔指数

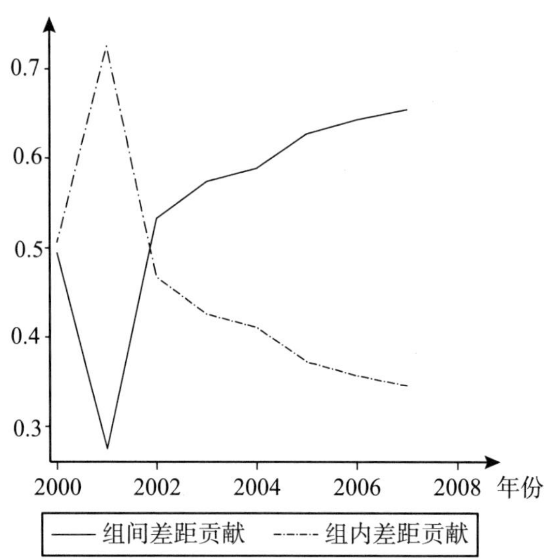

图 2－17　2000～2007 年中国行业收入差距分解

表 2－18　中国行业收入差距的泰尔指数及其分解

年份	泰尔指数	组间差距	组内差距	组间差距贡献（%）	组内差距贡献（%）
2007	0. 048109	0. 016637	0. 015105	65. 4182	34. 5818
2006	0. 051100	0. 032859	0. 018241	64. 3040	35. 6960
2005	0. 050677	0. 031794	0. 018883	62. 7384	37. 2616
2004	0. 049114	0. 028929	0. 020185	58. 9016	41. 0984

续表

年份	泰尔指数	组间差距	组内差距	组间差距贡献（%）	组内差距贡献（%）
2003	0.047264	0.027144	0.02012	57.4309	42.5691
2002	0.042239	0.022513	0.019727	53.2977	46.7023
2001	0.027029	0.007425	0.019605	27.4686	72.5314
2000	0.036025	0.01779	0.018235	49.3813	50.6187

资料来源：根据相关年份的《中国统计年鉴》计算得到。

图2-17用来刻画行业收入的组内差距和组间差距对总体泰尔指数贡献随时间序列而变动的趋势。从图中可以看出，2000~2001年组间差距贡献是缩小的，尽管组内差距呈扩大的趋势，但由于组间差距的贡献大于组内差距的贡献，所以这两年的行业收入差距最终是下降的。2002~2006年，行业收入组间差距贡献不断攀升，组内差距贡献则不断下降，由于组间差距贡献上升的幅度大于组内差距贡献下降的幅度，最终这段时间总体收入差距不断扩大。2007年，组间差距贡献继续增加，组内差距贡献则继续回落，但由于组内差距下降的程度大于组间差距上升的程度，导致2007年总体收入差距缩小。

二、垄断行业与非垄断行业的收入差距

行业收入以行业利润为前提，而行业利润率的高低在很大程度上取决于行业竞争程度，行业竞争程度的差异造成了行业间收入水平的差异。我国在建立市场经济体制的过程中，由于各个行业市场化进程的不一致，造成了行业之间垄断与竞争的差异。我国的行业垄断不是市场自由竞争的产物，而是体制转型条件下特有的垄断，属于制度性垄断。行业之间的制度差异也造成了行业之间的收入差异。

在计划经济时期，我国几乎所有行业都是国有企业占据绝对主导地位。改革开放之后，随着非公有制经济的快速发展，所有制结构逐渐出现多元化的趋势，同时，国有经济布局做了重新调整。对于那些非公有制经济能够自由进入并且容易进入的行业，市场竞争发展得比较充分，这些行业就成为竞争性行业；对于那些非公有制经济不能自由进入或不易进入的行业，国有经济仍然占据了统治地位，这些行业就形成了国有经济的垄断。[①] 魏军（2007）用行业内的国有单位职工人数占本行业就业人员数的比重来表示各行业的国有经济垄断程度，并计算了1978~2002年

① 魏军：《中国行业收入差距的制度研究》，2007年，万方数据库。

主要年份的10个经营性行业的垄断程度，然后根据垄断程度对各个年份的样本行业的垄断度和行业工资进行排序，以此分析垄断行业与非垄断行业收入的差距。在此基础上，本书追加了2003~2007年的相关数据，进行最新数据的统计分析。

由表2-19可以看出，行业工资水平与垄断度之间存在着比较明显的数量对应关系。电力、煤气及水的生产供应业，在考察的时间段内始终是垄断度最高的行业，其工资水平也高；农、林、牧、渔业的垄断度最低，其收入水平也最低。采掘业1978~1992年的垄断程度与工资排位基本是对应的，但1993~2002年，其垄断程度排位变化不大，但其工资排位却不断下降，但从2003年至今，随着行业工资排位的前移，垄断度与工资排位基本上对接。建筑业大体也是这种状况，垄断度一直排在第7~9位，但其早期的工资却很靠前，一直到2000年后两个指标才大体对应。这说明早期比较艰苦、危险、劳动强度大的行业的工资水平较高，而随着市场经济的发展，特别是随着新兴行业的不断发展，这些体力劳动强度大的行业工资水平迅速下降。与此相反，新兴行业如金融服务业、房地产业以及社会服务业的工资水平排位的上升势头比较明显，与此同时，这些新兴行业的垄断程度排名也不断前移。特别值得关注的是房地产业，它的垄断度与工资排位的变迁可以说是中国改革历程的缩影：在市场经济体制尚未建立起之前，我国城镇职工都享受福利分房，房地产业仅仅是按计划制造房屋，分享不到多少收益。随着住房制度的改革，福利分房被货币分房所取代，住房的需求大幅度上升，而房地产行业的垄断性使住房供给滞后，商品房价格的爆炸式增长使得该行业的收入水平也迅速提高。这正好印证了转型期各行业制度变迁对收入的深刻影响。但总的来看，行业收入的高低和行业垄断度有比较高的对应关系。垄断行业多为高收入行业，而低收入行业则高度集中于竞争性行业。

表2-19　　部分行业垄断度排位及行业工资排序

年份	农	采	制	电	建	交	批	金	房	社
1978	10—9	3—4	9—6	1—1	8—2	5—3	4—7	7—5	2—8	6—10
1980	10—9	3—3	9—5	1—1	7—2	6—4	4—8	5—6	2—7	8—10
1985	10—10	3—2	7—5	1—4	9—1	5—3	8—9	4—5	2—7	6—10
1989	10—10	3—1	7—7	1—2	9—4	5—3	8—9	4—8	3—6	6—6
1990	10—10	3—1	7—8	1—2	9—4	5—3	8—9	4—7	2—5	6—6
1991	10—10	3—1	7—7	1—2	9—4	5—3	8—9	4—8	2—5	6—6
1992	10—10	3—2	7—8	1—1	9—5	6—3	8—9	4—7	2—4	5—6
1993	10—10	3—6	7—8	1—2	9—4	6—3	8—9	4—5	3—1	5—7
1994	10—10	2—7	7—8	1—3	9—6	6—4	8—9	4—1	3—3	5—5
1995	10—10	2—7	7—8	1—1	9—6	6—4	8—9	4—2	3—3	5—5

续表

年份	农	采	制	电	建	交	批	金	房	社
1996	10—10	2—6	7—8	1—1	9—7	6—4	8—9	4—2	3—3	5—5
1997	10—10	2—7	7—8	1—2	9—7	6—4	8—9	4—1	3—3	5—5
1998	10—10	2—7	7—8	1—2	9—6	6—4	8—9	4—1	3—3	5—5
1999	10—10	2—7	7—7	1—2	9—6	6—4	8—9	4—1	3—3	5—5
2000	10—10	2—8	7—6	1—2	8—7	6—4	9—9	3—1	4—3	5—5
2001	10—10	2—8	7—6	1—2	9—8	6—3	8—9	3—1	4—4	5—5
2002	10—10	2—8	7—7	1—2	8—8	6—3	9—9	3—1	4—4	5—5
2003	10—10	5—6	9—7	2—2	8—8	1—5	6—9	3—1	7—3	4—4
2004	10—10	5—6	9—7	2—2	8—9	1—3	6—8	3—1	7—4	4—5
2005	10—10	5—5	9—7	2—2	8—9	1—3	6—8	4—1	7—6	3—4
2006	10—10	5—4	9—7	2—2	8—9	1—3	6—8	4—1	7—6	3—5
2007	10—10	5—4	9—8	2—2	8—9	1—3	6—7	3—1	7—6	3—5

注：行业简称的含义：农——农、林、牧、渔业；采——采掘业；制——制造业：电——电力、煤气及水的生产供应业；建——建筑业；交——交通运输、仓储和邮电通信业；批——批发零售、贸易和餐饮业；金——金融、保险业：房——房地产业；社——社会服务业。

资料来源：1978～2002年的数据来源于魏军：《中国行业收入差距的制度研究》，2007年，万方数据库。2003～2007年根据相关《中国统计年鉴》整理得到。因为从2003年起行业类型重新划分，但基本按照以往的分法进行了调整和计算。

三、新兴行业与传统行业的收入差距

近年来，由于传统行业竞争力下降，加之市场空间狭窄，其职工的收入增长缓慢，如交通运输、仓储、批发零售、餐饮业等行业。相反，一批新兴行业因其适应市场经济发展的需求成为了时代的宠儿，其以技术含量高、创新性强、成长快、高风险和高收益并存为特征，如金融商贸业的股票证券交易、期货交易、信息传输、计算机服务和软件业、旅游业、中介服务机构等。由于这些新兴行业的快速增长使得高素质人才供不应求，其职工的工资大幅度提高，其中尤以计算机应用服务业最为突出。为了测度新兴行业与传统行业的收入差距，我们在这两大类行业中各选择几个代表性的行业：在传统行业中选择农林牧渔、采矿业、制造业和建筑业，在新兴行业中选择了信息计算机服务业和金融服务业。时间段选择2000～2007年。研究新兴行业与传统行业收入差距分两个步骤进行，首先对两大类行业收入差距进行描述；其次再计算泰尔指数并进行分解。

（一）新兴行业与传统行业的收入差距

表 2－20 列出了 2000～2007 年有代表性的新兴行业与传统行业的收入差距，图 2－18 则用来刻画收入差距值随时间序列变动的趋势。

表 2－20　　代表性新兴行业与传统行业收入差距

年份	传统行业（元）				新兴行业（元）		极值差（元）	极值比
	农林牧渔	采矿业	制造业	建筑业	信息计算机	金融服务业		
2000	5 184	8 340	8 750	8 735	16 359	13 478	11 175	3.16
2001	5 741	9 586	9 774	9 484	19 991	16 277	14250	3.48
2002	6 398	11 017	11 001	10 279	23 582	19 135	17 184	3.69
2003	6 912	13 888	12 601	12 739	26 572	22 457	19 660	3.84
2004	7 538	17 304	14 486	14 400	29 131	26 982	21 593	3.86
2005	8 230	20 992	16 963	16 361	31 654	32 228	23 424	3.85
2006	9 430	24 335	17 966	16 406	44 763	39 280	35 333	4.75
2007	11 086	28 377	20 884	18 758	49 225	44 011	38 139	4.44

资料来源：相关年份的《中国统计年鉴》。

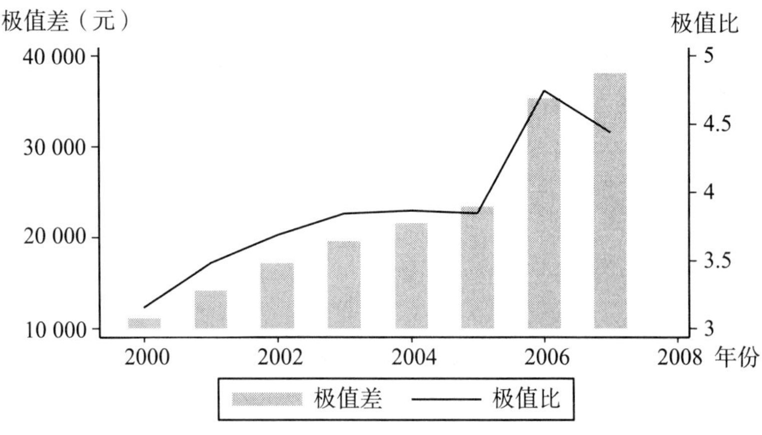

图 2－18　中国 2000 年以来新兴行业与传统行业的收入差距

由表 2－20 和图 2－18 可以看出，2000～2007 年，新兴行业的工资水平整体上比传统行业要高，而且收入差距无论是绝对差距还是相对差距总体上是不断上升的。从绝对收入差距看，2000 年新兴行业中信息计算机服务业工资最高为

16 359 元，传统行业农林牧渔工资最低，仅有 5 184 元，极值差为 11 175 元。此后极值差一直快速上升，到 2007 年上升到 38 139 元，7 年时间增加了 2.41 倍，平均年增长率为 19.17%。再从新兴行业与传统行业相对差距来看，大致经历了一个先上升后下降的过程：2000～2006 年总体上是上升的，2000 年为 3.16，2006 年则快速上升到 4.75，其间虽在 2005 年有所波动，但波幅很小；但从 2007 年开始，相对差距开始回落，其中 2007 年极值比为 4.44。新兴行业与传统行业收入差距的原因很多：有些新兴行业一开始就是应市场需求而产生的，如社会服务业；还有的新兴产业因为技术含量高而获得高收入，如信息计算机服务业；还有的因为资本流动的高风险而带来的高收益，如金融商贸业的股票证券交易和期货交易等。总之，与传统行业相比，新兴行业多以知识、创新等为依托，快速适应社会需求为发展动机，必然会导致较大的收入差距。

（二）代表行业收入差距分解

表 2-21 列出了 2003～2007 年用来测度新兴行业与传统行业收入差距的泰尔指数、组间差距值和组内差距值。据此生成图 2-19，用来刻画总体泰尔指数、组间差距值和组内差距值随时间序列变动的趋势。从图中可以看出，用泰尔指数测度的新兴行业与传统行业总体收入差距 2003 年为 0.05557，2007 年则上升到 0.06646。由此可以看出，新兴行业与传统行业收入差距呈现不断扩大的特征。组内差距经历了一个不断下降的过程，2003 年为 0.017098，2007 年则下降到 0.013268；与之相对应，组间差距值则经历了持续上升的过程，2003 年为 0.03847，2007 年则上升到 0.053192。

图 2-20 用来刻画新兴行业与传统行业收入的组内差距和组间差距对总体泰尔指数贡献随时间序列而变动的趋势。从图中可以看出，2003～2007 年组间差距贡献是不断扩大的，尽管组内差距呈不断缩小的趋势，但由于组间差距的贡献大于组内差距的贡献，导致收入差距最终是上升的。

表 2-21　　代表性新兴行业与传统行业的收入差距分解

年份	泰尔指数	组间差距	组内差距	组间差距贡献（%）	组内差距贡献（%）
2007	0.06646	0.053192	0.013268	80.04	19.96
2006	0.06403	0.050205	0.013829	78.40	21.60
2005	0.06159	0.047879	0.013715	77.73	22.27
2004	0.05758	0.04229	0.01530	73.44	26.56
2003	0.05557	0.038477	0.017098	69.23	30.77

资料来源：根据相关年份的《中国统计年鉴》计算得到。

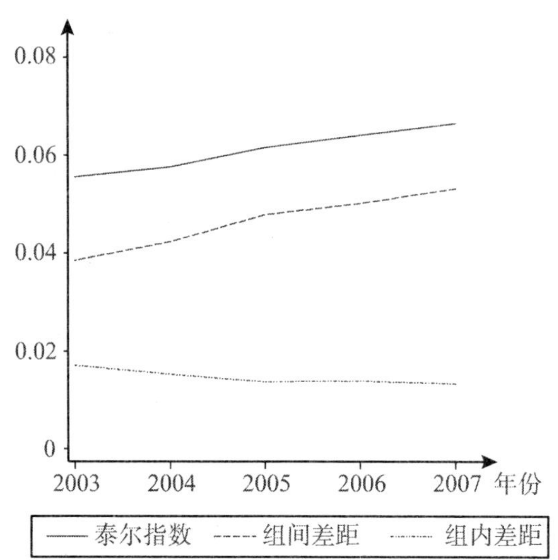

图 2-19　代表性新兴行业与传统行业收入差距的泰尔指数

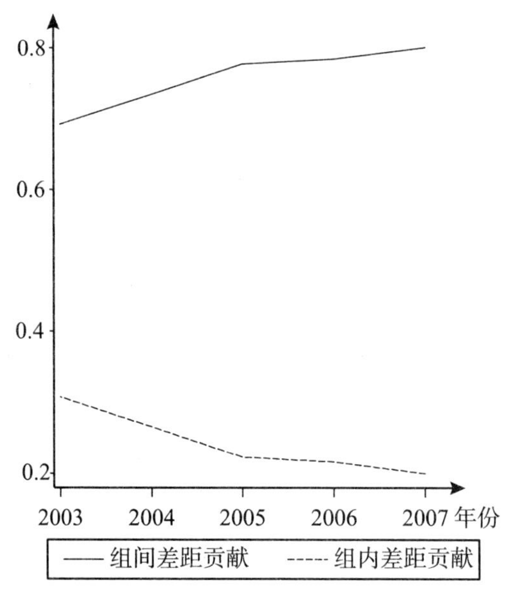

图 2-20　代表性新兴行业与传统行业收入差距分解

四、不同所有制企业的收入差距

（一）不同所有制企业的劳动者收入变动

改革开放以来，随着所有制结构的调整，国有经济成分不断缩小，非公有制经济成分不断扩大，从而所有制结构不断演变。由于不同所有制企业的产权性质、国家给予的政策、经营绩效以及分配体制的不同，导致不同所有制企业的职工收入分配的差距。改革开放以前的所有制收入差距，主要表现为国有企业的劳动者的收入要高于集体企业劳动者的收入。但改革开放以后，尤其是进入20世纪90年代以后，收入差距的结构发生了变化（见表2-22和图2-21），外资、合资企业、民营企业的劳动者收入逐渐超过国有企业劳动者的收入，而到了2003年后，国有或国家控股的企业的劳动者收入又开始超过外资、合资和民营企业劳动者的收入。不同所有制劳动者的收入的变动具体可以分为三个阶段：

第一阶段（1978~1983年），单一的所有制企业的收入变动阶段。1978~1983年，由于改革的重心在农村，企业改制尚未进行，因此这个时间段的企业都属于国有企业或者集体企业。从统计结果来看，国有企业劳动者的工资收入一直高于集体所有制企业。

表2-22　1978~2007年不同所有制企业的劳动者的收入统计　单位：元

年份	国有单位	城镇集体单位	其他单位	年份	国有单位	城镇集体单位	其他单位
1978	644	506		1993	3 532	2 592	4 966
1979	705	542		1994	4 797	3 245	6 303
1980	803	623		1995	5 625	3 931	7 463
1981	812	642		1996	6 280	4 302	8 261
1982	836	671		1997	6 747	4 512	8 789
1983	865	698		1998	7 668	5 331	8 972
1984	1 034	811	1 048	1999	8 543	5 774	9 829
1985	1 213	967	1 436	2000	9 552	6 262	10 984
1986	1 414	1 092	1 629	2001	11 178	6 867	12 140
1987	1 546	1 207	1 879	2002	12 869	7 667	13 212
1988	1 853	1 426	2 382	2003	14 577	8 678	14 574
1989	2055	1 557	2 707	2004	16 729	9 814	16 259
1990	2 284	1 681	2 987	2005	19 313	11 283	18 244
1991	2 477	1 866	3 468	2006	22 112	13 014	20 755
1992	2 878	2 109	3 966	2007	26 620	15 595	24 058

资料来源：1978~1999年不同所有制企业的收入数据来源于《新中国五十年统计资料汇编（1999年）》，2000~2007年来源于相关年份的《中国统计年鉴》。

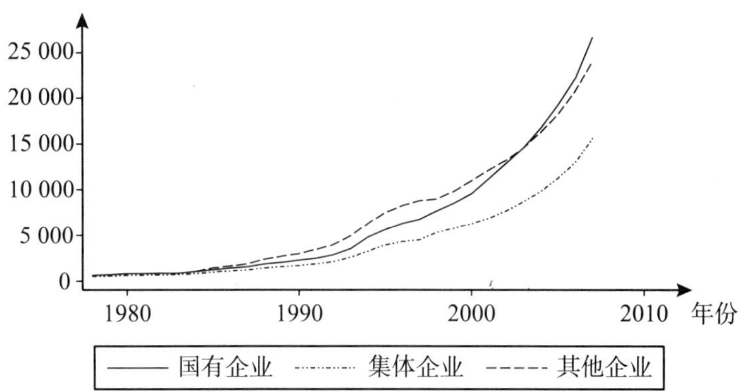

图 2－21　1978～2007 年中国不同所有制企业劳动者收入统计

第二阶段（1984～2003 年），外资、合资和民营企业劳动者的收入高于国有企业和集体所有制企业劳动者阶段。随着改革的重心转移到城镇，企业的改革开始进行，所有制结构不断调整，非公有制企业的成分不断增加。由于外资、合资企业、民营企业相对国有企业和集体企业具有严格的经营机制、良好的经济效益和灵活的工资制度，因此其他所有制企业的劳动者相对国有企业和集体企业的劳动者具有较高的收入。特别是 20 世纪 90 年代，国有企业亏损大幅增加，导致国有企业职工收入偏低。

第三阶段（2004～2007 年），国有企业劳动者超过外资、合资和民营企业劳动者的收入阶段。随着所有制结构进一步调整，国有企业逐渐从竞争性行业退出，而主要控制垄断型行业或者关系到国家核心命脉的行业。借助垄断地位，国有企业或者国有控股企业劳动者的收入从 2004 年开始逐渐超过了外资、合资和民营企业。

总之，从不同所有制企业劳动者的收入变动历程看，国有企业劳动者的收入始终比集体所有制企业的劳动者收入高；至于国有企业与外资、合资等其他所有制类型企业劳动者的收入相比，则经历了不断上升的过程。

（二）不同所有制企业的收入差距

为了测度不同所有制企业劳动者的收入差距，分别计算了 1978～2007 年不同所有制企业的劳动者的收入比：国有企业对集体企业的收入比（α）、集体企业对其他企业的收入比（β）和其他企业对国有企业的收入比（γ）。表 2－23 计算出 1978～2007 年这三个统计量的值，图 2－22 则刻画了这三个统计量随时间序列变动的趋势。以下用这些统计量及其变动分析不同所有制企业劳动者的收入差距。

表 2－23　　1978～2007 年不同所有制企业的劳动者的收入差距

年份	国有：集体（α）	其他：集体（β）	其他：国有（γ）	年份	国有：集体（α）	其他：集体（β）	其他：国有（γ）
1978	1.27			1993	1.36	1.92	1.41
1979	1.30			1994	1.48	1.94	1.31
1980	1.29			1995	1.43	1.90	1.33
1981	1.26			1996	1.46	1.92	1.32
1982	1.25			1997	1.50	1.95	1.30
1983	1.24			1998	1.44	1.68	1.17
1984	1.27	1.29	1.01	1999	1.48	1.70	1.15
1985	1.25	1.49	1.18	2000	1.53	1.75	1.15
1986	1.29	1.49	1.15	2001	1.63	1.77	1.09
1987	1.28	1.56	1.22	2002	1.68	1.72	1.03
1988	1.30	1.67	1.29	2003	1.68	1.68	1.00
1989	1.32	1.74	1.32	2004	1.70	1.66	0.97
1990	1.36	1.78	1.31	2005	1.71	1.62	0.94
1991	1.33	1.86	1.40	2006	1.70	1.59	0.94
1992	1.36	1.88	1.38	2007	1.71	1.54	0.90

资料来源：根据表 2－13 的数据计算得到。

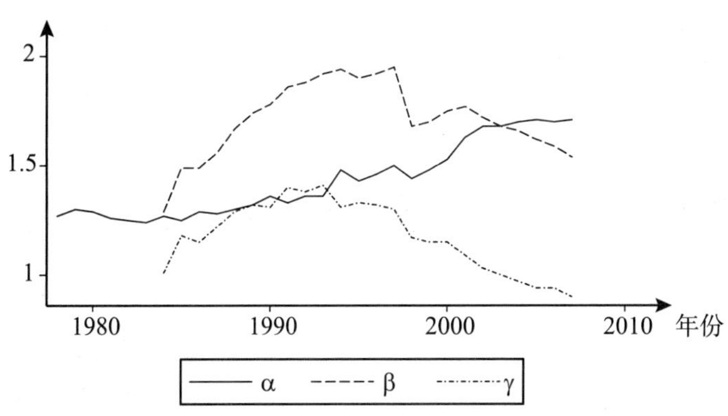

图 2－22　1978～2007 年中国不同所有制企业的收入差距

从国有企业和企业集体劳动者的收入差距比较可以看出，二者之间的差距总体上是不断上升的。1978 年国有企业与集体企业之间的差距为 1.27，2007 年则快速上升到 1.71，虽然期间有所波动，但波幅不大。

从其他企业对集体企业的收入差距来看，大致呈现先上升后下降的倒“U”形曲线。1984～1997 年，外资、合资和民营企业劳动者与集体企业的劳动者收入差距总体上呈扩大的趋势，由于这些企业具有严格的经营机制，且生产效率比较高，所以从一开始收入差距就不断扩大。1998～2002 年收入差距基本稳定在1.7 左右，从 2003 年开始持续下降。

从其他企业对国有企业的收入差距来看，与对集体企业的收入差距变动轨迹相似，也经历了一个先上升后下降的过程。1984～1993 年，二者之间的收入差距总体上是扩大的，1984 年为 1.01，到了 1993 年则上升到 1.41；从 1994 年开始，基本上呈现下降的趋势，到 2007 年下降到 0.90。

总之，从不同所有制的企业劳动者的收入差距来看，国有企业与集体企业的差距基本上是扩大的，而外资、合资与民营企业相对国有企业和集体企业的收入差距都呈现出倒“U”形特征。

以上首先分析了行业收入总差距，并对收入总差距进行了泰尔分解。之后解析了三对行业之间的收入差距：垄断行业与非垄断行业、新兴行业与传统行业和不同所有制行业之间的收入差距。研究发现：

首先，行业收入的高低和行业垄断度有比较高的对应关系。垄断行业多为高收入行业，而低收入行业则高度集中于竞争性行业。

其次，新兴行业的工资水平整体上比传统行业要高，而且收入差距无论是绝对差距还是相对差距总体上是不断上升的。

最后，从不同所有制企业劳动者的收入变动历程看，国有企业劳动者的收入始终比集体所有制企业劳动者的收入高；至于国有企业与外资、合资等其他所有制类型企业劳动者的收入相比，则经历了逐渐上升的过程。

第四节　转型时期不同收入阶层居民的收入差距

改革开放以后，我国在分配政策上开始打破平均主义，鼓励一部分地区和一部分人先富起来，个人收入差距逐渐拉开。特别是 20 世纪 90 年代以来，随着市场经济的发展，收入差距扩大的速度非常快，差距越来越大，中国社会已出现了个人收入差异巨大的阶层，阶层收入差距与分配不平等日益引起广泛关注。按照国际惯例，通常将收入按五等分法分组，按收入由高到低排列，将每 20% 划分为一个阶层，来比较各阶层间的收入差别。实际应用中，也常常为了研究需要采用不同的百分比。下面从城镇和农村两个层面对阶层收入差距的具体考察，其中城镇居民按七分组法，农村居民则按五等分法。

一、城镇居民不同收入阶层的收入差距

由表2-24可以看出，2000~2007年7个阶层的城镇居民的收入都在持续快速增加。2000年最低收入户人均可支配收入为2 653.02元，到2007年增加到4 210.06元，7年时间增加到原来的1.59倍，平均年增长率为6.82%。2000年，最高收入户人均可支配收入为13 311.02元，2007年则增加到36 784.51元，7年时间增加到原来的2.76倍，平均年增长率为15.63%。其他各组也都在增长，但增长的比率是不同的。由此分析可以看出，单就最高收入户和最低收入户的收入变动情况来看，无论是绝对收入还是相对收入差距都很大。下面分析城镇居民不同阶层的收入差距。

表2-24　　2000~2007年城镇居民不同收入阶层之间的收入统计　　单位：元

年份	最低收入户	低收入户	中等偏下户	中等收入户	中等偏上户	高收入户	最高收入户
2000	2 653.02	3 633.51	4 623.54	5 897.92	7 487.37	9 434.21	13 311.02
2001	2 802.83	3 856.49	4 946.60	6 366.24	8 164.22	10 374.92	15 114.85
2002	2 408.6	3 649.16	4 931.96	6 656.81	8 869.51	11 772.82	18 995.85
2003	2 590.17	3 970.03	5 377.25	7 278.75	9 763.37	13 123.08	21 837.32
2004	2 862.39	4 429.05	6 024.1	8 166.54	11 050.89	14 970.91	25 377.17
2005	3 134.88	4 885.32	6 710.58	9 190.05	12 603.37	17 202.93	28 773.11
2006	3 568.73	5 540.71	7 554.16	10 269.70	14 049.17	19 068.95	31 967.34
2007	4 210.06	6 504.6	8 900.51	12 042.32	16 385.8	22 233.56	36 784.51

资料来源：相关年份的《中国统计年鉴》。

表2-24列出了2000~2007年城镇居民阶层收入差距的相应测度指标统计值。用来测度城镇居民阶层收入差距的指标有：绝对收入差距指标——极值差，用来衡量最高收入户和最低收入户人均可支配收入的绝对差额；相对收入差距指标——极值比和泰尔指数。图2-23用来刻画测度城镇居民不同阶层收入差距的极值差和极值比随时间序列变动的趋势；图2-24则用来刻画测度城镇居民不同收入阶层的泰尔指数随时间序列变动的趋势。

表2-24和图2-23显示：从阶层收入的绝对差距看，2000~2007年城镇

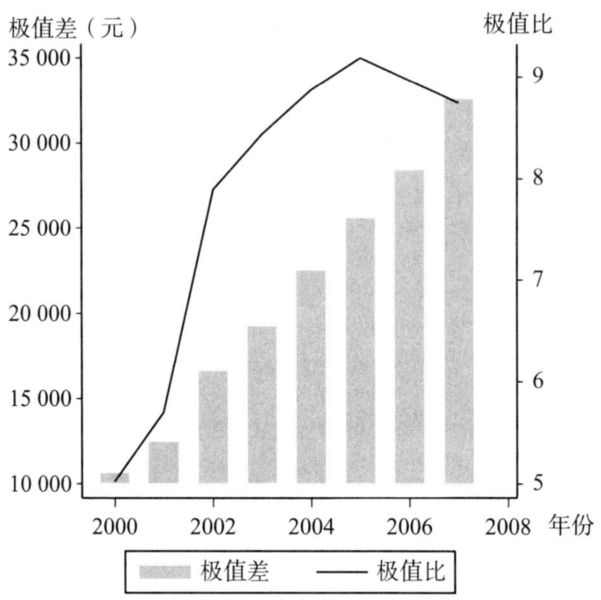

图 2-23　2000～2007 年城镇居民阶层收入差距

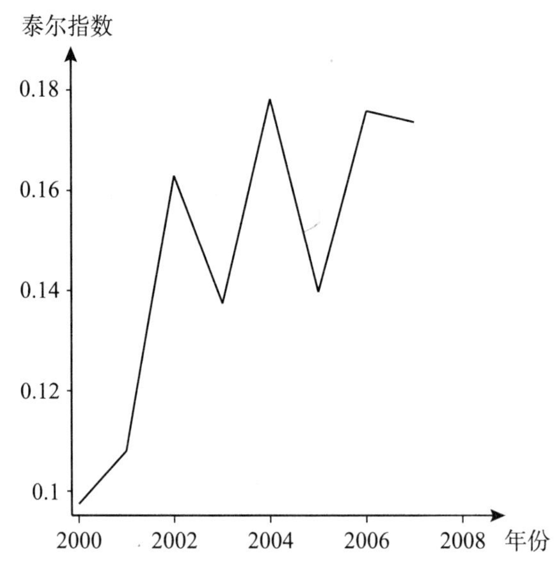

图 2-24　2000～2007 年城镇居民阶层收入泰尔指数

居民最高收入户与最低收入户的人均可支配收入的极值差不断上升，2000 年极值差为 10 658 元，2007 年则上升到 32 574.45 元，平均年增长率为 17.30%。从阶层收入的相对差距的极值比统计量来看，相对差距经历了一个先上升后下降的过程：2000～2005 年，城镇居民各阶层的收入差距不断扩大，2000 年相对差距为5.02，2005年则上升到9.18；2006~2007年则一直下降，从2005年的9.18下降到2006年的8.96，2007年则进一步下降到8.74。

为了更准确地测度城镇居民不同阶层的收入差距，计算了相应年份的泰尔指数（见表2-25），从泰尔指数反映的城镇居民阶层收入差距来看，呈现波动式上升的特征（见图2-24）。2000~2002年收入差距一直扩大，这和用极值比测度的收入差距是一致的，但从2003年开始出现一年升一年降的波动特征。

表2-25　　2000~2007年城镇居民不同收入阶层之间的收入差距测度

年份	平均每人可支配收入（元）	最高收入户平均每人可支配收入（元）	最低收入户平均每人可支配收入（元）	极值差（元）	极值比	泰尔指数
2000	6 279.98	13 311.02	2 653.02	10 658	5.02	0.0975
2001	6 859.58	15 114.85	2 653.02	12 461.83	5.70	0.1080
2002	7 702.8	18 995.85	2 408.6	16 587.25	7.89	0.1630
2003	8 472.2	21 837.32	2 590.17	19 247.15	8.43	0.1374
2004	9 421.61	25 377.17	2 862.39	22 514.78	8.87	0.1783
2005	10 493.03	28 773.11	3 134.88	25 638.23	9.18	0.1397
2006	11 759.45	31 967.34	3 568.73	28 398.61	8.96	0.1758
2007	13 785.81	36 784.51	4 210.06	32 574.45	8.74	0.1736

资料来源：根据相关年份的《中国统计年鉴》整理、计算得到。

二、农村居民不同收入阶层的收入差距

表2-26列出了2002~2007年农村居民阶层收入差距的相应测度指标统计值。用来测度农村居民阶层收入差距的指标有：绝对收入差距指标——极值差，用来衡量最高收入户和最低收入户人均纯收入的绝对差额；相对收入差距指标——极值比。图2-25用来刻画不同阶层的农村居民的人均纯收入随时间序列变动的趋势；图2-26则用来刻画测度农村居民不同收入阶层的收入差距随时间序列变动的趋势。

由表2-26和图2-25可以看出，2002~2007年五阶层的农村居民的收入

都在持续快速增加。2002 年最低收入户人均纯收入为 857.13 元，2007 年增加到 1 346.89 元，5 年时间内平均年增长率为 9.46%。2002 年，最高收入户人均纯收入为 5 895.63 元，2007 年则增加到 9 790.68 元，平均年增长率为 10.68%。其他各组也都在增长，但增长的比率是不同的。由此分析可以看出，单就最高收入户和最低收入户的收入变动情况来看，无论是绝对收入还是相对收入差距都很大。下面分析农村居民不同阶层的收入差距。

表 2-26　　2002～2007 年农村居民收入阶层之间的收入差距

年份	低收入户（元）	中低收入户（元）	中等收入户（元）	中高收入户（元）	高收入户（元）	极值差（元）	极值比
2002	857.13	1 547.53	2 164.11	3 030.45	5 895.63	5 038.5	6.88
2003	865.90	1 606.53	2 273.13	3 206.79	6 346.86	5 480.96	7.33
2004	1 006.87	1 841.99	2 578.49	3 607.67	6 930.65	5 923.78	6.88
2005	1 067.22	2 018.31	2 850.95	4 003.33	7 747.35	6 680.13	7.26
2006	1 182.46	2 222.03	3 148.5	4 446.59	8 474.79	7 292.33	7.17
2007	1 346.89	2 581.75	3 658.83	5 129.78	9 790.68	8 443.79	7.27

资料来源：相关年份的《中国统计年鉴》。

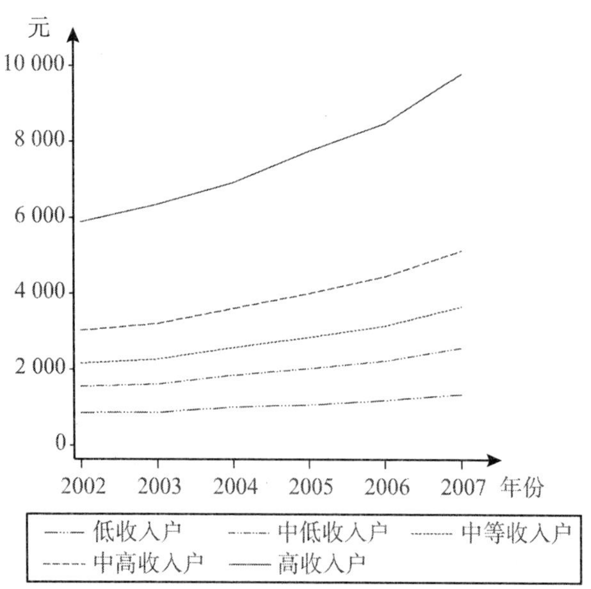

图 2-25　2002～2007 年农村居民阶层收入统计

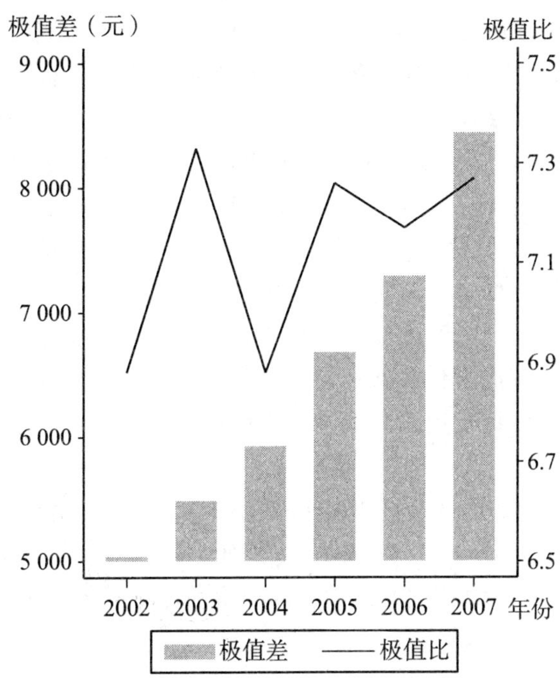

图 2－26　2002～2007 年农村居民阶层收入差距

表 2－26 和图 2－26 显示，从阶层收入的绝对差距看，2002～2007 年农村居民最高收入户与最低收入户的人均纯收入的极值差不断上升，2002 年极值差为 5 038.5 元，2007 年则持续上升到 8 443.79 元，平均年增长率为 10.88%。从阶层收入的相对差距的极值比统计量来看，相对差距总体上经历了一个波动式上升的过程：2002～2003 年，农村居民各阶层的收入差距是不断扩大，2002 年相对差距为 6.88，2003 年则上升到 7.33；2004～2007 年则呈现出一年降一年升的特征。

上面分析了城镇居民和农村居民不同收入阶层的收入差距的变动。研究发现，从城镇居民和农村居民阶层收入的绝对差距看，转型期，最高收入户与最低收入户的人均收入的极值差不断上升，说明不同收入阶层的居民收入差距在不断扩大。

第五节　中等收入阶层的形成与发展

发达国家的经验表明，经济发展水平不断提高的过程中，必然伴随有中等收入阶层的逐步形成，并成为经济社会发展过程的主导力量。中等收入阶层也被称为中产阶级，中产阶级这一概念中附加了许多收入水平指标以外的其他社会特征，比如职业特征、行为特征、受教育水平、政治倾向性、对社会问题的关注，等等[①]。在发达国家，中等收入阶层或者中产阶级在数量上占有主导地位，因而他们的状态及行为表现就成为影响经济社会发展状态的主要力量。2008～2009年源于美国的金融危机使得美国和欧洲的中产阶级家庭正在经历一场痛苦的减债过程，增加储蓄、减少负债水平必将限制欧美家庭在全球消费中引导作用的范围。亚洲中产阶级的发展受到全球广泛关注，其强大的购买力及其持续的增长被人们期待成为代替欧美国家中等收入家庭消费增长的新兴力量，为推动全球经济复苏发挥作用，而亚洲国家的政策制定者也乐于推动中产阶级的发展[②]。

有关中产阶级的研究和政策建议都有这样一个信念，即中产阶级是经济更强劲、更稳定增长和发展的一个重要先决条件。经济史学家阿德尔曼和莫里斯（Adelman & Morris，1967）[③] 以及兰迪斯（Landes，1999）等认为在19世纪英国和欧洲大陆经济快速发展进程中，中产阶级是一个引导力量。一个社会中产阶级人数增加将有利于减少社会矛盾，增加达成一致的可能性并利于社会稳定。一个两极分化的社会往往关注于不同阶层的收入再分配，而一个两极分化不那么严重的社会往往容易就公共产品和经济政策达成一致。另外，与中产阶级相比，贫困阶层在人力资本积累时往往面临着流动性约束，而这却对稳定的经济增长至关重要。

一、如何定义中产阶级

可以基于摄入卡路里的绝对量定义贫困问题，但是对中产阶级却没有一个标准的定义，不同的研究者使用不同的方法来定义。

（1）以收入、财富或财产作为划分的标准，将社会中具有中等收入水平的人群定义为中产阶级。直观地看，中产阶级是指生活水平、财产地位处于中等层次的社会群体。如中国国家统计局把年收入介于6万～50万元的城市家庭认为

---

① 在我们的分析中并没有刻意区别中等收入阶层和中产阶级，但是在更多的意义上，我们使用中等收入阶层这一表述，从而强调收入水平状态产生的影响。

② 亚洲发展银行：《亚洲和太平洋地区2010年关键指标》，2010年8月。

③ Adelman，Irma and Griliches，Zvi.，*On an Index of Quality Change*，Journal of the American Statistical Association，1961，Vol. 295，No. 56.

是属于中等收入家庭[①]；世界银行《2007年世界经济展望》对中产阶级的定义是年收入介于巴西和意大利人均收入水平之间的人群，即在4 000美元至1.7万美元之间。伯索尔等（Birdsall et al.，1995）以全世界各国的人均收入加权排序，然后取出其中的中间收入阶层，中产阶级大约是收入中间值的75%～125%之间。

（2）把职业当成划分中产阶级的标准，将从事行政管理、工程技术、商业营销、教师、律师、医生等脑力劳动的工作人员定义为中产阶级。在这里，中产阶级与现代社会“白领”阶层含义是一致的。最典型的是莱特·米尔斯在《白领——美国的中产阶级》一书中从职业的角度对美国中产阶级的描述[②]。

（3）以消费支出作为定义中产阶级的标准。如亚洲开发银行最近在一份名为《亚洲和太平洋地区2010年关键指标》的报告中把每日人均消费2～20美元之间的人群定义为中产阶级。班纳吉和迪弗洛（Baneejee & Duflo）使用了两个替代的绝对标准即人均日支出为2～4美元和人均日支出6～10美元作为定义标准。在排除了最贫穷发达国家中的富裕者和最富裕发达国家的贫穷者后，哈拉斯（Kharas）得出了人均日支出为10～100美元为中产阶级。南希·伯索尔（Nancy Birdsall）把中产阶级定义为以2005年价格计算日均收入在10美元以上，同时在本国收入分布中处于或者低于90%[③]。

（4）根据职业、收入、消费及生活方式、主观认同等综合标准来界定中产阶级。陆学艺认为，中产阶级是一个职业概念。中产阶级不是某一个阶层，是若干个阶层的总和。所谓中产，是指拥有的收入、声望、文化这三者的综合情况，根据占有的文化资源、经济资源、权力资源多少来划分是否属于中产阶级。李春玲采用职业、收入、消费及生活方式、主观认同四个方面的标准。刘毅（2006）以职业、收入和消费来界定中产阶级，并利用在珠三角的调研数据进行了实证测度。[④]

二、中产阶级的规模

在过去的30年中，中国的经济快速发展，人均收入水平快速提高，这使得至少按照收入水平定义的中产阶级的人数不断扩大。李春玲（2005）采用职业、

---

① 2005年1月，国家统计局公布了一份最新调查结论：“6万～50万元，这是界定我国城市中等收入群体家庭收入（以家庭平均人口三人计算）的标准。”“6万～50万元”的标准来自国家统计局城调队的一份抽样调查，这项调查历时4个多月，发放问卷30万份，有效问卷263584份。按照这个标准推算，到2020年，中等收入群体的规模将由现在的5.04%扩大到45%。参见人民网，http：//www. people. com. cn/GB/news/37454/37461/3129510. html。

② 莱特·米尔斯，周晓红译：《白领——美国的中产阶级》，南京大学出版社2006年版。

③ 据作者解释，一般把收入处于本国前10%的定义为富裕阶层。

④ 刘毅：《中产阶层消费结构变迁及特征》，载于《经济学家》2008年第3期。

收入、消费及生活方式、主观认同四个方面的标准，得出总体上中国现代中产阶级为4.1%。伯索尔以日均收入在10美元以上，同时在本国收入分布中处于或者低于90%的中产阶级标准，得出中国中产阶级人数（2004）农村占0.0%，城市占31.50%，综合起来为8.1%。亚洲银行（2010）使用每日人均消费2～20美元之间标准，估计中国中产阶级人数为8.1716亿，占到总人口的62.68%。

以上的估计由于使用不同的中产阶级定义标准导致估计的结果差异很大，最低的为4.1%，最高的达到了62.68%。

按照年收入介于6万～50万元的标准，我们也可以大致估计中国城镇居民中产阶级的规模和比例。《中国统计年鉴（2009）》中的数据给出了城镇居民家庭的收入分布情况（见表2-27）。城市家庭按收入等级被划分为最低收入户、低收入户、中等偏下户、中等收入户、中等偏上户、高收入户、最高收入户。同时给出不同等级收入户的平均每户家庭人口和平均每人全部年收入。

表2-27　　城镇居民家庭基本情况（2008年）

项　目	全国	最低收入户	低收入户	中等偏下户	中等收入户	中等偏上户	高收入户	最高收入户
		（10%）	（10%）	（20%）	（20%）	（20%）	（10%）	（10%）
调查户数（户）	64 675	6 353	6 485	12 983	12 993	12 998	6 445	6 418
调查户比重（%）	100.0	9.82	10.03	20.07	20.09	20.10	9.96	9.92
平均每户家庭人口（人）	2.91	3.33	3.22	3.06	2.89	2.74	2.62	2.51
平均每户就业人口（人）	1.48	1.27	1.44	1.52	1.50	1.49	1.51	1.57
平均每户就业面（%）	50.86	38.14	44.72	49.67	51.90	54.38	57.63	62.55
平均每人全部年收入（元）	17 067.7	5 203.83	7 916.5	10 974.6	15 054.7	20 784.1	28 518.8	47 422.4
平均每人可支配收入（元）	15 780.7	4 753.5	7 363.2	10 195.5	13 984.2	19 254.0	26 250.1	43 613.7
平均每人消费性支出（元）	11 242.8	4 532.8	6 195.3	7 993.67	10 344.7	13 316.6	17 888.1	26 982.1

资料来源：《中国统计年鉴（2009）》，中国统计出版社2009年版。

根据平均每户家庭人口和平均每人全部年收入，可以计算出平均每户家庭年收入。根据计算结果，只有高收入户和最高收入户满足我们对中产阶级的定义，即年收入介于6万~50万元的城市家庭。高收入户家庭中，平均每户家庭人口为2.62人，平均每人全部年收入为28 518.85元，即平均家庭年收入为74 719.39元。最高收入家庭中，平均每户家庭人口为2.51人，平均每人全部年收入为47 422.40元，即平均家庭年收入为119 030.22元。

由于调查样本的限制或者地区差异，或者被调查对象主观隐瞒收入，现有的家庭实际收入水平可能存在低估。假定把中等偏上收入家庭和高收入家庭看做中产阶级，把最高收入户剔除，用抽样比例推断总体分布，那么中国城镇家庭的30%可以算作中等收入家庭，占总人口的20%以上。

我们也可以借鉴亚洲银行的数据[①]，按照我们的中产阶级定义标准，换算成人均每日消费支出，从而估计出中产阶级人数。中国的储蓄率从1998年前后的37.5%升至2007年49.9%。[②] 我们假定储蓄率为50%，那么年收入为6万~50万的家庭消费支出为3万~25万，得出每日人均消费（以家庭平均人口三人计算）为4~33美元[③]。利用亚洲银行报告中分段数据得出，4~10美元人口比重为25.17%，绝对数为3.2818亿人；10~20美元人口比重为3.54%，人口绝对数为4 616万；20美元为0.68%，人口绝对数为886万人。由于20美元数据段包括20~33美元和33美元以上的，没法确切得出其中的中产阶级人数，所以我们把这段忽略不算。按照以上方式，我们得出中国中产阶级人数为3.7434亿，比重为28.71%。

2008年，东部沿海广东、福建、浙江、上海、江苏、山东、天津、北京、辽宁等9个省市人均GDP超过3万元人民币，平均达到了4万元人民币，人口大约4.5亿，占全国的34%，GDP总量占全国的58%[④]，如果考虑每年10%的增长速度和汇率变动的因素，大约在今后的3~5年中，中国将有1/3以上的人口生活在人均GDP达1万美元的经济体系中，按照家庭计算，平均每个家庭创造GDP达到3万美元。

三、中产阶级的行为特征

中产阶级除了收入水平较高，人口规模在发达国家所占比例较大外，还有其他一些鲜明的特征，许多研究对此做了分析，综合起来，大体上可以归结为以下

① 亚洲发展银行：《亚洲和太平洋地区2010年关键指标》，2010年8月。

② 详见中国人民银行网站，http://www.pbc.gov.cn/publish/hanglingdao/2950/2009/20091126161805055897699/20091126161805055897699_。

③ 为了简化计算，一年以360天算；人民币兑美元为1:7。

④ 根据《中国统计年鉴（2009）》中的相关数据计算得到。

几个方面：

第一，职业特性。中产阶级一般都有一份稳定的收入较高的工作，班纳吉和迪弗洛（2009）的研究发现，与贫困者相比，中产阶级更可能拥有一份稳定的高薪工作，即使一部分中产阶级暂时是企业家，但是他们并不愿意经营企业，一旦找到了合适的高薪工作，他们会立刻关掉企业。通常来说，是否拥有一份高薪收入的工作是贫困者与中产阶级最重要的差别，而且中产阶级家庭从事的职业一般要求努力、技巧和经验及职业道德。同时，中产阶级的行业分布特征也较明显，中产阶级往往是教授、技术性工人、神职人员和销售人员等，较少从事与农业相关的工作，更多的是在国有或者私营的制造企业工作①。对中国中产阶级的研究表明，党政干部、经理层、私营企业的首席执行官、高技术人员和办公室职员等中，中产阶级所占比重较大。

第二，中产阶级一般都受过良好的教育。2002 年，中国有不足 1% 的贫困家庭受过良好教育，而在中产阶级家庭中，22% 的家庭受过良好教育，中产阶级以上家庭中，这一比例是 40%②。班纳吉和迪弗洛指出，在大多数国家，中产阶级的教育支出占预算的比重随着生活水平的提高几乎保持固定的比例。李春玲（2005）以职业、收入、消费及生活方式、主观认同等综合标准来界定中产阶级，指出无论哪种类型的中产阶级，一般都拥有大专及以上学历。

第三，地理分布。中国中产阶级一般分布在东中部的大中城市，在西部和农村人数较少。由于沿海及东部地区首先对外开放，引进外资和先进技术，各种形式的经济组织快速发展，尤其是私营企业和外资企业，为中产阶级的崛起提供了经济条件。与经济的区域特征相一致，中产阶级一般分布在沿海经济活跃的大城市，如北京、上海、广东、深圳等。亚洲开发银行报告（2010）指出，2002 年中国城市中产阶级占中产阶级比重为 50%，但只占总人口的 35%，西部地区中产阶级比重为 22%。

第四，消费。随着收入水平的提高，中产阶级家庭消费支出不同项目的比重发生改变，用于闲暇消费的支出比重增加。在满足基本生存后，中产阶级往往在精神方面有更高的追求。在广告和媒体宣传的影响下，中产阶级对待工作和闲暇的态度慢慢发生了变化，将更多的消费闲暇用来提升生活品质。班纳吉和迪弗洛认为，用于娱乐的支出比例随着收入的增加而上升，从绝对贫困时为零到人均日支出在 6 ~ 10 美元时的 1 ~ 5 美元。

表 2 - 28 给出了中国城镇居民不同收入阶层家庭支出结构的差异，在食品、衣着、居住、家庭设备用品及服务等方面，家庭消费支出随着收入变化而变化不

①② 亚洲发展银行：《亚洲和太平洋地区 2010 年关键指标》，2010 年 8 月。

大；而在交通通讯、教育文化娱乐服务等方面，随着收入分布不同表现出较大的差异。随着收入水平的提高，家庭消费支出在交通通讯、教育文化娱乐服务等方面也随之有较大的增加。同时，高收入家庭对耐用消费品的消费需求显著大于低收入家庭（详细的分析见后面的章节）。

表 2-28　城镇居民家庭平均每人全年消费性支出（2008 年）　单位：%

消费性支出构成	总平均	中等收入户	中等偏上户	高收入户	最高收入户
食品	37.89	40.42	37.87	34.03	29.18
衣着	10.37	10.99	10.76	10.38	9.80
居住	10.19	10.25	9.51	10.04	9.94
家庭设备用品及服务	6.15	5.96	6.29	6.76	7.14
医疗保健	6.99	7.24	7.34	7.03	5.89
交通通讯	12.60	10.43	12.27	14.72	18.48
教育文化娱乐服务	12.08	11.32	12.24	12.84	14.67
杂项商品与服务	3.72	3.39	3.72	4.19	4.90

资料来源：国家统计局：《中国统计年鉴（2009）》，中国统计出版社 2009 年版。

中产阶级家庭消费容易受到广告的影响。雅夫洛和范德维尔（Jaffrelot & van der Veer，2008）指出，广告在编造中国中产阶级的幻影方面起到了重要作用。这被一项在北京进行的调研所证实，一半的公司管理人员认为广告提升了他们的自信，影响了他们对品牌的选择，通过广告他们找到了喜欢的品牌，而这些品牌能反映他们的社会地位。

第五，投资行为。从消费支出分布情况来看，中产阶级已逐步摆脱低收入阶层的消费特征，有更多的剩余资金用于投资。中产阶级比中低收入阶层会生更少的孩子，更多地投资于孩子的教育、健康和保险，这种投资具有消费的特性，其最终目的是为了提高生活品质。随着现代社会生活成本的提高，越来越多的家庭选择少生或者不生孩子，而这种选择在中产阶级的身上体现得尤为明显。同时，中产阶级将更多的时间和金钱投资在孩子的教育、健康和保险上①。

同时，中产阶级的理财观念比非中产阶级要强，证券、基金、房地产等是中产阶级比较乐意投资的对象。表 2-29 中，从金融资产在不同职业调查户中的分布情况看，户主为股份制企业负责人的家庭金融资产最多，户均 69.09 万元；其次为

① 这些特征在其他国家表现明显，但中国由于传统文化对教育的重视，致使在孩子教育方面，各阶层投资比重差别不大，但总体来看，中国家庭在教育和健康方面支出是最高的。

私营企业经营者，户均62.03万元。拥有金融资产多的其他职业家庭分别是文艺个体户、证券业务人员、银行业务人员和IT从业人员。另外，排名进入前十位的职业/身份还有以下几种：教授、个体经营者、文艺创评人员和事业单位负责人。从调查结果看，户均金融资产拥有量排在前列的职业与高薪职业基本吻合。

表2-29　金融资产在不同文化程度城市家庭中的分布情况　单位：元

排名	职业/身份	金融资产	排名	职业/身份	金融资产
1	股份企业负责人	690 914	19	保险业务人员	83 270
2	私营企业经营者	620 338	20	大中小学教师	81 360
3	文艺个体户	401 345	21	卫生专业人员	73 035
4	证券业务人员	240 130	22	办事人员	68 248
5	银行业务人员	239 808	23	购销人员	67 673
6	IT从业人员	202 584	24	会计人员	66 683
7	教授	155 315	25	其他专业人员	61 289
8	个体经营者	139 383	26	新闻出版人员	60 941
9	文艺创评人员	139 338	27	其他自由职业者	59 993
10	事业单位负责人	125 044	28	不便分类人员	52 888
11	社会中介人员	121 343	27	演员	48 400
12	高级厨师	120 274	30	法律专业人员	47 927
13	职业股民	120 210	31	其他服务人员	47 254
14	科学研究人员	120 048	32	生产运输人员	44 947
15	工程技术人员	119 664	33	运输服务人员	44 359
16	三资企业人员	113 332	34	农林牧渔人员	41 426
17	国家机关负责人	110 092	35	娱乐服务人员	34 532
18	国有企业负责人	107 054	36	工艺美术人员	15 800

资料来源：中国统计信息网。

第六，中产阶级价值观。中产阶级的收入特性决定了其价值观不同于贫困阶层和富裕阶层。以往的研究发现，中产阶级在促进一个社会的民主与政治稳定方面发挥着积极作用。中产阶级会更看重市场竞争、性别平等、努力工作、信任和参与政治等，并在社会和技术方面发挥着积极作用[①]。伯索尔等认为，中产阶级是大多数发达社会中市场经济和民主的支柱。埃斯特利（Esterly，2001）通过建

① 亚洲发展银行：《亚洲和太平洋地区2010年关键指标》，2010年8月。

立计量模型的方式估计了中产阶级与民主的关系，发现中产阶级有利于促进民主和政治稳定。在政治民主方面，中国中产阶级表现出不热衷政治的特点，更多的是关注通过自身努力获得更好的职业发展和提高生活质量。

金融危机后，亚洲中产阶级在带动全球消费方面起着越来越重要的作用，而中国作为亚洲最重要的国家之一，其中产阶级在消费方面的表现受到很大关注。虽然中国近 10 年经济快速发展，但是中国中产阶级占总人口的比重还不容乐观，这需要各方努力来促进中产阶级的发展，包括政策制定者的政策倾斜。未来，中国经济仍将快速发展，相信中国中产阶级在未来也将不断成长，并对经济增长和政治、社会稳定产生积极影响。

本章分析了经济快速增长过程中的中国居民收入快速增长以及由此出现的收入分配差距扩大问题，本章研究所得到的基本认识是我们后续对居民消费需求升级与产业发展研究的基础。

第二篇

转型时期的居民消费需求升级

第三章

消费需求升级：基本框架

居民消费可以被定义为人们在某种预算约束下，为满足自身的欲望、实现效用最大化而进行的资源配置过程，这一资源配置过程的结果体现为居民消费需求的状态。显然，居民消费需求受到两类因素的影响：一是预算约束条件，比如收入水平、价格水平、预期状态等；二是消费者偏好与效用、福利判断，通常的情况往往是假定消费者偏好是稳定的，从而居民消费需求是某些约束条件状态及其变化的结果。

对于消费需求的研究可以有两个角度：一是基于微观角度，基于从事消费活动过程的单位——家庭的角度展开的研究；二是基于宏观角度，基于加总所有家庭消费行为的结果展开的研究。我们的研究基本上是基于宏观的角度，研究居民消费需求总量、结构等的变化及其决定因素，研究消费需求的变化产生的影响。

几乎很少有人质疑不断增长的消费需求应该得到满足具有的合理意义，资源的有限性与人们欲望的无限性之间的矛盾似乎只能通过资源更多、更有效利用得到化解，通过持续的经济增长得到缓解。消费需求及其演化的意义在于为生产活动提供方向和引导，经济活动的最终意义在于不断满足日益增长的消费需求。因此，消费者主权理论是贯穿在现代经济学理论体系中的核心原则，所谓“消费者主权”，体现为消费者根据自己的意愿和偏好到市场上选购所需的商品，由此把消费者的意愿和偏好传达给生产者，生产者听从消费者的意见安排生产，提供消费者所需的商品。加尔布雷思曾提出过“生产者主权”的概念，但即使是完全的市场垄断，生产者面对的仍然是负斜率的需求线，生产过程的组织也必须在消费者可以选择的空间里进行，否则产品的供给失去市场需求支撑仍然是毫无意义的。

因此在经济增长理论中，消费需求状态及其演化趋势被看成是支撑经济增长的基础前提，是构造增长理论的逻辑起点。就增长而言，社会资源在消费和各种投资之间的配置是决定长期生活水平的关键因素。[①] 初始的增长理论[②]以外生的家庭消费与储蓄决策为前提，从而得到了均衡的经济增长路径，随后的增长理论（拉姆塞，1928；卡斯，1965；库普曼斯，1965）将家庭消费与储蓄决定内生化，得出了经济均衡增长的鞍点路径。

上述理论框架基本上可以被归结为主流经济学理论中的一般均衡框架，假设产品集合给定（从而消费结构是给定的）、技术给定，企业不过是对人们达到的技术可能性进行开发的单位。[③] 然而自工业革命以来，在发达国家发生的巨大物质福利增长的重要特征在于变化与创新，体现为我们不仅拥有了更多的同类产品与服务，而且拥有了更多类型的新产品和服务，无论是生产还是消费，我们面临更多的选择而且能够进行选择，因此在新增长模型中，家庭的效用最大化从而家庭对商品的消费需求被处理为多样化的、差异化的消费[④]和消费品品质的不断提高[⑤]，前者被称为迪克西特和斯蒂格利兹偏好，而后者被格罗斯曼和赫尔普曼称为基于质量阶梯（Quality Ladder）的产品质量升级（Product Quality Upgrading），从而在生产活动中，表现为多部门、包含多种中间性投入的生产过程，包含在多部门、多中间投入过程中的创新具有的外溢效应和规模报酬递增的特征是支撑长期持续增长的动力。

即使在新增长理论框架中顾及产品的多样化以及产品质量的进步，但是生

---

① Paul Romer：Comment on "It's Not Factor Accumulation：Stylized Facts and Growth Models，" by William Easterly and Ross Levine，*The word bank economic review*，2001.

② Solow，Rorbert M.：*A Contribution to the Theory of Economic Growth*，*Quarterly Journal of Economics*，1956，Vol. 70.

③ Aghion，Philippe and Howitt，Peter：*Growth and Creative Destruction*，*Econometrica*，1992，Vol. 60，No. 2.

④ Dixit，A.，and Stigliz，J. E：*Monopolistic Competition and Product Diversity*，*American Economic Review*，1977，Vol. 67.

Ethier，W. J：*National and International Returns to Scale in the Modern Theory of International Trade*，*American Economic Review*，1982，Vol. 72.

⑤ Grossman，G. M，and Helpman. E：*Quality ladders in the Theory of Growth*，*Review of Economic Studies* 1991a，Vol. 58.

Grossman，G. M，and Helpman，E：*Quality Ladder and Product Cycles*，*Quarterly Journal of Economics*，1991b，Vol. 106.

Grossman，G. M，and Helpman，E，：*Innovation and Growth in the Global Economy*，*Massachusetts Institute of Technology*，1991c.

产与消费的关系仍然是在一个均衡框架中表现为对称的结构，生产领域中的创新保障了消费者确定种类商品的需求量增长和品质升级需求以及商品多元化需求。这一过程不会因为消费者行为的改变从而与供给结构发生冲突导致经济运行波动，市场在处理需求与供给的关系过程中是完美的。显然这种理想状态是不能完全保障的，凯恩斯的需求决定理论①至少从短期的角度解释了可能存在的供求失衡，基于消费需求不足导致经济波动是可能的。随后的生命周期和永久收入假说修正了凯恩斯关于总消费量主要取决于总收入量，绝对收入水平的提高通常会导致更高比例的收入被储蓄的理论②，永久收入假说预言，消费倾向大小的决定因素是永久性收入和暂时性收入的相对方差，当期收入的增加所提高的消费，仅仅反映它所增加的永久性收入的程度。当永久性收入的方差相对小于暂时性收入方差时，当期收入的变动极少来自于永久性收入的变动，从而消费几乎不随当期收入变化。随后的超越永久性收入假说（缓冲存货式储蓄、预防性储蓄、流动性约束等）从各自不同的角度解释了收入变动与消费变化之间表现出的与永久性收入假说的背离。这种对消费问题的关注，与对投资问题的关注类似，他们是社会总需求的绝大部分，消费与投资的变化并且政府行为、技术变化等通过他们影响到产出变化的关键，就在于深刻理解消费与投资的决定。

因此，我们关注消费需求大体上是涵盖了下面的几个方面：

第一，消费需求的总量如何随着收入的变化从而体现出某些增长的特征；

第二，消费需求如何随着收入的变化、消费者偏好的变化表现出差异化和多样化；

第三，消费需求如何随着收入变化、消费者偏好变化以及技术进步，表现为消费品自身的品质升级；

第四，收入以外的哪些因素会成为影响消费需求变化的重要变量。

本章的目的在于从宏观角度界定消费需求、消费需求结构以及消费需求升级的概念，从而为后面的研究提供基本的理论框架。

---

① Keynes, J. M.: *The General Theory of Employment, Interest and Money*, Champaign, IL: New York, Harcourt, Brace, 1936.

② Paul Romer: Comment on "It's Not Factor Accumulation: Stylized Facts and Growth Models," by William Easterly and Ross Levine, *The word bank economic review*, 2001.

第一节 居民消费需求及其决定

一、消费需求：基于宏观经济学的研究

（一）关于消费行为研究的早期成果①

20世纪30年代中期以来，消费理论先后取得了绝对收入假说、相对收入假说、持久收入假说、随机游走假说、生命周期理论等一系列成果，经历了一个逐步发展和完善的过程。

凯恩斯（Keynes，1936）的消费和储蓄理论通常被称为绝对收入假说，其核心是储蓄和消费取决于可支配收入。在他看来，可支配收入主要用于消费和储蓄两个方面，在消费和收入之间有相对稳定的函数关系（即消费倾向）。凯恩斯认为，作为一个原则，收入中被储蓄起来的部分倾向于随收入的增加而增加。如果给定收入水平和影响消费倾向的客观因素不变，影响储蓄量的就只是一些主观的、社会的心理动机，这些动机在短期内又是不变的。所以短期内储蓄量的改变主要是因为收入水平的改变，而不是给定收入水平下储蓄倾向的改变。

杜森贝里（Duesenberry，1949）的相对收入假说首次把社会心理学的成果引入消费理论，他认为收入在消费和储蓄之间的分配依赖于个体的相对收入而非绝对收入，影响消费行为的因素主要有两个：一是消费者的消费受相关群体的消费和收入的影响；二是消费者的消费受自己过去消费和收入水平的影响。

基本的生命周期—持久收入假说是假设工作期间的收入保持不变、没有不确定性因素、个人开始时没有财富且最后也没有遗产，在这种情况下，人们为了按照其所愿意的方式消费终身收入而进行储蓄和负储蓄，他们通常在工作期间储蓄，然后将这些储蓄用于退休期的支出。该理论预测，人们在其收入高于终身平均收入时储蓄较多，而在其收入低于终身平均收入时进行负储蓄。

霍尔（Hall，1978）在跨时最优的基础上引入理性预期和随机过程，提出了消费者行为的随机游走假说。其基本结论是，生命周期—持久收入意味着消费者的消费服从随机游走，消费的变化是不可预测的。

① 本部分综述参见裴春霞、臧旭恒：《中国居民预防性储蓄行为研究》，经济科学出版社2009年版。

（二）预防性储蓄理论

在早期有关消费、储蓄的论文中就已经对消费者的预防性动机进行过讨论。利兰（Leland，1968）首次对预防动机的储蓄模型进行分析，他定义预防性储蓄为由未来不确定的劳动收入而引起的额外储蓄。储蓄主要是为了避免未来不确定的劳动收入所带来的冲击。沿着这一基本思路，桑德莫（Sandmo，1970）以及德雷兹和莫迪里安尼（Dreze & Modigliani，1972）对预防性储蓄行为做了更为进一步的分析。由于预防性储蓄模型更符合经济现象的本质，所以它正成为近年来储蓄理论研究的中心。较为近期的分析如扎尔迪斯（Zeldes，1989b），斯金纳（Skinner，1988），戴南（Dynan，2000）等的成果，已经使预防性储蓄理论变得更加成熟和完善。预防性储蓄假说的理论意义在于放弃了二次型效用假设，从而就把预防性动机包括进来，使不确定性真正成为消费函数的组成部分。

在标准的预防性储蓄模型的假设中加入不耐性（即较高的时间偏好率或较低的折现因子），就会得到缓冲库存储蓄模型。卡罗尔（Caroll）指出对某些特殊的收入过程，如果同时存在预防性动机和不耐性，那么在生命的早期阶段，消费和收入会吻合得特别好，只有到后期（比如45岁以后）才会有比较显著的储蓄。在卡罗尔的模型中，正是后期的收入分布概率阻止了消费者在早期阶段的借入，这将导致缓冲库存储蓄行为：消费者有某个财富收入比目标，若财富低于这一目标，谨慎就占优势，消费者会尽力去储蓄；反之，不耐性会使消费者花掉他们的财产。

（三）流动性约束假说

流动性约束理论放弃了传统模型中消费者可以以同一利率自由借贷的假设条件，认为居民的借款利率一般高于储蓄利率，并且对许多人来讲，往往也不能以任意利率借入较多的款项。因此在该理论看来，消费者进行储蓄的动机是防止流动性约束。一般说来，流动性约束至少可以从两个方面提高储蓄：其一，不管流动性约束何时起作用，它都能使消费者的消费比预期的要少；其二，即使流动性约束现在不起作用，以后会起作用的可能性也会减少当前消费。最早关注流动性约束问题的是弗莱明（Flemming，1973）以及托宾和多尔德（Tobin & Dolde，1971），他们认为把流动性约束纳入储蓄模型中是相当重要的。扎尔迪斯（1989）将流动性约束定义为某一较低的资产水平（相当于两个月的收入），他认为消费者所拥有的财产低于两个月的收入，就受流动性约束。在这一判断标准下，消费的变化和滞后收入之间有显著的统计关系。亚佩利（Jappelli，1990）利用扎尔迪斯的标准划分样本时，发现8.3%的被拒绝贷款的消费者有较高的财富收入比。这表明除了收入和金融资产外，其他经济和社会因素同样可以影响消费者的借贷能力。在亚佩利的研究基础上，加西亚等（Garcia et al.，2003）利用更多的信息（包括经济的和社会的）建立了消费者的借贷能力的概率函数，他们采用 1980～1987 年间的数据进行回归分析，结果表明流动性约束在影响消费和储蓄行为方面起着重要作用。

流动性约束消费函数有如下特征：一是如果消费者在某些时期持有零资产，那么在这些时期，其行为将会遵循拇指法则，即简单地让消费等于收入，消费的改变等于该期劳动收入的变化。二是流动性约束下的消费者行为可能与不受流动性限制但是有着明显预防性动机的消费者的行为相同。在实证研究中，如果只考虑预防性储蓄动机，就很容易掩盖流动性约束的影响。三是流动性约束的存在可能会打破标准模型的短期和长期行为预测之间的联系，即在一个没有流动性约束的模型中，消费者所选择的现期消费不仅能使现期的边际效用和下一期支出的预期边际效用均等化，而且也能使较远时期支出的预期边际效用均等化。对于受流动性限制的消费者来讲，其消费行为通常是“短视”的，他们仅仅在短期内熨平消费，而非长期。

（四）消费—储蓄理论在中国的应用

探讨中国消费问题的学者大都是在借鉴西方消费理论的基础上进行研究的。在现有文献中，凯恩斯（1936）提出的绝对收入假说主要被用来解释计划经济时期的居民消费储蓄行为，计量检验结果也证明效果很好。[①] 李子奈（1992）曾用 1953～1980 年的人均数据对城镇居民的消费函数做了估计，拟合度较高，从而说明相对收入假说也能较好地解释改革前居民的消费储蓄行为。对于霍尔（1978）的随机游走理论，臧旭恒（1994）曾经利用中国 1978～1991 年期间全国居民、城镇居民和农村居民消费、收入、消费物价指数进行过细致的检验，结果基本上拒绝了该假说在中国应用的可行性。对于应用广泛的莫迪利安尼和弗里德曼等提出的生命周期—持久收入模型，臧旭恒（1994）分别利用时间序列总量数据和家庭预算抽样调查数据进行了检验，其结论是生命周期—持久收入假说对 1978 年以后的中国的可应用性逐渐加大。贺菊煌（2005）在对生命周期假说的研究中，采用了数据模拟的方式，模拟结果是：（1）如果消费者没有预期到未来收入的增长，那么稳定状态下全社会的储蓄率将随收入增长率的提高而提高；（2）如果消费者预期到未来收入的增长，那么稳定状态下全社会的储蓄率不随收入增长率的提高而提高。另外，樊纲、余根钱（1992）对城镇

① 臧旭恒：《居民跨时预算约束与消费函数假定及验证》，载于《经济研究》1994 年第 4 期。

居民的银行储蓄存款进行的计量分析结果也基本验证了持久收入—生命周期假说。但是在王信（1996）的研究中，持久收入假说未能通过检验，他认为模型不成立的原因在于该模型假定居民具有稳定的预期，而在转轨时期，我国居民对未来的预期很不确定。此外，我国消费信贷不发达，居民很难通过借款来提高消费水平，平衡一生的收入和支出，也是持久收入模型未能通过检验的原因之一。

预防性储蓄和流动性约束假说对于分析中国的居民消费行为提供了一个崭新的视角，因为1978年以来的消费波动确实存在着许多传统理论难以解释的问题。目前，国内已经有学者开始运用这些新理论对消费问题进行研究。宋铮（1999）较早地把收入的不确定性对中国居民储蓄的影响定量化，这无疑是一个很重要的开端，但他对预期值的处理过于简单化，不确定性变量的选取也欠准确。之后，龙志和、周浩明（2000）以及孟昕（2001）等的研究都表明中国城镇居民的确存在着显著的预防性储蓄动机。万广华等（2001）利用霍尔的消费函数构建了一个包含不确定性和流动性约束的计量模型，其结论是改革后流动性约束型消费者所占的比例较高，不确定性因素对消费有着显著影响。但是他们得出的结果中不确定性前面的系数为负，也就是说不确定性程度越大，消费者的储蓄越少，这个显然同实际情况相矛盾的结论很可能与模型的构建和数据选取不当有密切关系。朱国林等（2002）建立了一个中国收入分配与总消费的理论框架，但是他们的分析中缺乏严谨的数据检验，而只是给出了一些描述性的说明。孙凤（2002）的研究证明，不确定性对消费有负面影响。但是她的计量结果存在两个问题：一是边际消费倾向大于1；二是资产对消费的影响是负的。这两点在逻辑上显然都是说不通的，对此她只是给出了简单而又牵强的解释。秦朵（2002）挑选各地区居民收入的横截面数据，构造了居民收入差异指数来代替收入的不确定性，她同时采用了单一方程的最小二乘法（LS）和多方程的极大似然法（ML），结论是收入差异越大，储蓄就越多，说明谨慎动机在居民储蓄决策中起着较大的正向作用。较近的文献包括宋冬林等（2003）对我国城镇居民消费的过度敏感性进行的计量检验，以及万广华等（2003）结合中国农村的有关调查数据，对转型经济中农户储蓄行为进行的实证研究，等等。另外，也有一些学者从其他角度研究了消费和储蓄问题，如叶海云（2000）的“短视”消费模型，齐天翔（2000）的倒“U”形曲线假说，余永定、李军（2000）的消费者选择理论，以及袁志刚、宋铮（1999）结合人口年龄结构建立的叠代模型，等等。应该说，上述这些成果都直接或部分涉及了预防性储蓄和流动性约束假说。但大多数研究都或多或少存在的缺陷是：单纯采用静态方法，通过对小样本的时间序列数据进行OLS（普通最小二乘法）回归来检验流动性约束和预防性储蓄假说，也没有区分长期消费与短期消费之间的关系。这些问题，我们将在本章后面的研究中努力加以克服。

二、消费需求决定：基本框架

在有关消费需求的已有理论中，基本上在探讨是哪些因素决定着消费需求的变化，理论的演化从两个方面展开，其一是由于数据的可获得性改变，我们能够越来越精确地描述某些消费需求的具体方面体现出的变化，从而可以验证已有的理论假说存在缺陷；其二，伴随着经济社会的发展，消费者行为以至于消费需求发生了一些与历史数据观察到的不一致现象，这些变化是在不同的历史环境中产生的，因而消费需求理论必须进步，从而能够更准确地刻画新时代特征的消费者行为。

收入是决定居民消费需求的最基本因素之一，无论在早期消费函数理论中还是在现代消费函数理论中，这都是毋庸置疑的。因此，收入增长是制约居民消费需求的重要因素之一。不同消费函数理论的区别也可以从其处理收入与消费之间的关系中得到最主要的答案。早期的凯恩斯绝对收入消费函数假说将居民消费作为当期收入的函数，只考察当期收入对居民消费的影响，并且认为随着收入的增加，居民的消费固然也随之增加，但消费增长不如收入增长之甚，即边际消费倾向递减。他认为这是人性使然，是心理因素作用的结果。杜森贝里从消费的示范效应和棘轮效应分析了收入与消费之间的关系，提出了相对收入假说，认为收入增长对居民消费的影响取决于居民收入与其周围群体的相对收入。尽管杜森贝里的消费函数中，消费者的消费行为是由其周围平均的消费行为所决定的，但它并没有脱离凯恩斯理论的分析框架①。消费者仍然属于早期消费函数理论中的“近视的”、“后顾的”消费者，并没有纳入到现代宏观经济学分析框架中，缺乏充分的微观经济基础。

20世纪50年代，莫迪里安尼（Modigliani）、布鲁贝格（Brumberg）以及弗里德曼（Friedman）各自从消费者选择理性出发，提出了消费的生命周期模型和持久收入模型。后来的学者认识到这两个模型尽管在诸如分析重点、概念含义等上面有着许多区别，但本质上是消费者跨时决策理论在消费领域的不同应用，因此不存在原则上的对立。20世纪后半叶的消费理论研究，都是以消费者跨时选择为基础，围绕这两个模型展开的。经济学家发展了原有的模型，提出了以欧拉方程为核心的现代生命周期模型，即一个消费者的消费形式是由他一生拥有的总

① 臧旭恒：《中国消费函数分析》，上海三联书店、上海人民出版社1994年版。

资源决定的[①]。在生命周期模型中，收入增加导致居民一生可利用资源的增加，从而引起居民消费的增长，但这些增加的收入要均匀分配到居民的一生中，使得居民在一生中各个时期的消费同等程度的增加。持久收入模型区分了持久收入和暂时收入，认为只有持久收入的增加才能带动居民消费的增长，而暂时收入的增长对居民消费的影响很小。霍尔将理性预期引入消费的持久收入模型中，得出了消费的随机游走假说，认为消费者已经预见到的收入增加对居民消费没有影响。因为理性的消费者既然已经预见到了收入的增长，就会事先调整消费决策以实现效用最大化的跨时最优。

霍尔的随机游走假说只是揭示出持久收入假说内在的固有含义，但他却提出了一种检验持久收入假说的重要方法，即消费变化与滞后收入变化是正交的，滞后收入变化不会影响到当期消费决策。但令人遗憾的是大量的实证检验结果并不支持霍尔的随机游走假说，由此，也带动了消费函数理论和实证检验技术研究的活跃和迅速发展。

在后来的超越持久收入假说的消费理论中，顾及了收入以外的其他因素的影响，比如不确定性因素、利率变化等。在预防性储蓄假说中，收入增长对居民消费的影响还取决于居民对未来不确定性的预期，即预防性储蓄动机的大小。如果居民对未来不确定性感受大，预防性储蓄动机强，那么居民就会将收入增长中更大部分用于对未来不确定性的预防性储蓄而较少消费。流动性约束假说认为，即使消费者预期到将有较大幅度和持久的收入增长，但如果消费者面临流动性约束也不能提高其当期消费，而不得不将消费的增加推迟。

三、政府开支与公共消费

上述消费理论是假定消费需求仅仅与私人决策相关，因而所谓消费品仅仅指家庭或者个人消费的私人物品或者服务，但是决定私人效用或者满足感大小的消费品，除了消费者能够消费的私人物品之外，还包括私人可以获得和消费的公共物品，这种公共物品的供给不是通过市场，而是由政府以及相应的社会机构提供。假定政府及其他社会机构的存在仅仅在于为社会提供公共品，那么一般而言，我们可以把政府开支看做是其提供的公共品价值的间接表示，也可以看做是消费者作为整体所能获得的公共品和服务价值的间接表示。

公共品的供给是公共经济理论中的重要话题，市场不能有效供给公共品时，

① 格斯·迪顿著，胡景北、鲁昌译：《理解消费》，上海财经大学出版社 2003 年版，译者序第 2 页。

政府被理想化地作为替代市场提供公共品的有效机构①，虽然对此提出的质疑和批评几乎与赞成其供给有效的观点一样多，但是现实中，政府提供主要公共品这一基本结构是存在的，其他社会机构以及民间自助性质的机构（比如俱乐部等②）所扮演的公共品供给角色，要么总量有限，要么在供给范围上覆盖面较小，所以本项研究中，我们将社会公共品供给的功能简化为政府功能的发挥，因而政府开支被看做是公共品供给总量的间接表示。

公共品虽然可以笼统地被定义为在消费过程中具有非竞争性和非排他性的物品，但是就具体功能而言，公共品还是可以被具体细分的，比如公共品可以被区分为具有生产投入品特性的基础设施和最终消费品的政府转移支付，前一类公共品被罗斯托（1988）定义为社会先行资本，世界银行将社会基础设施定义为永久性的成套的工程构筑、设备、设施和他们所提供的服务，还可以进一步分为三种，一是公共设施，电力、电信、自来水、卫生设备和排污、固体废弃物的收集和处理、管道煤气等；二是公共工程，公路、大坝和灌溉渠道等；三是其他交通部门，铁路、市内交通、港口和航道、机场等。在一些广义的基础设施定义中，还包括了无形的公共产品比如教育、文化、科学、卫生等。第二类公共品则是纯粹的公共消费品，比如公园、公共安全、社会救济与社会保障、公共医疗服务等等。我们的研究中并没有严格区分上述公共品所具有的性质差异，而是较为笼统地称为公共品。

公共品与公共消费研究的一个问题是公共品供给的效率问题，纯粹的私人物品的获得可以通过市场由消费者自主选择决定，而公共品的获得、公共品的分配却有不同的机制，由此也会产生不同的影响。形式上，私人获得公共物品时不需要像在市场上获得私人物品那样直接支付代价，消费者（分享者）可以无偿地不直接支付代价而获得公共品的消费。显然这与私人物品通过市场交易过程获得，从而消费者获得的效用与支付的代价之间具有某种对称性不同，私人消费者获得公共品消费带来的效用与支付的代价之间是不对称的。因此公共品提供过程中存在着利益冲突，个人能够在对公共品的提供成本不作出任何贡献的前提下受益，有激励让其他人承担为此类物品融资的负担，这被称为公共品供给过程中的“搭便车”现象。萨缪尔森（Samuelson，1954，1955）研究了公共品提供的最优数量决定问题，得出了后来被称为公共品最优供给的萨缪尔森规则：公共品与私人物品的边际替代率之和必须等于两种物品之间的边际转换率。当然该决策是假定由一个对公众偏好拥有充分信息并且拥有征收一次性总付税权利的计划者做出

① Mueller，D. 1989：*Public Choice II*，Cambridge：Cambridge Press.

② 布坎南（Buchannan，1965）最先考虑了公共品供给过程中的俱乐部的效率问题，随后有大量文献出现，桑德勒与奇尔哈特（Sandler and Tschirhart，1980）对此作了综述。

的。随后的研究放松了上述两个假定，其一，研究人们可能不能完全显示其对公共品的偏好时，如何能够产生偏好真实显示的机制；其二，如果计划者不能征收一次性总付税收，公共品供给通过扭曲性税收融资，而不是在个人之间平均征收一次性总付，如何分摊公共品提供过程中发生的成本。[①]

公共品研究的另一类问题是公共品分配过程中的不一致性。所谓的不一致性主要指的是社会活动参与者之间利益的冲突与对立[②]，公共品分配过程中不一致性可以表现在如下方面：第一，公共品供给代价分担与公共品消费过程中的代际差异，假定公共品供给的融资不是来源于对当期消费者税收，而是来源于政府负债，而负债的消除依赖于未来税收的增加，由此产生了公共品供给代价与收益分享的代际差异。类似的情况也可以发生在一些政府转移支付计划中，比如政府发起的保健计划或者健康保险计划，与其他年龄段的人口相比，年长者需要消费更多的医疗服务，因此，转移支付计划的实施实际上是一种代际间的公共品代价和收益分布的不一致性。相反的例子也存在，比如政府扩大教育开支显然有利于年轻人，从而改善年轻人的福利状态。第二，公共品分配过程中集团差异，这种集团可能是基于地域差异的，也可能是基于职业的或者阶层的差异。比如公路、水坝、公交系统等建设，带有非常明显的地域特征，其功能的发挥和再分配的效果有很强的地域性，而公共财政资助的教育，可能仅仅是某一年龄阶段的群体受益等。第三，如果公共品的消费需要消费者私人资源的联合投入时，那么公共品分配所表现出来的转移支付也许其性质恰恰完全相反。比如费尔纳德斯和罗杰森曾经分析的例子[③]，假如教育的成本完全由政府承担，而不需要任何的私人投入相配合，那么教育成本的公共提供就起到了从富人到穷人的转移支付作用，但是如果个人为得到政府提供的公共教育不得不相应花费私人资源，教育成本只是部分地由政府承担，同时如果资本市场又是不完善的，则教育的公共投入就可能会起到一个完全相反的转移支付作用。只有高收入家庭的孩子才能够获得政府提供的教育资源，穷人无法获得公共教育资源，因此，教育的公共投入不是向穷人的转移支付，而是向富人的转移支付。

在经济转型的过程中，伴随着经济成长，导致消费者福利差异的因素中，居民能够分享到的公共品数量及其分配机制显得越来越重要，这既与政府功能发挥的状态相关，也与政府职能的转变相关。

---

① Atkinson A. and J. Stiglitz: Lecture on Public Economics, New York: Mc-Graw Hill, 1980.

② 德雷泽：《宏观经济学中的政治经济学》，经济科学出版社 2003 年版。

③ Fernandez, R. and R. Rogerson: On the Political Economy of Education Subsidies, Review of Economic Studies, Vol. 62, 1995.

第二节 居民消费需求结构

一、区分消费需求结构

广义的需求结构反映在从支出的角度衡量的GDP，包括消费需求、投资需求、政府购买和净出口。我们的研究局限于消费需求部分，因而消费需求结构的变化主要是基于居民家庭消费行为的演化结果，在后面的部分也会涉及政府购买体现出的公共品供给的含义，它与居民家庭消费的私人物品共同决定了消费者的总效用状态。

最早的有关消费需求结构的研究可以追溯到恩格尔的研究，他将家庭消费分为9个项目，食物、服饰、住宅、取暖与照明、劳动工具、教育祭祀及文化娱乐、税收、医疗、家庭服务。凡勃伦（1899）在分析有闲阶级的消费行为时，提出了炫耀性消费的概念，用奢侈品消费区别于劳动家庭的一般性消费，更多的研究是区别了居民家庭消费中的耐用品和非耐用品消费，最近的研究还涉及消费品品质升级的影响（具体说明参见第十章）。还有学者按照功能将消费品区分为满足消费者生存需要、发展需要和享受需要等不同部分。在国外的国民经济账户中，家庭消费支出的结构通常被区分为耐用消费品、非耐用消费品和服务，每一类消费开支中还可以被区分为更详细的项目，比如耐用消费品包括汽车、家庭设备等，非耐用消费品包括食品、衣着、能源及其他，服务支出包括住房、医疗、交通等，在中国国家统计局发布的居民家庭消费需求分类中，包括了食品、居住、家庭设备用品及服务、医疗保健、交通通讯、教育文化娱乐、杂项及其他等。

对上述消费需求结构的分类，是伴随着对消费者欲望的差异和分类出现的，比如对于任何一个消费者，生理与身体的需求是否是一个特别的消费层次？与娱乐和获取知识的需求相比，对食物以及抵御寒冷的需求是否总是居于优先地位？如果生存问题没有解决，娱乐和获取知识的需求永远不能得到满足。

同时，消费需求结构的分析必须结合家庭特征以及不同家庭的消费行为差异。人们对消费需求状况进行最初的统计时，关注的是工业化初期从农村迁移到城市的新型工人家庭的情况，工厂和城市组成的新型经济社会环境与纯粹的由农业劳动和农村生活所构成的世界迥然相异，工人面临种种不确定性，尤其是在工作中面临来自企业竞争和经济周期带来的风险。由此其家庭消费完全不同于农业社会中的家庭消费，消费首先表现为市场化的交易行为，所有的商品和服务必须通过交易、购买，自给自足的消费方式被改变了。到现在为止存在于农村社区里的家庭消费仍然包含有基于自有资源的消费和消费的现金支出。[①] 对贫困家庭的研究表明，不同类别的家庭消费开支的具体消费形态是不同的：服饰表现为相对纯粹的私人消费和排他主义的，着装被看做是一种赋予个体身份价值的方式，并诱使人们在购买衣物方面进行竞争，服饰消费反映的是家庭内部消费的利己主义。而住房则在家庭内部体现为公共品，消费过程体现出利他主义。食物消费则处于中间状态，它可以表现为利己主义的消费方式，也可以是利他主义的。但是这种工人贫困家庭的消费利他主义，并没有在其他社会阶层的家庭消费中体现出来。即使是同一阶层的家庭，在历史演化的不同阶段也可能表现出不同的消费需求倾向，马克斯·韦伯在《新教伦理与资本主义精神》中分析了天主教资本主义工厂主的禁欲主义家庭消费，相对于他们的收入水平，他们的消费支出是微不足道的，这一点与凡勃伦描述的源于旧贵族的有闲阶级的奢侈消费不同，食物、运动、闲暇等只不过是恢复劳动能力的手段，时间就是金钱，服饰应该简朴，工业化生产的成衣体现出的整齐划一是他们所推崇的，赋予个人身份以特殊价值的态度应该受到道德的谴责，许多资本主义家庭虽然非常注重住宅投入，但是它们被看做与他们的经济活动相关的投资。熊彼特在《资本主义、社会主义与民主》中，同样观察了资产阶级家庭的消费，与韦伯分析的工厂主不同，他们后代的消费出现了巨大的差异，他们不再喜欢他们父辈的资产阶级豪宅，却喜欢豪华建筑中的一个面积不大的套间，与家庭自主消费相比，他们更喜欢服务消费，他们并不非常看重家庭和后代，结婚率下降，离婚率上升，独生子女甚至丁克家庭增多。

在本书中我们会笼统地按照消费者家庭（消费者单元）消费的商品的功能差异定义消费需求结构，用食品、衣着、家庭设备及用品、交通通讯、医疗保健、教育与娱乐、住房等不同性质的商品与服务消费支出的权重变化，反映消费需求结构变化。

二、消费需求结构演变的一般化趋势

经验表明，越是贫困的居民家庭，用于食物方面的支出在家庭总体开支中所占的比例越大，但是这一结论可能会受到家庭特征的影响，也会掩盖跨期研究过

① 尼古拉·埃尔潘：《消费社会学》，社会科学文献出版社 2005 年版。

程中的产品质量改进等因素的影响。比如对于一个贫困家庭而言，在某一个观察期内会发生收入水平的增加，但是如果这种收入的增加只不过满足了其基本食物需求增长，在此之前家庭处于某种贫困门槛之内，那么收入增加只会转化为食物开支的增加。另外，假如在观察期内发生了基本食品的品质升级比如食品开支从对植物脂肪的消费演化为对动物脂肪的消费，而这种品质升级反映为价格水平的提高，那么收入增加从而食品开支比例下降的规律也无法体现。

不过在大多数后来的研究中，恩格尔系数长期趋势的总结是类似的，即伴随着收入水平的增加，在总体经济的层面上，恩格尔系数在不断下降。

在钱纳里等（1995）的研究中，将国内需求的变化、工业产品中间使用量的增加以及随着要素比例的变动而发生的比较优势的变化，归结为工业化国家工业份额增加的原因，国内需求的变化钱纳里区分了食品和非食品消费、投资以及政府消费，其中前两项是居民消费需求的不同部分。按照他们的研究，在几乎所有样本中，需求方面最大的单一变化是食品消费份额的下降。食品消费份额自国民收入为基准水平 140 美元（1970 年价格水平，以下同）时的 29%，下降为基准收入 560 美元时的 19%，以及基准收入为 2 100 美元时的 13%。食品支出比例的下降，基本上是由非食品开支、投资品以及政府消费的增加所抵消，不过在工业化发展快速的国家比如日本、韩国和以色列等，食品份额的下降几乎全部被投资品份额的上升所抵消。

另外，非食品开支份额不仅增加了，而且其内部结构也发生了变化，非食品开支中的耐用消费品消费显著增加了，服务显著增加了，教育、娱乐、医疗保健、金融保险服务等支出比例显著增加了。

笼统地刻画和归纳消费需求结构的演变会掩盖许多差异性，比如同样是中等收入阶层的消费支出，在印度和菲律宾，拥有的电视机和电冰箱的数量大大低于中国中等收入居民家庭，但是拥有汽车的比例高于中国居民家庭；在印度和菲律宾低收入家庭和中等收入家庭在教育和医疗保健方面的支出比例是不同的，但是在中国低收入家庭和中等收入家庭中，教育和医疗保健支出的比例并没有显著区别①。

第三节　消费需求升级

在本书中，我们从消费需求的快速增长、消费需求的结构变化、消费品的品

① 参见 Key Indicators for Asia and Pacific 2010，Asian Development Bank。

质升级等三个方面刻画消费需求升级。消费需求的结构变化前面已经做了分析，消费需求的快速增长指的是无论哪种类别的消费需求支出，在经济快速增长和居民可支配收入快速增长的过程中，消费需求总量增长迅速，市场空间容量巨大的变化过程。

1978～2008年这30年间，我国国内生产总值和国民收入的增长速度保持在9.8%以上，2008年我国国内生产总值和国民收入分别达到300 670.0亿元和302 853.4亿元，人均国民生产总值由1978年的381元提高到2008年的22 698元，扣除物价上涨因素，2008年的国内生产总值和人均国内生产总值分别是1978年的16.5倍和11.9倍①。这种快速增长对居民消费需求产生了两种效应：第一，消费需求中的各个项目，在相对较短的时间里形成了巨大的市场空间，从而对供给者行为乃至产业竞争格局和产业发展产生影响。第二，快速的收入增长使得消费者进行需求结构升级乃至于产品品质升级的速度和节奏加快，从而产品的生命周期缩短，企业的沉淀成本增加。图3－1～图3－4显示了中国几种主要家用耐用消费品的总量增长，轿车产量从年产100万辆增加到800万辆用了8年时间，家用洗衣机产量从年产2 000万台增加到4 000万台用了4年时间，家用电冰箱从年产3 000万台增加到6 000万台用了5年时间，彩色电视机从年产4 000万台增加到10 000万台用了8年时间。上述几种耐用消费品市场需求空间扩大迅速，规模巨大，产品更新换代快，市场竞争格局变化迅速。

消费品品质升级的考察重点是各种耐用品，格罗斯曼和赫尔普曼从创新的角度区分了技术创新带来的产品多样化和产品品质升级，提出了质量阶梯（Quality Ladder）这一一般化概念。在他们看来，产业研究的目的或者是降低已有产品的生产成本（过程创新），或者是发明崭新的商品（产品创新）。产

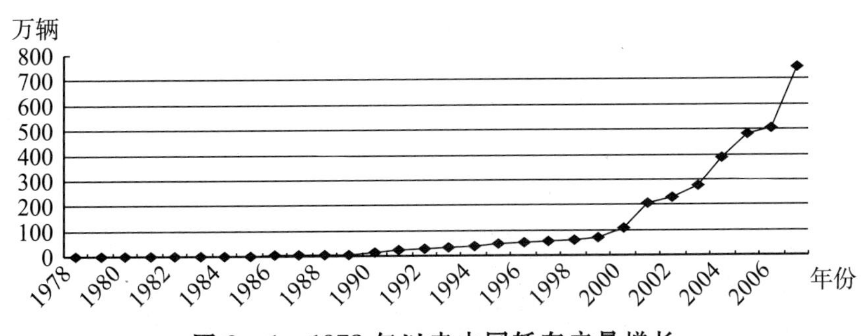

图3－1　1978年以来中国轿车产量增长

① 国家统计局：《中国统计年鉴（2009）》，中国统计出版社2009年版。以下数据除非特别说明，均来自各年份的《中国统计年鉴》。

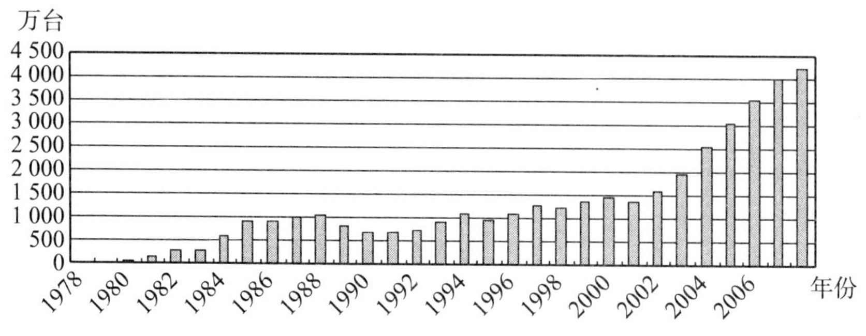

图 3-2　1978 年以来中国家用洗衣机产量增长

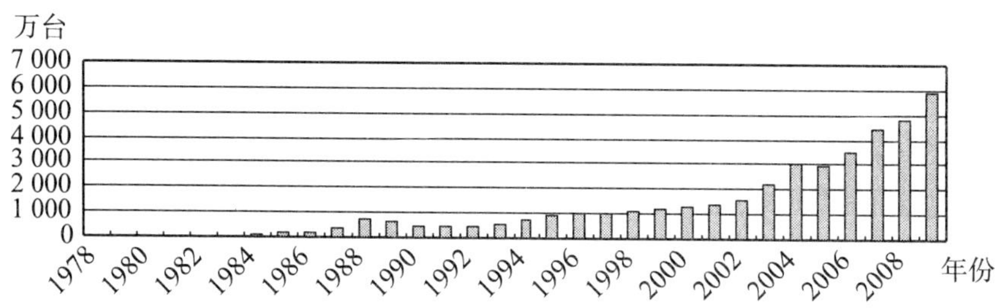

图 3-3　1978 年以来中国家用电冰箱产量增长

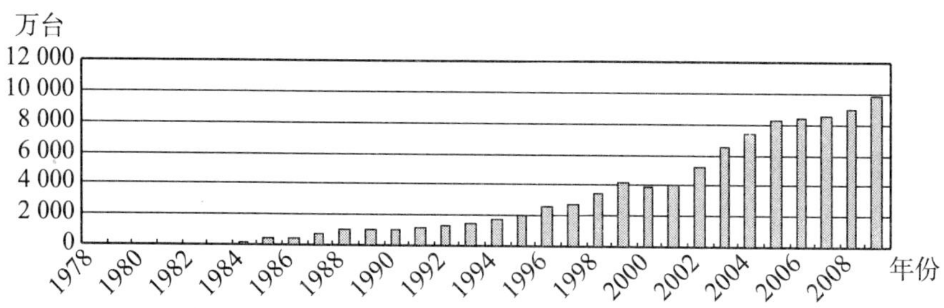

图 3-4　1978 年以来中国彩色电视机产量增长

品创新又可以分为两类：第一类是指新产品与原有产品有着垂直关系，也就是创新产品与原产品的功能相近，但是质量有所提高；第二类是新产品与原有产品有着水平关系，创新产品有着新的功能，能够增加消费的多样性和增进生产的专业化。

水平创新带来了产品的多样化，从而消费者的消费支出表现为对不同种类消费品的需求加总。垂直创新会带来产品品质的提高，图 3-5 反映了多行业产品品质升级的路径①。

① 参见格罗斯曼、赫尔普曼：《全球经济中的创新与增长》，中国人民大学出版社 2003 年版，第 79 页。

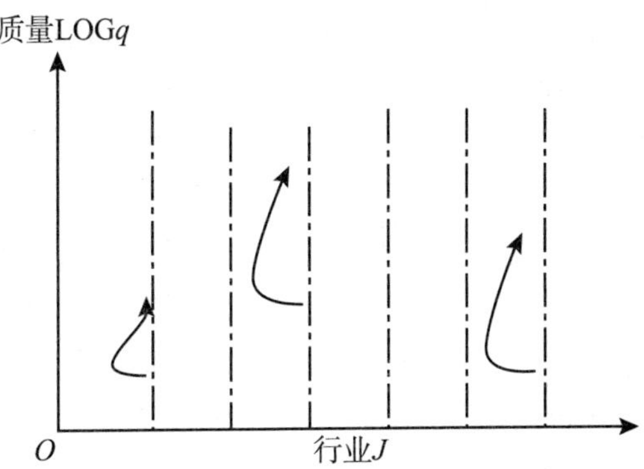

图 3－5　产品品质升级：质量阶梯

图 3－5 中横坐标表示行业，每个 J 代表一个行业，每个行业生产一种物品，各行业生产的产品均为不完全替代品，假设产品种类是确定的，因此商品集是确定的，而每一种产品 J 均有无数具有垂直差异的品种或者质量类型，图中用纵轴表示产品质量（对数形式），$q_m(j)$ 表示第 j 个行业内第 m 代产品的质量。假设每一代新产品所提供的服务均是上一代产品所提供产品服务的 λ 倍，那么对于所有的 j 和 m，均有 $q_m(j)=\lambda q_{m-1}(j)$，其中 $\lambda>1$。图中垂直线上的每一点代表不同代的产品，在对数形式的质量阶梯上，各个点之间的距离相等。在各个行业中，能够生产最新产品和老产品的厂商之间形成寡头竞争，利润在不同厂商之间分配。各个行业中的厂商都在竞相开发新产品，当某些实验室对 j 产品研究获得技术上的突破后，那些行业的生产现状便被提升一级。这些技术突破在图中用带箭头的实线表示。随着时间的推移，产品质量不断提升，经济体系中各决策者的福利水平也随之增加。

阿吉翁、豪伊特（Aghion & Howitt，1992）从生产厂商的视角构建了品质提升模型，用来分析厂商提高耐用品品质的动因，其隐含的条件是不同品质的耐用品之间可以完全替代。比尔斯、克莱诺夫（Bils & Klenow，2001）则认为不同品质的耐用品之间是不能完全替代的，其假定前提是富裕的家庭偏好购买昂贵的耐用品，而高价格的耐用品一般意味着该耐用品具有较高的品质。在此假定前提的基础上，比尔斯、克莱诺夫（2001）构建了居民的品质选择模型。

考虑代表性居民家庭 h 是一个长生不老的家庭，可以存在 t 期（$0<t<\infty$），居民家庭从第 0 期开始对各个时期的消费进行合理化安排从而达到实现其一生效用最大化的目的。居民消费的商品可以分为耐用品和非耐用品两大类，非耐用品只是存在于当期，而耐用品则存续于多期。同时，在这个模型不考虑各种不确定性，排除二手市场对各种耐用品的影响。那么，代表性居民家庭 h 的效用函数是：

$$U_{h0}=\sum_{t=0}^{\infty}\beta^t u_{ht}$$

其中，β 是折旧率，u_{ht}是代表性居民家庭在第 t 期的效用函数，居民家庭 h 一生的效用就是各个时期效用的加总。其中，各期的效用 u_{ht}满足以下条件：

$$u_{ht} = (c_{ht}^{1-\frac{1}{\sigma}})/\left(1-\frac{1}{\sigma}\right) + \sum_{i=1}^{N} \tilde{v}_{iht}\left[(q_{iht}^{1-\frac{1}{\sigma_i}})/\left(1-\frac{1}{\sigma_i}\right)\right]$$

式中，c_{ht}表示居民家庭 h 在 t 期购买的非耐用品的总价值（包括非耐用品品质和非耐用品数量）；σ 和 σ_i 分别表示居民家庭 h 对非耐用品和耐用品 i 的效用曲率（$\sigma>0$，$\sigma_i>0$）；$\tilde{v}_{iht}$代表居民家庭 h 在在 t 期对耐用品 i 的偏好；q_{iht}表示居民家庭在 t 期购买的耐用品 i 的品质（$q_{iht}\geqslant 0$）。当 $q_{iht}>0$ 时，表明居民家庭在 t 期购买的耐用品品质；当 $q_{iht}=0$ 时，表明居民家庭没有购买，此时 $\left[(q_{iht}^{1-\frac{1}{\sigma_i}})/\left(1-\frac{1}{\sigma_i}\right)\right]=0$。居民家庭对于耐用品 i 的使用期限是 τ_i，即耐用品 i 的存续期限。居民家庭的预算约束条件是：

$$c_{ht} + \sum_{i=1}^{N} \Omega_{iht}x_{iht} = y_{iht} \tag{3-1}$$

在预算约束条件中，非耐用品的价格被视为 1，y 是居民家庭的消费支出（等于收入减去家庭资产变动额度）。Ω_{iht}取 0 和 1 两个值，当 $\Omega_{iht}=1$ 时表明居民家庭在 t 期购买了耐用品 i，当 $\Omega_{iht}=0$ 时表明居民家庭在 t 期没有购买耐用品 i。x_{iht}代表耐用品 i 在 t 期的单位价格，x_{iht}是耐用品 i 的品质调整价格和品质的乘积。用 z_{iht}代表耐用品 i 的品质调整价格，于是，x_{iht}满足以下的条件：

$$x_{iht} = z_{it}q_{iht} \tag{3-2}$$

当居民家庭购买耐用品 i 时，要满足效用最大化的要求。此时，居民家庭对耐用品品质 q_i 和非耐用品消费 c 边际效用的比率恰好等于耐用品 i 的品质调整价格：

$$\tilde{v}_{iht}q_{iht}^{-1/\sigma_i}\left(\frac{1-\beta^{\tau_i}}{1-\beta}\right)/c_{ht}^{-1/\sigma} = z_{it} \tag{3-3}$$

对式（3-3）两边取对数，可以得到（3-4）式：

$$\ln q_{iht} = \theta_i \ln c_{ht} - \sigma\theta_i \ln z_{it} + \ln v_{iht} \tag{3-4}$$

式中，$\theta_i=\sigma_i/\sigma$，$v_{iht}=(\tilde{v}_{iht}(1-\beta^{\tau_i})/(1-\beta))^{\sigma\theta_i}$。从式（3-4）中可以发现：居民家庭越富有（$c_{ht}$值越高），耐用品的品质调整价格越低（$z_{it}$值越低），居民家庭对耐用品的偏好越强（$v_{iht}$值越高），居民家庭越会购买耐用品（$q_{iht}$值越高）。式（3-4）中的 θ_i 是考虑非耐用品消费 c_{ht}之后的品质需求弹性，这就是比尔斯、克莱诺夫（2001）所称的"品质恩格尔曲率"。

上升的耐用品品质和真实的通货膨胀下单价变动可以表示为：

$$\overline{\Delta x_i} = \overline{\Delta q_i} + \overline{\Delta z_i} \tag{3-5}$$

同时，耐用品名义价格的变化是真实的通货膨胀和耐用品品质提高部分作用的总和，假设耐用品品质提高的结果被名义价格的变化反映的比例是 μ，那么名义价格的变化（$\overline{\Delta p_i}$）就可以写为：

$$\overline{\Delta p_i} = \overline{\Delta z_i} + \mu\,\overline{\Delta q_i} \tag{3-6}$$

将式（3－5）和式（3－6）联合起来，就可以得到名义价格和单位价格之间的关系：

$$\overline{\Delta p_i} = \mu\,\overline{\Delta x_i} + (1-\mu)\overline{\Delta z_i} \tag{3-7}$$

假设品质恩格尔曲率 θ_i 和$\overline{\Delta z_i}$是不相关的，通过对以上各式进一步分析，可以得到：

$$\ln\hat{x}_{iht} = \theta_i \ln\hat{c}_{ht} + \ln v_{iht} + \varepsilon_{iht} \tag{3-8}$$

式中，$\varepsilon_{iht} = \ln\left(\frac{\hat{x}_{iht}}{x_{iht}}\right) - \theta_i \ln\left(\frac{\hat{c}_{ht}}{c_{ht}}\right)$，$\hat{x}_{iht}$和 $\hat{c}_{ht}$分别代表居民家庭购买耐用品的单位价格和日常的非耐用品消费。

通过式（3－8）就可以利用相关数据估计出品质恩格尔曲率 θ_i；然后，以 θ_i 为工具变量代替$\overline{\Delta x_i}$，对式（3－7）利用相关数据就可以估计出 μ 值的大小；进而可以分析居民对耐用品的消费状况和得出耐用品品质提高速度的具体估计值。

本章笼统地给出了对消费需求升级研究的基本框架，消费需求增长和结构演化是由收入、技术、偏好等一系列因素共同作用的结果，在后面的章节中将详细分析消费需求升级及其决定因素等。

第四章

转型时期居民消费需求升级：概述

从1978年开始，中国进入了一个经济体制大变革的时代，市场化导向的经济体制改革使资源配置方式发生了根本性改变，包括商品价格形成机制、产权以及收入分配制度等的改革，使我国逐渐由“社会主义计划经济”过渡到“社会主义市场经济”阶段。在此转型过程中①，我国的国民经济保持快速增长的态势：1978～2008年这30年间我国国内生产总值和国民收入的增长速度保持在9.8%以上，2008年我国国内生产总值和国民收入分别达到300 670.0亿元和302 853.4亿元，人均国民生产总值由1978年的381元，提高到2008年的22 698元，扣除物价上涨因素，2008年的国内生产总值和人均国内生产总值分别是1978年的16.5倍和11.9倍②。在此转型过程中消费者所面临的外部环境发生了根本性地改变，与此相适应，中国居民的消费行为也在不断地发生改变，突出表现为中国居民的消费需求升级过程。

改革开放前，我国实行的是计划经济体制，在这种体制下商品价格由国家制定，产品实行统购统销，再加上当时的生产力水平相对较低以及政策的原因，居民收入低并且实物收入占相当大的比重，可以实际支配的货币收入相对较少，消费受到供给能力及家庭收入水平的严重束缚。改革开放后，由于市场经济体制的引入，居民收入迅速提高并且拥有了消费选择的自由，不断实现消

① 目前，学界普遍认为1978年我国进入经济转型时期，其标志是十一届三中全会的召开；1992年是我国经济转型的深化时期，其标志是邓小平南方谈话的发表。

② 国家统计局：《中国统计年鉴（2009）》，中国统计出版社2009年版。本章数据除非特别说明，均来自各年份的《中国统计年鉴》。

费升级。

本章的目的在于从总量的角度，分析转型时期居民消费需求在总量变化、结构变化、消费品品质升级以及消费者行为等方面表现出的升级过程。

第一节　转型时期居民消费需求升级：总量变化

一、消费需求增长对经济增长的贡献：基于支出法衡量的 GDP

1978 年以来中国经济总量快速增长，经济增长率几乎达到了两位数（见图 4－1 和图 4－2），按照支出法衡量的国内生产总值构成中，最终消费支出而不是资本形成总额对国内生产总值增长的贡献最大，货物和服务净出口的贡献并不大（见表 4－1 和图 4－3）。在 21 世纪之前的大多数年份里，最终消费支出对经济增长的贡献率都大于资本形成总额对经济增长的贡献率，只有在个别年份（1984 年、1993 年）投资对经济增长的贡献超过了消费对经济增长的贡献。2000 年以后，资本形成总额对经济增长的贡献增大，其中大多数年份中资本形成总额的贡献大于最终消费支出的贡献，2002 年之后，资本形成总额和货物及服务净出口对国内生产总值增长的贡献占超过了 50%，占主要地位。2004 年之后，资本形成的贡献份额虽然在下降，净出口的贡献却在增大，最终消费支出的贡献并没有非常显著地增大。

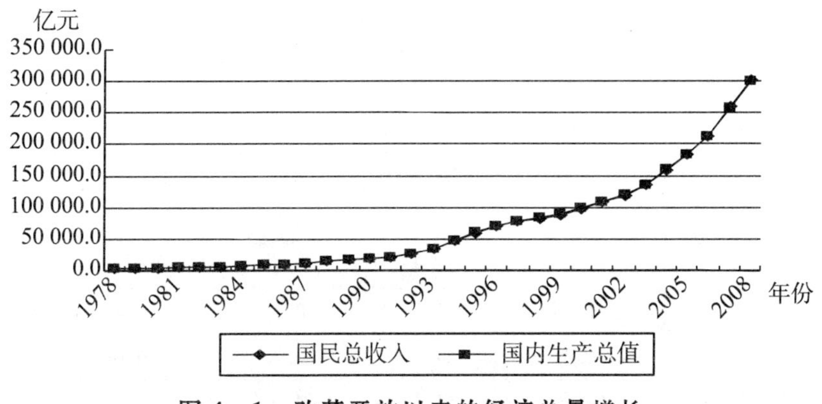

图 4－1　改革开放以来的经济总量增长

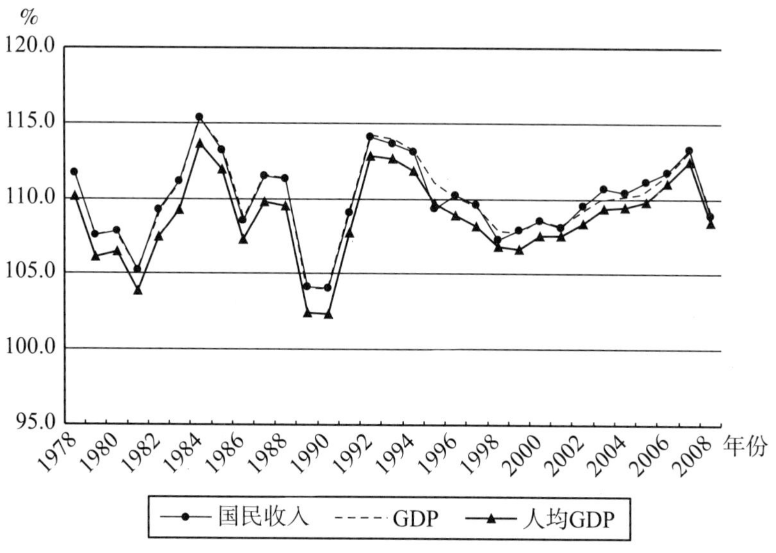

图 4-2 改革开放以来的经济增长率变化

表 4-1 三大需求对 GDP 增长的贡献

年份	最终消费支出		资本形成总额		货物和服务净出口	
	贡献率（%）	拉动（百分点）	贡献率（%）	拉动（百分点）	贡献率（%）	拉动（百分点）
1978	39.4	4.6	66.0	7.7	-5.4	-0.6
1979	87.3	6.6	15.4	1.2	-2.7	-0.2
1980	71.8	5.6	26.5	2.1	1.8	0.1
1981	93.4	4.9	-4.3	-0.2	10.9	0.5
1982	64.7	5.9	23.8	2.2	11.5	1.0
1983	74.1	8.1	40.4	4.4	-14.5	-1.6
1984	69.3	10.5	40.5	6.2	-9.8	-1.5
1985	85.5	11.5	80.9	10.9	-66.4	-8.9
1986	45.0	4.0	23.2	2.0	31.8	2.8
1987	50.3	5.8	23.5	2.7	26.2	3.1
1988	49.6	5.6	39.4	4.5	11.0	1.2
1989	39.6	1.6	16.4	0.7	44.0	1.8
1990	47.8	1.8	1.8	0.1	50.4	1.9
1991	65.1	6.0	24.3	2.2	10.6	1.0
1992	72.5	10.3	34.2	4.9	-6.8	-1.0

续表

年份	最终消费支出		资本形成总额		货物和服务净出口	
	贡献率（%）	拉动（百分点）	贡献率（%）	拉动（百分点）	贡献率（%）	拉动（百分点）
1993	59.5	8.3	78.6	11.0	-38.1	-5.3
1994	30.2	4.0	43.8	5.7	26.0	3.4
1995	44.7	4.9	55.0	6.0	0.3	
1996	60.1	6.0	34.3	3.4	5.6	0.6
1997	37.0	3.4	18.6	1.7	44.4	4.2
1998	57.1	4.4	26.4	2.1	16.5	1.3
1999	74.7	5.7	23.7	1.8	1.6	0.1
2000	65.1	5.5	22.4	1.9	12.5	1.0
2001	50.0	4.1	50.1	4.2	-0.1	
2002	43.6	4.0	48.8	4.4	7.6	0.7
2003	35.3	3.5	63.7	6.4	1.0	0.1
2004	38.7	3.9	55.3	5.6	6.0	0.6
2005	38.2	4.0	37.7	3.9	24.1	2.5
2006	38.7	4.5	42.0	4.9	19.3	2.2
2007	40.6	5.3	39.7	5.1	19.7	2.6
2008	45.7	4.1	45.1	4.1	9.2	0.8

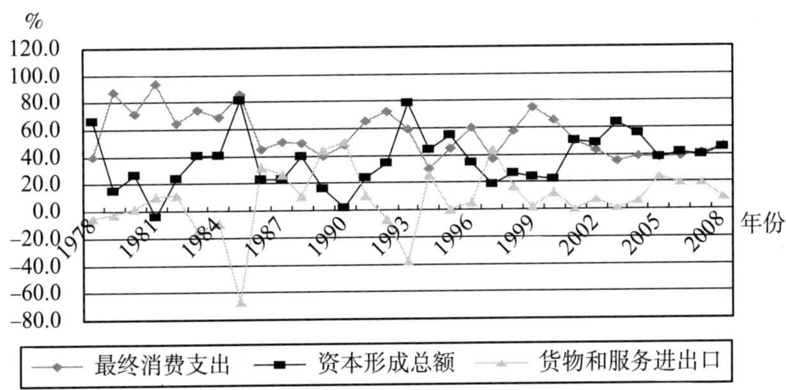

图 4-3　三大需求对 GDP 增长的贡献

相对于资本形成总额和对外净出口，最终消费支出对国内生产总值增长的贡献变化是相对稳定的，资本形成总额和对外净出口的贡献波动较大。20 世纪 90

年代中期之后，对外净出口对国内生产总值增长的贡献才表现为相对稳定的持续的正的贡献，2003 年以后的年份里，对外净出口对中国经济增长的拉动作用明显。

图 4－4、表 4－2 显示的资本形成率和最终消费率变化也说明了最终消费支出在国内生产总值中的比例变化。最终消费占 GDP 的比重稳中走低。1981～1985 年，最终消费占 GDP 的比重平均为 66.2%，其中最高年份（1981 年）为 67.5%，最低年份（1984 年）为 65.5%。1986～1990 年最终消费占 GDP 的比重平均为 63.3%，其中最高年份（1986 年）为 64.6%，最低年份（1990 年）为 62.0%。1991～1995 年最终消费占 GDP 的比重平均为 59.4%，其中最高年份（1991 年）为 61.8%，最低年份（1994 年）为 57.4%。1996～2000 年最终消费占 GDP 的比重平均为 59.3%，其中最高年份（2000 年）为 61.1%，最低年份（1997 年）为 58.2%。2001～2007 年最终消费占 GDP 的比重平均为 46.50%，其中最高年份（2004 年）为 54.43%，最低年份（2002 年）为 38.53%。进入 21 世纪以来，最终消费占 GDP 比重的下降明显加快，与成熟的市场经济国家相比，总消费率水平偏低。1996 年前的几个时期，最终消费占 GDP 的比重下降幅度比较小。例如，1981～1985 年的 5 年间，最终消费占 GDP 的比重下降了 1.8 个百分点，平均每年下降 0.36 个百分点；1986～1990 年的 5 年间共下降了 2.6 个百分点，平均每年下降 0.52 个百分点；1991～1995 年的 5 年间共下降了 4.3 个百分点，平均每年下降 0.86 个百分点。这几个时期的年均下降幅度都超过了 0.3 个百分点。20 世纪 90 年代以来，中国最终消费需求在 GDP 中所占的比重基本保持在 60% 左右，90 年代中期略有下降，1994 年和 1995 年一度降至 58% 以下。90 年代末，随着“扩大内需”方针和积极的财政政策的实施，最终消费需求又稳步回升到 60% 以上，并于 2000 年达到 61.1%。进入 21 世纪，在中国国民经济增长良好的背景下，总消费率却意外出现连续下降，2001 年、2002 年和 2003 年分别为 59.8%、58.0% 和 55.5%。2004～2007 年的 4 年间，总消费率平均在 51.52%。

中国总消费率与欧美等成熟的市场经济体系相比，相差 15～20 个百分点，与美国相比差异更大。图 4－5 显示了美国从 20 世纪 70 年代开始的 GDP 结构变化，从 1970 年以来，美国的私人消费支出在 GDP 中所占比重不断上升，从 1970 年的 62.4% 上升到 2009 年的 70.8%。私人投资在 GDP 中的比例较小，最大值也没有超过 20%，平均大约 16%～17%。政府消费支出占 GDP 的大约 20% 左右，这一比例相对稳定，如果将政府消费支出与私人消费支出两部分加总为最终消费支出，它在 GDP 中所占比重超过了 80%，在最近国内投资不足和出口受阻的背景下，美国最终消费支出占 GDP 的比例超过了 90%。

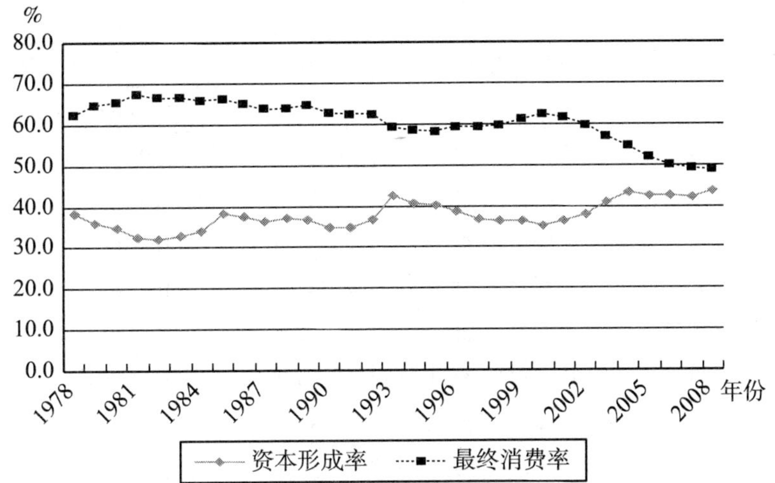

图 4-4　1978 年以来的资本形成率和最终消费率变化

表 4-2　1978～2007 年消费需求与 GDP 变化情况

年份	GDP（亿元）	最终消费（亿元）	最终消费率（%）	资本形成率（%）	GDP 指数	
					上年＝100	1978 年＝100
1978	3 605.6	2 239.1	62.1	38.2	111.7	100.0
1979	4 074.0	2 619.4	64.3	36.2	107.6	107.6
1980	4 551.3	2 976.1	65.4	34.9	107.8	116.0
1981	4 901.4	3 309.1	67.5	32.3	105.2	122.1
1982	5 489.2	3 637.9	66.3	32.1	109.1	133.1
1983	6 076.3	4 020.5	66.2	33.0	110.9	147.6
1984	7 164.4	4 694.5	65.5	34.5	115.2	170.0
1985	8 792.1	5 773.0	65.7	38.5	113.5	192.9
1986	10 132.8	6 542.0	64.6	38.0	108.8	210.0
1987	11 784.7	7 451.2	63.2	36.7	111.6	234.3
1988	14 704.0	9 360.1	63.7	37.4	111.3	260.7
1989	16 466.0	10 556.5	64.1	37.0	104.1	271.3
1990	18 319.5	11 365.2	62.0	35.2	103.8	281.7
1991	21 280.4	13 145.9	61.8	35.3	109.2	307.6
1992	25 863.7	15 952.1	61.7	37.3	114.2	351.4
1993	34 500.7	20 182.1	58.5	43.5	113.5	398.8
1994	46 690.7	26 796.0	57.4	41.3	112.6	449.3

续表

年份	GDP（亿元）	最终消费（亿元）	最终消费率（%）	资本形成率（%）	GDP 指数	
					上年 = 100	1978 年 = 100
1995	58 510.5	33 635.0	57.5	40.8	110.5	496.5
1996	68 330.4	40 003.9	58.5	39.3	109.6	544.1
1997	74 894.2	43 579.4	58.2	38.0	108.8	592.2
1998	79 003.3	46 405.9	58.7	37.4	107.8	638.5
1999	82 673.1	49 722.7	60.1	37.1	107.1	684.1
2000	89 340.9	54 600.9	61.1	36.4	108.0	738.8
2001	98 592.9	58 927.4	59.8	38.0	107.5	794.2
2002	107 897.6	62 798.5	58.2	39.2	108.3	860.1
2003	121 511.4	67 442.5	55.5	42.3	109.3	940.1
2004	159 878.3	87 032.9	54.3	43.2	110.1	1 087.4
2005	183 084.8	96 918.1	51.9	42.6	110.2	1 198.7
2006	221 170.5	110 413.2	49.9	42.6	111.6	1 340.7
2007	263 242.5	128 444.6	48.8	42.3	111.9	1 500.7

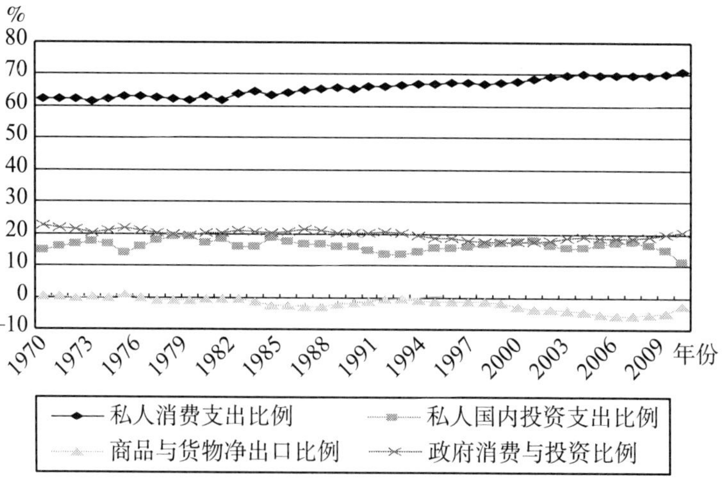

图 4-5 美国 GDP 结构

资料来源：Department of Commerce（Bureau of Economic Analysis），National Income and Product Accounts Table 1.1.10.

虽然与美国不同，但是总体而言，最终消费支出在大多数年份里是支撑中国经济增长的主要的稳定力量，但是进入 21 世纪后，虽然资本形成总额和对外净出口表现出更大的波动性，却代替最终消费支出成为支撑经济增长的主要力量。

二、居民消费

改革开放以来中国消费需求和经济增长均保持较高速度的增长，但消费需求总量的增长低于国内生产总值增长率。图 4－6 显示了 1978 年之后的居民消费支出增长率和国内生产总值、人均国内生产总值增长率。在大多数年份里 GDP 的增长速度均大于居民消费支出的增长速度，甚至人均 GDP 增长率也高于居民消费支出增长率，因此人均居民消费支出占人均 GDP 的比重不断下降（见图 4－7），20 世纪 90 年代开始，这一比重下降至不足 50%，2005 年之后甚至下降到 40% 以下。

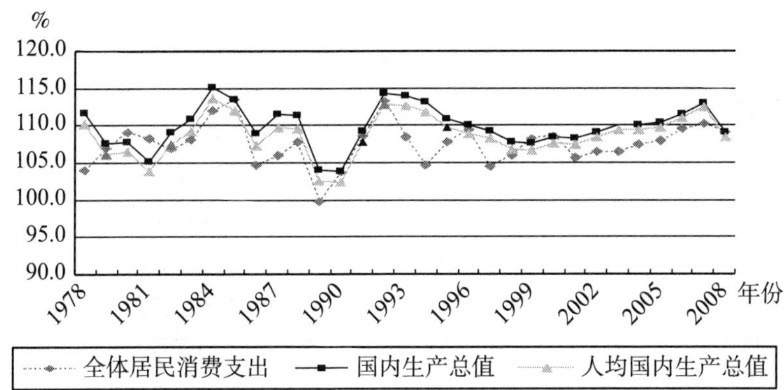

图 4－6　居民消费支出与国内生产总值增长率比较

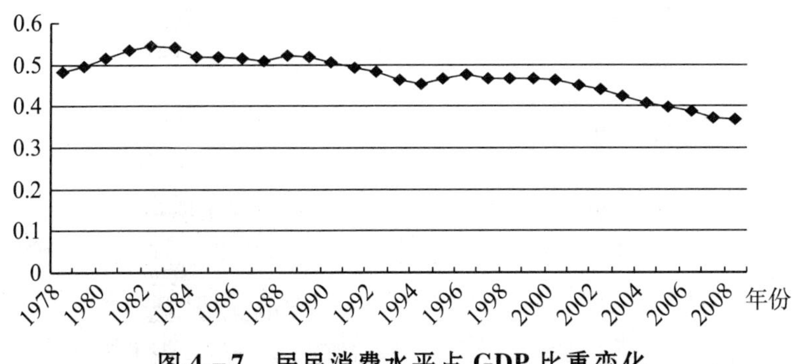

图 4－7　居民消费水平占 GDP 比重变化

居民家庭平均每人可支配收入增长低于人均 GDP 增长，并且农村居民家庭人均收入增长低于城镇家庭人均收入增长，由此决定的城镇居民家庭人均消费增长高于农村居民家庭（见图4-8、图4-9）。

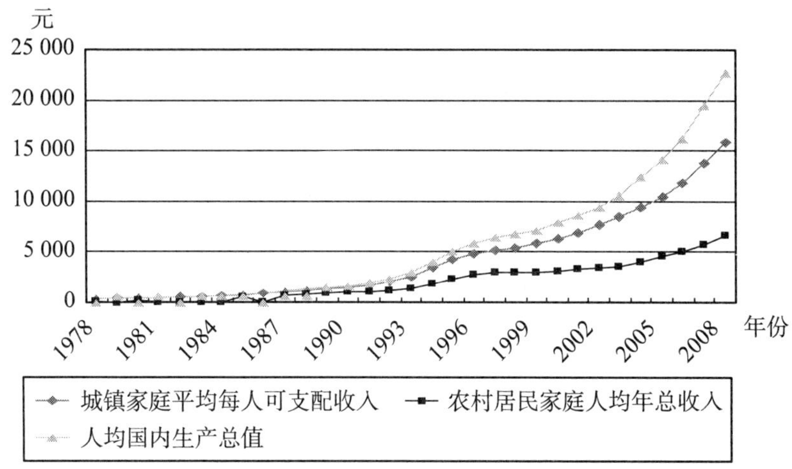

图4-8　1978年以来的居民收入增长

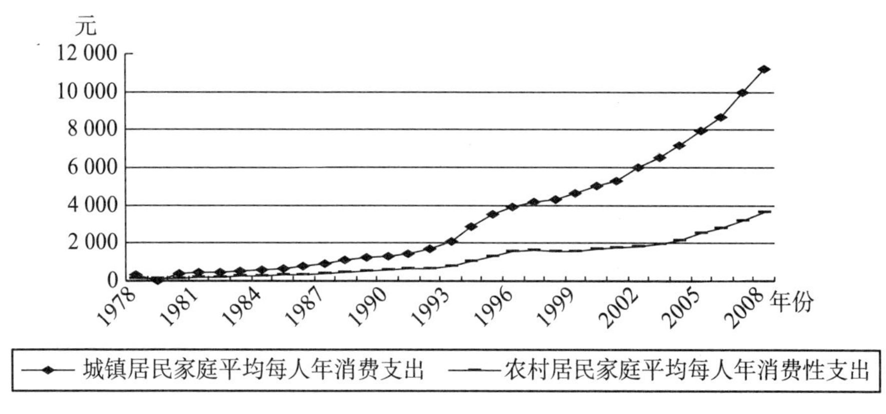

图4-9　1978年以来的居民消费支出增长

三、城乡间差异的演化

1978年以来，城乡居民消费总量逐步上升，消费水平明显提高，但是差距在不断扩大，占人口大多数的农民在消费市场中所占的份额日益降低。国家统计局统计资料显示，农村居民在消费构成中的比例由“六五”期间的64.10%、“七五”期间的58.17%、“八五”期间的50.16%下降到“九五”期间的47.18%。2007年中国农村人口为7.28亿，占中国总人口的55.06%，同期中国农村居民最终消费总量为23 913.7亿元，只占居民消费总量的25.62%（见图4-10）。导致这种比例变化的因素除了下述农村居民和城镇居民消费支出增长率差异外，也与经济增长过程中人口的城市化过程相关。1978 年中国的人口城市化率不到 20%，2007 年人口城市化率达到了 45%，人口的城市化导致大量农村人口流向城市，这种身份的改变使得统计过程中衡量的农村居民家庭数量减少，城镇居民比例增长。

中国城乡居民人均消费水平增长率明显低于人均 GDP 和人均国民收入增长率（见图 4－11）。在 20 世纪 80 年代初期，农村居民的消费支出增长率曾经略高于城镇居民消费支出增长率，甚至也略高于人均 GDP 增长率，但是 80 年代后期开始，农村居民消费支出增长率偏低的局面没有从根本上改变，21 世纪的这些年份中，无论农村居民还是城市居民的消费支出增长率普遍低于人均 GDP 和人均国民收入增长率。

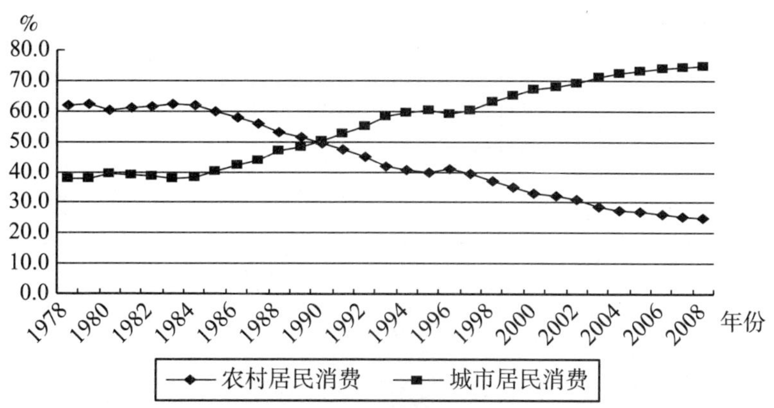

图 4－10　城市居民与农村居民消费支出比例变化

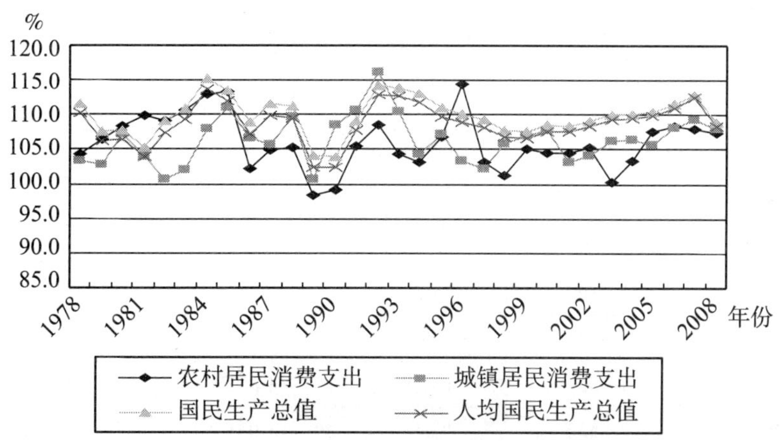

图 4－11　居民消费支出增长率与人均 GDP 增长率

城乡居民人均消费支出水平差距呈不断扩大趋势。1978 年，城镇居民人均消费 405 元，是农村居民人均消费的 2.9 倍，2007 年中国城镇居民人均消费是农村居民的 3.6 倍。1985 年之前，城乡居民的消费支出水平差距在不断减少，1985 年城乡差距一度减少到城镇居民消费支出是农村居民的 2.2 倍，但是从 1986 年开始，差距被持续拉大了，10 年之后的 1995 年，这一差距被拉达到 3.8 倍，在随后的另一个 10 年中，这一差距虽然没有进一步恶化，但是也没有明显地缓解。在最近的 3 年中，城镇居民的消费支出仍然是农村居民的 3.6 倍（见表 4－3 和图 4－12）。

表 4－3　　居民消费支出增长及差距演化

年份	绝对数（元）			城乡消费水平对比（农村居民 =1）
	全体居民	农村居民	城镇居民	
1978	184	138	405	2.9
1979	208	159	425	2.7
1980	238	178	489	2.7
1981	264	201	521	2.6
1982	288	223	536	2.4
1983	316	250	558	2.2
1984	361	287	618	2.2
1985	446	349	765	2.2
1986	497	378	872	2.3
1987	565	421	998	2.4
1988	714	509	1 311	2.6
1989	788	549	1 466	2.7
1990	833	560	1 596	2.9
1991	932	602	1 840	3.1
1992	1 116	688	2 262	3.3
1993	1 393	805	2 924	3.6
1994	1 833	1 038	3 852	3.7
1995	2 355	1 313	4 931	3.8
1996	2 789	1 626	5 532	3.4
1997	3 002	1 722	5 823	3.4

续表

年份	绝对数（元）			城乡消费水平对比（农村居民 = 1）
	全体居民	农村居民	城镇居民	
1998	3 159	1 730	6 109	3.5
1999	3 346	1 766	6 405	3.6
2000	3 632	1 860	6 850	3.7
2001	3 869	1 969	7 113	3.6
2002	4 106	2 062	7 387	3.6
2003	4 411	2 103	7 901	3.8
2004	4 925	2 301	8 679	3.8
2005	5 463	2 560	9 410	3.7
2006	6 138	2 847	10 423	3.6
2007	7 103	3 265	11 904	3.6
2008	8 183	3 756	13 526	3.6

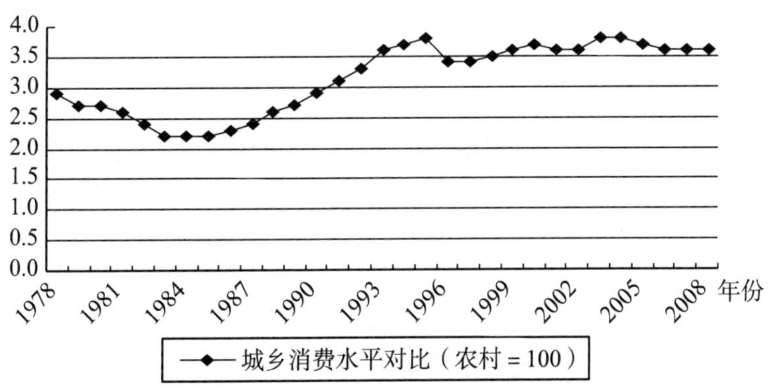

图 4－12　城乡居民消费支出差距变化

四、公共性消费增长

在国民经济核算过程中，支出法衡量的国内生产总值包含了最终消费支出、资本形成总额和净出口，在最终消费支出中包含了居民消费支出和政府消费支出，统计数据显示，1978 年以来政府消费开支不断增长，其增长率超过了农村居民消费支出增长，以至于在最终消费支出中，居民消费支出比重略有下降，政府消费支出比例小幅上升（见图 4－13、图 4－14）。1978 年居民消费占最终消费的近80%，政府消费占最终消费的比例略高于20%，但是进入21世纪，政府消费支出占最终消费支出的比例超过了25%，并且逐步增加，2008年超过了27%，居民消费所占比例则下降到近70%。

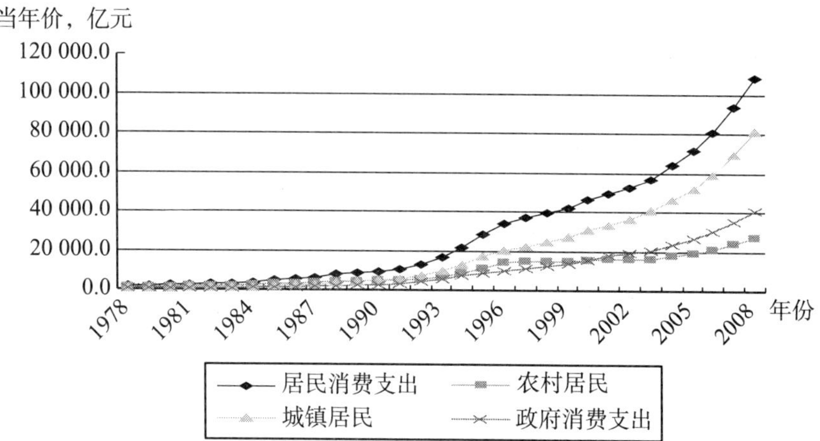

图4-13　最终消费支出中的居民消费与政府消费：总量增长

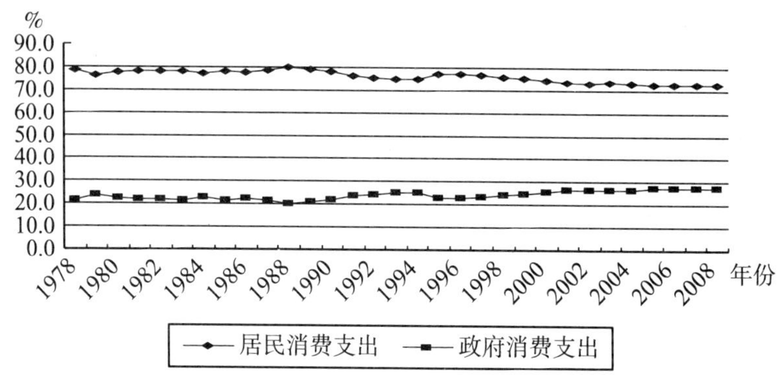

图4-14　最终消费中的居民消费和政府消费：比例变化

考察公共消费的另一个角度则是衡量政府公共性开支变化及其与国民生产总值变化的某种关系。

表4-4和图4-15显示了我国自1978年以来公共支出总量的变化。

我国自1978年以来公共支出总量扩张很快，这是我国转型时期公共支出变动的一个显著特点，这一特点符合一国伴随经济增长和整体发展水平而发生的公共部门规模变动的一般规律，从公共支出规模增长率与GDP增长率之间的对比可以更加清楚地看出这一点（见表4-5、图4-16）。

表 4-4　　我国公共支出总量（1978～2007 年）

年份	政府公共开支（亿元）	政府公共开支占 GDP 比例（%）
1978	1 447.19	39.93
1979	1 705.93	42.24
1980	1 750.89	38.76
1981	1 701.37	35.01
1982	1 964.51	37.05
1983	2 285.33	38.36
1984	2 815.76	39.07
1985	3 379.28	37.59
1986	3 783.28	37.09
1987	4 102.93	34.32
1988	4 636.48	31.07
1989	5 326.88	31.49
1990	5 790.65	31.14
1991	6 478.88	29.91
1992	7 392.1	27.74
1993	5 956.6	17.24
1994	7 503.01	16.08
1995	9 154.98	15.92
1996	11 775.87	17.62
1997	11 919.1	16.30
1998	13 716.49	17.82
1999	16 326.81	20.26
2000	19 415.52	22.00
2001	22 752.58	20.75
2002	25 884.15	21.51
2003	28 806.31	21.21
2004	32 838.62	20.54
2005	39 172.76	21.38
2006	46 289.68	21.84
2007	56 281.35	22.55

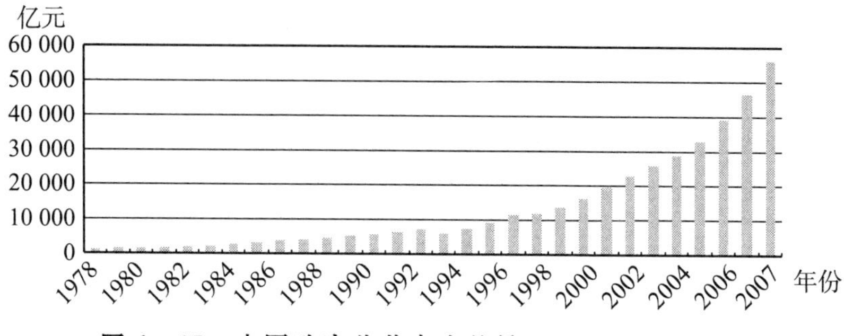

图 4-15　中国政府公共支出总量（1978～2007 年）

表 4-5　我国公共支出增长率与 GDP 增长率（1979～2007 年）　单位：%

年份	公共支出	GDP 增长率
1979	17.88	7.60
1980	2.64	7.80
1981	-2.83	5.20
1982	15.47	9.10
1983	16.33	10.90
1984	23.21	15.20
1985	20.01	13.50
1986	11.96	8.80
1987	8.45	11.60
1988	13.00	11.30
1989	14.89	4.10
1990	8.71	3.80
1991	11.89	9.20
1992	14.10	14.20
1993	-19.42	13.50
1994	25.96	12.60
1995	22.02	10.50
1996	28.63	9.60
1997	1.22	8.80
1998	15.08	7.81
1999	19.03	7.14
2000	18.92	7.95

续表

年份	公共支出	GDP 增长率
2001	17.19	8.30
2002	13.76	9.08
2003	11.29	10.03
2004	14.00	10.09
2005	19.29	10.43
2006	18.17	11.60
2007	21.59	11.90

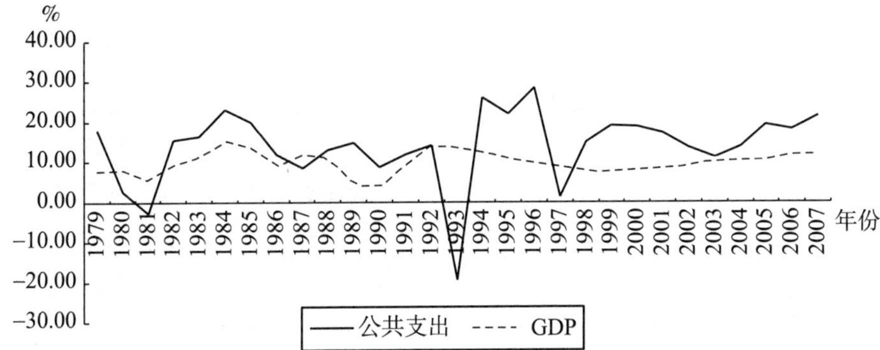

图 4-16　我国公共支出增长率与 GDP 增长率（1979~2007 年）

从公共支出的增长率来看，基本与 GDP 的增长速度相适应。1992~1993 年期间我国实行了分税制改革，公共支出发生了大范围调整，同期统计口径也发生了较大变化，因此数据会和前后年份发生较大变动。除此之外，我国公共支出的增长率与整体经济增长的速度相当，能够体现公共支出与整体经济增长之间的一般规律。

考察公共支出总量的第三个角度是其相对于经济活动总量所占的比例，表 4-4 和图 4-17 为我国公共支出占 GDP 的比例数据汇总。

从公共支出占经济活动总量的比例来考察，我国公共支出的规模明显可以分为两个时期：第一个时期为 1995 年之前，公共支出占 GDP 的比例逐步下降，从 1978 年的 39.963% 下降至 1995 年的 15.92%；第二个时期为 1995 年之后，公共支出占 GDP 的比例较为平稳，1997 年之后的几年间可以观察到这一比例的快速上升，其原因可能与该时期实行的扩张性财政政策有关。

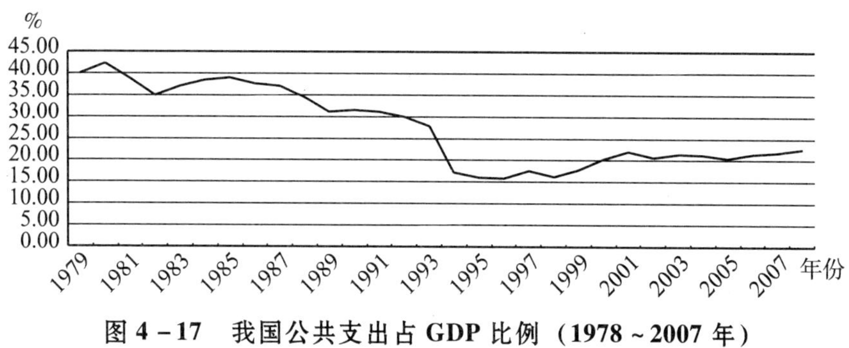

图 4－17　我国公共支出占 GDP 比例（1978～2007 年）

第二节　居民消费需求升级：结构变化

对居民消费结构变化的衡量，可以有不同的角度：消费者在生命周期不同阶段做出的消费支出平滑过程，也就是消费者消费决策的跨期选择，形成了消费者现期消费和未来消费的需求结构，这种结构的变化通常可以通过衡量最终消费和资本形成总额变化，从总体上了解居民需求结构的跨期变化，本章上面的分析中已对此有所涉及。另一个角度是按照居民消费支出的用途差异，将居民消费支出分为食品、衣着、家庭设备用品及服务、医疗保健、交通通讯、教育文化娱乐服务、居住、其他杂项等项目，考察各种不同用途在总消费开支中的比例变化，以把握居民消费结构变化趋势，这是本节将要讨论的。第三个角度则是将居民消费支出按照产品的性质分为产品和服务，将产品又具体分为耐用消费品和非耐用消费品两类，考察其在消费支出中的比例变化，这种变化我们称为居民消费需求的品质升级，将在下一节中分析。

恩格尔系数的变化是衡量居民消费支出结构变化的最为笼统的方法，它考察了食品开支在消费总支出中的比例变化。在经济转型过程中，我国无论是城镇居民还是农村居民，恩格尔系数都在不断降低。城镇居民家庭的恩格尔系数由 1978 年的 57.5% 下降到 2007 年的 36.3%，农村居民的恩格尔系数从 1978 年的 67.7% 下降到 2007 年的 43.1%（见图 4－18）。这就意味着无论城镇居民还是农村居民，食品等基本消费支出不再是居民消费的主要部分。

其他消费支出项目中，衣着和家庭设备用品及服务支出比例基本呈现下降趋势，医疗保健、交通通讯、教育文化娱乐服务、居住等支出项目所占比例处于上升状态（见表 4－6、图 4－19、表 4－7、图 4－20）。在城镇居民家庭和农村居民家庭之间，消费支出的不同项目所占比例变化是有所不同的。城镇居民家庭衣

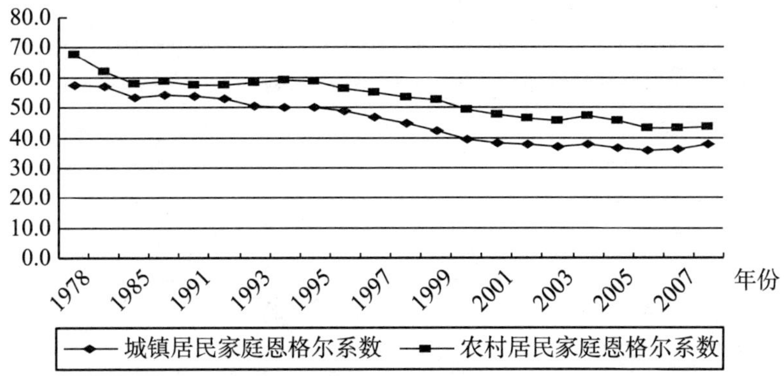

图 4-18 城镇居民和农村居民的恩格尔系数变化

表 4-6 城镇居民家庭平均消费支出结构变化（人均消费支出 =100）

年份	食品	衣着	家庭设备用品及服务	医疗保健	交通通讯	教育文化娱乐服务	居住	杂项商品与服务
1985	52.25	14.56	8.6	2.48	2.14	8.17	4.79	7.02
1990	54.25	13.36	10.14	2.01	1.2	11.12	6.98	0.94
1993	50.13	14.24	8.76	2.7	3.82	9.19	6.63	4.52
1994	49.89	13.69	8.82	2.91	4.65	8.79	6.77	4.47
1995	50.09	13.55	7.44	3.11	5.18	9.36	8.02	3.25
1996	48.6	13.47	7.61	3.66	5.08	9.57	7.68	4.35
1997	46.41	12.45	7.57	4.29	5.56	10.71	8.57	4.44
1998	44.48	11.1	8.24	4.74	5.94	11.53	9.43	4.55
1999	41.86	10.45	8.57	5.32	6.73	12.28	9.84	4.96
2000	39.44	10.01	7.49	6.36	8.54	13.4	11.31	3.44
2001	37.94	10.05	8.27	6.47	8.61	13	10.32	5.35
2002	37.68	9.8	6.45	7.13	10.38	14.96	10.35	3.25
2003	37.12	9.79	6.3	7.31	11.08	14.35	10.74	3.3
2004	37.73	9.56	5.67	7.35	11.75	14.38	10.21	3.34
2005	36.69	10.08	5.62	7.56	12.55	13.82	10.18	3.5
2006	35.78	10.37	5.73	7.14	13.19	13.83	10.4	3.56
2007	36.29	10.42	9.83	6.02	6.99	13.58	13.29	3.58
2008	37.89	10.37	10.19	6.15	6.99	12.6	12.08	3.72

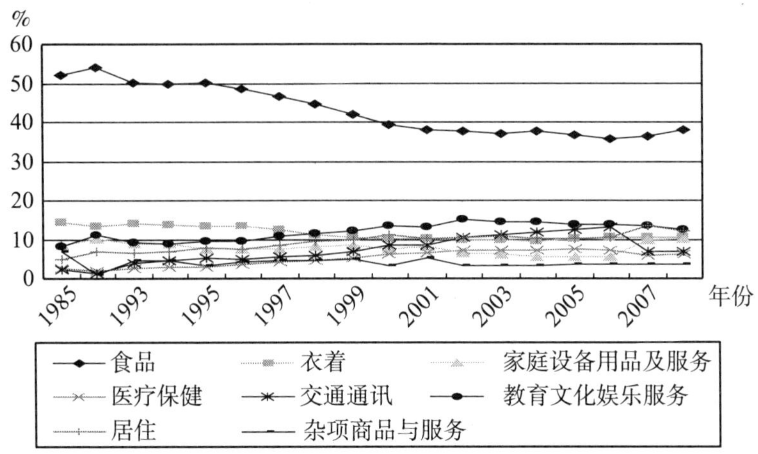

图 4-19 城镇居民家庭消费支出结构变化（人均消费支出=100）

表 4-7 农村居民家庭人均消费支出结构变化（人均消费支出=100）

年份	食品	衣着	居住	家庭设备用品及服务	交通通讯	文教娱乐用品及服务	医疗保健	其他商品及服务
1985	57.79	9.69	18.23	5.1	2.42	1.76	3.89	1.12
1990	58.8	7.77	17.34	5.29	1.44	5.37	3.25	0.74
1995	58.62	6.85	13.91	5.23	2.58	7.81	3.24	1.76
1996	56.33	7.24	13.99	5.36	2.99	8.43	3.71	2.02
1997	55.05	6.77	14.42	5.28	3.33	9.16	3.86	2.12
1998	53.4	6.2	15.1	5.2	3.8	10	4.3	2.1
1999	52.6	5.8	14.8	5.2	4.4	10.7	4.4	2.2
2000	49.13	5.75	15.47	4.52	5.58	11.18	5.24	3.14
2001	47.71	5.67	16.03	4.42	6.32	11.06	5.55	3.24
2002	46.25	5.72	16.36	4.38	7.01	11.47	5.67	3.14
2003	45.59	5.67	15.87	4.2	8.36	12.13	5.96	2.21
2004	47.23	5.5	14.84	4.08	8.82	11.33	5.98	2.21
2005	45.48	5.81	14.49	4.36	9.59	11.56	6.58	2.13
2006	43.02	5.94	16.58	4.47	10.21	10.79	6.77	2.23
2007	43.08	6	17.8	4.63	10.19	9.48	6.52	2.3
2008	43.67	5.79	18.54	4.75	9.84	8.59	6.72	2.09

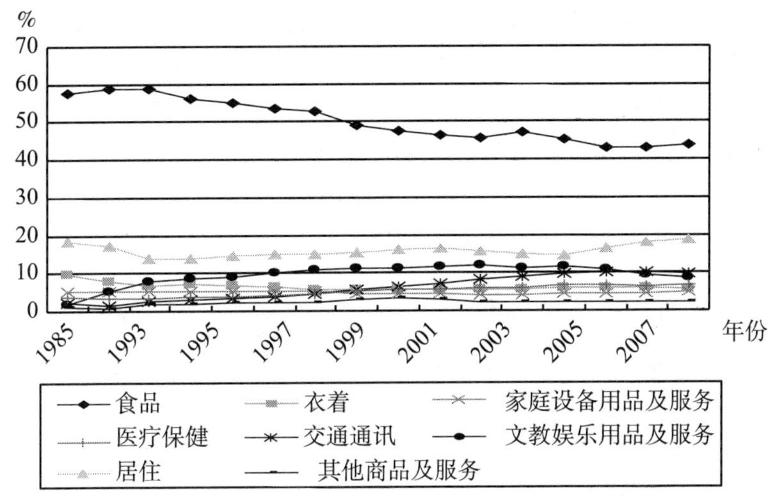

图 4-20　农村居民家庭消费支出结构变化（人均消费支出 =100）

着消费支出比例在 2005 年之前基本处于下降过程中，但 2005 年之后，这一比例有小幅回升并且保持在 10% 以上；农村居民家庭衣着消费支出比例基本保持稳定，占总支出的接近 6%。城镇居民的家庭设备用品及服务的消费支出比例基本处于下降过程中，但是在最近两年中其比例略有上升，这与城镇居民家庭设备的生命周期有关，也与政府实施的家电设备以旧换新政策有关；农村居民的家庭设备用品及服务的支出比例在最近的近 10 年当中没有显著变化，支出比例不到 5%。对于农村居民家庭而言，吃、住消费支出占其家庭消费支出的主要部分，1985 年这一比例为 76% 以上，2008 年仍然有 60% 以上；城镇居民家庭的吃住消费支出所占比例，1985 年为 57%，2008 年为 50%。

城镇居民家庭用于居住方面的消费支出比例明显增加了，从 20 世纪占总消费支出的 5% ~6%，到 21 世纪超过 10%。但是这一比例仍然低于农村居民用于居住方面的消费支出比例，在农村，居民家庭平均每人用于居住方面的支出占总支出的比例超过 15%，甚至接近 20%。

无论是城镇居民还是农村居民，消费支出中教育文化娱乐支出、交通通讯支出以及医疗保健支出所占比例明显上升。其中医疗和交通通讯方面的支出比例在城乡之间的差异没有教育支出所占比例的差异大。

根据居民家庭消费支出的各个项目的性质，我们进一步将他们分为两大类：纯私人消费支出和与公共品供给相关的私人消费支出。纯私人消费支出指的是消费支出仅仅取决于私人决策，与相应的公共品供给无关，其消费过程从而满足消费者需求的过程与相应的消费环境，特别是基于公共品供给的消费环境无关，这类消费品主要可以包括食品及衣着等。与公共品供给相关的私人消费支出指的是消费支出不仅取决于私人决策，还与某种状态的公共品供给状态相关，公共品供给状态对私人消费的实现产生了外溢效应，从而它与私人消费支出共同决定了消费者的效用，这类消费品和服务可以包括交通运输工具、医疗保健服务、教育、居住，等等。显然对上述消费品或者服务的消费带来的效用，与上述消费品消费的对应公共品供给相关，没有先行的道路建设，交通工具的使用是没有意义的，没有教育资源的先行供给，教育需求难以得到满足，等等。

图4－21和图4－22分别显示了城镇居民和农村居民上述两类消费开支所占比例变化的情况。无论城镇还是乡村，纯私人消费支出所占比例都处于下降过程中，与公共品供给相关的私人物品消费支出比例逐步提高，在城镇，与公共品供给相关的私人消费支出比例甚至超过了50%。这种结构变化表明，无论城镇还是乡村，居民消费支出结构的变化除了与自身收入水平等因素相关外，还与公共品供给相关，无论公共品供给是由政府还是由其他社会组织承担。因此，政府公共开支性质的区分，比如政府的纯粹消费支出和公共性投入支出会产生不同的对私人消费支出的外溢效应，纯粹的政府消费支出可能产生对私人消费支出的挤出效应，政府公共性投入支出也许产生对私人消费的挤入效应。

作为一种对比，我们计算了美国居民消费结构在1980年以后的变化。在美国产品和服务的大分类结构变化中，产品所占比例显著下降，服务支出所占比例大幅度上升。1980年之前，产品和服务所占比例差异不大，几乎各占一半，但是1980年之后，服务支出比例大增，到2009年，产品支出所占比例为30%多一点，而服务所占比例几乎为总支出的70%（见图4－23）。

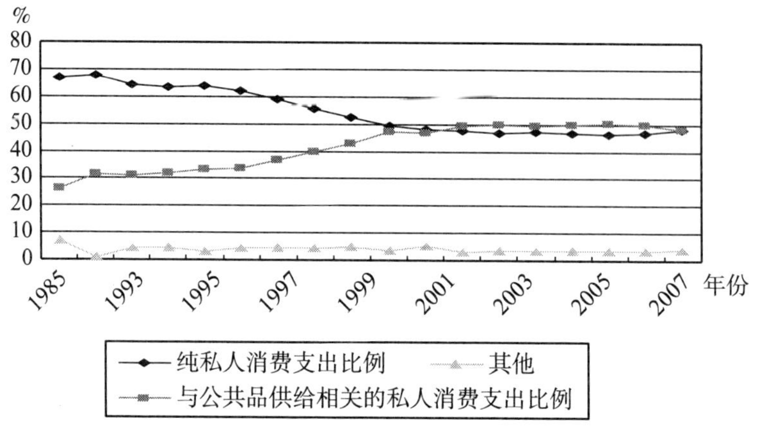

图4－21　城镇基民家庭消费支出结构（总支出＝100）

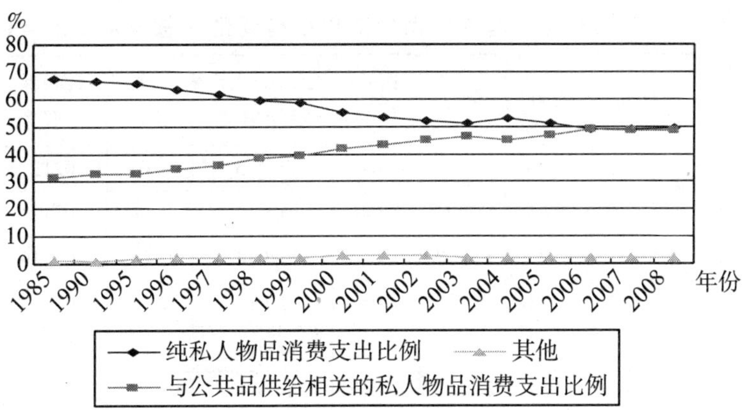

图 4-22 农村居民家庭消费支出结构（总支出 =100）

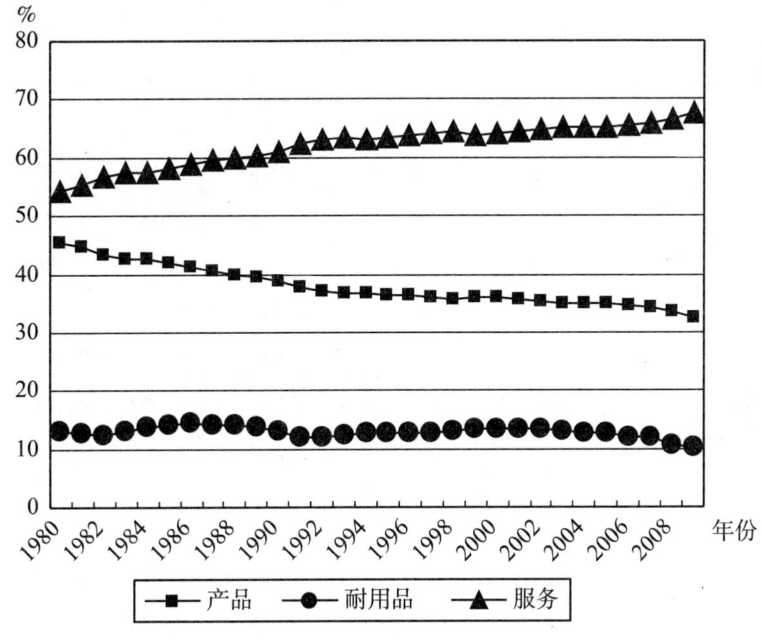

图 4-23 美国居民家庭消费支出结构

资料来源：图形根据 Department of Commerce（Bureau of Economic Analysis），National Income and Product Accounts 计算绘制。

在产品支出中，耐用消费品支出的比例没有非常显著的变化，虽然个别年份下降到 11% 左右，但大部分年份基本保持在占总支出的 12% ~13% 之间，因此，产品支出比例下降主要是非耐用消费品支出下降带来的。比如非耐用品中的食品和服装支出在总支出中的比例，从 1985 年的占接近 20.8%，下降到 2008 年的占 16.4%，纯粹食品饮料支出只占总支出的 12.8%（见表 4-8）。

表 4-8　　美国居民家庭人均消费支出结构变化（总消费支出 =1）

年份	食品	住房	衣着	交通	医疗保健	家庭个人产品及服务	文娱教育	金融保险服务	杂项
1985	0.148	0.302	0.06	0.195	0.047	0.013	0.07	0.12	0.032
1986	0.144	0.306	0.056	0.203	0.048	0.013	0.067	0.12	0.032
1987	0.15	0.31	0.059	0.188	0.046	0.014	0.069	0.119	0.033
1988	0.145	0.312	0.058	0.197	0.05	0.013	0.07	0.114	0.031
1989	0.149	0.31	0.057	0.187	0.051	0.013	0.07	0.121	0.032
1990	0.152	0.307	0.057	0.181	0.052	0.013	0.069	0.121	0.04
1991	0.144	0.312	0.059	0.174	0.052	0.013	0.071	0.126	0.038
1992	0.143	0.318	0.057	0.175	0.055	0.013	0.069	0.124	0.035
1993	0.143	0.314	0.055	0.178	0.058	0.013	0.073	0.126	0.032
1994	0.139	0.318	0.052	0.19	0.055	0.013	0.068	0.123	0.032
1995	0.14	0.324	0.053	0.186	0.054	0.012	0.07	0.121	0.032
1996	0.139	0.318	0.052	0.189	0.052	0.015	0.075	0.119	0.033
1997	0.138	0.324	0.05	0.185	0.053	0.015	0.073	0.122	0.032
1998	0.135	0.33	0.047	0.186	0.054	0.011	0.07	0.126	0.032
1999	0.136	0.326	0.047	0.19	0.053	0.011	0.072	0.125	0.031
2000	0.136	0.324	0.049	0.195	0.054	0.015	0.07	0.119	0.028
2001	0.135	0.329	0.044	0.193	0.055	0.012	0.069	0.127	0.027
2002	0.132	0.327	0.043	0.191	0.058	0.013	0.072	0.127	0.027
2003	0.131	0.329	0.04	0.191	0.059	0.013	0.072	0.133	0.022
2004	0.133	0.321	0.042	0.18	0.059	0.013	0.075	0.143	0.023
2005	0.128	0.327	0.041	0.18	0.057	0.012	0.074	0.148	0.024
2006	0.126	0.338	0.039	0.176	0.057	0.012	0.069	0.148	0.024
2007	0.124	0.341	0.038	0.176	0.057	0.012	0.075	0.144	0.023
2008	0.128	0.339	0.036	0.17	0.059	0.012	0.079	0.144	0.023

资料来源：2007 年前的数据来自 U. S. Bureau of Labor Statistics, Consumer Expenditures in 2007, News, USDL-08-1746 (published 25 November 2008), 2008 年数据来自 U. S. Department of Labor, U. S. Bureau of Labor Statisitics, March 2010, Report 1023。

美国居民家庭的住房服务和交通服务支出比例相对稳定，前者大约占总支出的 30%～33%，后者占总支出的 18%～19%。医疗保健支出占总支出的比例 1985 年约为 4.7%，2008 年提高到占 5.9%，休闲娱乐教育支出比例从 1985 年占 7%，提高到 2008 年占 7.9%，金融保险服务支出从 1985 年占 12%，提高到 2008 年占 14.4%。

中国城镇居民家庭的消费支出结构也发生了巨大变化，产品消费支出占总消费支出的比例显著下降了。1992～2009 年，产品消费支出比例从占 78%下降到占 56%，服务消费支出从占 17%，提高到占 40%①。产品支出下降的基本趋势与美国家庭消费支出结构变化趋势类似，但是绝对比例水平差异巨大，中国城镇居民家庭消费支出中的服务支出比例在 2004 年以后才达到 40%，但是仍然小于美国居民家庭 1980 年的水平（54%）。中国城镇居民的耐用品消费支出比例保持稳定，但是所占比例在 6%～7%之间（见图 4－24），小于美国居民家庭耐用品消费支出比例（12%～13%）。非耐用品消费所占比例下降，不过仍然处于较高水平。2008 年中国城镇居民家庭食品和衣着支出占总支出的比例（47%）大大高于美国居民家庭 1985 年的水平（20.8%）。

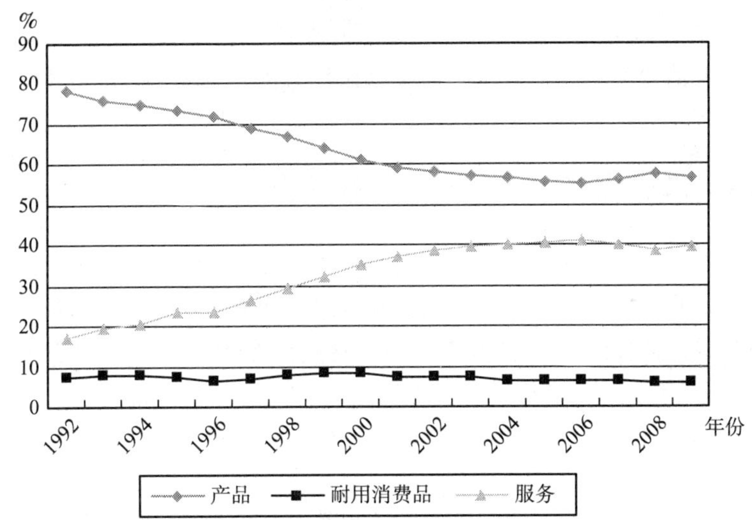

图 4－24　中国城镇居民家庭消费支出结构

资料来源：根据历年《中国统计年鉴》相关数据绘制。

中国城镇居民家庭支出中的住房服务支出占总消费支出的 10%～12%，大大低于美国居民家庭住房服务支出所占比例，医疗保健服务支出占总消费支出的 5%～7%，与美国家庭相应的支出比例类似。

① 因为国家统计局发布的统计数据无法直接区分产品和服务项目，作者做了粗略拆分，其中最后的杂项部分既没有归为产品中也没有归入服务中，所以产品和服务两类所占比例加总后不到 100，其中差额部分是杂项部分所占比例。

第三节　居民消费需求升级：品质升级

如果将居民的消费支出分为产品和服务，产品又分为耐用消费品和非耐用消费品，居民的消费升级就表现为对产品和服务、产品又分为耐用消费品和非耐用消费品这两类物品的消费支出及其结构的变动。由于我们没有有关家庭消费支出中详细的产品和服务的分类，因此分析过程中局限于对耐用消费品和非耐用消费品的区分。

就全国平均水平而言，居民家庭用于非耐用消费品的支出绝对数额不断增加，但是它在支出中所占的比重不断下降，耐用消费品的支出则是数额和比重同时增加，并且在消费升级过程中耐用消费品的种类和质量都发生了持续的变动，1978 年以来居民消费升级大致表现为以下三个阶段，即温饱消费为主题的升级阶段、以家电消费为主题的升级阶段、以住行消费为主题的升级阶段。

一、以温饱消费为主题的升级阶段

温饱消费升级过程在城乡同时展开，在 1978～1985 年间伴随着居民收入水平不断提高，我国居民消费的重点是满足基本生活需求解决温饱问题，食品和衣着消费占到居民消费总支出的 70% 左右。这期间全国人均食物消费量上升幅度很大，到 1985 年全国人均粮食、食用油、鲜蛋、猪肉和食糖等副食品消费量分别为 1978 年的 1.29 倍、2.94 倍、2 倍、1.7 倍和 1.44 倍[①]，食物消费结构和质量获得了极大的改善，同期全国居民人均各种布料的消费也增长了 1.35 倍，但是居民收入的快速增长仍然使吃和穿的支出在总支出中所占的比重不断下降，到 1985 年城乡居民恩格尔系数分别下降为 53.3 和 57.8。从家庭耐用消费品的消费来看，人们追求的是俗称“老三件”的自行车、手表和缝纫机，其消费额基本上是 100 元左右，到 1985 年，平均每百户农村居民拥有自行车 80.64 辆、手表 126.32 块，缝纫机 43.21 架，分别是 1978 年的 2.62 倍、4.61 倍和 2.18 倍，“老三件”在城镇居民中的普及速度更快，到 1985 年平均每百户城镇居民拥有自行车 152.27 辆、缝纫机 70.82 架。从全国的平均水平来看，“老三件”的平均

① 本节数据如果无特殊说明，都来源于中经网统计数据库综合年度数据，http：//db. cei. gov. cn/scorpio_online/aspx/main. aspx？width = 1142&height = 800。

每百人的消费量在1985年分别是1978年的3.52倍、4.13倍和2.30倍[①]，“老三件”快速进入居民家庭提高了居民的生活质量，带动中国居民整体消费水平的大幅提高。虽然在这个阶段上冰箱、彩电和洗衣机开始进入居民家庭，但普及率仍然较低，如农村居民每百户的拥有量分别为0.06台、0.8台和1.9台，“老三件”进入家庭并迅速普及使居民消费对经济增长的拉动作用明显提升。农村居民收入增长迅速，人均纯收入由1978年的134元上升到1985年的398元，在改善吃、穿、用的同时，农村居民的居住条件也得到大幅改善，住房面积由人均8.1平方米上升到14.7平方米，同期城镇人均居住面积仅由4.2平方米上升到6.7平方米，增加幅度小于农村居民，在住房条件的改善方面农村居民走在了城镇居民的前面。

从消费的内容和性质的变化来判断，1985年是一个重要的历史拐点，之前居民消费的重点是解决基本的生存问题，同时对改革开放前长期受压抑的消费进行量的补偿，人们几乎对所有种类的生活必需品都有着强烈的需求，居民的消费升级集中表现为数量的扩张，在这一阶段的消费特征属于供给决定型，产业发展状况决定着居民的消费。

二、以家电消费为主题的升级阶段

20世纪80年代中期以后，作为“老三件”的自行车、手表和缝纫机在城乡居民家庭中基本普及，我国居民又开始了以家电消费为主题的升级阶段，彩色电视机、电冰箱、洗衣机这“新三件”成为人们生活追求的目标，在居民收入不断提高的前提下，形成了以家用电器普及为特征的耐用消费品热潮，每百户居民“新三件”拥有情况如表4-9所示。

表4-9　　每百户居民“新三件”拥有量变化情况

年份	城镇居民			农村居民		
	彩色电视机（台）	电冰箱（台）	洗衣机（台）	彩色电视机（台）	电冰箱（台）	洗衣机（台）
1985	17.2	6.58	48.29	0.8	—	1.9
1986	27.41	12.71	59.7	1.52	—	3.22
1987	34.63	19.91	66.77	2.34	0.31	4.78
1988	43.93	28.07	73.42	2.8	0.63	6.79

① 《中国经济统计年鉴（1986）》，中国统计出版社1986年版。

续表

年份	城镇居民			农村居民		
	彩色电视机（台）	电冰箱（台）	洗衣机（台）	彩色电视机（台）	电冰箱（台）	洗衣机（台）
1989	51.47	36.47	76.21	3.63	0.89	8.15
1990	59.04	42.33	78.41	4.72	1.22	9.12
1991	68.41	48.7	80.58	6.44	1.64	10.99
1992	74.87	52.6	83.41	8.08	2.17	12.23
1993	79.46	56.68	86.36	10.86	3.05	13.82
1994	86.21	62.1	87.29	13.52	4	15.3
1995	89.79	66.22	88.97	16.92	5.15	16.9
1996	93.5	69.67	90.06	22.91	7.27	20.54
1997	100.48	72.98	89.12	27.32	8.49	21.87
1998	105.4	76.1	90.6	32.6	9.3	22.8
1999	111.57	77.74	91.44	38.2	10.6	24.3
2000	116.6	80.1	90.5	48.74	12.31	28.58
2001	120.5	81.9	92.2	54.41	13.59	29.94
2002	126.38	87.38	92.9	60.45	14.83	31.8
2003	130.5	88.73	94.41	67.8	15.89	34.27
2004	133.4	90.2	95.9	75.09	17.75	37.32
2005	134.8	90.7	95.5	84.08	20.1	40.15
2006	137.43	91.75	96.77	89.43	22.48	42.98
2007	137.79	95.03	96.77	94.38	26.12	45.94
1985～1990年均增长率（%）	27.97	45.11	10.18	42.62	—	36.85
1990～2000年均增长率（%）	7.04	6.59	1.44	26.30	26.01	12.10
2000～2007年均增长率（%）	2.41	2.47	0.96	9.90	11.35	7.02

1985年城镇居民家庭平均每百户拥有彩电17.2台、电冰箱6.58台、洗衣机48.29台，到1990年每百户居民彩电拥有量增加到59.04台，电冰箱增加到42.33台，洗衣机增加到78.41台，1990年与1985年相比，城镇居民每百户

家庭彩电、电冰箱、洗衣机拥有量分别提高了 243.26 个、543.31 个和 62 个百分点。进入 20 世纪 90 年代后，城镇居民家用电器消费增长速度开始下降，家用电器拥有量到 2000 年已经接近饱和，彩电、电冰箱和洗衣机每百户拥有量分别为 116.6 台、80.1 台和 90.5 台。与城镇居民相比，农村居民在 90 年代以前“新三件”耐用消费品的普及率相对较低，在进入 90 年代以后才呈现出迅猛增长的势头，三大件的年均增长率为 26.3%、26.1% 和 12.1%，2000 年以后仍然快速增加，远远地高于城镇居民的增长率。经过多年的快速增长，2007 年农村居民每百户彩电拥有量增长到 94.38 台，接近于饱和；电冰箱和洗衣机的拥有量相对于城市居民而言仍然很低，每百户拥有量分别为 26.12 台和 45.94 台，与城市居民有较大差距，仍然有很大的增长空间。从家电消费来看农村居民大概要落后城镇居民 10 年左右，一方面的原因是农村居民收入增长相对较慢，另一方面也是由于农村基础设施落后所致。在家电消费升级阶段，恩格尔系数持续走低，到 2000 年城镇居民恩格尔系数由 1985 年的 53.3% 下降至 39.4%；农村居民恩格尔系数由 1985 年的 57.8% 下降至 49.1%。分析这个时段消费升级的特点可以看出，在这个阶段城乡居民耐用家电消费品迅速普及，但是农村居民家电产品的普及速度相对较低，在家电消费方面形成了明显的城乡差异。

三、以住行消费为主题的升级阶段

在家电消费升级不断进行的同时住行消费升级逐渐展开，在家庭耐用消费品普及以后，人们把拥有住房和汽车作为生活的目标，教育、医疗、住宅、汽车、信息通讯等高层次消费成为热点，衣食消费支出比重继续快速下降，城镇居民家用电器等生活必需品消费支出的增速相对于农村居民明显放慢，而文化娱乐、居住以及交通通讯在消费总支出中的比重不断提升。2006 年城乡居民消费支出中衣着和食物支出比重较 2000 年分别下降了 3.31 和 5.92 个百分点，2000～2006 年城镇居民家庭百户彩电、电冰箱、洗衣机拥有量年均增长率进一步放慢至 2.41%、2.47% 和 0.96%，而到 2006 年，城镇居民家庭百户家用电脑、手机、汽车拥有量分别达到 53.77 台、165.18 部和 6.06 辆，与 2000 年相比，分别增长了 3.86 倍、6.84 倍和 7.64 倍。尽管农村居民消费水平明显低于城镇居民、消费结构升级滞后于城镇居民，但农村居民家用电脑、手机、摩托车消费也呈快速增长的趋势，2006 年农村居民家庭百户家用电脑、手机、摩托车拥有量分别为 2.73 台、62.05 部和 44.59 辆，与 2000 年相比，分别增长了 4.46 倍、13.43 倍和 1.03 倍，如表 4－10 所示。

表4－10　　耐用消费品拥有量变动情况

年份	城镇居民			农村居民		
	家用电脑（台）	移动电话（部）	家用汽车（辆）	家用电脑（台）	移动电话（部）	摩托车（辆）
2000	9.7	19.5	0.5	0.5	4.3	21.9
2001	13.3	34	0.6	0.7	8.1	24.7
2002	20.63	62.89	0.88	1.1	13.7	28.1
2003	27.81	90.07	1.36	1.4	23.7	31.8
2004	33.11	111.35	2.18	1.9	34.7	36.2
2005	41.5	137	3.4	2.1	50.2	40.7
2006	47.2	152.88	4.32	2.73	62.05	44.59

从发达国家的发展经验来看，当一个国家人均GDP达到1 000美元时，汽车开始进入家庭，人均GDP达到3 000～10 000美元时汽车消费快速增长。我国人均GDP在2003年突破1 000美元，在2007年超过了2 000美元，在东部沿海的一些地区人均GDP已经接近或超过3 000美元，汽车消费已经出现了较快增长，私人购车已占汽车销量的60%以上，到2006年我国私人汽车拥有量达到2 333.32万辆，自2000年以来保持着年均增长24.54%的增长速度，并且还有不断增长的趋势，随着居民收入增加和汽车价格下降，汽车将更多地进入家庭，汽车的普及率进一步提高。

在住房消费方面，根据世界银行研究，当一个国家人均GDP处于1 000～4 000美元时，房地产业会进入高速增长期，而我国正好处于该时期。自2000年以来我国人均住房面积不断增长，到2006年全国城镇人均住宅建筑面积达27.1平方米，农村人均住宅建筑面积30.7平方米。在人均住宅面积方面农村民民要高于城镇居民，农村居民居住条件的改善自改革后不断进行，而城镇居民人均住房面积自20世纪90年代才开始快速增长，到2007年从人均住房面积上看城乡居民的差距明显减小。到2006年我国住宅销售面积5.54亿平方米，住宅销售额1.7万亿元，比2000年分别增长了14.15倍和66.52倍。随着我国居民收入水平提高、城市化进程加快以及居住条件的改善，居民的住房消费仍然会保持较快的增长速度。

四、消费品品质升级

我国居民消费行为的变化还有一个特点就是自身所消费各种商品和服务的品

质都表现出不同程度的升级，从而导致总体消费升级。品质升级最为明显的表现就是新型消费品和服务对原有消费品和服务的更新和取代，这主要表现为推出新型消费品和服务的速度变快导致原有消费品和服务的更新换代速度加快；同时，品质升级还表现为新型产品和服务的品种增多，可供消费者选择的空间增加。因此，消费品的品质升级存在于居民家庭消费的各种类别的消费品消费过程中，无论是耐用品还是非耐用品，无论是产品还是服务，都存在品质升级。

由于我国居民的消费品和服务类别众多，不可能一一罗列，本书仅以耐用消费品为例，分析居民消费品品质升级的变化。

1985～2008年，国家统计局统计并公布的城镇居民耐用消费品品种大约32种，它们大体上反映了这一阶段城镇居民家庭耐用消费品的消费范围，具体情况如表4－11所示。32种耐用消费品可以分为四种情况：第一，曾经是居民家庭耐用消费品的标志性产品，但是随后虽然居民家庭仍然消费该产品，却逐渐淡出统计的范围，不再成为家庭耐用消费品消费支出衡量的标志性产品，比如自行车、电风扇、录音机等；第二，20世纪80年代并没有出现在家庭耐用品消费的

表4－11　　城镇家庭耐用消费品演变

阶段	传统耐用品（1990年之前）	新增耐用品（1990年之后）	新增耐用品（2000年之后）
1985～1990年	自行车；洗衣机；电风扇；电冰箱；彩电；录音机；照相机		
1990～2000年	自行车；洗衣机；电风扇；电冰箱；彩电；录音机；照相机	摩托车；汽车；冰柜；影碟机；录放像机；电脑；音响；摄像机；钢琴；高档乐器；空调；电炊具；热水淋浴器；抽油烟机；吸尘器；健身器材；移动电话	
2000～2008年	***自行车***；洗衣机；***电风扇***；电冰箱；彩电；***录音机***；照相机	摩托车；汽车；***冰柜***；***影碟机***；***录放像机***；电脑；音响；摄像机；钢琴；高档乐器；空调；***电炊具***；热水淋浴器；***吸尘器***；健身器材；移动电话	***助力车***；***取暖器***；消毒碗柜；洗碗机；饮水机；传真机

注：表格中的黑斜体字为退出统计披露范围的耐用消费品。

统计清单里，最近几年来才进入统计清单并逐步成为衡量居民耐用消费品支出变化的标志性产品，比如汽车、电脑、移动电话等，每百户居民消费的上述产品快速增长；第三，长期以来稳定地成为居民家庭耐用消费品标志，但是总量变化已经相对稳定的产品，比如彩电、冰箱、洗衣机、空调等，在城镇居民家庭，每百户居民占有上述产品的数量已接近或者超过100；第四，短暂出现在耐用消费品统计范围内，因技术进步快速被淘汰的产品，比如录放像机、传真机、取暖器等。类似的变化也存在于对农村居民家庭耐用消费品的统计披露过程中。因此，上述四种情况的变化可以在一定程度上说明居民家庭耐用消费品品质升级的一些表现。

进一步，我们以彩色电视机为例来说明消费品品质升级，同时假定彩色电视机的生产数量在当年被消费者全部购买。选择彩色电视机作为样本是出于以下的考虑：（1）彩色电视机的生产量和国内销售量的误差是最小的。2008 年前三季度在所有的电子产品中，便携式电脑和手持（车载）无线电话的出口额高居第一位和第二位，而液晶彩色电视机的出口额仅是第十位[①]。（2）品质升级现象表现最为明显的是耐用品的品质升级，而在我国城镇居民家庭所拥有的各种耐用品之中，电视机是仅有的平均每户拥有量超过 1 的两种商品之一（另外一种是移动电话）。选择平均每户拥有量超过 1 的耐用品意味着该商品的拥有量基本饱和，每年的新增购买在很大程度上是品质升级的结果，而平均每户拥有量远远低于 1 的耐用品就不能排除消费者收入增加而导致的对新兴耐用品的消费。（3）我国城镇居民的彩色电视机的拥有量在相当长的一段时间内基本没有发生较大的波动。2003 年我国城镇居民家庭平均每百户年底拥有的彩色电视机数量是 130.5 台，而 2007 年这一数量才上升到 137.79 台；而与此同时，我国城镇居民平均每百户年底拥有的移动电话数量由 90.7 部快速提高到 165.18 部。于是，本书利用彩色电视机产量的同比增长率为例来说明我国城镇居民的消费品品质升级的状况。

从表 4－12 中可以明显地发现品质升级现象。2003 年我国彩色电视机的同比增长率为 15.54%，而此时的背投电视机是彩色电视机中的新产品，其同比增长率（85.16%）远远高于彩色电视机的总体增长率。这种状况说明在 2003 年左右我国城镇居民消费的彩色电视机主要是背投电视机。同时，液晶电视机和等离子电视机还没有投放市场，我国城镇居民此时还不能实现对这两种彩色电视机的消费。

---

① 中华人民共和国工业和信息化部运行监测协调局发布的《2008 年 9 月电子信息产品进出口情况》，http：//www.miit.gov.cn/n11293472/n11295057/n11298508/11711522.html。

表 4-12　　我国彩色电视机产量的同比增长率　　单位：%

年份	彩色电视机	背投电视机	液晶电视机	等离子电视机
2003	15.54	85.16	—	—
2005	8.00	-25.10	425.90	287.60
2006	2.60	17.50	130.30	-3.90
2007	-1.60	-91.50	71.30	8.60
2008	16.60	-89.50	51.80	162.10

注：2003 年的数据是 1~7 月，2005 年、2006 年和 2007 年的数据均是 1~11 月，2008 年数据是 1~10 月。

资料来源：中华人民共和国工业和信息化部发布的统计信息，http：//www. miit. gov. cn/n11293472/n11293832/n11294132/n11302706/index. html。

液晶电视和等离子电视出现之后，背投电视的生产量马上下跌，而液晶电视和等离子电视的产量大幅提高。这说明，由于液晶电视和等离子电视是对背投电视的升级替代品，我国城镇居民就会很自然地转向对具有更高品质的电视机的需求，从而导致购买量和生产量大幅上升。比如，在 2008 年液晶电视机和等离子电视机的同比增长率分别达到 51.80% 和 162.10%，而背投电视机却表现出持续下滑的态势（-89.50%）。通过对彩色电视机同比增长率的比较，可以得出这样的结论：消费品的品质升级是我国城镇居民消费的一个重要特点，品质升级的速度快慢有可能会导致我国城镇居民消费行为有所变化。

对彩色电视机的分析可能也适用于对家用电脑、家用汽车等其他耐用消费品的分析过程，随着技术进步和居民家庭收入的提高，消费品品质升级成为消费需求升级变化的重要特征。

第四节　对城镇居民消费需求升级的再考察：收入弹性方法

一、不同收入阶层消费的收入弹性

收入弹性主要用来说明消费者的消费变动和收入变动之间的关系。对于不同收入阶层的消费群体而言，收入水平方面的差距肯定会影响到其自身的消费，从而在收入弹性方面就会存在差别。衡量不同收入阶层的收入弹性常用的模型是双对数模型，其假定的前提条件是：消费者当期的消费支出取决于自己的当期收入。消费和收入之间的关系可以表述如下：

$$c_t = Ay_t^{\eta}$$

其中，c_t 表示消费者在 t 期的消费；A 表示常数项；y_t 表示消费者在 t 期的收入；η 表示消费者的收入弹性系数。对上式两边同时取对数，就可以得到：

$$\ln c_t = \ln A + \eta \ln y_t$$

我们将以上式为基准来估计我国不同收入阶层的城镇居民的收入弹性系数，采用的指标分别是不同收入阶层的城镇居民的人均消费支出和人均可支配收入。

表 4-13 是城镇居民不同收入阶层消费的收入弹性。从表中可以看出，我国城镇居民的收入弹性大约是 0.89，说明消费者每增加 1 元钱的收入大约就有 0.89 元用于自身的消费。如果不考虑低收入阶层的收入弹性，就可以清楚地发现各个收入阶层收入弹性随着收入的增加表现出逐渐降低的趋势。这说明越是高收入的消费者其消费支出对于收入变化就会越不敏感。相对而言，低收入的家庭的消费支出对收入变化就会敏感得多。当可支配收入越多的时候，相对于不变的消费而言，消费者就会将其收入转化为其他形式的财富而储蓄起来，收入的变动会带来储蓄的较大变动而不会导致消费的较大波动；而低收入的消费者，其获取收入的主要目的是维持自身的消费支出，收入的最主要的用途是满足其消费，当收入有波动时，必然会直接导致其消费有较大的变动。

表 4-13　　不同收入阶层的收入弹性

类别	常数项	收入弹性	Adj. R^2	D. W.	F.
全国	0.71*	0.89*	0.99	0.78	17 349.95
最低	0.34*	0.96*	0.99	0.72	8 931.86
低	2.28*	0.69***	0.73	1.62	59.96
中下	0.57*	0.91*	0.99	0.66	12 747.80
中等	0.65*	0.90*	0.99	0.67	14 083.92
中上	0.70*	0.89*	0.99	0.89	17 008.74
高	0.72*	0.89*	0.99	1.34	26 051.65
最高	0.76*	0.88*	0.99	1.32	18 948.91

注：* 表示在 1% 的检验水平上通过检验；*** 表示在 10% 的检验水平上通过检验。

为了认识我国城镇居民的收入弹性的时间变化趋势，我们进一步分析收入弹性随着时间而变化的特点。

二、收入弹性的变化趋势

在不同时期我国城镇居民家庭各类商品的收入弹性也会发生相应的变化，收入弹性的变化可以反映在我国城镇居民家庭收入增长的背景下某类商品的消费需求的变动状况。同时，收入弹性的变化也可以从另外一个角度反映各类商品在转型时期的变化趋势。某类商品的收入弹性越小意味着我国城镇居民家庭收入增加后不会大幅度扩大该类商品的消费需求，从而该类商品在我国城镇居民家庭的日常生活中表现出必需品的特点；某类商品的收入弹性越大说明该类商品在我国城镇居民家庭收入增加后该类商品的购买力会有一个大幅度提升的过程。利用各类商品收入弹性的计算公式 $\eta_Y = b_i \times Y/V_i$ 来计算转型时期我国城镇居民消费的各类商品的收入弹性（计算结果列在表 4－14）。

从表 4－14 中可以观察到我国城镇居民家庭各类商品收入弹性的变化趋势，我国城镇居民家庭的消费阶段可以分为温饱型阶段（1978～1984 年），温饱型向舒适型转变阶段（1985～1991 年）以及舒适型阶段（1992～2007 年）。在不同的消费阶段，我国城镇居民的各类商品的收入弹性也表现出不同的变化趋势。

在温饱型阶段，我国城镇居民所消费的各类商品的收入弹性按照数值大小排序的结果大体上是：日用品、文化娱乐用品、衣着、食品以及其他商品，日用品和文化娱乐用品的收入弹性大于 1，其他商品的收入弹性都小于 1。这说明在这一阶段，日用品和文化娱乐用品相对于其他商品而言还属于“奢侈品”，我国城镇居民家庭对于这两类商品的消费需求还受到压抑；不同收入水平家庭对于日用品和文化娱乐用品的消费存在着较大的差异。同时，我国城镇居民家庭的食品的收入弹性的数值也比以后的各个时期的数值都大，说明我国城镇居民家庭在这一时期要用相当一部分收入用于购买食品，这也从另外一个角度说明这个时期我国城镇居民家庭的收入主要用于满足自身的温饱。

由温饱型向舒适型过渡阶段，我国城镇居民消费的各类商品的收入弹性按照数值大小的排序结果和温饱型阶段的排序结果大体类似，依次是房屋及建筑材料、文化娱乐用品、日用品、衣着、食品、药及医疗用品和燃料。房屋及建筑材料、文化娱乐用品和日用品这三类商品的收入弹性均大于 1，这说明处于不同收入阶层的我国城镇居民家庭的消费水平的高低主要体现在这三类商品之上。同时，在这一阶段我国城镇居民家庭在这几类商品的消费支出会有大幅度地增加。另外，这一阶段还有一个特点就是食品的收入弹性比上一时期明显下降。食品收入弹性下降说明不同收入的城镇居民家庭所消费的食品之间的差异程度降低，不同收入的城镇居民家庭消费的食品有着趋近的特征。

表 4－14　　城镇居民各类消费品的收入弹性

年份	日用品	衣着	文化娱乐用品	食品	药及医疗用品	房屋及建筑材料	燃料
1982	1.42	1.01	1.04	0.80	NA	NA	0.37
1983	1.29	0.92	1.46	0.84	0.39	NA	0.32
1984	1.39	0.91	1.13	0.83	0.45	NA	0.07
1985	1.40	0.98	1.84	0.62	0.34	NA	0.22
1986	1.28	0.91	1.67	0.65	0.44	NA	0.34
1987	1.41	0.92	1.64	0.64	0.41	2.11	0.30
1988	1.42	0.95	1.73	0.62	0.51	2.03	0.37
1989	1.40	0.87	1.67	0.61	0.55	2.01	0.41
1990	1.38	1.04	1.52	0.62	0.57	1.56	0.66
1991	1.04	0.68	1.12	0.47	0.37	1.87	0.25
年份	家庭设备用品及服务	衣着	文教娱乐用品及服务	食品	医疗保健	居住	交通通讯
1992	1.40	0.83	0.87	0.55	0.65	0.70	0.31
1993	1.45	0.85	0.87	0.49	0.74	0.73	1.56
1994	1.45	0.90	0.91	0.50	0.69	0.72	1.29
1995	1.44	0.93	0.93	0.48	0.72	0.67	0.24
1996	1.44	0.95	0.98	0.46	0.79	0.64	1.85
1997	1.98	0.89	1.00	0.50	0.83	0.72	1.17
1998	1.61	0.90	0.92	0.47	0.79	0.72	1.09
1999	1.37	1.16	1.02	0.56	0.83	0.66	1.11
2000	1.46	0.91	0.90	0.49	0.88	0.67	1.10
2001	1.40	0.89	0.80	0.46	0.80	0.65	1.05
2002	1.12	0.74	0.95	0.63	0.85	0.88	1.16
2003	1.16	0.76	0.91	0.58	0.86	0.91	1.14
2004	1.13	0.78	0.96	0.55	0.84	0.85	1.26
2005	1.08	0.79	0.95	0.56	0.76	0.77	1.39
2006	1.06	0.77	0.96	0.57	0.75	0.80	1.40
2007	1.00	0.74	0.97	0.54	0.75	0.78	1.38

在舒适型阶段，家用设备用品及服务和交通通讯的收入弹性一直大于1，交

通通讯的收入弹性表现出不断提高的趋势，而家用设备用品及服务的收入弹性却表现出持续下降的趋势。这说明随着收入的增加，交通通讯的市场需求量会不断提高，并且需求提高的速度会高于收入增加的速度。家用设备用品及服务的市场需求在城镇居民收入增加的同时会继续增加，但是，从长期来看其需求的增长速度是逐渐变缓的。文化娱乐用品及服务的收入弹性低于1，但是在此期间，其收入弹性是持续上升的，在2007年已经快等于1（0.97）了，并且在将来有可能超过1。文化娱乐用品及服务收入弹性的这一变化趋势，意味着在不久的将来，文化娱乐用品及服务的市场需求增长幅度会大于城镇居民的收入增加幅度。衣着、食品、居住、医疗保健的收入弹性相对较低。食品的收入弹性是最低的，而且一直维持在一个较为稳定的水平，这种现象符合食品作为日常生活必需品的特征。衣着的收入弹性在前期的数值较大，随后表现出下降的趋势。这说明衣着类商品的需求波动范围会逐渐变小，随着人们生活水平的提高，衣着也和食品一样变为日常必需品。居住和医疗保健的收入弹性总体上维持在一个稳定的水平，这表明随着收入的增加，居住和医疗保健也逐渐成为城镇居民的生活必需品。

三、对消费惯性和示范效应的分析

消费者在进行消费决策的时候，除了受到自身收入水平高低的影响之外，还会受到自己上一期消费水平的影响和其他人的诱导。消费惯性可以通过消费者在实际消费过程中，常常会出现“消费刚性”的状况得到说明。即使当期收入水平有所降低，消费者也不会马上降低自己的当期消费支出，还是会按照自己原有的消费习惯维持原有的消费水平。示范效应是指消费者常常会把自己的消费支出和其他人的消费支出进行比较，其他消费者的消费支出会对这个消费者的消费决策产生影响，于是，不同的消费者的消费支出之间存在示范效应。

为了检验我国城镇居民的消费是否具有消费惯性和示范效应的存在，我们提出以下假设：消费者是理性的，在 t 期的消费支出 c_t 受到自己当期收入 i_t、原有的消费习惯（用上一期的消费支出 c_{t-1} 表示）和示范效应的共同作用（用比自己收入高的消费者的消费 $\tilde{c}_t$ 表示）。

$$c_t = f(c_{t-1},\ i_t,\ \tilde{c}_t)$$

同时，假定这个消费者的消费支出是简单线性函数，表示形式如下：

$$c_t = \alpha c_{t-1} + \beta i_t + \gamma \tilde{c}_t$$

上式可以作为对我国城镇居民的消费惯性和示范效应进行检验的基础，式中的 α 表示消费者的上一期消费对其当期消费的影响作用大小；β 表示消费者的当期收入对其当期消费的影响作用大小；γ 表示其他更高收入阶层的消费者对该消费者示范作用的大小。在衡量消费者受到的示范效应大小的时候，假定只有比其高一个收入层级的消费者对其有示范效应，更高层级的消费者和低收入的消费者对这个消费者都没有示范效应。具体方法是：在衡量某个收入阶层的所受到示范效应的时候，用比某个收入阶层高一级的收入阶层的当期消费支出作为衡量标准。比如，在衡量低收入阶层居民所受到的示范效应的时候，用中下收入阶层居民的收入来表示；在衡量中等收入阶层所受到的示范效应的时候，用中上收入阶层居民的收入来表示；在衡量其他收入阶层的消费者所受到的示范效应的时候以此类推。由于没有比我国最高收入阶层的收入更高的消费者，对最高收入阶层的消费者所受到的示范效应不进行检验。

从表 4－15 中可以发现我国城镇居民的消费行为按照消费惯性和示范效应的不同，大体上可以分为以下几种类别：（1）最低收入户。检验结果表明，最低收入户的消费行为主要受到当期收入和示范效应的影响，而前一期的消费对最低收入户的当期消费行为几乎没有影响。这种情况从常理上也是可以解释的，最低收入户的消费支出主要受制于其自身收入的不足，其消费欲望受到收入不足的压制。同时，最低收入户的当期收入对消费的影响要比示范效应的影响力度更大。（2）低收入户。低收入户是所有不同层级收入户中同时受到当期收入、消费惯性和示范效应影响的收入群体。但是，这三个因素对低收入户当期消费的影响力度也是存在差别的，按照对当期影响力度大小排序的结果是示范效应、消费惯性和当期收入。这说明低收入户的消费行为主要是消费自身规律而决定的，当期收入对于当期消费只有微弱的影响。（3）中下收入户、中等收入户和中上收入户。这三个收入层次消费者的消费行为和其当期收入几乎没有关系，只有消费惯性和示范效应对消费者的当期消费起到作用。由于这三类收入户在我国城镇居民家庭所占的百分比均是 20%，于是可以得到这样的结论：大多数我国城镇居民的当期消费和其当期收入之间没有明显的联系，其消费行为有着自身内在规律和特点。另外，这三类消费者的消费行为受到示范效应的影响要大于自身消费惯性的影响，这说明我国大多数消费者都存在着“跟风”和“攀比”的消费心理。（4）高收入户。高收入户的消费行为和以上各类消费行为都有所不同，其当期消费行为只是受到消费惯性和当期收入这两者的作用，而示范效应在高收入户的消费行为中没有体现出来。这说明收入高的消费者其自身越有可能是消费的引导者，于是其受到的示范效应的可能性也就越小。同时，高收入户的当期收入对当期消费的影响作用要大于前一期消费对当期消费的影响作用，这说明只有从高收入户的消费行为上才真正体现出“收入效应”，即当期收入的增加导致当期消费支出的增加。

表 4-15　　消费惯性和示范效应检验结果

类别	c_{t-1}	i_t	$\tilde{c}_t$	常数项	Adj. R^2	D. W.	F.
最低	—	0.67*	0.19***	115.88*	0.99	0.70	1 493.72
低	0.22**	0.01***	0.61*	119.31*	0.99	0.92	1 815.92
中下	0.18***	—	0.43*	184.81*	0.99	0.62	2 648.02
中等	0.21**	—	0.52*	205.77*	0.99	0.55	3 794.73
中上	0.45*	—	0.60*	168.59*	0.99	0.66	4 878.33
高	0.34*	0.44*	—	421.07*	0.99	1.15	2 672.35

注：*，**，*** 分别表示通过 1%，5% 和 10% 的检验水平；—表示没有通过检验。

第五节　本章小结

综合上面的分析，我们有以下一些基本认识：

第一，在我国最终消费需求增长一直是拉动经济增长的主要力量，但是进入 21 世纪后，相对于固定资产投资增长和净出口增长，其对经济增长的贡献减小了，最终消费率显著下降了，从改革开放初期的超过 60%，下降到 2007 年的不到 50%。1970 年之后的美国，私人消费支出占 GDP 的比例为 60% 多，而到了 2008 年超过 70%，再加上政府消费支出，最终消费支出占 GDP 的比例达到 80% 以上，私人投资在 GDP 中的比例最高年份也没有超过 20%。虽然美国的经验有特殊性，但是与其他发达国家相比，我国最终消费支出占 GDP 的比例也相对较小。

第二，经济增长对固定投资增长和对外贸易增长的依赖在进入 21 世纪后显著增强了，但是无论是固定资产投资还是对外净出口，其波动幅度显著大于最终消费需求。2001 年之后，对外净出口对经济增长贡献为正，并且持续时间较长，由此累积的贸易冲突显著增加。

第三，居民消费需求总量显著增长，但是居民人均可支配收入增长率以及与此相关的人均消费支出增长率小于 GDP 增长率和人均 GDP 增长率。人均居民消费需求占人均 GDP 的比例持续下降，20 世纪 90 年代开始这一比例下降到 50% 以下，2005 年之后甚至下降到 40% 以下。

第四，城乡居民消费需求显著增长的同时，城乡间的差异也不断扩大。1978 年城市居民人均消费水平是农村居民的 2.9 倍，20 世纪 80 年代初期这种差距逐步缩小到 2.2 倍，但是从 80 年代中期开始，这种差距又逐渐被拉大，虽然中间有不同程度的缓解，但是到了 2008 年，城镇居民人均消费支出是农村居民的 3.6 倍。

第五，公共性消费支出增长迅速，增长率超过了农村居民消费需求增长率，其在最终消费支出中的比重略有上升，居民最终消费支出比例略有下降。公共支出占 GDP 的比例在 1995 年之前显著下降，经过几年的相对稳定之后，在 21 世纪略有上升。

第六，居民消费支出结构显著变化。恩格尔系数显著下降，耐用消费品需求显著增加，教育文化娱乐、医疗保健、交通通讯等支出显著增加，相对于产品需求，居民家庭对于服务的需求快速增加了。

第七，居民消费品特别是耐用消费品品质升级加速。

在下面的章节中，我们将分别考察居民消费支出不同部分的变化及其影响因素。

第三篇

转型时期消费需求升级：主要消费需求分析

第五章

转型时期的居民消费需求升级：食品与衣着消费需求

第一节　转型时期的居民食品消费水平增长

居民食品消费升级既是指居民食品消费支出水平的增长，也是指食品消费结构中对粮食间接消费数量比重的提高。下面首先研究居民食品消费支出水平升级的特点及影响因素，然后研究食品消费结构升级的特点及影响因素。

一、城乡居民食品消费水平提高

食品消费支出在城乡居民的消费支出中比重较大，2007 年，城乡居民的恩格尔系数分别为 36% 和 43%。自 1978 年以来，以名义货币量和实物量衡量的城乡居民食品消费在大多数年份增长迅速。城乡居民的食品消费支出，对拉动内需、促进经济增长意义重大。

图 5－1 显示了 1978 年以来城乡居民食品消费水平的变化。

（一）城乡居民食品消费水平增长较快

30 年来，以 1978 年价格衡量的城镇居民实际食品消费水平增长了 3 倍多，

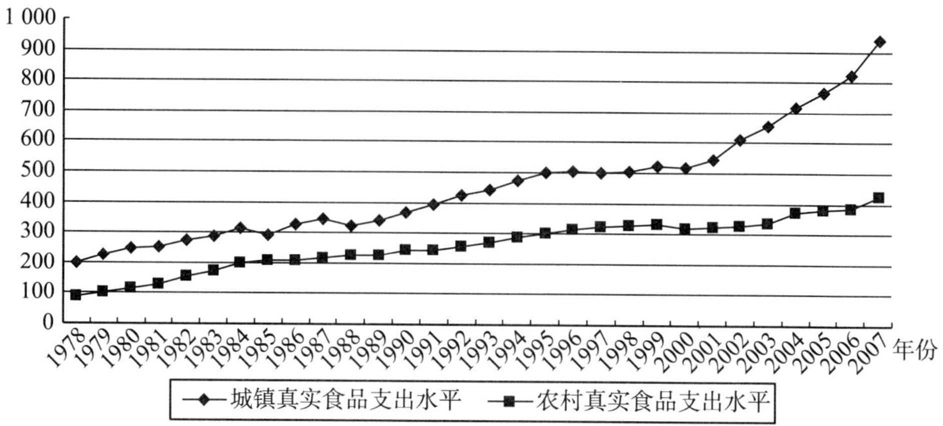

注：(1) 根据历年《中国统计年鉴》整理计算，计算公式为：食品真实消费水平 = 可支配收入指数 × 恩格尔系数 × 1978 年可支配收入。

(2) 可支配收入指数可比价格计算，没有考虑城乡价格水平的可比性问题。

图 5-1 城乡居民食品消费水平

农村居民实际食品消费水平增长了 2 倍多。与城乡居民实际可支配收入增长了 7~8 倍相比较，显然食品消费水平增长的速度低于可支配收入的增长速度，这是由于食品是必需品，食品支出的收入弹性较低造成的。因而城乡居民的恩格尔系数随着可支配收入的提高而下降。

（二）城乡居民食品消费水平增长速度的波动较大

影响这种波动的因素是多方面的，1978~1984 年的农业产出高速增长使城镇居民的食品消费种类多样化，消费数量充足，因而这一时期的城乡居民食品消费支出都快速增长。随后农业产出的增长速度放慢，对城乡居民食品消费水平提高的促进作用降低了。1985 年和 1988 年的两次物价上涨对城镇居民食品消费水平的影响明显，对农村居民影响不大，这与城乡居民的消费结构有关。农村居民主要消费的粮食和蔬菜以自己生产为主，市场化程度低，市场价格的上涨对食品消费水平的影响不大，而城镇居民则不同，食品消费的市场化程度高，受价格变化的影响也大。1985 年和 1993 年的工资改革使城镇居民的可支配收入增加了，并且建立了正常的工资增长机制，1985~1995 年，除了两次食品价格上涨的影响外，城镇居民的食品消费水平快速增长，但是在此期间农村居民的食品消费水平增长缓慢，这与农村居民的纯收入水平增长缓慢相对应。在 1995~2000 年期间城镇居民的食品消费水平徘徊不前，这一时期社会保障制度和医疗教育体制改革全面展开，城乡居民的消费支出水平大幅增长，但是由于住房医疗和教育的支出迅速增加，食品支出水平没能增加。农村居民的食品消费水平在 1997~2003

年有所下降，是因为这期间的粮食产量持续下降，粮食价格增长缓慢，因而农村居民人均纯收入增长缓慢，但是由于教育和医疗支出的大幅增长，因而在消费支出较高的情况下，食品消费水平下降了。2000 年后，社会保障制度改革已经基本完成，城镇居民对未来的收入和面对的不确定性已经形成稳定的预期，这使城镇居民的收入水平大幅度提升，消费支出大幅度提升。2004 年的粮食产量回升和粮食价格上涨提高了农民的纯收入，食品消费水平也快速提高。

二、食品消费水平升级的影响因素分解

食品的需求水平函数可表示如下：

$$Q_t = f(e_t,\ p_t,\ p_t')$$

其中，Q_t是 t 时的食品消费实物量；e_t为消费支出量；p_t 为食品价格；p_t'为其他消费品的价格。其中 f 是 e_t的增函数，p_t 的减函数，向量（e_t，p_t，p_t'）的零次齐次函数。

根据食品消费函数的零次齐次性，食品消费函数也可以写为：

$$Q = f\left(\frac{e}{p_t},\ \frac{p_t'}{p_t}\right) \tag{5-1}$$

上述函数形式在$\frac{e_t}{p_t}$，$\frac{p_t'}{p_t}$的某一值上的一次泰勒展开式为：

$$Q_t = a_0 + a_1\frac{e_t}{p_t} + a_2\frac{p_t'}{p_t} + {}_0(1) \tag{5-2}$$

其中，a_i（$i=0$，1，2）为展开式系数，如果把 a_0理解为资助食品支出，则 $a_0>0$。${}_0(1)$ 为余项，当$\frac{e_t}{p_t}$，$\frac{p_t'}{p_t}$等变量变化不大时，${}_0(1)$ 是无穷小量，但是如果这些变量变化很大，${}_0(1)$ 的值也可能会很大。

因此，食品消费支出可以写为：

$$y_t = P_tQ_t = a_0p_t + a_1e_t + a_2p_t' + {}_0(p_t) \tag{5-3}$$

等式（5-3）中 y_t表示食品消费支出。此处随着食品价格的增加，食品消费额增加。

根据凯恩斯绝对收入假说，经常把消费支出写成收入的线性函数，即：

$$e_t = b_0 + b_1I_t \tag{5-4}$$

其中，I_t为 t 时期城镇居民可支配收入或农村居民的纯收入。

如果接受农村居民的消费受到信贷约束的观点，或者接近于绝对收入假说，那么将等式（5-4）带入等式（5-3），可得：

$$y_t = c_0 + c_1 I_t + c_2 p_t + c_2 p'_t + \varepsilon_t \quad (5-5)$$

臧旭恒（1994）① 对影响居民消费的内外部因素进行分析后认为，复杂的消费函数不适应中国居民的消费，杜森贝里的消费惯性假说比较适合1978年后的中国居民消费。对于城镇居民，基本上不存在消费信贷约束，持久收入假说适合城镇居民。根据古扎拉蒂（2005）介绍的考伊克变换，弗里德曼的消费函数可以写为：

$$e_t = b_0 e_{t-1} + b_1 I_t + u_t \quad (5-6)$$

将等式（5-6）带入等式（5-3），进行考伊克变换，可以将食品消费写成滞后食品消费的函数，建立如下线性计量模型：

$$y_t = c_0 + c_1 I_t + c_2 y_{t-1} + c_3 P_t + c_4 P'_t + \varepsilon_t \quad (5-7)$$

其中，y_t 为食品支出额；y_{t-1} 为前期食品消费支出额，衡量消费者的食品支出惯性；I_t 为农村居民的人均纯收入或城镇居民的人均可支配收入；P_t、P'_t 为农产品生产价格指数和消费价格指数。

考虑到转型时期制度的变化对消费支出的绝对量的影响，我们在等式（5-7）中加上表示制度变化的虚拟变量 D，D 为表示医疗制度、教育体制、保险制度、劳动制度、住房制度改革的虚拟变量，在1996~2000年，这五大制度改革全面展开，且改革的力度较大，$D=1$，其他年份，$D=0$。

最终得到描述城乡居民食品消费的模型如下：

农村居民：

$$y_t = c_0 + c_1 I_t + c_2 p_t + c_3 p'_t + c_4 D + \varepsilon_t \quad (5-8)$$

城镇居民：

$$y_t = c_0 + c_1 I + c_2 y_{t-1} + c_3 P_t + c_4 P'_t + c_5 D + \varepsilon_t \quad (5-9)$$

按照以上方程（5-8）和方程（5-9）对农村居民和城镇居民的数据进行最小二乘估计，根据使AIC最小的原则和统计上的显著水平对模型中不显著的变量进行筛选，并进一步作双对数回归以判断弹性大小。

对模型回归时使用的数据除特殊说明外均取自《中国统计年鉴（2008）》，或由年鉴中的数据加工得来。

城乡居民的真实食品消费支出由真实生活消费支出（1978年价格）乘以恩格尔系数得到。《中国统计年鉴（2008）》中缺乏1979年城镇居民的真实生活消费支出，分析中使用的数据是根据1978年和1980年生活消费支出占人均可支配收入的平均比例以及1979年的人均可支配收入计算得出。

在1996~2000年，制度改革的力度最大，对城乡居民的影响也最大，$D=1$，其他年份，制度改革的力度较小，城镇居民也形成了对制度的预期，从而不

① 臧旭恒：《居民跨时预算约束与消费函数假定及验证》，载于《经济研究》1994年第4期。

确定性减小，$D=0$。

使用农产品生产价格指数代替食品价格指数。1978～1985 年的农村居民消费价格指数由农产品生产价格指数和工业品在农村的零售价格指数按恩格尔系数加权计算，即我们假设食品都是农产品，而食品之外的其他消费品都是工业品，这些数据来自《中国农村住户调查年鉴（2004）》，然后将《中国统计年鉴（2008）》中 1985 年以后的农村居民消费价格指数（1985 年价格 = 100）按照 1985 年的消费价格指数进行调整，使 1978～2007 年的农村居民消费价格指数都成为（1978 年价格 = 100）不变价格。

由于缺乏其他生活用品的价格指数数据，我们使用城乡居民的消费价格指数进行分析。因为消费价格指数包含了食品的价格变化，所以在消费价格指数中利用恩格尔系数剔除了食品价格的影响。

根据自相关图，对农村居民的有关数据进行 OLS 回归时，加入一阶移动项，并进行对数回归求各种弹性系数。回归结果如表 5－1 所示。

表 5－1　　农村居民食品消费水平的最小二乘回归结果

因变量：农村居民食品消费支出（y_t）			因变量：农村居民食品消费支出对数 log（y_t）		
自变量	系数	P 值	自变量	系数	P 值
I	0.28	0.00	log（I）	0.62	0.00
P_t	0.09	0.00	log（P_t）	0.14	0.03
P'_t	－0.071	0.00	log（P'_t）	－0.07	0.15
C	42.02	0.00	C	0.99	0.00
MA（1）	0.92	0.00	MA（1）	0.94	0.00
R^2	0.99		R^2		0.99
调整的 R^2	0.99		调整的 R^2		0.98
D.W 统计量	2.09		D.W 统计量		2.14
P 值（F 统计量）	0.00		P 值（F 统计量）		0.00

对城镇居民的相关变量做单位根检验，发现他们是一阶单整的，根据模型（5－9）作最小二乘回归，回归的结果如表 5－2 所示。

回归结果显示：第一，城乡居民的食品消费支出都受人均实际收入的显著影响，但是影响程度差别很大。城镇居民边际食品支出倾向是 0.18，而农村居民则是 0.28。城乡居民食品支出的收入弹性差别不大，城镇居民食品支出的收入弹性是 0.69，而农村居民食品支出的收入弹性则是 0.62。第二，食品价格和生

表 5-2 城镇居民食品消费水平 OLS 回归结果

因变量：城镇居民真实食品支出（y_t）			因变量：居民真实食品支出对数 log（y_t）		
自变量	系数	P 值	自变量	系数	P 值
I	0.182	0.000	log(I)	0.687	0.000
$yt(-1)$	0.810	0.000	log($yt(-1)$)	0.191	0.000
D	-16.439	0.006	D	-0.044	0.001
C	32.140	0.020	C	0.576	0.000
R^2	0.9944		R^2	0.995	
调整的 R^2	0.993		调整的 R^2	0.994	
D. W 统计量	2.31		D. W. 统计量	2.13	
P 值（F 统计量）	0.000		P 值（F 统计量）	0.000	

活消费价格指数对城镇居民的食品支出没有统计上明显的影响，但是对农村居民的食品支出则有统计上显著的影响，农产品生产价格每提高 1 元，农村居民的食品支出增加 0.09 元，其他生活消费品价格提高 1 元，农村居民的食品支出则减少 0.07 元。食品支出的自价格弹性是 0.14，这充分说明农产品是生活必需品，其需求价格弹性较低，因而随着生活水平价格的提高，食品消费支出量还是会增加。第三，城市居民的食品消费支出表现出强烈的惯性，食品支出的绝大部分可以用消费的惯性来解释，前一期每消费 1 元钱，现期就会消费 0.81 元，前一期增加 1% 的食品支出，现期的食品支出增加 0.19%。农村居民不存在食品消费惯性，但是农村居民的食品消费支出的预测值和实际值之间的残差有系统的正相关，食品支出额的调整是缓慢的。第四，虚拟变量 D 对城镇居民 1995～2000 年的食品消费具有显著影响，使城镇居民年人均食品消费支出量在 1995～2000 年间比其他年份减少 16.44 元，城镇居民的食品消费增长速度下降 0.04%。如果接受 1995～2000 年和其他年份的主要不同就是五项制度的全面改革，那么回归结果不拒绝五大制度变化对城镇居民食品消费支出水平有显著影响。但是五大制度改革对农村居民的影响不显著。

第二节　城乡居民食品消费结构升级

我们使用 1978～2007 年的农村和 1981～2007 年的城镇居民食品消费的实物量数据，利用聚类分析方法对我国城乡居民食品消费进行阶段划分。

食品消费结构是基于居民各类食品消费的实物量来测算的。目前的《中国统计年鉴》将城镇居民的食品消费分为粮食、鲜菜、食用植物油、牛羊肉、猪肉、家禽、鲜蛋、水产品、酒、煤炭、鲜奶、水果等十二类，将农村居民的食品消费分为粮食、蔬菜及奶制品、食油、食糖、猪牛羊肉、家禽、蛋及制品、水产品、奶及制品、酒等十类。农村居民的食品消费数据从1978年到2007年，其中缺失1978～1981年的奶及奶制品数据；城镇居民的食品消费数据是从1981年到2007年，缺失1981～1989年鲜奶和水果数据。

使用的分析方法是：首先利用层次聚类方法根据上面选定的指标分别对城乡居民的食品消费年份进行聚类。计算过程中对缺失数据采取配对处理法，即针对每一对变量，给出两者均未缺失的配对，给出基于两者完整数据的计算结果。使用欧几里得方法计算标准化后的指标之间的距离，合并的标准是使合并后的组间距离最大。然后使用K中心聚类法输出指定分类数的输出结果。

利用SPSS13.0对转型时期我国城乡居民食品消费数据进行Q型层次聚类分析。将城乡居民食品消费结构升级划分为三个阶段，各阶段包含的年数和年份如表5－3所示。

表5－3　　城乡居民食品消费结构各阶段包含的年数及年份

城市			农村		
阶段	年数	年份	类别	年数	年份
1	11	1981～1991	1	15	1978～1992
2	10	1992～2001	2	10	1993～2002
3	5	2002～2006	3	4	2003～2006

表5－3表明，我国城乡居民食品消费结构升级可分为三个阶段，城镇居民：第一阶段，1978～1991年；第二阶段，1992～2001年；第三阶段，2002～2006年。农村居民食品消费阶段的划分年份晚一年。

在K聚类分析中，指定三种类型，采用欧几里得距离计算的我国城乡居民食品消费结构升级三个阶段食品消费量指标的平均值如表5－4和表5－5所示。方差分析的结果表明绝大多数指标的变化对食品消费结构升级的影响在统计上是显著的，我们不再单独分析方差分析的结果，只在表后给出简单说明。

由表5－4可看出转型时期城镇居民食品消费结构由三个阶段构成，经历了连续升级。各阶段及两次升级的特点为：

第一，在三个阶段中，蔬菜和粮食的消费量最大，但是消费量逐渐减少。

第二，水果和猪肉、牛奶的消费量较大，增长很快。

表 5－4　城镇居民食品消费结构各阶段主要食品消费量的平均值　单位：千克

阶段	粮食	鲜菜	植物油	牛羊肉	猪肉	家禽	鲜蛋	水产品	酒	煤炭	鲜奶	水果
1	137.2	147.87	6.3	2.63	17.78	3.28	6.97	7.72	7.6	240.68	5.08	44.24
2	92.49	117.39	7.4	3.25	16.73	4.61	10.18	9.47	9.77	131.19	7.5	43.95
3	77.82	118.66	9.1	3.49	20.01	8.42	10.58	12.91	9.08	90.58	17.88	57.28

注：（1）为了便于比较，将 SPSS 13.0 输出结果的阶段序号作了调整。

（2）方差分析表明各变量的 p 值均小于 0.05，几个变量对城镇居民食品消费结构变化具有显著意义。

表 5－5　农村居民食品消费结构各阶段主要食品的平均消费量　单位：千克

阶段	粮食	蔬菜及制品	食油	食糖	猪牛羊肉	家禽	蛋及制品	水产品	奶及制品	酒
1	258.02	131.72	4.01	1.33	9.99	0.96	1.88	1.64	1.05	4.14
2	249.41	107.78	6.34	1.39	13.05	2.28	3.91	3.66	0.93	6.89
3	213.79	104.21	5.85	1.14	15.98	3.37	4.78	4.77	2.42	8.77

注：（1）农村居民的奶及制品的消费量缺少 1978～1981 年的数据，由于农村居民的这一数据在 1985 年之前较小并且变化不大，1978 年为 0.7，1983～1985 年均为 0.8，在分析时将缺失数据都填补为 0.7。

（2）将 SPSS 13.0 输出结果的类别序号重新作了调整。

（3）方差分析的结果是除了糖变化的 p＝0.235 之外，其他变量的 p 值小数点后三位均为 0，因而除了食糖外其他的变量对消费结构的变化均有显著影响。

第三，植物油、家禽、鲜蛋、牛羊肉、酒等的消费量也是逐渐增加的，但是消费量较小。

第四，第一次升级（第一阶段到第二阶段）的显著特征是粮食和蔬菜消费量的大幅减少，酒和鲜蛋的大幅增加。

第五，第二次升级（第二阶段到第三阶段）的特征是粮食消费量大量减少，猪肉、家禽、水产品、水果和鲜奶消费量大幅增加。

由表 5－5 可以看出农村居民食品消费结构各阶段及两次升级的特点：

第一，粮食和蔬菜的消费量较大，而且消费量减少的不多。但是如图 5－2 所示，农村居民消费的粮食中粗粮和细粮的重要性在第一阶段发生了根本的逆转。

第二，猪牛羊肉、家禽、水产品、蛋、酒等的消费量逐阶段增加，但是除了猪牛羊肉的消费量比较大外，其余食品的消费量都很少。

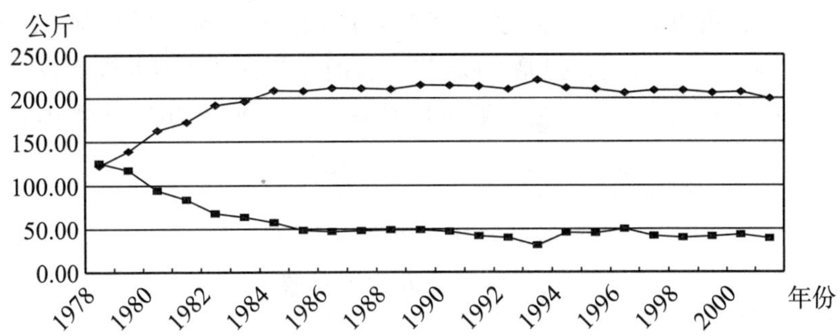

注：上方曲线表示细粮，下方曲线表示粗粮。

图 5－2　农村居民粗粮和细粮消费量的变化

第三，食糖的消费量没有明显的变化。

第四，第一次升级的特点是蔬菜的消费量大幅下降，食用油、猪牛羊肉、家禽、蛋及其制品、水产品、酒等的消费量大幅上升。

第五，第二次升级的特点是粮食消费量大幅下降，猪牛羊肉、食用油、水产品和酒的消费量继续增加，鲜奶的消费量大幅增加。

比较城乡居民食品消费结构的三个阶段和两次升级的特点，可以发现：

首先，城乡居民的食品消费结构都经历两次升级，升级的时间也基本相同，第一阶段持续了 15 年左右，而第二阶段只持续了 10 年左右，说明城乡居民食品消费结构升级具有同步性，升级的速度在加快。

其次，城乡居民的食品消费结构的三个阶段的特点不同，两次升级的特点也不同。城镇居民的食品消费中粮食和蔬菜消费量明显下降，肉类、水果、鲜奶消费量较大，增长较快，在城镇居民食品消费升级中作用明显。农村居民粮食消费中粗细粮调整，从粗粮消费为主升级到细粮消费为主，粮食和蔬菜消费量下降不多，除了肉类消费量增长明显外，其他食品的消费量都非常少。

最后，不仅在同一时间点上，农村居民的食品消费结构落后于城镇居民，即使用农村居民第三阶段食品消费结构和城镇居民第一阶段的食品消费结构相比，农村居民的粮食消费量也高出很多，而副食则低很多。从食品消费结构上讲，农村居民的消费结构至少比城镇居民落后 20 年，即使考虑到农村居民的水果、鲜奶以及动物性食品等一部分副食的消费量没有统计或统计偏低，农村居民的食品消费结构也要比城镇居民落后 10 年。

将中国与世界上发达和中等发达国家的居民食品消费做一个比较，可以评价我国的居民食品消费结构是否合理并预测食品消费结构的变化。

我们使用 2005 年日本、韩国、美国、法国、巴西和俄罗斯的数据进行比较。巴西和俄罗斯属于中等发达国家，美国和法国属于发达国家，日本和韩国既属于发达国家，又与我国有相似的文化。2007 年中国的人均国民收入为 2 360 美元，比 2005 年增加了 600 美元，但是 2005 年以后的居民食品消费并没有发生根本变化，因此这种比较还是有意义的。联合国粮农组织公布的 2005 年中国及上述六国人均每天食品消费量数据和人均国民收入数据如表 5－6 所示。

表 5－6　　2005 年中国及上述六国人均每天食品消费量及人均国民收入

单位：克

国家	谷物	薯类②	糖料作物③	杂豆	蔬菜	水果④	肉类	动物脂肪	禽蛋	奶类	水产品	人均收入（美元）
中国	519.55	207.88	212.41	3.59	676.37	126.34	165.9	—	50.27	49.18	70.99	1 740
日本	475.07	105.15	325.86	10.62	350.13	131.54	95.28	1.29	51.16	206.79	177.92	38 930
韩国	596.14	52.72	341.39	4.69	651.93	130.7	95.75	4.98	30.46	109.35	141.36	15 880
美国	485.44	157.18	474.95	12.83	330.91	318.01	256.69	3.79	40.47	702.63	65.31	43 210
巴西	393.43	149.96	1 082.95	44.46	101.06	312.46	194	5.08	17.49	314.91	17.13	3 880
法国	348.57	174.38	564.93	4.87	406.07	491.66	215.56	5.99	43.2	861.28	91.73	34 900
俄罗斯	480.72	389.06	773.25	5.01	294.66	168.94	117.74	3.44	37.81	506.02	47.48	4 460

注：①食品消费数据还原为初级产品；②指甘薯和马铃薯；③不包括甜菜；④不包括瓜类。

资料来源：联合国粮农组织数据库，摘编自《国际统计年鉴（2008）》。

由表 5－6 可以看出：

第一，我国的谷物和薯类的消费量仍然偏高。谷物消费量仅低于韩国，薯类消费量仅低于俄罗斯。如果以发达国家为参照估计我国居民的谷物和薯类消费量的变化，可以认为谷物和薯类的消费量将会减少。即使以日本和韩国为参照，我国居民的谷物和薯类消费量也会减少。

第二，我国居民的蔬菜消费量较高。除了韩国的蔬菜消费量接近于我国居民的蔬菜消费量，其他国家的蔬菜消费量比我国低许多。这可能是我国政府实施的“菜篮子”工程，对蔬菜种子进行了补贴，增加了蔬菜产量，降低了蔬菜价格造成的。

第三，奶类和水果消费量偏低。奶类消费量过低是因为农村居民的奶类消费量太少，随着农民收入增加，农村牛奶市场的开发，我国居民对奶类的消费还应增加。水果的消费量比欧美国家低，但是和日本、韩国相比，已经比较接近，在考虑到水果数据没有包含瓜类，我国居民的水果销量增长的空间不大。

第四，我国居民的肉类和水产品消费量比较适中。肉类消费量比日本、韩国高许多，水产品消费量比日本、韩国低许多，这反映了我国和日本、韩国居民的生活习惯差别，但是肉类和水产品的总消费量基本相当。肉类和水产品消费量与巴西和俄罗斯接近，但是低于美国和法国。由此可以认为，在近期内我国居民的肉类和水产品消费量不会大幅度增加。

第三节 城乡居民食品消费结构升级的实证分析

一、基本模型

对同类商品消费结构升级进行分析的常用工具是 ELES 模型。需求支出函数可以写为：

$$p_i q_i = p_i \gamma_i + b_i \left(Y - \sum_{j=1}^{n} p_j \gamma_j \right) \quad i, j = 1, 2, \cdots, n \tag{5-10}$$

消费者的总需求可以分为基本需求和超额需求两个部分。由于 ELES 模型分析的是消费者，收入可以用家庭人均收入来表示，因此，模型的计量形式为：

$$p_i q_i = a_i + b_i Y + \varepsilon_i \tag{5-11}$$

其中，$a_i = p_i \gamma_i - b_i \sum_{j=1}^{n} p_i \gamma_i$，$a_i$ 和 b_i 是待估参数，ε_i 是随机扰动项。

通过对以上各式进行分析可以得到以下关系：（1）边际预算份额 $\beta_i = b_i / \sum_{i=1}^{n} b_i$；（2）各类商品的基本消费支出 $p_i \gamma_i = a_i + b_i \times \left[\sum_{i=1}^{n} a_i \Big/ \left(1 - \sum_{i=1}^{n} b_i \right) \right]$；（3）各类商品需求的收入弹性 $\eta_Y = b_i \times Y / V_i$；（4）各类商品需求的自价格弹性 $\eta_{ii} = (1 - b_i) \frac{p_i \gamma_i}{V_I} - 1$；（5）商品需求的交叉价格弹性 $\eta_{ij} = -b_i \frac{p_j \gamma_j}{V_I}$。ELES 模型可以测算收入和价格对食品消费升级的数量影响。

二、计量结果及分析

根据《中国统计年鉴》（1993～2008）有关城镇居民各类食品支出的数据和城乡居民的人均可支配收入数据，进行最小二乘回归估计，结果如表 5－7 所示。

表 5-7　　城镇居民各类食品消费支出的参数估计值及其统计量

参数	a_i	b_i	p	R^2
食品	664.24	0.2143	0	0.97
粮食	157.39	0.0083	0.02	0.28
淀粉及薯类	12.6	0.0009	0.002	0.51
干豆类及豆制品	18.47	0.0018	0	0.76
油脂类	44.87	0.0045	0	0.7
肉禽类	217.55	0.0329	0	0.87
蛋类	50.49	0.002	0.015	0.35
水产品类	53.84	0.0138	0	0.94
蔬菜类	86.42	0.0184	0	0.94
调味品	12.97	0.0025	0	0.94
糖类	13.35	0.0002	0	0.86
烟草类	29.96	0.0113	0	0.99
酒和饮料	33.26	0.0101	0	0.98
干鲜瓜果类	53.17	0.0155	0	0.97
糕点类	14.4	0.0045	0	0.97
奶及奶制品	-22.62	0.0148	0	0.95
其他食品	0.73	0.0059	0	0.93
在外饮食	-105.3	0.0649	0	0.99
食品加工服务费	0.24	0.0001	0	0.87

除了粮食和蛋类的估计值在1%的显著性水平上不显著，在5%的显著性水平上显著外，其他十六类食品的估计值在1%的显著性水平上都是显著的。同时，城镇居民的可支配收入对粮食和蛋类变化的解释程度比较低，可决系数只有0.28和0.35。城镇居民边际收入的食品消费支出份额是0.2145，说明城镇居民的人均可支配收入每增加1元，食品消费支出增加0.2145元。各类食品支出的边际收入份额中最高的是在外饮食和肉禽类，分别为0.0649和0.0329。在0.01~0.02之间的是蔬菜类、干鲜瓜果类、奶及奶制品、水产品类、烟草类、酒和饮料，低于0.01的是粮食、其他食品、油脂类、糕点类、调味品、蛋类、干豆类及豆制品、食品加工服务费。这一边际支出份额说明城镇居民在满足了基本消费需求后，最大的消费支出用于增加在外饮食和肉禽类消费，然后用于增加蔬菜类、干鲜瓜果类、奶及奶制品、水产品类、烟草类、酒和饮料等非主食消费，最

后才用来增加粮食、蛋类等主食以及其他食品、油脂类、糕点类、调味品、干豆类及豆制品、食品加工服务费等辅助性食品的消费。由此可以看出，粮食、蛋类、油脂类以及调味品等已经不是城镇居民增加消费的重点。

三、基本食品需求额

基本消费需求额是指城镇居民对各种食品的基本消费的支出数额。基本生活消费支出如表5-8所示，城镇居民基本消费支出最大的是肉禽类，基本消费支出额为245元；其次是粮食和蔬菜，基本消费支出额都超过了100元；在40~65元之间的是油脂类、蛋类、水产品类、酒和饮料、干鲜瓜果类、烟草类；不超过20元的是干豆及豆制品、调味品、糖类、糕点类、其他食品和食品加工服务费；奶及奶制品、在外饮食的基本需求支出为负值，但是由于系数 a_i 的估计值不显著，因此可以认为这两类食品的基本消费需求额为0。

表5-8　　　　基本生活消费支出　　　　单位：元

粮食	164.47
淀粉及薯类	13.377
干豆类及豆制品	20.01
油脂类	48.71
肉禽类	245.61
蛋类	52.2
水产品类	65.61
蔬菜类	102.11
调味品	15..1
糖类	13.52
烟草类	39.6
酒和饮料	41.87
干鲜瓜果类	66.39
糕点类	18.24
奶及奶制品	-9.99
其他食品	5.76
在外饮食	-49.98
食品加工服务费	0.33

这说明对于城镇居民来说，肉禽类、粮食和蔬菜是主要的基本消费需求。

（一）食品消费的收入弹性

根据食品消费的收入弹性公式以及基本参数估计值计算出各年以及平均的食品支出的收入弹性，列在表5－9中。由表5－9可知，城镇居民食品消费的收入弹性最大的是在外饮食和奶及奶制品，弹性分别为1.68和1.58，说明这两种商品是奢侈品，其消费量增长的速度超过了人均可支配收入增长的速度；粮食、蛋类支出的收入弹性较小，分别为0.25和0.2，表明这两类食品是城乡居民的生活必需品；油脂类、淀粉及薯类、干豆类及豆制品、糖类支出的收入弹性都低于0.5，这是因为其支出额在居民食品支出额中的比例较低，也可归为生活必需品；水产品类、蔬菜类、调味品、烟草类、酒和饮料、干鲜瓜果类、糕点类、食品加工服务费支出的收入弹性大于0.5而小于0.7，肉禽类收入弹性为0.48，可以认为是相对奢侈品。

表5－9　各类食品支出的收入弹性

类别	平均
食品	0.65
粮食	0.25
淀粉及薯类	0.32
干豆类及豆制品	0.38
油脂类	0.39
肉禽类	0.48
蛋类	0.2
水产品类	0.6
蔬菜类	0.56
调味品	0.53
糖类	0.43
烟草类	0.68
酒和饮料	0.64
干鲜瓜果类	0.63
糕点类	0.64
奶及奶制品	1.58
其他食品	0.98
在外饮食	1.68
食品加工服务费	0.71

随着人均可支配收入的增加，在外饮食、奶及奶制品的消费增长速度将超过收入的增长速度，但是食品总体支出的收入弹性只有0.65，这表明食品消费的增长速度将小于人均可支配收入的增长速度，食品是城镇居民的生活必需品。

（二）食品消费的价格弹性

表5－10是根据基本回归结果计算出的自价格弹性和交叉价格弹性。正如理论预测的，所有食品消费的自价格弹性都是负的，即随着自身价格的上涨，食品的消费量下降。城镇居民食品消费量的价格弹性最大的是在外饮食和奶及奶制品，弹性分别为1.14和1.13，说明这两种商品对价格的变化比较敏感，其消费量下降的速度超过了自身价格增长的速度；粮食、蛋类消费量的自价格弹性较小，分别为0.24和0.19，表明城镇居民这两类食品的消费量对自身价格的变化反应不敏感；油脂类、淀粉及薯类、干豆类及豆制品、糖类消费量的自身价格弹性都低于0.5，这是因为其支出额在居民食品支出额中的比例较低，居民对这些食品的消费量对自身价格变化的反应也不敏感；水产品类、蔬菜类、调味品、烟草类、酒和饮料、干鲜瓜果类、糕点类、食品加工服务费支出的收入弹性大于0.5而小于0.7，肉禽类自价格弹性为0.46，可以认为对自身价格变化的反应相对有弹性。

所有食品的交叉价格弹性都很小，肉禽类、粮食、蔬菜类的价格变化对其他食品的消费量的变化影响较大，也不过为0.01左右，即肉禽类、粮食、蔬菜的价格增加1%，其他食品消费量减少0.01%左右，这种较大的影响是由于这三种食品的支出额在食品支出额中的比例较大造成的。

四、小结

第一，改革开放以来，城乡居民食品消费支出总量显著增长，但是增长速度低于人均可支配收入增长，因此恩格尔系数持续下降。食品价格水平变动对城镇居民的食品需求影响较小，对农村居民的食品需求影响较大，食品价格对农村居民食品需求影响的收入效应体现更为明显。食品需求的变化受消费者消费习惯的影响较大，因此消费惯性明显。

第二，无论城镇居民还是农村居民，食品消费的结构变化非常明显。在城镇，居民食品消费中的蔬菜和粮食的消费数量最大，但是消费量逐渐减少，水果和猪肉、牛奶的消费量较大，增长很快，植物油、家禽、鲜蛋、牛羊肉、酒等的消费量也是逐渐增加的，但是消费量较小。在农村，粮食和蔬菜的消费量较大，消费量减少的不多，农村居民消费的粮食中粗粮和细粮的重要性在第一阶段发生

表 5-10　食品支出的自价格弹性和交叉价格弹性

价格	粮食	淀粉及薯类	干豆类及豆制品	油脂类	肉禽类	蛋类	水产品类	蔬菜类	调味品	糖类	烟草类	酒和饮料	干鲜瓜果类	糕点类	奶及奶制品	其他食品	在外饮食	食品加工服务费
粮食价格	-0.23	-0.007	-0.009	-0.01	-0.012	-0.005	-0.015	-0.014	-0.013	-0.001	-0.017	-0.0164	-0.016	-0.016	-0.031	-0.023	-0.031	-0.017
淀粉及薯类价格	-0.0005	-0.2925	-0.0008	-0.0008	-0.0010	-0.0004	-0.0013	-0.0012	-0.0011	-0.0001	-0.0014	-0.0013	-0.0013	-0.0014	-0.0026	-0.0019	-0.0026	-0.0014
干豆类及豆制品价格	-0.0008	-0.0010	-0.3554	-0.0012	-0.0015	-0.0006	-0.0019	-0.0017	-0.0017	-0.0002	-0.0021	-0.0020	-0.0020	-0.0020	-0.0038	-0.0029	-0.0039	-0.0022
油脂类价格	-0.0019	-0.0023	-0.0028	-0.3375	-0.0036	-0.0015	-0.0046	-0.0042	-0.0041	-0.0004	-0.0052	-0.0048	-0.0048	-0.0049	-0.0093	-0.0071	-0.0094	-0.0052
肉禽类价格	-0.0095	-0.0117	-0.0143	-0.0151	-0.4609	-0.0077	-0.0230	-0.0214	-0.0207	-0.0020	-0.0260	-0.0244	-0.0240	-0.0248	-0.0470	-0.0356	-0.0476	-0.0264
蛋类价格	-0.0020	-0.0025	-0.0030	-0.0032	-0.0039	-0.1863	-0.0049	-0.0046	-0.0044	-0.0004	-0.0055	-0.0052	-0.0051	-0.0053	-0.0100	-0.0076	-0.0101	-0.0056
水产品类价格	-0.0026	-0.0031	-0.0038	-0.0040	-0.0049	-0.0020	-0.5605	-0.0057	-0.0055	-0.0005	-0.0070	-0.0065	-0.0064	-0.0066	-0.0126	-0.0095	-0.0127	-0.0071
蔬菜类价格	-0.0040	-0.0049	-0.0059	-0.0063	-0.0076	-0.0032	-0.0096	-0.5252	-0.0086	-0.0008	-0.0108	-0.0102	-0.0100	-0.0103	-0.0195	-0.0148	-0.0198	-0.0110
调味品价格	-0.0006	-0.0007	-0.0009	-0.0009	-0.0011	-0.0005	-0.0014	-0.0013	-0.4916	-0.0001	-0.0016	-0.0015	-0.0015	-0.0015	-0.0029	-0.0022	-0.0029	-0.0016
糖类价格	-0.0005	-0.0006	-0.0008	-0.0008	-0.0010	-0.0004	-0.0013	-0.0012	-0.0011	-0.4469	-0.0014	-0.0013	-0.0013	-0.0014	-0.0026	-0.0020	-0.0026	-0.0015
烟草类价格	-0.0015	-0.0019	-0.0023	-0.0024	-0.0030	-0.0012	-0.0037	-0.0035	-0.0033	-0.0003	-0.6325	-0.0039	-0.0039	-0.0040	-0.0076	-0.0057	-0.0077	-0.0043
酒和饮料价格	-0.0016	-0.0020	-0.0024	-0.0026	-0.0031	-0.0013	-0.0039	-0.0036	-0.0035	-0.0003	-0.0044	-0.5916	-0.0041	-0.0042	-0.0080	-0.0061	-0.0081	-0.0045
干鲜瓜果类价格	-0.0026	-0.0032	-0.0039	-0.0041	-0.0050	-0.0021	-0.0062	-0.0058	-0.0056	-0.0005	-0.0070	-0.0066	-0.5874	-0.0067	-0.0127	-0.0096	-0.0129	-0.0071
糕点类价格	-0.0007	-0.0009	-0.0011	-0.0011	-0.0014	-0.0006	-0.0017	-0.0016	-0.0015	-0.0001	-0.0019	-0.0018	-0.0018	-0.5926	-0.0035	-0.0026	-0.0035	-0.0020
奶及奶制品价格	0.0004	0.0005	0.0006	0.0006	0.0007	0.0003	0.0009	0.0009	0.0008	0.0001	0.0011	0.0010	0.0010	0.0010	-1.1272	0.0014	0.0019	0.0011
其他食品价格	-0.0002	-0.0003	-0.0003	-0.0004	-0.0004	-0.0002	-0.0005	-0.0005	-0.0005	0.0000	-0.0006	-0.0006	-0.0006	-0.0006	-0.0011	-0.8592	-0.0011	-0.0006
在外饮食价格	0.0019	0.0024	0.0029	0.0031	0.0037	0.0016	0.0047	0.0044	0.0042	0.0004	0.0053	0.0050	0.0049	0.0050	0.0096	0.0072	-1.1396	0.0054
食品加工服务费价格	0.0000	0.0000	0.0000	0.0000	0.0000	0.0000	0.0000	0.0000	0.0000	0.0000	0.0000	0.0000	0.0000	0.0000	-0.0001	0.0000	-0.0001	-0.6452

注：行表示各种食品的价格，列表示各种食品的消费量。

了根本的逆转，猪牛羊肉、家禽、水产品、蛋、酒等的消费量逐阶段增加，但是除了猪牛羊肉的消费量比较大外，其余食品的消费量都很少。食品消费结构的调整，农村居民落后于城市，不仅在时间序列中农村居民的食品消费结构调整晚于城镇居民，而且在用农村居民目前的食品消费结构和城镇居民第一阶段的食品消费结构的比较中也会发现，农村居民的消费结构至少比城镇居民落后 10~20 年。

第三，对城镇和农村居民食品消费的收入弹性和价格弹性的估计也印证了它们作为生活必需品的基本性质，食品消费的不同部分有不同的收入弹性，比如在外消费有较大的收入弹性，也说明了食品需求的不同部分的性质差异和可能出现的升级趋势。

第四节　转型时期城乡居民衣着消费发展演变趋势

一、城乡居民衣着消费发展演变特征：1978~2007 年

随着人们对衣着需求层次的不断提高，衣着类商品在生活中不再仅仅只是一种生活必需品，它甚至承载着人们对精神、艺术、文化等的追求，这直接导致了城乡居民对衣着类商品的消费需求呈现快速增长的势头。

（一）城乡居民衣着支出快速增长，比重不断下降

1981~2007 年是我国城乡居民衣着消费快速增长的一个时期，如表 5-11 所示。

表 5-11　　1981~2007 年城乡居民衣着消费动态

年份	城镇居民			农村居民		
	人均可支配收入（元）	人均衣着支出（元）	衣着支出比重（%）	人均纯收入（元）	人均衣着支出（元）	衣着支出比重（%）
1981	500.4	67.56	0.148	223.44	23.57	0.124
1982	535.3	67.68	0.144	270.11	24.77	0.112
1983	564.6	73.56	0.145	309.77	27.65	0.111
1984	652.1	86.88	0.155	355.33	28.33	0.103

续表

年份	城镇居民			农村居民		
	人均可支配收入（元）	人均衣着支出（元）	衣着支出比重（%）	人均纯收入（元）	人均衣着支出（元）	衣着支出比重（%）
1985	739.1	98.04	0.146	397.6	30.86	0.097
1986	900.9	113.04	0.141	423.8	33.74	0.095
1987	1 002.1	121.09	0.137	462.8	34.23	0.086
1988	1 180.2	153.21	0.139	544.9	41.48	0.087
1989	1 373.9	149.15	0.123	601.5	44.38	0.083
1990	1 510.2	170.9	0.134	686.31	45.44	0.078
1991	1 700.6	199.64	0.137	708.6	51.07	0.082
1992	2 026.6	235.41	0.141	784	52.51	0.080
1993	2 577.4	300.61	0.142	921.6	55.53	0.072
1994	3 496.2	390.38	0.137	1 221	70.32	0.069
1995	4 283	479.2	0.135	1 577.74	89.79	0.069
1996	4 838.9	527.95	0.135	1 926.1	113.8	0.072
1997	5 160.3	520.91	0.124	2 090.1	109.4	0.068
1998	5 425.1	480.9	0.111	2 161.98	98.06	0.062
1999	5 854	482.4	0.105	2 210.34	92.04	0.058
2000	6 280	500.46	0.100	2 253.42	95.95	0.057
2001	6 859.6	533.7	0.101	2 366.4	98.68	0.057
2002	7 702.8	590.88	0.098	2 475.63	105	0.057
2003	8 472.2	637.72	0.098	2 622.24	110.27	0.057
2004	9 421.61	686.79	0.096	2 936.4	120.16	0.055
2005	10 493.03	800.51	0.101	3 254.93	148.57	0.058
2006	11 759.5	901.78	0.103	3 587.04	168.04	0.059
2007	13 785.8	1 042	0.104	4 140.36	193.45	0.060

资料来源：根据各年《中国统计年鉴》整理得到。

从绝对数看，城镇居民人均衣着消费支出从1981年的人均67.56元增加到2007年的人均1 042元，增加了15.4倍，即使扣除物价因素[①]后也增长了6.74

① 根据以1981年为基期的衣着类零售价格指数调整为实际数值。

倍，年均增长8%（见图5-3）；农村居民人均衣着消费支出从1981年的23.57元增加到2007年的193.45元，增加了8.2倍，即使扣除物价因素后也增长了3.59倍，年均增长6%（见图5-4）。与发达国家相比，我国城乡居民衣着消费的绝对数较少，但增速明显更快。

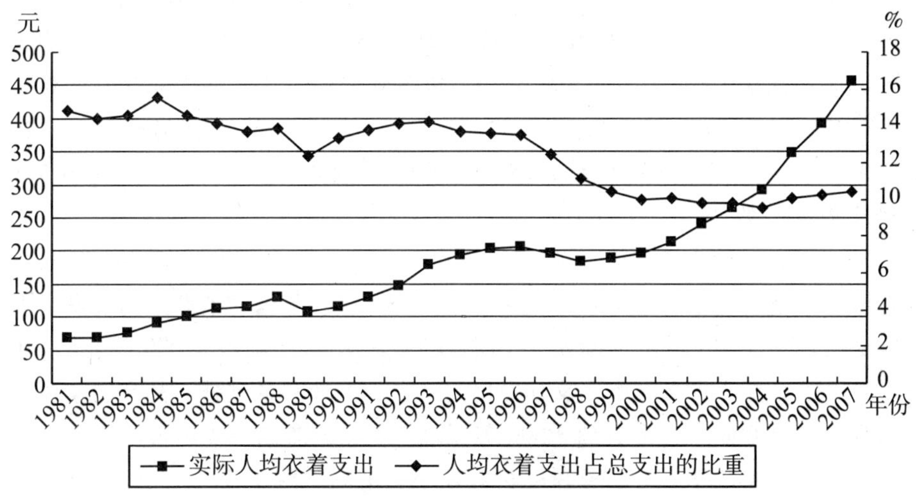

图5-3　城镇居民人均衣着消费支出及比重

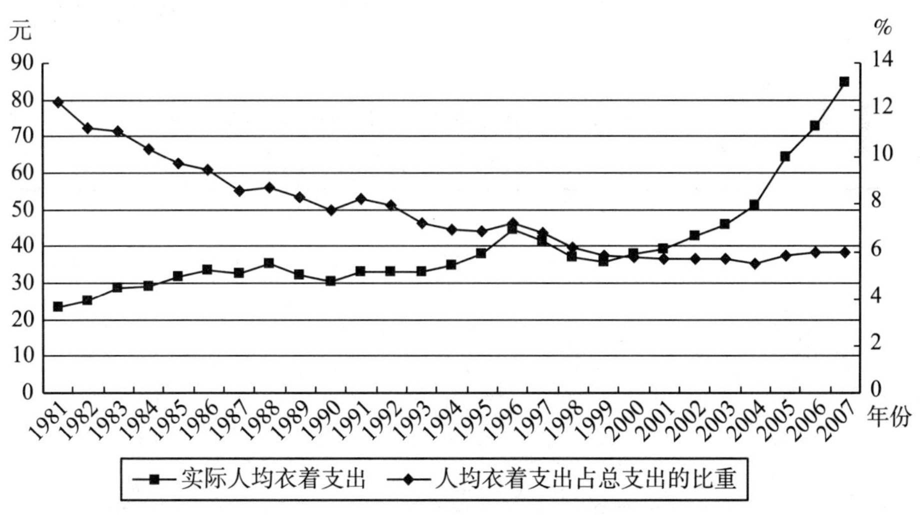

图5-4　农村居民人均衣着消费支出及比重

从支出比重看，城镇居民人均衣着支出占总支出的比重从1981年的14.8%下降到2004年的9.6%，年均下降0.22%，之后一直在10%左右波动（见图5-3）；农村居民人均衣着支出占总支出的比重从1981年的12.4%下降到2004年的

5.5%，年均下降0.29%，之后一直在6%左右波动（见图5-4）。从世界各国历史来看，随着生活水平的提高，衣着消费作为人们生活消费的一个重要方面，其支出会不断增加，服装也会日益丰富多彩，但当衣着消费已经基本得到满足之后，其比重就可能稳定甚至呈略有下降趋势。如美国衣着消费支出在消费结构中所占比重1980年为7.54%，1990年为6.89%，2002年为5.03%，2006年为4.56%；英国1985年为6.92%，1993年为5.88%，2002年为6.56%，2005年为5.84%；法国1980年为7.3%，1992年为6.2%，2003年为4.5%，2006年为4.68%；德国1980年为9.44%，1991年为8.16%，2002年为6.21%，2006年为5.18%；日本1980年为7.88%，1992年为6.99%，2002年为4.97%，2005年为3.57%。[①]

2003年，我国人均GDP首次超过1 000美元，进入1 000~3 000美元的阶段。从国际经验来看，人均GDP达到1 000美元时，各国的消费结构会发生本质性的变化。表5-12给出了世界主要国家和地区人均GDP在1 000美元和3 000美元时居民衣着消费支出比重及其变化。除中国香港和泰国外，其余国家和地区人均GDP由1 000美元发展到3 000美元水平时，衣着消费支出占居民消费支出的比重都呈下降态势，但下降幅度相对较小，平均下降了1.78个百分点。我国城镇居民衣着支出比重及其变化趋势与世界主要国家和地区是比较一致的，而农村居民却在较低收入水平下达到了发达国家在较高收入水平时达到的衣着支出比。

表5-12　世界主要国家和地区人均GDP 1 000~3 000美元时衣着消费支出比重

国家和地区	居民衣着支出比重（%）	
	人均GDP 1 000美元	人均GDP 3 000美元
平均值	11.36	9.68
美国	11.08	8.95
法国	13.6	8.55
德国	13.26	10.6
英国	11.49	8.78
日本	11.93	8.33
意大利	9.42	9.37
中国香港	14.79	18.28

① 《世界统计年鉴》各年份。

续表

国家和地区	居民衣着支出比重（%）	
	人均 GDP 1 000 美元	人均 GDP 3 000 美元
新加坡	9.32	8.36
韩国	9.18	6.87
中国台湾	5.3	5.07
奥地利	13.99	12.07
匈牙利	12.05	6.86
西班牙	11.52	9.83
希腊	13.26	10.95
墨西哥	11.99	11.12
南非	9.03	7.12
泰国	11.4	13.52

（二）城乡居民衣着消费品质不断升级

随着收入水平的不断提高，人们对衣着需求的品质也不断升级，主要体现在：

首先，衣着类商品的丰富化、多样化。改革开放前，城乡居民的衣着比较单一，款式上主要以中山装、列宁装、学生装为主，色调上基本以蓝、绿、黑为主。男女老幼在服装上没有款式、颜色的不同，只有尺码大小的差别，举国上下呈现出“十亿人民一款衣，三种颜色盖大地”的景象。在1978～2007年这30年里，随着纺织服装业的快速发展，市场上的服装样式日益丰富，风格更加多样，各种服装品牌如雨后春笋般冒出来，甚至一些国外品牌也开始进入中国，城乡居民的衣着选择范围不断扩大，进入了一个色彩缤纷、款式多样、时尚个性的国际化新阶段：各式各样的适合不同年龄、不同职业、不同性别、不同季节、不同体型、不同品味、不同档次的休闲装、时装、职业女装、学生制服、西装、中老年服装、童装应有尽有，深受个性张扬、追求前卫的年轻人喜爱的超短裙、吊带衫、露背装、露脐裤、古仔服、邋遢服不断涌现，唐装、波希米亚风、北非风情、印度民俗、中东袍服、摩洛哥风味、印第安图案、中国的龙凤绣花等让人在衣着消费中充分领略到独具特色的民族文化，继鳄鱼、梦特娇等品牌之后LV、Armani、Chanel、Gucci、Dior等国际顶级品牌也开始大举进入中国（见表5－13），纷纷在北京、上海等一线城市以及杭州、大连、沈阳、青岛等二线城市建立自己的专卖店，提供与巴黎店或纽约店同步上市的每季新品，一年四季各种形式的服装展示会和各大城市举办的服装节（如自1988年开始每年一度的大连国际服装节，自1995年开始每年一度的上海国际服装文化节，自1997年开始每年一度的宁波国际服装节等）更是向人们展示了国际上最流行的款式、颜色和面料。另外，作为一个服装生产大国，我国的服装进口额也在不断地增加，如图5-5所示。这些使得我国的衣着类商品无论是在设计上，还是风格、款式上，都在逐步和世界接轨。

表5-13　　1992~2007年世界顶级服装品牌在中国的发展

品　牌	国家	场所	进入中国时间	全球网点数	中国网点数
杰尼亚（Ermenegildo Zegna）	意大利	北京	1991年	253家	33家
路易威登（Louis Vuitton）	法国	北京	1992年	391家	21家
巴宝莉（Burberry）	英国	北京	1993年	97家	34家
古奇欧·古孜（Gucci）	意大利		1996年	138家	11家
范思哲（Versace）	意大利	上海	1996年	69家	15家
爱马仕（Hermes）	法国	北京	1997年	261家	8家
克里斯汀·迪奥（Dior）	法国	北京	1997年	逾220家	9家
乔治·阿玛尼（Giorgio Armani）	意大利		1998年	75家	3家
香奈尔（Chanel）	法国	上海	2000年	分布117个国家	3家
普拉达（Prada）	意大利	上海	2000年	400多家	9家

资料来源：世界奢侈品协会：《2008年全球奢侈品调查》，www.worldluxuryassociation.org。

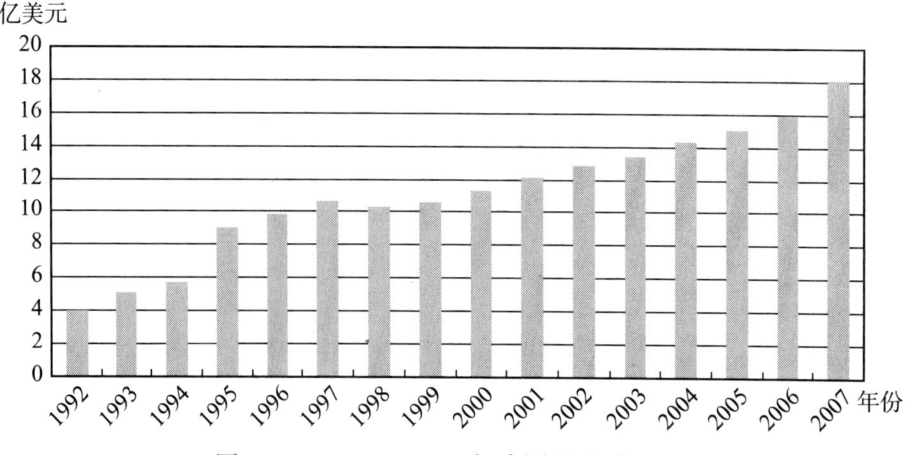

图5-5　1992~2007年我国服装进口额

其次，衣着消费结构的不断升级。随着收入水平的提高，不仅从量上看城乡居民的衣着支出在不断地增加，而且其消费结构也在不断地升级，表现为衣着支出内部构成比例的变化，以及各部分衣着消费（如服装消费）质量的提高。按国家统计局公布的资料，衣着消费支出包括四项：(1) 服装消费，即成衣消费，包括主要大类的成衣消费量及消费额；(2) 衣着材料，即用于购买衣着用面料的支出；(3) 鞋袜、帽及其他衣着；(4) 衣着加工服务费。如图 5-6 所示，1992 年人均购买服装支出为 132.55 元，衣着材料和加工费为 47.32 元，其在衣着总支出中所占的比重分别为 56% 和 20%，而到了 2007 年，人均购买服装支出提高到了 747.93 元，衣着材料和加工费却只有 17.52 元，其在衣着总支出中所占的比重则分别变为 71% 和 2%，说明人们越来越多地购买漂亮的成衣化服装，而很少再购买布料自己缝制衣服了，成衣消费成为人们主流的衣着消费模式。

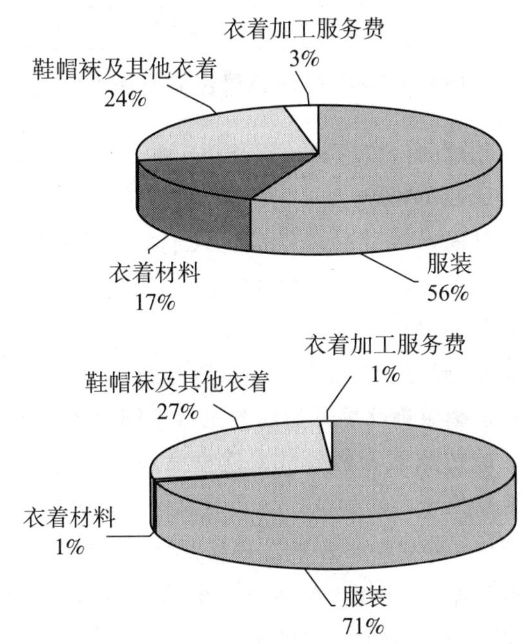

图 5-6　1992 年、2007 年城镇居民人均衣着支出结构的变化

同时，人们衣着消费的质量、档次也在不断地提高。如图 5-7 所示，随着人均可支配收入的增加，城镇居民人均服装消费量和人均服装消费支出都呈上升趋势，并且人均服装消费支出的上升幅度比人均服装消费量的上升幅度大得多，服装单价不断上升，从 25 元到 50 元、50 元到 100 元，意味着服装的品质在逐渐地提高。虽然近年来代表大众消费的衣着类价格指数呈现下降的趋势，但代表中、高档服装消费的大型商场零售企业服装类价格指数却不断提高，两者的背离，说明随着人均收入水平的提高，大众对于中高档服装[1]消费逐渐增加，而对于廉价低档商品的需求在减少。

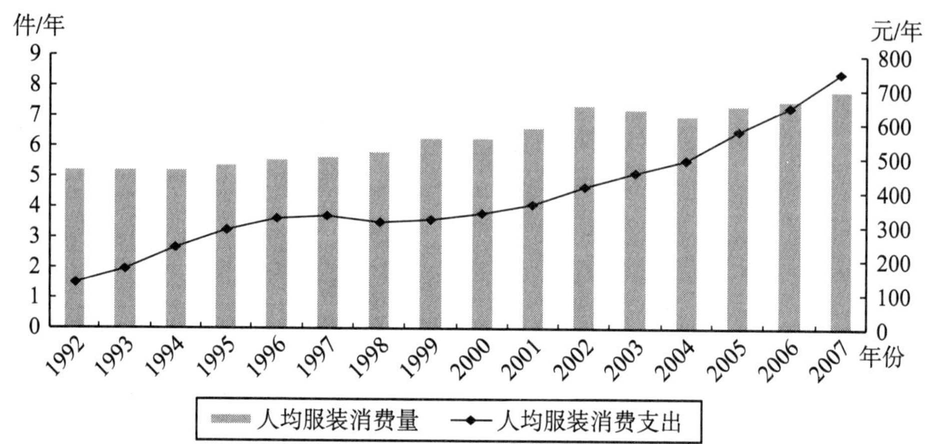

图 5-7　1992～2007 年城镇居民服装消费结构的变化

按照经济学家凡勃伦的消费理论，服装档次的高低是一个人修养、气质、风度的重要体现，关系到社会和周围的人对自己的评价。在生活水平达到一定程度后，崇尚品牌、追求时尚、注重品位就成为人们的内心需要。从中国商业联合会、中华全国商业信息中心对全国大型零售企业 2007 年度商品销售情况的统计调查[2]来看，城乡居民的品牌意识逐渐增强，各类服装前四位品牌综合占有率都比较高（见表 5-14），出现了衣着消费向少数品牌集中的趋势。

同时，一些世界顶级服饰品牌开始纷纷抢滩中国市场，不仅出现在各城市最佳的商业地段，也开始仿照欧洲的模式，建立品牌的精选店。2004～2005 年两年的时间里，路易威登位于上海恒隆广场及北京国际贸易中心的全球旗舰店分别开业，营业面积都超过了 1 000 平方米，并都拥有两层楼面；2004 年 4 月，国际时装界大师乔治·阿玛尼（Giorgio Armani）来到中国亲自为位于上海外滩 3 号约 11 150 平方米的旗舰店主持了开张典礼；同年，登喜路也分别在北京、上海、昆明和沈阳开设了四家新的专卖店，完成了 13 家专卖店的重新装潢，使之成为登喜路全球统一的新概念精品店。

① 低档服装：指那些没有品牌，没有自己的销售渠道，主要集中在批发市场及摊位销售的廉价服装产品。中档服装：这类产品具有自己的品牌，销售模式包括自营店、特许加盟以及在商场或超市中设立专柜等。高档服装：指具有较高品牌知名度的服装，甚至属于奢侈品类的范畴，一般都具有自营店面或在高档酒店内设置专柜。

② 中国商业联合会网站，www.cgcc.org.cn；中华全国商业信息中心，www.cncic.org。

表 5－14　　2007 年衣着类商品市场占有率情况

产品名称	品牌名称	综合占有率（%）	产品名称	品牌名称	综合占有率（%）
男西装	雅戈尔	11.76	男衬衫	雅戈尔	9.29
	罗蒙	4.28		海螺	4.79
	杉杉	3.81		洛兹	4.63
	花花公子	3.02		红豆	3.49
羽绒服	波司登	18.76	运动服	耐克	15.33
羽绒服	雪中飞	9.23	运动服	阿迪达斯	14.1
	鸭鸭	7.69		李宁	11.86
	康博	3.77		乔丹	3.87
女装	艾格	4.42	牛仔服	波顿	8.44
	ONLY	4.26		旗牌王	7.86
	VERO MODA	4.16		威鹏	5.54
	艾格周末	1.06		霸狮腾	4.69
羊毛衫	鄂尔多斯	4.25	针织内衣裤	三枪	10.47
	恒源祥	4.12		宜而爽	9.01
	海尔曼斯	2.62		AB	7.56
	花花公子	1.56		铜牛	2.74
男皮鞋	森达	8.66	女皮鞋	百丽	9.93
	金利来	7.6		达芙妮	8.01
	花花公子	6.23		千百度	5.44
	红蜻蜓	5.73		天美意	5.32

最后，衣着消费观念的转变。随着收入水平的不断增加，衣着对人们而言不再只是一种基本的生存资料，他所扮演的最基本、最原始的遮身护体的功能不断弱化，而更多地充当着满足工作需求（如商务活动）、心理需求（如羡慕尊重）、生活需求（如时尚装饰）以及社交需求（如品味交流）的角色，衣着消费成为人们展现个人审美修养、生活品位及精神追求的一种方式。因此，人们对衣着的消费观念也在逐渐地发生变化，不再单纯要求穿暖穿好，更开始追求衣着的档次和款式，并发展到追求个性和品位。一项关于服装消费观念的

调查[①]显示，重视个性的、合适的服装才是首选的消费者占主导地位，其比例分别为64.8%和55.7%，只有少数人有从众和追求流行趋势心态。消费者购买服装时，最重视的五个考虑因素依次为：尺码是否合身（94%）、裁剪（92%）、价格合理（88%）、质料（87%）及款式时髦（76%）；当今消费者对流行的判断更趋于理性化，不再像以往那样的盲从和追捧，相比较而言消费者的服装消费正在呈现出个性化，更多人开始注重能够体现自我魅力和风格的服装。尤其在年轻的新生代中，他们更善于接受新事物，他们个性张扬，也乐于大胆尝试。陆鑫、刘国联（2002）[②] 对中小城市居民服装消费行为的调查表明，消费者购买服装的心理动机按平均分的高低顺序排列依次为：舒适方便（4.3）、礼仪功效（4.2）、表现个性（3.7）、美观气派（2.9）、遮体保暖（2.2），可见消费者购买服装的心理动机主要是为了提高自我形象，展示个人精神风貌，符合自己的身份和社会地位。

孙虹、苏祝清（2008）[③] 关于服饰消费的调查表明，在服饰消费观念中，人们很看重的两大因素是“美与舒适的协调”和“多样化选择/个性”，这说明随着对穿着的要求越来越高，人们不仅注重服装的款式和色彩，更加注重服装材料的舒适性。一般来说，舒适性是指为满足人体生理卫生需要所必须具备的性能，包括透气性、透水性、吸湿性、保暖性、刚柔性和静电性等。不同种类的服装材料，它们的舒适性能不同。如天然纤维（除麻纤维以外）手感柔软，抗静电性好，穿着舒适，而化学纤维静电性大，不够舒适；羊毛、羊绒的保暖性好；真丝面料不仅具有棉的舒适感，还有手感滑爽、导热系数低、冬暖夏凉的特性，因此，消费者更喜欢购买棉、麻、毛、丝等天然纤维面料的服装。据2005年1月美国国际棉花协会对中国内地消费者服装消费的调查报告[④]显示，有64.9%的中国内地消费者认为其所购买的衣服是否是由天然材质如棉花、羊毛制成是非常重要的；有82%的人愿意多花钱购买天然纯棉制品及天然纯毛制品，各项相关指标均居受调查国家或地区之首。与此相对应的是中国内地消费者对于人造丝、弹性纤维、人造纤维等非自然材质则强烈抵触。例如，对于弹性纤维，中国香港、日本消费者不接受比例仅为1%，而中国内地消费者则高达19%。在对纯棉服装

---

① 明略市场策划（上海）有限公司就目前服装市场消费状况对北京、上海、广州、成都、重庆、武汉、温州、杭州、南京、深圳10大城市的416家经销商和3 537位15～60岁的消费者进行的一次抽样调查。

② 陆鑫、刘国联：《中小城市居民服装消费行为（倾向）的调查分析》，载于《大连轻工业学院学报》2002年第3期。

③ 孙虹、苏祝清：《中国服装消费结构的变化对羊毛产业链的影响》，载于《毛纺科技》2008年第3期。

④ 《2004全球时尚监测调查》，news.163.com。

的消费上，呈现出从小到大（孩子高于成人）、从内到外（内衣高于外衣）的特点。尤其是婴幼儿服装和贴身穿的衣服，在面料的选择上主要以纯棉面料为主。儿童服装选择天然织物是为了保护儿童幼嫩的肌肤，这在消费者中基本已形成共识。在被称为“人体第二肌肤”的内衣消费调查①中，纯棉成为消费者选购内衣材质的首选，90%的被访者认为内衣裤应由纯棉制造，71%的人认为购买内衣裤最为重要的标准是质地。“三枪”在产品中加入新型发热纤维，推出了薄之暖内衣系列；“宜而爽”则将天然大豆纤维合成到纱线中再制成内衣，打造“会让皮肤美容的”羊毛大豆蛋白滑爽内衣；“帕兰朵”内衣则采用了专门用于纺织品上的维生素助剂，对衣物进行染色后处理，声称对皮肤有保湿作用，可以防止皱纹产生……“健康着装”、“舒适着装”成为城乡居民衣着消费的重要概念。

（三）城乡居民衣着消费的差距

随着可支配收入的增加，城乡居民衣着消费的差距不断扩大，然后保持稳定，最近几年开始有逐渐缩小的趋势。从绝对额看，1981 年城镇居民人均衣着支出是农村居民人均衣着支出的 2.87 倍，到了 2003 年城镇居民人均衣着支出扩大到农村居民衣着支出的 5.78 倍，自 2004 年以来由于国家采取了多项利农政策，农村人均衣着消费支出的增速开始高于城镇，致使这一差距有所减小，2007 年城镇居民人均衣着消费支出是农村居民的 5.39 倍，如图 5－8 所示。从增长速度看，随着收入水平的不断增加，农村居民衣着消费的增长速度在 2003 年尤其是 1994 年之前，明显地慢于城镇居民衣着消费的增长速度，最近几年农村居民人均衣着消费的增速才开始略高于城镇居民，如图 5－9 所示。从支出比重看，1981 年城镇居民人均衣着消费支出占总支出的比重为 14.7%，农村居民为 12.4%，两者相差 2.35%，到了 1993 年城镇居民人均衣着消费支出占总支出的比重为 14.2%，农村居民为 7.2%，两者相差 7%，之后两者的差距不断缩小，到 2007 年城镇居民人均衣着消费支出占总支出的比重为 10.4%，农村居民为 6%，两者相差 4.4%，如图 5－10 所示。从衣着消费数量看，1996 年农村居民家庭平均每人胶鞋、球鞋和皮鞋消费量为 0.74 双，城市居民购买的皮鞋、布鞋和其他鞋为 2.52 双，是农村居民消费量的 3 倍多，其中仅皮鞋购买量就有 0.82 双，比农村居民总的鞋消费量多出 0.08 双。1999 年城市居民购买的棉布和化纤布为 0.89 米，而农村居民家庭平均每人棉布和化纤布消费量为 1.82 米，是城镇

① 美国国际棉花协会（COTTON USA）2005 年在北京、上海、广州、大连、成都、杭州、西安、武汉等八大城市，对 2 000 多名 15～54 岁的消费者进行的一项针对中国内地内衣消费的调查报告。

居民消费量的2倍多，说明农村居民的衣着消费仍有相当一部分是自制衣服①。

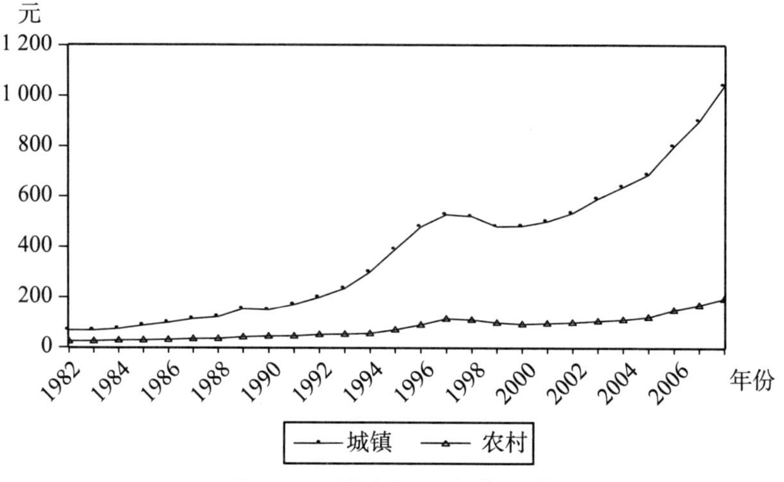

图5-8　城乡居民衣着消费

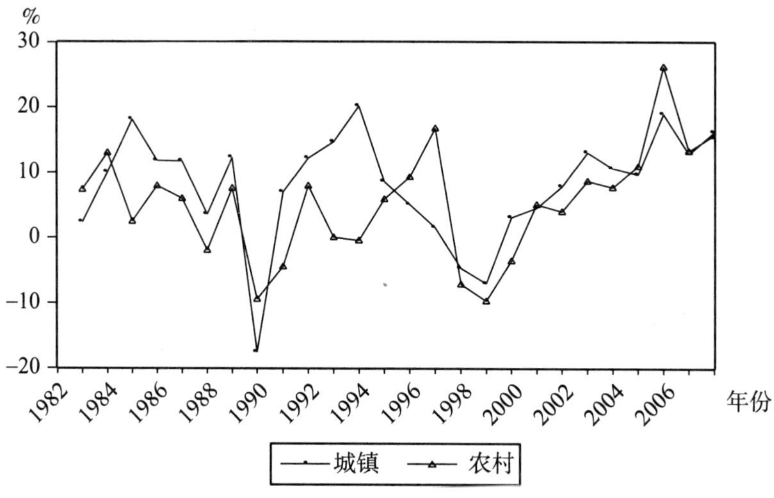

图5-9　城乡居民衣着消费支出的增长率

（四）城乡居民衣着消费升级的路径截然不同

虽然城乡居民的衣着消费支出都在快速地增长，但他们消费升级的路径却截然不同。

首先，这一时期城镇居民衣着消费的变化大致可分为两个阶段：1981～1992年，人均衣着消费支出实际年增长率达到7.8%，远高于人均消费支出4.6%的实际年

① 《中国统计年鉴》相关年份。

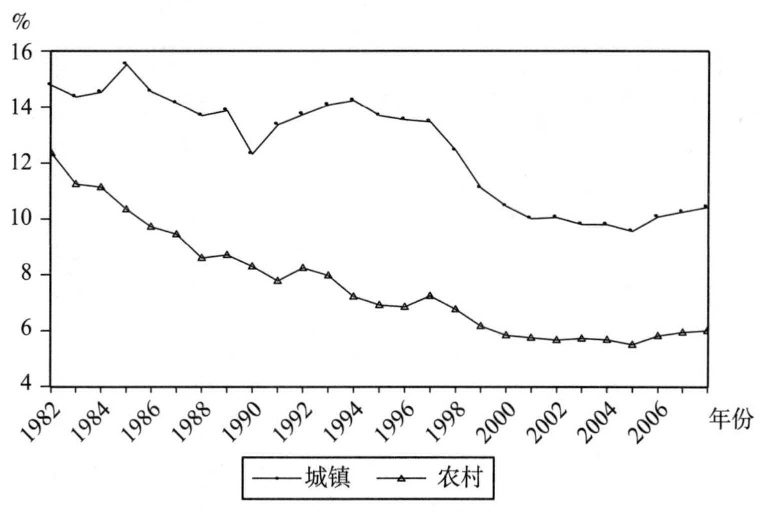

图 5-10 城乡居民衣着支出比重

均增长率，使衣着支出占消费支出的名义比重在 14% 上下波动，而实际比重更是不断上升；1993～2007 年，人均衣着消费支出实际年增长率为 8.1%，低于人均消费支出 9.1% 的实际年增长率，使衣着支出占消费支出的名义比重迅速从 14% 下降到 10% 后趋于平稳，实际比重也先迅速下降后略有上升（见图 5-11、图 5-12）。

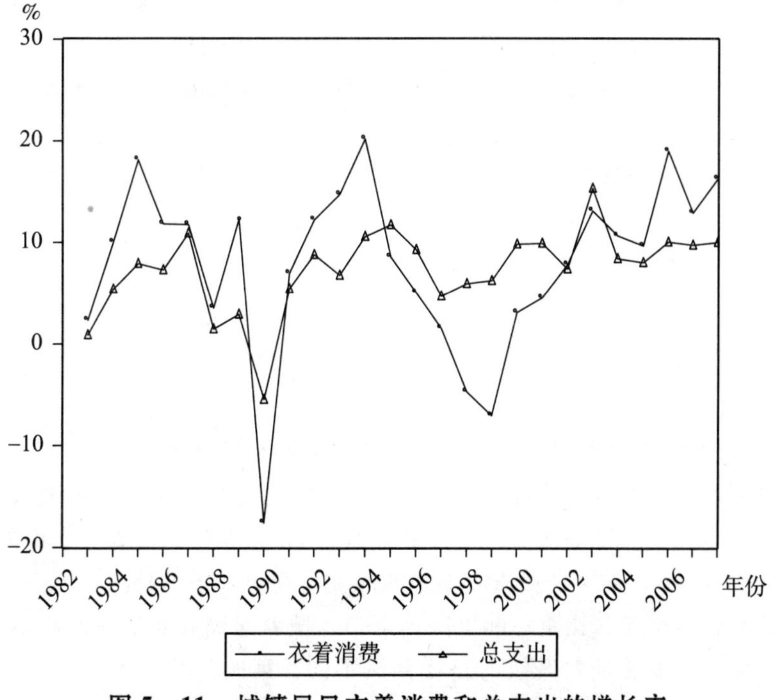

图 5-11 城镇居民衣着消费和总支出的增长率

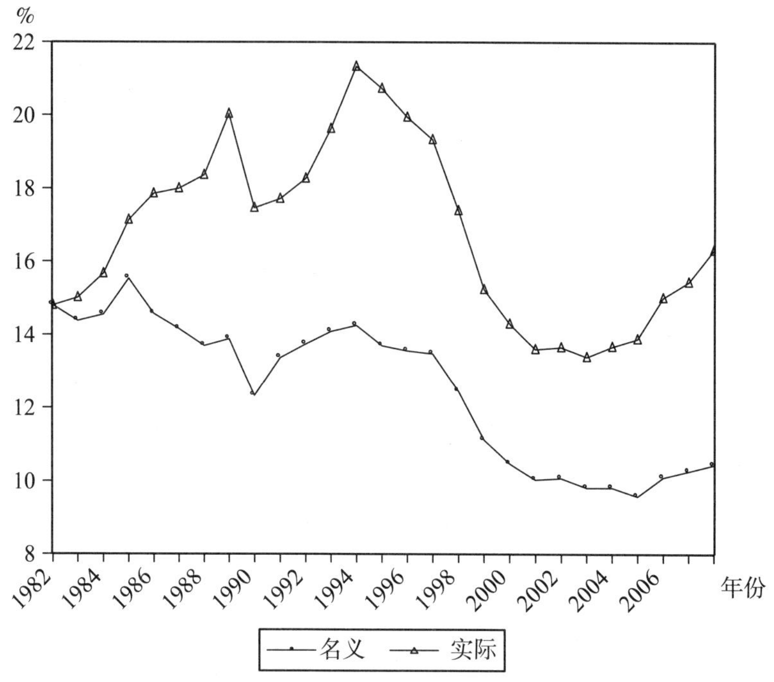

图 5－12　城镇居民衣着支出比重

其次，这一时期农村居民衣着消费的变化也大致可分为两个阶段：1981～1992 年，人均衣着消费支出实际年增长率为 3.3%，远低于人均消费支出 5.4% 的实际年均增长率，使衣着支出占消费支出的名义比重和实际比重都不断下降，其中名义比重迅速从 12.4% 下降到 8%；1993～2007 年，人均衣着消费支出实际年增长率提高到 6.9%，略低于人均消费支出 7.2% 的实际年增长率，衣着支出占消费支出的名义比重则缓慢的从 8% 下降到 6% 后趋于平稳，而实际比重先下降后又开始缓慢上升（见图 5－13、图 5－14）。

二、小结

改革开放 30 年是我国居民消费需求结构变化和升级的重要时期，衣着消费作为一种基本的生存资料消费，也经历了一个快速增长和不断升级的阶段。城镇居民衣着支出在该时期平均实际增长率达到 9.4%，农村居民衣着支出的平均实际增长率为 6.4%。城乡居民衣着消费的演变呈现出如下的特点：第一，城乡居民衣着支出快速增长，比重不断下降；第二，城乡居民衣着消费品质不断升级；第三，城乡居民衣着消费升级的路径截然不同；第四，城乡居民衣着消费的差距，先扩大后缓慢的缩小。

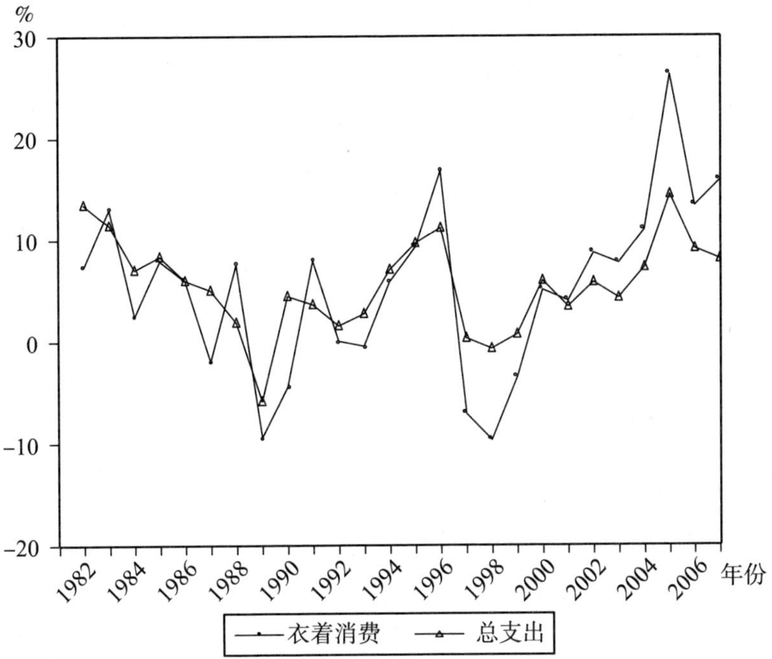

图 5-13　农村居民衣着消费和总支出的增长率

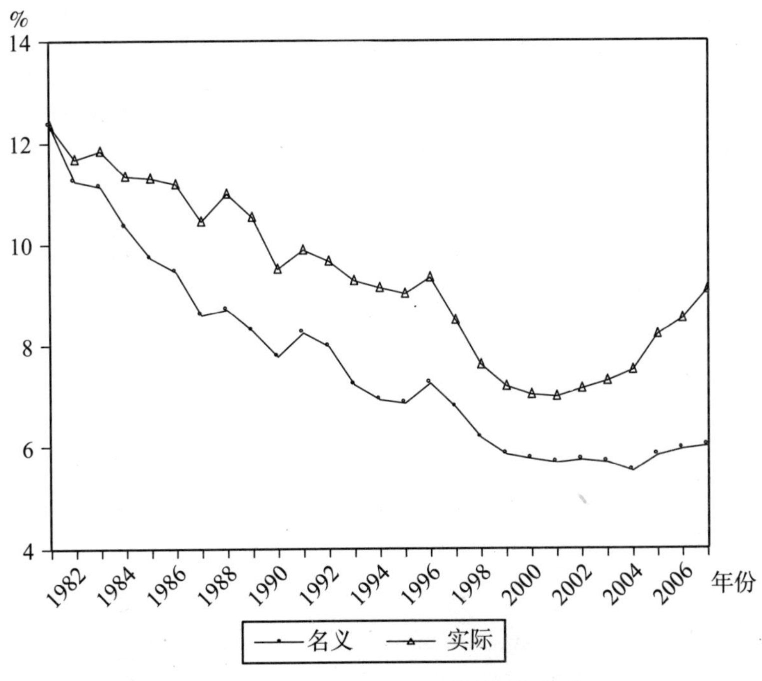

图 5-14　农村居民衣着支出比重

第五节　转型时期城乡居民衣着消费需求演变的动态分析

目前，国内学者单独对衣着类商品消费行为的研究非常少，大部分是在分析消费结构升级中将其作为一类商品进行简单的分析，即使有对衣着消费需求的单独分析，也多是通过问卷调查得到的小样本数据，就消费者年龄、收入水平、文化程度等对服装消费行为的影响进行定性分析，而关于我国改革开放30年城乡居民衣着消费行为的变迁、升级的实证分析还未有见。这一时期我国居民衣着消费行为的变化是发生在一个制度变迁、经济转型的大背景下的：经济体制由计划经济过渡到市场经济；经济结构由二元经济逐渐向一元经济过渡；市场格局由卖方市场过渡到买方市场；消费者的消费观念不断的趋于成熟和理性。究竟城乡居民衣着消费模式发生了怎样的变化？与世界各国的发展经验相比，我们正处于哪个阶段？这些都需要我们提供相应的实证分析和检验。

国外有关衣着消费的研究大体上沿着两个思路：一是利用微观数据进行横截面研究，通过假定消费者或家庭面对的衣着类商品的价格保持不变，来着重探讨衣着消费支出与收入、人口分布、家庭规模、家庭生活周期、家庭成员年龄构成、受教育程度、职业、种族、性别等因素之间的关系；二是进行时间序列研究，由于在一个较长的时间段里无法再假定商品的价格保持不变，因此价格作为影响衣着消费的一个重要变量被引入分析，通过探讨衣着消费支出与收入、价格之间的关系，可估算出衣着消费的收入弹性和价格弹性。如布莱恩特和王（Bryant & Wang，1990）① 认为人们对衣着的消费与对耐用品的消费是非常相似的，它不仅受当期收入、价格水平的影响，还受当期衣着存量的影响，在此基础上他们利用存量调整模型（Stock Adjustment Model）对美国1955～1984年的季度数据进行分析，发现衣着支出的价格弹性是单位弹性（-1.08），而对收入的变动缺乏弹性（对女性工资的弹性是0.05；对男性工资的弹性是0.48；对持久性收入的弹性是0.69）。根据分析结果他们进一步估算出衣着类商品的折旧率和调整率分别是0.607和0.6511。诺鲁姆（Norum，1996）② 在布莱恩特和王分析的基础上利用美国1929～1987年的年度数据分析了衣着支出总额与可支配收入、价

① Bryant, W. K., and Wang, Y.: *American consumption patterns and the price of time: A time-series analysis*, *The Journal of Consumer Affairs*, 1990, Vol. 24.

② J. Norum, E. A. Wist: *Quality of Life in Survivors of Hodgkin's Disease*, *Quality of Life Research*, 1996, Vol. 5, No. 3.

格、人口规模之间的关系，结果表明衣着总支出对价格和收入都是缺乏弹性的，人口规模对其有显著的负影响。哈伍斯阿克和泰勒（Houthakker & Taylor）认为由于消费的惯性和制度的约束，当价格和收入发生变化时，人们往往不能立即对此做出反应，而是在过去行为的影响下逐渐进行调整，因此他们将滞后一期的消费量引入消费函数来反映过去的行为，从而构造了一个状态调整模型（State Adjustment Model），并利用美国1929~1966年的数据进行实证分析，结果表明衣着消费支出在短期内对总支出是富有弹性的，而在长期中则缺乏弹性，存量调整对当前衣着支出的影响非常显著，系数为-0.15。这些分析都忽略了时间序列数据中往往存在的非平稳性问题，这就会导致估计结果的不一致。为了解决这一问题，莫克塔利（Mokhtari，1992）[①] 利用协整分析、构建误差修正模型对美国1929~1987年间衣着支出与价格、收入、失业率、人口分布之间的动态关系进行了考察，结果表明人们对衣着的需求相对于收入而言无论是长期还是短期都是缺乏弹性的，而对价格则是富有弹性的，长期价格弹性是-1，短期价格弹性是-1.9。与上述的局部调整模型相比，该方法既考察了长期中衣着消费与各影响因素之间的均衡关系，又分析了衣着消费的短期波动。

由于难以获得适于截面分析的面板数据库，本书将沿着第二条思路利用误差修正模型对转型期我国城乡居民衣着消费需求的动态演变进行考察，分析衣着消费与收入、价格之间的长期均衡关系和短期波动，并估算出衣着消费的价格弹性和收入弹性。

一、模型的构建

考虑代表性消费者总是根据自身的收入、商品的价格水平将实际支出（用实际衣着支出的自然对数来表示，即 $\ln C$），调整到意愿的水平：$\ln C^*$，其动态调整成本的一般形式[②]可表示为：

$$\ln L_t = \lambda_1(\ln C_t - \ln C_t^*) + \lambda_2(\ln C_t - \ln C_{t-1})^2 - 2\lambda_3(\ln C_t - \ln C_{t-1})(\ln C_t^* - \ln C_{t-1}^*) \quad (5-12)$$

其中，λ_1，λ_2 和 $\lambda_3 \geqslant 0$[③]，$(\ln C_t - \ln C_{t-1})(\ln C_t^* - \ln C_{t-1}^*)$ 这一项意味着当

① Mokhtari, M.: *An Alternative Model of U.S. clothing Expenditures: Application of Cointegration Techniques*, *Journal of Consumer Affairs*, 1992, Vol. 26.

② 有关动态调整成本的讨论见 Nickell, S. (1985) "Error Correction, Partial Adjustment and All That: An Expository Note"。

③ 若令 $\lambda_3 = 0$ 可得调整成本 $\ln L_t = \lambda_1(\ln C_t - \ln C_t^*)^2 + \lambda_2(\ln C_t - \ln C_{t-1})^2$，令 $\partial \ln L_t / \partial \ln C_t = 0$ 使调整成本达到最小，并将 $\ln C^* = \chi + \ln Y + \ln P$ 代入，即可得局部调整模型。

实际支出朝着意愿水平的方向变动时，调整成本越来越小。令 $\partial \ln L_t / \partial \ln C_t = 0$ 调整成本达到最小，可得：

$$\ln C_t^* = \beta_1 \ln C_t + \beta_2 \ln C_{t-1} + \beta_3 \ln C_{t-1}^* \tag{5-13}$$

其中，$\beta_1 = (\lambda_1 + \lambda_2)/(\lambda_1 + \lambda_3)$，$\beta_2 = -\lambda_2/(\lambda_1 + \lambda_3)$，$\beta_3 = \lambda_3/(\lambda_1 + \lambda_3)$，整理可得误差修正模型：

$$\Delta \ln C_t^* = \beta_1 \Delta \ln C_t + (1 - \beta_3)(\theta \ln C_{t-1} - \ln C_{t-1}^*) \tag{5-14}$$

其中，$\theta = (\beta_1 + \beta_2)/(1 - \beta_3)$ 可利用相关数据估计出来，$(\theta \ln C_{t-1} - \ln C_{t-1}^*)$ 表示消费者在上一期对均衡的偏离，即所谓的误差修正项。进一步，我们假定意愿支出主要受收入和价格的影响，且是线性关系，即有 $\ln C^* = \chi + \eta_1 \ln Y + \eta_2 \ln P$，则式（5－14）可写为：

$$\Delta \ln C_t = \alpha_0 + \alpha_1 \Delta \ln Y_t + \alpha_2 \Delta \ln P_t + \gamma(\mu_1 \ln Y_{t-1} + \mu_2 \ln P_{t-1} - \ln C_{t-1}) \tag{5-15}$$

式（5－15）表示，衣着支出的变动取决于收入的变动、价格的变动以及前一时期的非均衡程度 $(\mu_1 \ln Y_{t-1} + \mu_2 \ln P_{t-1} - \ln C_{t-1})$。其中，$\alpha_0$，$\alpha_1$（短期收入弹性），$\alpha_2$（短期价格弹性），$\gamma$（误差调整系数），$\mu_1$（长期收入弹性）和 μ_2（长期价格弹性）是待估的参数。当我们对式（5－12）进行估计时，如果数据是非平稳的，可以按照恩格尔—格兰杰（Engle－Granger）两步法的步骤来处理，第一步估计出 μ_1 和 μ_2，第二步估计出 α_1，α_2 和 γ。

二、数据的选择

下面我们选取 1981～2007 年的城镇人均可支配收入（农村人均纯收入）和衣着类商品的相对价格为主要的解释变量，以城镇居民人均衣着类支出（农村居民人均衣着类消费支出）为被解释变量，利用误差修正模型对城乡居民的衣着消费行为进行实证分析。城镇人均可支配收入（UI）、农村人均纯收入（RI）、城镇居民人均衣着类消费支出（UC）、农村居民人均衣着类消费支出（RC）、城镇居民人均衣着支出的相对价格（UP_C/UP）、农村居民人均衣着支出的相对价格（RP_C/RP）的数据均来源于历年的《中国统计年鉴》，其中收入类数据以 1981 年为基期的消费价格指数调整为实际数值①，衣着类消费支出数据以 1981 年为基期的衣着类零售价格指数调整为实际数值，衣着支出的相对价格则用衣着类的零售价格比上所有商品的零售价格得到。

---

① 中国国家统计局对农村居民的消费价格指数在 1985 年之后才开始统计，这一段时间我们将农村居民的商品零售价格作为 CPI 的替代。

三、实证分析

（一）数据的单整检验

在协整以前，序列的平稳性及单整阶数必须进行单位根检验。下面我们用 ADF 检验法对这 6 个时间序列进行平稳性检验，结果如表 5－15 所示。

表 5－15　　变量单位根检验结果

变量	检验类型	ADF 值	临界值			平稳性
			1%	5%	10%	
$\ln(UI)$	(c, t, 6)	3.5005	－4.5743	－3.6920	－3.2856	不平稳
$\Delta\ln(UI)$	(c, 0, 0)	－3.9247	－3.7204	－2.9850	－2.6318	平稳
$\ln(UC)$	(c, t, 2)	－3.2684	－4.3942	－3.6118	－3.2418	不平稳
$\Delta\ln(UC)$	(c, 0, 0)	－3.4817	－3.7204	－2.9850	－2.6318	平稳
$\ln(UP_c/UP)$	(c, 0, 0)	－2.5245	－3.7076	－2.9798	－2.629	不平稳
$\Delta\ln(UP_c/UP)$	(0, 0, 0)	－2.7491	－2.6603	－1.9552	－1.6228	平稳
$\ln(RI)$	(c, t, 2)	－2.8771	－4.3942	－3.6118	－3.2418	不平稳
$\Delta\ln(RI)$	(c, 0, 0)	－3.7110	－3.7204	－2.9850	－2.6318	平稳
$\ln(RC)$	(c, t, 1)	－0.8682	－4.3728	－3.6027	－3.2367	不平稳
$\Delta\ln(RC)$	(0, 0, 0)	－2.4010	－2.6603	－1.9552	－1.6228	平稳
$\ln(RP_c/RP)$	(c, t, 2)	－2.8316	－4.3942	－3.6118	－3.2418	不平稳
$\Delta\ln(RP_c/RP)$	(c, 0, 1)	－3.6793	－3.7343	－2.9907	－2.6348	平稳

从表 5－15 可以看出，未经过差分的中国城镇、农村居民的实际衣着类消费、实际收入和衣着类的相对价格都存在单位根，而经过一阶差分后，序列达到平稳，说明这 6 个序列都是一阶单整序列，即 I(1)。若直接建立回归模型，则可能会导致错误的结果，即出现伪回归，因此需要进行协整分析。

（二）协整检验

协整检验其实就是检验协整回归方程的残差项，若存在单位根则为非协整序列；反之则为协整序列。首先建立协整方程，如表 5－16 所示。

表 5 - 16　　我国城乡居民衣着消费的协整回归方程

	协整方程	R^2	D. W.
城镇（1981～2007）	$\ln(UC) = 4.75 + 0.78\ln(UI) - 1.18\ln(UP_C/UP)$ (4.86)　(22.79)　(-7.3)	0.99	0.83
城镇（1981～1992）	$\ln(UC) = 1.04\ln(UI) - 0.48\ln(UP_C/UP)$ (19.57)　(-6.2)	0.95	1.72
城镇（1993～2007）	$\ln(UC) = 11.03 + 0.67\ln(UI) - 2.45\ln(UP_C/UP)$ (9.45)　(20.58)　(-10.31)	0.99	1.15
农村（1981～2007）	$\ln(RC) = 2.36 + 0.63\ln(RI) - 0.52\ln(RP_C/RP)$ (1.0)　(4.75)　(-1.57)	0.92	0.44
农村（1981～1992）	$\ln(RC) = 3.6 + 0.45\ln(RI) - 0.62\ln(RP_C/RP)$ (2.01)　(3.33)　(-2.57)	0.93	2.22
农村（1993～2007）	$\ln(RC) = 13.74 + 0.45\ln(RI) - 3.02\ln(RP_C/RP)$ (6.11)　(4.75)　(-7.28)	0.96	1.88

然后求出上述模型的残差序列，按照不同时间区段：1981～2007 年、1981～1992 年、1993～2007 年分别进行平稳性检验，计算结果如表 5-17 所示。

表 5 - 17　　残差序列的单位根检验结果

	检验类型	ADF 值	临界值			平稳性
			1%	5%	10%	
城镇 (1981～2007) u_t	(c, t, 0)	-2.3298	-4.3552	-3.5943	-3.2321	不平稳
城镇 (1981～1992) u_t	(0, 0, 0)	-3.0648	-2.8270	-1.9755	-1.6321	平稳
城镇 (1993～2007) u_t'	(0, 0, 1)	-5.0061	-2.7760	-1.9699	-1.6295	平稳
农村 (1981～2007) u_t	(c, t, 0)	-0.5515	-4.3552	-3.5943	-3.2321	不平稳
农村 (1981～1992) u_t	(0, 0, 0)	-3.0968	-2.8270	-1.9755	-1.6321	平稳
农村 (1993～2007) u_t'	(0, 0, 1)	-4.1989	-2.7760	-1.9699	-1.6295	平稳

1981～2007年城镇居民和农村居民的衣着消费、收入和价格之间不存在协整关系，而1981～1992年和1993～2007年城镇居民衣着支出与可支配收入、相对价格之间、农村居民衣着支出与纯收、相对价格之间具有长期稳定的关系。这也验证了前一章关于城乡居民衣着消费升级路径的分析。因此，下面将根据不同阶段分别建立误差修正模型。

（三）误差修正模型

上述分析表明，$\ln(UI)$ 与 $\ln(UC)$、$\ln(UP_C/UP)$ 之间，$\ln(RI)$ 与 $\ln(RC)$、$\ln(RP_C/RP)$ 之间具有协整关系，即具有一种长期或均衡的关系，但是在短期中，很有可能出现偏离均衡的情况。因此，将式（5－8）、式（5－9）、式（5－11）和式（5－12）的残差作为均衡误差项把衣着支出的短期行为与其长期行为联系起来，分别建立误差修正模型，如表5－18所示。

表5－18　　我国城乡居民衣着消费的误差修正模型

	误差修正模型	R^2	D. W.
城镇（1981～1992）	$\Delta\ln(UC_t)=0.82\Delta\ln(UI_t)-1.29\Delta\ln(UP_{Ct}/UP_t)-1.07ECM_{t-1}$ (4.0)　(－4.22)　(－4.0)	0.82	2.02
城镇（1993～2007）	$\Delta\ln(UC_t)=0.76\Delta\ln(UI_t)-1.75\Delta\ln(UP_{Ct}/UP_t)-0.72ECM_{t-1}$ (6.73)　(－3.87)　(－2.95)	0.85	1.34
农村（1981～1992）	$\Delta\ln(RC_t)=0.17\Delta\ln(RI_t)-1.42\Delta\ln(RP_{Ct}/RP_t)-1.47ECM_{t-1}$ (1.49)　(－4.96)　(－5.54)	0.86	2.28
农村（1993～2007）	$\Delta\ln(RC_t)=0.78\Delta\ln(RI_t)-1.78\Delta\ln(RP_{Ct}/RP_t)-0.89ECM_{t-1}$ (3.73)　(－3.70)　(－3.97)	0.80	1.42

（四）结果分析

至此，我们得到了我国城乡居民在1981～2007年这个样本区间内不同阶段衣着消费与收入和相对价格之间的长短期关系模型。

首先，城镇居民的衣着消费与收入和价格之间的关系模型（见表5－19）。

表 5-19　　我国城镇居民衣着消费的协整及误差修正模型

1981~1992 年	长期	$\ln(UC) = 1.04\ln(UI) - 0.48\ln(UP_C/UP)$
	短期	$\Delta\ln(UC_t) = 0.82\Delta\ln(UI_t) - 1.29\Delta\ln(UP_{Ct}/UP_t) - 1.07ECM_{t-1}$
1993~2007 年	长期	$\ln(UC) = 11.03 + 0.67\ln(UI) - 2.45\ln(UP_C/UP)$
	短期	$\Delta\ln(UC_t) = 0.76\Delta\ln(UI_t) - 1.75\Delta\ln(UP_{Ct}/UP_t) - 0.72ECM_{t-1}$

1981~1992 年，我国城镇居民衣着消费的长期收入弹性是 1.04，短期收入弹性是 0.82，说明这一时期城镇居民衣着消费对收入的变动是比较敏感的，无论是收入的持续增加还是短期内的提高都会带来衣着支出的迅速增加。这主要是由于，改革开放后随着农村家庭联产承包责任制的实施和国有企业自主权改革的开展，农业、轻工业迅猛发展，与人民群众生活密切相关的物质资料的供应日益丰富。同时，政府还逐步放宽了对棉布、棉絮等基本生活资料的控制，从 1983 年 12 月 1 日起免收布票、棉絮票，棉布、棉絮敞开供应。日益宽松的物质环境使人民群众在以阶级斗争为纲的年代长期受到压制的对美的渴望和对穿衣打扮自由的追求迸发出来。城镇居民在可支配收入不断增长的同时对衣着的消费支出也大幅度增加，人均衣着支出从 1981 年的 67.56 元上升到 1992 年的 235.41 元，增长了 3.5 倍，衣着支出在总支出中所占的比重一直在 14% 徘徊。衣着消费支出的迅速增加使城镇居民衣着消费数量不断增加，穿着档次也有所提高。人们对布制服装的购买量迅速下降，而对呢绒、绸缎、化纤服装的购买量不断上升，尤其是化纤服装呈直线上升趋势。1991 年与 1981 年相比，城镇居民家庭年人均购买布制服装由 0.47 件下降到 0.31 件，下降 34%；化纤布服装由 0.73 件上升到 1.66 件，增长 127%；呢绒和绸缎服装分别由 0.11 件和 0.02 件上升到 0.21 件和 0.1 件，分别增长 91% 和 5 倍。1991 年与 1985 年相比，每百户拥有呢大衣的数量由 116.2 件上升到 171.2 件，每百户拥有毛料服装的数量由 282.6 件上升到 342.8 件，分别增长 47.3% 和 21.3%。

1981~1992 年，我国城镇居民衣着消费的长期价格弹性是 -0.48，短期价格弹性是 -1.29，说明价格的下降会引起衣着支出的增加，这符合正常商品的需求规律。但长期中较低的价格弹性说明，在城镇居民这一阶段的衣着消费中占较大比重的仍是一些低档次和自制的服装，而中高档次的有品质的服装占的比重很小，因此人们对价格的变化不是特别敏感。截止到 1990 年城镇居民人均购买成衣 1.96 件，年人均购买成衣不到 2 件。1990 年人均购买布料 3.9 米，按成年人用布量 2 米计算，可以做 1.95 件衣服，购买布料做衣服与直接购买成衣的数量基本相当。从支出金额上看，1990 年城镇居民用于购买成衣支出为 48.46 元，用于购买布料的支出为31元，二者之比为1.56:1。这说明成衣消费在20世纪80年代还未成为主流趋势，购买布料做衣服仍比较流行。误差修正项的系数为-1.07，即每年有107%的调整，说明人们对均衡偏差的调整速度是非常快的。这主要是因为该阶段，城镇居民衣着拥有量还比较少，衣着需求对城镇居民而言更主要地表现为一种对生活必需品的需求，因此上期消费的短期变动必然导致本期支出做出大幅度的调整。由此可以看出，这一时期城镇居民对衣着的消费需求表现为一种满足于穿暖穿好的数量型消费。

1993~2007年，城镇居民衣着消费的收入弹性较前一阶段有明显的下降，长期收入弹性由1.04下降到0.67，短期收入弹性由0.82下降到0.76，说明收入变动对衣着支出的影响有所减弱。这与恩格尔定律所揭示的，随着居民收入水平的上升，衣食住行等生活必需品的支出占收入的比重会逐渐下降的规律是吻合的。我国城镇居民衣着消费支出从1993年的300.01元增加到2007年的1 042元，增加了3.47倍，人均衣着消费从1992年的5.22件增加到2007年的7.82件，增加了50%，但衣着消费在消费结构中作占的比重却从1993年的14.2%，下降到2007年的10.4%。就在城镇居民的衣着需求对收入的变动变得不敏感的同时，却对价格的波动变得非常敏感：长期价格弹性为-2.45，短期价格弹性为-1.75。说明在城镇居民的衣着消费中高档、品牌服装占的比重越来越高，而低档服装的购买量越来越小。人们对衣着的需求不再以实用耐穿为宗旨，而开始追求衣着的档次和款式。到2007年，城镇居民用于购买成衣支出为747.93元，用于购买布料的支出减少为10.13元，二者之比为73.83:1，成衣消费成为人们的主导消费模型。从中国商业联合会、中华全国商业信息中心对全国大型零售企业2007年度商品销售情况的统计调查①来看，城镇居民品牌意识较强，在各类服装中，前十位服装品牌综合占有率都比较高，羽绒服和女式内衣的市场占有率超过了60%，牛仔服、保暖内衣、运动鞋市场占有率超过了50%；男衬衫、皮衣、羊绒衫、裤子的市场占有率都超过了40%。此外，一些世界顶级服饰品牌如路易威登、范思哲、爱马仕等开始纷纷进驻中国市场。误差调整系数的绝对值0.74明显小于前一阶段的1.22，说明人们对均衡偏差的调整速度在放慢，主要是因为随着收入水平的提高，人们的衣着日益丰富。2007年城镇居民中等收入组、中等偏上收入组、高收入组、最高收入组人均购买服装7.9件、9.16件、10.95件、13.74件，平均一个季节购置两件或三件新衣服。富裕起来的城镇居民完全可以实现上班一身、下班一身、开会一身、做饭一身、散步一身的“穿衣打扮随场合”的穿衣规则。在这种情况下，上期消费的短期波动对本期衣着

① 中国商业联合会网站，www.cgcc.org.cn；中华全国商业信息中心，www.cncic.org。

支出的影响就会有所减弱。总的看来，这一时期城镇居民的衣着消费进入了追求品牌、个性、时尚的阶段，衣着不再只是一种蔽体取暖的生活必需品，它体现了人们对审美修养、生活品位及精神生活的追求。

其次，农村居民的衣着消费与收入和价格之间的关系模型如表5－20所示。

表5－20　我国农村居民衣着消费的协整及误差修正模型

1981～1992年	长期	$\ln(RC)=3.6+0.45\ln(RI)-0.62\ln(RP_C/RP)$
	短期	$\Delta\ln(RC_t)=0.17\Delta\ln(RI_t)-1.42\Delta\ln(RP_{Ct}/RP_t)-1.47ECM_{t-1}$
1993～2007年	长期	$\ln(RC)=13.74+0.45\ln(RI)-3.02\ln(RP_C/RP)$
	短期	$\Delta\ln(RC_t)=0.78\Delta\ln(RI_t)-1.78\Delta\ln(RP_{Ct}/RP_t)-0.89ECM_{t-1}$

1981～1992年，我国农村居民衣着消费的长期收入弹性是0.45，短期收入弹性是0.17，说明这一阶段收入的变动对农村居民衣着消费的影响很小。1981～1992年农村居民的人均纯收入由223.44元上升到783.99元，增长了3.5倍，而人均衣着支出的增长速度远低于同期纯收入的增长幅度，只有1981年的23.57元上升到1992年的52.51元，增长了2.2倍，导致衣着消费在消费结构中所占的比重从1981年的12.4%，迅速下降到1992年的8%。这主要是由于这一时期无论是1981～1984年家庭联产承包责任制的实施，还是1985年一直到80年代末90年代初的乡镇企业的异军突起，在增加农民收入的同时，并没有过多地改变城乡消费市场相互隔离的现状，农村居民的消费行为仍主要受传统观念的影响。长期以来面朝黄土背朝天的劳作方式使他们并不十分重视穿衣戴帽，认为衣着消费主要是满足遮体避寒之用，因此在收入水平快速提高之后，首先考虑的是改善其基本生活条件即住房和饮食质量，并增加其在长期商品短缺和限量供应情况下未能充分满足的轻工产品（如自行车、缝纫机、手表等）的消费。1981～1992年，人均食品支出从114.09元增加到659.01元，增加了5.78倍，人均居住支出从31.61元增加到104.89元，增加了3.32倍，每百户拥有自行车从44.41辆增加到125.66辆，每百户拥有缝纫机从27.68台增加到57.31台，每百户拥有手表从55.09块增加到164.94块，在收入的预算约束下，就限制了衣着消费的相应增加，从而形成在整个消费水平大幅度提高的情况下，衣着支出比例因消费增长较慢而稳步下降的局面。由于这一阶段农村居民的衣着主要是一些低档次的服装和自己缝制的衣服，对衣着的消费仅限于满足遮身蔽体、保暖、换洗等基本需求，因此衣着需求对价格的变化不是特别敏感。误差修正项的系数为－1.47，说明人们对均衡偏差的调整幅度是非常大的。这主要是因为该阶段，受

传统生活习惯的影响，并不富裕的农民衣着拥有量更少，因此上期出现过度支出必然导致本期支出做出大幅度的调整。

1993～2007年，农村居民衣着消费短期收入弹性较前一阶段有明显的提高，由0.17上升到0.78，说明短期内农村居民人均纯收入的提高，会带动衣着消费的快速增加，2000年以来随着人均纯收入的不断提高，农村居民人均衣着支出快速增长，自2004年以来更是始终超过城镇居民人均衣着支出的增长速度，致使衣着消费支出占总支出的比重由2000年的5.7%又缓慢地上升到2007年的6.0%。这主要是由于自1993年以来，随着政府对待农村劳动力转移政策的逐步放宽，亿万农村劳动力开始向非农产业转移：1992～1998年，平均每年转移468万人左右。1998年以后，伴随农业和农村经济结构战略性调整步伐的加快，农村劳动力外出就业人数又开始大幅增加，2001～2004年间，农村外出劳动力数量以每年500万左右的速度增长，2005年以来增长更加迅猛。农民外出务工不仅使他们的收入明显增加，更重要的是冲击到他们传统的工作、生活方式，进而也影响了他们的消费习惯，使他们的消费行为在短期内向城镇居民靠拢：在收入增加的同时对衣着消费表现出较强的消费倾向，在蔽体取暖的基础上开始追求款式、色彩、质地、舒适等的提高，衣着消费呈现出多样化、成衣化趋势。但这一时期的长期收入弹性和前一阶段一样都是0.45，并没有提高，说明由于城乡之间在工作环境、生活方式、消费习惯甚至购物场所等方面存在的巨大差异，长期中农村居民很难像城镇居民那样不断实现衣着消费的升级。2007年全国城镇居民人均衣着支出首次突破千元关口，达1 032.6元，而农村居民人均衣着支出仅有194元，还不到前者的1/5。随着农村居民衣着水平的逐渐提高，价格成为影响农村居民衣着需求的重要因素，长短期价格弹性分别为-3.02和-1.78，说明无论是价格的持续下跌还是短期波动都会引起衣着消费的大幅增加。同时，误差修正项的系数为-0.89，人们对均衡偏离的调整幅度也有所减小。这一时期，我国农村居民的衣着消费升级滞后于城镇居民，仍处于追求耐穿使用、物美价廉的阶段。

利用误差修正模型分析对转型时期衣着消费与收入、价格之间的长期均衡关系和短期波动进行分析，我们发现：（1）城镇居民对衣着的需求在经历了20世纪80年代到90年代初数量型增长阶段后，在90年代中后期进入了追求时装化、名牌化、个性化的阶段，衣着消费不再是单纯的对基本生存资料的消费，它同时也是人们追求美的享受，展现自我个性的过程，这一时期人们对衣着的消费受收入的影响逐渐减小，而对价格的波动变得越来越敏感。（2）由于受生活习惯、工作环境、传统观念等的影响，我国农村居民的衣着消费升级缓慢，至今仍处于追求耐穿实用、物美价廉的阶段，对短期内收入水平的提高和价格的下降都非常敏感。近几年，随着收入的不断提高和城市化进程的加快，农村居民衣着消费升级有加快的趋势。

第六节　转型时期城乡居民衣着消费行为分析

前面利用1981～2007年的数据对这30年来城乡居民衣着支出与收入、价格之间的动态演化关系进行了分析，但由于这种时间序列分析只对衣着支出这样一个单独的消费类别来进行估计，因此它是局限在一个简单的一维的需求体系内进行的，无法解释消费者对各种商品购买决策的相互影响和相互依赖性。而需求函数模型系统可以对包括衣着类商品的多种商品和服务进行估计，从而将对衣着消费支出的研究置于预算约束下不同商品的购买决策相互影响和相互依赖的分析框架内，其中最常用的需求函数模型系统是ELES模型和AIDS模型。下面选取ELES模型对预算约束下城乡居民的衣着消费进行分析，并在此基础上利用面板数据进一步分析收入等级差异、地区差异对衣着消费的影响。

一、基于ELES模型的分析

依据上述ELES模型（扩展线性支出系统）将储蓄内生化，把居民的各项消费支出看做是相互联系、相互制约的行为，在没有价格资料的情况下，也可以根据截面数据估计各类需求支出与需求弹性，而不需要考虑外部信息的干扰。我们以2002～2007年[①]我国城乡居民衣着消费为研究对象，以不同收入组居民的人均可支配收入和衣着类消费支出作为解释变量和被解释变量，利用ELES模型分析我国城乡居民衣着消费的演变过程。并在ELES模型分析的基础上，利用回归得出的各种参数，估算我国城乡居民衣着类消费的边际预算份额β_i、衣着需求的收入弹性η_Y、衣着类商品的基本消费支出$p_i\gamma_i$和衣着需求的自价格弹性η_{ii}，具体结果如表5－21～表5－23所示。

---

①　农村收入分组数据只有2002年以后的才能获得，故只估计了2002年以来农村居民衣着消费的收入弹性和自价格弹性。城镇收入分组数据自1985年以后的都可获得，在这里我们只估计了部分年份和2002～2007这几年城镇居民衣着消费的收入弹性和自价格弹性。

表 5－21　　城镇居民边际预算份额、基本消费支出、收入弹性和自价格弹性

年份	基本消费支出	边际预算份额	收入弹性	价格弹性
1985	84.42	0.17	1.06	－0.26
1990	124.4	0.15	0.97	－0.35
1995	223.62	0.16	0.89	－0.58
2000	234.01	0.11	0.88	－0.57
2001	276.07	0.12	0.90	－0.52
2002	305.67	0.08	0.65	－0.51
2003	356.75	0.09	0.80	－0.47
2004	368.21	0.10	0.82	－0.50
2005	394.82	0.10	0.79	－0.54
2006	428.76	0.10	0.78	－0.55
2007	495.12	0.08	0.66	－0.55

表 5－22　　2007 年城镇居民基本衣着支出与各收入组衣着支出比较

单位：元

组别	估计值	最低收入户	低收入户	中等偏下收入户	中等收入户	中等偏上收入户	高收入户	最高收入户
衣着	495.12	360.89	565.19	776.85	1 017.66	1 278.22	1 579.06	2 162.63

表 5－23　　农村居民边际预算份额、基本消费支出、收入弹性和自价格弹性

年份	基本消费支出（元）	边际预算份额	收入弹性	价格弹性
2002	67.15	0.06	0.71	－0.38
2003	71.64	0.06	0.71	－0.37
2004	76.41	0.06	0.73	－0.38
2005	111.65	0.06	0.66	－0.27
2006	110.91	0.06	0.64	－0.36
2007	133.37	0.06	0.66	－0.33

城镇居民衣着消费的收入弹性从 1985 年的 1.06 到 2007 年的 0.66，有逐年递减的趋势，这说明收入对衣着消费的影响程度在逐渐地减弱，人们把增加的收

入更多地用于发展型和享受型消费上。而价格弹性的变化趋势则与收入弹性的变化趋势恰好相反，在20世纪90年代初之前是比较低的，从90年代中期至今一直高于前一阶段，这一方面是由制度变迁所造成的，90年代中期告别了短缺经济，市场经济体制的框架基本形成，另一方面也说明城镇居民衣着消费档次提高了，中高档服装成为人们消费的主流。这与前面利用误差修正模型得到的结论是完全相符的。利用ELES模型估计的城镇居民基本衣着消费支出为495.12元，最低收入户对衣着的消费支出低于这一估计的基本衣着消费标准，而最高收入户的衣着支出却是这一标准的4.37倍，这说明城镇居民之间衣着消费的差距非常明显（见表5-22）。

从2002年至今，农村居民衣着消费的边际预算份额一直保持在0.06，衣着类基本消费支出也在加速增长，说明这一时期收入的增长将会引起农村居民衣着消费的快速增长。农村居民基本衣着消费支出为133.37元，最低收入户的衣着消费支出低于这一估计值，中低收入户的衣着支出略高于这一数值，即便是高收入户的衣着支出也只是这一标准的2.7倍，这说明农村整体衣着消费水平都是偏低的。与城镇居民相比，农村居民基本衣着消费支出仅相当于城镇居民的27%，说明农村衣着消费水平远远地落后于城镇（见表5-24）。

表5-24　　2007年农村居民基本衣着支出与各收入组衣着支出比较

单位：元

组别	估计值	低收入户	中低收入户	中等收入户	中高收入户	高收入户
衣着	133.37	110.99	139.25	176.84	221.57	361.34

二、基于面板数据的分析

前面采用扩展线性支出模型对我国城乡居民家庭衣着消费支出进行了分析，并在此基础上进行了动态的比较，无论是时间序列分析还是前面的横截面分析，都将收入分配、地区差异这些影响居民衣着消费的因素归入扰动项，势必会影响估计的结果。

目前国际上通常采用时间序列与截面数据结合的面板数据模型来解决潜变量问题，这主要是因为面板数据模型是基于二维结构的数据集合——面板数据（即将时间序列沿空间方向扩展，将截面数据沿时间方向扩展而形成的数据集合）建立的模型，该模型既考虑了包含个体特征随时间变化而发生的变化，又包含了个体之间的差异，从而使许多不可观测因素的作用可以得到识别。

面板数据模型的优势主要在于：第一，观测样本量大大增加，从而模型参数的估计量更加可靠，而且，最重要的是使我们能够识别和检验放松了的更为一般的模型；第二，多重共线性的影响将被减弱，当解释变量在两个方向上同时变动时，由于潜变量的增多使得它们之间强相关的可能性大大降低；第三，能够识别和度量一些纯粹横截面模型和纯粹时间序列模型所不能识别的因素，如潜变量的影响；第四，降低估计误差。

下面拟采用面板数据模型对我国城乡居民的衣着消费变化进行分析，目的是分析收入分配因素及地区因素对居民衣着消费支出的影响作用。

（一）不同收入等级城镇居民家庭的衣着消费

随着可支配收入的不断增加，城镇居民的衣着消费不断升级，但同时不同收入等级之间的差距也不断扩大，如图 5 - 15 所示，这说明不同收入等级的居民在衣着消费行为上存在着很大的差异。下面就采用 2000 ~ 2007 年我国城镇居民家庭抽样调查资料中分 7 个收入组的衣着支出和可支配收入数据进行面板数据模型分析。

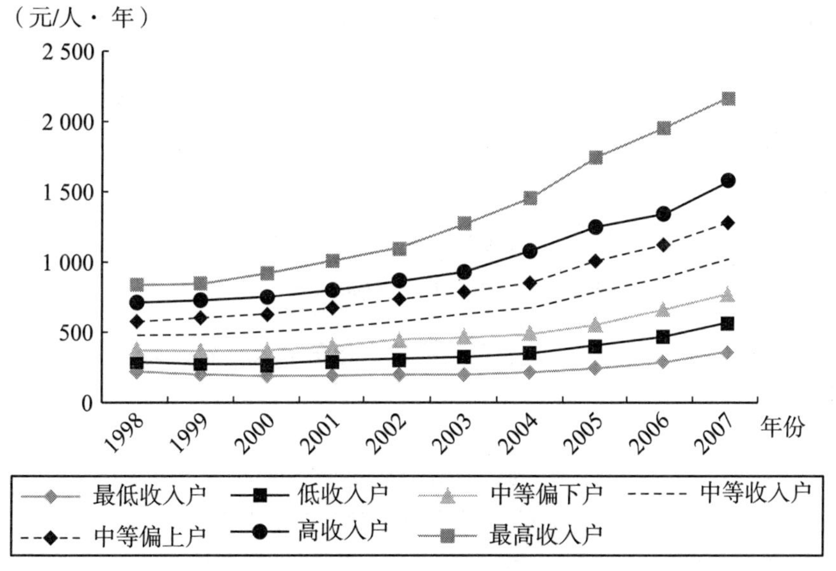

图 5 - 15　1998 ~ 2007 年不同收入等级城镇居民家庭衣着支出情况

1. 模型设定

$$S_1 = 34\ 240.62 \quad S_2 = 89\ 488.29 \quad S_3 = 354\ 134.3$$

$$F_1 = 11.29 \quad F_2 = 32.7$$

查 F 分布表，给定 5% 的显著性水平，得到临界值：

$$F(12,\ 42) = 1.99 \quad F(6,\ 42) = 2.32$$

由于 $F_2>1.99$，$F_1>2.32$，所以建立不同收入等级的固定效应变系数模型：

$$C_{it}=\alpha_i+\beta_i I_{it}+\mu_{it},\quad i=1,2,\cdots,7\quad t=2000,\cdots,2007$$

其中，C，I 分别表示人均年衣着消费支出和人均年可支配收入（以 2000 年的价格水平为 100，剔除价格的时间因素）。

2. 模型估计

从模型估计的结果（见表 5－25）可以看到：收入对衣着类商品消费的拉动作用，在不同的收入等级居民家庭中是不同的，对于中等收入等级（包括中等收入户、中等偏下收入户、中等偏上收入户）的居民家庭，其收入水平的提高对衣着消费支出的拉动作用最大，其次是低收入户和高收入户的居民家庭，而对于最低收入户和最高收入户的居民家庭，其收入水平的提高对衣着类消费支出的拉动作用相对较低。在城镇居民中，最低收入户依然停留在解决吃的阶段，还未考虑将更多的收入去消费在穿的方面，截止到 2007 年，最低收入户收入的近一半（45%）仍用在食品支出上，因此他们在衣着购买方面仅有较强的购买潜力，却无现实支付能力。与最低收入户相比，低收入家庭在吃的方面得到基本解决后，开始考虑穿的方面，希望穿暖穿好，而中等收入和高收入家庭在吃、穿已经不是问题的基础上，考虑进一步提高其衣着的品质和档次，使其衣着消费结构不断向高层次方向变化，因此消费倾向较高。最高收入群体虽然也会随着收入的增加而增加其衣着支出，但他们在衣着上的消费已得到较为充分的满足，并且还会把更多的收入用于文化娱乐等发展型、享受型需要和资产选择、资产营运以获取更多收入上（见图 5－16），所以消费倾向较低。

表 5－25　　城镇居民不同收入组的衣着消费倾向

变量	估计值	标准差	t 统计量
α	36.97	15.91	2.32
最低收入户 β_1	0.066	0.006	10.92
低收入户 β_2	0.075	0.004	18.24
中等偏下收入户 β_3	0.079	0.003	25.43
中等收入户 β_4	0.08	0.002	37.73
中等偏上收入户 β_5	0.077	0.002	50.07
高收入户 β_6	0.07	0.001	55.78
最高收入户 β_7	0.059	0.001	50.14

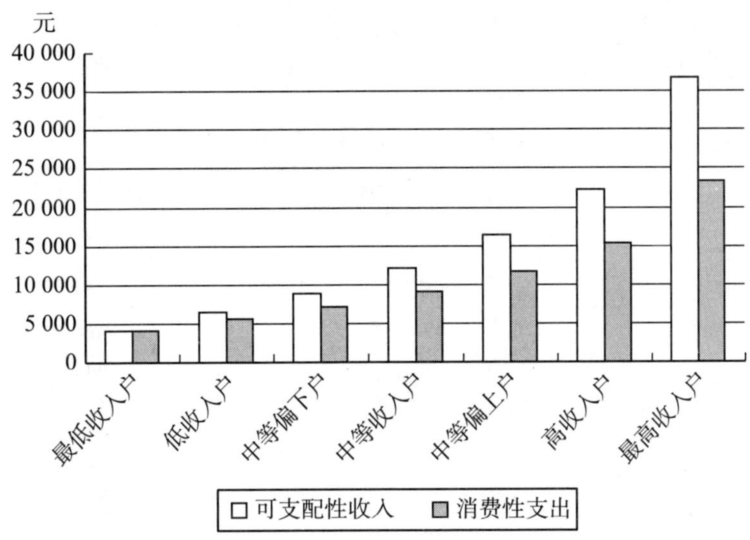

图 5-16　2007 年城镇居民不同收入分组的消费支出与可支配收入

(二) 不同地区城镇居民家庭的衣着消费

下面就利用 2000 ~ 2007 年 31 个省份的城镇居民的衣着支出和可支配收入的面板数据分析地区因素对衣着消费行为的影响：

1. 模型设定

$$S_1 = 364\ 049.8 \quad S_2 = 684\ 067.4 \quad S_3 = 6\ 379\ 072$$

$$F_1 = 5.45 \quad F_2 = 51.22$$

查 F 分布表，给定 5% 的显著性水平，得到临界值：

$$F(30,\ 186) = 1.79 \quad F(60,\ 186) = 1.62$$

由于 $F_2 > 1.62$，$F_1 > 1.79$，所以建立一不同地区的固定效应变系数模型：

$$C_{it} = \alpha_i + \beta_i I_{it} + \mu_{it} \quad i = 1,\ 2,\ \cdots,\ 31 \quad t = 2000,\ \cdots,\ 2007$$

其中，C，I 分别表示人均年衣着消费支出和人均年可支配收入（以 2000 年的价格水平为 100，剔除价格的时间因素）。

2. 模型估计

从模型估计的结果（见表 5-26、表 5-27）可以看到：随着可支配收入的增加，衣着消费支出会相应地增加，而消费倾向则呈现出先递增后递减的趋势；按中、东、西划分来看，中部地区的消费倾向较高，东部地区的消费倾向略低；除此之外，城镇居民的衣着消费行为受地区影响较大，北方地区冬季寒冷，需要购置较多的御寒衣服如羽绒服、皮衣、羊绒大衣等，而这往往比夏天的短袖、T 恤贵一些，因此大部分北方省份的衣着消费倾向较高，如内蒙古、吉林、辽宁、黑龙江、新疆等地；南方地区则恰好与之相反，由于一年四季温差不大，多以春夏着装为主，故衣着消费倾向较低，像海南、福建、广东、广西。

表 5 - 26　　不同地区城镇居民的衣着消费倾向

地区	β_i 估计值	β_i 的 t 统计量
北京	0.069	80.1
天津	0.06	42.9
河北	0.084	60.29
山西	0.099	48.29
内蒙古	0.11	159.92
辽宁	0.087	28.44
吉林	0.097	70.31
黑龙江	0.102	75.96
上海	0.05	37.35
江苏	0.063	44.74
浙江	0.069	31.59
安徽	0.085	48.68
福建	0.058	52.45
江西	0.073	35.82
山东	0.091	46.27
河南	0.091	72.95
湖北	0.091	78.14
湖南	0.082	178.67
广东	0.044	39.96
广西	0.052	42.46
海南	0.039	58.7
重庆	0.088	65.91
四川	0.079	50.34
贵州	0.085	55.99
云南	0.075	59.46
西藏	0.111	13.85
陕西	0.082	132.03

续表

地区	β_i 估计值	β_i 的 t 统计量
甘肃	0.097	83.52
青海	0.087	66.22
宁夏	0.095	40.09
新疆	0.108	61.63

表 5-27　不同地区城镇居民人均收入、人均衣着支出和衣着消费倾向排序

地区	人均可支配收入排序		衣着消费支出排序		消费倾向	
	2000 年	2007 年	2000 年	2007 年	消费倾向	排序
北京	2	2	2	1	0.069	23
天津	5	6	11	11	0.06	26
河北	15	15	12	18	0.084	17
山西	31	14	16	9	0.099	5
内蒙古	22	10	9	3	0.11	2
辽宁	19	9	6	10	0.087	13
吉林	29	21	18	8	0.097	6
黑龙江	27	29	17	12	0.102	4
上海	1	1	7	4	0.05	29
江苏	8	5	20	16	0.063	25
浙江	4	3	5	2	0.069	23
安徽	20	19	26	24	0.085	15
福建	6	7	21	19	0.058	27
江西	25	16	29	22	0.073	22
山东	9	8	3	5	0.091	9
河南	30	23	23	14	0.091	9
湖北	17	22	13	13	0.091	9
湖南	12	12	19	15	0.082	18
广东	3	4	28	29	0.044	30
广西	14	13	30	30	0.052	28
海南	18	17	31	31	0.039	31

续表

地区	人均可支配收入排序		衣着消费支出排序		消费倾向	
	2000 年	2007 年	2000 年	2007 年	消费倾向	排序
重庆	11	11	10	7	0.088	12
四川	13	27	22	25	0.079	20
贵州	24	26	25	26	0.085	15
云南	10	20	14	28	0.075	21
西藏	7	18	1	23	0.111	1
陕西	23	24	27	21	0.082	18
甘肃	26	30	15	20	0.097	7
青海	21	31	24	27	0.087	13
宁夏	28	25	8	17	0.095	8
新疆	16	28	4	6	0.108	3

（三）不同收入等级农村居民家庭的衣着消费

由图 5-17 可以看出，不同收入等级的农村居民在衣着消费上的差距越来越大。为了探讨他们之间在衣着消费上的差异，下面利用 2002～2007 年我国农村居民家庭抽样调查资料中 5 等分组的衣着支出和可支配收入数据进行分析。

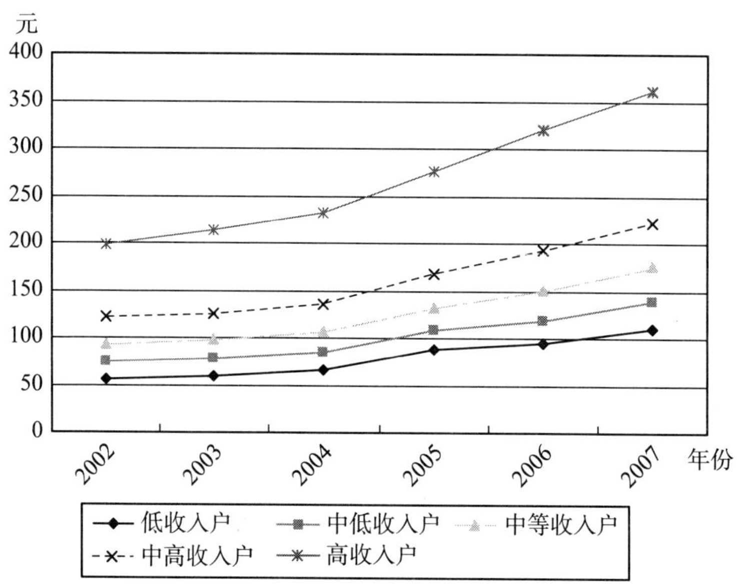

图 5-17　2002～2007 年不同收入等级农村居民人均衣着消费

1. 模型设定

$$S_1 = 549.61 \quad S_2 = 1\ 258.23 \quad S_3 = 4\ 901.79$$

$$F_1 = 4.3 \quad F_2 = 19.8$$

查 F 分布表，给定 5% 的显著性水平，得到临界值：

$$F(8, 20) = 2.45 \quad F(4, 20) = 2.87$$

由于 $F_2 > 2.45$，$F_1 > 2.87$，因此建立一变系数固定效应模型：

$$C_{it} = \alpha_i + \beta_i I_{it} + \mu_{it} \quad i = 1, 2, \cdots, 5 \quad t = 2002, \cdots, 2007$$

其中，C，I 分别表示人均年衣着消费支出和人均年可支配收入（以 2002 年的价格水平为 100，剔除价格的时间因素）。

2. 模型估计

从模型估计的结果（见表 5－28）可以看到：由于 α 值是负的，这说明当收入水平较低时，农村居民的衣着消费支出受到一定的限制，只有当收入达到一定的水平后，才能在进一步增加收入的基础上进行衣着消费；另外，衣着支出关于收入的边际消费倾向，并没有像城镇居民那样随着收入的增加先递增后递减，而是不断下降，未达到最低衣着基本支出水平的低收入户的边际消费倾向最高，而中低收入户、中等收入户、中高收入户以及高收入户在满足了最低衣着基本支出水平的基础上消费倾向开始递减，这说明农村居民在解决了温饱之后在衣着消费上并没有像城镇居民那样实现快速的升级，开始追求品质与档次，而仍停留在穿暖穿好的数量型阶段。这主要是因为，衣着消费往往和人们的工作环境、生活环境密切相关，而城乡居民工作环境和生活环境的差异是巨大的。一双价格昂贵的皮鞋对于一个从事农业生产的人而言，其使用价值还不及一双价格低廉的胶鞋；一件漂亮的连衣裙对于一个农村妇女而言其作用还不及一件结实耐用的帆布工作服。因此，农村居民在收入增加的同时并没有像城镇居民那样对衣着消费表现出较强的消费倾向。当然，除此之外，像购物场所的差异、消费习惯的差异等也在一定程度上制约农村居民对衣着消费的升级。

表 5－28　　农村居民不同收入组的衣着消费倾向

变量	估计值	标准差	t 统计量
α	－46.97	6.68	－7.03
低收入户 β_1	0.123	0.007	17.56
中低收入户 β_2	0.077	0.004	20.47
中等收入户 β_3	0.064	0.003	20.47
中高收入户 β_4	0.054	0.002	28.46
高收入户 β_5	0.042	0.001	40.38

（四）不同地区农村居民家庭的衣着消费

下面利用2002～2007年31个省份的农村居民的衣着支出和可支配收入的面板数据分析地区因素对衣着消费行为的影响。

1. 模型设定

$$S_1=24\ 755.79 \quad S_2=27\ 714.1 \quad S_3=260\ 564.1$$

$$F_1=0.49 \quad F_2=19.69$$

查F分布表，给定5%的显著性水平，得到临界值：

$$F(60,\ 124)=1.45 \quad F(30,\ 124)=1.55$$

由于 $F_2>1.45$，$F_1<1.55$，所以建立一变截距模型，具体形式为：

$$C_{it}=\alpha_i+\beta I_{it}+\mu_{it} \quad i=1,\ 2,\ \cdots,\ 4 \quad t=2005,\ \cdots,\ 2007$$

其中，C，I 分别表示人均年衣着消费支出和人均年可支配收入。

2. 模型估计

$$C_{it}=\alpha_i+0.067I_{it}$$

$$(32.99)$$

$$R^2=0.98 \qquad D.W.=1.67$$

从模型估计的结果（见表5－29）可以看出：α 值的变化同时呈现两种趋势，一是随着收入的增加，各省份的 α 值往往是递减的，计算 α 值排序序列和人均纯收入排序序列的相关系数为－0.71，高于城镇居民①。二是体现了地区因素对农村居民衣着消费行为的影响，北方地区如新疆、青海、山西等省份的 α 值是正的；而南方的一些省份像海南、福建、广东的 α 值就很小。

表5－29　　不同地区农村居民的衣着自发性消费及排序

地区	2007年人均纯收入排序	2007年人均衣着消费支出排序	α_i 估计值	α_i 排序
北京	2	1	－94.56	24
天津	4	4	－126.44	28
河北	10	16	－71.09	18
山西	22	9	11.72	2
内蒙古	15	13	－27.04	8
辽宁	9	5	－27.0	7
吉林	11	12	－42.89	11

① 城镇居民消费倾向排序序列和人均可支配收入排序序列的相关系数为－0.54。

续表

地区	2007年人均纯收入排序	2007年人均衣着消费支出排序	α_i估计值	α_i排序
黑龙江	13	8	-35.83	10
上海	1	2	-181.17	31
江苏	5	7	-139.77	29
浙江	3	3	-110.38	26
安徽	20	19	-58.32	15
福建	7	10	-99.61	25
江西	12	25	-76.21	19
山东	8	11	-78.73	22
河南	16	15	-50.4	13
湖北	14	21	-77.89	20
湖南	18	24	-64.48	17
广东	6	20	-162.06	30
广西	23	30	-84.19	23
海南	17	31	-120.88	27
重庆	19	26	-78.6	21
四川	21	23	-61.5	16
贵州	31	29	-43.65	12
云南	28	27	-51.3	14
西藏	26	6	29.44	1
陕西	27	22	-14.71	5
甘肃	30	28	-35.46	9
青海	29	17	9.39	3
宁夏	25	18	-21.86	6
新疆	24	14	3.92	4

三、小结

利用ELES模型，按照《中国统计年鉴》中划分的食品、衣着、居住、家庭设备及服务、交通通讯、文教娱乐用品及服务、医疗保健、其他商品及服务这八大类支出，估计出预算约束下城乡居民衣着需求的支出弹性与自价格弹性，虽然具体的数值与前面时间序列分析的结果不同，但其演变趋势与前面的结论是一致的。在此基础上，利用面板数据进一步分析了收入等级差异和地区因素对城乡居民衣着消费的影响，发现：第一，城镇居民中中等收入阶层（按《中国统计年鉴》中七等分组，包括中等收入户、中等偏下收入户、中等偏上收入户）的衣着消费倾向最大，其次是低收入户和高收入户的居民家庭，最低收入户有消费潜力但却无实际支付能力，最高收入户的消费倾向最低；第二，城镇居民的衣着消费行为受地区影响较大，一般北方地区的消费倾向偏高；第三，随着收入的增加，农村居民的衣着消费倾向不断下降，导致其升级速度缓慢；第四，与城镇居民相同，农村居民的衣着消费行为也受地区因素的影响。

第六章

转型时期居住消费需求升级

第一节 转型时期居住消费的发展动态与主要特征

一、我国居民居住消费动态：1978～2007年

（一）转型时期我国城乡居民居住消费快速增长

改革开放30年是我国城乡居民居住消费快速增长的一个时期。第一，从绝对数看，城镇居民居住支出由1981年的19.68元增加至2007年的982.28元，增长了近50倍，即使从可比价格看也增长了9倍多，年实际增长率达到9.2%；农村居民居住支出则从1978年的12元增加到2007年的573.8元（见表6－1），按照农村居民消费价格指数调整之后，1985～2007年，年均增长4%左右[①]。

第二，从国际上来看，与发达国家相比，我国居住消费的绝对数较小，但增速明显更快。根据《国际统计年鉴》的相关数据，美国2003年人均居住支出近4 500美元（2000年价格），1991～2003年的增速为2%左右；日本2003年人均

① 此处及本篇中未具体注明出处的数据均出自各年份《中国统计年鉴》。

居住支出近 5 700 美元（2000 年价格），1991 ~ 2003 年的增速为 1% 左右；德国 2003 年人均居住支出达 3 400 美元（2000 年价格），近 10 年来的增速为 1% ~ 2% 之间。

表 6 - 1　　1978 ~ 2007 年城乡居民居住消费动态

年份	城镇居民消费性支出（元/人·年）	城镇居民居住支出（元/人·年）	城镇居民居住支出比重（%）	城镇居民居住支出占收入的比重（%）	农村居民消费性支出（元/人·年）	农村居民居住支出（元/人·年）	农村居民居住支出比重（%）	农村居民居住支出占收入的比重（%）
1978	311.20	NA	NA	NA	116.06	12.00	10.34	NA
1979	NA	NA	NA	NA	134.50	16.00	11.90	NA
1980	412.40	NA	NA	NA	162.21	22.50	13.87	NA
1981	456.84	19.68	4.31	4.55	190.80	31.60	16.56	NA
1982	471.00	20.88	4.43	4.65	220.23	35.60	16.16	NA
1983	505.92	22.20	4.39	4.77	248.29	42.00	16.92	NA
1984	559.44	23.28	4.16	4.73	273.80	48.40	17.68	NA
1985	673.20	24.84	3.69	4.02	317.42	57.90	18.24	14.56
1986	798.96	28.08	3.51	3.97	356.95	70.30	19.69	16.14
1987	884.40	54.24	6.13	6.48	398.29	79.80	20.04	16.62
1988	1 103.98	60.77	5.50	4.98	476.66	96.30	20.20	15.42
1989	1 210.95	68.53	5.66	4.15	535.37	105.20	19.65	12.59
1990	1 278.89	72.03	5.63	4.26	584.63	101.40	17.34	10.36
1991	1 453.81	87.14	5.99	4.67	619.79	102.30	16.51	10.09
1992	1 671.73	99.68	5.96	4.52	659.01	104.90	15.92	9.46
1993	2 110.81	140.01	6.63	4.71	769.65	106.79	13.88	7.44
1994	2 851.34	193.16	6.77	4.16	1 016.81	142.34	14.00	6.37
1995	3 537.57	250.18	7.07	3.95	1 310.36	182.21	13.91	5.65
1996	3 919.47	300.85	7.68	4.01	1 572.08	219.06	13.93	5.62
1997	4 185.64	358.64	8.57	4.50	1 617.15	233.23	14.42	5.63
1998	4 331.61	408.39	9.43	5.18	1 590.33	239.62	15.07	5.89
1999	4 615.91	453.99	9.84	5.91	1 577.42	232.69	14.75	5.90
2000	4 998.00	500.49	10.01	6.42	1 670.13	258.34	15.47	6.56
2001	5 309.01	547.96	10.32	6.93	1 741.09	279.06	16.03	6.98

续表

年份	城镇居民消费性支出（元/人·年）	城镇居民居住支出（元/人·年）	城镇居民居住支出比重（%）	城镇居民居住支出占收入的比重（%）	农村居民消费性支出（元/人·年）	农村居民居住支出（元/人·年）	农村居民居住支出比重（%）	农村居民居住支出占收入的比重（%）
2002	6 029.88	560.24	9.29	7.23	1 834.31	300.16	16.36	7.55
2003	6 510.94	627.56	9.64	7.95	1 943.30	308.38	15.87	7.52
2004	7 182.10	658.20	9.16	7.82	2 184.65	324.25	14.84	7.19
2005	7 942.88	725.62	9.14	8.35	2 555.40	370.16	14.49	7.70
2006	8 696.55	811.34	9.33	9.06	2 829.02	468.96	16.58	9.37
2007	9 997.47	881.41	8.82	9.01	3 223.85	573.8	17.80	9.99

注：（1）除"城镇居民居住支出占收入的比重"（按"实际居住支出/实际收入"计算）外，所有数据为未调整物价影响的数据，其中"NA"为缺失数据；（2）居住支出包括房屋与建筑材料、房租、水电费、燃料费等；（3）由于2002年后统计口径发生变化，"城镇居民居住支出"项我们采用2001年新老口径的比例数将2002后数据线性换算成老口径数据。

资料来源：根据历年《中国统计年鉴》和历年《中国农村统计年鉴》整理。

（二）城乡居民"居住消费率"收敛之谜

实际居住支出占实际收入的比重，我们可以称之为"居住消费率"。从表6-1中能够看到（同时参见图6-1），城镇居民"居住消费率"在1997年之前基本稳定在4%～5%之间，而在此后表现为一个较强的递增趋势，2006年超过9%

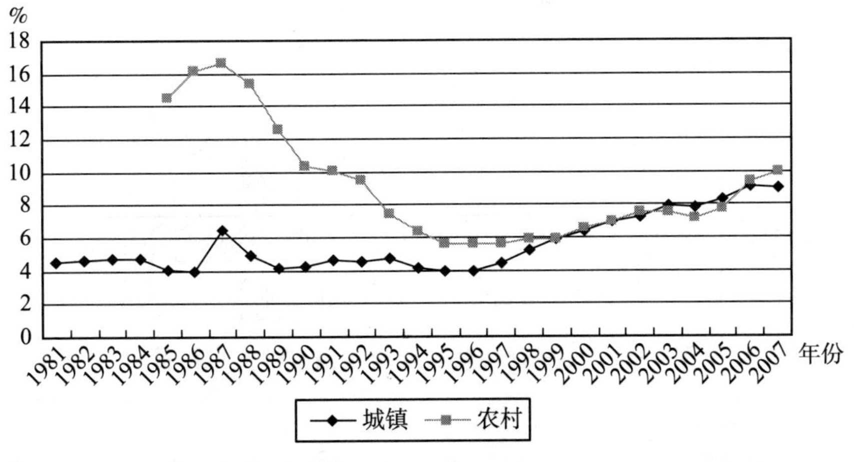

图6-1　城镇居民vs农村居民的"居住消费率"

达到最高值，但2007年又略微有所回落。农村居民“居住消费率”自20世纪80年代中末叶以来，直到1996年一直是递减的，从1997年开始平稳增加；在90年代之前，农村居民的“居住消费率”远高于城镇居民的，而自进入21世纪以来，两者开始趋于一致。1997年是一个明显的分界点，居民居住消费的市场化进程（特别是“房改”酝酿启动）可能是产生这种现象的主要原因。

（三）城乡居民居住消费升级具有迥异的模式

第一，从城镇居民居住支出占消费性支出的比重看（见图6－2），该比重趋势线基本上由三段组成，可据此划分为居住消费升级的三阶段。1981～1986年居住支出比重在4%左右，1987～1996年大致位于6%～8%的区间，1997年后则在8%～10%的区间徘徊。从整个时序数据看，居住支出占消费性支出的比重是稳步提高的。在采用居民消费分类指数剔除价格因素后，可以看到“实际比重”远比未剔除价格因素前的“名义比重”更显“平滑”①。近年来，无论是“实际比重”还是“名义比重”都有进一步降低的趋势。实际上，1993～2007年的“实际比重”基本在6%～8%区间波动，并在大部分年份位于“名义比重”

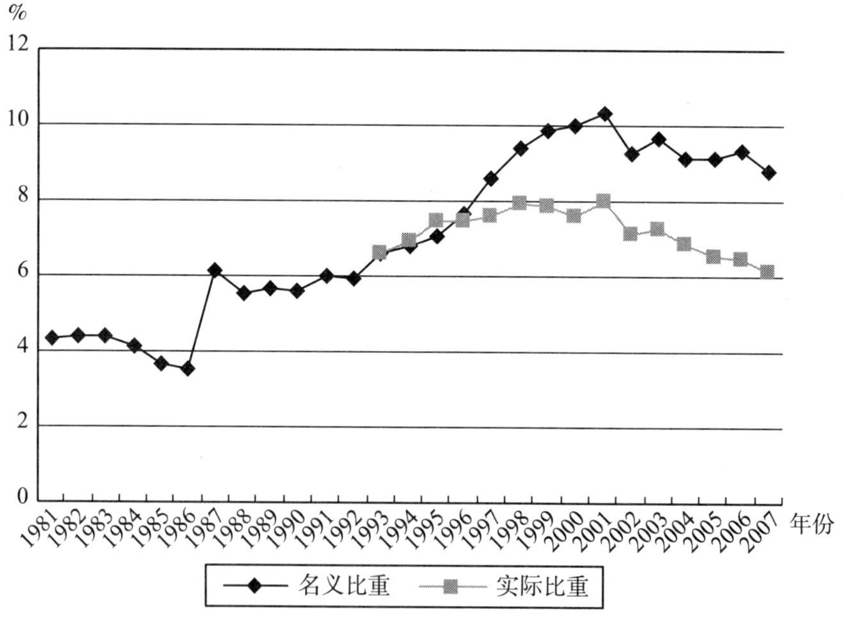

图6－2　城镇居民居住支出占消费性支出比重

① 国家统计局只提供自1993年起的居住消费分类指数数据，故“实际比重”自该年度算起。用该指数剔除价格影响后可获得居民居住支出占消费性支出的“实际比重”。

线之下。对这种差异性的一个解释是：市场化因素更多地抬升了城镇居民居住消费的价格水平，而并未太多地影响到他们的实际居住支出。考察自 1993 年起的“实际比重”，同时假定其他年份的居住支出的比重能被“名义比重”较真实地反映，前述的居住消费升级的三阶段实际上仅为两阶段，即 1986 年之前的 4% 阶段和 1987 年起的 6% ~8% 阶段。进一步，如果能够认同我们对 1993 年起“实际比重”与“名义比重”存在差异性的解释，那么居住消费价格的过快增长可能是现阶段影响城镇居民居住消费升级的重要因素。

第二，农村居民居住支出的比重与城镇居民存在较大不同。从时序数据看（见图 6 –3），农村居民居住支出占消费性支出的比重明显高于城镇居民，大多数年份高出 1 倍多。此外还存在着明显的周期波动性，这种周期波动反映出在对转型时期农村居民居住消费升级的阶段性划分时存在困难，也可以同时并存争议性的判断。比如在同城镇居民居住支出比重做比较之后可以认为农村居民居住消费处于更高的阶段；然而也可认为周期波动表明农村居民居住消费存在反复，这种反复似乎暗示着农村居民居住消费仍处于升级前的调整阶段。1978 ~1993 年完成一个较大的周期波动，1993 ~2005 年完成一个较平稳的波动，2006 年后则开始发生一定程度的反弹。

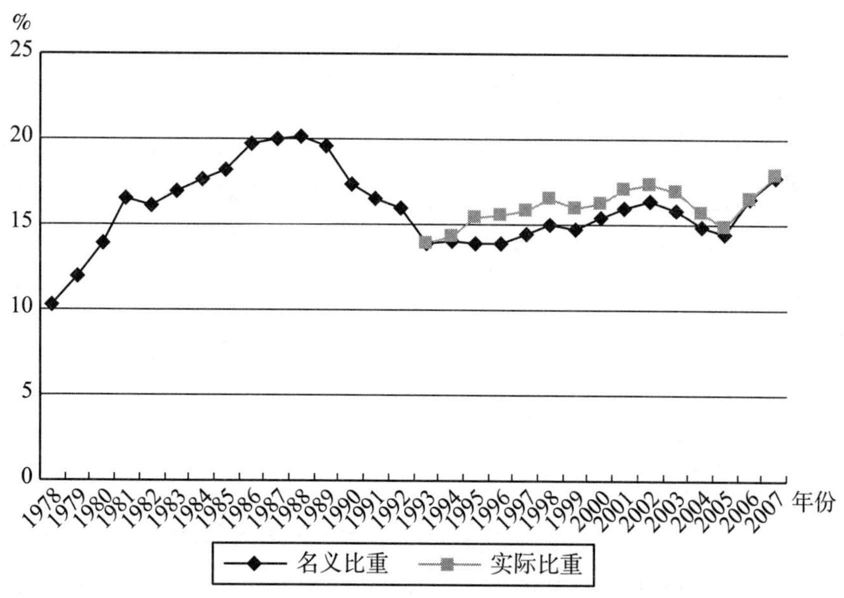

图 6 –3 农村居民居住支出占消费性支出比重

在采用居住消费分类指数剔除价格影响后，可以看到“实际比重”与剔除价格因素前的“名义比重”相比基本保持平行，“实际比重”线基本位于“名义比重”线之上。对此现象的解释是：农村居民居住消费可能存在着某种程度的“自我雇佣”现象，同时由于农村富余劳动力的存在，居住消费的价格也相对较低。

第三，从国际比较看，目前我国居民居住支出占消费性支出的比重仅相当于发达国家20世纪六七十年代的标准。根据《国际统计年鉴》的相关数据，1959年德国居住支出的比重为10.8%，1965年日本居住支出的比重为9.83%，英国为15.58%；1970年法国的比重为15.58%。近年来，西方发达国家的居住支出比重进一步提高至20%上下。如2006年美国居住支出的比重为17.45%，法国为24.93%，德国为24.4%；2005年日本为24.51%，英国为19.76%①。以这些国家的居住消费作为标杆，我国城乡居民居住消费仍需进行几次重大升级，才能达到它们目前的水平，可见未来几年我国居住消费增长的潜力巨大。然而，能否实现居住消费快速升级，也存在诸多制约因素。这些因素包括：居住价格水平、收入增长状况、居民对未来的预期以及居住产业供给水平。本篇的后几章将进一步展开分析。

二、转型时期我国居住消费的主要特征

（一）居住支出与消费性支出、可支配收入或纯收入之间的相关性

居住支出与消费性支出、可支配收入或纯收入之间的相关性，可以采用灰色关联分析方法进行测算。系统之间的各因素随时间或不同对象而变化的关联性大小的量度，称为关联度。灰色关联分析方法，是基于系统因素之间相互关系的复杂性、模糊性、不明确性即所谓的“灰色”性，分析因素之间发展趋势的相似或相异程度（灰色关联度），作为衡量因素间关联程度的一种方法。灰色关联度分析对于一个系统发展变化态势提供了量化的度量，非常适合动态历程分析。其步骤如下：

首先，设居住支出（CH）的时间序列为参考系列，而消费性支出（C）与可支配收入或纯收入（Y）为比较序列。

其次，对 CH、C、Y 剔出价格因素后的原始数据进行标准化处理，采用初始化变换方法，即分别用该序列的第一个数据去除后面的各个原始数据，得到倍数数列的初始化数据。

第三，按照下式计算 t 时刻某一比较序列 i（$i=C$，Y）对参考序列 CH 的关

① 参见国际统计数据（2007），http：//www.stats.gov.cn/tjsj/qtsj/gjsj/2007/t20080630_402489064.htm。

联系数 $L_{CH_i}(t)$：

$$L_{CH_i}(t) = (A_{CH_i}(\min) + \rho A_{CH_i}(\max)) / (A_{CH_i}(t) + \rho A_{CH_i}(\max)) \quad (6-1)$$

式中，ρ 为位于区间［0，1］的灰数，这里的测算中我们将其取为 0.5；$A_{CHi}(\min)$ 和 $A_{CH_i}(\max)$ 分别为所有时刻中比较序列 i 对参考序列的绝对差中的最小值与最大值；$A_{CH_i}(t)$ 为 t 时刻比较序列 i 对参考序列的绝对差。

第四，我们按照下式计算两个比较系列（C、Y）对参考系列（CH）的灰色关联度（结果参见表 6－2）。

$$r_{CH_i} = \left(\sum_{t=1}^{N} L_{CH_i}(t) \right) / N \quad (6-2)$$

表 6－2　　我国城乡居民 *CH* 与 *C*、*Y* 的灰色关联度

城镇居民				
项目	r_{CHC}（原始数据始于 1981 年）	r_{CHC}（原始数据始于 1993 年）	r_{CHY}（原始数据始于 1981 年）	r_{CHY}（原始数据始于 1993 年）
灰色关联度	0.667	0.626	0.782	0.600
农村居民				
项目	r_{CHC}（原始数据始于 1985 年）	r_{CHC}（原始数据始于 1993 年）	r_{CHY}（原始数据始于 1985 年）	r_{CHY}（原始数据始于 1993 年）
灰色关联度	0.649	0.595	0.559	0.610

注：原始数据选择不同的起始年份主要是考虑到多种不同的价格指数的原因。1981 年起的城镇居民居住支出是按照城市居民消费价格指数加以调整的；1985 年起的农村居民居住支出是采取农村居民消费价格指数进行调整的；1993 年起的城镇、农村居民居住支出数据是分别按照城市、农村居民消费价格分类指数（居住）调整的。

从表 6－2 中我们看到，我国城乡居民 CH 与 C、Y 的灰色关联度并不很高，最高的是原始数据始于 1981 年的城镇居民 CH 与 Y 的灰色关联度，但也仅仅为 0.782。表明我国城乡居民的 CH 增长与 C、Y 增长并非完全同步，这意味着建立关系模型时可能需要寻找其他重要的因素。对城镇居民而言，CH 与 Y 的相关性更高些；而对农村居民而言，CH 与 C 的相关性略高。

值得注意的是，在采用同样方法计算城乡居民 CH、城乡居民“居住消费率”以及城乡居民居住支出比重的灰色关联度之后，我们发现它们的灰色关联度分别为 0.771、0.698 和 0.778，相比较表 6－2 中的数值它们并不低。这可能暗示我们在建立回归模型检验城乡居民 CH 的相关因素时，需要考虑城乡之间的互动因素。

（二）城乡居民居住支出的平稳性检验

为了消除价格因素的影响，这里对各年的城乡居民居住支出（*CH*），同时也对消费性支出（*C*）、可支配收入或纯收入（*Y*）的名义数据均用价格指数加以调整。通过 ADF 检验，我们发现，城镇居民的 *CH*、*C*、*Y* 这三个变量本身的 ADF 值均大于临界值，表明它们属非平稳过程；同时变量 *CH*、*C* 经过一阶差分后属平稳过程，*Y* 则只有在二阶差分后才是平稳过程。农村居民的数据同样具有非平稳性特征：农村居民的 *CH*、*C*、*Y* 这三个变量本身的 ADF 值均大于临界值，表明它们具有非平稳性；*Y* 在一阶差分后是平稳过程，同时变量 *CH*、*C* 经过二阶差分后才是平稳的。单位根检验的具体结果如表 6－3 所示。

表 6－3　　我国城乡居民 *CH*、*C*、*Y* 的 ADF 平稳性检验

变量	ADF 值	5% 显著水平下的 ADF 值
城镇居民		
CH（一阶差分，0 期滞后，只包括截距项）	-3.50	-2.99
C（一阶差分，0 期滞后，包括趋势项和截距项）	-3.61	-3.61
Y（二阶差分，0 期滞后）	-3.40	-1.96
农村居民		
CH（二阶差分，0 期滞后）	-3.06	-1.96
C（二阶差分，0 期滞后）	-4.84	-1.96
Y（一阶差分，1 期滞后，包括趋势项和截距项）	-3.85	-3.67

（三）城乡居民的居住支出与可支配收入或纯收入的协整关系检验

我们通过对城乡居民 *CH*、*C*、*Y* 的协整关系检验发现（具体结果参见表 6－4），城镇居民的 *CH*、*Y* 之间存在着协整关系，而 *CH*、*C* 之间没有协整关系；农村居民的 *CH*、*Y* 之间，*CH*、*C* 之间都没有协整关系。这是可以理解的，从表 6－1、图 6－1 我们能很明显地看到城镇居民的 *CH*、*Y* 之间有一稳定的长期关系，它们不会分离；而城镇居民的居住消费支出增长与收入增长存在着不一致性。城乡居民的 *CH*、*C* 之间没有协整关系，表明城乡居民的居住支出与消费性支出具有不一致性。

进一步，对存在协整关系的城镇居民的 *CH*、*Y* 进行误差修正（*EC*）分析，其结果为（小括号内为标准误，中括号内为 *t* 值，下同）：

$$
\begin{aligned}
D(CH) = \ & 8.4294 \quad - \quad 0.2801 \quad D(CH(-1)) \\
& (1.7279) \qquad (0.2154) \\
& [4.8785] \qquad [-1.3005]
\end{aligned}
$$

$$- 0.0195D(Y(-1)) - 0.0640 \quad EC \qquad (6-3)$$
$$(0.0129) \qquad (0.0162)$$
$$[-1.5081] \qquad [-3.9508]$$

表 6-4　　我国城乡居民 *CH*、*C*、*Y* 的协整关系检验

协整变量	Eigenvalue	Trace Statistic	5% 临界值	假设的协整方程数
城镇居民				
CHCY（Trace test 表明在 5% 的水平上有 2 个协整方程）	0.703558 0.526199 0.018750	47.56322 18.38149 0.454273	29.79707 15.49471 3.841466	None* At most 1* At most 2
CHC（Trace test 表明在 5% 的水平上没有协整关系）	0.377195 0.055542	12.73596 1.371453	15.49471 3.841466	None At most 1
CHY（Trace test 表明在 5% 的水平上有 1 个协整方程）	0.595590 0.020259	22.21902 0.491204	15.49471 3.841466	None* At most 1
农村居民				
CHCY（Trace test 表明在 5% 的水平上没有协整关系）	0.482856 0.367230 0.118398	24.86194 11.67327 2.520301	29.79707 15.49471 3.841466	None At most 1 At most 2
CHC（Trace test 表明在 5% 的水平上没有协整关系）	0.259986 0.042095	6.881847 0.860125	15.49471 3.841466	None At most 1
CHY（Trace test 表明在 5% 的水平上没有协整关系）	0.318462 0.037365	8.429681 0.761628	15.49471 3.841466	None At most 1

注：(1) 表中 * 表明在 5% 的水平上拒绝原假设；
(2) 检验中均假设有线性决定性趋势，(一阶差分意义上) 滞后 1。

滞后 1 期的 *CH*、*Y* 差分的 *t* 值都不显著，然而误差修正项是显著的，表明 *CH* 的实际值与长期均衡值的差距约有 6.4% 得到纠正或消除。

(四) 城乡居民的可支配收入与其居住支出的格兰杰因果检验

由于只有平稳变量之间或存在协整关系的非平稳变量之间才能进行格兰杰因果检验，从上面的分析我们知道，只有城镇居民居住支出（*CH*）与可支配收入（*Y*）有协整关系。从城镇居民居住支出（*CH*）与可支配收入（*Y*）的格兰杰因果检验来看，*CH*、*Y* 互为对方的格兰杰原因（在 10% 显著水平上）（见表 6-5）。

表 6-5　　城镇居民居住支出（*CH*）与可支配收入（*Y*）的格兰杰因果检验（滞后：2）

原假设	Obs.	F 统计值	概率
CH 不是 Y 的格兰杰原因	24	3.26838	0.06027
Y 不是 CH 的格兰杰原因	24	2.81606	0.08490

（五）城乡居民居住支出的 ARIMA 模型

城镇居民居住支出的 ARIMA 模型结果为：

$$D(CH) = \underset{\substack{(8.0296)\\ [1.6397]}}{13.1614} + u_t \tag{6-4}$$

$$u_t = \underset{\substack{(0.1313)\\ [6.6931]}}{0.8789}\, u_{t-2} + \varepsilon_t - \underset{\substack{(0.1378)\\ [-6.5522]}}{0.9026}\, \varepsilon_{t-2} \tag{6-5}$$

进一步可以改写成：

$$D(CH) = 1.5938 + 0.8789D(CH(-2)) + \varepsilon_t - 0.9026\varepsilon_{t-2} \tag{6-6}$$

除了常数项 t 值不显著外，其他均显著。可以认为，城镇居民居住支出的差分与其滞后 2 期的差分存在着高度联系（其系数为 0.8789），滞后两期的移动平均项的预测误差值对当期预测误差的调整关系为 -0.9026。

进一步，从表 6-6 中我们看到，由于概率值都大于 0.05，表明所有 *Q* 值都小于检验水平为 0.05 的 χ^2 分布临界值，模型的随机误差项是一个白噪声系列。

表 6-6　　ARMA 模型 Q 检验值概率分布

自相关	偏相关	序号	AC值	PAC值	Q检验值	概率值
		1	-0.104	-0.104	0.2826	
		2	-0.262	-0.276	2.1642	
		3	0.082	0.021	2.3593	0.125
		4	-0.108	-0.183	2.7105	0.258
		5	-0.116	-0.138	3.1397	0.371
		6	0.033	-0.095	3.1757	0.529
		7	0.030	-0.048	3.2072	0.668
		8	-0.094	-0.150	3.5483	0.738
		9	-0.065	-0.167	3.7233	0.811
		10	0.034	-0.121	3.7749	0.877

农村居民居住支出的 ARIMA 模型结果为：

$$D(D(CH)) = \underset{\substack{(0.6133)\\[2.7359]}}{1.6781} + u_t \qquad (6-7)$$

$$u_t = \underset{\substack{(0.2850)\\[-1.4207]}}{-0.4049}\ u_{t-4} + \varepsilon_t - \underset{\substack{(0.0604)\\[-14.6500]}}{0.8849}\ \varepsilon_{t-3} \qquad (6-8)$$

进一步可以改写成：

$$D(D(CH)) = 2.3576 - 0.4049D(D(CH(-4))) + \varepsilon_t - 0.8849\varepsilon_{t-3} \qquad (6-9)$$

由于 CH 的二次差分 t 值不显著，需要谨慎导出下述结论：农村居民居住支出的二次差分与其滞后 4 期的二次差分存在着一定联系（其系数为 -0.4049），滞后 3 期的移动平均项的预测误差值对当期预测误差的调整关系为 -0.8849。同样的，Q 统计值表明，所有 Q 值都小于检验水平为 0.05 的 χ^2 分布临界值，模型的随机误差项是一个白噪声系列。

三、小结

改革开放 30 年是我国居民居住消费快速增长的一个重要时期。城镇居民居住支出在 1981～2007 年间的平均实际增长率达到 9.2%；1978～2007 年，农村居民居住支出年均增长 4% 左右。从“居住消费率”的实际数据来看，城乡居民的“居住消费率”存在一个明显的收敛趋势，这是发生在我国城乡居民居住消费时序数据中的一个重要现象，可以称之为“城乡居住消费率收敛之谜”，值得进一步解释。

我国城乡居住消费升级具有不同阶段。分析表明，我国城镇居民居住消费升级具有三个典型阶段：第一阶段为 1981～1986 年，居住支出比重在 4% 左右；第二阶段为 1987～1996 年，居住支出比重大致位于 6%～8% 的区间；1997 年往后是第三阶段，该比重在 8%～10% 的区间徘徊。从整个时序数据上看，居住支出占消费性支出的比重是稳步提高的。在剔除价格因素后，我国城镇居民居住消费升级的三阶段实际上仅为两个阶段，即 1986 年之前的 4% 阶段和 1987 年起的 6%～8% 阶段。农村居民居住支出的比重与城镇居民存在较大不同。从时序数据看，农村居民居住支出占消费性支出的比重存在着明显的波动特征，1978～1993 年，完成一个较大的周期波动；1993～2005 年，完成一个较平稳的波动；2006 年则存在着一个较大反转。

在进一步的实证检验与分析之后，发现我国转型时期居住消费具有几个重要特征：首先，居住支出与消费性支出、可支配收入或纯收入之间存在着一定程度的相关性，但并非高度相关；其次，城乡居住支出是一个非平稳过程；第三，仅城镇居民的 *CH*、*Y* 之间存在着长期均衡关系；第四，格兰杰因果检验表明，城镇居民的可支配收入（*Y*）与其居住支出（*CH*）互为格兰杰原因；最后，ARIMA 模型表明，城乡居民居住支出的差分与其滞后期的差分存在着较大关系（城镇居民的系数为0.8789、农村居民的系数为-0.4049），滞后期的移动平均项的预测误差值对当期预测误差有重要调整（城镇居民为-0.9026、农村居民为-0.8849）。

第二节　转型时期影响居住消费的因素分析——中国居住消费函数构造

一、模型

（一）消费的完全市场模型

消费的完全市场模型是一种风险分享（Risk Sharing）方法，首先由威尔森（Wilson）、希尔斯特伦和波利（Kihlstrom & Pauly）引入，他们强调了特定偏好设定与分享规则之间的关系。尔后康斯坦丁尼德斯（Constantinides）、施可曼（Scheinkman）以及汤森（Townsend）等人又进一步发展。模型基本结构为：

设定一个 N 人经济，$i \in \{1, 2, \cdots, N\}$，这 N 人具有同样的偏好形式。每个人生存 T 期，并允许 $T=\infty$。每期的消费品是不可储存的，并将其规范化为1。每个人对该消费品有一个随机禀赋过程 $\{y_t^i\}$。记 $y^{i,t}=(y_0^i, y_1^i, \cdots, y_t^i)$ 为第 i 人的时序为 $t+1$ 的禀赋震荡历史，s_t、$s^t=(s_0, s_1, \cdots, s_t)$ 分别为事件和事件的历史并认为 s_0 为给定的，S^t、Y^t分别是事件和禀赋的状态空间，$\pi_t(y^{i,t})$、$\pi_t(s^t)$ 分别为第 i 人的禀赋历史和事件历史的客观概率。此外，假设每个人的主观概率正好与该客观概率一致。第 i 人的效用形式可以记为：

$$u^i(c^i) = \sum_{t=0}^{T} \sum_{s^t \in S^t} \beta^t \pi_t(s^t) U^i(c_t^i(s^t), s^t) \tag{6-10}$$

其中，$\beta \in (0, 1)$ 为主观贴现率。

消费的完全市场模型认为人们能采用诸多资产组合来规避个人收入不确定性的风险，个人预算约束也因此需要进一步修正。由于完全市场的存在，我们假设每个人可以在不确定性揭示前的零时刻交易各类消费依存的期权。此时，每个人的阿罗—德布罗预算约束为：

$$\sum_{t=0}^{T} \sum_{s^t \in S^t} p_t(s^t) c_t^i(s^t) \leqslant \sum_{t=0}^{T} \sum_{s^t \in S^t} y_t^i(s^t) \tag{6-11}$$

其中，p_t（s^t）为零时刻 1 单位 t 期消费的价格。同时还要满足：

对所有的 i、t、s_t，c_t^i（s^t）$\geqslant 0$ （6－12）

对所有的 t、s_t，$\sum_{i=1}^{N} c_t^i(s^t) = \sum_{i=1}^{N} y_t^i(s^t)$ （6－13）

在式（6－11）～式（6－13）的约束条件下，效用最大化的个人将选择最大化式（6－10）的 $c_t(s^t)$。由于完全市场假设意味着福利经济学的基本定理存在，因此可以通过下式求解社会计划者所面对的问题而得到我们所需要的结论。

$$\max_{c_t^i(s^t)} \sum_{i=1}^{N} \alpha^i u^i(c^i) \quad \text{s. t.} \ (6-11) \sim (6-13) \tag{6－14}$$

其中的 α^i 为帕累托权重，满足 $\sum_{i=1}^{N} \alpha^i = 1$，进一步设定所有人的效用函数都是相同的 CRRA 形式，即，$U^i(c, s^t) = \frac{c^{1-\sigma}-1}{1-\sigma} + v(s^t)$。求解最优化的式（6－14），可以获得：

$$\frac{c_t^i(s^t)}{c_t^j(s^t)} = \left(\frac{\alpha^i}{\alpha^i}\right)^{\frac{1}{\sigma}} \tag{6－15}$$

进一步，可以将每期的个人消费表示成总消费 $\left(\sum_{i=1}^{N} c_t^i(s^t)\right)$ 或总收入 $\left(\sum_{i=1}^{N} y_t^i(s^t)\right)$ 的函数：

$$c_t^i(s^t) = w^i \sum_{i=1}^{N} y_t^i(s^t) = w^i \sum_{i=1}^{N} c_t^i(s^t) \tag{6－16}$$

从而，

$$\Delta \ln c_t^i = \Delta \ln \sum_{i=1}^{N} c_t^i(s^t) \equiv \Delta \ln c_t \tag{6－17}$$

其中，$\sum_{i=1}^{N} c_t^i(s^t)$ 被记作 c_t。式（6－17）是下面检验完全消费保险假设（CCIH）的基本理论公式。

（二）持久性收入/生命周期理论

与完全市场模型不同，持久性收入/生命周期（PILCH）理论假设行为人没有办法获得一个完整的条件消费权集，这个差异主要体现在它们的预算约束方程因此有所不同。

考察一个生存 T 期的个人，其终生效用为：

$$U = \sum_{t=1}^{T} u(C_t) \quad u'(\cdot) > 0, u''(\cdot) < 0 \tag{6－18}$$

其拥有初始财富 A_0，各期劳动收入分别为 Y_1，Y_2，…，Y_T。该人可以在市场上借贷，假设利率是外生，并为分析简便假设正好为零。那么该人的预算约束为：

$$\sum_{t=1}^{T} C_t \leqslant \sum_{t=1}^{T} Y_t + A_0 \tag{6-19}$$

在该约束下求解最大化（6－18）式，我们可以得到，对所有 t：

$$C_t = \frac{1}{T}\left(\sum_{t=1}^{T} Y_t + A_0\right) \tag{6-20}$$

这意味着，个人消费不是由该期收入决定的，而是由整个一生的收入决定的，这就是持久性收入/生命周期理论的主要含义。

尽管持久性收入/生命周期的理论含义十分明确，然而在实际中很难通过设定直接的持久性变量加以检验。一个替代方法是间接检验。例如，随机游走假说是对生命周期/持久收入假说在不确定条件下的一个扩展，它断言：当产出意外地下降时，消费的下降仅仅由这一部分收入中的持久收入下降量所决定，并且这种下降预期不会恢复。如果有充分的证据表明过度敏感性确实存在，即消费能对可预期的收入变动做出反应，这就意味着持久收入假说起码在某些方面失败了。下面将用它对持久性收入假说做一个间接的检验。

二、转型时期我国城乡居住消费适用完全消费保险假设吗

这里，我们通过对由式（6－21）给出的计量模型做出参数估计，以检验完全消费保险假设（CCIH）对转型时期我国城乡居住消费是否适用。

$$\Delta \ln c_t^i = b_1 \Delta \ln c_t + b_2 \Delta \ln y_t^i + \varepsilon_t^i \tag{6-21}$$

如果完全消费保险假设是成立的，那么估计出的 $b_1 = 1$，$b_2 = 0$，这是梅斯（Mace，1991）所采用的方法。这里，我们也将采用该方法，然而与其实际数据不同，由于我们缺少该方面数据，这里，将采用 1993～2006 年的收入分组数据（城镇 7 分组，农村 5 分组），使用个体固定效用回归模型对式（6－21）中的各参数做出估计。估算结果如下：

结果 1： 城镇居民（圆括号里为标准误，中括号为 t 值，下同）：

$$\begin{aligned}\Delta \ln c_t^i = & -0.0061D_1 - 0.0018D_2 + 0.0009D_3 + 0.0051D_4 + 0.0109D_5 \\ & + 0.0133D_6 + 0.0273D_7 + \underset{\substack{(0.1592) \\ [4.2596]}}{0.6780}\ \Delta \ln c_t + \underset{\substack{(0.0774) \\ [3.8643]}}{0.2992}\ \Delta \ln y_t^i \end{aligned} \tag{6-22}$$

其中，$D_1 \sim D_7$ 分别为“最低”到“最高”收入等级分组的虚拟变量，定义为：

$$D_i=\begin{cases}1, & \text{若属于第 } i \text{ 等级分组}, i=1,2,\cdots,7\\ 0, & \text{其他}\end{cases}$$

该结果的 R^2 为 0.34，F 值较大，b_1、b_2 均通过 t 检验，所估计的数值具有显著性；同时，Wald 检验表明"$b_1=1$，$b_2=0$"的原假设不能被接受。

结果 2：城镇居民（考虑 1998 年我国主要是城镇取消福利分房的房改全面启动，截取 1999～2006 年的收入等级分组数据进行相关分析）：

$$\begin{aligned}\Delta\ln c_t^i = & -0.0161D_1-0.0260D_2-0.0360D_3-0.0409D_4-0.0471D_5\\ & -0.0545D_6-0.0589D_7+\underset{\substack{(0.2178)\\ [7.0460]}}{1.5343}\Delta\ln c_t+\underset{\substack{(0.1638)\\ [8.2747]}}{1.3557}\Delta\ln y_t^i\end{aligned}\tag{6-23}$$

b_1、b_2 均通过 t 检验，所估计的数值具有显著性，"$b_1=1$，$b_2=0$"的原假设同样不能通过检验。

结果 3：农村居民：

$$\begin{aligned}\Delta\ln c_t^i = & 0.0503D_1+0.0296D_2+0.0258D_3+0.0068D_4-0.0120D_5\\ & +\underset{\substack{(0.2199)\\ [3.9875]}}{0.8767}\Delta\ln c_t-\underset{\substack{(0.4468)\\ [-0.5125]}}{0.2290}\Delta\ln y_t^i\end{aligned}\tag{6-24}$$

$$D_i=\begin{cases}1, & \text{若属于第 } i \text{ 等级分组}, i=1,2,\cdots,5\\ 0, & \text{其他}\end{cases}$$

b_2 未通过 t 检验，剔出 $\Delta\ln y_t^i$ 项后，所估计的方程为：

$$\begin{aligned}\Delta\ln c_t^i = & 0.0518D_1+0.0288D_2+0.0242D_3+0.0047D_4-0.0129D_5\\ & +\underset{\substack{(0.2139)\\ [4.1165]}}{0.8804}\Delta\ln c_t\end{aligned}\tag{6-24'}$$

b_1 的系数为 0.88，Wald 检验表明仅在 58% 左右的概率上可以接受其为 1 的原假设。

总体而言，我国转型时期的城乡居民（特别是城镇居民）居住消费并不适用完全消费保险假设，这是可以理解的，因为转型期的市场发育状况以及各种体制、机制的障碍限制了资源要素在市场中的自由流动，市场具有典型的非完全性特征。此外，完全消费保险假设的不适用性也表明转型时期我国城乡居民居住消费函数的构建不能完全脱离当期收入因素。

三、持久性收入/生命周期假说对转型时期我国城乡居民居住消费成立吗

坎贝尔和曼昆（Campbell & Mankiw）在 1989 年运用工具变量法来检验霍尔

随机游走假说。考虑一个备选假设：λ 比例的消费者仅消费其当期收入，剩余的消费者按照霍尔的假设进行消费。则从第 $t-1$ 期到第 t 期的消费变化为：

$$C_t - C_{t-1} = \lambda(Y_t - Y_{t-1}) + (1-\lambda)e_t \equiv \lambda Z_t + v_t \tag{6-25}$$

其中，e_t 为消费者对第 $t-1$ 期到第 t 期的估计持久性收入变化，$Z_t \equiv Y_t - Y_{t-1}$，$v_t \equiv (1-\lambda)e_t$，由于 Z_t 和 v_t 正相关，所以采用工具变量法来检验霍尔的假设。理论上存在很多可供选择的工具变量，任何第 $t-1$ 期已知的变量都与残差无关。虽然坎贝尔和曼昆考虑了多组工具变量，但出于数据收集的考虑，这里我们仅仅考虑将收入变化的一期滞后值作为工具变量。

我们做两阶段的回归：第一阶段，将变量 Z_t 对工具变量进行回归；第二阶段是将变量 $C_t - C_{t-1}$ 对从第一阶段回归得到的 Z_t 的拟合值 $\hat{Z}_t$ 进行回归。

$$C_t - C_{t-1} = \lambda \hat{Z}_t + \lambda(Z_t - \hat{Z}_t) + v_t \equiv \lambda \hat{Z}_t + \tilde{v}_t \tag{6-26}$$

式中的 $\tilde{v}_t$ 由 v_t 和 λ（$Z_t - \hat{Z}_t$）构成。容易看出 $\hat{Z}_t$ 与 $\tilde{v}_t$ 不相关，从而 $C_t - C_{t-1}$ 对 $\hat{Z}_t$ 的回归可以得到 λ 的一个恰当的估计。

这里，我们利用 Eviews 软件中的面板两阶段最小二乘法（Panel TSLS）方法进行检验。检验结果如下：

结果 1：城镇居民（1993～2006 年的收入等级 7 分组数据）：

$$\begin{array}{cccc} \Delta C_t = & 13.2405 & + & 0.0316\ \Delta Y_t \\ & (3.7533) & & (0.0099) \\ & [3.5276] & & [3.1989] \end{array} \tag{6-27}$$

各参数均通过 t 检验，收入变动系数 λ 的值为 0.0316，表明持久性收入假说能较好（大约 96.84%）地解释城镇居民居住消费的相关模式，然而 λ 值并不等于零，也表明了持久性收入假说不能解释城镇居民居住消费的所有数据事实。

结果 2：城镇居民（截取 1999～2006 年的收入等级分组数据进行相关分析）：

$$\begin{array}{cccc} \Delta C_t = & 16.5480 & + & 0.0838\ \Delta Y_t \\ & (4.6475) & & (0.0182) \\ & [3.5606] & & [4.6475] \end{array} \tag{6-28}$$

与包含 1998 年之前的数据相比，λ 的估计值发生了较大变化（达到 0.0838），表明房改因素对城镇居民居住消费模式具有一定影响。

结果 3：农村居民（采用 2000～2006 年的分省数据）：

$$\begin{array}{cccc} \Delta C_t = & 11.6216 & + & 0.1127\ \Delta Y_t \\ & (8.5449) & & (0.0279) \\ & [1.3601] & & [4.0361] \end{array} \tag{6-29}$$

与前述结果 1、结果 2 相比，此处的 λ 较大，反映了城乡之间居民居住消费模式具有一定差异。比较而言，农村居民居住消费较多地受当期收入变动的影响而城镇居民更多地受持久性收入影响。

四、小结

第一，转型时期我国城乡居民（特别是城镇居民）居住消费基本不能用完全消费保险假设来解释而能较好地适用持久性收入/生命周期理论。一个可能的理由是：转型期的市场发育状况以及各种体制、机制的障碍限制了资源要素在市场中的自由流动，市场具有典型的非完全性特征。

第二，当期收入和持久性收入构成转型时期影响我国城乡居民居住消费的主要因素。

第三，进一步的实证结果表明，城乡之间的居民居住消费模式具有一定差异，农村居民居住消费较多地受当期收入变动的影响而城镇居民更多地受持久性收入影响。

第四，房改因素对城镇居民居住消费模式产生一定影响。受其影响，城镇居民居住消费开始相对更多地受当期收入的影响。

第三节　转型时期我国城乡居民居住消费收入弹性研究

一、居住消费与发展水平的倒"U"形结构：世界经验

居住消费与发展水平之间具有重要联系。这种联系具体表现为在居住消费与发展水平之间具有倒"U"形结构，也被称为居住消费与发展水平的倒"U"形假说。意指：处于较低发展水平的国家和地区其居住消费支出具有低的收入弹性；当处于发展的中等阶段时，伴随着快速的工业化和城市化，居民居住消费支出也急剧增长；而当其处于相对较高的发展阶段时，居住消费支出的收入弹性又开始降低。从图形看是一个明显的倒"U"形状（见图6－4）。

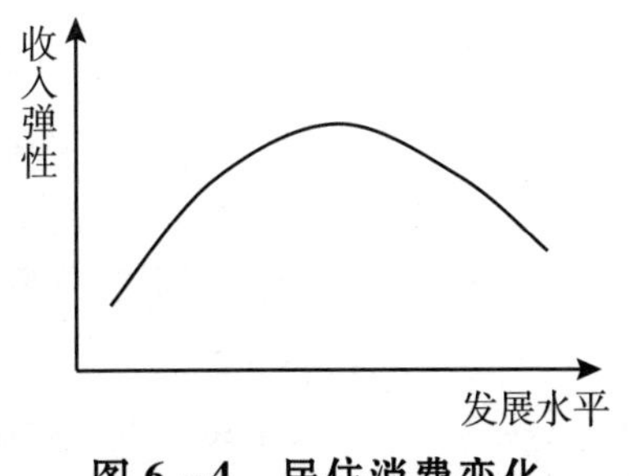

图6－4　居住消费变化

反映一国发展水平的居住消费变化规律，可以这样来解释：（1）豪沙克（Houthakke）指出，当一国处于发展早期时，诸如食物等其他消费支出的要求很强。此外，由于货币或统计上的原因，对该时期的居住消费支出可能存在一定程度的低估；建筑组织及原料供给上的刚性也阻碍了城市居住消费支出的膨胀。（2）随着工业化和城市化进程，居民收入提高，居住的有效需求也增加，城市化意味着城乡间的劳动力发生急剧转移，人口空间上的迁移导致对住房消费的巨大需求；物质资本积累、技术进步以及住房市场放松进入限制，住房供给上的刚性得以缓解；伴随经济快速发展、收入增长而来的通胀压力，使得住房投资市场得以全面启动，这也增加了居民对居住消费的需求。（3）随着国家更为富裕、人口增长减缓、城市化进程基本完成、资源配置效率提高，越来越多的新消费事项（如家庭设备、交通通讯、医疗保健、教育、文化娱乐等）进入居民消费选择集中，其中一些消费事项是跟居住消费互补的，另一些则形成替代；居住相关产品的供给也由于工资成本的提高重新受到一些约束；居住消费具有“耐用性”，前期巨额的消费支出使得当期居住消费的收入弹性降低。

一项较早期的研究中，拉克什曼等（Lakshmanan et al.）应用1950～1973年的时序数据分为两期（分别为1950～1961年、1962～1973年）、三组（分别为高收入国家、中等收入国家、低收入国家）对31个发达国家、发展中国家进行实证分析，研究结果表明：（1）两期中任一期的多国数据表明，一国居住消费的收入弹性是该国人均收入的函数，最富裕的国家如美国、加拿大有最高的收入弹性，最贫穷的国家如泰国、坦桑尼亚有最低的收入弹性；然而对大多数具有中等收入弹性的国家而言，居住消费的收入弹性与人均收入的关系并不清晰，这是因为影响居住消费收入弹性的因素除了人均收入外还跟各国的消费政策息息相关。（2）对两期收入弹性比较之后，发现最高收入国家的居住消费收入弹性是降低的，高收入国家的居住消费收入弹性只有轻微增加，中等收入国家增长迅速，而低收入国家的居住消费收入弹性在降低，与居住消费与发展水平的倒“U”形假说正好吻合。阿瑞曼（Arimah）采用罗森（Rosen）的两步（Two－Step）模型研究了以尼日利亚的伊巴丹市为代表的“第三世界”的一系列居住消费特性。实证结果表明社会经济地位、人口统计因素（如收入、居住特性之价格、家庭规模、户主的职业地位等）是主要的居住消费特性。此外，研究还表明对这些居住消费特性的需求是无弹性的（所估系数均小于1）。

居住消费与发展水平之间关系的研究的另一条思路是利用微观数据探讨住房价格与收入水平或工资之间的相互作用关系。索等（So et al.，2001）[①] 研究了

① So，Kim S.，Peter F. Orazem and Daniel M. Otto.：The Effects of Housing Prices，Wages，and Commuting Time on Joint Residential and Job Location Choices，*American Journal of Agricultural Economics*，2001，Vol. 83.

住房价格、工资和交通时间对居住地和工作地同时选择的问题。交通条件的提高减少了交通时间，并且增加非城市人口到城市工作的数量；而城市工作的工资增加将促使农村人口向城市转移，然而城市住房价格的提高又导致人口向农村迁移。坎贝尔和考克（Campbell & Cocco）则利用英国的微观数据研究住房价格变化对家庭消费决策的影响。他们发现：住房价格变化对消费变化具有正向影响，住房价格对老年房主的消费影响最大，对老年租户、年轻房主次之，对年轻租户的影响最小。考虑到居住价格变化从一个侧面反映了发展水平，而一般而言，年轻租户的收入（财富）较低，年老租户、年老房主次之，年轻房主收入（财富）相对较高，因此该项研究的这些方面暗示了居住消费与发展水平之间具有重要联系。

相比较居住消费收入弹性的思路，“住房价格—收入水平”的研究路线更具理论基础，其所采用的微观数据计量方法在方法论上也更可取。鉴于难以获得合适的面板数据库，本书中我们只对我国城乡居民居住消费收入弹性做出相应探讨，这方面研究在国内还未有见①。改革开放 30 年来，我国城乡居民居住消费快速增长，其间居住消费支出的收入弹性也发生了明显变化，但具体如何变化，需要进一步的实证检验。众所周知，政府政策在居住消费以及相关产业发展中具有重要作用，对居住消费收入弹性的研究有助于我们制定恰当的公共政策和设计正确的发展规划。转型时期我国城乡居民居住消费收入弹性具有怎样的模式特征？是否吻合世界经验？如果是，那么其处于倒“U”形的哪个阶段？对这些问题的解答需要我们提供实际证据。

下面我们首先使用双对数模型和扩展线性支出系统（ELES）对转型时期居住消费收入弹性做出估计；在第三部分，研究转型时期我国城乡居民居住消费收入弹性的具体模式特征，并提出一些相关对策。

二、转型时期我国城乡居民居住消费收入弹性估算

（一）居住消费收入弹性估算——双对数模型

1. 模型结构

$$C_t = AY_t^{\alpha}\varepsilon_t \quad (6-30)$$

① 从文献检索来看，国内对我国城乡消费结构、消费行为（袁志刚、宋铮，1999；罗楚亮，2004）、消费选择行为（臧旭恒等，2001）、消费不振（朱国林、范建勇、严燕，2002）等有较多研究，然而具体到作为耐用品一个类别的居住/住房（樊潇彦、袁志刚、万广华，2007）及其消费行为的研究，基本处于空白状态。

其中，C_t 为 t 期的人均实际居住消费；A 为常数项；Y_t 为 t 期的人均实际可支配收入或纯收入；α 为居住消费的收入弹性；ε_t 为对数正态分布、均值为 1、常方差的误差项。对式（6－30）取对数后得到：

$$\ln C_t = \ln A + \alpha \ln Y_t + \ln \varepsilon_t \qquad (6-31)$$

2. 估算结果

按城镇、农村分组，以 1992 年①、1998 年②为时间段的划分标准，分别估计式（6－31）的各参数值（见表 6－7）。

表 6－7　城乡居民居住消费收入弹性估算（双对数模型）

方程	常数项（$\ln A$）	收入弹性（α）	R^2	D. W.
EQ1（城镇居民：1981～1992）	－2.8697 （0.8288） [－3.4624*]	0.9670 （0.1312） [7.3724*]	0.8446	2.0738**
EQ2（城镇居民：1993～2007）	－11.6031 （3.3574） [－3.4560*]	2.1958 （0.4560） [4.8160*]	0.6408	0.3563
EQ3（城镇居民：1981～1998）	－2.7984 （0.3682） [－7.6006*]	0.9555 （0.0554） [17.2520*]	0.9490	1.7984**
EQ4（城镇居民：1999～2007）	－24.9045 （5.4545） [－4.5659*]	4.0039 （0.7340） [5.4549*]	0.8096	0.9717
EQ5（农村居民：1985～1992）	5.1966 （1.0822） [4.8017*]	－0.1664 （0.1741） [－0.9556]	0.1321	0.8274
EQ6（农村居民：1993～2007）	－4.6879 （1.7469） [－2.6836*]	1.2838 （0.2457） [5.2243*]	0.6774	0.3678

注：（1）表中小括号内为标准误，中括号内为 t 值；
（2）* 表示在 0.05 的水平上显著，** 表示在 0.05 的水平上无自相关。

---

① 1992 年 1 月 18 日至 2 月 21 日，邓小平视察了我国南方的武昌、深圳、珠海和上海等地，并发表重要谈话，邓小平南方谈话标志着我国市场经济导向的改革得以启动。

② 1998 年 6 月，国务院决定，党政机关停止实行 40 多年的实物分配福利房的做法，推行住房分配货币化，由于原福利分房存在于城镇，故该种划分法只适用于对城镇居民居住消费收入弹性的估算。

3. 对估算结果的一个简单评述

除了 EQ5 之外，各方程弹性系数都是显著的，R^2 较高，收入弹性都为正值，并在各方程间有较大变动。除了 EQ1、EQ3 所获得的 D. W. 表明不拒绝无自相关的原假设外，其他各方程都存在自相关关系。提请注意：自相关出现时，OLS 估计量仍是无偏和一致的，然而 t 检验和 F 检验是失效的，可能高估了 R^2。

总体而言，弹性系数估算的结果并不令人满意，这既有数据质量也有数据长度方面的问题。如果我们的主要目的是估算弹性系数而不是用于预测，那么尽管由于自相关以及显著性方面的一些问题，但此时 OLS 估计量仍是无偏和一致的，我们可以引用这些弹性系数，然而一定要保持足够的警惕性。

（二）居住消费收入弹性估算——扩展线性支出系统

1. 模型结构

对于截面数据，扩展线性支出系统（ELES）的计量模型如下：

$$V_i = \left(p_i\gamma_i - \beta_i \sum_{j=1}^{n} p_j\gamma_j\right) + \beta_i I + u_i = b_i + \beta_i I + u_i \qquad (6-32)$$

其中，I，V，p，γ 分别代表收入、消费支出、价格、维持生活的基本需求量；u_i 为随机扰动项；β_i 是边际消费倾向；$b_i = \left(p_i\gamma_i - \beta_i \sum_{j=1}^{n} p_j\gamma_j\right)$，对于截面数据，该项中的价格 p_i 在同一截面上是不变的，可以作为已知数，因此它是一项只与 i 有关的常数（下面只分析 i 为“居住”的情形）。

2. 估算结果

仍按城镇（1992 年以来①）、农村（2002 年以来②）分组，采用收入等级分组的截面数据，测算各年度城乡居民居住消费的收入弹性（见表 6-8）。

表 6-8　城乡居民消费收入弹性估算（ELES 模型）

方程	常数项（$b_{居住}$）	边际消费倾向（$\beta_{居住}$）	R^2	D. W.	White 异方差性检验	收入弹性
城镇居民						
EQU2007	221.8482 (13.8145) [16.0591*]	0.0555 (0.0008) [69.7631*]	0.9988	1.0708	Prob. χ^2 (2) = 0.2605***	0.7789

① 1991 年（含）之前，没有明确的居住消费类数据，需要加总获知，基于分组分析的样本点较少，测算误差将对结果造成重要影响，故从略。

② 农村收入分组数据只有 2002 年以来才能获得，故只估计了 2002 年以来农村居民的居住消费收入弹性。

续表

方程	常数项（$b_{居住}$）	边际消费倾向（$\beta_{居住}$）	R^2	D. W.	White 异方差性检验	收入弹性
EQU2006	185.9586 (17.5440) [10.5996*]	0.0618 (0.0012) [52.8102*]	0.9978	0.9691	Prob. χ^2 (2) =0.4601***	0.8034
EQU2005	188.9607 (6.0530) [31.2176*]	0.0591 (0.0004) [131.5595*]	0.9996	2.4845**	Prob. χ^2 (2) =0.1629***	0.7669
EQU2004	116.0134 (10.9008) [10.6427*]	0.0661 (0.0009) [71.9818*]	0.9988	1.0231	Prob. χ^2 (2) =0.6656***	0.8490
EQU2003	75.4231 (35.9461) [2.0982]	0.0752 (0.0035) [21.6143*]	0.9873	1.6509**	Prob. χ^2 (2) =0.1881***	0.9110
EQU2002	86.4924 (24.9485) [3.4668*]	0.0714 (0.0027) [26.1737*]	0.9913	1.4201**	Prob. χ^2 (2) =0.6095***	0.8809
EQU2001	190.9359 (4.0308) [47.3691*]	0.0521 (0.0005) [101.8211*]	0.9994	2.3472**	Prob. χ^2 (2) =0.2107***	0.6522
EQU2000	163.6211 (8.0474) [20.3321*]	0.0536 (0.0011) [47.3205*]	0.9969	2.0247**	Prob. χ^2 (2) =0.0977***	0.6726
EQU1999	132.1603 (11.4048) [11.5881*]	0.0559 (0.0017) [32.0337*]	0.9942	1.1132	Prob. χ^2 (2) =0.4686***	0.7208
EQU1998	118.8923 (13.0195) [9.1319*]	0.0546 (0.0022) [25.1612*]	0.9906	0.9630	Prob. χ^2 (2) =0.7230***	0.7253
EQU1997	96.6652 (13.9241) [6.9423*]	0.0513 (0.0025) [20.9203*]	0.9865	2.0985**	Prob. χ^2 (2) =0.1116***	0.7381
EQU1996	106.4172 (6.3204) [16.8371*]	0.0441 (0.0013) [33.1527*]	0.9946	1.7536**	Prob. χ^2 (2) =0.4658***	0.6416

续表

方程	常数项（$b_{居住}$）	边际消费倾向（$\beta_{居住}$）	R^2	D. W.	White 异方差性检验	收入弹性
EQU1995	66. 3692 (9. 9600) [6. 6636*]	0. 0477 (0. 0024) [20. 2801*]	0. 9856	1. 9131**	Prob. χ^2 (2) = 0. 0931***	0. 7422
EQU1994	51. 7826 (3. 1069) [16. 6672*]	0. 0449 (0. 0009) [50. 3928*]	0. 9976	1. 3090	Prob. χ^2 (2) = 0. 4221***	0. 7390
EQU1993	39. 3767 (4. 2887) [9. 1815*]	0. 0440 (0. 0017) [26. 0462*]	0. 9912	1. 2218	Prob. χ^2 (2) = 0. 9390***	0. 7343
EQU1992	25. 8749 (3. 9599) [6. 5342*]	0. 0412 (0. 0020) [20. 2761*]	0. 9856	1. 1607	Prob. χ^2 (2) = 0. 0509***	0. 8397
农村居民						
EQR2007	93. 3222 (27. 2708) [3. 4221]	0. 1138 (0. 0051) [22. 4002*]	0. 9941	—	Prob. χ^2 (2) = 0. 6030***	0. 8211
EQR2006	70. 7402 (27. 7478) [2. 5494]	0. 1087 (0. 0060) [18. 1854*]	0. 9910	—	Prob. χ^2 (2) = 0. 8127***	0. 8314
EQR2005	86. 9322 (18. 5027) [4. 6983*]	0. 0850 (0. 0044) [19. 4293*]	0. 9921	—	Prob. χ^2 (2) = 0. 2788***	0. 7474
EQR2004	6. 5643 (32. 3713) [0. 2028]	0. 1053 (0. 0085) [12. 3499*]	0. 9807	—	Prob. χ^2 (2) = 0. 9249***	0. 9536
EQR2003	10. 9874 (23. 6751) [0. 4641]	0. 1101 (0. 0069) [15. 9823*]	0. 9884	—	Prob. χ^2 (2) = 0. 4805***	0. 9505

续表

方程	常数项 ($b_{居住}$)	边际消费倾向 ($\beta_{居住}$)	R^2	D. W.	White 异方差性检验	收入弹性
EQR2002	1.0571 (17.8356) [0.0593]	0.1172 (0.0055) [21.1475 *]	0.9933	—	Prob. χ^2 (2) = 0.5526 ***	0.9666

注：(1) 表中小括号内为标准误，中括号内为 t 值；

(2) * 表示在 0.05 的水平上显著，** 表示在 0.05 的显著水平上无自相关，*** 表示在 0.05 的显著水平上无异方差性；

(3) 农村居民的估算方程未给出 D. W. 值是因为样本点太少，不能给出有效的 D. W. 检验；

(4) 收入弹性计算公式为 $\eta_{居住} = \frac{\partial V_{居住}}{\partial I}\frac{I}{V_{居住}} = \beta_{居住}\frac{I}{V_{居住}}$。

3. 对估算结果的一个简单评述

各年度边际消费倾向均显著，所有估算的收入弹性小于 1，从各年度看，城镇居民的居住消费收入弹性 1992 ~ 2002 年具有递减趋势，而之后则重新开始有所增加，农村居民的居住消费收入弹性近年来有所减少。某些方程（EQU2006 ~ 2007、EQU2004、EQU1998 ~ 1999、EQU1992 ~ 1994）存在自相关，所有方程均通过 White 异方差性检验。由于收入等级分组的样本点很少，引用上述结果，要保持足够的警惕。

三、转型时期我国城乡居民居住消费收入弹性的模式特征及对策

（一）转型时期我国城乡居民居住消费收入弹性变化趋势

双对数模型估算了 1992 年前后的城乡居民居住消费收入弹性：城镇居民 1981 ~ 1992 年的收入弹性为 0.9670，1993 ~ 2007 年收入弹性为 2.1958；农村居民 1985 ~ 1992 年的收入弹性为 -0.1664，1993 ~ 2006 年收入弹性为 1.2838。图 6 - 5 反映了随着市场化改革的推进，我国城乡居民的生活水平得以不断提高，又因生活水平的提高导致人们把收入的更多部分用于居住消费（表现为 1992 年后城乡居民的收入弹性都大于 1）；同时，我们看到城镇居民比农村居民的居住消费收入弹性更大，表明城镇居民比农村居民将收入增长的更多比例用于居住消费，这可从 1998 年住房改革前后的收入弹性系数上看出，1998 年之前的收入弹性为 0.9555，1998 年之后的收入弹性则剧增到 4.0039。

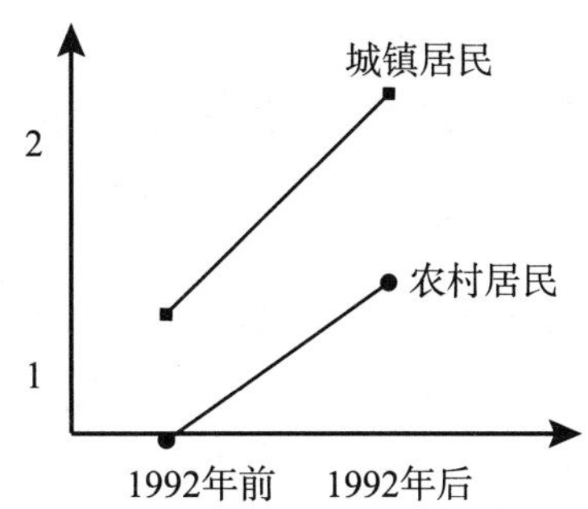

图 6-5　双对数模型下居住消费收入弹性与发展水平

ELES 模型的城乡居民居住消费收入弹性的变动趋势是城镇居民的居住消费收入弹性在 1992 年后则有一个递减过程，2002 年后又开始增加。近年来，农村居民的收入弹性则有所减少（见图 6-6）。ELES 模型估算的收入弹性与双对数模型估算的收入弹性有很大的差异，ELES 模型估算的收入弹性都小于 1，而双对数模型估算的收入弹性在前一个阶段小于 1，后一阶段大于 1。时序和截面数据所带来的这种差异需要进一步解释。实际上，无论是双对数模型还是 ELES 模型都是简易模型，只有更深入地探讨居民消费的行为模式，才能为居住消费收入弹性测算提供一个更为坚实的理论基础。

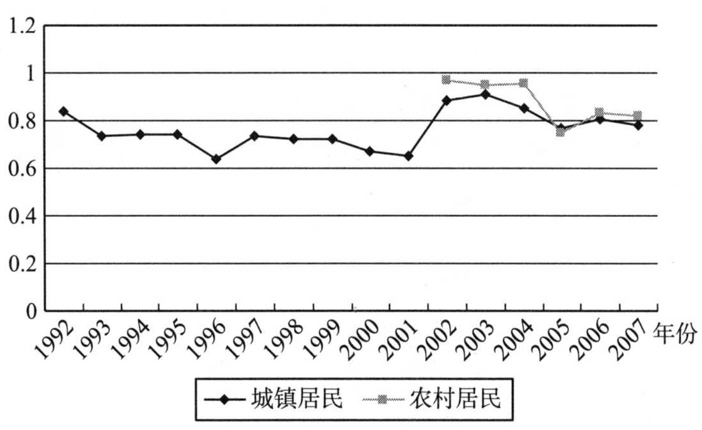

图 6-6　ELES 模型下居住消费收入弹性与发展水平

（二）我国城乡居民居住消费收入弹性的模式特征

可以将我国城乡居民居住消费收入弹性的模式特征归结为如下两点：

第一，居住消费的收入弹性是人均收入的函数。双对数模型 1992 年前后、1998 年前后的居住消费收入弹性都表现为一个递增过程。我国属于中低收入国家，这种消费收入弹性的模式与世界经验是吻合的。世界经验是：高收入国家的居住消费收入弹性只有轻微增加，中等收入国家增长迅速，而低收入国家的居住消费收入弹性是低的。目前，我国城乡居民消费收入弹性的模式处于居住消费与发展水平的倒“U”形结构左边的快速上升阶段。

第二，改革因素构成我国城乡居住消费收入弹性变动的主要特点。1992 年前后、1998 年前后的居住消费收入弹性有明显变化。从图 6－5 看，房改因素对城镇居民消费收入弹性的增加造成重要影响，尽管刚开始几年城镇居民消费收入弹性有所减少，但长期上看，表现为一个稳步增长态势。

（三）有关我国城乡居民居住消费收入弹性的对策建议

居民消费结构随着收入水平的变化而不断变化，转型时期我国城乡居民消费升级的一个重要表现是居住消费支出在其消费支出中的比重不断增加。进一步加大居民居住消费支出，需要居住消费支出的增长比例大于收入支出增长的比例，也就是要实现居住消费的收入弹性大于 1。可以采取以下措施。

第一，突破要素效率壁垒，实现城乡统筹。体现在工业化、城市化进程中的急剧结构变迁是居民收入提高的重要原因。目前，我国的工业化、城市化已经取得重要进展，然而下一步发展也受到不少限制，主要是经济运行中存在着一些限制要素自由流动的效率壁垒，如制度壁垒、教育壁垒、劳动外部性与转换壁垒、专业性投资壁垒、技术壁垒、自然禀赋壁垒、文化壁垒，等等。效率壁垒的存在使一国经济的资本、劳动力、土地、技术、信息等要素的流动性降低，并进一步导致经济效率发生损失。只有突破要素效率壁垒，实现城乡统筹，才能为进一步实现工业化、城市化创造条件。随着工业化和城市化进程，居民收入提高，居住的有效需求也将增加。

第二，从居住消费支出的需求方面来看，城市化意味着城乡间的劳动力发生急剧转移，人口空间上的迁移导致对居住消费的巨大需求。然而，目前我国还存在着劳动力市场发育不足，城乡间存在区隔，限制人口自由流动的歧视性政策仍有待消融等多方面问题，阻碍了劳动力在城乡间的转移，对居住消费潜在需求的释放不利。

第三，从居住消费支出的供给方面来看，仍然存在的建筑组织及原料供给上的刚性也阻碍了城市居住消费支出的膨胀。需要通过增加物质资本积累，加快技术进步，使住房供给上的刚性得以缓解。

第四，在居住消费政策上也要有所扶持，国家扩大内需政策可以有针对性地向居住消费领域倾斜。

第七章

转型时期居民交通通讯消费升级

第一节　转型期居民消费需求升级中交通通讯消费的趋势和特征

本章将对城镇与农村居民交通通讯消费进行考察与比较分析，从而总结交通通讯消费支出随着收入增长而发生变化的阶段性增长特征和结构变化，总结影响居民交通通讯支出变化的关键因素。

一、城镇与农村交通通讯消费的快速增长：绝对量变化

（一）城镇居民交通通讯消费支出迅速提高

随着城镇居民可支配收入水平的不断提高，城镇居民交通通讯消费支出迅速增长（见图 7－1），并呈现如下特征：

第一，交通通讯消费需求在经历了早期的低速增长阶段之后，一直呈现快速增长态势。总的来说，我国城镇居民的交通通讯消费支出在转型早期处于较低水平，之后大约在 1992～1998 年之间是稳步提高的阶段，而从 1998 年起经历飞速发展阶段。按名义量计算，1998～2007 年间年平均增长速度在 20% 之多（水平

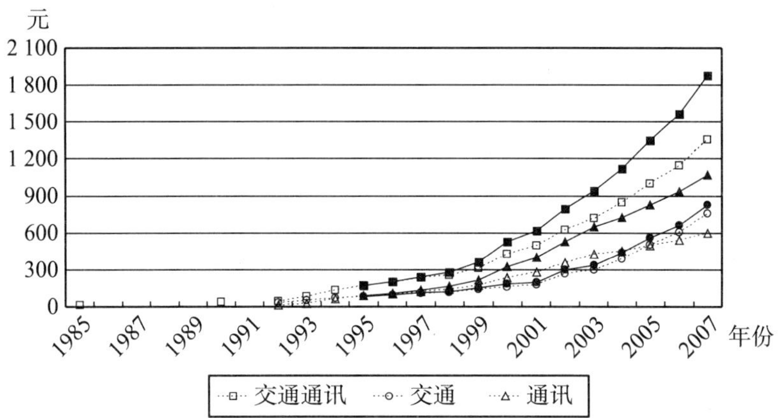

图 7－1　城镇居民交通通讯支出变化（名义量与实际量对比）

资料来源：历年《中国统计年鉴》。空心标记为名义量数据，实心标记为实际量数据，按照 1985 年的价格为基期计算获得；部分年份数据缺少。

法计算），到 2007 年城镇居民交通通讯人均消费达到 1 357.41 元。

第二，交通通讯消费趋势不同，后者增速相对减缓。如果对交通通讯消费项目进行分解可以看出，交通项目与未分解的走势相似，在新时期呈现了持续的高速增长势头，而通讯项目经过了一定的发展期后，近几年已呈现减缓趋势。二者比较可以初步推断，交通项目的消费仍是将来居民消费主题的热点，增长势头可观，而通讯项目经过一定时期的发展沉淀之后增长有逐渐趋缓之势。

第三，消除价格变化因素，通讯支出的增长力度相对更强；交通支出的名义量与实际量差别不大。交通通讯类的商品有价格不断下降的趋势，所以交通通讯消费的实际量比名义量增长速度更快。这反映了产业供给的迅速发展过程，因为价格的降低主要应是消费需求拉动下的产业成长和发展的结果。

（二）农村与城镇居民交通通讯消费支出变化的比较

图 7－2 显示了农村和城市居民人均交通通讯支出的变化，虽然农村居民人均交通通讯支出也有显著增长，但是城乡交通通讯消费支出量和增速差距较大。农村居民的交通通讯支出水平大大低于城镇居民水平，同时增长速度也较城镇居民小得多。农村居民 2007 年的交通通讯支出大约是城镇居民 1999 年的支出水平，整体而言，农村居民比城镇居民的交通通讯支出大约落后 7～8 年。

扣除物价影响因素后，无论是农村居民还是城镇居民，实际人均交通通讯支出都增加了，在这个过程中，城镇和乡村的交通通讯服务价格显著下降了（见

图 7 - 3）。但是城乡居民交通通讯消费价格指数变化有分化趋势，1995 ~ 2002 年城镇和农村交通通讯支出价格指数有共同的下降趋势，从 2002 年开始，二者的变化开始分化：城镇交通通讯支出价格指数继续下降，而农村价格有略微上升的趋势。

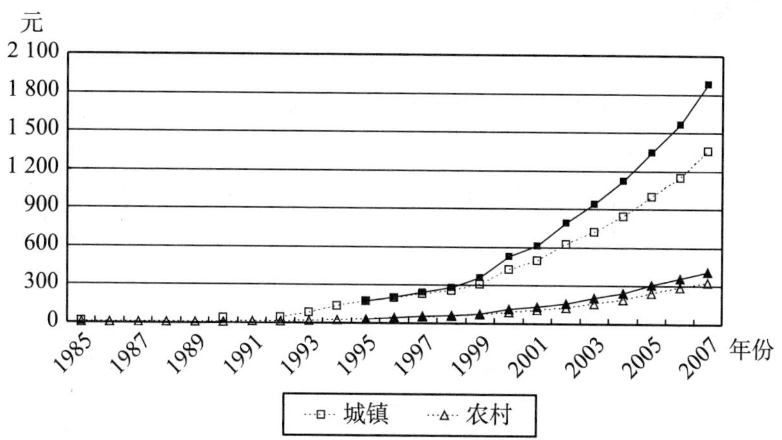

图 7 - 2　城镇/农村居民交通通讯支出变化比较（名义量与实际量对比）

资料来源：历年《中国统计年鉴》。空心标记为名义量数据，实心标记为实际量数据，按照 1985 的价格为基期计算获得；部分年份数据缺少。

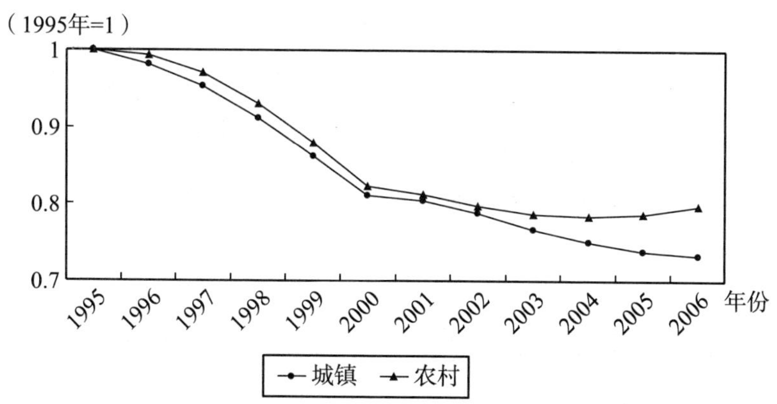

图 7 - 3　城镇/农村居民交通通讯支出价格指数变化

资料来源：历年《中国统计年鉴》。

二、居民交通通讯支出在消费总支出中的比重变化

交通通讯消费需求占消费总支出比重的变化可以反映居民生活消费支出的结

构升级状况。随着居民收入的增长，交通通讯消费逐渐成为居民消费的主题和热点，从而成为消费结构升级的关键方面。

（一）城镇居民交通通讯消费比重持续提高，交通通讯两项消费比重的变化趋势不同

图7-4显示了城镇居民总消费支出中的交通通讯支出项目的比重变化。交通通讯支出比重有逐年且近似等比例的线性上升趋势，从1992年的2.6%上升到2007年的13.58%。

交通通讯消费支出的结构变化趋势略有不同，1998年之前，交通消费支出比重增长平稳，而通讯支出比重逐年上升；1998年之后，交通消费支出比重逐年上升，而通讯支出比重变化趋缓并在近几年略有下降。

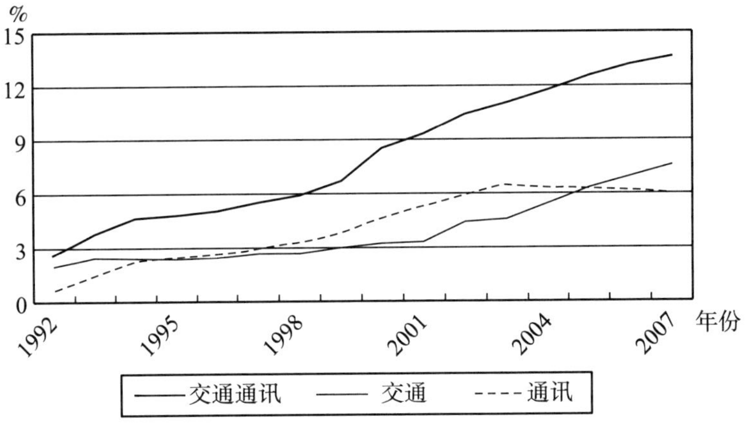

图7-4 城镇居民交通通讯支出在总消费中的比重变化（人均量）

资料来源：历年《中国统计年鉴》。比例数据按照当年价格数据计算得到。

（二）农村和城镇居民交通通讯消费比重的比较

城乡居民交通通讯消费支出比重的提高有较强的共同性和一致性。图7-5是农村/城镇居民交通通讯支出在总消费中的比重变化。经过早期的波动变化后，从1992年开始农村和城镇的交通通讯支出比重有逐年上升的趋势。城市居民的交通通讯支出比重从20世纪90年代初期的占2%～3%，提高到2007年的占13%多；农村居民交通通讯支出比重从20世纪90年代初期的占1.5%，提高到2007年的占10%还多。

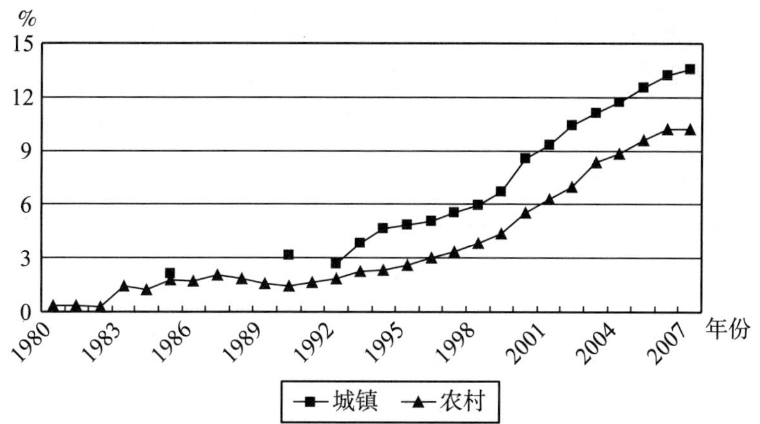

图 7－5　农村/城镇居民交通通讯支出在总消费中的比重变化对比（人均量）

资料来源：历年《中国统计年鉴》。比例数据按照当年价格数据计算得到，部分年份数据缺少。

城乡居民交通通讯支出比重变化趋势有较强的共同性和一致性，但是城乡居民的消费支出水平变化却有很大差异。1978 年以来，农村人均消费支出一直不到城镇居民的 50%，近几年更是下滑到 30% ~35% 之间，城乡居民消费支出水平差距变大。图 7－6 是城镇与农村居民消费支出总额与交通通讯支出比重的散点图，农村居民交通通讯消费支出比重在 1996 年（对应的比重约为 3%）以后急速提高，与人均消费支出水平变化极不对称，与城镇居民交通通讯消费支出比重的均匀变化迥异。或者说，在农村居民人均消费支出低于城镇居民人均消费支出的情况下，交通通讯支出所占比重却相对较高。

对上述现象的一个解释是存在于中国工业化过程中城市发展对农村社会发展的引力作用。城市非农产业的发展带来了人口城市化过程的加快，农村与城市之间因户籍制度限制从而形成的城乡分割，因人口的城市化过程加快而大大缓解，农村人口与城市之间的联系日益紧密，因而发生在农村与城市之间的交通通讯服务需求大大增长了。同时，中国人口的非农产业就业与人口城市化过程并不同步，最突出的表现就是在城市就业人口中有大量的农民工，其典型特征在于就业在城市，家庭永久居住地却在农村，就业劳动力短暂居住在城市，其赡养或抚养的人口居住在农村。因此，他们在每年的不同时期比如重大节假日奔波于短暂的城市居住地和农村永久居住地之间，平常时期必须经常与其赡养和抚养的老人和小孩之间保持联系。由此发生的巨大的交通通讯支出相对于其总消费支出而言，是一个较大的负担，因而所占比重相对于城市居民要高很多。

图 7－6 中值得注意的另一点是农村居民交通通讯消费比重提高后劲不足，2007 年这一比重有轻微下降。

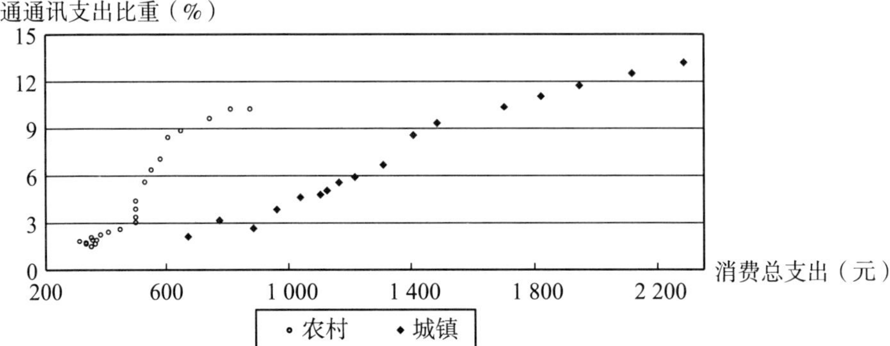

图 7－6　城镇/农村的消费总支出与交通通讯支出比重（人均量）

资料来源：历年《中国统计年鉴》。数据按照可比价格计算得到。农村的是 1985～2007 年共 23 年的数据点，城镇的是 1985 年、1990 年、1992～2007 年的 18 年的数据点。

三、居民交通通讯工具的消费和拥有状况

交通通讯消费比重的持续提高是居民消费升级的重要体现，而交通通讯工具的消费又是交通通讯消费中重要的、最为活跃的部分。居民交通通讯工具的消费演进能够表征居民消费的发展阶段。相对来讲，交通通讯的需求收入弹性较高，购买交通工具和增加通讯支出不仅为生活消费服务，更能为生产服务，其使用具有生活和生产的同一性，因此，经济增长和消费需求升级都会促进居民"行"的支出增长。

20 世纪 90 年代末至今，以汽车、住房、通讯、教育为主导的消费需求增长迅速，城镇居民满足吃、穿为主的生存型消费需求阶段基本结束，正在向发展型和享受型消费阶段过渡。消费需求升级的主题是居住、交通通讯、教育等消费支出的快速增长。

1. 城镇居民汽车消费

第一，城镇居民家庭家用汽车拥有量。

图 7－7 是城镇居民家庭平均每百户年底家用汽车拥有量。2008 年城市居民家庭每百户拥有汽车 8.83 辆，而在 2001 年，每百户居民拥有汽车只有 0.5 辆，城市居民的汽车拥有量快速增长。汽车消费必将成为今后的居民消费热点，同时 2001 年可能是汽车消费和生产升级的一个转折点。

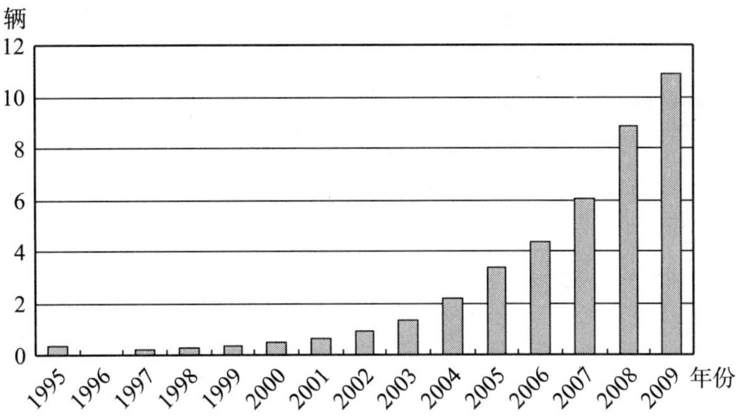

图 7－7　城镇居民家庭平均每百户年底家用汽车拥有量

第二，城市公共交通的发展。

公共交通作为居民日常的交通工具与居民交通行为息息相关。居民对公共交通方式的重要替代就是选择私人驾车来满足交通需求。居民消费需求的升级必然使个人面临公共交通和私人驾车的替代选择。考察各年公共交通的发展状况，然后与汽车消费进行对比，可以总结出一些规律。

图 7－8 是城市每万人拥有公交车辆的变化情况。从图中可以看出，近几年城市每万人拥有公交车辆的数量增长是缓慢的，这说明公共交通数量的增长是受到环境基础条件限制的，呈现一定空间下的饱和趋势，缓慢的增长可能主要是由城镇化来推动的。但经济的增长和居民消费需求的升级要求更高质量和更多数量的交通服务。公共交通的发展存在瓶颈，而日益提高的交通消费需求必然要突破

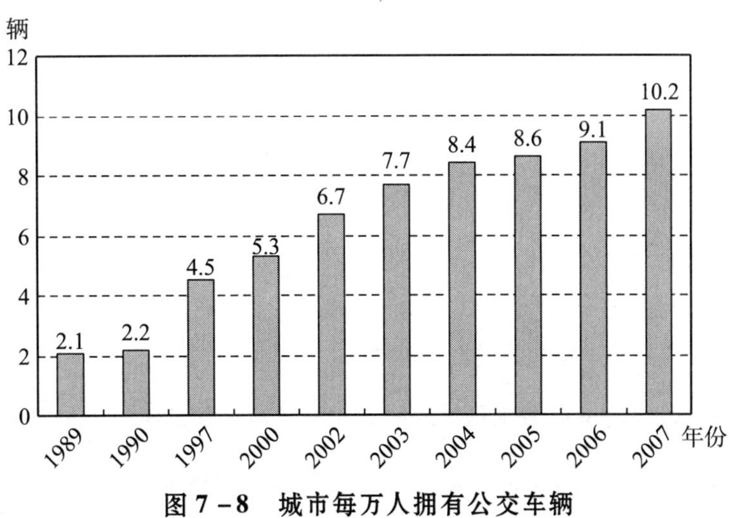

图 7－8　城市每万人拥有公交车辆

这个瓶颈，从而公共交通服务发展的局限性必然产生私人汽车消费对公共交通的快速替代。

第三，城镇居民分组的家庭汽车消费状况。

地区比较。图7-9是2006年按地区分城镇居民收入与平均每百户汽车拥有量的比较。从图中可以看出各地区城镇的汽车平均拥有量与收入的关系。各地区收入与汽车拥有量总体上呈正相关关系，但个体差异很大，如收入最高的上海其平均拥有量却很小。因此，收入与汽车消费的关系，以及影响汽车消费的关键因素需要进一步具体研究。

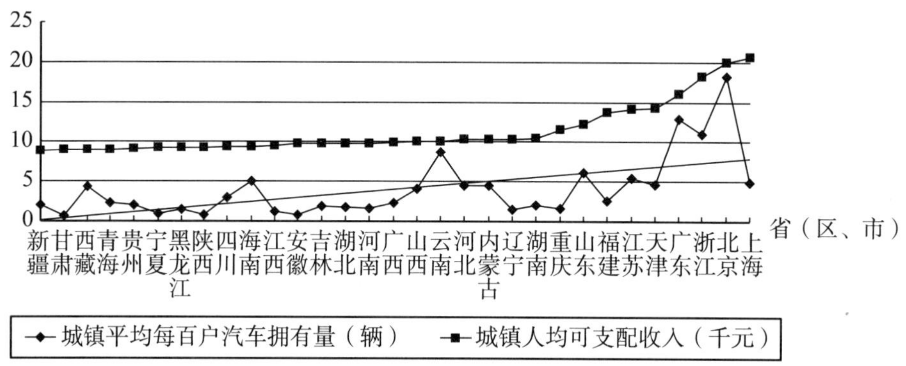

图7-9　2006年按地区分城镇居民收入与平均每百户汽车拥有量

图7-10表现了2006年分区域城镇居民家庭车辆拥有量。从图中可以看出，东部地区居民拥有车辆数量较其他地区有显著的数量优势，其中汽车每百户拥有量为8.02辆，而2006年全国城镇平均数是4.32，其他区域地区的汽车拥有量都低于全国平均数。

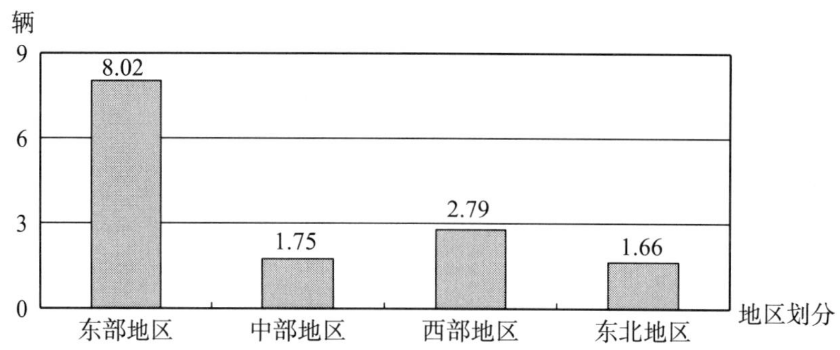

图7-10　2006年分地区城镇居民家庭平均每百户年底汽车拥有量

收入分组比较。图7-11为按收入等级分城镇居民平均每百户汽车拥有量，包括了2002~2006年五年的各收入组的汽车拥有量变化比较。从图中可以看出，中等收入水平及以下的家庭汽车拥有量变化不大，汽车的总平均拥有量与中等偏上收入户组的水平及变化保持一致，因此，汽车消费增加主要是由高收入户和最高收入户两组需求增长拉动的。

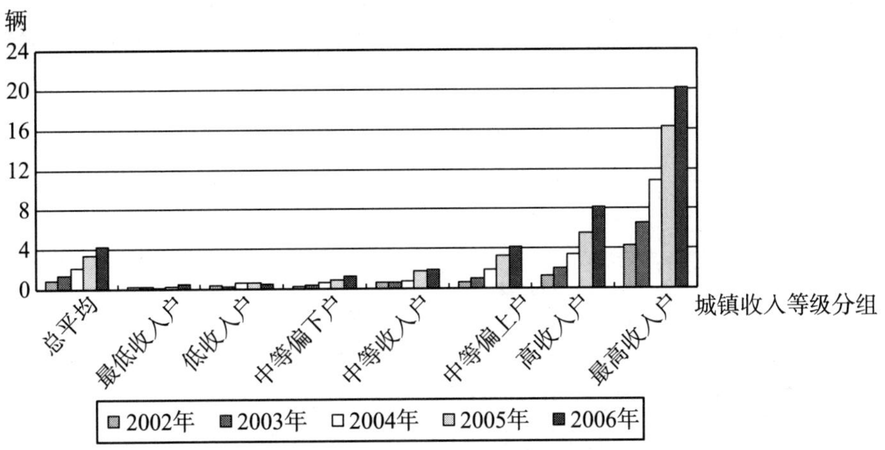

图 7－11　按收入等级分城镇居民平均每百户汽车拥有量

2. 其他交通工具消费状况

第一，农村家庭摩托车拥有量。

《中国统计年鉴》没有提供农村汽车拥有量数据，我们可以从农村每百户摩托车拥有量的变化考察农村的交通需求行为。图 7－12 显示的是农村每百户摩托车拥有量。从图中可以看出，农村的摩托车拥有量是不断增长的，2006 年几乎平均两户就拥有一辆摩托车。摩托车在农村市场存在的广泛需求，是由农村居民的收入水平和交通基础环境决定的。

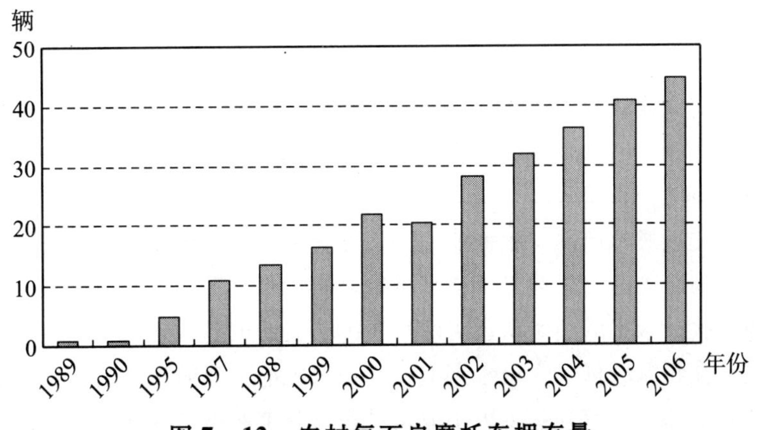

图 7－12　农村每百户摩托车拥有量

第二，城镇家庭摩托车和自行车拥有量。

图 7－13 显示了城镇居民家庭的摩托车和自行车拥有状况。虽然居民对汽车消费需求非常强烈，但是摩托车和自行车（尤其是自行车）在城市居民出行过程中仍然具有不可替代的功能，因此，其拥有量的变化和差异仍然能够反映出收入差距及经济发展的不平衡性。相对于西部和东北地区，东部和中部地区城镇家庭拥有的摩托车和自行车数量较多。

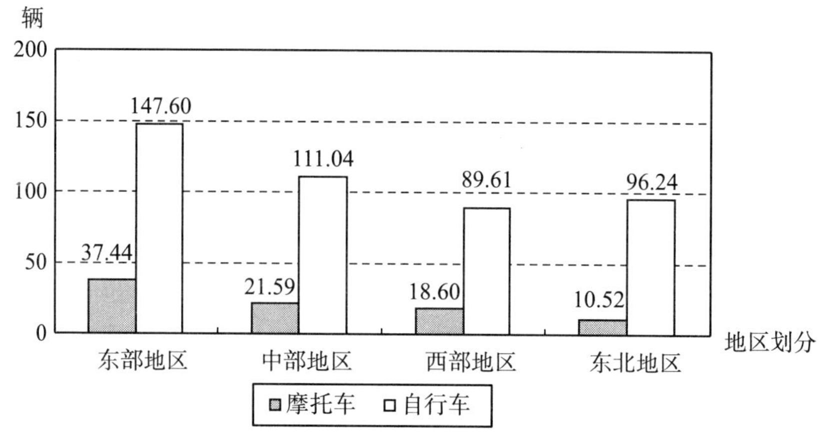

图 7－13　2006 年分地区城镇居民家庭平均每百户年底车辆拥有量

四、小结

以上对城镇和农村居民的交通通讯消费支出进行了分析，基本结论总结为几个方面：

第一，城乡交通通讯消费需求处于持续增长阶段，农村交通通讯消费水平大大低于城镇。2007 年城镇交通通讯消费支出是农村的近 6 倍（实际量计算）。

第二，交通通讯消费逐渐成为居民消费的主题和热点，在消费支出中的比重不断增大。城镇居民总消费支出中交通通讯支出项目的比重从 1992 年的 2.6% 上升到 2007 年的 13.58%。

第三，交通通讯产品与服务业的价格显著下降了，因而用实际价格水平衡量的交通通讯消费支出高于名义价格水平衡量的支出水平。

第四，收入水平的绝对状态对农村居民交通通讯消费支出比重的影响不同于城镇居民，在相对较低的支出水平上，农村居民的交通通讯支出比重高于城镇居民。这一现象的一个解释是中国工业化过程以及工业化过程和人口城市化过程的独特表现产生的影响，因工作地和永久居住地在地理空间上的分离导致农村居民交通通讯支出比例增大。

第五，汽车等交通工具的需求扩张主要是由中高收入阶层的需求增长带来的，中等收入水平以下的家庭在交通通讯耐用消费品的需求方面没有表现出重大的结构变化。

第二节　城乡居民交通通讯消费的收入弹性分析

一、交通通讯消费与收入的数据统计

根据《中国统计年鉴》和《新中国五十五年统计汇编》所提供的原始数据，对居民交通通讯消费与收入的数量关系进行相关统计分析，表7-1~表7-8分别从城镇和农村两个方面，对居民收入和交通通讯消费以及它们的增长量进行了相关性分析和检验。

表7-1　城镇居民收入和交通通讯消费基本统计量（1992~2007年）

	均值	标准方差	样本数量
城镇居民人均可支配收入（元）	6 777. 2625	3 316. 37081	16
城镇居民交通通讯消费（元）	502. 5706	405. 98180	16

表7-2　城镇居民收入和交通通讯消费相关分析及检验（1992~2007年）

		城镇居民人均可支配收入（元）	城镇居民交通通讯消费（元）
城镇居民人均可支配收入（元）	Pearson 相关系数	1	0. 990**
	显著性检验（双尾）		0. 000
	样本数量	16	16
城镇居民交通通讯消费（元）	Pearson 相关系数	0. 990**	1
	显著性检验（双尾）	0. 000	
	样本数量	16	16

注：** 表示在0.01水平上显著相关（双尾检验）。

表 7-3　城镇居民收入和交通通讯消费增长基本统计量（1993～2007 年）

	均值	标准方差	样本数量
城镇居民人均可支配收入增长量（元）	783.9600	446.77285	15
城镇居民交通通讯消费增长量（元）	87.5493	57.14672	15

表 7-4　城镇居民收入和交通通讯消费增长相关分析及检验（1993～2007 年）

		城镇居民人均可支配收入增长量（元）	城镇居民交通通讯消费增长量（元）
城镇居民人均可支配收入增长量（元）	Pearson 相关系数	1	0.823**
	显著性检验（双尾）		0.000
	样本数量	15	15
城镇居民交通通讯消费增长量（元）	Pearson 相关系数	0.823**	1
	显著性检验（双尾）	0.000	
	样本数量	15	15

注：** 表示在 0.01 水平上显著相关（双尾检验）。

表 7-5　农村居民收入和交通通讯消费基本统计量（1985～2007 年）

	均值	标准方差	样本数量
农村居民人均可支配收入（元）	1 754.5217	1 115.36312	23
农村居民交通通讯消费（元）	83.6026	97.10888	23

表 7-6　农村居民收入和交通通讯消费相关分析及检验（1985～2007 年）

		农村居民人均可支配收入（元）	农村居民交通通讯消费（元）
农村居民人均可支配收入（元）	Pearson 相关系数	1	0.934**
	显著性检验（双尾）		0.000
	样本数量	23	23
农村居民交通通讯消费（元）	Pearson 相关系数	0.934**	1
	显著性检验（双尾）	0.000	
	样本数量	23	23

注：** 表示在 0.01 水平上显著相关（双尾检验）。

表 7-7 农村居民收入和交通通讯消费增长基本统计量（1985~2007 年）

	均值	标准方差	样本数量
农村居民人均可支配收入增长量（元）	164.5522	144.67001	23
农村居民交通通讯消费增长量（元）	14.1304	15.72340	23

表 7-8 农村居民收入和交通通讯消费增长相关分析及检验（1985~2007 年）

		农村居民人均可支配收入增长量（元）	农村居民交通通讯消费增长量（元）
农村居民人均可支配收入增长量（元）	Pearson 相关系数	1	0.645**
	显著性检验（双尾）		0.001
	样本数量	23	23
农村居民交通通讯消费增长量（元）	Pearson 相关系数	0.645**	1
	显著性检验（双尾）	0.001	
	样本数量	23	23

注：** 表示在 0.01 水平上显著相关（双尾检验）。

上述对居民收入和消费关系的统计结果表明：

（1）无论城镇还是农村居民其收入和交通通讯消费之间都存在显著的相关性；两者的增长量也有显著的相关性，但相关程度相对较低。这说明我国居民总体上收入水平还处于较低阶段，交通通讯消费水平的收入水平约束明显，收入增量对交通通讯消费增量的支持作用相对较弱。

（2）农村居民交通通讯消费支出与收入变化之间的相关性相对城镇居民较低，这说明农村居民交通通讯消费需求受到收入以外的因素影响较大，比如农村的基础设施条件等决定的交通通讯消费环境或条件，交通通讯相关产业的产品和服务对农村居民的适用性等。

以上统计分析证实了居民收入与交通通讯消费的相关性，为了深入考察它们的关系，以下从双对数模型和扩展线性支出系统（ELES）两个方面，进行交通通讯消费的收入弹性计量分析。

二、交通通讯消费收入弹性估计：双对数模型

首先采用双对数模型结构对交通通讯消费进行收入弹性估计：

$$C_t = AY_t^{\alpha}\varepsilon_t \quad (7-1)$$

其中，C_t 为 t 期的消费；A 为常数项；Y_t 为 t 期的人均实际可支配收入或纯收入；α 为居住消费的收入弹性；ε_t 为对数正态分布、均值为 1、常方差的误差项。对式（7－1）取对数后得到：

$$\ln C_t = \ln A + \alpha \ln Y_t + \ln \varepsilon_t \quad (7-2)$$

（一）城镇方面

构建城镇交通通讯消费和收入水平的基本计量模型如下：

$$\ln utrc_t = \beta_1 + \beta_2 \ln ui_t + \varepsilon_t \quad (7-3)$$

其中，$\ln utrc_t$ 为 t 期取对数的人均实际交通通讯消费；β_1 为常数项；$\ln ui_t$ 为 t 期取对数的人均实际可支配收入或纯收入；β_2 则为交通通讯消费的收入弹性；ε_t 误差项或扰动项。

根据统计数据的收集，我们获得 1981～1991 年的城镇居民的交通费和邮电费支出数据，以及 1992～2006 年的交通通讯消费支出数据（包括了交通工具等相关项目），因此我们按照这两个阶段划分，分别进行计量估计（1981～1991 年的交通通讯消费支出为交通费和邮电费之和）。

1981～1991 年阶段的估计结果：

$$\ln utrc_t = -3.05 + 0.80 \ln ui_t$$
$$(-2.77)\ (4.64)$$
$$R^2 = 0.67 \quad D.W. = 0.96 \quad (7-4)$$

D. W. 值表明估计存在序列相关性，经过分析我们认为残差在滞后一阶存在自相关，修正序列相关，重新建立方程：

$$\ln utrc_t = \beta_1 + \beta_2 \ln ui_t + u_t$$
$$u_t = \phi_1 u_{t-1} + \varepsilon_t \quad (7-5)$$

其中，ϕ_1 是残差 u_t 的一阶自回归模型的系数。

重新估计，结果如下：

$$\ln utrc_t = -8.98 + 1.71 \ln ui_t + u_t$$
$$(-2.67)\ (3.38)$$
$$u_t = 0.77 u_{t-1} + \varepsilon_t$$
$$(5.00)$$
$$R^2 = 0.77 \quad D.W. = 1.42 \quad (7-6)$$

根据式（7－6）可知，1981～1991 年间城镇居民交通通讯消费的收入弹性平均 1.71 的水平趋势，是富有弹性的。

1992～2006 年阶段的弹性估算与上面的方法相同，最后确定模型并估计结果如下：

$$\ln utrc_t = -8.24 + 1.76\ln ui_t + u_t$$
$$(-2.82)(4.62)$$
$$u_t = 0.92u_{t-1} - 0.13u_{t-2} + \varepsilon_t$$
$$(2.53) \quad (-0.64)$$
$$R^2 = 0.99 \quad D.W. = 2.04 \tag{7-7}$$

根据式（7－7）可知，1992～2006 年间城镇居民交通通讯消费的收入弹性平均 1.76 的水平趋势，与 1981～1991 年间城镇居民交通通讯消费的收入弹性相比稍高，但大致来看，两段时间的弹性变化不大。

（二）农村方面

下面考察农村情况。构建农村交通通讯消费和收入水平的基本计量模型如下：

$$\ln rtrc_t = \beta_1 + \beta_2 \ln ri_t + \varepsilon_t \tag{7-8}$$

其中，$\ln rtrc_t$ 为 t 期取对数的人均实际交通通讯消费；β_1 为常数项；$\ln ri_t$ 为 t 期取对数的人均实际可支配收入或纯收入；β_2 则为交通通讯消费的收入弹性；ε_t 误差项或扰动项。

通过考察 1983～2006 年的农村 $\ln rtrc_t$ 和 $\ln ri_t$ 的散点图没有发现二者的结构变化特征，因而直接对 1983～2006 年区间进行估计。在计量估计过程当中，考虑残差的序列相关对其进行修正，最后估计结果如下：

$$\ln utrc_t = -9.27 + 1.78\ln ui_t + u_t$$
$$(-7.14)(10.00)$$
$$u_t = 1.09u_{t-1} - 0.34u_{t-2} + \varepsilon_t$$
$$(8.04) \quad (-2.18)$$
$$R^2 = 0.99 \quad D.W. = 1.75 \tag{7-9}$$

由结果式（7－9）可知，1983～2006 年间农村居民交通通讯消费的收入弹性平均 1.78，稍高于城镇的弹性。

通过对城镇和农村分别考察和比较，可以得知在考察期内，城镇和农村的交通通讯消费收入弹性大致稳定在 1.70 以上的水平，农村稍高于城镇。1.70 以上的弹性值说明了我国居民交通通讯消费随着收入增长的快速提高状况。交通通讯消费的持续增长说明了长期以来居民对交通通讯需求的提升，并且可以预测这种提升将在未来进一步延续。

三、交通通讯消费收入弹性估计：扩展线性支出系统

（一）扩展线性支出系统模型

扩展线性支出系统（ELES）模型假定：消费者的效用函数是拟线性函数的，消费者对商品的实际需求可以分为维持生活的基本需求和超出基本需求之外的额外需求；消费者的基本需求支出不会随着预算支出的变化而变化，边际预算份额对所有的消费者都是相同的，和消费者的总预算支出变化无关。在这些假定下，对于截面数据，ELES 模型结构如下：

$$V_i = \left(p_i\gamma_i - \beta_i \sum_{j=1}^{n} p_j\gamma_j\right) + \beta_i I + u_i = b_i + \beta_i I + u_i \qquad (7-10)$$

其中，I，V，p，γ 分别代表收入、消费项目支出、价格、维持生活的基本需求量；u_i 为随机扰动项；β_i 是边际消费倾向；$b_i = \left(p_i\gamma_i - \beta_i \sum_{j=1}^{n} p_j\gamma_j\right)$，对于截面数据，该项中的价格 p_i 在同一截面上是不变的，可以作为已知数，因此它是一项只与 i 有关的常数。收入弹性计算公式为：

$$\eta_Y = b_i \times I/V_i$$

下面把 ELES 模型结构应用于对交通通讯消费项目的分析。

（二）计量分析及结果

依据《中国统计年鉴》各年份的收入分组以及各分组对应的交通通讯消费支出截面数据，对城镇和农村的交通通讯消费行为演变分别进行计量分析，测算各年度城乡居民居住消费的收入弹性。受数据所限①，其中城镇是 1992～2007 年区间分析，农村是 2002～2007 年间的分析。计量分析结果如表 7－9、表 7－10 所示。

表 7－9　　城镇居民交通通讯消费的 ELES 分析及收入弹性估算

年份	b	t_b	β	t_β	R^2	D. W.	F	收入弹性
1992	－13.61	－6.21	0.03	28.32	0.99	2.77	802.26	1.4605
1993	－43.49	－5.87	0.05	18.62	0.98	1.30	346.53	1.7340
1994	－55.60	－10.75	0.06	40.42	1.00	1.84	1 634.07	1.5807

① 城镇 1992 年以前的交通通讯消费数据与后来的统计不一致；农村收入分组数据只有 2002 年以后的才能获得。

续表

年份	b	t_b	β	t_β	R^2	D. W.	F	收入弹性
1995	-59.47	-9.07	0.06	38.42	1.00	1.31	1 475.91	1.4910
1996	-33.95	-3.65	0.05	27.07	0.99	1.80	732.66	1.2879
1997	-41.57	-3.90	0.05	28.30	0.99	2.35	800.77	1.1770
1998	-24.85	-3.12	0.05	38.91	1.00	2.10	1 514.36	1.0919
1999	-37.02	-4.39	0.06	46.27	1.00	2.81	2 141.08	1.1248
2000	-39.84	-5.79	0.07	71.61	1.00	2.35	5 128.69	1.0205
2001	-27.13	-2.43	0.07	49.41	1.00	2.23	2 441.52	0.9733
2002	-89.09	-5.14	0.09	49.66	1.00	1.07	2 466.01	1.1566
2003	-96.41	-3.90	0.10	40.60	1.00	1.83	1 648.45	1.1427
2004	-197.10	-2.62	0.11	17.76	0.98	1.67	315.57	1.2592
2005	-337.21	-2.42	0.13	12.76	0.96	1.38	162.93	1.3895
2006	-402.18	-2.53	0.14	12.89	0.96	1.43	166.21	1.4010
2007	-432.82	-3.06	0.14	16.65	0.98	0.83	277.14	1.3775

注：t_b 和 t_β 分别表示 b 和 β 的 t 检验值，表 7-10 同。

表 7-10　　农村居民交通通讯消费的 ELES 分析及收入弹性估算

年份	b	t_b	β	t_β	R^2	D. W.	F	收入弹性
2002	-16.11	-2.74	0.06	31.04	1.00	1.46	963.20	1.0926
2003	-17.01	-1.55	0.07	20.81	0.99	1.75	433.14	1.0728
2004	-13.09	-0.99	0.07	19.57	0.99	1.53	382.94	1.0401
2005	27.55	3.07	0.07	30.79	1.00	1.55	947.91	0.8677
2006	33.46	3.56	0.07	34.44	1.00	1.90	1 185.94	0.8662
2007	37.30	4.34	0.07	43.13	1.00	1.80	1 860.01	0.8698

由分析结果可以发现，ELES 模型总体上能够较好地拟合我国城镇居民的消费状况，b 和 β 都通过了显著性检验。虽然某些年份的估计方程存在自相关性，但不影响我们对收入弹性的趋势分析。

四、居民交通通讯消费行为的收入弹性分析

以上两个部分分别从时间数列的双对数模型和年度横截面收入分组数据的

ELES 模型两种方法和角度对我国城乡居民的收入弹性进行了估计。

双对数模型的收入弹性估计表明，城镇居民 1981～1991 年的交通通讯消费收入弹性为 1.71，1992～2006 年之间为 1.76；农村居民 1983～2006 年之间的交通通讯消费收入弹性为 1.78；农村稍高于城镇，城乡居民的交通通讯消费是富有收入弹性的（大于 1），这验证了转型时期我国居民交通通讯消费强有力的升级趋势。交通通讯消费升级成为居民消费发展和拓展的新领域，居民对交通工具（如家庭汽车）、通讯工具（固定电话和移动电话）购买以及休闲旅游消费等的偏好和热衷就是很好的体现，较高的收入弹性预示着居民交通通讯消费将不断升温，交通通讯消费比重将持续上升。

与双对数模型的收入弹性估计比较，ELES 模型历年的估计值几乎都小于前者，这种差异源于方法和数据的不同。转型时期的经济快速增长、产业发展以及技术进步使得供给和需求条件时变性很强，前者较大的弹性体现了时间变化因素对消费升级的深刻影响，而后者采用年度的截面数据分析在时间上的不连续使得分析不能充分体现时间因素。另外，交通通讯消费收入弹性的双对数模型估计比 ELES 模型估计更宏观一些，是完全的经济总量数据分析，而 ELES 模型的年度收入分组数据可以帮助我们考察居民消费的收入层次性变化。

图 7－14 是 ELES 模型估计的城乡居民交通通讯消费的收入弹性变化趋势图。一个遗憾之处是，由于数据所限，没有对城镇居民 1992 年之前的年份进行估计，而农村只有 2002～2007 年的估计，所以不能对转型时期居民交通通讯消费收入弹性进行较全面的趋势分析。

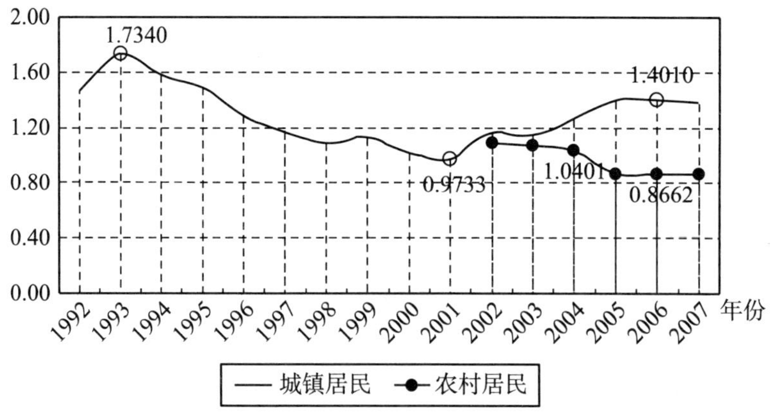

图 7－14　城乡居民交通通讯消费的收入弹性历年变化趋势（ELES 模型估计结果）

从图 7－14 可以看出，城镇居民的交通通讯消费的收入弹性每年度都大于

1，是富有弹性的；其变化具有周期波动性，从1993年的波峰到2001年的波谷，再到2005~2007年的波峰阶段，2001年是一个转折点。2001年以来，随着居民收入水平的提高以及电子通讯、家庭轿车价格的下降，移动电话和家用轿车迅速成为居民消费热点①，同时居民生活和消费的新理念使其在休闲、旅游消费支出增多，这都促使居民的交通通讯消费迅速提高，从而交通通讯消费收入弹性也不断提高。但是需要注意的一点是，城镇居民交通通讯消费收入弹性近几年在1.4左右高位的持续性如何。

从农村居民2002~2007年之间的交通通讯消费收入弹性变化来看，都低于对应期的城镇居民弹性值，2002~2004年两年城乡差距很小，之后二者趋势呈背离式、对称性分化，差距逐渐加大，2005~2007年三年农村居民消费弹性更是降低到小于1的水平。这说明农村居民收入还处于较低水平，增加的收入用于交通通讯消费的比例相对较小。但需要注意的是，正如上面提到的，农村较低的弹性只是反映年度内不同收入分组消费弹性情况，而从时间序列上看农村居民还是有较大弹性的（如双对数模型的估计结果）。综合两种方法的城乡弹性估计结果，可以判断虽然城乡交通通讯消费升级都处于快速提升阶段，但是农村的升级却处于较低的绝对水平，农村居民的收入和消费条件还处于较低水平。

五、小结

第一，采用双对数模型和ELES模型对城镇和农村居民交通通讯消费支出的收入弹性进行了估计。双对数模型的估计结果表明，城乡居民的交通通讯消费支出的收入弹性大于1.7，显然收入弹性较大。而ELES模型的估计结果虽然略有不同，但是却从较微观角度反映了交通通讯消费支出的收入弹性的历年变化状况，分析结果能提供收入弹性变化的阶段特征和趋势。

第二，ELES模型估计的城镇居民交通通讯消费的收入弹性每年度都大于1，是富有弹性的，其变化具有周期波动性，2001年是低谷，也是一个转折点。2001年以后，交通通讯消费收入弹性也不断提高。

第三，农村居民2002~2007年之间的交通通讯消费收入弹性都低于对应期的城镇居民弹性值，2002~2004年两年城乡差距很小，之后二者差距逐渐拉大，2005~2007年三年农村居民消费弹性更是降低到小于1的水平。这说明农村居民收入还处于较低水平，增加的收入用于交通通讯消费的比例相对较小。

---

① 这反映了居民消费与产业供给、技术进步之间的互动性：消费需求刺激产业发展和技术进步，而产业和技术的发展引致居民新的消费热潮。

第三节　交通类消费支出的收入和结构因素分解

一、交通类消费支出变化因素

交通类消费支出的变化是由消费支出总量变化和交通消费支出结构变化两类因素共同作用的结果。图 7－15 显示，1992～2007 年，城镇居民的人均总消费支出持续增长，这为交通类消费支出的增长提供了基本支持，也为消费结构的调整创造了空间。伴随着总消费水平的上升，交通消费比重也随之增大，从 1992 年的 1% 上升到 2007 年的 7.6%。消费支出水平的提高和消费结构的改变是居民交通消费支出上升的双重因素。

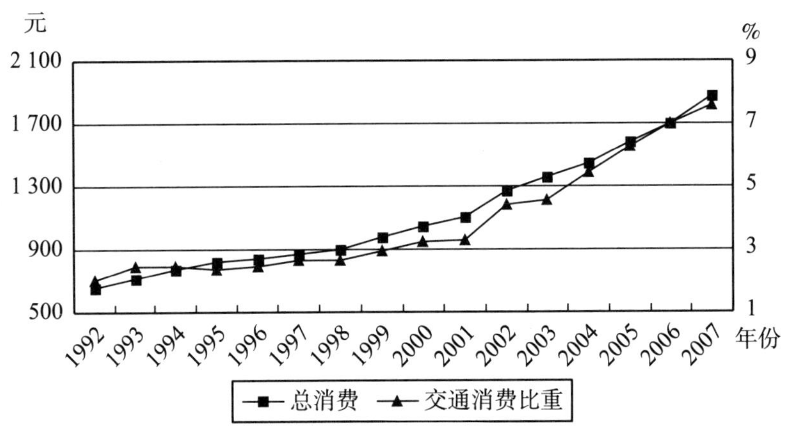

图 7－15　城镇居民人均各年总消费与交通消费比重变化

资料来源：《中国统计年鉴》相关年份；按实际价格计算（1978 年＝100）。

如果考虑到交通消费的细分项目，从而考察交通消费的内部结构变化，则可以更深入地分析交通消费内部结构变化对其消费需求增长的影响。根据《中国统计年鉴》的资料数据，交通类消费被分成交通工具、车辆用燃料及零配件、交通工具服务支出和交通费四类。表 7－11 显示了城镇居民交通类消费的内部结构构成及其变化。

交通类消费支出的各个细分项目在 2001～2006 年间都是不断上升的，但是上升的幅度和速度差别较大，这直接导致了各细分项目占交通类消费比重的变化。

表 7 - 11　　城镇居民人均各项消费各年情况　　单位：元

年份	总消费	交通	交通工具	车辆用燃料及零配件	交通工具服务支出	交通费
2001	5 309	176	54	9	16	96
2002	6 030	267	79	19	23	146
2003	6 511	297	96	25	28	148
2004	7 182	389	146	36	36	171
2005	7 943	500	208	52	49	191
2006	8 697	607	256	76	62	213

如图 7 - 16 所示，由于交通工具消费支出的绝对量增长迅速，近几年来其在交通类消费内部结构中所占比重不断加大，在 2005 年和 2006 年超过交通费支出成为交通类消费内部支出数量最大者，在 2006 年占交通类消费的 42%，而交通费消费由 2001 年的 55% 降至 2006 年的 35%。交通工具和交通费消费作为交通类消费的两支主要力量，它们的“势力”更替体现了居民从交通费消费向交通工具消费转移的消费升级特征。消费者从接受交通服务而支出的交通费中拿出部分来转移到对交通工具的购买，以满足自身对交通需求的舒适性、自主性的多样化要求。汽车作为交通工具消费的重要内容不断成为居民的消费目标，因而成为交通消费中的重要力量。另外，车辆用燃料及零配件和交通工具服务支出的消费比重变化相对平稳：前者略微有小幅上升，后者变化很小，这更加凸显了居民对交通工具拥有的热衷。

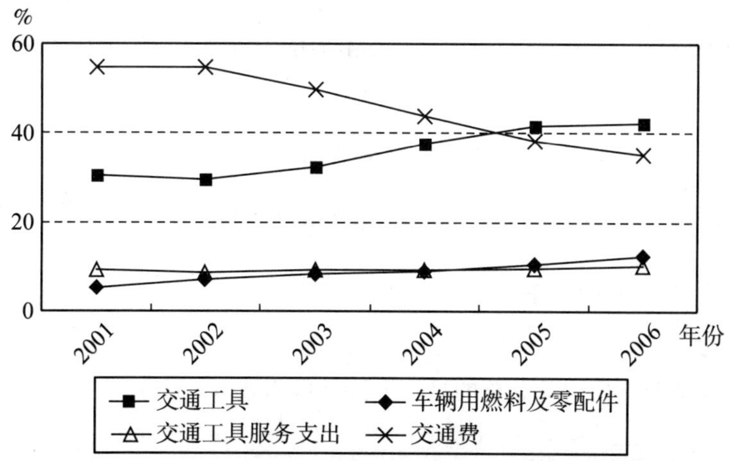

图 7 - 16　城镇居民人均各年交通消费的内部结构比重变化

资料来源：历年《中国统计年鉴》；按名义价格计算。

二、交通类消费支出变动因素分析的方法与数据

交通消费支出变化可以从总消费（收入）水平和消费结构两方面变化的角度进行探讨，消费结构变化既体现为在消费支出总量中交通消费比重的持续增加，还表现为交通类消费的细分项目中不同部分的结构变化。

（一）方法

因为交通消费支出在数量上等于总消费与其消费结构中所占比重相乘，所以交通类消费的变动可以分解为消费水平的变动以及消费结构比重的变动两个方面。另外，交通消费支出的变动还可以区分为绝对变动和相对变动，前者表示为报告期与基期支出之差，后者可以表示为报告期与基期支出之比，分别对应于下面的方法一和方法二对交通消费支出变动的因素分析。

1. 方法一

首先看交通消费支出的绝对变动分析。交通消费支出的绝对变动可以用公式（7－11）来表示。

$$\Delta TRACOMC = TC_1 \times TRACOMS_1 - TC_0 \times TRACOMS_0 \qquad (7-11)$$

式（7－11）中，$\Delta TRACOMC$ 为两个时期的交通消费支出之差；TC_1、TC_0 分别为报告期和基期的总消费支出；$TRACOMS_1$、$TRACOMS_0$ 分别为报告期和基期的交通消费的消费结构比重（交通消费占总消费的比例）。经过一系列中间变化，式（7－11）可以转化为式（7－12），过程从略。

$$\Delta TRACOMC = \frac{1}{2}\Delta TC(TRACOMS_1 + TRACOMS_0) + \frac{1}{2}\Delta TRACOMS(TC_1 + TC_0) \qquad (7-12)$$

式（7－12）中交通消费支出的绝对变动可以分解为消费水平变动的影响和消费结构比重变动两个部分，分别表示为 $\frac{1}{2}\Delta TC(TRACOMS_1 + TRACOMS_0)$ 和 $\frac{1}{2}\Delta TRACOMS(TC_1 + TC_0)$。

2. 方法二

对交通消费支出变动分析的另一方法是借用式（7－13）、式（7－14）的统计方法。

$$\frac{TRACOMC_1}{TRACOMC_0} = \frac{TC_1 \times TRACOMS_1}{TC_0 \times TRACOMS_0} = \frac{TC_1 \times TRACOMS_1}{TC_0 \times TRACOMS_1} \times \frac{TC_0 \times TRACOMS_1}{TC_0 \times TRACOMS_0} \qquad (7-13)$$

$$\begin{aligned}\Delta TRACOMC &= TRACOMC_1 - TRACOMC_0 = TC_1 \times TRACOMS_1 - TC_0 \times TRACOMS_0 \\ &= (TC_1 \times TRACOMS_1 - TC_0 \times TRACOMS_1) + (TC_0 \times TRACOMS_1 \\ &\quad - TC_0 \times TRACOMS_0)\end{aligned} \tag{7-14}$$

式（7－13）表明报告期与基期的交通消费之比可以分解为两个部分的乘积，即总消费的相对变动和交通消费结构比重相对变动之积。变动式（7－14）中交通消费的绝对变动分解结构与式（7－12）类似，两种方法可以进行比较。

式（7－11）、式（7－12）、式（7－13）和式（7－14）是针对总消费结构比重因素的层面来设定的，对于交通消费内部结构因素层面的分析采用方法二来进行。形式如式（7－15）、式（7－16）所示。

$$\frac{TRACOMC_1}{TRACOMC_0} = \frac{\sum_{i=1}^{4} TC_1 \times TRACOMS_{1i}}{\sum_{i=1}^{4} TC_0 \times TRACOMS_{0i}} = \frac{\sum_{i=1}^{4} TC_1 \times TRACOMS_{1i}}{\sum_{i=1}^{4} TC_0 \times TRACOMS_{1i}} \times \frac{\sum_{i=1}^{4} TC_0 \times TRACOMS_{1i}}{\sum_{i=1}^{4} TC_0 \times TRACOMS_{0i}} \tag{7-15}$$

$$\begin{aligned}\Delta TRACOMC &= TRACOMC_1 - TRACOMC_0 \\ &= \sum_{i=1}^{4} TC_1 \times TRACOMS_{1i} - \sum_{i=1}^{4} TC_0 \times TRACOMS_{0i} \\ &= \left(\sum_{i=1}^{4} TC_1 \times TRACOMS_{1i} - \sum_{i=1}^{4} TC_0 \times TRACOMS_{1i}\right) \\ &\quad + \left(\sum_{i=1}^{4} TC_0 \times TRACOMS_{1i} - \sum_{i=1}^{4} TC_0 \times TRACOMS_{0i}\right)\end{aligned} \tag{7-16}$$

式（7－15）、式（7－16）中的下标 i 代表交通消费内部结构的四个细分项目，$TRACOMS_{1i}$ 和 $TRACOMS_{0i}$ 分别是报告期和基期的交通消费内部构成占有总消费的比重，其他的符号与解释同前文。式（7－15）、式（7－16）把交通消费变动分解为总消费变动和内部结构的消费比重变动两个部分。

（二）数据

本书所用的数据来源于历年《中国统计年鉴》和《新中国五十五年统计汇编》。计算所用的消费支出数据都用相应的可比价格进行调整。交通类消费支出变动的收入和消费结构因素分析部分采用数据为 1992～2007 年的消费数据，按照 1978 年＝100 的消费定基价格指数调整成实际量数据；交通类消费支出变动的收入和交通消费内部结构因素分析部分采用数据为 2001～2006 年的消费数据，按照 2001 年＝100 的各个消费定基价格指数分别调整实际量数据（包括交通消费的四个细分项目）。

三、交通类消费支出变动的收入和结构因素分析

根据前述对交通消费支出变动进行分解的方法，下面分两个部分进行分析：一是交通类消费支出变动的收入和消费结构因素分析；二是交通类消费支出变动的收入和交通消费内部结构因素分析。

（一）交通类消费支出变动的收入和消费结构因素分析

首先从总消费（收入）水平和消费结构比重两方面因素来考察交通消费支出的变化。运用方法一和方法二的分解方法，计算结果如表 7 - 12、表 7 - 13 及图 7 - 17 所示。表 7 - 12 和表 7 - 13 分别所示的方法一和方法二的计算结果差别很小，可以相互印证。

表 7 - 12　　交通类消费支出变动的因素分解一（方法一）

年份	交通类消费总变动	总消费因素变动部分		消费结构因素变动	
		绝对量	占总变动的比例	绝对量	占总变动的比例
1993	4.56	1.30	0.28	3.26	0.72
1994	1.19	1.42	1.20	-0.24	-0.20
1995	0.34	1.16	3.36	-0.81	-2.36
1996	1.25	0.36	0.29	0.89	0.71
1997	2.53	0.77	0.30	1.76	0.70
1998	0.85	0.95	1.11	-0.10	-0.11
1999	4.99	2.02	0.41	2.97	0.59
2000	5.09	2.25	0.44	2.84	0.56
2001	2.54	1.89	0.74	0.65	0.26
2002	19.67	6.30	0.32	13.37	0.68
2003	5.73	4.00	0.70	1.73	0.30
2004	16.59	4.60	0.28	11.99	0.72
2005	20.75	7.52	0.36	13.23	0.64
2006	19.55	8.25	0.42	11.30	0.58
2007	23.40	12.41	0.53	10.99	0.47

注：按照 1978 年 = 100 的价格计算。

表 7-13　　交通类消费支出变动的因素分解一（方法二）

年份	交通类消费总变动	总消费因素变动部分		消费结构因素变动	
		绝对量	占总变动的比例	绝对量	占总变动的比例
1993	4.56	1.43	0.31	3.12	0.69
1994	1.19	1.41	1.19	-0.23	-0.19
1995	0.34	1.13	3.29	-0.79	-2.29
1996	1.25	0.37	0.30	0.88	0.70
1997	2.53	0.80	0.32	1.73	0.68
1998	0.85	0.95	1.11	-0.09	-0.11
1999	4.99	2.13	0.43	2.85	0.57
2000	5.09	2.35	0.46	2.74	0.54
2001	2.54	1.90	0.75	0.64	0.25
2002	19.67	7.22	0.37	12.45	0.63
2003	5.73	4.06	0.71	1.67	0.29
2004	16.59	4.99	0.30	11.59	0.70
2005	20.75	8.08	0.39	12.67	0.61
2006	19.55	8.68	0.44	10.87	0.56
2007	23.40	12.94	0.55	10.46	0.45

注：按照 1978 年 =100 的价格计算。

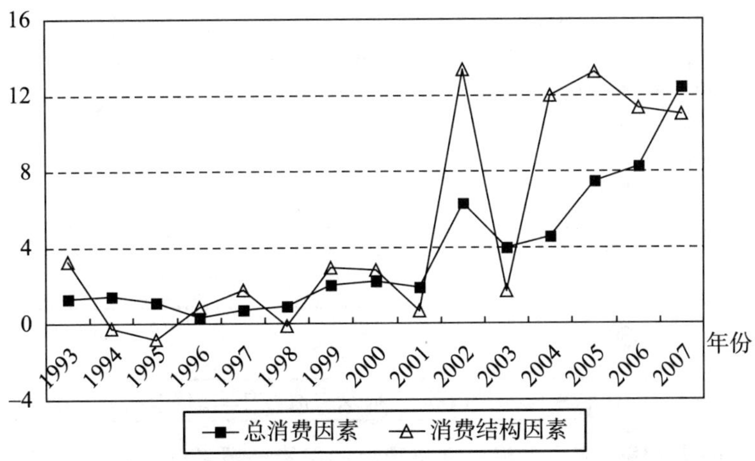

图 7-17　交通类消费支出变动的因素分解一（方法一结果）

从上述计算结果可以看出，交通类消费总变动经历了 1993～2001 年的较低的变动额，之后有了很大上升；交通消费支出变动的总消费因素和消费结构因素的影响势力具有交替性，即某一期或两期一方相对较弱，之后又相对较强；总消费因素和消费结构因素的影响同等重要，在1993～2001年期间二者的影响势力旗鼓相当，但在2001年也有一个转折，即2001年后消费结构因素的势力偏强，这表明居民消费结构升级愈发重要和突出了。

（二）交通类消费支出变动的收入和交通消费内部结构因素分析

本部分从总消费（收入）水平和交通消费内部结构比重两方面因素来考察交通消费支出的变化。运用方法二的分解方法，计算结果如表7－14及图7－18所示。

表7－14　　交通类消费支出变动的因素分解二（方法二）

年份	交通类消费总变动	总消费因素变动部分		交通消费内部结构因素变动	
		绝对量	占总变动的比例	绝对量	占总变动的比例
2002	94.42	34.11	0.36	60.31	0.64
2003	32.79	16.68	0.51	16.11	0.49
2004	97.52	27.69	0.28	69.83	0.72
2005	115.34	58.74	0.51	56.59	0.49
2006	101.31	55.02	0.54	46.29	0.46

注：按照2001年＝100的价格计算。

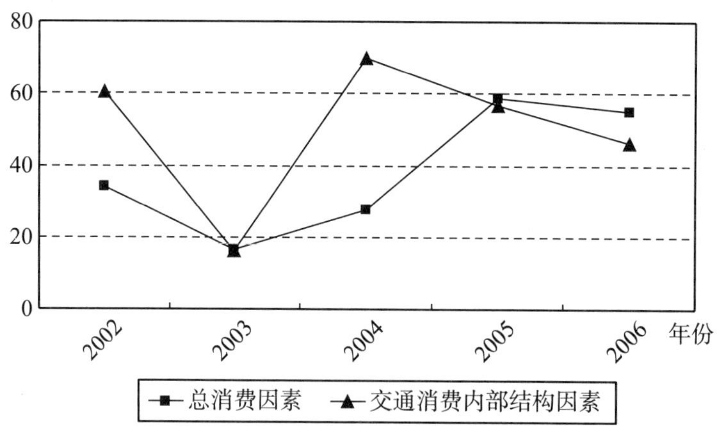

图7－18　交通类消费支出变动的因素分解二（方法二结果）

从计算结果来看，总消费因素和交通消费内部结构因素对交通消费支出变动都有重要的影响力。图7－18中隐含的一个特征是：如果在某期两个因素影响势力悬殊，则下一期两个因素的影响势力就会聚合，再下一期就会分离，如此循环。但是综合来看，交通消费内部结构因素有更强的影响势力，因此交通消费内部结构的调整升级对交通消费支出的增长有更为重要的作用。收入水平的提高支持了居民的消费支出增长，同时也为居民交通消费内部结构的调整提供了活动空间。

四、小结

交通消费成为居民诸多消费项目中的活跃因素，是当前消费增长的一支重要力量。交通消费的提升可以归因于居民收入水平提高所支持的总消费水平提高和居民消费结构的调整或升级两个方面。另外，居民交通消费的提升也体现在其内部结构的变化升级上面，交通类消费支出的变动分析在结构因素上可以分为总消费结构和交通消费内部结构两个层面。

在考察期内，城镇居民的人均总消费支出是一个持续增长的过程，伴随着总消费水平的上升，交通消费的比重也不断增大。从城镇居民交通消费的内部结构来看，交通工具和交通费消费作为交通类消费的两支主要力量，前者消费比重日益提高，后者支出比重趋于下降，人们从接受交通服务而支出的交通费当中拿出部分来转移到对交通工具的购买，以满足自身对交通需求的舒适性、自主性的多样化要求。

本书从总消费（收入）水平和消费结构比重两方面因素以及总消费（收入）水平和交通消费内部结构比重两方面因素考察交通消费支出的变动，结果表明：消费结构的升级对交通消费支出变动有更强的作用；交通消费内部结构的调整升级对交通消费支出的增长有更为重要的作用。

第八章

转型时期居民教育文化娱乐及医疗保健消费需求升级研究

第一节 转型时期城乡居民教育文化娱乐消费发展动态与特征分析

一、城乡居民教育文化娱乐消费动态：1978～2007年

（一）居民文教娱消费支出总量迅速增加

在整个消费层次中，教育文化娱乐消费属于具有积极意义的高层次消费。教育文化娱乐消费水平被认为是一个国家人民生活水平高低的重要标志，对提高国民素质，促进经济发展起着巨大的推动作用。教育文化娱乐消费支出的变化在一定程度上能够反映居民消费结构的变化，从而也被认为是反映居民生活质量甚至是生活方式改变的一个重要指标。

改革开放以来，我国居民的消费结构发生了很大变化，在八大类消费[①]中，

① 八类消费包括：食品、衣着、家庭设备用品及服务、医疗保健、交通通讯、教育文化娱乐服务、居住及杂项商品与服务。

虽然食品支出始终是第一大类消费，但食品消费的比重总体下降迅速，同时其他各大类消费的比重位次排列出现较大变化。就城镇居民而言，1985 年居民消费支出结构比重占前四位的依次是食品、衣着、家庭设备用品和服务以及教育文化娱乐服务。1990 年，教育文化娱乐消费的比重位次上升到第三位。从 1998 年开始，教育文化娱乐类的消费取代衣着类，成为消费结构中的第二大类。2007 年，教育文化娱乐消费支出次于食品和交通通讯，位居第三位。据统计，1978 ~ 2007 年城镇居民的人均教育文化娱乐消费支出平均实际增长率达 7.49%。农村教育文化娱乐支出虽然在绝对数上明显小于城镇居民支出，但教育文化娱乐消费支出比重也在逐渐增加。1985 年，农村教育文化娱乐用品及服务在八大类消费中位居第五位，1990 年上升至第四位，1995 年以后教育文化娱乐消费的比重位次上升到第三位。2007 年，教育文化娱乐消费支出次于食品、居住和交通通讯，位于第四位。农村人均教育文化娱乐消费支出平均实际增长率为 7.6%。

（二）居民文教娱消费品质不断升级

品质升级，一方面表现为新型消费品和服务对原有消费品和服务的更新和取代，即推出新型消费品和服务的速度变快导致原有消费品服务的更新换代速度加快；另一方面表现为新型产品和服务的品种增多，可供消费者选择的空间增加。随着经济的持续发展，居民消费从满足基本的生存需求向重视消费品质的提高转变，从追求物质消费向追求精神消费和服务消费转变。从教育文化娱乐看，我国居民在这方面的消费品质也在不断升级。

第一，教育消费。

近年来，家庭教育需求逐步由义务型转向自主型、由标准化转向个性化、由单一性转向多元性，教育支出增幅大大超出其他消费支出。有关资料表明，全国城镇居民用于教育文化的费用远超过消费总支出的增长幅度，教育消费已成为家庭消费的重头。天津市城调队对 0 ~ 14 岁儿童的家庭教育情况进行的专题调查表明，天津市约九成的家庭把教育投入排在未来消费第一位，七成以上的家庭期望孩子将来的最高学历为大专以上。调查显示，七成以上的家庭期望孩子获取高学历。其中，44.7% 的家长希望孩子在国内上大学；14.5% 的家长希望孩子读研究生或博士，以取得更高学历；11.2% 的家长要送孩子出国上大学、读研究生或博士。调查还显示，天津市 44.1% 的家庭让孩子参加各类业余补习班或兴趣班的学习。[①] 总的来看，我国居民的教育消费的特点主要表现在以下方面：

---

① 《走进家庭教育消费》，http://www.ci123.com/article.php/22866。

首先，子女上学费用大幅度上涨。子女上学是必需的教育消费。随着收入的增加，人们对这种消费的质量要求越来越高。

一方面，家长为使子女接受更好的教育，在择校时首先考虑重点学校，“择校费”占家庭收入的比重不断增加。人们愿意选择较好的学校接受教育，这与城镇居民追求好质量、高素质的教育消费需求是分不开的。[①] 以北京市为例，1996 年北京市实验小学的某学生入学时一次性交 1.2 万元的择校费，1999 年该费用已增长到 2 万元。首都师范大学附中、实验中学等重点中学的择校费均在 1 万 ~2 万元之间。高中的择校费更高，北京市汇文中学的“共建生”赞助费约为 5 万 ~6 万元，四中高达到 6 万 ~7 万元。[②]

另一方面，教育学费，尤其是高等教育学费开支在不断增加。IMI 消费行为与生活形态调查进行的 2005 年消费者调查显示，学校教育收费逐年上涨进一步引发子女教育费用的蹿升。2005 年 8 月，普通小学学杂费同比上涨 55.2%，比年初上涨 12.5%；普通初中学杂费同比上涨 47.9%，比年初上涨 9.0%[③]。梁前德、傅家荣（2004）根据 1999 年中国国家统计局城市社会经济调查总队例行调查资料《中国城市住户调查》结合三个教育支出指标[④]指出中国城镇居民教育消费的基本特征：学历教育消费随层次上升而逐渐增多。从基本教育支出看，小学阶段教育支出人均 423.23 元，到本科以上教育阶段是 4 632.05 元，是小学阶段的 10.9 倍。就高等教育而言，在教育改革之前，全国高校的年人均学费仅为 200 元，1997 年全国高校实现“公费生”和“自费生”并轨收费，学费标准从 1998 年的 1 000 元左右增加到 2006 年的 5 000 元上下。目前，我国大学的学费标准是农村居民人均年收入的 160%，是城市居民人均年收入的 60%。而发达国家大学学费不高于国民人均年收入的 20%。

其次，特长教育需求增加。改革开放以来，特长教育需求发展迅速。我国在

---

① 梁前德、傅家荣：《中国居民教育消费基本问题研究》，载于《湖北经济学院学报》2004 年第 3 期，第 41 ~46 页。

② 《“愿打愿挨”高价择校》，http：//www.chinanews.com.cn/zhonghuawenzhai/200003/new/1_copy(26).html。

③ 该调查采用入户问卷调查、电话问卷调查和深度访谈相结合的方法。入户问卷调查涵盖中国 21 个城市 8 024 个样本，加权后推及人数 35 243（千人）；电话调查包括北京、上海、广州、成都、武汉、西安、沈阳、南京、深圳、重庆 10 个城市 2 134 个样本；在电话调查的基础上，针对北京、上海、广州三个城市的 64 位居民进行了深度访谈。资料来自中国网，《2005 年中国城市居民文化消费状况分析》，http：//www.china.com.cn/chinese/zhuanti/whbg06/1120880.htm。

④ 三个指标分别为：基本教育支出（包括学杂费、学校指定教材和参考资料费、校服费、文具费、为求学而额外支付的食宿费及其他费用如交通费等）、选择性教育支出（通常指为选择比较优秀的学校或异地求学而支出的择校费和捐资集资费用）和自愿性教育支出（也称之为扩展性教育支出，指参加各种课外辅导班、兴趣班、聘请家教、购买课外书籍的费用等）。闵维方：《高等教育运行机制研究》，人民教育出版社 2002 年版。

进入小学正规教育的同时即学前教育阶段，家长对孩子进行琴、棋、书、画、音乐、舞蹈、外语、体育等正规学校教育外的教育相当普遍，这种需求的支出占独生子女教育费用的比重很大。以乐器类耐用消费品为例，2006 年底，城镇居民平均每百户拥有 2.31 台钢琴（见表 8－1），比 1996 年增加 172%，比 2000 年增加 83%。就其他高中档乐器而言，1996 年平均每百户的拥有量为 6.92 件，2006 年增加到 7.07 件，增幅 2.2%。乐器类耐用消费品拥有量的增加说明我国居民，尤其是城镇居民对子女素质教育的重视程度越来越高。

表 8－1　城镇居民家庭平均每百户年底乐器类耐用消费品拥有量统计

年份	1996	1997	1998	1999	2000	2001	2002	2003	2004	2005	2006
钢琴（架）	0.85	0.93	1.08	1.24	1.26	1.33	1.76	1.91	2.22	2.25	2.31
其他高中档乐器（件）	6.92	5.68	5.69	5.94	5.34	6.12	6.38	6.88	7.23	6.63	7.07

资料来源：根据相关年份《中国统计年鉴》整理所得。

最后，成人在职知识更新、学历教育及继续教育消费受到重视。随着社会经济的发展，新的行业、领域、部门以及新技能在不断出现，特别是伴随着知识经济的到来，劳动手段不断更新，不同层次、不同年龄的居民开始利用业余时间进行充电和技能培训。近年来，职业技能教育（如会计证、律师证，以及计算机、外语能力的培养提高等）需求不断增加，学历教育需求也呈迅速发展的趋势，各类函授、职大、夜大、自考等成人教育需求与投资增加很快。2007 年全国高等教育自学考试报考 956.27 万人，比 1993 年增加 472.46 万人，同年取得毕业证书人数 54.23 万，比 1993 年增加 41.52 万人，增长率为 327%。2005 年全国各类民办培训机构 29 048 个，接受培训 889.5 万人次，2007 年民办培训机构达 22 322 个，接受培训 884.68 万人次。[①] 从技术培训教育看，1993 年我国共有成人技术培训学校不到 30 万所，到 2002 年发展到近 40 万所，其中农民技术培训学校数量的比例由 1993 年的 96.7% 上升到 97.3%。在当年的结业学员中，农民所占比率从 1993 年的 92.5% 增加到 2002 年的 94.6%，结业职工所占比重相对较小，并呈现下降趋势（见表 8－2）。此外，再就业培训教育消费也在增加。近几年，随着改革开放和市场经济的深入发展，下岗人员不断增多，为谋求新的职业，个人投资进行教育消费，学习新的技能进行再就业培训等教育消费在迅速增长。

① 相关年份《全国教育事业发展统计公报》。

表 8-2　　成人技术培训学校及结业学员统计：1993～2002 年

年份	成人技术培训学校（万所）	职工技术培训学校（万所）	农民技术培训学校（万所）	结业学员（万人次）	结业职工（万人次）	结业农民（万人次）
1993	29.83	0.98	28.85	5 706.8	425.34	5 281.46
1994	34.48	1.24	33.25	6 625.38	592.61	6 032.77
1995	39.88	1.33	38.55	7 698.19	662.81	7 035.38
1996	44.28	1.27	43.00	8 999.83	662.81	8 337.02
1997	45.20	1.09	44.11	8 579.26	557.88	8 021.38
1998	46.48	0.99	45.49	8 682.41	480.54	8 201.87
1999	53.42	1.13	52.29	10 156.88	609.23	9 547.65
2000	48.56	1.06	47.49	9 396.22	588.89	8 807.33
2001	50.79	1.15	49.64	9 270.44	538.13	8 732.31
2002	38.95	1.04	37.91	8 118.81	437	7 681.81
增长率	30.57%	6.12%	31.40%	42.27%	2.74%	45.45%

资料来源：根据相关年份《全国教育事业发展统计公报》整理计算得到。

第二，文娱类耐用品消费。

基于朱高林、程慧敏（2006）[①] 对耐用消费品的分类，本书对娱乐耐用消费品的划分如表 8-3 所示。

表 8-3　　城乡居民娱乐耐用消费品分类

	低档品	中档品	中高档品	高档品
城镇	收录机、黑白电视	彩电	电脑、照相机	摄像机
农村	收音机	收录机、黑白电视	彩电	电脑、照相机

表 8-4 和表 8-5 的数据表明，城镇和农村居民对教育文化娱乐耐用品的拥有量是逐年增加的，并且娱乐类耐用品的消费品质在不断升级。1985 年，城镇居民平均每 10 户拥有彩色电视机不到 2 台，到 2007 年，平均每户拥有约 1.4 台，意味着每年的新增购买在很大程度上是品质升级的结果。与此同时，一些现代化的耐用消费品（如家用电脑、影碟机、健身器材等）已经进入城镇居民家庭，随着人民收入的进一步增加，必然会进入对这些现代耐用消费品消费的快速

① 朱高林、程慧敏：《城乡居民耐用消费品消费差距分析》，载于《经济界》2006 年第 3 期，第 87～92 页。

增长期[①]。农村居民对传统耐用消费品（如黑白电视机）的绝对拥有量呈明显下降趋势，并且正在农村居民的消费中被逐渐淘汰，相比之下，对彩色电视机的拥有量由1985年每百户不足1台增加到每户大约拥有1台。从城镇居民对高档娱乐耐用消费品——摄像机的拥有量看，1997～2007年对该商品的消费需求以平均每年22.6%的速度增长，对家用电脑的拥有量年均增长率高达36.5%。农村居民对照相机的拥有量年均增长率达11.7%，家用电脑达34.9%，几乎与城镇居民年均增长率相当。娱乐类耐用品消费品拥有量的增加在一定程度上体现了居民消费从生存型向享受型、从传统型向现代型转变的特点。

表8-4　主要年份城镇居民家庭平均每百户年底娱乐耐用消费品拥有量

年份	彩色电视机（台）	录放像机（台）	组合音响（套）	照相机（架）	影碟机（台）	摄像机（架）	健身器材（套）	家用电脑（台）
1985	18.43	—	—	12.09	—	—	—	—
1990	59.04	—	—	19.22	—	—	—	—
1991	68.41	—	—	21.32	—	—	—	—
1992	74.87	10.04	3.99	24.32	—	—	—	—
1993	79.46	12.18	5.69	26.48	—	—	—	—
1994	86.21	15.96	8.68	29.83	—	—	—	—
1995	89.79	18.19	10.52	30.56	—	—	—	—
1996	93.5	20.15	12.2	32.13	—	—	—	—
1997	100.48	21.32	15.32	33.64	7.87	0.82	2.28	2.6
1998	105.43	22	18	36.26	16.02	0.9	3	4
1999	111.57	21.73	19.66	38.11	24.71	1.06	3.83	5.91
2000	116.6	20.1	22.2	38.4	37.5	1.3	3.5	9.7
2001	120.52	19.89	23.84	39.79	42.62	1.63	3.98	13.31
2002	126.38	18.43	25.16	44.08	52.57	1.92	3.74	20.63
2003	130.5	17.91	26.89	45.36	58.69	2.45	4.07	27.81
2004	133.44	17.55	28.29	47.04	63.26	3.17	4.22	33.11
2005	134.8	15.49	28.79	46.94	68.07	4.32	4.68	41.52
2006	137.43	15.08	29.05	47.99	70.15	5.11	5	47.2
2007	137.79	—	30.2	45.06	—	6.17	4.39	53.77

资料来源：根据相关年份《中国统计年鉴》整理所得。

① 封建强：《我国城镇居民耐用消费品的消费特点》，载于《统计与决策》1999年第7期，第42～43页。

表 8－5　主要年份农村居民家庭平均每百户年底娱乐耐用消费品拥有量

年份	黑白电视机（台）	彩色电视机（台）	收录机（台）	照相机（部）	家用计算机（台）	组合音响（台）
1978	—	—	—	—	—	—
1980	0.4	—	—	—	—	—
1985	10.9	0.8	4.3	—	—	—
1990	39.7	4.7	17.8	0.7	—	—
1991	47.5	6.4	19.6	0.9	—	—
1992	52.4	8.1	21	1	—	—
1993	58.3	10.9	24.2	1	—	—
1994	61.8	13.5	26.1	1.2	—	—
1995	63.8	16.9	28.3	1.4	—	—
1996	65.1	22.9	31.2	1.9	—	—
1997	65.1	27.3	32	2.1	—	—
1998	63.6	32.6	32.4	2.2	—	—
1999	62.4	38.2	32	2.7	—	—
2000	53	48.7	21.6	3.1	0.47	7.8
2001	50.7	54.4	20.7	3.2	0.7	8.7
2002	48.1	60.5	20.4	3.3	1.1	9.7
2003	42.8	67.8	18.7	3.4	1.4	10.5
2004	37.9	75.1	18	3.7	1.9	11.5
2005	21.8	84.08	10.98	4.05	2.1	13
2006	17.45	89.43	10.28	4.18	2.73	14.29
2007	12.14	94.38	—	4.3	3.68	—

资料来源：根据相关年份《中国统计年鉴》整理所得。

我们也注意到，在居民娱乐类耐用品消费品质不断升级的同时，城镇和农村居民的消费需求存在极大差异性。总的来说，城镇居民娱乐类用品呈分散化、均衡化、高档化发展，在种类、数量和档次上都远远高于农村居民。可能的原因有：

（1）收入差距。城乡居民娱乐类消费品拥有量的差别与城乡居民人均收入的差距之间有直接的正相关关系。进入 20 世纪 90 年代以来，城乡居民人均收入差距呈现出扩大的趋势，由于耐用消费品（特别是中高档娱乐类耐用品的消费）不同于普通生活必需品，只有人均收入达到一定水平，基本解决温饱以后，人们才开始转向耐用品的消费。另外，按照消费品存量调整假说（Houthakker & Taylor，1970）[①]，对耐用消费品而言，消费品存量越大，对它的现期购买就越少；反之，消费品存量越小，对它的现期购买就越多。20 世纪 80 年代中期至 90 年代初，农村居民耐用消费品存量仍然很低；而城镇居民家庭经过 20 世纪 80 年代的消费膨胀，到了 90 年代耐用消费品存量已经接近饱和。因而，现阶段农村居民家庭耐用消费品即期购买较多，增幅较大，但受收入影响，消费档次不高；而城镇居民家庭已由追求数量转为追求质量、追求档次，耐用消费品购买量增幅平稳。

（2）城乡消费环境和居民消费习惯的差异影响城乡居民家庭对耐用消费品的消费需求。农村居民的生活习惯和消费心理比较落后，影响了农村居民部分即期购买力的实现。节衣缩食、精于仓储等消费观念，影响农村居民对耐用消费品的购买。对城镇居民而言，尽管传统上仍讲究勤俭节约，但由于有较高的即期收入和良好的收入预期，因此，他们"敢于"也"舍得"花钱，耐用消费品拥有量要明显多于农村居民。

（3）消费环境的制约对农村居民耐用消费品消费需求的影响也是明显的。一方面，农村耐用消费品市场供给环境差，表现为市场规模小、销售网点布局不合理、商品品质结构与品种结构缺少层次性，这既难以满足农村居民追求经济实惠的消费需求，也无法满足部分富裕农村居民消费向名、优、新发展的欲望。同时，由于售后服务差，农村居民对消费还存有顾虑。另一方面，社区环境及基础设施落后，如交通不畅以及供电、供水不足等因素，造成农村许多耐用消费品难以被消费。

第三，互联网文化娱乐。

随着居民整体收入的增加，人们在信息需求上的投入会越来越多。截至 2008 年底，中国网民规模达到 2.98 亿人，较 2007 年增长 41.9%，互联网普及率达到 22.6%，略高于全球平均水平（21.9%）。在加强农村信息化建设的过程中，农村网民规模增加较快，2008 年达到 8 460 万人，较 2007 年增长超过 60%。网民中乡村人口所占比重不断提升，互联网正在不断向农村地区渗透。[②] 2008 年网民对网络媒体的使用率较 2007 年提升了近 5 个百分点，达到 78.5%，其中对于重大事件，如北京奥运会的报道，使网络媒体站到了主流媒体的行列（见表 8-6）。

---

① Houthakker，Hendrik S.，and Lester D. Taylor，：*Consumer Demand in the United States*：*Analyses and Projections*，Cambridge：Harvard University Press，1970.

② 《第 23 次中国互联网络发展状况统计报告》，中国互联网信息中心，2009 年 1 月。

表 8-6　　2007~2008 年网络应用及相关用户对比

类型	2007 年底		2008 年底		变化	
	使用率	网民规模（万人）	使用率	网民规模（万人）	增长量（万人）	增长率
网络新闻	73.6%	15 500	78.5%	23 400	7 900	51.0%
网络游戏	59.3%	12 500	62.8%	18 700	6 200	49.6%
网络音乐	86.6%	18 200	83.7%	24 900	6 700	36.8%
网络视频	76.9%	16 100	67.7%	20 200	4 100	25.5%
网上教育	16.6%	3 500	16.5%	4 900	1 400	40.0%

资料来源：转引自《第 23 次中国互联网络发展状况统计报告》，中国互联网信息中心，2009 年 1 月。

数字娱乐成为中国互联网最为重要的网络应用，94.2% 的网民认为互联网丰富了网民的娱乐生活。网络音乐仍然是中国网民的第一大应用服务，虽然使用网民比例从 2007 年的 86.6% 下降至 2008 年的 83.7%，但用户数量仍然增长了 6 700 万人。网络音乐的高普及率源自于其大众化的内容以及使用的便捷性，用户进入门槛较低，而这些特性也促使其成为推动互联网普及的主要推动力之一。网络视频用户只有轻度增长，相比 2007 年底净增 4 000 多万用户，达到 2.02 亿。网络视频的用户主要集中在 30 岁以下的年轻人群。网络游戏用户规模继续保持增长的态势，用户使用比例从 2007 年的 59.3% 升至 2008 年的 62.8%，这主要受益于网络游戏产品内容以及形式的丰富。

另外，许多中小学生和在职人员使用网上教育服务，2008 年使用率为 16.5%，与 2007 年基本持平。校校通工程促进了中国的中小学学校互通与上网平台的建设，且近年来中小学生的课堂教育已不能满足家长们对孩子的期望，各种网上的补习班和课程都开始成为中小学生的学习内容。而随着就业压力的增大，已工作的普通在职人员更加注重专业能力的培养，英语、会计等网上教育课程，由于更容易分配时间，成本相对低廉，得到了在职人员的推崇。网上教育逐渐成为一种新兴的教育方式。

二、居民教育文化娱乐消费与收入的因果关系分析

（一）单位根检验

检验变量是否稳定的过程称为单位根检验。平稳序列将围绕一个均值波动，并有向其靠拢的趋势，而非平稳过程则不具有这个性质。比较常用的单位根检验方

法 DF 检验由于不能保证方程中的残差项是白噪音（White Noise），所以狄克利（Dickey）和富勒（Fuller）对 DF 检验法进行了扩充，形成 ADF（Augented Dickey-Fuller Test）检验，这是目前普遍应用的单整检验方法①。该检验法的基本原理是通过 n 次差分的办法将非平稳序列转化为平稳序列，具体方法是估计回归方程式：

$$\Delta X_t = \alpha_0 + \alpha_1 t + \alpha_2 X_{t-1} + \sum_{i=1}^{k} \beta_{t-i} \Delta X_{t-i} + \mu_t$$

其中，α_0为常数项；t 为时间趋势项；k 为滞后阶数（最优滞后项）；μ_t为残差项。该检验的零假设 H_0：$\alpha_2 = 0$；备择假设 H_1：$\alpha_2 \neq 0$。如果 α_2的 ADF 值大于临界值则拒绝原假设 H_0，接受 H_1，说明 $\{X_t\}$ 是 I(0)，即它是平稳序列。否则存在单位根，即它是非平稳序列，需要进一步检验，直至确认它是 d 阶单整，即 I(d) 序列。加入 k 个滞后项是为了使残差项 μ_t成为白噪音。

为了消除价格因素的影响，这里使用价格指数对 1985 ~ 2007 年城乡居民教育文化娱乐消费支出、可支配收入或纯收入的名义数据加以调整。通过 ADF 检验我们发现，城镇居民的教育文化娱乐消费支出（CEC）与可支配收入（NY）两个变量本身的 ADF 值均大于临界值，属非平稳过程；对 CEC、CY 进行一阶差分后进行平稳性检验，结果表明，其一阶差分序列依然是不平稳的，进一步对其进行二阶差分后，结果表明该变量均通过显著水平为 5% 的平稳性检验。农村居民的教育文化娱乐消费支出（NEC）与纯收入（NY）的 ADF 检验表明两个变量数据本身是不平稳的，对其进行一阶差分后检验结果表明为一阶单整序列，即是 I（1）的,检验结果如表 8 - 7 所示。

（二）教育文化娱乐支出与可支配收入或纯收入的协整关系检验

变量序列之间的协整关系是由恩格尔和格兰杰首先提出的。其基本思想在于，尽管两个或两个以上的变量序列为非平稳序列，但它们的某种线性组合却可能呈现稳定性，则这两个变量之间便存在长期稳定关系即协整关系。这一检验的基本内容是如果序列 X_{1t}，X_{2t}，…，X_{kt}都是 d 阶单整，存在一个向量 $\alpha = (\alpha_1, \alpha_2, \cdots, \alpha_k)$，使得 $Z_t = \alpha X_t' \sim \mathrm{I}(d-b)$，其中 $b > 0$，$X_t' = (X_{1t}, X_{2t}, \cdots, X_{kt})'$，则认为序列 X_{1t}，X_{2t}，…，X_{kt}是（d，b）阶协整，记为 $X_t \sim CI(d, b)$，α 为协整向量。如果两个变量都是单整变量，只有当它们的单整阶数相同时才可能协整；两个以上变量如果具有不同的单整阶数，有可能经过线性组合构成低阶单整变量。协整的意义在于它揭示了变量之间是否存在一种长期稳定的均衡关系。满足协整的经济变量之间不能相互分离太远，一次冲击只能使它们短时内偏离均衡位

① 李子奈：《计量经济学》，高等教育出版社 2000 年版。

表8-7　　　　我国城乡居民CEC、CY的ADF检验

平稳性检验				一阶差分后的平稳性检验				二阶差分后的平稳性检验			
变量	检验类型	t统计量	相伴概率	变量	检验类型	t统计量	相伴概率	变量	检验类型	t统计量	相伴概率
城镇											
CY	(c, t, 1)	-2.7688	0.2224	dCY	(c, 0, 1)	-2.8268	0.0724	ddCY	(0, 0, 0)	-3.0087	0.0046
CEC	(c, t, 1)	-1.4045	0.8291	dCEC	(c, 0, 2)	-0.6654	0.8328	ddCEC	(0, 0, 0)	-5.9838	0.0000
农村											
NY	(c, t, 4)	-2.8087	0.2120	dNY	(c, 0, 1)	-3.5540	0.0171	—	—	—	—
NEC	(c, t, 0)	-2.1483	0.4927	dNEC	(c, 0, 0)	-5.7012	0.0002	—	—	—	—

注：检验类型中的C表示检验平稳性时估计方程中的位移项，为0则表示不含位移项；第二项t表示时间趋势项，为0表示不含趋势项；括号中最后一项表示自回归滞后的长度。我们采用西沃兹信息（Schwarz Info Criter）标准确定最优滞后期，最大滞后期设定为4。

置，在长期中会自动恢复到均衡位置。

恩格尔—格兰杰两步法通常用于检验两变量之间的协整关系，而对于多变量之间的协整关系的检验则不方便。约翰森（Johansen）和尤塞柳斯（Juselius）提出了一种用极大似然法进行检验的方法，通常称为约翰森检验。其基本思路是在多变量向量自回归（VAR）系统回归构造两个残差的积矩阵，计算矩阵的有序本征值（Eigen Value），根据本征值得出一系列的统计量判断协整关系是否存在以及协整关系的个数。它可用于检验多个变量，同时求出它们之间的若干种协整关系，这也是本书采用的方法，检验结果如表8-8所示。

表8-8　我国城乡居民教育文化娱乐与可支配（纯收入）的协整关系检验

协整变量	Eigenvalue	Trace Statistic	5%临界值	假设的协整方程数
城镇				
CEC CY（Trace test 表明在5%的水平上有1个协整方程）	0.7500 0.0294	29.7397 0.6258	15.4947 3.8415	None* At most 1
农村				
NEC NY（Trace test 表明在5%的水平上没有协整关系）	0.3111 0.0501	8.9052 1.0795	15.4947 3.8415	None At most 1

注：（1）表中*表明在5%的水平上拒绝原假设；（2）检验中均假设有线性决定性趋势，（一阶差分意义上）滞后1。

（三）可支配收入与教育文化娱乐支出的格兰杰因果检验

协整检验结果告诉我们变量之间是否存在长期的均衡关系，但是这种关系是否构成因果关系还需要进一步验证。这就需要在此基础上，利用因果分析（Granger Causality Test）继续进行研究。格兰杰指出：如果变量之间是协整的，那么至少存在一个方向上的格兰杰原因；在非协整情况下，任何原因的推断都将是无效的。

格兰杰因果关系检验的基本原理是：在做 Y 对其他变量（包括自身的过去值）的回归时，如果把 X 的滞后值包括进来能显著地改进对 Y 的预测，我们就说 X 是 Y 的（格兰杰）原因；类似地定义 Y 是 X 的（格兰杰）原因。为此需要构造：

无条件限制模型：

$$Y_t = \alpha + \sum_{i=1}^{m} \alpha_i \Delta Y_{t-i} + \sum_{j=1}^{k} \beta_j \Delta X_{t-j} + \mu_t \qquad (8-1)$$

有条件限制模型：

$$Y_t = \alpha + \sum_{i=1}^{m} \alpha_i \Delta Y_{t-i} + \mu_t \qquad (8-2)$$

其中，μ_t 为白噪声序列；α，β 为系数；n 为样本量；m，k 分别为 Y_t，X_t 变量的滞后阶数。令（8－1）式的残差平方和为 ESS_1；（8－2）式的残差平方和为 ESS_0。

原假设为 H_0：$\beta_j=0$；备择假设为 H_1：$\beta_j \neq 0(j=1,2,\cdots,k)$。若原假设成立，则：

$$F = \frac{(ESS_0 - ESS_1)/m}{ESS_1/(n-k-m-1)} \sim F(m, n-k-m-1)$$

即 F 的统计量服从第一自由度为 m，第二自由度为 $n-(k+m+1)$ 的 F 分布。若 F 检验值大于标准 F 分布的临界值，则拒绝原假设，说明 X 的变化是 Y 变化的原因。经过检验发现，农村居民教育文化娱乐消费支出与纯收入之间不存在协整关系，从城镇居民教育文化娱乐消费支出（CEC）与可支配收入（CY）的格兰杰因果检验看，在5%的显著水平上，可支配收入（CY）是城镇居民教育文化娱乐消费支出（CEC）的格兰杰原因（见表8－9）。

表8－9　城镇居民教育文化娱乐消费（CEC）与可支配收入（CY）的格兰杰因果关系检验结果

滞后期数	因果关系的零假设	P 值	决策	结果
1	$CY \neq > CEC$	0.0028	拒绝	$CY \geqslant CEC$
	$CEC \neq > CY$	0.1982	接受	$CEC \neq > CY$

续表

滞后期数	因果关系的零假设	P 值	决策	结果
2	CY≠ > CEC	0.0003	拒绝	CY = > CEC
	CEC≠ > CY	0.7938	接受	CEC≠ > CY
3	CY≠ > CEC	0.0121	拒绝	CY = > CEC
	CEC≠ > CY	0.8977	接受	CEC≠ > CY
4	CY≠ > CEC	0.0448	拒绝	CY = > CEC
	CEC≠ > CY	0.6490	接受	CEC≠ > CY
5	CY≠ > CEC	0.0544	接受	CY≠ > CEC
	CEC≠ > CY	0.2557	接受	CEC≠ > CY

三、小结

改革开放30年是我国居民教育文化娱乐消费快速增长的时期，也是城镇居民消费需求结构变化和升级的重要时期。城镇居民教育文化娱乐支出在该时期实际平均增长率达到7.49%，农村居民教育文化娱乐支出的实际平均增长率为7.6%。居民教育文化娱乐的消费特点主要表现在：第一，家庭教育费用支出不断上涨；第二，文娱类耐用消费品的拥有量逐年增加，并且消费品质不断升级；第三，互联网文化娱乐方式逐渐兴起并发展迅速。进一步进行实证检验，结果表明农村居民教育文化娱乐消费支出与纯收入之间不存在协整关系，可支配收入是城镇居民教育文化娱乐消费支出的格兰杰原因。

第二节　城乡居民教育文化娱乐消费需求的收入弹性分析

需求的收入弹性度量的是需求对于收入的敏感度。若居民教育文化娱乐消费需求的收入弹性大于1意味着居民对该类商品需求增加的速度会快于收入增加的速度；小于1则意味着需求增加速度慢于收入增加的速度。

一、我国城乡居民教育文化娱乐消费的收入弹性估计

（一）模型说明及数据来源

利用前述ELES模型，消费者的总需求可以分为基本需求和超额需求两个部

分。由于 ELES 模型分析的是消费者，故收入可以用家庭人均收入来表示，模型的计量形式为：

$$p_i q_i = a_i + b_i Y + \varepsilon_i \quad (8-3)$$

其中，$a_i = p_i\gamma_i - b_i \sum_{j=1}^{n} p_i\gamma_i$，$a_i$ 和 b_i 是待估参数；ε_i 是随机扰动项。

通过对以上各式进行分析，可以得到各类商品需求的收入弹性 $\eta_Y = b_i \times Y/V_i$，本书只分析 i 为“教育文化娱乐”的情况。我们采用全国 31 个省（自治区、直辖市）的截面数据测算各年度城乡居民教育文化娱乐消费的收入弹性，包括北京、天津、河北、山西、内蒙古、辽宁、吉林、黑龙江、上海、江苏、浙江、安徽、福建、江西、山东、河南、湖北、湖南、广东、广西、海南、重庆、四川、贵州、云南、西藏、陕西、甘肃、青海、宁夏和新疆。所使用数据均来自历年《中国统计年鉴》和《新中国五十五年统计资料汇编》。

（二）计量结果与分析

第一，边际消费倾向分析。

边际消费倾向是指居民新增加的每单位收入中用于消费支出的份额。居民对各类消费品的边际消费倾向，反映居民各类消费需求的顺序和新增购买力的投向，它是进行产业结构和产品结构调整所依据的基本指标。计量结果表明，我国居民教育文化娱乐边际消费倾向总体上具有上升趋势，并且城镇居民教育文化娱乐边际消费倾向比农村大。

1991 年，城镇居民教育文化娱乐边际消费倾向为 0.0676，也就是说城镇居民每增加 1 元收入，教育文化娱乐消费支出就增加约 0.07 元。2002 年以后，城镇居民每增加 1 元收入，教育文化娱乐支出增加约 0.13 ~ 0.14 元，支出增加较为平稳（见图 8 - 1）。刘大赵利用省际截面数据，采用 OLS 估计法得出我国 1998 年城镇居民教育文化娱乐的边际消费倾向为 0.1089，与本书的计量结果基本一致（0.1088）[①]。叶宗裕（2007）利用收入分组数据，采用改进的 ELES 模型估算出我国城镇居民 2002 ~ 2005 年各类消费品的边际消费倾向分别为 0.114、0.109、0.116 和 0.112[②]。总的来看，本书估计的城镇居民教育文化娱乐边际消费倾向偏大，这可能是由于数据的不一致性所致。应该指出的是，这里我们只回归了城镇居民教育文化娱乐的总体边际消费倾向，并未对不同收入家庭教育文化

① 刘大赵：《我国城镇居民边际消费倾向及消费需求收入弹性分析》，载于《商业研究》2000 年第 9 期，第 35 ~ 37 页。

② 叶宗裕：《我国城镇居民边际消费倾向的实证研究》，载于《经济经纬》2007 年第 6 期，第 64 ~ 66 页。

娱乐的边际消费倾进行更具体地分析。叶宗裕（2007）的研究表明，2002～2005年我国城镇不同收入层次家庭对教育文化娱乐的平均边际消费倾向是有所差异的，低收入户较中高收入户要低①。从农村居民教育文化娱乐边际消费倾向变化态势（见图8－2）可以看出，2004年之前，边际消费倾向总体上是增加的，之后出现明显的下降。这与史海英（2008）的结论相一致②。2004年出现的回落势态，一方面反映出“两免一补”政策③和“一费制”成效突出，教育费用不断下降，减轻了农民负担；另一方面农民收入的增加幅度依然不大，从而也抑制了这方面的消费。

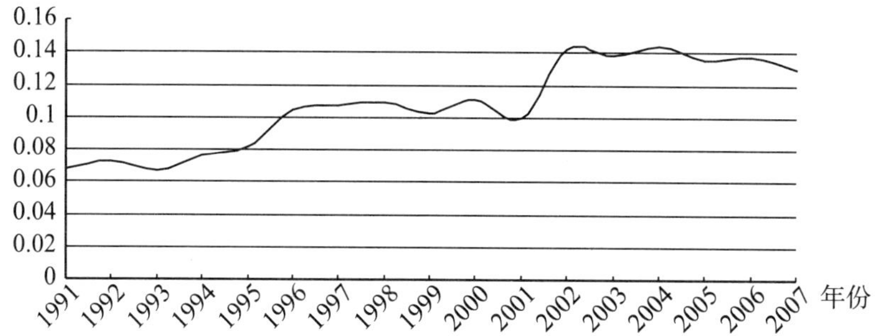

图8－1　城镇居民教育文化娱乐边际消费倾向（1991～2007年）

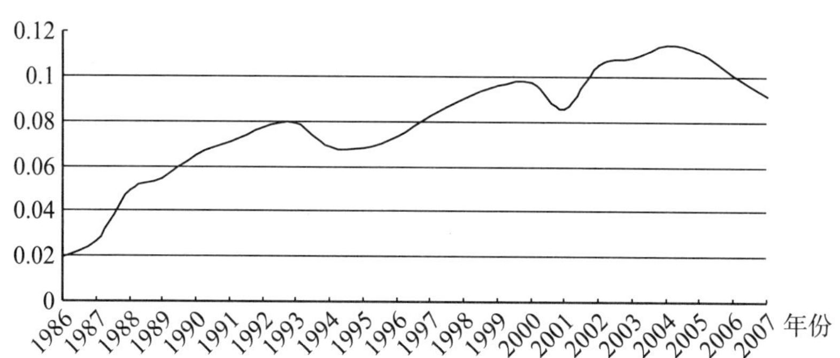

图8－2　农村居民教育文化娱乐边际消费倾向（1986～2007年）

第二，收入弹性分析。

① 叶宗裕：《我国城镇居民边际消费倾向的实证研究》，载于《经济经纬》2007年第6期，第64～66页。2002～2005年困难户、最低收入户、低收入户、中下收入户、中等收入户、中上收入户、高收入户、最高收入户教育文化娱乐平均的边际消费倾向分别为0.082、0.134、0.092、0.103、0.106、0.107、0.107和0.103。

② 史海英：《我国农村居民边际消费倾向的实证分析》，载于《商场现代化》2008年第28期，第14～15页。

③ 国家向农村义务教育阶段（小学和初中）的贫困家庭学生免费提供教科书、免除杂费，并给寄宿生补助一定生活费的一项资助政策，简称“两免一补”。

消费需求弹性是指在价格不变的条件下，收入变动百分之一，消费需求变动的百分比。它反映消费需求关于收入变动的敏感程度。目前，我国城乡居民教育文化娱乐消费需求收入弹性已经由小于1过渡到大于1，这说明城乡居民对教育文化娱乐服务的消费需求的增长速度大于其可支配收入或纯收入的增长速度。

城镇居民的收入弹性（见表8-10）由1991年的0.944增加到2007年的1.349，2002年以后收入弹性基本保持在1.2~1.3左右。农村居民由1986年的0.565增加到2005年的1.2左右，2006年和2007年的收入弹性高达1.803（见表8-11）。城镇居民收入弹性增加的原因可能有：（1）城镇居民在物质消费得到一定满足后开始追求精神需求上的满足；（2）随着各项教育改革措施的出台，城镇居民教育消费支出趋于增加。对于农村居民而言，其一，随着生活质量的提高，特别是在社会主义新农村建设过程中，学技术、学文化意识逐渐增强，尤其在子女教育方面更加舍得投资。其二，我国教育体制改革使得教育成本不断增加，农村居民负担的教育费用逐年增加，这无疑会增加农村居民教育文化娱乐的消费支出。但2006年9月1日，修订后颁行的《义务教育法》明确规定，“实施义务教育，不收学费、杂费”。这一年，西部农村首先实施义务教育经费保障机制改革。2007年，这项改革推行到全国农村；同年秋季，全国农村义务教育在免交学杂费的同时，还免收教科书费。2006年后的农村居民的较高收入弹性也在一定程度上反映了其对精神文化生活需求的不断增加。

表8-10　城镇居民教育文化娱乐消费收入弹性估算（1991~2007年）

方程	常数项 a_i	边际消费倾向 b_i	R^2	White异方差性检验	收入弹性
E1991	7.4391 (0.3340)	0.0676 (4.7202*)	0.4521	Prob. χ^2 (4) =0.2740***	0.944
E1992	1.0301 (0.0564)	0.0727 (8.2224*)	0.7071	Prob. χ^2 (2) =0.1845***	0.999
E1993	20.2040 (1.0293)	0.0672 (8.1388*)	0.7104	Prob. χ^2 (4) =0.1578***	0.892
E1994	-19.3424 (-0.6106)	0.0758 (7.1333*)	0.6451	Prob. χ^2 (4) =0.3295***	1.057
E1995	-37.9894 (-0.9724)	0.0819 (7.4881*)	0.6750	Prob. χ^2 (4) =0.0870***	1.060
E1996	-133.9275 (-2.5839**)	0.1048 (10.0577*)	0.7832	Prob. χ^2 (2) =0.0556***	1.352

续表

方程	常数项 a_i	边际消费倾向 b_i	R^2	White 异方差性检验	收入弹性
E1997	-97.1483 (-2.0727**)	0.1074 (12.1885*)	0.8414	Prob. χ^2 (2) =0.0611***	1.236
E1998	-83.9763 (-1.8313)	0.1088 (13.2578*)	0.8626	Prob. χ^2 (2) =0.0928***	1.181
E1999	-29.3091 (-0.4678)	0.1024 (9.9106*)	0.7720	Prob. χ^2 (2) =0.0578***	1.057
E2000	-66.9274 (-1.1384)	0.1108 (12.2745*)	0.8386	Prob. χ^2 (2) =0.0691***	1.039
E2001	4.6201 (0.0493)	0.0993 (6.4880*)	0.5921	Prob. χ^2 (4) =0.2487***	0.987
E2002	-199.9157 (-2.0125)	0.1423 (11.1510*)	0.8109	Prob. χ^2 (2) =0.3126***	1.215
E2003	-248.1591 (-2.8579*)	0.1388 (13.6985*)	0.8661	Prob. χ^2 (2) =0.3378***	1.258
E2004	-322.7399 (-3.5863*)	0.1438 (15.1952*)	0.8884	Prob. χ^2 (2) =0.3815***	1.312
E2005	-328.4321 (-3.6686*)	0.1357 (16.0655*)	0.8990	Prob. χ^2 (2) =0.4179***	1.297
E2006	-426.2827 (-3.9521*)	0.1378 (15.0914*)	0.8871	Prob. χ^2 (2) =0.5405***	1.347
E2007	-474.2747 (-4.1454*)	0.1301 (15.4279*)	0.8914	Prob. χ^2 (2) =0.5285***	1.349

注：括号内的为t统计量；* 表示在1%的水平上显著；** 表示在5%的水平上显著；*** 表示在5%的水平上无异方差性。E1991、E1993、E1994、E1995、E2001原方程存在异方差，表格中的数据为修正后的参数。

表8-11　　农村居民教育文化娱乐消费收入弹性估算（1986~2007年）

方程	常数项 a_i	边际消费倾向 b_i	R^2	White 异方差性检验	收入弹性
E1986	2.7193 (1.4130)	0.0192 (4.7588)	0.4562	Prob. χ^2 (2) =0.2287***	0.565
E1987	6.7503 (1.6962)	0.0267 (3.5605)	0.3195	Prob. χ^2 (2) =0.0562***	0.669

续表

方程	常数项 a_i	边际消费倾向 b_i	R^2	White 异方差性检验	收入弹性
E1988	-0.7749 (-0.1818)	0.0492 (7.2964*)	0.6553	Prob. χ^2 (2) =0.1174***	1.045
E1989	1.0611 (0.2007)	0.0545 (7.2503*)	0.6525	Prob. χ^2 (2) =0.0645***	1.071
E1990	-5.6833 (-1.0008)	0.0651 (8.9944*)	0.7429	Prob. χ^2 (2) =0.2438***	1.421
E1991	-3.3285 (-0.6605)	0.0705 (11.8265*)	0.8332	Prob. χ^2 (2) =0.6404***	1.372
E1992	-6.2498 (-0.9867)	0.0771 (10.4464*)	0.7958	Prob. χ^2 (2) =0.0836***	1.382
E1993	-17.8454 (-2.4324**)	0.0794 (12.1735*)	0.8411	Prob. χ^2 (2) =0.0696***	1.254
E1994	-13.1835 (-1.4130)	0.0686 (10.7164*)	0.8040	Prob. χ^2 (2) =0.0948***	1.115
E1995	-8.2223 (-0.6258)	0.0680 (9.5544*)	0.7653	Prob. χ^2 (2) =0.1353***	1.048
E1996	-13.9733 (-0.9085)	0.0732 (10.4956*)	0.7973	Prob. χ^2 (2) =0.5469***	1.064
E1997	-29.8926 (-1.9380)	0.0823 (12.6473*)	0.8465	Prob. χ^2 (2) =0.6752***	1.161
E1998	-43.7340 (-2.4146**)	0.0904 (12.3697*)	0.8407	Prob. χ^2 (2) =0.6281***	1.227
E1999	-50.9720 (-2.5977**)	0.0961 (12.3883*)	0.8411	Prob. χ^2 (2) =0.3637***	1.261
E2000	-36.2486 (-1.8683**)	0.0972 (13.0738*)	0.8549	Prob. χ^2 (2) =0.2958***	1.172
E2001	-12.5928 (-0.4874)	0.0858 (7.8986*)	0.6902	Prob. χ^2 (4) =0.6381***	1.054
E2002	-57.7707 (-2.4638**)	0.1053 (13.1308*)	0.8560	Prob. χ^2 (2) =0.1134***	1.239

续表

方程	常数项 a_i	边际消费倾向 b_i	R^2	White 异方差性检验	收入弹性
E2003	-56.0206 (-2.2516**)	0.1082 (13.4985*)	0.8627	Prob. χ^2 (2) =0.5615***	1.204
E2004	-92.8239 (-3.0636*)	0.1140 (12.9207*)	0.8520	Prob. χ^2 (2) =0.0704***	1.352
E2005	-78.1540 (-2.4066**)	0.1111 (13.1695*)	0.8567	Prob. χ^2 (2) =0.5315***	1.224
E2006	-68.1559 (-1.9238)	0.1007 (12.0830*)	0.8343	Prob. χ^2 (2) =0.2744***	1.886
E2007	-83.6778 (-2.1052**)	0.0916 (11.1694*)	0.8114	Prob. χ^2 (2) =0.1326***	1.803

注：括号内的为 t 统计量；* 表示在 1% 的水平上显著；** 表示在 5% 的水平上显著；*** 表示在 5% 的水平上无异方差性。E2001 原方程存在异方差，表格中的数据为修正后的参数。

二、小结

教育文化娱乐消费需求的收入弹性能够反映居民在该类商品的需求对于收入的敏感度。本章利用 ELES 模型，采用全国 31 个省（自治区、直辖市）的截面数据测算各年度城乡居民教育文化娱乐消费的边际消费倾向和收入弹性。检验结果表明，我国居民教育文化娱乐边际消费倾向总体上呈上升趋势，城镇居民教育文化娱乐边际消费倾向比农村大。就收入弹性看，我国城乡居民教育文化娱乐消费需求收入弹性已经由小于 1 过渡到大于 1，这说明城乡居民对教育文化娱乐服务的消费需求的增长速度大于其可支配收入或纯收入的增长速度。

第三节　转型时期我国城乡居民医疗保健消费特征分析

改革开放以来，居民收入水平不断提高，医疗保健市场发生深刻变化，医疗保健领域也成为关注的焦点。人们对医疗保健的需求是源于对健康的需求，而健康是人力资本的组成部分，因而研究医疗保健需求具有重要的经济及社会意义。

一、转型时期我国城乡居民医疗保健消费特征分析

（一）城乡居民医疗保健支出总量增长，差距加大

表 8－12 和图 8－3 显示了我国城镇居民和农村居民人均医疗保健支出的总量及其变化情况。

表 8－12　　1980～2007 年城乡居民医疗保健消费支出情况

单位：元/人·年

年份	城镇居民医疗保健支出	城镇居民消费性支出	城镇居民可支配收入	农村居民医疗保健支出	农村居民消费性支出	农村居民纯收入
1980	N. A	412.4	477.6	3.4	162.2	191.3
1981	N. A	456.8	500.4	4.2	190.8	223.4
1982	N. A	471.0	535.3	4.7	220.2	270.1
1983	N. A	505.9	564.6	4.4	248.3	309.8
1984	N. A	559.4	652.1	5.0	273.8	355.3
1985	16.71	673.2	739.1	7.7	317.4	397.6
1986	7.56	799.0	900.9	8.7	357.0	423.8
1987	8.87	884.4	1 002.1	10.7	398.3	462.6
1988	12.59	1 104.0	1 180.2	13.4	476.7	544.9
1989	15.98	1 211.0	1 373.9	16.4	535.4	601.5
1990	25.7	1 278.9	1 510.2	19.0	584.6	686.3
1991	32.1	1 453.8	1 700.6	22.3	619.8	708.6
1992	41.5	1 671.7	2 026.6	24.1	659.0	784.0
1993	56.9	2 110.8	2 577.4	27.2	769.7	921.6
1994	82.9	2 851.3	3 496.2	32.1	1 016.8	1 221.0
1995	110.1	3 537.6	4 283.0	42.5	1 310.4	1 577.7
1996	143.3	3 919.5	4 838.9	58.3	1 572.1	1 926.1
1997	179.7	4 185.6	5 160.3	62.5	1 617.2	2 090.1
1998	205.2	4 331.6	5 425.1	68.1	1 590.3	2 162.0
1999	245.6	4 615.9	5 854.0	70.0	1 577.4	2 210.3
2000	318.1	4 998.0	6 280.0	87.6	1 670.1	2 253.4

续表

年份	城镇居民医疗保健支出	城镇居民消费性支出	城镇居民可支配收入	农村居民医疗保健支出	农村居民消费性支出	农村居民纯收入
2001	343.3	5 309.0	6 859.6	96.6	1 741.1	2 366.4
2002	430.1	6 029.9	7 702.8	103.9	1 834.3	2 475.6
2003	476.0	6 510.9	8 472.2	115.7	1 943.3	2 622.2
2004	528.2	7 182.1	9 421.6	130.6	2 184.7	2 936.4
2005	600.9	7 942.9	10 493	168.1	2 555.4	3 254.9
2006	620.5	8 696.6	11 759.5	191.5	2 829.0	3 587.0
2007	699.1	9 997.5	13 785.8	210.2	3 223.9	4 140.4

资料来源：(1) 相关数据来自各年《中国统计年鉴》、《农村住户调查年鉴》；(2) 1985 年城镇居民医疗保健支出数据出自《中国统计年鉴 (1996)》，1986～1991 年城镇居民医疗保健支出根据“药及医疗用品”和“医疗保健费”两项相加所得。

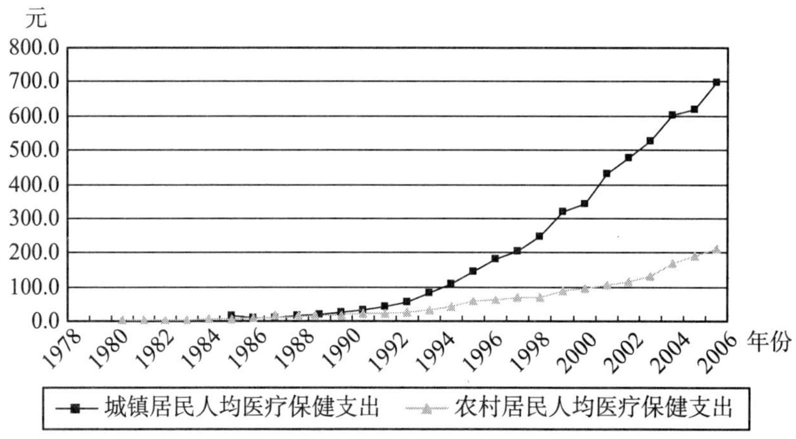

图 8－3　我国历年城乡居民人均医疗保健支出绝对量

从人均医疗保健支出的绝对量上看，我国城乡居民的医疗保健支出一直在不断增加，特别是进入 20 世纪 90 年代后，城乡医疗保健支出增速显著。与此同时，城乡医疗保健支出无论是绝对量还是增长速度，差距逐渐明显，且有越来越大的趋势。以 2007 年为例，农村居民人均医疗保健支出为 210.2 元，比 2006 年增长了 9.8%，城镇居民为 699.1 元，比 2006 年增长了 12.7%，农村居民的人均医疗保健支出不到城镇居民的 1/3，增长速度也落后于城镇居民。

在城乡居民医疗保健支出差距拉大的同时，城镇内部、农村内部不同收入阶层的医疗保健消费差距也在日益加大。从图 8－4 可以看出，随着城镇居民医疗保健支出的不断增长，城镇内部不同收入阶层之间的差距也越来越明显。1992

年最低收入户的人均医疗保健消费支出为28.38元，最高收入户为63.13元，后者是前者的2.2倍。到了2007年，最低收入户的人均医疗保健支出为281.13元，最高收入户为1 472.54元，后者扩大到前者的5.2倍。图8-5显示，农村内部不同收入阶层的医疗保健消费支出也存在明显差距。2002年农村最低收入户的人均医疗保健支出为57.54元，最高收入户为201.72元，后者是前者的3.5倍。2007年农村最低收入户的人均医疗保健支出为124.76元，最高收入户为374.25元，后者仍是前者的3倍。这反映出城乡内部不同收入阶层的医疗保健需求也在不断分化。

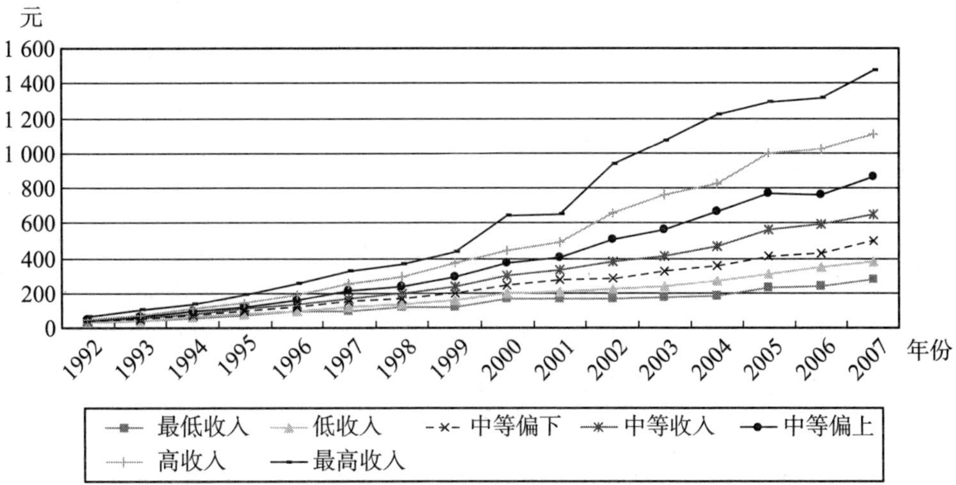

图8-4　城镇居民不同收入组人均医疗保健支出

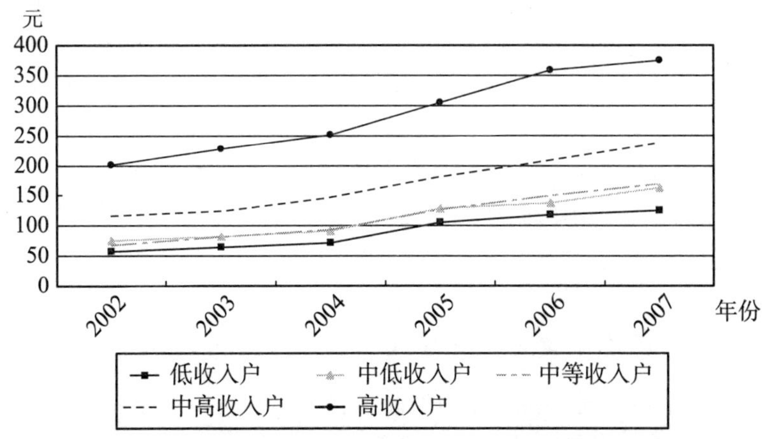

图8-5　农村居民不同收入组人均医疗保健支出

城乡之间以及城乡内部医疗保健需求的满足程度存在较大差异，其原因主要有以下几点：

第一，收入差距的影响。收入是消费的基础，制约着居民对医疗保健的支付能力。计量分析表明，我国城乡居民的收入水平对医疗保健支出无论长期还是短期都是正相关的。农村居民由于收入水平低于城镇居民，因而医疗保健支出也低于城镇居民。城镇内部和农村内部，不同收入阶层的医疗保健支出也必然随收入的不同而出现差距。

第二，医疗保健资源配置的不合理。经济转型时期我国医疗保健市场的改革过于商业化、市场化，同时政府在城乡卫生事业上政策过于向城市倾斜，直接后果是导致医疗资源在城乡之间配置的不合理。根据《中国卫生统计年鉴(2008)》数据，2007 年我国卫生总费用为 11 289.5 亿元，其中农村卫生费用为 2 535.0 亿元，占总费用的 22%；城镇卫生费用为 8 754.5 亿元，占总费用的 78%。也就是说占全国人口 3/5 的农村居民所花费的医疗费用，不到城镇居民的 1/3。农村尤其是落后地区农村长期存在缺医少药的情况，大量基层医疗卫生机构资源闲置，而大中城市则出现医疗保健资源供大于求的现象。农村居民医疗保健服务的可及性显著低于城镇居民，严重制约了农民的医疗保健需求。

第三，医疗保障制度的不健全。改革开放以后随着以集体经济为基础的传统合作医疗制度的瓦解，广大农民实际上长期处于没有医疗保障，回到“谁看病，谁付钱”的自费状态。直到 2003 年开始实行新型农村合作医疗制度，情况才开始有所好转。这也是这几年农村居民医疗保健支出开始增速加大的原因。相比较而言，城镇居民享受到的医疗保障制度整体要优于农村居民，因而医疗保健消费能力也高于农村居民。从城镇内部和农村内部来看，低收入阶层所能得到的医疗保障也往往低于中高收入阶层，因而也在一定程度制约着其医疗保健需求。

第四，消费观念的不同。随着收入水平的提高，人们不再仅仅满足于温饱型消费，而开始越来越注重生活质量。人们的健康意识和养生意识较从前得到提高，城镇中小区公用健身设施以及各种健身场所变得较为普遍。医疗保健意识的提高催生了医学诊疗技术的发展和部分医疗保健机构的高端化，出现了一些收费标准较高、硬件设施豪华的医疗保健机构。但是从农村地区来看，农民的消费模式仍然处于较低水平，对健康资本的投资较少。

（二）城乡医疗保健支出比重上升且收敛

图 8-6、图 8-7 分别显示了转型时期我国城乡居民医疗保健支出占消费性支出和收入的比重。由于统计口径的变化，剔除掉城镇 1985 年的样本值。改革开放以来，城镇居民和农村居民的人均医疗保健支出无论在消费性支出还是收入中所占的比重整体都呈上升态势。在 1996 年之前，农村居民的医疗保健支出占

消费性支出和收入的比重明显高于城镇居民，而1996年之后则低于城镇居民。但是近年，二者之间的差距逐渐缩小，并且有趋同的趋势。

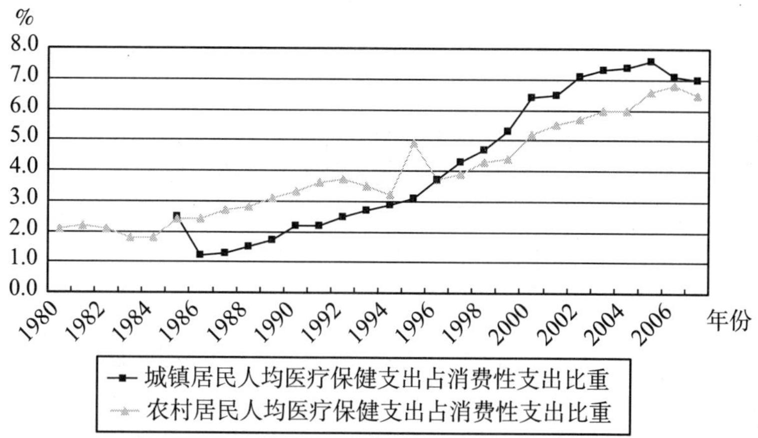

图8-6　城乡居民历年人均医疗保健支出占消费性支出比重

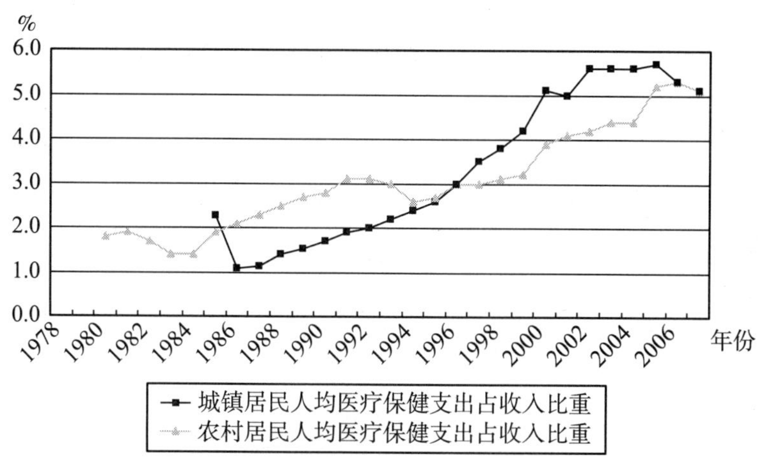

图8-7　城乡居民历年人均医疗保健支出占收入比重

1996年作为分界点可以从医疗体制改革的角度给予解释。1994年初国务院决定在镇江市和九江市进行城镇职工医疗保障制度改革的试点工作。在总结“两江”试点经验的基础上，1996年国务院又在全国范围推选了50多个中等以上城市进行扩大试点工作，职工医疗保障制度改革扩大试点工作在全国27个省、自治区、直辖市全面展开。可以认为1996年是城镇职工医疗保障制度改革在全国展开的起点，对城镇居民医疗保健支出的增加起到推动作用。而近年来由于政府控制医疗费用上涨的努力，使得城乡居民医疗保健负担有所减轻，因而城镇居民和农村居民医疗保健支出比重均有不同程度的降低。

图8-8、图8-9显示，从城乡内部来看，每个年份城乡内部不同收入组医疗保健支出尽管绝对量存在较大差距，但是占各自消费性支出的比重大致相当。不同收入组之间在医疗保健支出占消费性支出的比重上没有表现出显著差异，且都与整体平均的医疗保健支出占消费性支出比重趋势一致。

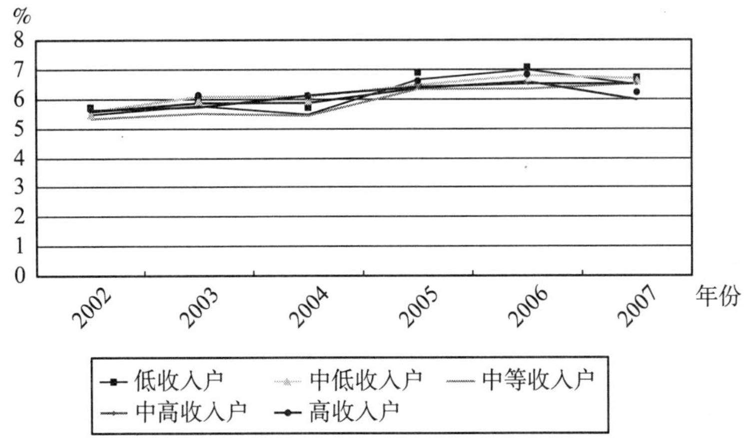

图8-8　农村居民不同收入组医疗保健支出占消费性支出比重

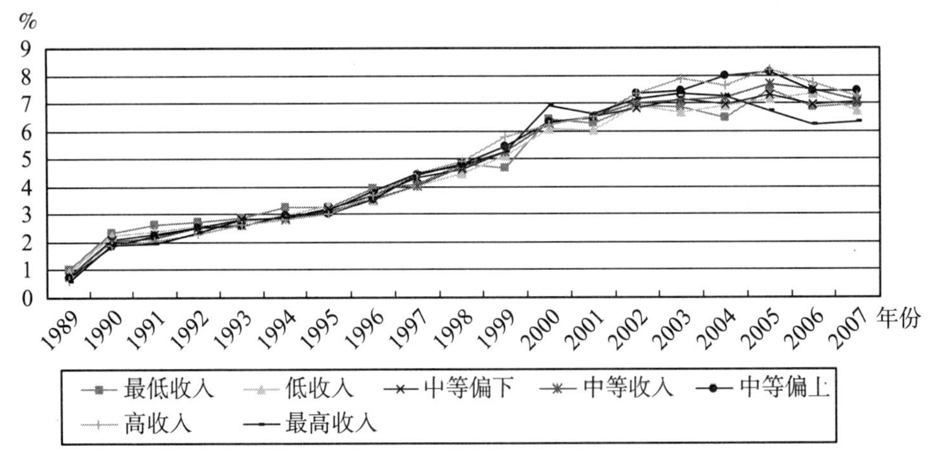

图8-9　城镇居民不同收入组医疗保健支出占消费性支出比重

（三）城镇居民医疗保健支出结构稳中有变

由于可得数据的限制，只能对城镇居民2002年之后的医疗保健支出结构进行分析，农村居民的医疗保健支出结构状况不明。从城镇居民的医疗保健支出结构来看，其医疗保健支出主要用于医疗器具、保健器具、药品费、滋补保健品、医疗费以及其他杂项。从城镇居民人均医疗保健支出项目比重来看（见图8－10），2002～2007年，各项支出在医疗保健支出中所占比重并无显著变化。到2007年，城镇居民的人均医疗保健支出结构中（见图8－11），药品费所占比重仍然最高，超过整个医疗保健支出的一半；其次是医疗费；再次是滋补保健品；保健器具和医疗器具所占的比重仍然较低。

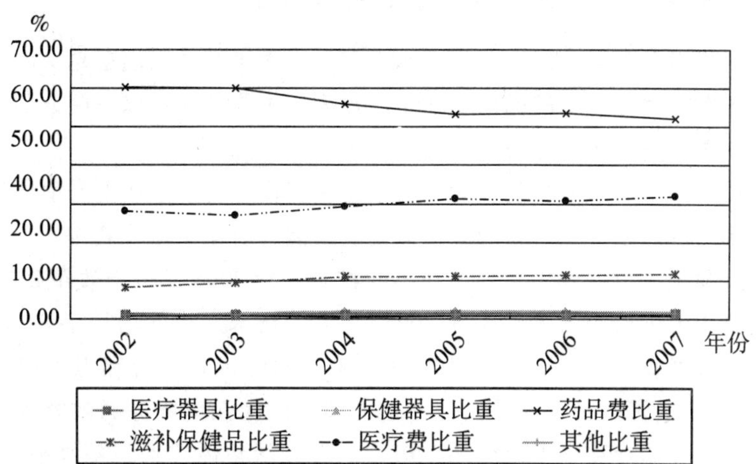

图8－10　城镇居民历年人均医疗保健支出项目比重

资料来源：《中国物价及城镇居民家庭收支调查统计年鉴》（2003、2004），《中国城市（镇）生活与价格年鉴》（2005～2007）。

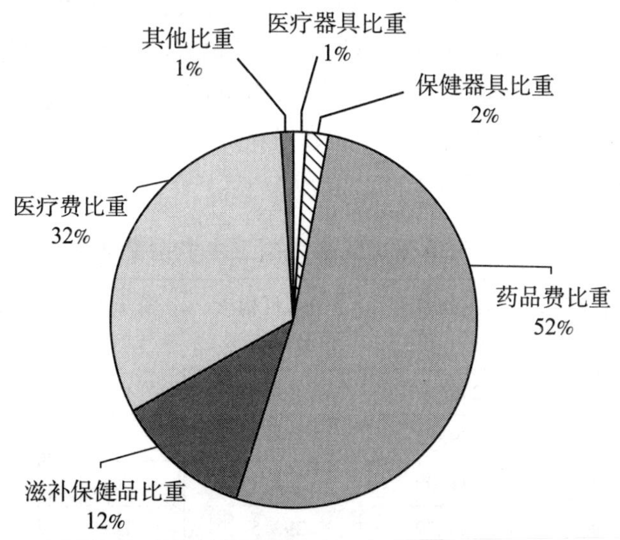

图8－11　2007年城镇居民人均医疗保健支出构成

资料来源：《中国城市（镇）生活与价格年鉴（2008）》。

但是从图 8－10 可以看出，药品费比重在逐步下降，保健器具和滋补保健品的比重有逐年增加的态势。保健器具比重从 2002 年的 1.23% 增长到 2007 年的 1.9%，滋补保健品比重从 2002 年的 8.26% 增长到 2007 年的 11.79%，反映出城镇居民在摆脱温饱型消费状态后，健康意识在逐步增强，生活质量在不断提高。

（四）城乡居民医疗保健消费品质不断提高

改革开放以来，城乡居民的生活水平发生巨大飞跃，人们也越来越注重生活质量，居民医疗保健消费的品质也在不断提高，主要体现在以下两方面：

第一，医疗保健供给能力提高。

供给可以反映需求的变化，居民需求水平提高、需求层次上升引导了供给的发展。改革开放以来，全社会的医疗保健供给能力有了大幅度提高，从表 8－13 可以看出，我国医疗保健体系规模在不断扩张。到 2008 年，与改革初期的 1978 年相比，我国卫生机构数增长了 82.09%，卫生技术人员数增长了 87.67%，卫生机构床位数增长了 72%。每千人口医生数、每千人口医院和卫生院床位数均比 1978 年有了显著增长。此外，全社会范围内医疗保健服务的内容也在逐步扩展，能够开展的诊疗项目不断增加，医疗保健领域整体技术装备水平明显提高。自 1996 年以来，医院大型和一般医用设备台数增加，普及率提高；CT、彩超、核磁共振仪和肾透析仪数量成倍增加。根据《中国卫生统计年鉴（2006）》可知，2004 年全国医院几种大型设备普及率分别为：800MA 以上 X 光机 21.3%，CT 29.2%，彩超 35.7%，核磁共振仪 7.2%，肾透析仪 14.9%。目前，省、部属大型综合医院基本配备了 1 000MA 以上 X 光机、CT、彩超、核磁共振仪和肾透析仪等超大型设备。90% 以上医院配备了 800MA 以下 X 光机、心电图机和 B 超等常规设备，半数以上医院配备了激光治疗仪和电动牙科椅。改革开放以来医疗保健供给水平和诊疗技术的进步，反映出居民医疗保健需求的升级。

表 8－13　　改革开放以来我国卫生资源变动情况

年份	卫生机构数（万个）	卫生技术人员数（万人）	卫生机构床位数（万张）	每千人口医生数（人）	每千人口医院和卫生院床位数（张）
1978	16.97	246.39	204.17	1.08	1.93
1980	18.06	279.82	218.44	1.17	2.02
1985	20.09	341.09	248.71	1.36	2.14
1990	20.87	389.79	292.54	1.56	2.32
1995	19.01	425.69	314.06	1.62	2.39

续表

年份	卫生机构数（万个）	卫生技术人员数（万人）	卫生机构床位数（万张）	每千人口医生数（人）	每千人口医院和卫生院床位数（张）
2000	32.48	449.08	317.7	1.68	2.38
2001	33.03	450.77	320.12	1.69	2.39
2002	30.60	426.98	313.61	1.47	2.32
2003	29.13	430.65	316.4	1.48	2.35
2004	29.75	439.29	326.84	1.50	2.40
2005	29.90	446.02	336.75	1.52	2.45
2006	30.90	462.41	351.18	1.54	2.53
2007	29.84	478.76	370.11	1.54	2.63
2008	27.8	503.0	403.87	1.57	2.83

注：（1）2002 年起，卫生人员数不包括高中等医学院校本部、药检机构、国境卫生检疫所和非卫生部门举办的计划生育指导站（中心）人员数；卫生机构数不再包括高中等医学院本部、药检机构、国境卫生检疫所和非卫生部门举办地计划生育指导站；（2）2002 年起，医生系执业（助理）医师数。

资料来源：《中国卫生统计年鉴（2008）》、《2008 年中国卫生事业发展情况统计公报》。

第二，居民生活方式发生变化。

居民生活和行为方式的变化一方面影响了疾病的发生和流行，另一方面又逐渐增强了居民的医疗保健意识。经济发展提高了社会成员的收入水平，使得城乡居民的饮食结构发生明显改变。无论城市还是农村，居民细粮、肉类、糖和乳制品的消费量逐年增加，导致高脂肪饮食摄入人口比例和肥胖人口比例明显增加，因此，蛋白质、胆固醇摄入水平过高所带来的问题呈上升趋势。此外，我国一直是烟草、酒精高消费国家，吸烟与饮酒带来的疾病问题非常突出。2003 年第三次国家卫生服务调查显示，我国 15 岁及以上男性居民年龄调整吸烟率由 1993 年的 61.2% 下降到 2003 年的 47.3%。吸烟者平均每天吸烟量 15.9 支（城市 14.9 支，农村 16.2 支），其中，男性吸烟量为 16 支、女性为 12 支。值得注意的是，尽管人群中吸烟率逐渐下降，但吸烟者的吸烟量在增加，因此，严重程度增加。我国当前正处在快速的工业化和城市化进程中，随着人口流动性加大和传统社会观念的改变，艾滋病等类型传染病的传播、精神性疾病和意外伤害的增加等，都成为不容忽视的社会问题。这些都成为威胁我国城乡居民健康的重要因素，并且也增强了人们的预防保健意识，影响着居民医疗保健消费的变化。

随着生活质量的提高，居民的医疗健康意识较从前有了很大变化，越来越注重医疗保健方面的消费。2003 年第三次国家卫生服务调查显示，我国城乡居民主动参加体育锻炼的人数在增加。在 15 岁及以上调查人口中，业余时间经常参加体育锻炼的人口比例为 14.8%（城市 36.3%、农村 6.4%），10.4% 的被调查者采取走、慢跑、太极拳等形式进行体育锻炼，2.2% 的人进行球类运动。锻炼者平均每周锻炼次数为 5.3 次（城市 5.5 次、农村 4.8 次），平均每次锻炼时间约在 50 分钟左右（城市 57 分钟、农村 33 分钟）。城镇居民对保健器具、滋补保健品等商品的消费呈上升态势。

二、小结

转型时期我国城乡居民医疗保健需求发生了显著变化，主要表现在：第一，城乡居民医疗保健支出总量增长，差距加大；第二，城乡医疗保健支出比重上升且收敛；第三，城镇居民医疗保健支出结构稳中有变；第四，城乡居民医疗保健消费品质不断提高。

第四节　转型时期我国城乡居民医疗保健需求的实证分析

国内外学者运用现代计量经济方法对居民医疗保健支出进行了大量研究，尤其是国外学者对医疗保健支出弹性进行的研究较多。戴维斯和罗素（Davis & Russell）的研究发现，门诊需求比住院需求更具有价格弹性。埃马特奥和迪马特奥（Imatteo & Dimatteo）使用 1965～1991 年加拿大 10 个省份的数据进行分析，发现居民医疗保健支出的收入弹性为 0.8。林德洛（Lindelow）利用多项树状分对数（Nested Multinomial Logit）模型分析莫桑比克农村的医疗保健需求，发现居民医疗保健支出的价格弹性与收入有关，低收入组的医疗保健需求的价格弹性较小，为 -0.39，随着收入增加，医疗保健需求的价格弹性有所增加，达到 -1.00。

国内学者把城乡居民医疗保健消费结合起来纳入一个框架进行分析研究的不多，主要限于单独研究城镇居民的医疗保健需求或单独研究农村居民的医疗保健需求。王红玲（2001）运用两部模型法，基于问卷调查数据，对影响我国城镇职工健康及医疗服务需求的决定因素进行了分析，研究表明，影响健康和医疗服务需求的因素基本相同，且作用方式也非常接近。平新乔（2003）① 根据条件弹

① 平新乔：《从中国农民医疗保健支出看农村医疗保健融资机制的选择》，载于《管理世界》2003 年第 11 期。

性分析方法，利用随机效应和固定效应模型，使用 1997 ~ 2001 年的数据对我国农民的医疗保健支出行为进行分析，得出我国农民医疗保健支出对医疗价格与药品价格的弹性为负，对收入的价格弹性为正的结论。该研究还表明西部农民的看病、买药决策显著取决于收入水平，但在东部地区，这一关系并不显著。欧阳志刚（2007）[①] 使用 1992 ~ 2005 年的数据，运用纵列协整模型考察农民医疗保健支出，发现医疗保健价格、药品价格的上升阻碍了农民医疗保健支出的增加。农民收入的提高有利于农民医疗保健支出的增加，长期均衡关系阻碍了农民短期收入和短期医疗保健支出的增加，但刺激了短期医疗价格的上涨。

本节试图通过建立计量模型，对城乡居民医疗保健消费支出进行实证研究，将城乡居民的医疗保健支出纳入一个研究框架，对城乡居民的医疗保健消费进行比较分析。本节首先建立时间序列模型，然后通过 ELES 模型进行横截面数据分析，最后对 29 个省份的数据进行面板分析。

一、协整及误差修正模型

（一）变量选择及数据说明

影响居民医疗保健需求的因素主要是收入和医疗保健价格。本书主要考察经济体制转型时期城乡居民医疗保健需求状况，因此选取 1995 ~ 2007 年的医疗保健支出和收入数据作为样本。采用以下指标：（1）yu = 城镇居民的人均可支配收入；（2）yr = 农村居民的人均纯收入；（3）qu = 城镇居民对医疗保健的需求数量；（4）qr = 农村居民对医疗保健的需求数量；（5）hpu = 城镇医疗保健相对价格；（6）hpr = 农村医疗保健相对价格。上述指标对应数据皆为年度数据，原始数据均来源于历年《中国统计年鉴》，其中收入类数据分别根据城市居民消费价格指数和农村居民消费价格指数调整为实际数据。医疗保健的需求数量在本书中被定义为医疗保健支出对医疗保健价格指数（1995 年为 1）的比值，它表示的是用 1995 年价格衡量的医疗保健的数量，分别以城镇医疗保健支出和农村医疗保健支出根据城镇医疗保健价格指数和农村医疗保健价格指数调整得到；医疗保健相对价格分别以城镇医疗保健价格指数除以城镇居民消费价格指数、农村医疗保健价格指数除以农村居民消费价格指数表示。

① 欧阳志刚：《农民医疗卫生支出影响因素的综列协整分析》，载于《世界经济》2007 年第 9 期。

（二）单位根检验

将上述指标分别取对数，用 ADF 检验法对这 6 个时间序列进行平稳性检验，结果如表 8－14 所示。

表 8－14　　变量单位根检验结果（样本区间：1995～2007 年）

变量	检验类型	ADF 值	临界值			平稳性
			1%	5%	10%	
ln*qu*	(c，t，0)	－0.8131	－4.9923	－3.8753	－3.3883	不平稳
Δ^2ln*qu*	(0，0，0)	－7.3120	－2.8167	－1.9823	－1.6011	平稳
ln*yu*	(c，t，0)	－2.2268	－4.9923	－3.8753	－3.3883	不平稳
Δ^2ln*yu*	(0，0，0)	－3.5.41	－2.8167	－1.9823	－1.6011	平稳
ln*hpu*	(c，t，0)	－0.8513	－4.9923	－3.8753	－3.3883	不平稳
Δ^2ln*hpu*	(0，0，0)	－3.4146	－2.8167	－1.9823	－1.6011	平稳
ln*qr*	(c，t，0)	－1.9163	－4.9923	－3.8753	－3.3883	不平稳
Δ^2ln*qr*	(0，0，0)	－5.0745	－2.8167	－1.9823	－1.6011	平稳
ln*yr*	(c，t，0)	－0.8876	－4.9923	－3.8753	－3.3883	不平稳
Δ^2ln*yr*	(0，0，0)	－4.7219	－2.8167	－1.9823	－1.6011	平稳
ln*hpr*	(c，t，0)	－0.0935	－4.9923	－3.8753	－3.3883	不平稳
Δ^2ln*hpr*	(0，0，0)	－4.3584	－2.8167	－1.9823	－1.6011	平稳

注：第二列括号中 c 表示带有常数项，t 表示带有趋势项，p 表示滞后阶数。

从表 8－15 可以看出，未经差分的变量都不能拒绝存在单位根假设，而经过二阶差分之后所有变量都达到平稳，为二阶单整序列，即 I(2)。如果直接建立回归模型，可能导致错误的结果，即出现伪回归，从而导致各种统计检验无意义。

（三）协整检验

为消除数据的不平稳性，使回归有意义，通常可以采取两种方法：一种是用差分来进行处理，该方法虽然可以消除不平稳性，但差分后的数据会导致变量间的长期关系的信息损失。另一种解决方法就是协整。在某种情况下虽然两个变量都是不平稳的，但它们的某个线性组合却可能是平稳的，这时变量被称为是协整的，这个组合表示了变量之间的长期关系。下面对不平稳的 6 个变量进行协整检验。采用 AEG 法分别对 ln*qu* 与 ln*yu* 和 ln*hpu* 之间、ln*qr* 与 ln*yr* 和 ln*hpr* 之间进行协整检验。

首先建立协整回归方程：

$$\ln qu = 2.1233 \ln yu + 2.9444 \ln hpu - 12.9784 \quad (8-4)$$
$$(22.1670) \quad (4.9055) \quad (-15.4057)$$
$$R^2 = 0.9838 \quad D.W. = 1.6603$$

$$\ln qr = 1.9887 \ln yr - 0.0978 \ln hpr - 10.9499 \quad (8-5)$$
$$(19.5997) \quad (-0.2006) \quad (-14.1788)$$
$$R^2 = 0.9724 \quad D.W. = 1.3704$$

然后对上述模型的残差序列 u_t 和 u_t' 进行平稳性检验，计算结果如表 8-15 所示。

表 8-15　残差序列的单位根检验结果

变量	检验类型	ADF 值	临界值（5%）	平稳性
u_t	（0，0，0）	-3.0694	-1.9740	平稳
u_t'	（0，0，0）	-2.4795	-1.9740	平稳

由表 8-15 可见，u_t 和 u_t' 的单位根检验中 ADF 值小于在 5% 显著性水平的临界值，也就是说它们是平稳的，即 ln*qu* 和 ln*yu*、ln*hpu* 之间、ln*qr* 和 ln*yr*、ln*hpr* 之间具有协整关系，表明了城镇居民和农村居民的医疗保健需求与收入、医疗保健价格之间长期或均衡的关系。

（四）误差修正模型

上述分析表明 ln*qu* 和 ln*yu*、ln*hpu* 之间、ln*qr* 和 ln*yr*、ln*hpr* 之间具有协整关系，即具有一种长期或均衡的关系，但是在短期中很有可能出现偏离均衡的情况。因此，把残差作为均衡误差项把医疗保健需求的短期行为与其长期行为联系起来。下面建立误差修正模型（ECM）。经试算认为以下模型为较优模型：

$$\Delta \ln qu = 0.1298 + 0.3408 \Delta \ln yu + 0.9256 \Delta \ln hpu - 0.7444 e_{t-1} \quad (8-6)$$
$$(2.413) \quad (0.492) \quad (1.079) \quad (-2.752)$$
$$R^2 = 0.32 \quad D.W. = 2.43$$

$$\Delta \ln qr = 0.0019 + 1.8959 \Delta \ln yr - 0.7395 \Delta \ln hpr - 0.7673 e_{t-1} \quad (8-7)$$
$$(0.029) \quad (1.905) \quad (-0.779) \quad (-0.767)$$
$$R^2 = 0.21 \quad D.W. = 1.89$$

（五）结果分析

根据上述模型构建，得出我国 1995～2007 年样本区间内城乡居民医疗保健需求与收入和价格的长短期关系模型。

第一，城镇居民医疗保健需求模型分析。

由表8-16可知，长期中ln*yu*对ln*qu*的影响系数是2.1233，说明城镇居民人均可支配收入每变化1%，城镇居民全年的人均医疗保健支出变化2.1233%，这说明这两个变量之间相关性较为明显，短期中城镇居民可支配收入的变化对医疗保健支出的影响为0.3408，可见短期中收入对医疗保健支出的影响程度远远不如长期。长期中ln*hpu*对ln*qu*的影响系数是2.9444，短期中影响系数为0.9256，可见短期中价格对医疗保健支出的影响程度也远远不如长期。均衡误差项的系数为负，符合反向修正原则，说明变量间存在的长期稳定关系制约着变量的变化，并促使它们走向均衡。系数绝对值决定了均衡恢复的速度，从式（8-6）中可以看出均衡误差项对均衡偏差的调整幅度为74.44%，调整速度是非常快的。

表8-16　　城镇居民医疗保健需求的协整及误差修正模型

长期	$\ln qu = 2.1233\ln yu + 2.9444\ln hpu - 12.9784$
短期	$\Delta\ln qu = 0.1298 + 0.3408\Delta\ln yu + 0.9256\Delta\ln hpu - 0.7444e_{t-1}$

城镇居民医疗保健支出的价格弹性为正值，这说明，尽管1995~2007年期间，医疗保健价格总体呈上升态势，但由于医疗保险制度的发展，城镇居民实际支付的医疗保健价格下降了，从而增加了医疗保健需求量。从我国城镇医疗保障体制的发展历程来看，我国从20世纪80年代就开始了改革探寻。经历了90年代初期的社会统筹试点、90年代中期的社会统筹与个人账户相结合试点和90年代后期以来的统账结合全面推广阶段，我国当前城镇居民医疗保障体系是基本医疗保险、补充医疗保险、社会医疗救助和商业医疗保险等多层次的医疗保障体系。原则上，机关、企业、事业单位及其职工和城镇个体劳动者都要参加基本医疗保险，基本医疗保险对全部城镇职工实行统一的有限保障，实行属地管理，基本医疗费用由国家、用人单位、职工三方合理负担。医疗社会统筹基金设置最高支付限额，超过封顶线以上的大额医疗费用，可以通过商业医疗保险等途径加以解决。在参加基本医疗保险的基础上，国家公务员享受医疗补助政策，主要用于医疗保险统筹基金封顶线以上符合规定的医疗费用补助，个人自付超过一定数额的医疗费用补助；企业事业单位、社会团体、民办非企业人员享受基本医疗保险待遇，在参加基本医疗保险的同时，允许企业建立补充医疗保险。根据卫生部第四次国家卫生服务调查结果，截止到2008年，我国城市地区居民拥有各种社会保险的比例为71.9%，参加城镇职工医疗保险的比例为44.2%，比2003年增加

了14个百分点，城镇居民基本医疗保险的参保率为12.5%。这会在数量上提高对医疗保健的需求。

第二，农村居民医疗保健需求模型分析。

由表8-17可知，长期中 ln*yr* 对 ln*qr* 的影响系数是1.9887，说明农村居民人均纯收入每变换1%，农村居民全年的人均医疗保健支出变化1.9887%，变量之间的相关性较为明显，短期中该系数为1.8959，说明短期中收入对医疗保健支出的影响程度略低于长期。从式（8-7）中可以看出均衡误差项对均衡偏差的调整幅度为76.73%，调整速度是非常快的。

表8-17　　　　农村居民医疗保健需求的协整及误差修正模型

长期	$\ln qr = 1.9887\ln yr - 0.0978\ln hpr - 10.9499$
短期	$\Delta\ln qr = 0.0019 + 1.8959\Delta\ln yr - 0.7395\Delta\ln hpr - 0.7673e_{t-1}$

无论长期还是短期，农村居民医疗保健支出的价格弹性均为负值，表明医疗保健价格上升一定程度上抑制了农民的医疗保健需求。这可以从农村居民医疗保障制度加以解释。农村医疗保障体系的建设一直以合作医疗的发展为主线。改革开放以来，传统的合作医疗制度随着集体经济体制的瓦解而迅速解体，导致农村医疗保障状况全面倒退，农民又回到“谁看病，谁付钱”的自费医疗状态。由于市场化进程使得自费医疗运行的体制环境较计划经济有了剧烈变化，如财政对农村卫生机构的补贴越来越少、药品价格放开导致药价虚高等，农民的健康保障问题越来越突出。从20世纪80年代中后期开始，地方自发进行了恢复和重建合作医疗的尝试，90年代，中央政府开始进行完善和发展合作医疗的努力，但是未见明显成效。从1998年第二次国家卫生服务调查可以看出，我国农村有87.3%的农村居民没有任何形式的医疗保障。2003年第三次国家卫生服务调查显示，我国农村仍有79%的居民没有任何形式的医疗保障，完全是自费医疗。2003年初国务院办公厅转发卫生部等部门《关于〈建立新型农村合作医疗制度意见〉的通知》，重建合作医疗。农村新型合作医疗制度从2003年7月试点以来，发展迅速，农村参合人数与参合比例增速明显（见表8-18）。根据卫生部《2008年中国卫生事业发展统计公报》，截至2008年底，全国已有2 729个县（区、市）开展了新型农村合作医疗，参合农民8.15亿人，参合率为91.5%。与上年比较，开展新农合的县（区、市）增加278个，参合农民增加了0.89亿人，参合率上升5.3个百分点。2008年度筹资总额达785.0亿元，人均筹资96.3元；全国新农合基金支出662.0亿元；补偿支出受益5.85亿人次，其中，住院补偿0.51亿人次，门诊补偿4.86亿人次，体检及其他0.48亿人。新农合

的发展在一定程度上减轻了农民的医疗负担，农民“看病难、看病贵”现象有了一定程度的缓解，这也是近年农村居民医疗保健支出比重开始下降的原因。

表 8-18　　新型农村合作医疗情况

年份	开展新农合县（市、区）（个）	参加新农合人数（亿人）	参合率（%）	当年基金支出（亿元）	补偿支出受益人次（亿人次）
2004	333	0.80	75.20	26.37	0.76
2005	678	1.79	75.66	61.75	1.22
2006	1451	4.10	80.66	155.81	2.72
2007	2451	7.26	86.20	346.63	4.53

资料来源：《中国卫生统计年鉴（2008）》。

第三，城乡医疗保健需求模型对比分析。

首先，从收入弹性来看，对比式（8-4）和式（8-5）两个长期模型，城乡居民医疗保健需求的收入弹性都为正。收入水平对医疗支出的影响存在两种效应：一种是直接效应，即收入影响居民的支付能力，随着收入水平的提高，对健康的需求随之增加；另一种是间接效应，也称为健康效应，即通常收入较低的人，健康状况较差，为了维持一定的健康水平他们需要花费更多的医疗保健支出（Van Doorslaer et al., 1997）。当健康效应大于收入效应时，医疗保健支出与收入反向变动，随收入的提高而下降；当健康效应小于收入效应时，医疗保健支出与收入正向变动，随收入的提高而提高。当两种效应相当时，医疗保健支出与收入的关系就可能不显著。

从代表城乡居民收入水平的 ln*yu* 和 ln*yr* 两个变量的影响系数比较来看，城乡居民的医疗保健需求都和收入有显著的正相关关系。城镇居民的影响系数为 2.1233，比农村居民的 1.9887 略高，这一差异说明当城镇居民和农村居民收入同样增加 1% 的情况下，城镇居民的医疗保健支出要高于农村居民的医疗保健支出。这是因为从收入效应来看，农村居民的收入远低于城镇居民，支付能力低于城镇居民。同时，国家在医疗保健资源配置上向城镇居民倾斜，提高了城镇居民医疗保健服务的可及性。并且城镇居民保健意识相对较强，除了基本医疗支出，还有能力消费保健产品和服务。统计数据表明，从 1995 年以来，城镇居民医疗保健支出占收入的比重在大多数年份高于农村居民医疗保健支出占收入的比重。从健康效应来看，有研究表明（封进、秦蓓，2006），越是收入低、处于财富水平低层次的人越倾向于报告自己有较差的健康状况。国家卫生服务调查结果显示：在我国农村的贫困户中，“因病致贫”户占了很大比例，1998 年和 2003 年分别为 21.61% 和 33.4%。根据第三次国家卫生服务调查的结果，2003 年城市有 50.4% 的人口没有任何形式的医疗保险，农村这一比例为 87.4%。我们有理由认为城镇居民的健康效应低于农村居民。由于城镇居民的收入效应强于农村居民，健康效应又弱于农村居民，因而总效应上表现出城乡居民收入增加同等比例的情况下，城镇居民的医疗保健支出要高于农村居民。

其次，从价格弹性来看，两个长期模型中，城镇居民的价格弹性为正，农村居民的价格弹性为负。结合 1995～2007 年间的医疗保健价格指数来看，医疗保健的相对价格整体呈现上升态势，这就意味着城镇居民的医疗保健需求在随着价格的上升而上升，农村居民的医疗保健需求在随着价格的上升而下降。考虑到这期间医疗保障方面的制度因素，城镇居民医疗保险的保障形式不断增多，覆盖范围也在不断扩大，由自己实际负担的医疗保健的价格水平在不断降低，再加之健康意识的增强，以及医疗保健服务可得性较高，因而对医疗保健的需求量不断增加。相比较而言，新农村合作医疗保险尽管近年发展迅速，但由于定位于“保大病”，因而受益面较窄，农民得到的医疗保障水平相比城镇居民仍然较低，因而医疗保健价格的上升必定在一定程度上抑制了农民的医疗保健需求。

最后，从式（8－5）和式（8－7）两个短期模型可以看出，城镇居民和农村居民收入变化对医疗保健支出的影响系数都低于长期系数，说明短期内城乡居民收入的提高或减少对短期内居民的医疗保健支出行为的影响程度小于长期。如果要刺激居民医疗保健消费的增长，必须考虑提高居民的收入。无论增加收入的政策是长期的还是短期的，都会对提高医疗保健支出水平产生影响。显然，提高城乡居民的长期收入会对居民的医疗保健需求产生更深远的影响。

二、ELES 模型分析

我们利用历年《中国统计年鉴》我国城乡居民各年度收入分组的截面数据，测算了各年度城乡居民医疗保健支出的收入弹性。其中城镇进行的是 1995～2007 年的分析，农村由于分组数据可得性的限制，进行的是 2002～2007 年的分析。计量结果如表 8－19、表 8－20 所示。

表 8－19　　城镇居民医疗保健消费的 ELES 分析及收入弹性估算

年份	a	t_a	b	t_b	R^2	D. W.	F	收入弹性
1995	28.58	10.95	0.02	35.98	0.995	1.95	1 294.75	0.78
1996	29.57	7.73	0.03	34.21	0.995	2.81	1 170.38	1.01
1997	23.78	3.57	0.03	27.28	0.992	2.53	744.36	0.86

续表

年份	a	t_a	b	t_b	R^2	D. W.	F	收入弹性
1998	40.78	4.81	0.03	22.69	0.988	1.83	514.80	0.79
1999	43.46	2.41	0.03	13.25	0.967	2.01	175.66	0.72
2000	40.31	5.79	0.04	47.98	0.997	2.78	2 301.98	0.79
2001	72.17	5.89	0.04	26.75	0.992	1.01	715.90	0.80
2002	64.95	3.62	0.05	25.70	0.991	1.54	660.33	0.90
2003	70.99	2.81	0.05	20.74	0.986	1.87	430.34	0.89
2004	87.06	2.96	0.05	19.90	0.985	1.28	395.98	0.89
2005	147.87	2.74	0.04	11.40	0.956	1.48	129.92	0.70
2006	161.61	3.03	0.04	11.62	0.957	1.65	134.98	0.76
2007	178.16	3.65	0.04	14.17	0.971	1.43	200.73	0.79

注：t_a和t_b分别表示a和b的t检验值。

表8-20　农村居民医疗保健消费的ELES分析及收入弹性估算

年份	a	t_a	b	t_b	R^2	D. W.	F	收入弹性
2002	30.34	17.36	0.03	53.16	0.999	1.28	2 825.65	0.71
2003	34.17	9.45	0.03	28.72	0.995	2.66	824.87	0.68
2004	38.04	21.12	0.03	64.80	0.999	2.60	4 198.53	0.67
2005	67.50	13.51	0.03	25.57	0.994	1.32	653.70	0.58
2006	67.55	9.50	0.03	22.09	0.992	2.19	487.79	0.56
2007	85.77	80.68	0.03	149.04	0.999	3.31	22 211.94	0.59

注：t_a和t_b分别表示a和b的t检验值。

根据ELES计量结果，做出图8-12。

从分析结果可以发现，我国城镇居民医疗保健需求的收入弹性只在1996年大于1，其余年份收入弹性均小于1，农村居民医疗保健需求的收入弹性均小于1，且远低于同期城镇居民收入弹性。

按照通常的理解，收入弹性大于1的商品属于奢侈品，被认为是挥霍性、浪费性的消费，而收入弹性介于0和1之间的商品属于必需品。但是医疗保健消费弹性不能单纯从商品的性质划分来进行解读。人们的医疗保健需求有一部分是通过政府的公共卫生服务得到满足，医疗保健需求弹性在一定程度反映出人们对政

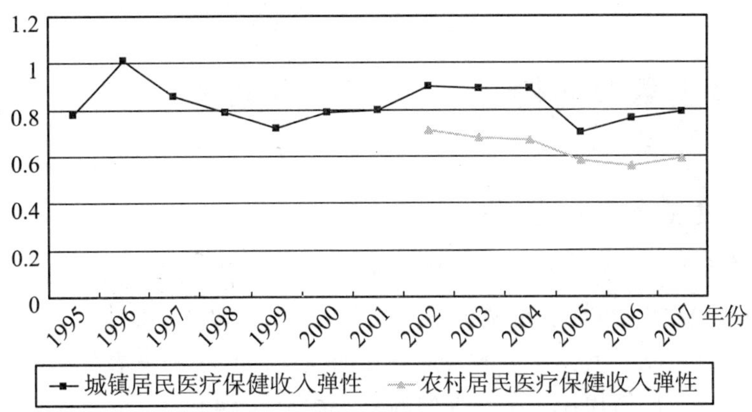

图 8－12　城乡居民医疗保健消费收入弹性

府公共卫生服务，包括公共卫生设施以及医疗保障制度的需求。收入弹性大于 1 可以视为城镇居民在收入增长的情况下，越来越注重生活质量的提高，医疗保健消费不再只限于治病诊疗，居民也开始关注防病保健方面的开支，同时对良好的生活环境、健全的公共卫生体制也有了更高的需求。

农村居民医疗保健需求收入弹性低于城镇居民，这一计量结果与前述时间序列模型的计量结果相符，进一步验证了收入效应和健康效应共同作用，导致城乡居民收入增加相同的比例，城镇居民的医疗保健支出会高于农村居民的结论。从医疗保健消费习惯上看，“小病拖，大病扛，重病等着见阎王” 仍是大多数农村居民医疗消费状况的真实写照。2003 年第三次国家卫生服务调查显示，农村有 45.8% 的应就诊病人没有就诊，30.3% 的应住院病人没有住院。由于经济困难应就诊而未就诊的人员比重，1998 年为 37.51%，2003 年为 36.73%。农村中由于经济困难应住院治疗而未住院治疗的人员比重，1998 年为 65.3%，2003 年为 75.4%。此外，农村基层医疗保健服务能力较低，如卫生机构人才短缺、服务质量低下，也制约着农村居民医疗保健需求的满足。2008 年第四次国家卫生服务调查结果表明，在乡镇卫生院卫生技术人员中，中专及以下和没有学历的人员比例达到 63%，村级卫生组织中这一比例高达 90%，其中 1/3 的村医没有学历；人才下不去也留不住，没有真正形成为农村基层培养适宜人才的有效途径。此次调查发现，基层卫生机构用药还存在不合理现象，乡村两级处方中抗生素的使用比例分别达到了 62% 和 65%（远远高于发展中国家水平 45% ~50%）。由此可以看出，农村居民在选择就诊或住院这样的医疗保健服务时，大多数是由于小病已拖成大病、重病，因而医疗保健消费表现出必需品的特性。

三、面板数据分析

（一）变量选择及数据说明

本部分主要考察我国东、中、西部地区城乡居民医疗保健消费行为的差别，选取 1993 ~ 2007 年 29 个省份城乡居民医疗保健支出和收入数据作为样本。采用以下指标：（1）yu = 城镇居民的人均可支配收入；（2）yr = 农村居民的人均纯收入；（3）qu = 城镇居民对医疗保健的需求数量；（4）qr = 农村居民对医疗保健的需求数量；（5）hpu = 城镇医疗保健相对价格；（6）hpr = 农村医疗保健相对价格。上述指标对应数据皆为年度数据，原始数据均来源于历年《中国统计年鉴》，其中收入类数据分别根据城市居民消费价格指数和农村居民消费价格指数调整为实际数据；由于缺乏专门的分地区农村医疗保健价格指数，因此用分地区平均的医疗保健价格指数来衡量城乡医疗保健价格指数。医疗保健的需求数量在本书中被定义为医疗保健支出对医疗保健价格指数（1993 年为 1）的比值。它表示的是用 1993 年价格衡量的医疗保健的数量，分别以城镇医疗保健支出和农村医疗保健支出根据医疗保健价格指数调整得到；医疗保健相对价格分别以医疗保健价格指数除以城镇居民消费价格指数、医疗保健价格指数除以农村居民消费价格指数表示。

基于地区城乡分解方法分组的需要，将样本数据分为东部、中部和西部三大类。由于西藏地区有部分年份缺少数据，重庆市合并到四川省，因此样本中没有西藏和重庆。三大区域的具体划分情况为：东部地区（北京、天津、河北、辽宁、山东、上海、江苏、浙江、福建、广东、广西、海南）、中部地区（山西、河南、黑龙江、吉林、内蒙古、湖北、湖南、江西、安徽）和西部地区（陕西、甘肃、青海、宁夏、新疆、四川、云南、贵州）。

基本的估算模型为：

$$\ln(qu_{int}) = \beta_0 + \beta_1 \ln(yu_{i,t}) + \beta_2 \ln(hpu_{i,t}) + \varepsilon_{it} \quad (8-8)$$

$$\ln(qr_{int}) = \beta_0 + \beta_1 \ln(yr_{i,t}) + \beta_2 \ln(hpr_{i,t}) + \varepsilon_{it} \quad (8-9)$$

其中，β_0为截距，脚标（i，t）分别为地区（省）与时间（年），ε_{it}是随机扰动项。

（二）不同区域城镇居民医疗保健需求模型分析

经过豪斯曼统计检验，东部地区城镇居民医疗保健消费建立个体固定效应回归模型，中部地区和西部地区建立个体随机效应回归模型，估算结果如表 8－21 所示。

表 8－21　　我国三大地区城镇居民医疗保健消费模型估算结果

	东部	中部	西部
β_0	－12.1477 (－25.788)***	－10.6491 (－19.219)***	－8.6195 (－17.238)***
ln(yu)	2.0483 (36.400)***	1.9217 (27.003)***	1.6868 (27.947)***
ln(hpu)	－0.5230 (－1.950)*	－0.6538 (－2.127)**	－0.77 (－3.49)***
R^2	0.9072	0.9069	0.8670

注：* 表示在 10% 的水平上显著；** 表示在 5% 的水平上显著；*** 表示在 1% 的水平上显著。

表 8－22 显示，变量估算结果均能显著通过 t 检验。东、中、西部三大地区城镇居民的医疗保健收入弹性均大于 1，表明居民的医疗保健消费行为受收入的影响显著，越是发达地区，收入的变动使得医疗保健支出变动的幅度越大，反映出随着收入水平的提高，居民的医疗保健意识也越来越强烈。

从价格弹性来看，三大地区城镇居民医疗保健消费的价格弹性均为负值，这和前面时间序列估算出的结果相反。从弹性绝对值上看，东、中、西部地区弹性绝对值逐渐增加，表明经济越不发达地区医疗保健消费价格越富有弹性，经济越发达地区医疗保健消费价格越缺乏弹性。这说明经济发展水平影响着居民对医疗保健消费的价格弹性。经济发展水平相对较高，则居民对医疗保健价格的变化比较不在乎，医疗保健价格的变化对医疗保健需求量的影响相对较小；而经济发展水平相对较低，居民医疗保健消费数量会显著地受医疗保健价格的影响。

（三）不同地区农村居民医疗保健需求模型分析

经过豪斯曼统计检验，东部地区农村居民医疗保健消费建立个体固定效应回归模型，中部地区和西部地区建立个体随机效应回归模型，估算结果如表 8－22 所示。

表 8-22　我国三大地区农村居民医疗保健消费模型估算结果

	东部	中部	西部
β_0	-9.6002 (-22.145)***	-8.7856 (-16.759)***	-9.9944 (-23.753)***
ln (*yr*)	1.8215 (31.731)***	1.7613 (23.318)***	2.0001 (33.934)***
ln (*hpr*)	-0.3175 (-1.525)	-1.0537 (-4.304)**	-0.8534 (-4.704)***
R^2	0.9184	0.9025	0.9114

注：* 表示在 10% 的水平上显著；** 表示在 5% 的水平上显著；*** 表示在 1% 的水平上显著。

由表 8-22 可知，除了东部地区农村居民的医疗保健价格弹性不能通过 t 检验，其他变量估算结果都能显著通过 t 检验。表 8-22 的结果表明我国三大地区农村居民在医疗保健需求上存在相当大的差别。从三大地区农村居民的医疗保健收入弹性可以看出，其收入弹性均大于 1，说明我国农村居民的医疗保健行为受收入的影响显著，收入增加会导致医疗保健支出更大幅度的增加。西部地区的医疗保健收入弹性高于东部和中部地区，说明西部地区农村居民的医疗保健支出比东部和中部地区更显著地受制于收入水平。

从医疗保健价格弹性上可以看出，三大地区农村居民的医疗保健价格弹性均为负值，这是典型的市场行为。东部地区的价格弹性绝对值相对较小，且并不显著，说明东部地区农村居民的医疗保健需求对医疗保健价格反应不敏感。中部地区价格弹性绝对值大于 1，且在 5% 的水平上显著，说明中部地区农村居民在决定医疗保健支出时是显著地受制于价格的。西部地区价格弹性绝对值低于中部，且在 1% 的水平上显著，说明西部地区农村居民的医疗保健需求受价格的影响还是比较大的。

（四）不同地区城乡居民医疗保健需求模型分析

从东部城镇居民和农村居民的医疗保健需求模型可以看出，东部地区城镇居民的医疗保健收入弹性（2.0483）高于农村居民（1.8215），收入提高相同的幅度，东部地区城镇居民在医疗保健需求上增加的幅度要高于农村居民。从价格弹性绝对值上可以看出，东部地区城镇居民的价格弹性绝对值（0.5230）高于农村居民（0.3175），且农村居民的价格弹性不显著。这表明东部地区城镇居民比农村居民对医疗保健价格的变化更敏感一些，其原因可能在于城镇居民的医疗保健需求中保健支出占的比重要高于农村居民，而保健支出还不是必需品的范畴，因而对价格的变化相对敏感一些。

从中部地区城镇居民和农村居民的医疗保健需求模型的收入弹性上可以看出，中部地区城镇居民的医疗保健收入弹性（1.9217）高于农村居民（1.7613），说明收入提高相同的幅度，中部地区城镇居民在医疗保健需求上增加的幅度要高于农村居民。从价格弹性绝对值上可以看出，中部地区城镇居民的价格弹性绝对值（0.6538）低于农村居民（1.0537），且城镇居民的价格弹性在5%的水平上显著，农村居民的价格弹性在1%的水平上显著。这说明中部地区农村居民比城镇居民对医疗保健价格的变化要更敏感一些，相比较城镇居民，中部地区农村居民在决定医疗保健开支时更显著地关注价格。

从西部地区城镇居民和农村居民的医疗保健需求模型的收入弹性上可以看出，西部地区城镇居民的医疗保健收入弹性（1.6868）低于农村居民（2.0001），说明收入提高相同的幅度，西部地区农村居民医疗保健需求增加的幅度高于城镇居民，西部地区农村居民的医疗保健需求比城镇居民更加明显地受制于收入。从价格弹性看，西部地区城镇居民的价格弹性绝对值（0.7700）低于农村居民（0.8534），说明西部地区农村居民比城镇居民对医疗保健价格的变化更为敏感。比起城镇居民，西部地区农村居民在决定医疗保健支出时更显著地受制于收入，且很在乎医疗保健的价格。

四、小结

根据1995～2007年时间序列数据和横截面数据，我们分别构建了城乡居民消费的协整及误差修正模型以及ELES模型。此外，还根据1993～2007年的面板数据，分析了东、中、西部三大地区城乡居民医疗保健需求行为的不同。结论是：第一，从全国行为来看，1995～2007年我国城镇居民医疗保健消费与收入和价格均正相关，农村居民医疗保健支出与收入正相关，但与价格负相关。第二，短期中收入对城乡居民的医疗保健消费的影响程度均不如长期。第三，长期来看，城镇居民医疗保健消费的收入弹性高于农村居民。第四，ELES分析结果表明，除个别年份，医疗保健对城乡居民来说都是必需品，但是城镇居民的收入弹性高于农村居民。第五，分区域分析表明，我国城乡居民医疗保健需求存在地域差别，三大地区的城乡横向比较以及地区内部的城乡对比都反映出不同地区居民医疗保健需求行为的差异。

第五节　中国城镇居民医疗保健需求：理论模型、实证分析

改革开放以来，我国城镇居民的收入水平有了大幅度的提高，需求约束得到极大程度的缓解。与此同时，我国医疗保健价格水平也在不断上涨，城镇居民的医疗保健支出迅猛增长。伴随着经济体制的转轨，医疗保健领域也发生了重大变革。本节尝试通过两个计量模型，分别考察经济转轨时期制度因素对我国城镇居民医疗保健需求的影响，以及城镇居民近年来医疗保健消费支出结构。

一、时间序列模型

（一）模型构建

影响居民医疗保健需求水平的因素有很多，有经济因素如收入、价格等，还有非经济因素如人口、年龄结构、医疗保障制度等。限于数据的可得性以及模型设定的需要，选取一些主要变量进入回归方程，模型的形式设定为：

$$\ln q = \beta_0 + \beta_1 \ln y + \beta_2 \ln p + \varepsilon \qquad (8-10)$$

其中，q 为城镇居民人均医疗保健需求量；y 为城镇居民人均可支配收入；p 为医疗保健相对价格，用城镇居民医疗保健价格指数/城镇居民消费价格指数表示。采用的数据样本为 1978～2007 年度数据，并且都通过基年指数（1978 年）处理。由于 1998 年中央颁布了《国务院关于建立城镇职工基本医疗保险制度的决定》，对城镇居民的医疗保健需求具有深远影响，所以在模型中引入一个虚拟变量 D_1：

$$\begin{cases} D_1 = 0 & t \neq 1998 \\ D_1 = 1 & t = 1998 \end{cases}$$

采用最小二乘法进行回归，结果如下：

$$\ln q = -12.8024 + 0.7598 D_1 - 0.7310 \ln p + 4.3137 D_1 \ln p + 2.2792 \ln y \qquad (8-11)$$

$$(-5.83) \quad (3.66) \quad (-0.78) \quad (2.997) \quad (7.089)$$

$$R^2 = 0.971 \quad D.W. = 1.62$$

根据上述回归方程式，1985～1997 年间，$D_1 = 0$，回归方程式为：

$$\ln q = -12.8024 + 2.2792\ln y - 0.7310\ln p \tag{8-12}$$

1998～2007年间，$D_1 = 1$，回归方程式为：

$$\ln q = -12.0426 + 2.2792\ln y + 3.582\ln p \tag{8-13}$$

（二）基于模型的实证分析

根据以上模型分析，得到我国城镇居民1985～2007年医疗保健需求模型（见表8－23）。

表8－23　　我国城镇居民医疗保健需求模型

1985～1997年	$\ln q = -12.8024 + 2.2792\ln y - 0.7310\ln p$
1998～2007年	$\ln q = -12.0426 + 2.2792\ln y + 3.582\ln p$

第一，对 $\ln y$ 系数的分析。

在回归方程中 $\ln y$ 的系数为2.2792，这意味着城镇居民的人均可支配收入每增长1个百分点，人均医疗保健需求会增加2.2792个百分点。这表明，随着城镇居民收入水平大幅度的提高，城镇居民的医疗保健需求增长得更快，收入弹性大于1，反映出城镇居民在解决温饱消费之后，对更高生活质量和生存状态的追求。

改革开放以来，我国城镇居民的人均可支配收入增长迅速，从1985年的739.1元增长到2007年的13 785.8元。人均医疗保健支出从1985年的16.7元增长到2007年的699.1元；人均医疗保健支出占收入的比重从1985年的2.3%增长到2007年的5.1%。收入水平的大幅度增加使得城镇居民的需求约束得到缓解，其用于医疗保健产品和服务的支出得到增加。同时，人们的保健意识也在不断增强。根据卫生部第四次国家卫生服务调查的主要结果，城镇居民主动经常参加体育锻炼的人口比例不断增加，15岁以上人口经常主动参加体育锻炼的比例2003年达到36.2%，2008年达到53.5%。并且由于我国医疗卫生资源多数集中于城市，卫生资源的可得性在一定程度上也促进了城镇居民医疗保健需求的增长。

第二，对于虚拟变量的分析。

从回归方程来看，在1998年之前，$\ln p$ 的系数为－0.7310，表明这段时间医疗保健的价格上升，城镇居民的医疗保健需求是下降的。在1998年之后，$\ln p$ 的系数为3.582，表明医疗保健的价格水平上升，城镇居民的医疗保健需求不但没有下降，反而表现出更大幅度的增长。虚拟变量的t检验值显著，表明在1998年，异常冲击的确存在。

二、ELES模型

根据《中国城市（镇）生活与价格年鉴》，城镇居民医疗保健消费可划分为医疗器具、保健器具、药品费、滋补保健品、医疗费，以及其他医疗保健支出。限于数据的可得，以2002~2007年城镇居民收入分组的截面数据，运用扩展线性支出系统（ELES）测算了医疗器具、保健器具、药品、滋补保健品和医疗消费的收入弹性和自价格弹性。测算结果如表8-24~表8-28所示。

表8-24　　城镇居民医疗器具消费的ELES分析及收入弹性估算

年份	a	t_a	b	t_b	R^2	D.W.	F	收入弹性	自价格弹性
2002	-1.24	-1.46	0.0006	7.22	0.895	2.37	52.14	1.24	-1.32
2003	-0.72	-0.90	0.0005	7.19	0.894	2.89	51.67	1.16	-1.19
2004	-0.96	-2.85	0.0005	19.68	0.985	2.49	387.13	1.24	-1.24
2005	-3.68	-4.00	0.0008	13.02	0.966	0.96	169.49	1.73	-1.73
2006	-2.42	-3.29	0.0007	15.63	0.976	2.24	244.40	1.37	-1.38
2007	-1.18	-1.44	0.0006	12.69	0.964	2.28	160.96	1.26	-1.16

注：t_a和t_b分别表示a和b的t检验值。2002年、2003年和2007年t_a均不显著。

表8-25　　城镇居民保健器具消费的ELES分析及收入弹性估算

年份	a	t_a	b	t_b	R^2	D.W.	F	收入弹性	自价格弹性
2002	-3.82	-4.92	0.0012	15.05	0.974	1.66	226.56	1.75	-1.71
2003	-4.46	-5.21	0.0014	18.36	0.982	1.87	337.27	1.61	-1.59
2004	-5.36	-3.35	0.0017	13.29	0.967	1.94	176.53	1.58	-1.51
2005	-6.54	-3.86	0.0018	15.53	0.976	2.29	241.04	1.54	-1.51
2006	-4.31	-4.26	0.0014	22.53	0.988	2.33	507.70	1.33	-1.33
2007	-4.42	-1.69	0.0013	9.37	0.935	2.41	87.75	1.35	-1.31

注：t_a和t_b分别表示a和b的t检验值。2007年t_a不显著。

表 8 - 26　　城镇居民药品消费的 ELES 分析及收入弹性估算

年份	a	t_a	b	t_b	R^2	D. W.	F	收入弹性	自价格弹性
2002	65.41	4.15	0.0250	15.48	0.975	1.71	239.49	0.74	-0.75
2003	87.18	3.96	0.0231	11.58	0.957	1.56	134.08	0.74	-0.70
2004	106.09	4.46	0.0196	10.42	0.947	1.09	108.66	0.63	-0.64
2005	140.33	3.81	0.0167	6.52	0.874	1.31	42.46	0.55	-0.56
2006	147.02	4.39	0.0153	7.32	0.898	1.33	53.62	0.54	-0.56
2007	160.75	5.17	0.0144	8.56	0.923	1.20	73.30	0.54	-0.56

注：t_a 和 t_b 分别表示 a 和 b 的 t 检验值。

表 8 - 27　　城镇居民滋补保健品消费的 ELES 分析及收入弹性估算

年份	a	t_a	b	t_b	R^2	D. W.	F	收入弹性	自价格弹性
2002	-26.58	-5.87	0.0083	17.78	0.981	0.77	316.30	1.80	-1.73
2003	-33.07	-5.64	0.0094	17.74	0.981	0.75	314.54	1.78	-1.72
2004	-42.97	-5.77	0.0112	18.97	0.984	0.92	359.74	1.78	-1.70
2005	-40.93	-5.99	0.0105	22.02	0.988	1.27	485.07	1.66	-1.59
2006	-41.98	-7.38	0.0098	27.60	0.992	1.05	761.96	1.61	-1.56
2007	-40.39	-9.02	0.0090	37.26	0.996	1.25	1 388.67	1.51	-1.47

注：t_a 和 t_b 分别表示 a 和 b 的 t 检验值。

表 8 - 28　　城镇居民医疗消费的 ELES 分析及收入弹性估算

年份	a	t_a	b	t_b	R^2	D. W.	F	收入弹性	自价格弹性
2002	31.60	5.01	0.0115	17.76	0.981	1.02	315.48	0.73	-0.74
2003	22.76	3.54	0.0124	21.24	0.987	1.50	451.01	0.81	-0.82
2004	30.11	2.98	0.0128	16.05	0.977	1.24	257.57	0.78	-0.80
2005	58.64	3.53	0.0122	10.54	0.948	1.19	111.01	0.68	-0.68
2006	64.24	3.10	0.0107	8.27	0.918	1.76	68.39	0.66	-0.66
2007	62.71	3.70	0.0114	12.51	0.963	1.39	156.43	0.71	-0.71

注：t_a 和 t_b 分别表示 a 和 b 的 t 检验值。

从测算结果来看：(1) 医疗器具、保健器具和滋补保健品的收入弹性和自价格弹性绝对值均大于1。根据统计指标解释，这里的医疗器具是指家庭购买的用于医疗的器具，包括血压计、体温计等；保健器具指用于身体保健的器具，包括按摩器、磁疗枕等。较高的收入弹性表明随着我国城镇居民收入水平的提高，居民的防病意识和自我保健意识在不断增强，越来越关注疾病的预防和健康产品的消费。自价格弹性数值表明这几类物品的需求富有弹性，自身价格的变化会引起需求量较大幅度的变化，反映出居民对这几类物品的购买欲望受价格的影响很大。(2) 药品和医疗的收入弹性和自价格弹性绝对值均小于1。药品和医疗服务表现出必需品的特性，支出上具有刚性，无论居民收入水平如何，为维持必需的健康状况，生病的时候都缺不了对药品和医疗服务的消费。同时，药品和医疗服务的自价格弹性又表明其需求缺乏弹性，价格的变化不会引起需求量显著程度的变化，进一步验证了居民对药品和医疗服务的消费具有刚性。

三、小结

分析表明，经济转型时期城镇居民伴随收入的增加，对生活质量有了更高的要求，医疗保健消费已不再限于传统的疾病治疗，而是逐渐注重疾病预防和日常保健。覆盖面广、保障水平高的医疗保障体系使得城镇居民对医疗保健服务的利用得到了提升，对缓解经济转型以来出现的“看病贵”现象起到一定作用。由于城镇居民支付能力的提高和保健意识的增强，滋补保健品、保健器具等商品出现在城镇居民的消费领域，成为药品、医疗服务等医疗保健消费必需品之外的“奢侈品”。

第四篇

转型时期消费需求升级：开放经济影响、品质升级与跨期选择

第九章

开放经济背景下的居民消费需求升级

第一节 开放经济对居民消费的影响

在开放经济逐渐发展的过程中，进口贸易与外资流入两大因素与国内居民消费以及需求变动的关系也日益密切。对于进口贸易，我们主要从进口中消费品数量及所占比重变化和居民消费支出中进口品支出及占总消费支出比重变化两个角度来分析进口与消费的关系。对于外资，则借助于碳酸饮料、婴幼儿奶粉、轿车和数码相机等代表性消费产品市场外资占有率来分析外资对我国居民消费的影响。

一、进口商品中消费品数量及所占比重的变化

进口商品可以分为农产品、工业制成品和服务产品。但是，我国海关没有对进口消费品数量和金额进行专项统计。为此，我们根据海关进口商品分类标准，结合各种进口商品的性质和用途，选出了进口的农产品、工业制成品和服务产品中的消费品，然后以此为研究对象进行相关分析。接下来，我们分别研究农产品、工业制成品和服务产品以及所包含消费品的进口状况变化，以此反映对外开放对居民消费的影响。

（一）农产品中进口消费品及其变动状况

农产品范围的界定是农产品贸易研究中一个非常重要的问题，划分产品种类的统计标准不同，研究对象和研究结论也会有所差异。代表性的分类标准有 HS（协调商品名称和编码体系）和 SITC（标准国际贸易分类）。因为自 1992 年起我国海关进出口统计标准从 SITC 标准转向 HS 标准，同时为了保证数据统计口径的一致性，本书将所研究的农产品范围界定为 HS01 - HS24 产品，外加鱼及鱼制品，而且重点探究 1992 年以来我国农产品进口的变动及特征。

在上述研究范畴内，我们计算出了我国历年农产品进口总额并用图 9 - 1 列出，由此可以发现，1992 年我国农产品进口额仅为 41.3 亿美元，随后缓慢增加到 2000 年的 112.0 亿美元，年均增长率仅为 13.28%。加入 WTO 后，我国农产品进口贸易快速发展，农产品进口额已经由 2002 年的 124.5 亿美元快速增加到 2008 年的 583.3 亿美元，年均增长率高达 29.37%，是 1992 年农产品进口额的 14.1 倍。尽管农产品进口的绝对量在不断攀升，但其在我国进口贸易中所占比重并不高，自 1992 年以来该比重从未超过 9%，而且除 1996 ~ 1998 年之外，其他年份农产品进口所占比重仅在 4.5% 左右。需要指出的是，2006 年以来农产品进口所占比重又呈现上升趋势，农产品贸易对我国贸易经济的贡献度也呈上升趋势。农产品进口贸易总量的增加，逐步提升着我国在全球农产品市场的国际地位。目前我国是除欧盟、美国、日本之外的世界第四大农产品进口国。

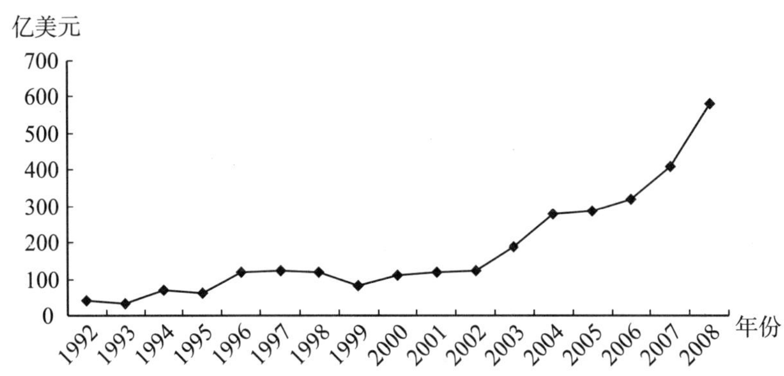

图 9 - 1　1992 ~ 2008 年我国农产品进口额

资料来源：根据商务部相关统计数据整理所得。

我们重点关注的是所有进口农产品中消费品的数量、金额及其变动状况。结合《中国农产品进出口月报》中进口产品统计标准以及各项产品的直接用途，选取乳品、蛋品、蜂蜜等 16 类产品作为农产品进口中消费品的组成部分，具体产品名称以及历年进口额如表 9－1 所示。总体而言，除个别农产品在个别年份中进口消费品数额出现下降，我国其他进口的农产品消费品数量稳步提升。由表 9－1 可知，我国进口的农产品中所包含的消费品已经由 2002 年的 58.74 亿美元增长到 2008 年的 261.56 亿美元，年均增长率为 28.26%，进口消费品的增长率与农产品进口增长率基本同步。

在所有进口的农产品消费品中，动植物油脂及其分解产品以及肉类制品是最重要的组成部分，2008 年这两种商品进口额为 182.72 亿美元，占我国进口农产品总额的 69.86%。食用蔬菜、食用水果及坚果、蔬菜水果坚果等也是进口额较多的农产品消费品，2008 年该类产品进口总额为 25.36 亿美元，占进口农产品中消费品总额的 9.7%。此外，咖啡、糖、可可、酒等日常生活所需的饮料和调料的进口数额也占据了较大比重。

表 9－1　进口农产品中的消费品种类、数额及其变动　单位：亿美元

消费品类别 \ 年份	2002	2003	2004	2005	2006	2007	2008
乳蛋品、蜂蜜等食用动物产品	2.72	3.50	4.48	4.62	5.65	7.54	8.73
活植物及花卉	0.33	0.42	0.51	0.69	0.70	0.84	0.91
食用蔬菜	1.94	2.42	4.05	5.24	7.56	8.01	5.83
食用水果及坚果	3.78	4.96	6.19	6.57	7.38	9.12	12.36
咖啡、茶、马黛茶及调味香料	0.23	0.28	0.32	0.42	0.54	0.77	1.01
谷物（大米）	0.80	0.97	2.33	2.25	4.09	4.82	4.82
制粉工业产品	0.95	0.48	1.89	1.86	2.46	2.21	2.35
动植物油脂及分解产品	15.80	29.25	42.09	33.11	39.21	75.76	108.08
肉类制品	21.92	26.23	37.89	40.50	43.78	62.12	74.64
水产品制品	0.19	0.27	0.24	0.26	0.37	0.61	0.74
糖及糖食	2.80	2.16	3.36	4.51	6.18	4.83	4.24
可可及其制品	0.78	0.39	1.36	1.77	1.83	2.11	4.24
谷物、粮食粉淀粉制品糕点	1.49	1.48	1.95	2.40	3.59	4.44	3.13
蔬菜、水果、坚果等制品	1.10	1.34	1.42	1.57	1.98	2.73	7.17
饮料、酒及醋	1.48	1.86	2.61	4.10	5.86	8.67	4.64
烟草及其制品	2.43	3.07	2.92	3.84	4.63	5.41	18.66
合计	58.74	79.09	113.60	113.69	135.81	199.99	261.56

注：谷物仅包括其中的大米；肉类产品由禽肉及其杂碎、畜肉及其杂碎等汇总而成。
资料来源：根据《中国海关统计年鉴》（2003～2009 年）相关数据汇总得到。

（二）工业制成品中进口消费品变动状况

改革开放之前，由于对外开放程度不高，我国进口的工业制成品较少。改革开放后，随着深圳、珠海等经济特区的设立，以及沿海开放城市对外经济的高速发展，我国对先进的技术设备、化学产品等工业制成品的进口持续增加。从图 9－2 可以看出，绝对数方面，1990～1998 年间，我国工业制成品进口增速缓慢，但是 1999～2007 年间工业制成品进口额迅速增加，在此期间，我国工业制成品进口总量年均增长率为 18.3%；相对数方面，90 年代初期，我国的工业制成品进口曾一度高达货物贸易进口总量的 85% 以上，即便是把服务贸易进口考虑在内，其份额也达到 75% 以上。[①] 但 2003 年以后，工业制成品在我国进口贸易中的比重总体逐渐下降。

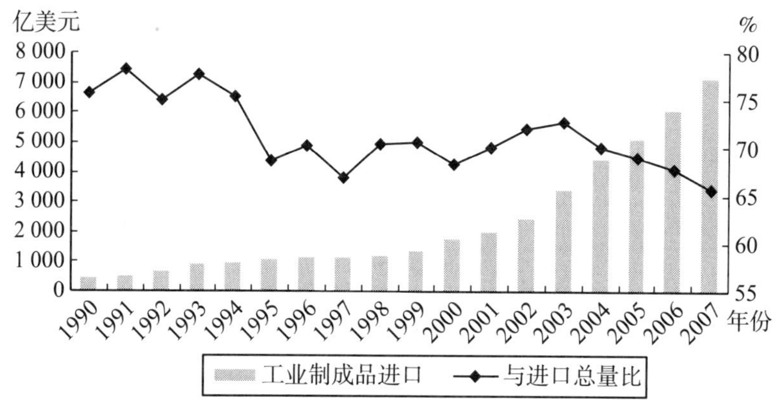

注：上述进口总量也包括服务贸易进口在内。

图 9－2　1990～2007 年我国工业制品进口及占进口总量的比

资料来源：根据历年《中国统计年鉴》相关数据整理所得。

我国进口的工业制成品中所包含消费品数额的变动状况与工业制成品总体变化状况十分相似。由图 9－3 可知，进口消费品总量呈上升势头，2002 年以来工业制成品中消费品的增长趋势尤其明显。1997 年我国进口的工业制成品中消费品仅为 50 亿美元，2007 年消费品进口总额达到 231 亿美元。

进口工业制成品中有近 20 项可列入消费品范畴，其中消费品主要有珠宝首饰、小轿车、医药品、陶瓷制品和针织服装类五类产品，如表 9－2 所列，这五类消费品占进口工业制成品中消费品总量的 74%。其中，珠宝首饰类、小轿车

① 资料来源：根据历年《中国国际收支平衡表》相关数据计算得到。

和医药品的进口呈逐年递增趋势，而陶瓷产品进口在经历了21世纪之初的疯狂增长之后急剧下跌，针织服装进口量则基本维持在8亿美元左右。

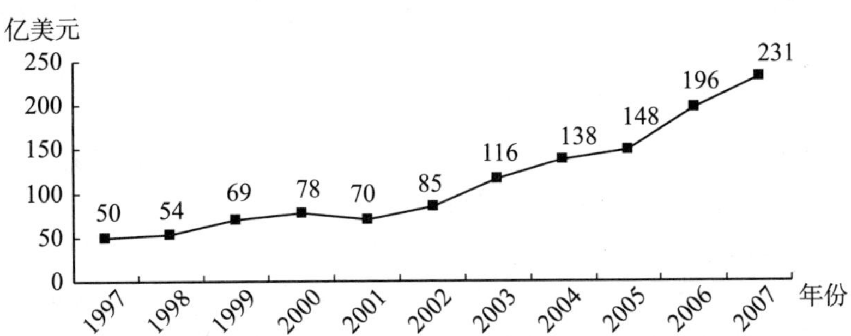

图9－3　1997～2007年我国工业制成品进口中消费品总量

资料来源：根据历年《中国统计年鉴》相关数据整理所得。

表9－2　1997～2007年我国工业制成品进口中主要消费品项目金额及占比

单位：亿美元

类别＼年份	1997	2001	2002	2003	2004	2005	2006	2007	总额	比重（%）
珠宝首饰	13.78	9.88	13.32	18.47	26.55	34.7	46.16	62.57	282.6	0.23
小轿车	2.74	9.47	16.14	30.83	32.69	25.94	39.98	50.1	218.66	0.18
医药品	3.31	12.18	14.35	17.07	19.03	23.12	27.2	38.89	178.23	0.14
陶瓷产品	6.03	14.68	16.67	20.63	24.75	25.47	3.39	4.38	147.58	0.12
针织服装	8.2	7.39	7.65	7.84	7.93	8.15	7.17	7.9	84.37	0.07
合计	34.06	53.6	68.13	94.84	110.95	117.38	123.9	163.84	911.44	0.74

资料来源：根据历年《中国统计年鉴》及国际收支平衡表相关数据整理所得。

从制成品进口中消费品结构来看，近年来，进口消费品中的高档消费品——珠宝首饰和小轿车的进口量大幅增加，表明随着我国国内消费者消费水平的提升和消费观念的转变，国外高档消费品在我国的市场潜力也值得期待。据统计，2008年我国奢侈品市场（包括香港地区、澳门地区和台湾地区）的年销售额占全球市场的份额为18%，仅次于美国和日本。我国奢侈品市场正处在不断地增长中，预计到2011年我国将成为世界最大的奢侈品消费国，显然，我国已经成为国外奢侈品品牌竞相争夺的巨大蛋糕。[①] 可以预见，国内消费国外高档消费品

① 荆楚网：世华财讯，http：//www.shihua.com.cn/。

的进口量也必然会继续增加。另外，工业制成品进口中医药品的进口量也有较显著的增长，国外医药品尤其是西药等药品在我国医疗卫生水平提高的过程中依然具有较广阔的市场。

（三）服务类进口消费品变动状况

随着世界经济结构的不断调整和优化，服务贸易在当今国际贸易中的地位越来越重要，服务贸易的发展程度已经成为一国国际竞争力的重要标准。改革开放以来，我国货物贸易取得突飞猛进的发展，与此同时，服务贸易也有了相当程度的发展。1992 年我国服务贸易总额为 183 亿美元，仅占世界服务贸易总量的 1%，此后，随着对外开放程度的加深，我国服务贸易总额迅速增长，占世界服务贸易的比重也在稳步提高。1992 ~ 2008 年我国服务贸易进口总量年均增长速度高达 19.14%，2008 年我国服务贸易进口为 1 580 亿美元（见图 9 – 4）。尽管在全球性金融危机冲击之下，我国服务贸易增速稍有下降，但依然远远高于世界平均水平，2008 年，我国服务贸易进出口总额达到 3 044.5 亿美元，占世界服务贸易总量的 4.23%。

值得注意的是，我国服务贸易在 1992 年之前一直保持顺差状态，但 1992 年之后，服务贸易进口增长迅速（见图 9 – 4），服务贸易变为逆差，并且逆差呈扩大趋势（见图 9 – 5），2008 年服务贸易逆差创历史新高，达到 115.6 亿美元，同比增长 51.9%。近年来持续扩大的服务贸易逆差与我国服务贸易结构特征密不可分。由表 9 – 3 不难发现，就服务贸易内部构成而言，传统的服务贸易——运输和旅游始终占据主导地位，1997 ~ 2008 年我国服务贸易总额中，运输业占进口总额的比重为 32.2%，旅游占进口总额的比重为 27%，二者贸易总额超过我国服务贸易总额的一半。另外，保险服务、咨询、专利权使用费和特许费分别占进口总额的 7.9%、6.7% 和 5.8%。

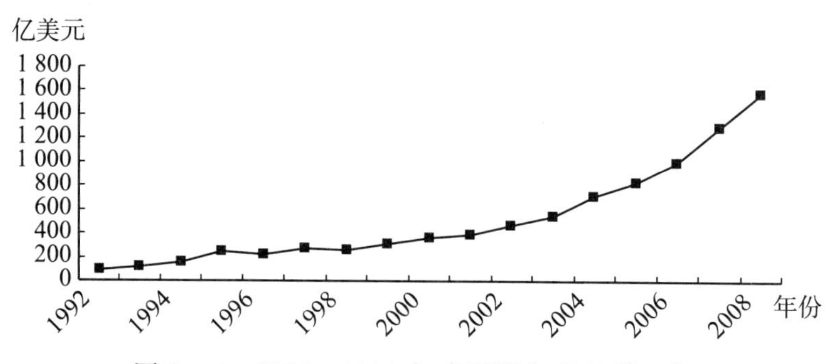

图 9 – 4　1992 ~ 2008 年我国服务贸易进口额

资料来源：根据我国商务部服务贸易司公布的统计数据整理所得。

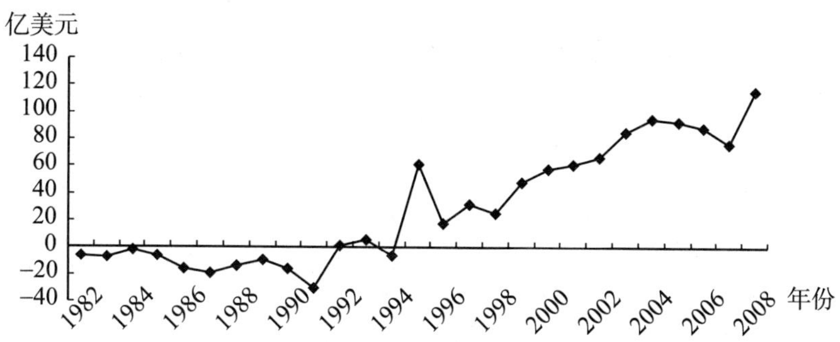

图 9－5　1982～2008 年我国服务贸易逆差变化状况

资料来源：根据中国商务部服务贸易司公布的统计数据整理所得。

具体而言，表 9－3 所列的进口服务产品中消费品有旅游和电影音像。旅游在我国服务贸易发展中发挥了重要作用，从图 9－6 可以发现，1997～2008 年我国旅游进口具有如下两方面特征：其一，旅游进口总量逐年递增，年平均增速达到 14.8%。不断增加的旅游进口，表明我国居民对世界其他国家和地区旅游服务的需求一直呈上升趋势。其二，尽管我国旅游服务贸易进口总量以较高速度在持续增长，但旅游出口增加更快，因此旅游进口占进出口总额的比重呈下降趋势。由此可以推知，作为传统的服务贸易进口项目，旅游正在逐渐被金融、保险、咨询等发展迅速的现代服务贸易产品进口所取代。当然，金融、保险等现代服务产品进口的增长也会增加服务业中消费品的进口，如保险和金融服务贸易中的境外消费，境外银行等金融机构为境内企业和个人提供的国际结算、汇款、担保和存款业务等，近年来发展迅速的教育服务贸易进口同样属于进口消费品。

表 9－3　　1997～2008 年我国服务贸易进口分项目　　单位：亿美元

项目＼年份	1997	2002	2003	2004	2005	2006	2007	2008
运输	99.4	136.1	182.3	245.4	284.5	343.7	432.7	503.3
旅游	81.3	154.0	151.9	191.5	217.6	243.2	297.9	361.6
通讯服务	2.9	4.7	4.3	4.7	6.0	7.6	10.8	15.1
建筑服务	12.1	9.6	11.8	13.4	16.2	20.5	29.1	43.6
保险服务	10.5	32.5	45.6	61.2	72.0	88.3	106.6	127.4
金融服务	3.3	0.9	2.3	1.4	1.6	8.9	5.6	5.7
计算机和信息服务	2.3	11.3	10.4	12.5	16.2	17.7	22.1	31.7

续表

项目＼年份	1997	2002	2003	2004	2005	2006	2007	2008
专有权利使用费和特许费	5.4	31.1	35.5	45.0	53.2	66.3	81.9	103.2
咨询	4.7	26.3	34.5	47.3	61.8	83.9	108.6	135.4
广告、宣传	2.4	3.9	4.6	7.0	7.2	9.6	13.4	19.4
电影、音像	0.4	1.0	0.7	1.8	1.5	1.2	1.5	2.5
其他商业服务	52.5	49.3	64.6	84.8	93.9	112.6	182.4	231.2

资料来源：根据中国商务部服务贸易司公布的统计数据整理所得。

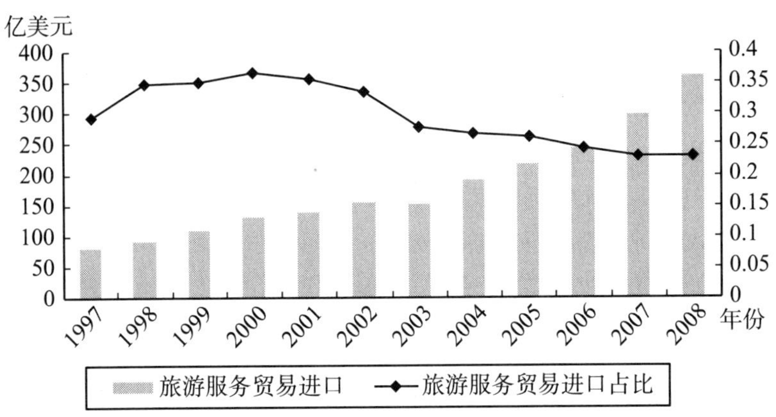

图 9-6　1997~2008 年我国旅游服务贸易进口及占服务贸易进口总量的百分比

资料来源：根据中国商务部服务贸易司公布的统计数据整理所得。

二、居民消费支出中进口消费品支出及变动状况

居民消费支出可以分为食品类支出、衣着类支出、居住类支出、家庭设备、用品及服务类支出、医疗保健类支出、交通和通讯类支出、教育文化娱乐用品及服务类支出等七大类支出。但是在上一部分，我们将进口消费品分为农产品、工业制成品和服务类消费品三类，为了更好地分析我国居民消费支出中进口消费品支出的发展变化状况，我们按照产品属性将进口消费品归类为食品、衣着、家庭设备用品服务、医疗保健品、交通通讯产品和教育文化娱乐产品及服务七大类，我们用七大类产品进口总额表示国内居民对进口消费总支出，各类产品进口状况

和居民各年七大类消费支出如表9－4所示。

表9－4　　2004～2007年居民消费支出及进口品支出状况　　单位：亿美元

类别	项　目	2004年	2005年	2006年	2007年
食品	进口支出	110.17	109.17	130.48	193.75
	总支出	2 795.42	3 019.57	3 368.02	4 083.89
	进口支出占总支出比重	3.94	3.62	3.87	4.74
衣着	进口支出	24.45	25.69	33.97	37.14
	总支出	562.84	663.89	787.34	963.06
	进口支出占总支出比重	4.34	3.87	4.31	3.86
家庭设备用品服务	进口支出	81.14	87.84	73.44	91.49
	总支出	1 158.54	1 358.58	1 622.75	1 946.46
	进口支出占总支出比重	7.00	6.47	4.53	4.70
医疗保健	进口支出	22.95	28.13	33.19	46.99
	总支出	353.82	396.74	467.44	592.03
	进口支出占总支出比重	6.49	7.09	7.10	7.94
交通通讯	进口支出	33.19	27.12	68.41	69.11
	总支出	622.25	730.41	838.03	1 013.76
	进口支出占总支出比重	5.33	3.71	8.16	6.82
教育文化娱乐	进口支出	222.11	256.66	297.37	367.18
	总支出	731.60	875.00	1 066.80	1 323.46
	进口支出占总支出比重	30.36	29.33	27.88	27.74

资料来源：根据历年《中国统计年鉴》相关数据整理所得。

由表9－4可知，除个别年份某些类别产品进口支出略微降低，我国进口消费支出总体呈现递增趋势，2004年我国进口消费品支出总额为494.01亿美元，2007年进口消费品支出总额达到805.66亿美元，年均增长率为17.71%，略高于我国居民总消费支出的增长率18.81%。

教育文化娱乐进口消费支出是七大类消费支出中绝对支出数额和相对比重最大的一类消费品，2007年教育文化娱乐进口消费支出为367.18亿美元，占居民进口消费总支出的45.57%。不过，近年来随着食品、医疗保健、交通通讯类产品进口消费支出的增加，教育文化娱乐进口消费支出所占比重有所下滑。另外，进口的教育文化娱乐消费支出占教育文化娱乐消费总支出的比重也呈现下滑趋势，已经由2004年的30.36%下降到27.74%。

食品类进口消费支出同样表现出强劲增长势头，2005 年相对 2004 年食品进口消费支出略微下降 1 亿美元，但是此后两年里食品进口消费支出快速增加，2007 年达到 193.75 亿美元，3 年间平均增长率高达 33.22%，远远高于国内同期经济增长率。同时，我国居民进口食品支出占食品总消费支出的比重稳步提升，2005 年进口食品支出占居民食品总支出的比重为 3.62%，2007 年进口食品占比升至 4.94%，提升了 1 个多百分点。这表明，随着经济增长和居民消费水平的提高，开放经济使得进口食品对国内居民日常生活的影响越来越大。食品进口也是我国消费品进口的第二大组成部分，2005 年食品进口额占总消费品进口额的比重为 20.42%，到 2007 年该比重已经升至 24.05%。

国内居民对进口医疗保健类消费品和交通通讯类消费品的消费支出同样快速增加，2004 年我国居民对两类进口消费品的消费支出总额分别为 22.95 亿美元和 33.19 亿美元，到 2007 年的消费支出总额分别增至 46.99 亿美元和 69.11 亿美元。居民所消费的医疗保健和交通通讯产品中进口品所占比重也逐步提升，进口医疗保健品占居民消费总额的比重从 2004 年的 6.49% 稳步升至 2007 年的 7.94%，医疗保健消费品中进口品占比在 2006 年达到 8.16%，2007 年略有回落，降至 6.82%。居民消费品中进口医疗保健和交通通讯产品的增加无疑会提升居民的消费质量，这是开放经济条件下进口对居民消费的直接影响。

此外，表 9-4 还告诉我们，衣着和家庭设备类消费支出中进口消费支出数额同样在增加，不过二者增长速度相对缓慢，2004～2007 年二者年平均增长速度分别为 14.95% 和 4.08%。这并不代表改革开放对衣着和家庭设备类消费的影响小，因为生产上述两类产品的外资企业在我国生产的多样化、优质产品为消费者提供了更多的选择，从更大程度上快捷地满足了消费者的消费需求。

三、外资进入对居民消费的影响

开放经济条件下，消费品进口贸易能够直接影响到国内居民消费状况，增加居民消费支出。除此之外，外资进入后，外资企业生产的产品同样能够对居民消费产生影响。目前，我国居民消费的外资企业产品要远远多于进口消费品。我们主要通过对碳酸饮料、婴幼儿奶粉、数码相机和轿车等消费品市场外资品牌市场占有率进行经验分析，以此为代表来反映开放经济条件下外资进入对我国居民消费状况的影响。

（一）碳酸饮料

早在 20 世纪 80 年代，中国的饮料市场由广州亚洲、上海正广和、天津山海关、北京北冰洋、青岛崂山、沈阳八王寿、重庆天府、三水健力宝八大知名品牌控制，但是随着饮料行业的对外开放，外国饮料品牌的进入打破了国内饮料市场的平衡。八大民族品牌或是偃旗息鼓，或是为外商所收购，仅存的健力宝处境也不容乐观。

相比之下，外国品牌以其独特口味赢得了广大消费者的支持。欧睿（Euromonitor）公司研究报告指出，可口可乐是目前中国市场上最大的碳酸饮料供应商，市场占有率达 52.5%，百事公司在中国碳酸饮料市场占有率排名第二位，占有 32.8% 的市场份额[①]，两大外国品牌市场占有率高达 85.3%。2008 年碳酸饮料消费者关注度调查结果显示，可口可乐和百事可乐凝聚了绝大部分的人气，两者及其旗下七喜、雪碧等产品占据了十大碳酸饮料的 7 个席位，七大品牌网络消费者关注度的 96.86%[②]。娃哈哈旗下的非常柠檬和非常可乐两款产品，以及民族品牌屈臣氏苏打水也挺进前十，但关注度仅为 0.23%[③]。

（二）婴幼儿奶粉

由于液态奶奶源、物流和保质期有极高的要求，因此，国内液态奶市场基本是由国产品牌所垄断。相比而言，配方奶粉含有较高的科技含量和品牌附加值，国外品牌也就更加重视配方奶粉市场，因此，配方奶粉市场上国际品牌与国内品牌竞争激烈。婴幼儿奶粉不同于普通的食品，它们在配方和生产工艺方面都有很高的要求。国内品牌在婴幼儿配方奶粉研制上起步比较晚，产品研发能力相对较弱。加之近年来市场行业规范缺失，产业结构不合理，生产集中度低，也成为制约行业发展的瓶颈。因此，长期以来我国高端婴幼儿奶粉市场一直被国外品牌垄断。

最新婴幼儿奶粉市场调查结果显示，在过去一年里最受消费者青睐的婴幼儿奶粉品牌前四位都是外资品牌，而且购买群体比例明显高于其他品牌，购买比例最高的是多美滋，所占比例为 35.69%，排名第二位到第四位的依次是美赞臣、惠氏和雅培，所占比例分别是 24.7%、22.6% 和 21.9%；另外，第五位到第十位分别是贝因美（10.5%）、伊利（10%）、雀巢（9.7%）、圣元（9.5%）、飞鹤（6.7%）、雅士利（5.9%）。由此可见，外资品牌在婴幼儿配方奶粉市场上占据绝对优势[④]。

---

① http://www.blogchina.com/20090321688379.html，2009 年 3 月 21 日。

②③ 百度研究中心，《碳酸饮料：国外“两乐”遮拦天下，本土品牌夹缝求生》，2008 年 5 月。

④ 《2009 年中国婴幼儿消费市场 3·15 年度报告》。

（三）轿车

我国轿车行业吸引外资实行的是"市场换技术"战略，而且总体来看这一战略是成功的。通过与世界著名汽车跨国公司合资合作，中国制造的汽车已经成功地实现进口替代，甚至已开始走出国门销往海外。以上海为例，20 多年来，通过与德国大众合资，上海大众形成了拥有 340 家一级供应商，800 多个销售网点的轿车产业链。轿车产业链的形成不仅带来了先进技术，而且带来先进的市场经营理念。现代轿车产业链的形成成为中国内资企业自主品牌发展的基础，使得中国自主品牌轿车的市场占有率也逐渐提升，已经由 2000 年的 16.56% 提高到 2007 年的 31.39%[①]。

但是，与丰田、大众、通用、福特、日产、本田、标致、现代、菲亚特、宝马等众多款式新颖、质量优异、性能更胜一筹的外资品牌相比，国内自主品牌轿车市场占有率还相对较低。中国汽车工业协会统计数据显示，2009 年前 6 个月，外资品牌轿车共销售 228.88 万辆，占轿车销售总量的 70.56%。其中，日系轿车需求主导地位依旧稳固，共销售 81.19 万辆，市场占有率高达 25.03%；德系、美系、韩系和法系轿车分别销售 64.04 万辆、40.80 万辆、31.12 万辆和 11.73 万辆，市场占有率分别为 19.74%、12.58%、9.59% 和 3.62%。[②] 自主品牌轿车共销售 95.53 万辆，占轿车销售总量的 29.45%，其中排名前十位的自主品牌依次为 QQ、夏利、F3、福美来、自由舰、旗云、吉利金刚、威志、A520 和骏捷，上述十个品牌占自主品牌轿车销售总量的 60% 以上。

（四）数码相机

由于国内相机生产商对数码相机业务重视程度不够，研发投入不足，而且数码相机的图像处理技术、光学防抖系统等核心技术都掌握在日本厂商手中，导致国产品牌只能在低端市场中生存。相比之下，外资品牌专注于数码相机领域，光学与机械技术遥遥领先。近年来数码相机市场产品结构升级越来越快，低端市场产品发生变化。数码相机主流像素由 1996 年的 30 万升级到 2000 年的 100 万，再到 2009 年的 1 000 万像素。与之相伴的是产品价格的大幅下降，尤其是中高端产品价格下降更为迅速，低端产品逐渐被淘汰。国产品牌过度依靠低端市场的策略绝非长远之计。

联想在 2004 年确立"回归 PC 主业"发展思路，宣布数码相机不再是联想

---

① http://auto.gasgoo.com/News/2008/10/30014102412.shtml，2008-10-30。

② http://www.61226122.com/CSD3.0/profession/detail.jsp?articleid=68169，2009-7-29。

重点发展的项目，并于 2007 年 12 月正式退出数码相机市场，于是只剩下爱国者、明基、TCL 三家国产数码相机厂商“在夹缝中求生存”。DCCI 2008 年上半年调查数据显示，中国消费者数码相机市场品牌占有率最高的为索尼、佳能和三星三大外国品牌，2008 年上半年三大品牌市场占有率高达 54.5%，另外，尼康、柯达、奥林巴斯和松下还分别占有 6.7%、5.6%、5.3% 和 3.4% 的市场份额；国产品牌明基市场占有率最高，但也只有 2.3%①。DCCI 2008 上半年消费者满意度调查结果还表明佳能数码相机的品牌满意度最高，其次是尼康和索尼，进入满意度前十名的内资品牌只有明基。

除了上述四种产品市场中外资占有率较高之外，在化妆品、牙膏、洗衣粉等日用品，服装，洗衣机、电脑等耐用消费品市场中外资占有率同样较高。开放经济条件下，外资企业成为我国居民提供消费品的重要供给商，以其高品质产品、优质服务对国内居民的消费生活质量的提升产生重要的推动作用。

第二节　开放经济对消费需求升级的影响

在开放经济条件下，消费需求升级除了受经济发展程度、居民可支配收入水平、消费品价格等内部因素的影响外，还会在很大程度上受到进出口、外商直接投资等外部因素的影响。我们首先阐述进出口和外资影响消费需求升级的传导机制，然后通过实证分析和经验分析验证其对消费需求升级的作用状况。

一、理论分析

（一）进出口影响消费需求升级的传导机制

首先，增加消费品进口能够增加可供国内居民选择的消费品种类，促进国内消费品质量和档次的提升，进而改变居民的消费选择和行为，对居民消费需求升级产生重要推动作用。欠发达国家重视进口，适当开放国内消费品市场，能够诱发新的消费热点，带动和扩大内需。当前，我国国内市场上有相当比例的高端手机、笔记本电脑等数码产品、高档音像制品、服饰、化妆品和豪华轿车、赛车等奢侈品，尽管国内厂商也生产类似产品，但产品质量与进口商品尚有较大差距，

① http://www.xiangji.cn/news/2008717123137341.html，2008－7－17。

难以满足消费者的需求偏好。因此，上述产品大多还需通过国外进口来满足国内消费需求。另外，食品、烟类及饮料等传统日用消费品也主要依靠进口来满足不同消费者的需求，促进消费升级。

其次，一个国家或地区优先进口的消费品多是新产品和质量、性能高的产品，这些产品在国内市场的销售，通过示范效应和竞争机制，刺激国内厂商生产差异化产品。因此，进口消费品在满足消费者消费需求的同时，会推动和刺激国内企业对新消费品的研发和生产，刺激厂商更加注重产品质量、提升生产标准、追加科研投入，进而促进国民经济增长，带动消费升级。

最后，进口消费品可以将国外消费理念输入东道国，潜移默化地影响国内消费者的消费行为。比如，西方情人节、圣诞节等节日和节日礼物已经逐渐被我国消费者所接受，这直接影响到了消费者的消费行为和选择，推动着我国居民消费需求升级的步伐。

出口同样能够促进消费质量升级。一方面，出口产品在国外市场上会面临消费者更加苛刻的消费需求和消费偏好，厂商要想满足国外消费者需求，必须不断地提高产品质量，这就能促使国内产品质量得到同步提升。另一方面，东道国消费品出口会受到国外居民消费需求结构及其变动的影响。对于相对落后国家而言，发达国家恩格尔系数不断下降，而交通通讯、医疗健康和娱乐教育等支出项目所占比重则持续上升，由需求方引致的消费支出结构的升级也会通过出口来引发欠发达国家国内居民消费结构的升级。但不容忽视的是，与进口相比，出口的增加将使得货币市场外汇供给增加，而央行为了维持稳定汇率可能增加基础货币供给。过多的货币资金流向商品市场将对实体经济中的物价产生巨大压力，由此引发的通货膨胀预期能从多方面影响着东道国居民的消费行为，对居民消费数量升级产生不利影响。

（二）外资影响消费需求升级的传导机制

消费水平高低与居民可支配收入成正比，外资进入对东道国消费需求的影响首先是通过居民收入水平的提高来传递的。通常来说，外资企业工人的工资高于东道国平均工资，这引发国内企业对高素质劳动力要素的争夺，并带动东道国整体工资水平的上升。外资企业的高工资还会在一定程度上起到示范效应，增加东道国居民的平均可支配收入，间接带动东道国消费需求数量升级。收入水平的提升使居民逐步进入更高层次的消费领域，把更多的收入用于享受型消费品和奢侈品支出，东道国消费者的消费结构也随之升级。

外资还能够通过就业挤入效应来间接提高东道国消费水平。跨国公司在东道国的生产会创造更多的就业机会，产生明显的就业增量效应。就业的增加意味着更多的失业者能够获取工资收入，而这些新增的就业人员将成为扩充东道国消费需求的重要力量。然而，外资的进入同时会产生就业挤出效应，因为外资企业带来的技术溢出效应和竞争机制，将提高东道国劳动生产率并对劳动力素质提出更高的要求，一定程度上会减少劳动力需求，增加失业人数，减少国内消费需求和抑制消费结构的整体升级。

此外，外资还具有供给带动效应，即外资企业生产的产品引发东道国居民的潜在消费需求，推动消费总量的增加，提升整体消费层次。外资承载着先进的技术和管理经验流入东道国，成为推动东道国消费品质量升级的重要动力。

二、实证检验和经验分析

为了更好地探究进出口增长及外商直接投资进入对中国居民消费需求升级的影响及传导机制，我们通过实证分析深入探究进出口与外资对消费数量升级和消费结构升级的影响。

（一）进出口与FDI对消费数量升级影响的实证分析

1. 方法选取与模型建立

我们采用协整分析和格兰杰因果检验对进出口、外资与消费数量升级的关系进行研究。因为大多数时间序列数据是非平稳的，即使变量间没有关系，也会由于非平稳的序列带有的趋势而出现“伪回归”，相比之下，采用协整分析可以有效避免这个问题。另外，多元回归是事前假定变量间存在关系，然后进行验证；而协整分析则是先判断是否存在长期均衡的关系，然后才进行回归。同时，建立在协整分析基础之上的格兰杰因果检验，对于变量间因果关系的判断更为全面和准确。

因此，本书利用协整分析方法对我国进出口、外资与消费数量升级的关系进行实证检验。基于此，建立模型如下：

$$\ln EXPEND_t = \alpha + \beta \ln EX_t + \gamma \ln IM_t + \delta FDI_t + \varepsilon_t \tag{9-1}$$

2. 数据来源说明

我们将出口总额（EX）、进口总额（IM）和实际利用外商直接投资总额（FDI）分别作为解释变量来衡量出口、进口贸易发展和外资水平，选用国内居民消费支出总额（EXPEND）作为被解释变量来衡量居民消费水平。

为了减轻数据的波动程度，消除时间序列可能存在的异方差，我们分别对 *EX*、*IM* 和 *EXPEND* 进行自然对数处理，得到 ln*EX*、ln*IM* 和 ln*EXPEND*，以此作为本章的样本数据；根据时间序列图可知 FDI 波动程度相对较小，故没有进行自然对数处理。结合课题研究经济发展时期，同时兼顾统计口径的前后一致性，我们把时间序列长度确定为1990~2007年，所有数据均取自《中国统计年鉴（2008）》（具体数据见表9-5）。除此之外，我们还用消费者物价指数对原时间序列进行调整以消除物价因素影响。相关数据处理所采用的计量软件为Stata10.0。

表9-5　　1990~2007年中国进出口总额、FDI及消费支出总额

项目＼年份	1990	1991	1992	1993	1994	1995	1996	1997	1998
消费支出（亿元）	1 975.85	2 015.78	2 357.40	2 848.33	2 534.51	3 397.16	4 084.09	4 453.85	4 738.35
出口总额（亿美元）	677.91	788.10	940.40	1 027.44	1 374.06	1 671.80	1 716.48	2 072.92	2 076.09
进口总额（亿元）	574.45	676.91	897.85	1 155.59	1 314.14	1 566.84	1 612.33	1 700.70	1 667.37
FDI（亿元）	166.79	232.41	607.04	1 585.41	2 910.27	3 133.37	3 469.18	3 751.71	3 763.93
项目＼年份	1999	2000	2001	2002	2003	2004	2005	2006	2007
消费支出（亿元）	5 063.89	5 539.07	5 945.78	6 351.49	6 866.55	7 712.34	8 693.86	10 095.20	12 272.12
出口总额（亿美元）	2 211.31	2 793.03	2 989.98	3 649.96	4 846.28	6 554.26	8 358.53	10 603.36	13 393.76
进口总额（亿元）	1 966.99	2 609.94	2 825.53	3 412.70	4 676.60	6 328.29	7 431.53	8 917.61	10 852.50
FDI（亿元）	3 337.73	3 370.55	3 880.09	4 365.54	4 428.61	5 018.22	4 941.64	5 023.91	5 685.36

资料来源：根据历年《中国统计年鉴》相关数据整理所得。

3. 实证检验

为完成协整分析，第一，我们进行单位根检验，验证时间序列是否均为一阶单整，这是协整分析的前提；第二，进行协整秩检验，判断变量之间是否存在协整关系以及协整关系的个数；第三，通过格兰杰因果检验确定变量之间的作用方向，具体步骤及结果如下。

第一，样本数据的单位根检验。

我们采用ADF（Augment Dickey-Fuller）方法进行单位根检验。根据序列是否带有漂移和确定性趋势，ADF 方法可以分为以下三个模型：

$$\Delta x_t = (\rho - 1)x_{t-1} + \sum_{i=1}^{p} \theta_i \Delta x_{t-i} + \varepsilon_i \tag{9-2}$$

$$\Delta x_t = \alpha + (\rho - 1)x_{t-1} + \sum_{i=1}^{p} \theta_i \Delta x_{t-i} + \varepsilon_i \tag{9-3}$$

$$\Delta x_t = \alpha + \beta t + (\rho - 1)x_{t-1} + \sum_{i=1}^{p} \theta_i \Delta x_{t-i} + \varepsilon_i \tag{9-4}$$

其中，t 为时间或趋势变量，在每种情况下，原假设都是 $\rho = 1$，即存在一个单位根——时间序列是非平稳的，若原假设被拒绝，即原序列不存在单位根，序列为平稳序列。对样本数据及其一阶差分项的检验结果如表 9－6 所示。

表 9－6　　单位根检验结果

变量	ADF	(c, t, k)	1% 显著水平	5% 显著水平	10% 显著水平	结论
ln*EX*	1.509	(0, 0, 1)	-3.750	-3.000	-2.630	不平稳
D (ln*EX*)	-3.158	(0, 0, 1)	-3.750	-3.000	-2.630	平稳**
ln*IM*	0.445	(0, 0, 1)	-3.750	-3.000	-2.630	不平稳
D (ln*IM*)	-2.607	(0, 0, 1)	-3.750	-3.000	-2.630	平稳*
FDI	-1.411	(0, 0, 1)	-3.750	-3.000	-2.630	不平稳
D. *FDI*	-2.700	(0, 0, 1)	-3.750	-3.000	-2.630	平稳*
ln*EXPEND*	0.172	(0, 0, 1)	-3.750	-3.000	-2.630	不平稳
D (ln*EXPEND*)	-5.141	(0, 0, 1)	-3.750	-3.000	-2.630	平稳***

注：检验类型中的 c 和 t 表示带有常数项和趋势项，k 表示所采用的滞后阶数，当 ADF 值小于临界值时说明序列平稳，*** 、** 和 * 分别表示序列在 1% 、5% 和 10% 显著性水平上平稳。

由 ADF 检验结果可知，四个样本时间序列都是非平稳的，而一阶差分后在 10% 的显著性水平上都是平稳的。故四个样本时间序列均为一阶单整，满足协整分析的前提条件，居民消费支出与进口总额、出口总额和 FDI 之间可能存在长期均衡关系，即协整关系。

第二，协整秩检验。

单位根检验结果表明，居民消费支出（ln*EXPEND*）、进口总额（ln*IM*）、出口总额（ln*EX*）和 *FDI* 四个时间序列都是一阶单整的，它们之间可能存在一个平稳的线性组合，即一个长期稳定的均衡关系。为此，我们应该对它们之间的关系进行进一步的协整检验。对变量的协整秩检验，主要有恩格尔—格兰杰两步检验法和约翰逊检验。前者主要针对两变量的协整检验，后者除了检验两变量协整还可用于多变量之间的协整检验。我们采用应用范围更为广泛的约翰逊检验对以上两对变量分别进行协整分析。协整检验的结果如表 9－7 所示。

表 9－7　　　　　　　　协整检验结果

协整秩	特征值	迹统计量	5% 显著水平临界值
0	—	52.9731	47.21
1	0.79762	27.4114*	29.68
2	0.56584	14.0620	15.41
3	0.51591	2.4541	3.76
4	0.14220	—	—

注：Stata10.0 软件所进行的约翰逊协整秩检验将最高阶协整秩用 * 标注。

由表 9－7 可知，在 1990～2007 年间，进口总额、FDI 与居民消费支出之间存在且仅存在唯一一个协整关系，而且标准化协整方程为：

$$\ln EXPEND = 4.047 - 0.591\ln EX + 1.203\ln IM + 0.007FDI \quad (9-5)$$

从上述协整方程可以看出，在长期内，$\ln EXPEND$ 与 $\ln EX$、$\ln IM$ 和 FDI 之间存在长期均衡关系。在 1990～2007 年之间，$\ln EXPEND$ 与 $\ln EX$ 之间的弹性系数为 －0.591，而与 $\ln IM$ 和 FDI 之间的弹性系数分别为 1.203 和 0.007。这表明，在此期间，中国居民消费数量升级主要由进口引致。出口对中国居民消费数量的增加起反作用，即出口增加会减少居民消费量；另外，外商直接投资 FDI 的增加会促进居民消费的进口，但是从弹性系数上可以看出，FDI 对居民消费数量的影响远远小于进口贸易。

第三，格兰杰因果检验。

协整检验表明，在长期内，$\ln EXPEND$ 与 $\ln EX$、$\ln IM$ 和 FDI 之间存在稳定的相关关系。但它们彼此之间到底是否存在因果关系，以及因果关系的方向是否明确，这需要对这些变量之间的关系进行格兰杰因果检验。

进行格兰杰因果检验时，要判断两个变量（假设为 Y 和 X）之间的格兰杰因果关系，主要是对以下两个方程进行回归：

$$Y_t = \alpha_0 + \sum_{i=1}^{p} \alpha_i Y_{t-i} + \sum_{i=1}^{p} \beta_i X_{t-i} + \mu_i \quad (9-6)$$

$$X_t = \alpha_0 + \sum_{i=1}^{p} \alpha_i X_{t-i} + \sum_{i=1}^{p} \beta_i Y_{t-i} + \upsilon_i \quad (9-7)$$

原假设为：H_0：$\beta_1 = \beta_2 = \beta_3 = \cdots = \beta_p = 0$，首先对式（9－6）进行检验，如果拒绝原假设，即 X 是引起 Y 变动的格兰杰原因，同理可以检验 Y 是否为引起 X

变动的格兰杰原因。同时，因果关系的方向对滞后期 p 的选择非常敏感，我们利用赤池信息准则（AIC）对滞后期进行选择，滞后期分别选择为 2、3、4、5，结果如表 9-8 所示。

表 9-8　　样本数据的格兰杰因果检验结果

检验变量	滞后期	零假设	t 值	P 值	结论
ln*EXPEND* ln*EX*	3	ln*EX* 不是 ln*EXPEND* 变动的格兰杰因	0.323	0.365	ln*EXPEND* 是 ln*EX* 变动的格兰杰因
		ln*EXPEND* 不是 ln*EX* 变动的格兰杰因	-0.259	0.532	
	4	ln*EX* 不是 ln*EXPEND* 变动的格兰杰因	0.048	0.922	
		ln*EXPEND* 不是 ln*EX* 变动的格兰杰因	0.753	0.039	
ln*EXPEND* ln*IM*	2	ln*IM* 不是 ln*EXPEND* 变动的格兰杰因	0.281	0.027	ln*IM* 是 ln*EXPEND* 变动的格兰杰因
		ln*EXPEND* 不是 ln*IM* 变动的格兰杰因	0.224	0.513	
	3	ln*IM* 不是 ln*EXPEND* 变动的格兰杰因	0.426	0.066	
		ln*EXPEND* 不是 ln*IM* 变动的格兰杰因	0.387	0.479	
ln*EXPEND* *FDI*	4	*FDI* 不是 ln*EXPEND* 变动的格兰杰因	-0.347	0.005	*FDI* 是 ln*EXPEND* 变动的格兰杰因
		ln*EXPEND* 不是 *FDI* 变动的格兰杰因	0.036	0.915	
	5	*FDI* 不是 ln*EXPEND* 变动的格兰杰因	-0.147	0.091	
		ln*EXPEND* 不是 *FDI* 变动的格兰杰因	0.677	0.345	

格兰杰因果检验结果表明，中国进口贸易额的增加是居民消费数量升级的格兰杰因，FDI 的增加也是居民消费数量升级的格兰杰因；但是出口贸易额的增加不是居民消费数量升级的格兰杰因，相反，居民消费数量升级是出口贸易额增加的格兰杰因。

第四，结果分析。

首先，进口贸易额的增加是居民消费数量升级的格兰杰因。协整方程表明进口贸易额每增加 1 个百分点，国内居民消费支出就会增加 1.203 个百分点，可见进口对我国居民消费数量升级具有显著的促进作用。增加消费品进口能够使国内居民可选择的消费品种类增加，进而改变居民的消费选择和行为，对居民消费需求升级产生重要推动作用。据统计，中国国内市场消费品种类不及发达国家的 20%，这更说明进口消费品具有重要的意义。高品质笔记本电脑、数码相机等高科技产品、高档音像制品、服饰、化妆品的进口能够激发国内居民的消费潜力，挖掘出潜在内需，从而促进消费升级。同时，进口高质量产品的增加促使国内厂商增加投资，扩大生产规模。因此，进口消费品在满足消费者消费需求的同时，增加了国内市场消费品数量供给和刺激了质量提升。

其次，FDI 的增加也是居民消费数量升级的格兰杰因。外资大部分是以绿地投资的形式进入中国，其目的就是实现当地生产，虽然有很多外资企业的产品又返销到海外，但是越来越多的外资企业正逐渐提高其内销比例。外资企业凭借自身先进的科技和管理水平进行生产，增加国内高质量消费品的供给量，为消费数量升级提供可行性。另外，外资企业的技术外溢效应和示范效应还会促进行业内相互竞争，提升内资企业的生产水平和生产能力。外资在中国主要集中在制造业各行业，而且近年来农业和服务业吸引外资的数量也在逐年增加，它们越来越重视中国市场，况且农业和服务业外资企业生产的产品内销比例更大，上述因素共同促成了 FDI 对消费数量升级的推动作用。

最后，居民消费数量升级是出口贸易额增加的格兰杰因。协整方程表明，出口的增加并没有使得中国居民消费支出增加，相反每增加 1 个单位出口，居民消费支出就会减少 0.591 个单位。这是因为中国出口产品虽然质量和等级一直在提升，但是与发达国家相比，中国出口产品还是相对低等的初级产品，比如纺织服装等轻工业制品以及初级机电产品。中国产品在国外竞争的筹码是价格低廉，而价格低廉的根本则来源于国内生产过程中极低的劳动力成本。美国出版的《中国视野》研究报告中披露，在对 406 个拥有 ISO9001 证书的中国企业及 681 家美国企业进行调研后，其中薪资对比的结果为：受访中国企业职工月平均工资为 121 美元，而美国企业职工月平均工资为 2 160 美元，[①] 这直接约束着居民消费数量的增加。另外，我国彩电、照相机等部分消费品的出口比重过大，无疑在一定程度上削弱了居民消费结构升级的物质基础。这就会使消费结构中的“瓶颈”商品增多，影响消费数量升级。

（二）进出口与 FDI 对消费结构及消费品质量升级作用的经验描述

根据国家统计局的统计标准，国内居民消费支出大致分为食品、衣着、居住、家庭设备用品和服务、医疗保健、交通通讯、教育文化娱乐服务等七大类。

根据马斯洛需求层次理论，结合消费支出分类标准，居民消费需求结构的变动应该表现为在生理需求得到满足的前提下食品、衣着等生活必需品支出比重下降；居民对安全需求增加，医疗保健支出也随之增加；在此基础之上，为了满足更高层次的社交需求，居民会增加交通通讯支出，以增加与亲朋好友的交流时间和交流机会；最后，为了实现尊重需求和自我实现需求，居民将更加注重教育文化娱乐等享受型消费，以提高自身文化水平和素养，随之服务消费支出的比重会

① 姚刚：《跳出中国低劳动成本的“紧箍咒”》，http：//article. ednchina. com/Other/20061004021215. htm，2006 - 10 - 07。

升高。

下面，我们分别就进出口与外资对居民消费结构及消费品质量升级的影响进行经验分析。

1. 进口对消费结构及消费品质量升级的影响分析

在实证检验基础上，我们从经验角度更加细致地解释进口对我国消费结构和消费质量升级的促进作用。以我国居民食品、衣着、医疗保健、交通通讯和教育文化娱乐服务等五大类消费支出为案例，来重点阐述消费支出变动状况并结合各消费项目进口的变化分析二者之间的深层次关系。

第一，食品。

食品是生活必需品，是人类生存的基础。随着居民生活水平的提高，我国人均食品支出已经从1985年的351.72元增加到2007年的3 628元。但是，食品支出在居民总支出中所占比重不断降低，已经从1985年的52.25%下降至2007年的36.39%，生活必需品支出比重的下降充分体现出中国居民消费结构的升级。

进口方面，就食品消费品而言，中国的进口主要包括大米；谷物、粮食粉、淀粉制品；乳品、蛋品、蜂蜜及其他食用动物产品糕点；蔬菜、水果及其制品；动植物油脂及其分解产品、肉类制品、水产品制品；饮料、酒及醋等直接消费品。1999～2007年，中国食品进口年均增长率为26.26%，远高于居民食品总支出的年均增长率8.19%，而且食品进口年均增长率与居民食品支出年均增长率的相关系数高达0.77，这表明食品进口与居民食品消费支出有很强的同步性。具体而言，由表9－9可知，在此期间进口食品中占比最高的是肉类制品和动植物油脂及其分解产品，二者占食品进口的比重已经由1999年的61.95%提高到2007年的71.16%，这表明我国居民日常生活进口肉类消费逐渐增加。另外，近年来水果、饮料、乳制品等高级食品的进口数量猛增，增速也在加快，这都反映出居民消费食品质量的提升和生活水平的提高。

表9－9　　1999～2007我国各类食品进口状况　　单位：亿美元

产品种类＼年份	1999	2003	2004	2005	2006	2007
乳品、蛋品、蜂蜜及其他食用动物产品	1.64	3.5	4.48	4.62	5.65	7.54
食用蔬菜	0.83	2.42	4.05	5.24	7.56	8.01
食用水果及坚果	2.58	4.96	6.19	6.57	7.38	9.12
咖啡、茶、马黛茶及调味香料	0.19	0.28	0.32	0.42	0.54	0.77
谷物	0.78	0.97	2.33	2.25	4.09	4.82

续表

产品种类 \ 年份	1999	2003	2004	2005	2006	2007
制粉工业产品	0.79	0.48	1.89	1.86	2.46	2.21
动植物油脂及其分解产品	13.59	29.25	42.09	33.11	39.21	75.76
肉类制品	4.99	26.23	37.89	40.5	43.78	62.12
水产品制品	0.12	0.27	0.24	0.26	0.37	0.61
糖及糖食	1.82	2.16	3.36	4.51	6.18	4.83
可可及其制品	0.54	0.39	1.36	1.77	1.83	2.11
谷物、粮食粉、淀粉制品，糕点	0.48	1.48	1.95	2.4	3.59	4.44
蔬菜、水果、坚果等制品	0.43	1.34	1.42	1.57	1.98	2.73
饮料、酒及醋	1.23	1.86	2.61	4.1	5.86	8.67
合计	29.99	75.6	110.17	109.17	130.48	193.75

资料来源：根据《中国海关统计年鉴》（2000～2002 年）和《中国农产品进出口月度公报》（2003～2008 年）相关数据整理所得。

除此之外，进口对居民食品消费升级的影响还会通过原料的进口来实现。以大豆为例，2008 年我国累计进口大豆 3 743.6 万吨，同比增长 21.5%。因为进口大豆质优价廉，国内食品加工行业越来越倾向于使用进口大豆，而进口原料成本低，生产的油脂产品价格也相应地降低，消费者受益颇多，增加了对相关产品的消费支出，提高了消费水平和生活质量。除了大豆，玉米、水稻等其他大宗农产品的进口都会通过上述渠道促进居民消费质量的升级。

第二，衣着。

与食品相似，传统意义上的衣着也是生活必需品之一。根据恩格尔定律，随着居民生活水平的提高，居民在衣着上的支出比重应该逐渐降低。我国居民衣着消费支出占比在过去的很长一段时间的确呈现递减趋势，从 1985 年的 14.56% 降到了 2004 年的 9.56%（见表 9－10），20 年间下降了整整 5 个百分点，这同样印证着我国居民消费结构升级的步伐。但是需要注意的是，2004 年后，国内居民衣着消费支出所占比重不降反升，这并不代表我国居民消费等级出现下降趋势，相反，恰恰表明居民消费品质量的升级。因为，衣着支出比重增加部分大都花费在居民购买量日益增加的品牌服装和进口服装上。从某种意义上说，此时的衣着消费需求已经升级为社交需求或者尊重需求的辅助品。30 年前，意大利的皮尔卡丹进入中国市场，如今中国进口的名牌服装越来越多，耐克、乔丹等运动服装更是受到消费者青睐。除了意大利服装品牌外，在中国市场开拓多年的其他国外服装企业同样有着相当不错的销售业绩。据悉，截至2009年3月份，艾格集团中国区营业额同比增长20%；H&M集团中国区销售额增长83%；美国VF集团中国区销售额增长60%。据商务部统计数据，2008年我国仅从意大利进口服装金额就高达3.3亿美元，比2007年增长65%。这都能够反映出一个事实：在进口服装的影响下，国内衣着消费档次日益提高。

表9-10　　1999~2007年城镇居民衣着消费支出、进口占比及增长率

类别	项目＼年份	1999	2000	2001	2002	2003	2004	2005	2006	2007
消费	人均支出（元）	482	500	533	590	637	686	800	901	1 042
	占比（%）	10.45	10.01	10.05	9.80	9.79	9.56	10.08	10.37	10.42
	增长率（%）	—	3.75	6.63	10.72	7.93	7.69	16.56	12.65	15.55
进口	消费品（元）	17.80	19.44	18.88	19.19	21.11	24.45	25.69	33.97	37.14
	占比（%）	7.49	7.01	6.82	5.68	5.40	4.95	4.81	5.33	4.61
	增长率（%）	—	9.21	-2.88	1.64	10.01	15.82	5.07	32.23	9.33

资料来源：根据历年《中国统计年鉴》相关数据整理所得。

第三，医疗保健。

医疗保健支出是居民在收入足以支付生活必需品消费的前提下进行的高层次享受性消费，同时也是居民生活质量升级的直接标志。居民医疗保健消费支出比重的提升反映出居民对身体健康状况给予更大程度的关注，即马斯洛需求层次理论中安全需求的增加。我国居民的医疗保健支出所占比重呈增加趋势，而且在居民消费中的地位日益提升。正如表9-11所示，1999~2007年我国居民医疗保健支出一直呈递增趋势，年均增长率达13.97%，高于食品支出和医疗支出的年均增长率8.19%和10.11%。2007年城镇居民人均医疗保健支出已经达到699元，是1999年的2.84倍。医疗保健支出在居民消费支出中的比重也稳步提升，已经从1985年的2.48%提高到当前的7%左右。

表 9-11　　1999~2007 年城镇居民医疗保健消费支出、进口占比及增长率

类别	项目＼年份	1999	2000	2001	2002	2003	2004	2005	2006	2007
消费	人均支出（元）	246	318	343	430	475	528	601	621	699
	占比（%）	5.32	6.36	6.47	7.13	7.31	7.35	7.56	7.14	6.99
	增长率（%）	—	29.51	7.93	25.29	10.67	10.96	13.77	3.28	12.66
进口	消费品（元）	9.49	11.14	13.94	16.36	19.88	22.95	28.13	33.19	46.99
	占比（%）	3.99	4.01	5.04	4.84	5.08	4.65	5.26	5.21	5.83
	增长率（%）	—	17.39	25.13	17.36	21.52	15.44	22.57	17.99	41.58

资料来源：根据《中国统计年鉴》（2000~2008 年）相关数据整理所得。

与居民医疗保健支出增长趋势相同，医疗保健品的进口也在快速增加。由表 9-11 还可以看出，2004 年以来医疗保健品进口步伐明显加快，除 2000 年和 2002 年以外，其他所有年份医疗保健消费品进口增长速度都要大幅度高于消费支出增长幅度，2007 年进口增长率更是高达 41.58%。另外，医疗保健品在总进口消费品中的比重也逐年提高，已经从 1999 年的 3.99% 增加到 2007 年的 5.83%，增长幅度高达两个百分点，这也反映出医疗保健品在进口消费品中地位的提升，而且间接表现出国内居民消费需求层次升级。受限于经济和科技发展水平，我国药品和医疗保健品质量与绝大多数发达国家相比尚有一定差距，因此，医疗保健消费品进口的增加可以从数量和质量两个层面提高居民医疗保健消费的层次，从而带动居民消费需求整体升级。

第四，交通通讯。

交通通讯需求是伴随着当今社会信息化、科技化程度的加深而日益显现出来的。居民为了增加与外界社会的交往和联系，逐渐提高了交通通讯支出比重，1985 年城镇居民每年交通通讯支出仅为 14.39 元，占消费支出总额的 2.14%，但是到 2007 年，该支出已经高达 1 357.41 元，是 1985 年的 94.33 倍，在消费支出中所占比重也增加到 13.58%，这足以体现出居民在交通通讯方面消费需求的升级。在这个过程中，交通通讯消费品的质量和种类也在不断升级，交通工具从

自行车到摩托车，再到电动车、小轿车；通讯工具从老式固定电话到现代化高科技、多功能移动电话，新产品不断问世，居民交通通讯产品质量也随之提升。

与前几类消费品不同，进口交通通讯消费品有其独特之处。进口交通工具主要是高档小轿车，比如宝马、奔驰等高档豪华轿车，以及凯迪拉克、法拉利、宾利等越野跑车。这些消费品大都属于奢侈品，是高收入消费者彰显身份的重要表现。从表 9－12 可以发现，我国小轿车进口逐年加速，1997 年进口额为 2.74 亿美元，到 2007 年猛增至 50.1 亿美元，2008 年仅前 8 个月小轿车和越野车进口额就达到 98 亿美元，同比增加 67.2%①。进口通讯消费品的品牌效应也使得国内消费需求日益增加。2008 年最受消费者欢迎的九大外国品牌为佳能、富士通、日立、惠普、英特尔、诺基亚、三星、索尼、东芝等，其中诺基亚、三星、索尼、东芝都是国内畅销的进口通讯品牌。在这两类产品的共同拉动下，进口交通通讯消费品在 1997～2007 年实现了高达 9.76% 的年均增长率，总进口中所占的比重也从 1997 年的 3.82% 提升到了 2007 年的 10% 左右。可见，交通通讯产品的进口以其品牌效应和奢侈品身份，逐渐将国内居民消费推向更高层次，逐步满足了我国消费者的社交需求和尊重需求。

表 9－12　　1997～2007 年小轿车、电话机进口额　　单位：亿美元

种类＼年份	1997	1998	1999	2000	2001	2002	2003	2004	2005	2006	2007
小轿车	2.74	2.7	3.24	4.83	9.47	16.14	30.83	32.69	25.94	39.98	50.1
电话机	0.48	4.74	5.35	1.39	1.02	0.44	0.75	0.49	1.18	28.42	19.01
合计	3.22	7.45	8.6	6.22	10.5	16.57	31.57	33.19	27.12	68.41	69.11

资料来源：《中国统计年鉴》（1998～2008 年）。

第五，教育文化娱乐及服务。

在实现了生理、安全、社交、尊重四个层次消费需求后，还要满足最高层次的自我实现需求，消费者还应接受更多的教育和文化知识，了解多方面的信息开阔视野。在提升自我层次的前提下，消费者的消费层次会实现同步升级，消费更多的文化娱乐以及相应服务。与交通通讯支出的增长趋势类似，我国城镇居民的教育文化娱乐及服务支出也在日益增加，从 1985 年人均年支出 55.01 元升至 2007 年的 1 329.16 元，在总消费中的比重也从 1985 年的 8.17% 升至 2004 年的 14.38%，但是近 3 年比重略微下降，主要是因为同期交通通讯支出比重上升幅

① 资料来源：商务部 2008 年研究报告“当前我国消费品进口情况分析”。

度较大。教育文化娱乐及服务支出比重的增加是我国居民消费结构升级的又一重要体现。

进口方面，需要重点强调的是，消费支出所占比重最高的是旅游（见表9－13），1997～2007年间，旅游进口占教育文化娱乐服务进口的比重始终在80%以上，2001年和2002年该比重更是高达90%以上，分别为92.67%和91.11%。这充分体现出在满足了物质消费需求后，国内居民对精神层面的享受型消费需求的更加重视。除此之外，随着高收入消费者消费品位的提高，珍珠、宝石、贵金属及其制品、首饰等高档装饰品的进口数量也占据了较大比重，这同样体现出我国居民消费需求的升级。

表9－13　　1997～2007年教育文化娱乐及服务进口额　　单位：亿美元

年份 教育文化娱乐及服务	1999	2002	2003	2004	2005	2006	2007
收音设备	0.42	0.34	0.77	0.78	1.62	6.04	3.83
电视机	1.44	0.37	0.86	1.48	1.24	0.76	1.38
珍珠、宝石、贵金属及其制品，首饰	20.63	13.32	18.47	26.55	34.7	46.16	62.57
旅游	108.65	154	151.9	191.5	217.6	243.2	297.9
电影、音像	0.34	1	0.7	1.8	1.5	1.2	1.5
合计	131.48	169.03	172.69	222.11	256.66	297.37	367.18

资料来源：《中国统计年鉴》（1998～2008年）。

2. 出口对消费结构及消费品质量升级影响的分析

国外居民消费需求变动对我国消费品出口贸易增长产生一定的影响，而且国外消费者的消费习惯及消费偏好等往往会传递到国内。总体而言，我国出口产品流向三类不同国家，即比中国发达的国家、与中国发展水平相近的国家和比中国落后的国家。由于消费的“棘轮效应”，后两类国家消费习惯和偏好即使传递到国内也不会对我国居民消费需求升级产生抑制作用，但是发达国家更高层次的消费习惯及偏好传递到国内，会通过消费的“示范效应”对国内居民的消费需求产生重要影响。

这种影响体现在如下几个方面：其一，欧美地区发达国家恩格尔系数比中国要小得多，而交通通讯支出比重、医疗健康支出比重和教育文化娱乐支出比重相对更高，这对中国消费品的出口结构产生相应的影响，国内厂商对生产产品的调整会改变国内市场消费品供给，从而对国内消费需求产生影响。其二，发达国家服装鞋类支出比重和家具家用设备支出比重以下降为主要趋势，但大部分国家下降很慢，而且发达国家对这些消费品的质量要求逐渐提高，这些变化对中国服装与消费类纺织品、轻工类消费品以及家用电器等出口产品质量升级起到外部推动作用，国内消费市场消费品质量同步升级。其三，发达国家现代化的信息消费和娱乐休闲消费的快速增加同样推动着中国消费类电子产品出口数量增加和质量提升，而且会随着我国居民可支配收入水平提高而逐渐“传染”给国内居民。其四，发达国家绿色消费观念的兴起对中国消费品的出口质量升级产生了本质激励，它们的先进消费意识和消费理念慢慢传到国内，使国内居民消费需求首先从思想上得以升级，国内生产厂商也通过生产符合消费者消费理念的产品来提高竞争力。

据海关统计，2007 年中国出口贸易前八大贸易伙伴依次是美国、中国香港、日本、韩国、德国、荷兰、英国和新加坡等发达国家或地区。由表 9 - 14 可知它们的居民消费结构层次高于中国。首先，美国、日本等六个国家食品和衣着等生活必需品消费支出的比重要远远低于中国生活必需品支出所占比重，其中美国食品支出比重还不及中国的 1/3，由此可见发达国家消费结构等级之高。另外，除德国教育文化娱乐支出之外，六个发达国家的交通通讯和教育文化娱乐两项消费支出所占比重均比中国高，这同样说明中国出口贸易伙伴国（地区）消费结构更高一筹。

表 9 - 14　　　　中国及主要贸易伙伴国居民消费支出构成

国家	年份	食品	衣着	家庭设备及其服务	居住	医疗保健	交通通讯	教育文化娱乐
美国	2007	11.31	5.68	5.88	22.04	24.05	16.22	14.83
日本	2006	22.08	5.75	5.49	21.94	6.98	20.21	17.54
韩国	2007	21.55	4.49	4.63	30.36	5.21	17.44	16.32
德国	2006	17.39	6.25	8.33	29.42	5.82	20.27	12.03
荷兰	2007	16.76	6.74	7.90	27.33	3.03	19.93	18.30
英国	2006	16.46	7.58	7.58	25.65	2.10	22.48	18.15
中国	2007	36.29	10.42	6.02	9.83	6.99	13.58	13.29

资料来源：根据经合组织 Olis 数据库相关数据计算得到。

在贸易伙伴国消费需求影响下，我国出口消费品构成也在发生着相应的变化。表 9 - 15 显示，1997 ~ 2007 年间，出口消费品中食品比例由 11.19% 降低到

8.30%，教育文化娱乐出口比重则由14.45%升高到24.69%。由于以轿车和手机为代表的通讯产品质量相对落后，不适应伙伴国消费需求，中国交通通讯产品出口比重逐步下降。中国出口消费品结构变动必然会通过销售网络影响到国内消费者的消费需求状况，在国内居民可支配收入逐步增加的前提下，使国内居民消费需求逐步跟随发达国家步调实现升级。

表9-15　　1997~2007年中国出口消费品构成变动

种类＼年份	1997	1998	2004	2005	2006	2007
食品	11.19	10.90	10.32	10.13	8.53	8.30
衣着	43.72	41.66	40.58	40.83	37.30	45.46
家庭设备及其服务	10.34	11.10	19.11	20.69	13.53	11.35
医疗保健	2.10	2.30	2.22	2.15	1.79	2.01
交通通讯	1.73	2.07	0.25	0.25	0.60	0.32
教育文化娱乐服务	14.45	14.80	9.89	9.26	24.69	20.09

资料来源：根据历年《中国统计年鉴》相关数据整理所得。

3. 外资对消费结构及消费品质量升级影响的分析

我国引进外资的初衷是为了利用和实现外资的资本积聚效应、技术扩散效应以及管理和营销经验的示范效应。在我国引资力度不断加大，外资数量不断增加的同时，外资产品和品牌在多个行业的市场占有率逐渐增大。外资企业产品凭借高品质、优异性能博得消费者青睐，同时，在先进外资企业产品的带动下中国消费品市场上的产品种类日益增加，产品质量逐步提升，消费者消费结构和消费品质量也实现同步升级。我们已经分析过碳酸饮料、婴幼儿奶粉、数码相机和轿车等消费品行业外资品牌的市场占有率现状，外资占有率的提高同样能够反映开放经济对我国居民消费结构和消费品质量升级的推动作用。

其一，居民生活中饮料消费数量的增加和消费品质量的提高，是居民物质生活升级的直接表现。与民族品牌碳酸饮料相比，外资碳酸饮料秘方独特，更符合消费者口味。在外资品牌的带动下，我国居民碳酸饮料消费实现逐渐与西方同步。

其二，外资婴幼儿奶粉品牌凭借高质量赢得了国内消费者的青睐，而且它们把更多的精力投放到产品研发上，生产出更多高质量产品来丰富中国婴幼儿奶粉市场，推动着奶粉质量不断提高。

其三，之所以自主品牌市场占有率一直不及外资品牌，是因为目前中国自主品牌轿车仍然存在行业分散、产业链条短、企业规模偏小、生产成本偏高等问题以及自主开发能力弱、产业配套能力低；销售服务体系不健全、汽车消费环境欠佳等缺陷。随着外资的进入，轿车外资品牌逐步占领市场，这极大地丰富了国内轿车款式，提升了轿车性能，拓宽了消费者选择的空间，使得消费者增加收入后消费结构完成升级。

其四，数码相机是又一类代表性高科技数字化电子产品，数码相机消费数量的增加是居民教育文化娱乐消费支出增加的典型代表，是消费结构升级的重要体现。与国产品牌相比，外国品牌在售后服务和附加价值上同样更具竞争力，这都使得消费者更加偏好外国品牌，在外资产品推动下数码相机市场产品质量日益提高。

第三节　本章小结

本章分析了进口贸易与外资流入两大因素对国内居民消费需求变动产生的影响。对于进口贸易，主要从进口中消费品数量及所占比重变化和居民消费支出中进口品支出及占总消费支出比重变化两个角度来分析进口与消费的关系。对于外资，则借助于代表性消费产品市场外资占有率来分析其对我国居民消费的影响。

进口商品可以分为农产品、工业制成品和服务产品。进口农产品虽然比重不大，但是总量增长迅速，特别是在加入 WTO 以后，中国已经成为仅次于欧盟、美国、日本之外的世界第四大农产品进口国。中国进口的农产品消费品中，动植物油脂及其分解产品以及肉类制品是最重要的组成部分，占进口农产品总额的 69.86%。食用蔬菜、食用水果及坚果等也是进口额较多的农产品消费品，2008 年该类产品进口占进口农产品中消费品总额的 9.7%。

进口的工业制成品中所包含的消费品数额总量呈上升势头，进口工业制成品中消费品主要有珠宝首饰、小轿车、医药品、陶瓷制品和针织服装类五类产品，其中，珠宝首饰类、小轿车和医药品的进口呈逐年递增趋势，而陶瓷产品进口在经历了 21 世纪之初的疯狂增长过后急剧下跌，针织服装进口量则基本保持稳定。

服务贸易也有了相当程度的发展，1992 年我国服务贸易仅占世界服务贸易总量的 1%，2008 年，我国服务贸易进出口总额占世界服务贸易总量的 4.23%。

值得注意的是，我国服务贸易在1992年之前一直保持顺差状态，但1992年之后，服务贸易进口增长迅速，服务贸易变为逆差，并且逆差呈扩大趋势，中国服务贸易结构亟须改善。

居民消费支出中的进口品支出增长最快、比重最大的是教育文化娱乐进口消费支出，其次是食品类进口消费支出，医疗保健类消费品和交通通讯类消费品的消费支出排在第三位，衣着和家庭设备类消费支出中进口消费支出数额同样在增加，不过二者增长速度相对缓慢。

开放经济条件下，外资的引入使得外资企业成为我国居民消费品的重要供给商，它们以其高品质产品、优质服务对国内居民的消费生活质量的提升产生重要的推动作用。

第十章

品质升级与跨期选择——对我国城镇居民消费需求变化的实证研究

在经济转型过程中，我国城镇居民消费行为变化的一个显著特点是：恩格尔系数不断降低，耐用品在消费支出中的比重不断增加。我国城镇居民家庭的恩格尔系数不断降低，由 1978 年的 57.5% 下降到 2007 年的 36.3%。这就意味着食品等基本消费支出不再是我国城镇居民消费的重点，与此同时，我国城镇居民对耐用品的消费比重却在不断增加，耐用品已经成为我国城镇居民现在的消费重点和将来的消费重点。转型时期我国城镇居民家庭的耐用品消费支出在不断上升，而且最近几年的耐用品消费支出的上涨幅度越加明显。从 1992 年开始，我国城镇居民家庭耐用品的消费支出的增加速度比 1978 ~ 1991 年的耐用品消费支出的增加速度明显提高，在 1998 年城镇居民家庭的耐用品消费支出首次超过食品的消费支出，并且二者之间的差距也越来越大，城镇居民家庭的食品消费支出大体上也表现出增加的趋势，但是，其增速要低于城镇居民家庭的耐用品消费支出的增速。耐用品在我国城镇居民家庭总消费中所占的比例也会越来越高，从这个意义上说，耐用品将在我国城镇居民家庭消费中占据主导地位，我国城镇居民家庭的消费行为变化也将会更多地体现在其对耐用品的消费行为变化方面。那么，在研究我国城镇居民消费行为演变的时候就需要结合我国的实际情况，在耐用品消费变化的基础上来考察我国城镇居民的消费行为演变。

本章以转型时期我国城镇居民家庭的耐用品消费为研究基础，将我国城镇居民的消费行为作为研究对象。

按照消费品特点的差异，消费品可以划分为非耐用品和耐用品两大类。耐用消费品是指在多个时期内消费的产品，而非耐用消费品是指当期一次性消费的产品。非耐用品的特点是当期购买、当期消费，比如日常消费的食品，等等；耐用消费品的消费特点是当期购买、多期消费，比如各类家用电器，等等。非耐用品通常是指食物和衣着这两类消费品，而对耐用品的界定有着广义和狭义两种划分方式。广义的耐用品是指除去食品和衣着这两类消费品之后的所有商品都可以被视为耐用品。狭义的耐用品可以依据中华人民共和国国家统计局在《中国统计年鉴》中对于耐用消费品的具体分类常常被视为对耐用品的界定。耐用消费品包括：摩托车、助力车、家用汽车、洗衣机、电冰箱、彩色电视机、家用电脑、组合音响、摄像机、照相机、钢琴、其他中高档乐器、微波炉、空调器、沐浴热水器、消毒碗柜、健身器材、固定电话和移动电话。通过比较可以发现，这两种划分方式对耐用品的本质认识都是相同的，只是存在范围上的差别。

第一节　消费行为的分析框架和理论基础

一、消费行为的分析框架

对消费行为的分析常常是建立代表性消费者的效用函数、收入函数以及各种约束条件，并设定各种经济变量，然后，利用相应的经济变量来表现消费行为的变化过程。对代表性消费者最基本的假定是：追求效用最大化，具有理性和完全信息，能对消费做出理性决策，能够利用储蓄和收入来调整消费。

代表性消费者的消费行为可以在以下基本模型中得到体现。假定一个长生不老的消费者追求其一生中效用最大化，其消费受到各期的收入和储蓄的影响，代表性消费者的效用①具有可加性，利用代表性消费者的消费支出来描述其消费行为。那么，代表性消费者的消费行为可以被表示为：

$$\max\int_0^\infty e^{-\beta t}\mu(c_t)\,\mathrm{d}t$$

$$\mu(c_t)=\frac{c_t^{1-1/\sigma}}{1-1/\sigma}$$

① 效用函数常用的表达方式是采用相对风险回避系数固定的效用函数。

$$\frac{\mathrm{d}A_t}{\mathrm{d}t} = w_t + rA_{t-1} - c_t$$

其中，β 表示代表性消费者的时间偏好；$\mu(c_t)$是代表性消费者在 t 期的效用函数；σ 表示代表性消费者的跨期替代弹性；c_t 表示代表性消费者在 t 期的消费支出；w_t 表示代表性消费者在 t 期的收入；A_t 表示代表性消费者在 t 期的储蓄；r_t 表示 t 期的真实利率。建立消费行为模型之后，就可以利用模型中各种经济变量的变化推导消费的变化。当把代表性消费者的各期消费按照时间先后顺序进行排列之后，就可以得到代表性消费者的消费路径。

按照分析消费行为的视角的不同，主流经济学对于消费行为的研究大体上可以划分以下两条研究脉络。(1) 按照模型中的经济变量对消费的影响关系来描述消费行为的变化。依据模型中的经济变量和消费之间的研究重点的不同，对消费行为的研究又可以分为两个领域：第一个研究领域是主要分析收入（w_t）对消费（c_t）的影响，以及在各种约束条件下收入变动对消费变动的影响；第二个研究领域主要在于刻画代表性消费者的自身特点（β 和 σ），并在此基础上利用其他经济变量（收入 w_t、利率 r_t 等）来说明消费变化状况。(2) 按照消费所包含的内容来分析消费行为的变化。这一研究脉络主要是将研究对象由总体消费进行细分，进而分析各个具体类别商品的消费状况。比如，将总消费分为非耐用品消费和耐用品消费，耐用品又可以进一步细分为汽车、住房、彩电等。当然，在消费行为的研究过程中，这两个研究脉络会有所交叉，但是，研究重点还是有所区别的。本章将以前面的模型为基础，在第一个研究领域之内侧重分析消费者自身特点（跨期替代弹性和时间偏好）变化导致的消费行为变化，并以这一领域内的研究成果作为本章的理论来源。

二、消费者的跨期选择行为

跨期选择是消费中的一个重要行为，而对跨期选择的研究多是考察耐用品的跨期选择行为。对耐用品的消费行为的研究主要集中于分析消费者行为变动，而居民家庭的收入变动是导致居民家庭耐用品消费行为变动最为直观的原因。对于居民家庭耐用品消费行为的研究最早可以追溯到班丁（Bandeen）对于美国居民家庭汽车消费的研究。班丁（1957）依据美国各个州的数据对汽车消费进行估计，发觉居民家庭的当年收入是一个重要的解释变量，越是高收入的家庭越会购买家用汽车。这就说明，耐用品消费和居民家庭的当期收入有着密切联系。[①]

① Bandeen Robert A., 1957, "Automobile Consumption, 1940 - 1950". *Econometrica*, Vol. 25, No. 2.

跨期选择直接来源于同一耐用品之间存在着替代效应。斯通和罗伊（Stone & Rowe，1957）就发觉耐用消费品的市场需求和非耐用消费品的市场需求有着明显不同。耐用消费品的价值和使用寿命取决于耐用品的耐用度（Durablity），各种耐用品的耐用度是耐用品的本质，正是由于耐用品具有耐用度，从而耐用品的市场需求和非耐用品的市场需求表现出不同的特点。[①] 耐用度概念的提出能够从理论上较好地解释耐用品的多期消费的特点。由于同一耐用品满足消费者的同一需求，当把耐用度视为耐用品本质的时候，那么不同耐用度的同一耐用品就构成了这个耐用品的供给市场。帕瑞施（Paroush，1965）发现不同类别的耐用品需求之间的关系较弱，而同一耐用品之间的关系较强。[②] 阿德奇（Adachi，1974）发现同一耐用消费品之间存在着明显的替代关系，两个耐用品之间的替代效应的强弱来源于这两个耐用品的耐用度比值的大小。耐用度的比值越大，那么两者之间的替代效应就越弱；比值越小，那么两者之间的替代效应就越强。米尔斯（Mills，1976）发现同一耐用消费品存在多重价格，这从侧面也印证了同一耐用品之间存在着替代效应。福韦尔和萨姆森（Fauvel & Samson，1991）利用加拿大的家庭数据分析耐用品和非耐用品的替代关系，他们发现不同时期的同一耐用品之间的替代关系较强，同一时期有关系的非耐用品之间的替代关系较强，而非耐用品和耐用品之间的替代关系不明显。[③] 大桓和莱因哈特（Ogaki & Reinhart，1998）发现耐用消费品有着较高的跨期替代率，时间跨度越小替代率越高，时间跨度越大替代率越低。布朗宁（Browning，1989）认为耐用品的跨期替代弹性是存在的，但是界定跨期弹性的数值仍然难以确定的。查姆博斯（Chambers，1992）发现耐用消费品的价格变化对其消费有着重要影响。这些学者的研究结论都反映了同一耐用品之间存在替代效应。曼昆（Mankiw，1982）发现美国第二次世界大战后的耐用品消费和非耐用品消费都遵循随机游走的情况，呈现一阶平稳过程，耐用品消费和非耐用品消费的变动趋势大体相同。施塔茨（Startz，1989）通过对耐用品和非耐用品的比较分析发现耐用品消费和非耐用品消费都符合生命周期的假说。耐用品除了给居民家庭提供服务之外，有时还具有资产的作用，这会进而影响到居民家庭对于将来收入的心理预期，从而使得居民家庭对消费的跨期选择行为更为明显。胡（Hu，1980）认为耐用品的投资功能影响到消费者的预期收入进而影响到耐用品的需求，这就说明耐用品受到对将来收入预

① Raviv Artur, Zemel. Eitan, 1977, "Durability of Capital Goods: Taxes and Market Structure", *Econometrica*, Vol. 45, No. 3.

② Paroush Jacob, 1965, "The Order of Acquisition of Consumer Durables". Econometrica, Vol. 33, No. 1.

③ Fauvel Yvon; Samson Lucie. 1991, "Intertemporal Substitution and Durable Goods: An Empirical Analysis." The Canadian Journal of Economics/Revue canadienne d'Economique, Vol. 24, No. 1.

期的影响。

跨期选择行为的另一个思路是分析耐用品的购买行为。伯南克（Bernanke，1984）认为消费者并不会主动地让自己的耐用品贬值，为了降低耐用品的贬值速度，消费者会有意识地推迟购买，理性预期在耐用品消费过程中是真实存在的。在此基础上，卡巴莱罗（Caballero，1993）提出了（S，s）模型来分析耐用消费品的消费过程，他认为消费者购买耐用消费品是一个触发机制。当耐用消费品的存量低于某个水平的时候，消费者就会自动地购买；而当消费者拥有的耐用品存量高于这个水平的时候，消费者是不会购买的。① 兰姆和埃伯利（Lam & Eberly）认为耐用品的存量的现实数量和理想数量之间总是存在着一定的差额，这个差额就是（S，s）区间。由于消费者的购买行为和耐用品生产不是同一时期，于是耐用品消费常常表现出消费滞后的特点，从总体来看耐用品消费呈现出一阶滞后的特点。② 但是，卡巴莱罗认为，由于消费者的消费行为调整具有滞后的特点，耐用消费品表现出高阶平稳而不是一阶平稳的特点，于是耐用消费品的消费状况不能利用一阶滞后的模型来估量。这就意味着耐用品消费的滞后时间应该是多期的。坎贝尔和曼昆（1989）认为消费者对耐用消费品的滞后特点是因为对现期收入过度敏感，对现期收入敏感的原因在于消费者不愿改变现有的消费方式。耐用消费品的购买不仅仅和其自身有关，而且和耐用消费品的配套服务有关。康拉德和施罗德（Conrad & Schröder，1991）分析不同家庭对于耐用消费品和非耐用消费品的消费行为，消费行为和耐用消费品的资产规模以及配套的非耐用品有关，累计消费的作用是不可忽视的。③ 与耐用消费品配套服务的变化过程从消费者的习惯视角来看就是消费者消费习惯变化的过程，这一变化过程常常是用调整成本来解释的，埃伯利利用微观的家庭数据证明了这个特点。消费者在进行消费品替代的时候，除了原有的折旧成本以外，常常还会有心理成本，这就造成事实上的替代成本增加。对于耐用消费品具有时滞特点的解释除了消费者消费习惯之外还有预防性储蓄的动机。巴尔伊兰和布林德（BarIlan & Blinder，1992）认为耐用品还具有给消费者提供将来收入的功能，消费者可以通过拥有耐用品起到类似预防性储蓄的作用，当耐用品可以提供收入的时候，消费者在不同时期内的消费替代弹性就会明显变大。

如果将消费者的风险态度和跨期替代弹性联系起来，那么跨期替代弹性恰好

---

① Caballero Richardo J.，1990，“Expenditure on Durable Goods：A Case for Slow Adjustment”. Quarterly Journal of Economics，Vol. 105，No. 3.

② Heaton，J. and D. Lucas，1997，“Market Frictions，Saving Behavior and Portfolio Choice”，Macroeconomic Dynamics，Vol. 1.

③ K. Conrad，M. Schröder，1991，Demand for Durable and Nondurable Goods，Environmental Policy and Consumer Welfare，Journal of Applied Econometrics，Vol. 6，No. 3.

和固定风险规避系数互为倒数，于是，不确定性也是影响跨期选择行为的一个重要因素，罗默（Romer）分析了 1929 年美国经济萧条对居民消费不确定性的影响，发现资本市场变化和居民耐用品消费有着明显的反向变化关系。[①] 不确定性常常会导致消费者推迟对耐用消费品的投资，从而扩大消费者决定购买的时间跨度。当市场不确定性增加的时候，消费者的购买愿望也会降低，这表现在（S，s）模型中区间值增加而购买区域变小，耐用品市场的交易量就会降低。不确定性会导致耐用品的消费速度变化，可以通过代表性消费者的调整成本表现出来，这就意味着消费的跨期选择行为比较明显。

对跨期替代弹性的估计也是分析消费行为的一个重要方面。霍尔（Hall，1988）建立了一个单一消费品的模型，并在这个模型的基础上计算了美国的跨期替代弹性。他发现，美国消费的跨期替代弹性的数值较小，有的时候甚至表现为一个负值。[②] 汉森和辛格尔顿（Hansen & Singleton，1996）发展了霍尔的单一消费品模型，他们计算的跨期替代弹性明显表现出负值的特点。但是，现实中的消费品可以分为耐用品和非耐用品两种，这两类消费品的跨期替代效应应该表现出不同的特点。曼昆（1985）分别对耐用品和非耐用品的跨期替代弹性进行分析，他发现耐用品的替代弹性要远大于非耐用品的跨期替代弹性。这就意味着，利用单一消费品模型来估计跨期替代弹性就会出现偏差，耐用品和非耐用品的跨期替代弹性表现出完全不同的变化趋势。在随后对跨期替代弹性的相关研究中，都假定消费者对耐用品和非耐用品之间的偏好都是不可细分的。但是，现实中的消费者对耐用品和非耐用品的偏好会有所变化，这是因为，消费者对于耐用消费品的消费常常会受到调整成本的影响，从而他们对于跨期替代弹性的估计也会产生偏差。为了进一步分析偏好的影响，奥斯特里和莱因哈特（Ostry & Reinhart，1992）建立了一个贸易商品和非贸易商品的模型，然后利用发展中国家的数据估计了这两种商品之间的替代弹性系数。[③] 大桓和莱因哈特（Ogaki & Reinhart，1998）在奥斯特里、莱因哈特（1992）研究的基础上，建立了耐用品和非耐用品的两商品模型，然后测算了美国的跨期替代弹性。他们发现，耐用品的跨期替代弹性很明显，跨期替代效应的大小能够有效地促进国民经济增长。[④]

---

① Romer, P. M., 1986, Increasing Returns and Long-Run Growth, The Journal of Political Economy, Vol. 94, No. 5.

② Hall, Robert E., 1988, "Intertemporal Substitution in Consumption", *Journal of Political Economy*. Vol. 96.

③ Ogaki, Masao, Ostry, Jonathan D. and Reinhart, Carmen M. 1996, "Saving Behavior in Low and Middle-Income Developing Countries: A Comparsion", *IMF Staff Papers*. Vol. 43.

④ Ogaki Masao and Reinhart. Carmen M., 1998, "Measuring Intertemporal Substitution: The Role of Durable Goods", Journal of Political Economy, Vol. 106, No. 5.

三、品质升级对消费行为的影响

消费者在短期内的购买行为要比长期内的购买行为更为容易波动，跨期选择行为受到时间因素的影响。一般来说，消费者在短期内的消费行为和长期内的消费行为存在着较大的差别，这就意味着现实中的消费者具有自我控制的能力，消费者的时间偏好也就不再是固定不变的，而是随着时间的变化也会发生相应的变化。由于消费者具有自我控制的特点，能够自我控制的消费者就会对其消费做出有效调整，进而影响到消费行为和储蓄行为的变化。

在随后的研究中，如何体现时间偏好随着时间而相应变化成为研究的重点。代表性消费者消费行为的另外一种表示方式是：$\int_0^\infty \delta^t \mu(c_t) Dt$，式中的$\delta$恰好表示上一期的商品价值减去上一期的折旧之后在当期的现值①，上一表述中的β就可以被看做各期的折旧率。于是，时间偏好的变化就可以通过折旧率的变化来表现。在消费者时间偏好固定的假设前提下，消费者的时间偏好是按照指数形式而逐渐降低的；而在消费者时间偏好可变的假定条件下，时间偏好呈现出不规则变化的特点，即在短期内时间偏好的下降速度要远远快于时间偏好在长期内的下降速度。如果将时间偏好用折旧来表示的话，时间偏好的这种不规则变化特点可以通过折旧发生的变化表现出来，折旧随着时间t变化的特点可以用$1/t$或$1/(1+\alpha t)$，…，$\alpha>0$这两种折旧形式来表示。然而，这两种折旧的形式和现实经济生活中的实际折旧情况依然存在着一定的差别。阿克洛夫（Akerlof）提出各期的折旧率是按照$\{1, \beta, \beta, \beta, \cdots\}$的形式来变化的，这种折旧形式将各期的折旧率固定在同一个水平，不同时间的折旧率没有发生变化。但是，现实生活中的折旧常常是短期内快速下降，而后折旧速度逐渐变缓的过程。② 为了更好地体现折旧短期内快速下降而后变缓的特点，勒文施泰因和普雷莱茨（Loewenstein & Prelec，1992）提出不规则（Hyperbolic）折旧：$\phi(t)=(1+\alpha t)^{-\beta/\alpha}$，$\alpha$、$\beta>0$。式中的$\alpha$表示和基本折旧的偏离程度，$\beta$表示基本折旧率；当$\alpha=0$的时候，折旧公式刚好就是指数形式的折旧公式$\phi(t)=e^{-\beta t}$。莱伯森（Laibson，1997a）提出了相对不规则（Qusai-hyperbolic）的折旧公式。在相对不规则折旧

① $\delta+\beta=1$。

② Akerlof，George A.，1991，"Procrastination and Obedience." *American Economic Review*，Vol. 81，No. 2.

公式中，各期的折旧率按照 $\{1, \gamma\delta, \gamma\delta^2, \gamma\delta^3, \cdots\}$，$(\gamma, \delta>0)$ 的形式而变化。[①] 相对不规则折旧公式中的 γ 表示对基本折旧的偏离程度，δ 表示在基本折旧率条件下的上一期的商品在当期的现值。

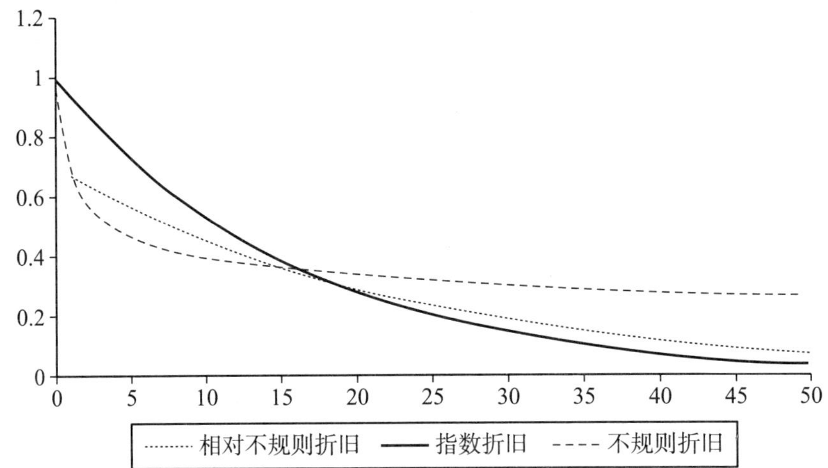

注：图中的横轴表示时间，纵轴表示经过折旧之后的残余价值。

图 10 - 1 折旧函数的比较

资料来源：Angeletos，George-Marios，Laibson，David，Repetto，Andrea，Tobacman，Jerry，and Weingerg，Stephen ，2001， “The Hyperbolic Consumption Model：Calibration，Simulation，and Empirical Evaluation.” Journal of Economic Perspectives，Vol. 15，No. 3，pp. 47 - 68。他们对相对不规则折旧 $\{1, \gamma\delta, \gamma\delta^2, \gamma\delta^3, \cdots\}$ 中变量的取值是 $\gamma = 0.7$ 和 $\delta = 0.957$，指数折旧 δ^t 的取值是 $\delta = 0.944$，不规则折旧 $(1+\alpha t)^{-\beta/\alpha}$ 中变量的取值是 $\alpha = 4$ 和 $\beta = 1$。

安格赖特等（Angeletos et al.，2001）在对折旧率不同假定的基础上，综合考察相对不规则折旧、指数（Exponential）折旧和不规则折旧这三种形式的折旧函数。通过对这三种折旧函数的比较，可以直观地发现相对不规则折旧和不规则折旧能够比指数折旧更好地表现短期内快速下降，而后速度逐渐变缓的特点（见图 10 - 1）。[②]

折旧的快慢可以通过折旧的速度大小来体现，而折旧的变化在耐用品消费上可以得到直观的说明，耐用品的折旧变化才是产生耐用品需求的真正原因。折旧直观上是对原有商品的正常淘汰，而耐用品品质的升级速度会对折旧产生重要影

① Laibson，David I.，1997a，“Golden Eggs and Hyperbolic Discounting.” Quarterly Journal of Economics，Vol，62，No. 2.

② Angeletos George-Marios，Laibson David，Repetto Andrea，Tobacman Jeremy，Weinberg，2001，“The Hyperbolic Consumption Model：Calibration，Simulation，and Empirical Evaluation.” Journal of Economic Perspectives，Vol. 15，No. 3.

响。阿德尔曼和格晨利兹（Adelman & Griliches, 1961）首先关注到品质升级的现象，他们对美国汽车、住房和电脑的品质升级现象进行了描述，直接利用这些耐用品的销售价格变动幅度来说明这些耐用品的品质升级快慢。瓦尔德曼（Waldman, 1996）认为具有较高品质升级速度的耐用品会加速现有耐用品的折旧速度和促进消费者的购买愿望，特别是在消费快速变化的时候品质升级速度（耐用度）可以在一定程度上表现折旧快慢的特点。在随后的研究过程中，如何衡量品质升级的速度自然就成为研究的重点。

阿吉翁和豪伊特（Aghion & Howitt, 1992）构建了耐用品的质量模型，他们假定消费者都是偏好高质量商品而且不同的商品之间具有完全可替代性，在这个假定条件下，生产厂商会不断的生产高质量产品。戈登（Gordon, 1990）也直接使用美国劳工部的价格系数来考察品质升级，他发现1947～1983年间，耐用品的品质升级至少被高估了1.5%。博斯金等（Boskin et al., 1996）等考察了美国的CPI指数对于品质升级的影响，他们发现如果直接利用价格来衡量品质升级的话，每年大约有0.4%的偏差。特别是在耐用消费品类别中，对于品质升级的度量误差上升到每年大约1%。在他们的研究中，直接用某种耐用品自身的价格变动来说明该种耐用品的品质升级。但是，品质升级是一个相对的概念，直接用价格来描述品质升级是会存在偏差的。夏皮罗和威尔考克斯（Shapiro & Wilcox, 1996）发现这一问题之后，提出直接用耐用品价格来衡量品质升级是不全面的，品质升级需要对相同的耐用品进行细致比较，才能得出品质升级的结论，只有对各个耐用品的比较之后，才能真正地表明品质升级的快慢。如何利用合理的指标来估计品质升级？[①]比尔和克莱诺（Bils & Klenow, 2001）认为直接利用价格来衡量品质升级肯定会存在偏差，为了能够较为合理地估计品质升级及其具体结果，他们提出利用"品质恩格尔曲率"来衡量美国的品质升级。然后，他们利用美国消费者支出调查数据，用"品质恩格尔曲率"对1980～1996年的品质升级做出分析，得出的结论是：在这段时间内美国的耐用品品质大约每年上升3.82%。

四、对我国城镇居民消费行为的研究

中国居民消费行为在20世纪80年代早期发生了结构性转变，以这个时期为

---

① Shapiro, Matthew D. and Wilcox, David W., 1996, Mismeasurement in the Consumer Price Index: An Evaluation, in Ben S. Bernanke and Julio J. Rotemberg, eds., *NBER macroeconomics annual*, Cambridge: MIT Press.

分界线，中国居民消费表现出完全不同的消费结构和消费特征。受到流动性约束制约的消费者的数目不断增大，居民面临的不确定性也相应增加，这两个因素造成了中国在20世纪末、21世纪初的消费疲软情况。这两个因素之间的相互作用更进一步加强了居民消费疲软的情形，居民消费水平和消费增长率同步下降。在我国经济转型的过程中，城镇居民家庭面临的各种不确定性因素比以往时期大为增加，城镇居民家庭耐用品的消费常常会受到收入风险、寿命预期、流动性约束以及其他各种不确定性的影响，这些不确定因素的存在会导致城镇居民家庭的耐用品的跨期替代弹性和消费行为的变化。

在消费发生转变之前，我国消费市场分为相互独立的商品性消费市场和非商品性消费品配额市场，随着收入增加，在长期收入和支出基本确定的条件下，居民随着收入增加而增加消费；当由政府承担的长期消费支出消除之后，居民的理性选择就是用储蓄来应对未来的不确定性。[①] 国有企业改革阶段居民预防性储蓄的主要动因来自收入的不确定性，而进入21世纪后，支出不确定性成为我国居民不确定性的主要部分。居民除了受到流动性约束限制消费之外，还受到自身短视行为的影响。当其他条件不变的情况下，人均短期储蓄目标上升，人均现期消费水平下降，农村居民的消费降低幅度大于城镇居民的消费降低幅度。消费收入的过度敏感性、消费生命周期特性、未来收入和支出的不确定性和流动性约束是造成中国居民消费行为变异的主要原因，这些要素共同决定中国居民的消费行为。

徐绪松、陈彦斌（2003）构建了包含不确定性和消费增长率的预防性储蓄模型，将导致预防性储蓄的总不确定性分解为利率波动的不确定性和消费增长率波动的不确定性，并利用利率的条件方差和消费增长率的条件方差来度量这两种不确定性。[②] 消费者效用函数的不同会导致不同的消费者谨慎动机，从而使得消费者对待不确定性的态度各不相同，消费者的谨慎动机和不确定性共同决定了预防性储蓄，预防性储蓄和消费者谨慎动机以及不确定性有着同向变动的趋势。[③] 20世纪90年代中后期由于国有企业不景气和员工下岗，居民收入风险明显上升，城乡家庭的耐用品消费受到收入不确定性的影响。在信息不完全、居民面临不确定性的情况下，居民储蓄会分化为“预防性储蓄”和“非预防性储蓄”两个部分。利率的变动只会导致消费和“非预防性储蓄”之间的替代关系，而“预防性储蓄”不会对利率变动作出强烈反应，于是，“预防性储蓄”在居民总

---

① 龙志和、周浩明：《中国城镇居民预防性储蓄实证研究》，载于《经济研究》2000年第11期。

② 徐绪松、陈彦斌：《预防性储蓄模型及其不确定性分解》，载于《数量经济技术经济研究》2003年第2期。

③ 臧旭恒、裴春霞：《预防性储蓄、流动性约束与中国居民消费计量分析》，载于《经济学动态》2004年第6期。

储蓄中所占的份额越大，利率对消费的杠杆作用就会越小。齐天翔观察不确定性对我国居民储蓄的影响，得出居民储蓄和不确定性呈现倒“U”形的关系。随着收入的提高，居民对不确定性承受能力逐渐增强。在一定收入水平的条件下，随着不确定性的增加，居民储蓄也相应提高；当储蓄达到最高点后，不确定性的进一步增加将会导致居民储蓄的降低。收入水平高低是居民消费水平高的主导因素，我国居民消费还受到除了收入以外多种因素的影响，城市化水平是紧跟收入水平的第二位影响因素。交通运输和通讯设施条件、银行卡普及率和养老保险普及对消费有正效应，收入差距则有负效应。[①]

我国居民的消费一直处于不平等的状态，而耐用消费品的基尼系数要大于总量消费的基尼系数，并且还有进一步扩大的趋势。我国居民耐用品消费的这一变化趋势不仅仅会影响到居民消费行为的变化，而且会对我国的经济发展和产业发展产生重要影响。臧旭恒等利用 ELES 模型对 1990 ~ 1998 年我国城镇居民的消费结构进行分析。他们发现在这一阶段，我国城镇居民的长期边际消费倾向大于短期边际消费倾向，同时，由于受到医疗、教育、住房等社会制度的变革，城镇居民有增加储蓄的趋势。[②]

我国社会转型时期的公众心理预期变化的模糊和不确定，未来收入不确定与未来支出增加并存的现状进一步强化了公众的预防性动机。目前，公众主要通过拥有银行存款和购买股票两种方式来对未来消费进行储蓄，股市的财富效应使得消费者热中于短线操作，不愿意增加实际投资与消费，而是将更多的货币从事股票炒作，以期望获得更多投资利得。中国居民消费中存在的一个特点是上代人常常给下代人遗留财产，黄少安、孙涛（2005）观测到这一现象，把遗赠和赠与这两种财富纳入到消费者的效用函数之中，认为上代人的“利它性行为”能够较好地解释高储蓄、养老安排等各个方面的现实状况。[③] 居民就业机会降低、收入增长、医疗支出增长、教育支出增长等的不稳定性都对居民消费水平产生了强烈的负面影响。如果原有的不确定性因素能够被居民所预测，不确定性的消极作用也就降低或是消失了。对我国不同地区的消费进行分析表明，我国不同地区之间影响消费的各个因素差异很大。时间贴现因子、风险厌恶系数、跨期替代弹性在我国各个地区的不同使得我国各省居民消费和储蓄对利率的敏感性各不相同。消费的不确定性增加使得消费者预防性储蓄提高，增加人们对于储蓄的需求，提高了储蓄率；另外，风险厌恶的投资者为了平滑消费，将在现期借款

---

① 樊纲、王小鲁：《消费条件模型和各地区消费条件指数》，载于《经济研究》2004 年第 5 期。

② 臧旭恒：《居民资产与消费选择行为分析》，上海三联书店、上海人民出版社 2001 年版。

③ 黄少安、孙涛：《非正规制度、消费模式和代际交叠模式——东方文化信念中居民消费特征的理论分析》，载于《经济研究》2005 年第 4 期。

从而带动了无风险利率。下调利率能够刺激消费，但是，在利率下调的同时，居民的预防性动机也随之增强。在消费者只有在消费和储蓄之间做出选择的条件下，利率对消费的促进作用会被预防性动机反向作用而抵消。政府支出在短期内有助于提高居民边际消费，政府支出和居民消费之间具有互补性，政府支出增加会引致居民消费增加；而从长期来看，政府支出和居民消费之间不存在长期协整关系。

第二节　城镇居民消费行为演变的趋势和特征

一、消费水平提高

在转型时期和收入增长的背景下，我国城镇居民的收入状况也表现出自身的特点。我国城镇居民家庭的人均可支配收入大体上表现出相同的两个特点：一方面是人均可支配收入水平大幅度提高；另一方面是不同收入阶层群体之间的人均可支配收入差距逐渐扩大。

在转型时期和收入增长的背景下，我国城镇居民的消费支出状况也表现出自身的特点。我国城镇居民家庭的人均消费支出大体上表现出相同的两个特点：一方面是消费总体水平大幅度提高；另一方面是不同收入阶层群体之间的消费差距逐渐扩大。

在我国城镇居民家庭的人均消费支出整体上涨的同时，不同收入阶层的人均消费支出的变化趋势也是存在着差别的。不同收入阶层的人均消费支出的增长幅度有所不同。1985～2007 年，城镇居民家庭的人均消费支出大约增长了 13.56 倍，最高收入家庭的人均消费支出增长了 20.68 倍，而最低收入家庭的人均消费支出只是增加了 8.86 倍。与此同时，只有中上收入家庭、高收入家庭和最高收入家庭的人均消费支出超过了全国人均消费支出的增长幅度。这就说明即使是收入有所增加，但是不同的收入群体的收入增长幅度是存在着差别的。由于收入增长速度的不同，就会导致收入差距的逐渐拉大。收入差距变大的特点也可以从最高收入家庭的人均消费支出和最低收入家庭的人均消费支出的比值逐年变大这一趋势中得到说明。1985 年最高收入家庭的人均消费支出仅仅是最低收入家庭人均消费支出的 2.55 倍；从 1997 年之后，不同收入群体之间的消费支出差距就开始变大，其中，2006 年的最高收入家庭和最低收入家庭的人均消费支出的比值高达6.18。

转型时期我国城镇居民消费具有以下几个特点：（1）收入和消费都表现出上升的特点。无论是我国城镇居民的总体收入和总体消费水平还是各个收入阶层的收入水平和消费水平都表现出上升的特点。正是由于收入的快速增加使得我国城镇居民的消费能力大为提高，购买能力和购买欲望都比以往更为强烈。这种收入和消费支出同时快速变化的特点给我国城镇居民的消费行为变化提供了充分的可能性和深厚的沃土。（2）消费支出的增加速度要低于收入的增加速度。从总体上看，1985～2007年我国城镇居民的人均可支配收入增长了18.32倍，而相应的消费支出只是增长了13.56倍，收入和消费支出之间的差距为4.76；不同收入阶层的收入和消费支出也都表现出了消费增长低于收入增长的特点。但是，这种消费增长低于收入增长的特点在不同的收入阶层有着不同的表现。比如，最高收入阶层的收入和消费支出之间的差额到达了8.14，中等收入阶层的收入和消费支出之间的差额是3.77，而最低收入阶层的收入和消费支出之间的差额仅有0.77。这种状况说明，低收入的家庭的收入主要用于满足其消费性支出，而中高收入的家庭在满足其消费支出之外还会有较大数量储蓄和投资。由于家庭拥有储蓄和投资，就会使得家庭需要在当期消费和未来消费（储蓄、投资）之间做出选择，于是，消费行为就会较易受到利率变动或其他经济波动的影响。（3）不同收入阶层之间的消费支出差异程度和收入差异程度都表现出扩大的趋势。比如，1985年最高收入阶层和最低收入阶层的收入比值是2.92，2007年的收入比值就上涨到8.74；与此同时，最高收入阶层和最低收入阶层的消费比值由2.55上升到5.78。

收入差距扩大化和消费支出扩大化的趋势是同时存在的。通过对比之后还可以发现：不同收入阶层之间的消费支出差异程度要小于在这些收入阶层之间的收入差异程度。通过将1985～2007年之间最高收入阶层和最低收入阶层的收入比值和消费比值进行比较之后，就可以发现各年最高收入阶层和最低收入阶层的收入比值均大于当年最高收入阶层和最低收入阶层的消费比值。造成这种状况的原因可能有两种：一种原因是消费支出的增长幅度低于收入的增加幅度使得不同收入阶层之间的消费差别程度低于其收入差别程度；另一种原因可能是由于较高收入的家庭将其收入的一部分转化为储蓄、投资以及有价证券等各种保值增值标的之上而导致的。

二、跨期消费凸显

从直观上来看，居民的收入可以分为消费和储蓄两大部分，如果将储蓄看做是未来消费的话，那么就可以认为居民当期收入和当期消费支出的差额就是在未来的消费支出。于是，对于我国城镇居民跨期消费的特征可以从当期收入和当期消费支出差额的角度来认识。在我国城镇居民家庭的收入增长的同时，其消费水平也呈现出逐期提高的特点。以 1978 年为基期，按照可比价格计算的我国城镇居民家庭的人均可支配收入指数[①]和消费水平指数的变化情况如图 10－2 所示。

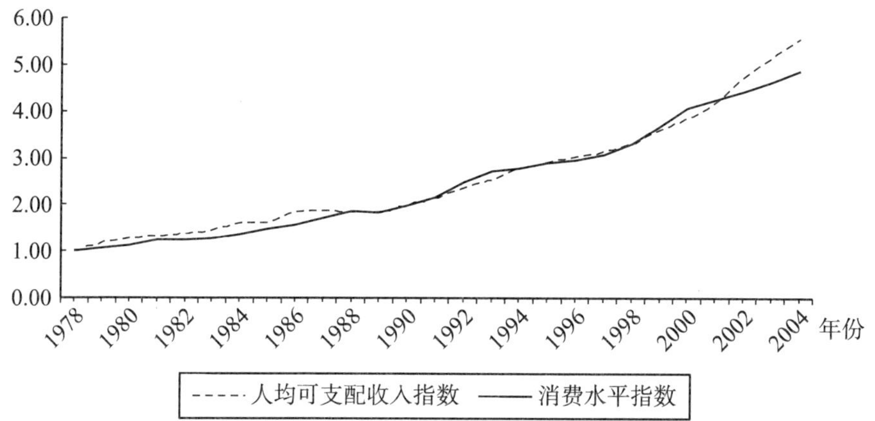

图 10－2　转型时期我国城镇居民的人均可支配收入和消费水平指数

从图 10－2 中可以发现，我国城镇居民家庭的人均可支配收入指数和消费水平指数呈现出紧密相连的变动趋势，两者之间的相关系数值是 0.99。这说明我国城镇居民家庭的人均可支配收入和消费水平的增长幅度大体相同，我国城镇居民家庭在收入增加的背景下，消费水平也相应上升。这就说明在可支配收入不断增加的背景下，我国城镇居民的总体消费水平也是在不断地提高，而且消费水平的上升趋势和我国城镇居民的收入状况紧密相连。

在我国城镇居民人均可支配收入和人均消费支出都上升时，我国城镇居民的储蓄也在大幅度上升。储蓄的大幅度上升就意味着我国城镇居民家庭在当期消费支出和未来消费支出之间的可供选择的余地也就越大，消费的跨期选择行为也就会越加明显。通过我国城乡居民储蓄变化情况能够直观地说明跨期行为明显这一特点（见表 10－1）。

从表 10－1 中可以发现，我国城乡居民的储蓄总额和年增加额都呈现出快速增长的趋势，这种储蓄的特点为我国城镇居民的跨期消费行为提供了宽广的空间。

① 国家统计局国民经济综合统计司：《新中国五十年资料汇编》，中国统计出版社 1999 年版。

表 10－1　　　　　　我国城乡居民储蓄变化　　　　　　单位：亿元

年份	年底余额			年增加额		
	总计	定期	活期	总计	定期	活期
1985	1 622.6	1 225.2	397.4	407.9	324.3	83.6
1990	7 119.8	5 911.2	1 208.6	1 923.4	1 695.8	227.6
1991	9 241.6	7 691.7	1 549.9	2 121.8	1 780.5	341.3
1992	11 759.4	9 425.2	2 334.2	2 517.8	1 733.5	784.3
1993	15 203.5	11 971.0	3 232.5	3 444.1	2 545.8	898.3
1994	21 518.8	16 838.7	4 680.1	6 315.3	4 867.7	1 447.6
1995	29 662.3	23 778.2	5 884.1	8 143.5	6 939.5	1 204.0
1996	38 520.8	30 873.4	7 647.4	8 858.5	7 095.2	1 763.3
1997	46 279.8	36 226.7	10 053.1	7 759.0	5 353.3	2 405.7
1998	53 407.5	41 791.6	11 615.9	7 615.4	5 473.7	2 141.7
1999	59 621.8	44 955.1	14 666.7	6 253.0	3 198.5	3 054.5
2000	64 332.4	46 141.7	18 190.7	4 976.7	1 310.3	3 666.4
2001	73 762.4	51 434.9	22 327.6	9 457.6	4 144.5	5 313.2
2002	86 910.6	58 788.9	28 121.7	13 233.2	7 432.0	5 801.2
2003	103 617.3	68 498.6	35 118.7	16 631.6	9 674.5	6 957.1
2004	119 555.4	78 138.9	41 416.5	15 929.4	9 640.6	6 288.9
2005	141 051.0	92 263.5	48 787.5	21 496.8	14 127.2	7 369.6
2006	161 587.3	103 011.4	58 575.9	20 544.0	10 777.3	9 766.7

三、耐用品比重增加

随着我国经济发展，我国城镇居民家庭的收入水平和消费水平不断上升，城镇居民家庭的消费结构也经历了剧烈变化，人们对消费结构最为直观的认识是各类商品消费支出在其总消费支出中所占的比例。图 10－3 以我国城镇居民家庭在各年对各类商品的消费支出额为基础，刻画出了我国城镇居民家庭的消费结构变化状况。总体上看，我国城镇居民家庭的食品消费支出比重和耐用品消费支出比重都要大于衣着的消费支出。但是，在不同的时期，食品消费支出和耐用品的消费支出的数值大小会有所变化。这表现在经济转型的过程中，我国城镇居民家庭的消费结构发生明显的变化。比如，1982 年我国城镇居民家庭的食品、衣着和耐用品的消费支出分别是276.24元、81.00元、67.68元，这三者各自在总消费支出中所占的比重是58.64%、14.37%和17.19%。这种消费比例关系说明在经济转型初期我国城镇居民家庭消费的商品主要是非耐用品，耐用品在我国城镇居民家庭日常消费中的份额较低。在我国经济取得一定发展成果之后，我国城镇居民家庭的消费结构也相应地发生了变化。比如，2007年我国城镇居民家庭在食品、衣着和耐用品消费这三方面消费支出分别是3 628.03元、1 042.00元和5 327.44元，这三类商品在总消费中所占的比重分别是36.29%、10.42%和53.29%。通过对图10－3和1982年与2007年我国城镇居民家庭消费结构的比较之后发现：食品消费支出在消费总支出中所占的比重在逐年下跌，每年下降的比重大约是0.71%；衣着消费支出的比重也表现出降低的趋势，但是其下降的速度要小于食品消费支出比重的下降速度，每年大约降低0.18%；耐用品消费支出的比重在日渐提高，每年上升的比重大约是1.26%。通过对比这三类商品的比重变化快慢就会发现，耐用品的比重变化最快。这表明转轨时期我国城镇居民家庭消费的变化很有可能是由于耐用品的消费支出比重快速升高而引起的。在经历了多年的快速增长之后，1998年我国城镇居民家庭的耐用品的消费支出比重（44.42%）追上了食品的消费支出比重（44.48%），并在以后的年度进一步提高。转型时期我国城镇居民家庭的消费结构变化趋势说明我国城镇居民家庭对食品和衣着这两大类非耐用品的消费支出在不断下降，而对耐用品的消费支出却表现出持续上升的特点。

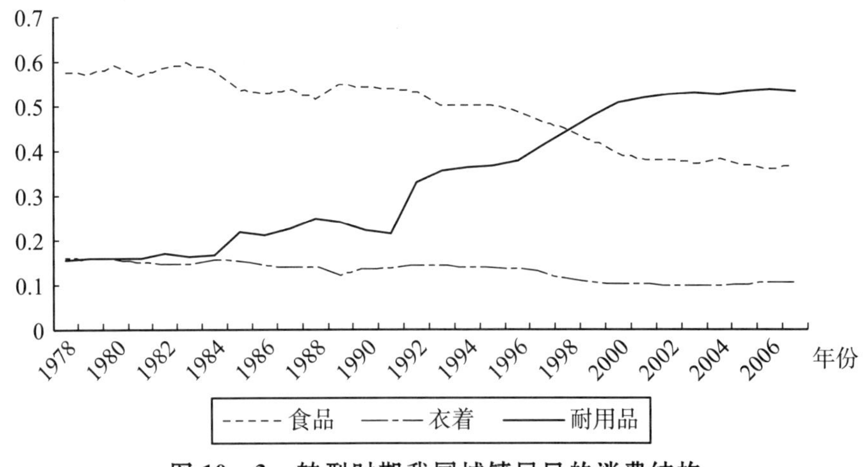

图10－3　转型时期我国城镇居民的消费结构

对我国城镇居民家庭食品消费比重、衣着消费比重和耐用品消费比重进行相关系数分析后发现：耐用品消费比重和食品消费比重、衣着消费比重的相关系数分别是－0.97和－0.91，而食品消费比重和衣着消费比重的相关系数是0.90。

较高的相关系数说明我国城镇居民家庭对食品和衣着这两类非耐用品表现出相同的消费行为，而耐用品消费比重的提高恰好和非耐用品的消费比重降低相伴的。

通过对转型时期我国城镇居民食品、衣着和耐用品支出的分析可以得出这样的结论：食品和衣着这两大类商品在总消费支出中所占的比例表现出持续下滑的特点，这说明非耐用品在我国城镇居民的消费中的比重将会在相当长的一段时间内不断降低。耐用品在经济刚开始转型的时候由于其价格相对昂贵，消费者对其购买会比较谨慎，从而在 1978 ~ 1991 年这段时间内表现出波动幅度较大的特点。随着经济改革的深化和收入的不断提高，耐用品的价格相对降低而且许多耐用品已经转变为家居用品，于是，在 1992 年之后耐用品在消费支出中所占的比重表现出稳定上升的趋势。

四、消费品品质升级

我国城镇居民消费行为的变化还有一特点就是自身所消费各种商品和服务的品质都表现出不同程度的品质升级，从而导致总体消费升级。品质升级最为明显的表现就是新型消费品和服务对原有消费品和服务的更新和取代，这主要表现为推出新型消费品和服务的速度变快导致原有消费品和服务的更新换代速度加快；同时，品质升级还表现为新型产品和服务的品种增多，可供消费者选择的空间增加（参见第四章）。

第三节　消费行为演变微观实证之一：跨期选择

耐用品在消费总额中所占的比重日益增加是转型时期我国城镇居民家庭消费行为变化的一个显著特征。当居民家庭在消费耐用品的时候，居民家庭就会面临以下两个选择：（1）居民家庭是选择耐用品还是选择非耐用品的问题，这可以通过居民家庭的期内替代弹性来表现；（2）居民家庭是在当期消费还是在未来购消费的选择，而居民家庭的这种跨期选择行为在很大程度上受到跨期替代弹性的影响。在耐用品的消费比重逐渐增加的背景下，期内替代弹性和跨期替代弹性必将是影响我国城镇居民家庭消费行为的主要因素。本节的主要目的是对转型时期我国城镇居民家庭所消费的期内替代弹性和跨期替代弹性进行估测，从而发现这两者对我国城镇居民家庭消费行为的影响。

一、两商品模型

大桓和莱因哈特（Ogaki & Reinhart，1998）建立了一个分析居民跨期替代效用的基本模型。模型假定一个代表性的居民家庭可以存在多期，该家庭消费非耐用品和耐用品两种商品，在其一生中追求总体效用最大化。同时，假定代表性消费者是完全理性的家庭，并且拥有完全信息，其效用函数是CES形式的效用函数。那么，代表性消费者一生的效用函数 U 可以表示为：

$$U=E_0\left[\sum_{t=0}^{\infty}\beta^t\left(\frac{\sigma}{\sigma-1}\right)\left[u(t)^{1-(1/\sigma)}-1\right]\right]\quad \sigma>0,\ \beta>0 \tag{10-1}$$

$$u(t)=\left[\alpha C(t)^{1-(1/\varepsilon)}+S(t)^{1-(1/\varepsilon)}\right]^{1/[1-(1/\varepsilon)]}\quad \alpha>0,\ \varepsilon>0 \tag{10-2}$$

$$S(t)=D(t)+\delta D(t-1)+\delta^2D(t-2)+\cdots\quad 0<\delta<1 \tag{10-3}$$

式（10－1）中的 σ 表示不同时期的跨期替代弹性；β 是代表性消费者在 t 期的主观折扣率；$E_t[\cdot]$ 表示代表性消费者在 t 期的期望效用。同时，假定代表性消费者的效用函数是CES形式的效用函数。式（10－2）中的 $C(t)$ 是代表性消费者在 t 期的非耐用品消费支出；$S(t)$ 是代表性消费者在 t 期的耐用品支出；α 是在 t 期效用函数的非耐用品的系数；ε 是期内替代弹性。式（10－3）中的 $D(t)$ 是消费者在 t 期的耐用品支出；$1-\delta$ 是耐用品的折旧率。

用 $R(t+1)$ 表示在 $t+1$ 期的真实利率，代表性消费者对滞后一期的消费期望效用和当期消费的边际替代效用应当相等。那么，代表性消费者在不同时期消费的欧拉方程是：

$$E\left[\frac{\beta R(t+1)\mu(t+1)}{\mu(t)}\right]=1 \tag{10-4}$$

$$\mu(t)=C(t)^{-1/\varepsilon}\left[\alpha C(t)^{1-(1/\varepsilon)}+S(t)^{1-(1/\varepsilon)}\right]^{(\sigma-\varepsilon)/[\sigma(\varepsilon-1)]} \tag{10-5}$$

另外，相对于非耐用品消费支出的价格，耐用品在 t 期的真实价格是 $P(t)$，这恰好是非耐用品消费支出和耐用品支出的边际效用的比率。从而可以得到：

$$P(t)=\frac{\partial U/\partial C(t)}{\partial U/\partial D(t)}=\frac{E_t\left[\sum_{t=0}^{\infty}\beta^{\tau}\delta^{\tau}\mu_2(1+\tau)\right]}{\mu(t)} \tag{10-6}$$

$$\mu_2(t)=S(t)^{-1/\varepsilon}\left[\alpha C(t)^{1-(1/\varepsilon)}+S(t)^{1-(1/\varepsilon)}\right]^{(\sigma-\varepsilon)/[\sigma(\varepsilon-1)]} \tag{10-7}$$

在式（10－7）两边同时乘以 $[C(t)/D(t)]^{-1/\varepsilon}$，就可以得到：

$$P(t)\left[\frac{C(t)}{D(t)}\right]^{-1/\varepsilon}=E_t\left\{\sum_{\tau=0}^{\infty}\beta^{\tau}\delta^{\tau}\left[\frac{S(t+\tau)}{D(t)}\right]^{-\varepsilon}\left[\frac{C(t)}{C(t+\tau)}\right]^{-\varepsilon}\frac{\mu(t+\tau)}{\mu(t)}\right\} \tag{10-8}$$

由于假定代表性消费者能够有效地对以后的经济变量做出预期判断，因此，式（10－8）中的 $S(t+\tau)/D(t)$ 和 $C(t)/C(t+\tau)$ 都是各自稳定的。这是因为代表性消费者可以在各期有效地分配自身拥有的资源来实现自身效用最大化，那么，非耐用品消费支出和耐用品支出有着各自稳定的增长速度，$S(t+\tau)/D(t)$ 和 $C(t+\tau)/C(t)$ 都是稳定的数值，$\mu(t+\tau)/\mu(t)$ 也保持稳定的数值[①]。于是，等式左边也将会是一个稳定的变量。代表性消费者在 t 期和 $t+1$ 期的消费成本是：

$$Q(t) \cong P(t) - \frac{\delta E_t[P(t+1)]}{E_t[R(t+1)]} \tag{10-9}$$

另外，对耐用品和非耐用品的边际替代率恰好是代表性消费者在 t 期的消费成本：

$$Q(t) = \alpha^{-1}\left[\frac{S(t)}{D(t)}\right]^{-1/\varepsilon} \tag{10-10}$$

从模型中可以发现，利用式（10－8）可以得到期内替代弹性 ε；其次，在获得耐用品的折旧率 $1-\delta$ 的基础上利用式（10－9）和式（10－10）能够计算出代表性消费者的非耐用品系数 α；然后，在得到期内替代弹性 ε、非耐用品消费支出的系数 α 和主观折扣率 β 的基础上，可以计算跨期替代弹性 σ。

于是，本章对我国城镇居民跨期替代弹性的计算步骤是：首先估计转型时期我国城镇居民的期内替代弹性 ε；其次，估计我国耐用品的折旧率 $1-\delta$ 并得到转型时期我国城镇居民的非耐用品消费支出的系数 α；再其次，测算出我国城镇居民的主观折扣率 β；最后，在得到以上各个参数值的基础上，测算转型时期我国城镇居民的跨期替代弹性 σ 的具体数值。

二、计算期内替代弹性

我国城镇居民家庭的期内替代弹性主要表现在耐用品和非耐用品这两大类商品之上。期内替代弹性的变化能够表现我国城镇居民家庭对耐用品和非耐用品这两者偏好的变化，从而对转型时期我国城镇居民家庭的消费行为的变化提供有力的解释结果和良好的视角。同时，对转型时期我国城镇居民家庭的跨期替代弹性的估计也需要对我国城镇居民家庭的期内替代弹性有着基本的认识。

以式（10－8）作为估计转型时期我国城镇居民家庭期内替代弹性的公式。由于代表性消费者是完全理性和具备完全信息的，代表性消费者在不同时期的期

---

① 大桓和莱因哈特（Ogaki & Reinhart，1997）证明了 $\mu(t)$ 保持一个稳定的增长速度。参见 Ogaki，Masao，and Reinhart，Carmen M. “Measuring Intertemporal Substitution：The Role of Durable Goods”，Working Paper No. 97－106. Columbus：Ohio State University，Department of Economics，1997。

望效用是相同的，于是式（10－8）右侧的各个经济变量是稳定变化的。那么式（10－8）的左侧将是估测期内替代弹性 ε 的基本公式。本节利用 1978～2007 年之间各年度的定基食品价格指数和定基耐用品价格指数的比值 *ifd* 来反映耐用品相对于非耐用品的真实价格 $P(t)$ 的变化情况。由于我国城镇居民家庭的统计口径在 1992 年发生较大变化，食品价格指数在 1978～1991 年采用我国城镇居民家庭的食品零售物价指数，在 1992～2007 年采用我国城镇居民家庭的食品消费价格指数；耐用品价格指数在 1978～1991 年采用我国城镇居民家庭的日用品的定基城镇零售物价指数，1992～2007 年采用我国城镇居民家庭的耐用消费品消费价格指数。同时，本章使用各年度的城镇居民食品消费支出代表非耐用品的消费支出 $C(t)$，用各年度的城镇居民的耐用消费品支出表示 $D(t)$。然后，用食品消费支出和耐用消费品的消费支出的比值来表示非耐用品和耐用品的比值。于是，我国城镇居民家庭的非耐用品消费支出和耐用品消费支出的比值就可以使用食品消费支出和耐用消费品的消费支出来代替，记为 *fd*。我国城镇居民家庭的定基食品价格指数与定基耐用品价格指数的比值的对数（ln*ifd*）和食品消费支出与耐用品消费支出的比值的对数（ln*fd*）的变化状况如图 10－4 所示。

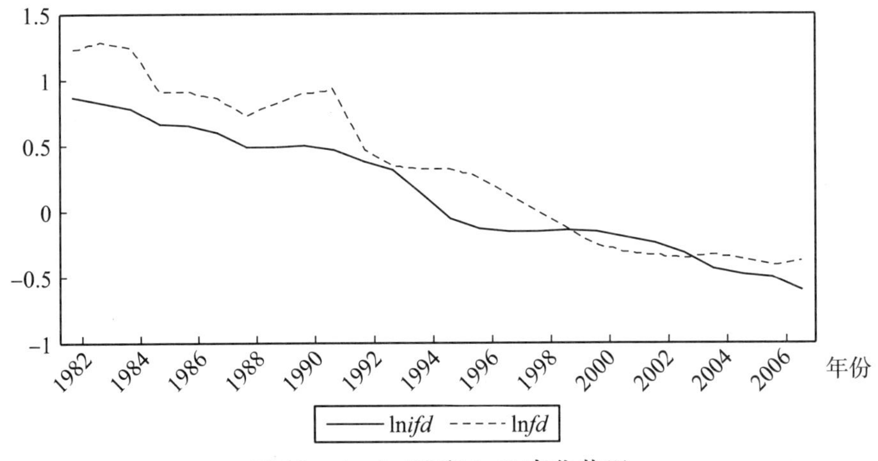

图 10－4　ln*ifd* 和 ln*fd* 变化状况

从图 10－4 中可以发现，我国转型时期城镇居民家庭的耐用品相对非耐用品的真实价格的变化与非耐用品和耐用品的比值的变化表现出高度相关的特点。两者高度相关的特点也印证了式（10－8）的推论：如果公式中等号右边各个变量均保持稳定的变化速度，那么，等号左边的经济变量也就会存在内在的依存关系。在式（10－8）推论的基础上对等式两边同时取对数，并将以上各个变量代入式中，可以得到：

$$\ln fd(t) = -\varepsilon \ln ifd(t) + e(t) \tag{10-11}$$

其中，$e(t)$表示随机误差项。式（10－11）成为估计转型时期我国城镇居民家庭期内替代弹性的基础公式，由于式（10－8）中等号左边的经济变量会存在内在的依存关系，那么，对于式（10－11）采用的计量方法将是向量自回归方法或是误差修正方法。

首先，对 ln*fd* 和 ln*ifd* 进行单位根检验，从而观察 ln*fd* 和 ln*ifd* 是否具有平稳性的特点。如果 ln*fd* 和 ln*ifd* 是平稳的时间序列，就采用向量自回归的方法来获得转型时期我国城镇居民家庭的期内替代弹性。要是 ln*fd* 和 ln*ifd* 是非平稳的时间序列，那么就要考虑采用误差修正的方法来获得转型时期我国城镇居民家庭的期内替代弹性。从表 10－2 中可以发现，转型时期我国城镇居民的 ln*fd* 和 ln*ifd* 的单位根检验结果表明我国城镇居民的耐用品的真实价格变化和非耐用品与耐用品比值都是非平稳的时间序列。那么，在 ln*fd* 和 ln*ifd* 均是非平稳时间序列的条件下，采用向量自回归方法来估计转型时期我国城镇居民家庭期内替代弹性的方法就会使得期内替代弹性的数值有所偏差。于是，本章采用误差修正方法来估计转型时期我国城镇居民家庭的期内替代弹性。

表 10－2　　ln*fd* 和 ln*ifd* 的单位根检验结果

检验方式	ln*fd*			ln*ifd*		
	有截距项 有趋势项	有截距项 无趋势项	无截距项 无趋势项	有截距项 有趋势项	有截距项 无趋势项	无截距项 无趋势项
ADF 值	－2.56	－0.94	－1.23	－2.14	－0.59	1.86
1% 水平	－4.49	－3.72	－2.66	－4.37	－3.79	－2.68
5% 水平	－3.61	－2.99	－1.96	－3.06	－3.01	－1.96
10% 水平	－3.24	－2.63	－1.61	－3.24	－2.45	－1.61
检验概率	0.30	0.76	0.46	0.50	0.85	0.98

在对 ln*fd* 和 ln*ifd* 利用误差修正模型进行估计之前，需要对两者进行协整检验以确定 ln*ifd* 和 ln*fd* 之间是否存在着协整关系。对 ln*fd* 和 ln*ifd* 进行数据空间没有确定趋势、协整方程中没有截距项和没有趋势项的 Johansen 检验。检验结果如表 10－3 所示。

表 10－3　　ln*ifd* 和 ln*fd* 的约翰逊检验结果

CE 假设值	特征值	跟踪统计值	0.05 临界值	概率**
None*	0.39	12.43	12.32	0.0479
At most 1	0.03	0.74	4.13	0.4462

注：** 5% 水平上拒绝假设。

从 ln*fd* 和 ln*ifd* 的 Johansen 检验结果中可以发现，ln*fd* 和 ln*ifd* 之间不存在协整关系的假设在 5% 的检验水平下被拒绝了，而 ln*fd* 和 ln*ifd* 之间最多只有一个协整关系的假设则没有被拒绝。协整检验的结果说明 ln*fd* 和 ln*ifd* 之间存在协整关系。于是，在 ln*fd* 和 ln*ifd* 是非平稳时间序列以及两者之间存在协整关系的基础上，本章利用误差修正模型对 ln*fd* 和 ln*ifd* 进行计量回归。在对 ln*fd* 和 ln*ifd* 利用误差修正模型进行分析时候，本章分别对我国城镇居民家庭在 1978 ~ 2007 年和 1992 ~ 2007 年这两个时间段的期内替代弹性进行估计。这主要是基于以下的原因：由于我国城镇居民家庭的耐用品的消费支出在 1992 年前后有着较大的变化，本章需要对我国城镇居民家庭在不同时间跨度的期内替代弹性进行比较，从而找到我国城镇居民家庭的耐用品消费行为变化是否受到期内替代弹性的影响。如果我国城镇居民家庭的期内替代弹性在这两个时间段里没有差别，那就说明期内替代弹性不是导致我国城镇居民家庭消费行为变化的原因；如果我国城镇居民家庭在这两个时间段的期内替代弹性有所变化，那就意味着期内替代弹性也是影响我国城镇居民家庭消费行为变化的一个影响因素。

利用误差修正模型对我国城镇居民家庭的期内替代弹性进行估计的时候，依据式（10 - 11）本章以 ln*fd* 和 ln*ifd* 之间存在的长期稳定关系的系数（γ）的反数作为我国城镇居民家庭的期内替代弹性的估计值。对我国城镇居民家庭在 1978 ~ 2007 年和 1992 ~ 2007 年这两个时间段内的期内替代弹性的估计结果如表 10 - 4 所示。

表 10 - 4　　我国城镇居民家庭的期内替代弹性

时间段	γ	t	R^2	F	ε
1978 ~ 2007 年	- 1. 19	- 14. 29	0. 34	2. 36	1. 19
1992 ~ 2007 年	- 1. 06	- 5. 08	0. 63	4. 60	1. 06

我国城镇居民家庭在 1978 ~ 2007 年和 1992 ~ 2007 这两个时间段内的期内替代弹性的计量回归结果较好。两个时间段内 ln*fd* 和 ln*ifd* 回归系数 γ 的 t 检验值表明 γ 的数值具有显著性，同时 R^2 值和 F 值也表明误差修正模型的整体解释力度较好。从表 10 - 4 中还可以发现，我国城镇居民家庭的期内替代弹性在不同的时间段中有着明显的差别。1978 ~ 2007 年我国城镇居民家庭的期内替代弹性为 1. 19，而我国城镇居民家庭在 1992 ~ 2007 年这个时间段内的期内替代弹性为 1. 06，这说明我国城镇居民家庭对非耐用品和耐用消费品的期内替代弹性在随着时间的推移而逐渐降低。式（10 - 10）表示的是耐用品提供的服务和非耐用品

的边际替代率，在其他各个变量固定不变的条件下，期内替代弹性 ε 的数值越小耐用品和非耐用品的边际替代率就会越小。这就意味着我国城镇居民家庭耐用消费品的偏好也开始逐渐向非耐用品的偏好转变。在我国城镇居民家庭对耐用消费品的偏好逐渐改变的同时，我国城镇居民家庭对耐用消费品的购买行为和消费行为也会发生相应的变化。由于我国城镇居民家庭对耐用消费品偏好的改变就会使得耐用消费品在我国城镇居民家庭总消费支出中所占的比重有所变化。在经济转型的初期，耐用消费品相对食品和衣着等非耐用品而言属于高档品甚至是奢侈品，我国城镇居民家庭对耐用消费品的偏好肯定会远远大于对食品的偏好。一旦我国城镇居民家庭的收入增加，对于耐用品较强偏好的事实会使得我国城镇居民家庭对耐用消费品的购买力和购买量大为增加。而当我国城镇居民家庭对于耐用消费品的偏好发生变化之后（特别是在耐用消费品已经基本普及的今天，许多耐用消费品已经成为日常生活中的必需品），对耐用消费品的购买也会逐渐降低，于是耐用消费品在我国城镇居民家庭的消费总支出中所占的比重就会有所降低。

三、估计相关参数

期内替代弹性只能说明我国城镇居民家庭在同一时期内对耐用品和非耐用品的偏好状况和替代弹性的变化，而对我国城镇居民家庭的跨期替代消费行为不能进行合理的解释，这就需要对我国城镇居民家庭的跨期替代弹性进行估测。而对我国城镇居民家庭跨期替代弹性估计的前提是在获得我国城镇居民家庭的期内替代弹性的基础上，对转型时期我国城镇居民家庭的非耐用品系数 α 和主观折扣率 β 有一个清晰的认识。

（一）折旧

我国城镇居民家庭对耐用消费品和非耐用品的成本可以利用式（10－9）近似求出，然后，利用式（10－10）可以得到转型时期我国城镇居民家庭的非耐用品系数。对式（10－10）变形之后可以得到：

$$\alpha = \exp\left\{\frac{\ln\left[C(t)/S(t)\right]}{\varepsilon} - \ln\left[Q(t)\right]\right\} \qquad (10-12)$$

利用式（10－12）估计转型时期我国城镇居民家庭的非耐用品系数的前提条件是知道转轨时期我国城镇居民家庭对耐用消费品和非耐用品的替代成本，而知道转轨时期我国城镇居民家庭对耐用消费品和非耐用品的替代成本又需要了解转型时期我国城镇居民家庭耐用消费品的折旧 $1-\delta$。本章一共选取了 28 种耐用品来测算转型时期我国城镇居民家庭的折旧，这 28 种耐用品分别是：摩托车、自行车、助力车、家用汽车、洗衣机、电风扇、电冰箱、冰柜、彩色电视机、影碟机、录音机、录放像机、组合音响、摄像机、照相机、钢琴、微波炉、空调器、取暖器、电炊具、淋浴热水器、排油烟机、消毒碗柜、饮水机、吸尘器、健身器材、普通电话、移动电话。以这些耐用品作为计算转型时期我国城镇居民家庭折旧的样本，2002～2006 年我国城镇居民家庭耐用品折旧的计算结果如表 10－5 所示。

表 10－5　　折旧 δ

年份	平均值	最小值	最大值	标准差	耐用品种类
2002	0.12	0.01	0.57	0.13	28
2003	0.08	0.01	0.37	0.07	28
2004	0.07	0.01	0.33	0.06	28
2005	0.07	0.01	0.26	0.05	28
2006	0.07	0.01	0.25	0.05	28

本章使用我国城镇居民耐用品的购买量和前一年耐用品拥有量的比值作为折旧率，这是基于以下的考虑：在居民家庭的耐用品拥有量的变化幅度较小的条件下，居民家庭在当期的耐用品购买量在很大程度上是对已有耐用品存量折旧的代替。于是，本章首先计算最近 5 年以来我国城镇居民各类耐用品的当年购买量和前一年拥有量的比值，以此代表该年我国城镇居民家庭的耐用品折旧。然后，再对各个年度的耐用品折旧求取平均值，以此作为转型时期我国城镇居民家庭耐用品的折旧。对转型时期我国城镇居民家庭的折旧的测算结果表明，转型时期我国城镇居民家庭的的折旧大约是 0.08，即 $1-\delta=0.08$，那么，就可以得到 $\delta=0.92$。

（二）非耐用品系数

在获得转型时期我国城镇居民家庭对耐用品的折旧之后，本章就可以利用式（10－9）近似地估计出转型时期中各年度我国城镇居民家庭对耐用品和非耐用品的替代成本。接着，再以各年度我国城镇居民家庭对耐用品和非耐用品的成本为基础，对我国城镇居民家庭的耐用品取滞后两期的数值来计算我国城镇居民家庭在当年享受到的耐用品提供的服务，即 $S(t)=Dt+\delta D(t-1)+\delta^2(t-2)$。在计算我国城镇居民家庭对耐用品和非耐用品的替代成本的时候，本章使用我国城镇居民家庭的一年期的固定存款利率来进行计算。然后，利用转型时期各年度中我国城镇居民家庭得到的耐用品服务 $S(t)$ 和非耐用品消费支出 $C(t)$，并在式（10－12）的基础上计算转型时期各年度我国城镇居民家庭 $\left\{\frac{\ln[C(t)/S(t)]}{\varepsilon}-\ln[Q(t)]\right\}$ 的具体数值，对各年度的 $\left\{\frac{\ln[C(t)/S(t)]}{\varepsilon}-\ln[Q(t)]\right\}$ 项求取平均值之后，代入式（10－12）中来计算转型时期我国城镇居民家庭的非耐用品系数 α。计算结果如表 10－6 所示。

表 10－6　　非耐用品系数 α

系数	平均值	最小值	最大值	标准差
α	2.69	1.22	7.61	1.71

从表 10－6 中可以看出，转型时期我国城镇居民家庭的非耐用品系数大约是 2.69，这说明在经济转型时期相对于耐用品提供的服务，我国城镇居民家庭倾向于消费较多的非耐用品。同时，如果 $\alpha=1$ 就说明我国城镇居民家庭对耐用品和非耐用品的主观评价没有太大差别，而转型时期我国城镇居民家庭的非耐用品系数明显大于 1，这意味着我国城镇居民家庭对耐用品和非耐用品有着完全不同的偏好和消费方式。但是，在不同年份中我国城镇居民家庭的非耐用品系数存在着较大的差距。在转型时期的不同阶段，由于我国城镇居民家庭受到收入水平、消费条件等因素的制约，造成我国城镇居民家庭对于非耐用品的主观评价是有所不同的，从而使得转型时期我国城镇居民家庭的非耐用品系数的波动范围较大。

（三）主观折扣率

主观折扣率主要用来反映代表性消费者对各个不同时期的消费所带来效用的评价，在实际中如何对主观折扣率评价是一个难题。而消费和储蓄是紧密相连的，利率的高低会导致居民对消费和储蓄分配比例的变化。如果将储蓄看做将来的消费，那么，各个时期的利率为评价居民的主观折扣率提供了一个良好的视角。大桓和莱因哈特以美国的利率为基础，估计了美国居民家庭的主观折扣率。[①] 本章也将借鉴他们的思路，以我国城镇居民家庭 1 年期的固定存款利率作为评价我国城镇居民家庭主观折扣率的参考标准（见表 10－7）。

① Ogaki Masao and Reinhart. Carmen M.，1998，“Measuring Intertemporal Substitution：The Role of Durable Goods”，*Journal of Political Economy*，Vol. 106，No. 5.

表 10－7　　主观折扣率 β

类　型	平均值	最小值	最大值
1 年期固定存款利率（%）	5.24	1.98	10.98
β	0.95	0.98	0.89

由于我国城镇居民 1 年期的储蓄存款利率是依照中国人民银行发布的基准利率而实行的，因此，1 年期储蓄存款利率的变动状况在各年度都会有所不同。由于利率是一种货币工具，于是在某些年度利率调整得比较频繁。比如，在 2007 年这 1 年之内，我国城镇居民的 1 年期存款利率就变动了 5 次[①]，使得在 2007 年这一年之内我国城镇居民家庭面对 6 种存款利率。而在某些时候同一水平的利率持续的时间就会比较长，比如，从 2004 年 10 月 29 日到 2006 年 8 月 19 日，我国城镇居民家庭 1 年期的存款利率就一直固定在 2.25%。为了使我国城镇居民家庭 1 年期的存款利率在各年度具有可比性，本章使用加权几何平均的方法，计算转型时期我国城镇居民家庭 1 年期存款的平均利率，最后得到的计算结果是转型时期我国城镇居民家庭 1 年期存款的平均利率大约是 5.24%。同时，借鉴大桓和莱因哈特（1998）的思路[②]，我国城镇居民家庭的主观折扣率大约是 0.95。

通过对转型时期我国城镇居民家庭的耐用品折旧 δ、非耐用品系数 α 和我国城镇居民家庭的主观折扣率 β 这三个参数的估计，本章得到的结果是：$\delta=0.92$，$\alpha=2.69$ 和 $\beta=0.95$。在获得非耐用品系数 α 和我国城镇居民家庭的主观折扣率 β 的基础上，就可以利用式（10－4）和式（10－5）来估计转型时期我国城镇居民家庭跨期替代弹性 σ。

四、衡量跨期替代弹性

（一）计算结果

计算转型时期我国城镇居民的耐用品跨期替代弹性 σ 的基准公式是消费的欧拉方程。模型中假定的代表性消费者是完全理性和完全信息的家庭，那么，在式（10－4）和式（10－5）的基础上进一步变形可以得到：

---

① 这 5 次分别是：2007 年 3 月 18 日由 2.52% 上调到 2.79%；2007 年 5 月 19 日上调为 3.33%；2007 年 7 月 21 日再次上调为 3.60%；2007 年 8 月 22 日上调为 3.87%；2007 年 12 月 21 日调整到 4.14%。

② 大桓和莱因哈特的具体算法是：当以季度数据来衡量主观折扣率的时候，代表性消费者主观折扣率为 0.99，对应的利率为 4.1%。

$$E\left\{\beta R(t+1)\left[\frac{C(t+1)}{C(t)}\right]^{-1/\varepsilon}\left[\frac{\alpha C(t+1)^{1-1/\varepsilon}+S(t+1)^{1-1/\varepsilon}}{\alpha C(t)^{1-1/\varepsilon}+S(t)^{1-1/\varepsilon}}\right]^{(\sigma-\varepsilon)[\sigma(\varepsilon-1)]}\right\}=1 \tag{10-13}$$

本章将以式（10－13）作为计算转型时期我国城镇居民家庭跨期替代弹性的基准公式。由于式（10－13）的表达形式比较复杂，如果采用将其线性化使得对转型时期我国城镇居民家庭跨期替代弹性的估计较为困难。同时，如果采用线性形式回归，回归方程中的随机误差项也可能不满足利用最小二乘法的前提条件，采用最小二乘法将会使得回归结果产生较大的偏差。而 GMM[①] 方法能够对式（10－13）中的跨期替代弹性进行有效的估计，这是因为 GMM 方法允许随机误差项存在异方差和序列相关，得到的参数估计量比其他参数估计方法更合乎实际；而且 GMM 包容了许多常用的估计方法，最小二乘法等方法都可以被看做 GMM 方法的特例。

于是，本章采用 GMM 方法来计算转型时期我国城镇居民的耐用品跨期替代弹性 σ，选用的工具变量分别是食品消费支出的增长率、1 年期的居民存款利率、食品消费支出和耐用品消费支出比值的增长率和我国城镇居民家庭的基本消费支出。当选取这些工具变量的时候，均是滞后两期[②]。在利用 GMM 方法计算我国城镇居民家庭的跨期替代弹性的时候，对期内替代弹性 ε、非耐用品系数 α 和我国城镇居民家庭的主观折扣率 β 这三个参数的取值以前面估算出来的数值为准，即：$\varepsilon=1.19$、$\alpha=2.69$ 和 $\beta=0.95$。将这些参数代入式（10－13），利用 GMM 方法可以得到转型时期我国城镇居民家庭的跨期替代弹性 σ。

同时，如果我国城镇居民家庭的将耐用品和非耐用品看做一样的商品，那么，我国城镇居民家庭就可以视为只是消费一种商品。我国城镇居民家庭对同类商品的消费就会只有不同时间的跨期替代弹性，而没有同一时间之内的不同商品之间的期内替代弹性。于是，期内替代弹性和跨期替代弹性实际上是同一个变量（$\sigma=\varepsilon$）。此时，我国城镇居民家庭消费两类商品（非耐用品和耐用品）的模型就成为只是消费单一商品的模型，式（10－13）就简化为：

$$E\left\{\beta R(t+1)\left[\frac{C(t+1)}{C(t)}\right]^{-1/\sigma}\right\}=1 \tag{10-14}$$

对式（10－13）和式（10－14）按照相同的方法来分别测算我国城镇居民家庭的跨期替代弹性，然后对比两者的计算结果。如果两个模型对我国城镇居民家庭跨期替代弹性的计算结果差距不大，说明我国城镇居民家庭的跨期替代弹性在耐用品和非耐用品上并没有太大的差距；如果两个模型我国城镇居民家庭跨期

① 广义矩方法（Generalized Method of Moments，GMM）。

② 计算耐用品给我国城镇居民家庭带来的服务时候是选取滞后两期的耐用品消费支出。

替代弹性的计算结果差距较大，说明我国城镇居民家庭的跨期替代弹性在耐用品和非耐用品上存在着一定的差距。同时，耐用品的跨期替代弹性大于非耐用品的跨期替代弹性，于是，较大的差距也说明我国城镇居民家庭的跨期替代弹性主要来自于耐用品的跨期替代弹性。转型时期我国城镇居民家庭的跨期替代弹性分别按照两类商品模型和单一商品模型的回归结果如表 10－8 所示。

表 10－8　　转型时期我国城镇居民家庭的跨期替代弹性 σ

类　型	ε	α	β	σ^*	J
两类商品模型	1.19	2.69	0.95	0.75* （0.02）	0.013
单一商品模型	—	—	0.95	－0.21* （0.03）	0.015

注：* 表示通过 1% 的检验水平，括号内的数值表示标准误差。

从表 10－8 中可以发现，按照单一商品模型估计出的转型时期我国城镇居民家庭的跨期替代弹性明显小于按照两类商品模型估计出的转型时期我国城镇居民家庭的跨期替代弹性。同时，按照单一商品估计出的跨期替代弹性是负值，而且绝对值也较小；按照两类商品模型估计出的跨期替代弹性数值的绝对值较大，并且是正值。现实情况是我国城镇居民家庭的储蓄率一直居高不下，这是较高跨期替代弹性的直接表现，消费的跨期替代弹性的数值不会较小。这些情况说明，两类商品模型比单一商品模型更能说明我国城镇居民家庭的跨期替代弹性。J 统计量表明 GMM 方法中的过度识别约束不能被拒绝，总体上说 GMM 方法对模型有着较好的解释力度。

（二）敏感性分析

转型时期我国城镇居民家庭的跨期替代弹性受到期内替代弹性 ε、非耐用品系数 α 和我国城镇居民家庭的主观折扣率 β 这三个参数的影响和制约，而这三个参数在不同年度常常表现出不同的数值。比如，我国城镇居民家庭在 1978～2007 年和 1992～2007 年的跨期替代弹性分别是 1.19 和 1.06；非耐用品系数在 1.22 和 7.61 之间波动；主观折旧率的变化范围是在 0.89 和 0.98 之间。如果我国城镇居民家庭的期内替代弹性 ε、非耐用品系数 α 和主观折扣率 β 这三者之间有一个变量的原始赋值发生了变化，我国城镇居民家庭的跨期替代弹性也会发生变化，这就需要对我国城镇居民家庭在转型时期的跨期替代弹性进行敏感性分析。

敏感性分析的目的在于发现模型中参数赋值的变化对模型最终结果的影响和作用，在本章中就是分析期内替代弹性 ε、非耐用品系数 α 和主观折扣率 β 的变化对我国城镇居民家庭跨期替代弹性的影响。对我国城镇居民家庭跨期替代敏感性分析的步骤是：首先，在得到转型时期我国城镇居民家庭跨期替代弹性的基础上，依次对期内替代弹性 ε、非耐用品系数 α 和主观折扣率 β 的原始值在其各自的波动范围内采用新赋值；其次，在参数改变的基础上按照相同的计算方法和数据进行 GMM 估计得到和参数变化相对应的跨期替代弹性；最后，对这些跨期替代弹性的数值和变化趋势进行对比，发现这些参数变化和跨期替代弹性变化之间的关系。表 10 - 9 中列出了期内替代弹性 ε、非耐用品系数 α 和主观折扣率 β 原始赋值变化之后的我国城镇居民家庭的跨期替代弹性的变化。

表 10 - 9　　各个经济参数对跨期替代弹性的影响

ε	α	β	σ	J
1.19	2.69	0.95	0.75* (0.02)	0.013
1.19	2.69	0.94	0.76* (0.02)	0.013
1.19	3.69	0.95	0.74* (0.03)	0.014
1.06	2.69	0.95	0.72* (0.03)	0.013

注：* 表示通过 1% 的检验水平，括号内的数值表示标准误差。

表 10 - 9 中的第一行表示的是在各个参数给定的基础上，本章计算的转型时期我国城镇居民家庭的跨期替代弹性。表中的第二行表示的是主观折扣率的变化对跨期替代弹性的影响。在期内替代弹性和非耐用品系数不变的条件下，如果我国城镇居民家庭的主观折扣率从 0.95 下降到 0.94①，我国城镇居民家庭的跨期替代弹性就由 0.75 上升到 0.76。这说明在其他条件不变的前提下，主观折扣率和跨期替代弹性呈现出反向变化的特点。出现这种情况的原因是升高的利率会使得居民家庭在维持基本消费水平的前提下，尽量降低当期消费和增加储蓄。一般来说，有储蓄的家庭食品等维持基本生活水平的非耐用品的消费不会出现较大的变动，此时居民家庭的消费变动主要是体现在耐用品的消费变动。于是，较大的跨期替代弹性常常对应着居民家庭的当期耐用品消费支出降低和储蓄增加并存的状况。表中的第三行表示的是非耐用品系数对跨期替代弹性的影响。在期内替代弹性和主观折扣率不变的条件下，如果我国城镇居民家庭的非耐用品系数从 2.69 上升到 3.69，我国城镇居民家庭的跨期替代弹性就会由 0.75 下降到 0.74。当其他条件没有变化，我国城镇居民家庭的非耐用品系数和跨期替代弹性也是表现出反向变动的特点。较高的城镇居民家庭非耐用品系数意味着该家庭在非耐用品和耐用品这两者之间对非耐用品的主观评价更高，居民在消费中会有意识的使得非耐用品的比重会不断扩大。而在家庭拥有储蓄的条件下，以非耐用品为代表

① 我国城镇居民家庭面对的一年期固定存款的利率由 5% 上升到 6%。

的当期消费支出和以非耐用品为代表未来消费支出之间的跨期替代弹性会较小。也就是说，当城镇居民的耐用品消费支出在消费总支出中所占的比例增加时，非耐用品的消费支出系数就会降低。由于跨期替代弹性是通过耐用品表现出来的，当耐用品的比例越高，居民的跨期替代弹性效应就会越显著。进而在其他参数不发生变化的情况下，跨期替代弹性相应上升。表中第四行表示期内替代弹性对跨期替代弹性的影响。在非耐用品系数和主观折扣率不变的条件下，如果我国城镇居民家庭的期内替代弹性从 1.19 下降到 1.06，我国城镇居民家庭的跨期替代弹性就会由 0.75 下降到 0.72。这说明在其他条件不变的前提下，期内替代弹性和跨期替代弹性呈现出同方向变化的特点，这与前面两个参数和跨期替代弹性呈现反向变化的特征刚好相反。对居民家庭而言，如果当期内替代弹性较小，耐用品和非耐用品之间的差别较小，即对消费者来说，耐用品和非耐用品这两类商品之间不存在较大的差异。耐用品会表现出当期购买、当期消费的特点，和居民家庭消费非耐用品的特征一样。当期内替代弹性越小，耐用品也会表现出非耐用品的特征，于是，在其他参数不变的情况下，跨期替代弹性和期内替代弹性表现出同向变化的趋势。

五、小结

通过对转型时期我国城镇居民的耐用品消费分析之后发现，我国城镇居民的跨期替代弹性大约是 0.75。转型时期的较高跨期替代弹性意味着我国城镇居民对于耐用品的当期购买和将来购买之间存在着较大的替代效应，城镇居民会降低耐用品的当期购买以期望在将来购买耐用消费品。较高的跨期替代效应可能是导致我国城镇居民消费不足的一个重要原因，我国城镇居民一直保持着较高的储蓄率的现状从另一个方面也印证了我国城镇居民的跨期替代弹性较高的事实。这是因为，居民降低当期耐用品的购买会增加居民的当期储蓄，从而为我国的经济建设投资提供大量的资金。

在对影响跨期替代弹性的三个影响因素进行分析之后发现：期内替代弹性和跨期替代弹性呈现同向变动的特点，而非耐用品消费支出的系数、主观折旧率和跨期替代弹性表现出反向变动的特征。当前，内需不足仍然是我国在经济转型时期的一个重要问题，只有国内需求和经济发展相互适应，我国经济才能保持良性发展的态势。通过降低跨期替代弹性的方法可以有效拉升内需：（1）增加居民收入。依据恩格尔定律，通过增加城镇居民收入的方法可以使得非耐用品在总消费支出中所占的比重逐渐降低，跨期替代弹性就会有所降低。同时，城镇居民收入增加会导致某些耐用品向非耐用品转化，这个途径也会使跨期替代弹性有所降低。比如，在我国转型时期的初期，电子产品常常被视为耐用品；随后，由于收入的增加和电子产品价格的相对下降，许多电子产品已经表现出非耐用品的消费特征。(2) 降低各种不确定性的影响。转型时期最为明显的一个特征是居民面对的不确定性比以往任何时期都多，由于存在许多的不确定性，居民的期内替代弹性也就较高。这是因为，居民在满足基本的非耐用品消费支出之后，会考虑各种不确定性要求自己在未来可能会有大笔支出，于是，居民会选择延迟当期耐用品消费支出的方式来应对不确定性的影响。(3) 合理引导消费。由于转型时期的新生事物较多，居民的消费观念也在不停的变化。通过各种方式引导居民建立合理的消费观念、降低主观折扣率，从而使得居民消费的跨期替代弹性有所下降。

第四节　消费行为演变微观实证之二：品质升级

在我国居民收入增加的同时，我国居民的消费方式也在发生变化，消费者不仅消费更多的耐用品，而且对自己所消费耐用品的品质也有了更高的要求。于是，在消费者的品质需求不断提高的条件下，许多消费品更新换代的速度就会加快。当居民收入达到一定水平之后，消费品的品质升级将会对居民消费变化起到主导作用。消费品的数量扩张是能够直观判断的，相对来说，消费品品质升级就要难以估计一些。本节的目的在于分析我国城镇居民家庭所消费耐用品的品质升级的特征和各种耐用品品质升级的具体情形。

一、品质升级模型

品质升级的考察重点是各种耐用品，阿吉翁和豪伊特从生产厂商的视角构建了品质提升模型，用来分析厂商提高耐用品品质的动因，其隐含的条件是不同品质的耐用品之间可以完全替代。比尔和克莱诺（Bils & Klenow，2001）则认为不同品质的耐用品之间是不能完全替代的，其假定前提是富裕的家庭偏好购买昂贵的耐用品，而高价格的耐用品一般意味着该耐用品具有较高的品质。在此假定前提的基础上，构建了居民的品质选择模型。[①]

考虑代表性居民家庭 h 是一个长生不老的家庭，可以存在 t 期（$0<t<\infty$），

① Bils Mark and Klenow, Peter, J., 2001, "Quantifying Quality Growth", *American Economic Review*, Vol. 91, No. 4.

居民家庭从第0期开始对各个时期的消费进行合理化安排从而达到实现其一生效用最大化的目的。居民消费的耐用品可以分为耐用品和非耐用品两大类，非耐用品只是存在于当期，而耐用品则存续于多期。同时，在这个模型中不考虑各种不确定性，排除二手市场对各种耐用品的影响。那么，代表性居民家庭 h 的效用函数是：$U_{h0}=\sum_{t=0}^{\infty}\beta^t u_{ht}$。式中，$\beta$ 是折旧率，u_{ht}是代表性居民家庭在第 t 期的效用函数，居民家庭 h 一生的效用就是各个时期效用的加总。其中，各期的效用 u_{ht} 满足以下的条件：

$$u_{ht}=\frac{c_{ht}^{1-\frac{1}{\sigma}}-1}{1-\frac{1}{\sigma}}+\sum_{i=1}^{N}\begin{cases}\tilde{v}_{iht}\dfrac{(q^{1-1/\sigma_{\iota}-1})}{1-1/\sigma_{\iota}} & \text{if } q_{iht}>0\\ 0 & \text{if } q_{iht}=0\end{cases}$$

式中，c_{ht}表示居民家庭 h 在 t 期购买的非耐用品的总价值（包括非耐用品的品质和数量两方面）；σ 和 σ_i 分别表示居民家庭 h 对非耐用品和耐用品 i 的效用曲率（$\sigma>0$，$\sigma_i>0$）；$\tilde{v}_{iht}$代表居民家庭 h 在 t 期对耐用品 i 的偏好；q_{iht}表示居民家庭在 t 期购买的耐用品 i 的品质（$q_{iht}\geqslant 0$）。$q_{iht}>0$ 表明居民家庭在 t 期购买了耐用品品质；当 $q_{iht}=0$ 时，表明居民家庭没有购买，此时：

$$u_{ht}=\frac{c_{ht}^{1-\frac{1}{\sigma}}-1}{1-\frac{1}{\sigma}}$$

居民家庭对于耐用品 i 的使用期限是 τ_i，即耐用品 i 的存续期限。居民家庭的预算约束条件是：

$$c_{ht}+\sum_{i=1}^{N}\Omega_{iht}x_{iht}=y_{iht} \tag{10-15}$$

在预算约束条件中，非耐用品的价格被视为1，y 是居民家庭的消费支出（等于收入减去家庭资产变动额度）。Ω_{iht}取0和1两个值，当 $\Omega_{iht}=1$ 时表明居民家庭在 t 期购买了耐用品 i，当 $\Omega_{iht}=0$ 时表明居民家庭在 t 期没有购买耐用品 i。x_{iht}代表耐用品 i 在 t 期的单位价格，x_{iht}是耐用品 i 的品质调整价格和品质的乘积。用 z_{iht}代表耐用品 i 的品质调整价格，于是，x_{iht}满足以下的条件：

$$x_{iht}=z_{it}q_{iht} \tag{10-16}$$

当居民家庭购买耐用品 i 时，要满足效用最大化的要求。此时，居民家庭对耐用品品质 q_i 和非耐用品消费 c 边际效用的比率恰好等于耐用品 i 的品质调整价格：

$$\tilde{v}_{iht}q_{iht}^{-1/\sigma_i}\left(\frac{1-\beta^{\tau_i}}{1-\beta}\right)/c_{ht}^{-1/\sigma}=z_{it} \tag{10-17}$$

对式（10-17）两边取对数，可以得到式（10-18）：

$$\ln q_{iht}=\theta_i\ln c_{ht}-\sigma\theta_i\ln z_{it}+\ln v_{iht} \tag{10-18}$$

式中的 $\theta_i = \sigma_i / \sigma$，$v_{iht} = (\tilde{v}_{iht}(1 - \beta^{\tau i}) / (1 - \beta))^{\sigma\theta_i}$。从式（10－18）中可以发现，居民家庭越富有（$c_{ht}$ 值越高），耐用品的品质调整价格越低（z_{it} 值越低），居民家庭对耐用品的偏好越强（v_{iht} 值越高），居民家庭越会购买耐用品（q_{iht} 值越高）。式（10－18）中的 θ_i 是考虑非耐用品消费 c_{ht} 之后的品质需求弹性，这就是比尔和克莱诺所称的“品质恩格尔曲率”。

上升的耐用品品质和真实的通货膨胀两个因素导致了耐用品单位价格提高。对式（10－16）两边的一阶差分取对数平均，于是，耐用品 i 的单价变动可以表示为：

$$\overline{\Delta x_i} = \overline{\Delta q_i} + \overline{\Delta z_i} \tag{10－19}$$

同时，耐用品名义价格的变化是真实的通货膨胀和耐用品品质提高部分作用的总和，假设耐用品品质提高的结果被名义价格的变化反映的比例是 μ，那么名义价格的变化（$\overline{\Delta p_i}$）就可以写为：

$$\overline{\Delta p_i} = \overline{\Delta z_i} + \mu\,\overline{\Delta q_i} \tag{10－20}$$

将式（10－19）和式（10－20）联合起来，就可以得到名义价格和单位价格之间的关系：

$$\overline{\Delta p_i} = \mu\,\overline{\Delta x_i} + (1 - \mu)\,\overline{\Delta z_i} \tag{10－21}$$

假设品质恩格尔曲率 θ_i 和 $\overline{\Delta z_i}$ 是不相关的，通过对以上各式进一步分析，可以得到：

$$\ln \hat{x}_{iht} = \theta_i \ln \hat{c}_{ht} + \ln v_{iht} + \varepsilon_{iht} \tag{10－22}$$

式中，$\varepsilon_{iht} = \ln\left(\frac{\hat{x}_{iht}}{x_{iht}}\right) - \theta_i \ln\left(\frac{\hat{c}_{ht}}{c_{ht}}\right)$，$\hat{x}_{iht}$ 和 $\hat{c}_{ht}$ 分别代表居民家庭购买耐用品的单位价格和日常的非耐用品消费。

根据式（10－22）就可以利用相关数据估计出品质恩格尔曲率 θ；然后，以 θ_i 为工具变量代替 $\overline{\Delta x_i}$，对式（10－21）利用相关数据就可以估计出 μ 值的大小；进而可以在分析居民对耐用品的消费状况和得出耐用品品质提高速度的具体估计值。本章对于我国城镇居民家庭在转型时期的耐用品品质升级速度的计算过程是，首先以式（10－22）为基础得到各类耐用品的品质恩格尔曲率 θ_i，然后以式（10－21）为基础计算转型时期我国城镇居民家庭所消费的各类耐用品的品质升级速度。

二、估计品质恩格尔曲率

获得转型时期我国城镇居民家庭的耐用品品质恩格尔曲率是测算我国城镇居民家庭所消费的耐用品的品质升级速度的前提条件，本章以式（10－22）作为测算转型时期我国城镇居民家庭的耐用品品质恩格尔曲率的基本模型。

本章以城镇居民家庭的食品消费支出和城镇居民家庭平均人数作为主要的解

释变量，以居民家庭的各项耐用品消费支出作为被解释变量。选择食品消费支出作为解释变量是因为食品常常被视为非耐用消费品，能够直接反映出各个家庭的日常消费水平；选择居民家庭的平均人数变动作为解释变量，来反映家庭对于耐用品的偏好；利用各项耐用品消费支出变化来代替耐用品单位价格变化，是因为在耐用品的品种严格不变的条件下这种方法是可行的。但是，同一耐用品之间存在新兴产品对原有产品的替代现象，新兴产品价格和原有产品价格之间不具有完全可比性，而这种替代现象在中国又比较明显。于是，为了降低这种价格不可比的困难，本章选择我国城镇居民家庭对各类耐用品[①]的消费支出作为替代的解释变量。同时，本章选取我国31个省（直辖市、自治区）[②] 城镇居民家庭在1997～2007年[③]的消费状况作为对转型时期我国城镇居民家庭消费状况的样本。对品质恩格尔曲率测算的数据主要来源于1998～2007年的《中国统计年鉴》、《中国人口统计年鉴》和《中国城市统计年鉴》。

在测算过程中，我国城镇居民家庭的床上用品、家庭日用品、室内装饰品、耐用消费品和教育文化娱乐用品的支出可以直接获得；而居民家庭对通讯工具和交通工具的支出没有直接列出，为了测算出居民家庭在这两项耐用品的品质恩格尔系数，本章选取居民家庭的通讯支出和交通支出作为替代变量进行估计。在选定各项解释变量和被解释变量之后，本章以Eviews5.0为分析工具，利用我国城镇居民家庭的食品消费支出、家庭人口数和各项耐用品的消费支出测算了1997～2007年期间的我国各项主要耐用品的品质恩格尔曲率。在表10－10中列出各项耐用品在各年中的品质恩格尔曲率。

从表10－10中可以发现，1997～2007年我国城镇居民家庭所消费的各项耐用品的品质恩格尔系数大部分都通过了检验，这说明对于我国城镇居民家庭的品质恩格尔曲率的估计总体上符合我国城镇居民家庭对耐用品消费的现实状况。相对而言，在这些耐用品中只有室内装饰品的品质恩格尔系数的估计结果不是很理想，在某些年度甚至出现品质恩格尔曲率无法通过检验的情况。出现这种情况可能和室内装饰品的涵盖范围有较大的关系，因为有相当一部分的室内装饰品并不是严格意义上的耐用品，比如室内装饰用的鲜花等。这些不同的室内耐用品的品质恩格尔曲率肯定会表现出不同的特点，综合成为一个总体来考察就会有所偏差。当然，也可能存在多种其他的原因使得室内装饰品的品质恩格尔曲率较低。

---

① 本章中分析的耐用品包括：床上用品、通讯工具、日用品、室内装饰品、耐用消费品、住房、医疗保健用品、教育文化娱乐用品、交通工具。

② 1997年和1998年缺少西藏的相关统计数据。

③ 选取1997～2007年作为转型时期的替代样本是因为1996年及以前各年的我国各个省（直辖市、自治区）的城镇居民家庭平均人数不可直接获得。

表 10 - 10　　各类耐用品的品质恩格尔系数

年份	床上用品	通讯工具	家庭日用品	室内装饰品	耐用消费品	医疗保健用品	教育文化娱乐用品	交通工具
1997	0.96*	1.02**	0.72*	0.51**	0.85*	0.31*	1.15**	1.08**
1998	0.80*	1.07*	0.86*	—	1.09*	0.24*	1.27*	1.05*
1999	0.94*	1.03*	0.72*	—	1.01*	0.43*	1.08*	1.06*
2000	0.86*	0.97*	0.69*	0.39***	0.70*	0.29*	1.04*	1.06*
2001	0.73*	1.01*	0.58*	0.23***	0.61*	0.29*	1.29*	1.22*
2002	1.09*	0.88*	0.64*	0.34***	0.74*	0.38*	0.77*	0.35*
2003	1.34*	0.94*	0.74*	0.47**	0.92*	0.44*	0.69*	1.54*
2004	1.48*	0.90*	0.79*	0.89*	0.75*	0.56*	0.80*	1.70*
2005	1.25*	1.00*	0.71*	0.76**	0.56*	0.17***	0.80*	1.43*
2006	0.83*	0.89*	0.51*	0.26***	0.39***	0.19***	0.51**	1.65*
2007	1.12*	0.91*	0.66*	0.45**	0.65*	0.27*	0.81*	1.72**
均值	1.04	0.96	0.69	0.48	0.75	0.33	0.92	1.34
变异系数	0.26	0.69	0.15	0.53	0.28	0.39	0.29	0.19

注：* 表示通过 1% 的水平检验；** 表示通过 5% 的水平检验；*** 表示通过 10% 的水平检验；—表示没有通过检验。

如果耐用品的高品质对应着高价格，而且价格变化只是由品质升级所引起的。那么在这样的条件下，品质恩格尔曲率可以在一定程度上导致耐用品的价格变化趋势。通过对各类耐用品的品质恩格尔系数均值的比较可以发现，在 1997 ~ 2007 年期间，床上用品、通讯工具、住房、教育文化娱乐用品的品质恩格尔系数值较高，意味着这些耐用品的单价在这段时间内有较大幅度的提高；日用品和耐用消费品的品质恩格尔系数值居中说明这些耐用品的单价的提高幅度并不是很大；而室内装饰品和医疗保健品的品质恩格尔系数值较低说明这些耐用品的单价变动幅度最小。通讯用品和室内装饰品的品质恩格尔系数的变异系数值较大，表明这些耐用品的单价可能会有较为迅速的变动。

三、刻画品质升级及其速度

从前面对转型时期我国城镇居民家庭所消费的各类耐用品的品质恩格尔曲率的计算结果可以很直观地发现，不同的耐用品的品质恩格尔曲率存在着较大的差别，于是，不同的耐用品的品质升级速度也就会有所不同。在测算出转型时期我国城镇居民家庭的各种主要耐用品的品质恩格尔系数的基础上，本章就可以利用相关数据估计出对应的品质升级速度。

耐用品名义价格的变化是其品质升级导致的价格变化和总体价格水平变化这两个因素的综合表现，名义价格的变化只能反映出一部分单位价格的变动，即名义价格的变化只能体现出耐用品品质升级的一部分，品质升级的现状不能被名义价格全部表现。但是，任何耐用品的名义价格和单位价格之间肯定存在高度的相关性，如果直接利用这两种价格来估计转型时期我国城镇居民家庭的品质升级状况就会有所偏差。为了能降低高度相关性的影响，而使用品质恩格尔曲率作为工具变量来代替耐用品的单位价格能够较好地估计耐用品的品质升级。于是，本章也遵循这一思路，利用品质恩格尔曲率作为工具变量来估测 1997 ~ 2007 年我国城镇居民家庭所消费的具有代表性的耐用品的品质升级速度。

需要说明的是，如果以单个独立的耐用品为研究对象，式（10 - 21）中的被解释变量是各个耐用品的单位价格；如果考察的对象不再是独立的耐用品个体，而是以各类别的耐用品总体为研究对象，获得该类别耐用品的单价几乎是不可能的。同时，用某个耐用品的单价来衡量整个大类耐用品的价格变化也是会产生偏差的。另外，模型中隐含的前提是价格越高的耐用品，其品质也就越高；然而，中国的情况可能有所不同。比如，1998 ~ 2005 年耐用消费品的各年环比价格指数均小于 1，但是，耐用消费品的品质升级现象是客观存在的。这就产生了和模型假设中的高品质耐用品拥有高价格的假定看似矛盾的地方。如果耐用品不出现更新换代的现象，这种假设是合理的。如果得益于技术进步的作用，品质升级主要表现为新兴产品对原有产品的替代，由于技术进步的作用使得耐用品价格表现出持续下降的趋势。那么，当技术进步的作用一定的时候，耐用品价格下降的快慢能够体现耐用品品质升级的速度。这是因为品质高的耐用品即使表现出价格降低的趋势，其降低的幅度也会低于较低品质的耐用品的价格下降幅度。

为了能总体表现各个类别耐用品的价格变化趋势，本章选择各类耐用品的环比价格指数的变动幅度来作为式（10－21）的被解释变量，以对应的品质恩格尔曲率和该类别耐用品相对居民消费价格指数的变动速度作为解释变量，来对式（10－21）进行回归分析。通过计量回归分析可以得出转型时期我国城镇居民家庭所消费的各类耐用品品质升级带来的实际价格变化被名义价格变化所体现的部分，即μ值的大小，具体的测算结果如表10－11所示。

表10－11　　　　各类耐用品的μ值

各类耐用品	μ	R^2	DW	F
床上用品	0.03**	0.49	1.68	4.52
通讯工具	0.87**	0.42	1.91	2.43
日用品	0.56**	0.56	1.98	3.06
室内装饰品	0.60***	0.65	1.82	4.63
耐用消费品	0.81*	0.72	1.45	7.72
医疗保健用品	0.94**	0.35	1.57	2.87
教育文化娱乐用品	0.12*	0.84	1.52	2.77
交通工具	0.35*	0.57	1.22	4.43

注：* 表示通过1%的水平检验；** 表示通过5%的水平检验；*** 表示通过10%的水平检验。

从表10－11中可以发现，医疗保健用品的μ值最大达到0.94，而床上用品的μ值仅仅只有0.03。这种情况说明转型时期我国城镇居民家庭消费的各类耐用品的μ值存在着较大的差别，即使是各类耐用品的名义价格变化幅度相同，不同的耐用品的品质升级的速度也会有所不同。某种耐用品拥有较小的μ值意味着该种耐用品的品质升级速度和其名义价格的上涨速度基本上是同步的，而较大的μ值则说明该种耐用品的品质升级速度和其名义价格变化有着截然不同的特点，甚至有时候只用名义价格来衡量品质升级会对该种耐用品的品质升级速度造成较大的扭曲。这从另外一个方面印证了这样一个观点：仅仅用名义价格来衡量耐用品的品质变化是有前提条件的，即只有当某种耐用品的品质升级速度在很大程度上和其名义价格的变化速度是同步变化的时候，使用名义价格来衡量品质升级才具有一定的参考价值。

由于仅仅使用耐用品的名义价格来衡量耐用品的品质会使得最终估计结果出现较大的偏差，单独利用名义价格是不行的。为了得到更为合理的测算结果，就需要利用转型时期我国城镇居民家庭所消费的各类耐用品的μ值及其名义价格的变动速度，然后，以式（10－21）为基准来测算转型时期各类耐用品的品质升级速度。如果某种耐用品的品质升级速度越快，说明更新换代的特征在这种耐用品上表现得越为明显。同时，这也意味着我国城镇居民家庭会加快对已拥有的该类耐用品的淘汰速度和提高对该类耐用品的购买频率。从淘汰速度和购买频率的视角来看，具有较快淘汰速度和较高购买频率的耐用品也会向着非耐用品的“当期购买、当期消费”的特点进行转变。于是，从这个意义上说，我国城镇居民家庭现在使用的耐用品在将来也许可能会变为非耐用品。

对我国城镇居民家庭所消费的各类耐用品的品质升级速度的测算步骤是：首先，找到在1997～2007年之间各类耐用品的名义价格变化幅度；其次，对这期间的各类耐用品的名义价格的变化幅度[①]进行几何平均，从而求得在这期间内各类耐用品名义价格的平均变化幅度；然后，以1997～2007年之间各类耐用品名义价格的平均变化幅度为参考变量；最后，利用式（10－21）测算出我国城镇居民家庭所消费的各类耐用品的品质升级速度，即将我国城镇居民家庭所消费的各类耐用品的名义价格的平均变化幅度代入等式，这样就可以计算出我国城镇居民家庭各类耐用品的品质升级速度。对我国城镇居民家庭所消费的耐用品的品质升级速度的测算结果如表10－12所示。

表10－12　　　　各类耐用品的品质升级速度

各类耐用品	$1-\mu$	名义价格变动速度（%）	品质升级速度（%）
床上用品	0.97	1.27	1.31
通讯工具	0.13	3.99	31.52
日用品	0.44	1.44	3.31
室内装饰品	0.40	1.30	3.26
耐用消费品	0.19	2.40	12.47
医疗保健用品	0.06	0.96	14.88
教育文化娱乐用品	0.88	5.95	6.76
交通工具	0.65	2.49	3.81
平均值	—	2.48	9.67
标准差	—	1.71	10.05

① 采用的具体指标是各类耐用品的定基消费价格指数。

分析耐用品的名义价格变化速度可以发现，各类耐用品的名义价格变动幅度并不是很大，耐用品名义价格变化总体上只有2.48%。各类耐用品的名义价格变动速度没有太大的差距，比如，名义价格变动速度最快的教育文化娱乐用品大约是名义价格变动速度最慢的医疗保健用品的6倍左右。我国城镇居民家庭消费的耐用品的品质升级速度就要远远快于耐用品的名义价格变动速度，总体上看我国城镇居民家庭消费的耐用品的品质升级速度大约是每年提高9.67%。耐用品的品质升级速度总体上快于名义价格的变化速度，说明技术进步对我国耐用品升级起到了重要的作用。这是因为，如果将品质升级严格对应着真实价格变动，那么较快的品质升级速度必然对应着较高的真实价格上涨速度；考虑通货膨胀等因素以后，名义价格的上涨速度又会快于真实价格的上涨速度。而事实情况是名义价格的变化速度从总体上低于品质升级速度，于是，理论和实际就产生了冲突。只有技术进步导致的耐用品成本降低和真实价格下降才能合理的解释这一看似矛盾的问题。同时，不同耐用品的品质升级速度之间的差距也要大于耐用品名义价格变化速度之间的差距。这种状况说明，我国城镇居民家庭所消费的耐用品的品质升级的情况要远远比耐用品的名义价格变动速度复杂。通过对耐用品的名义价格变化速度和品质升级速度进行比较之后，可以得出这样的结论：单纯使用价格来衡量品质升级是不全面的。

另外，通过对各类耐用品的品质升级速度的分析，可以有下列发现：（1）通过对比各类耐用品的价格平均变动速度和品质升级速度后就可以发现，当μ值较小的时候，这两者之间的误差较小；当μ值较大的时候，这两者之间的误差就会明显增加。而μ值的大小恰好表现的是耐用品上升的价格和提高的品质之间的关系，μ值越大，耐用品的价格和品质越是同步变动。（2）从总体上看，我国城镇居民消费呈现出升级的特点，我国城镇居民所消费的主要耐用品均表现出品质提高的特征。这一现象符合当收入提高之后，人们不仅要购买更多的耐用品而且要购买更好的耐用品的常识。（3）各类耐用品的品质升级速度有所不同。在1997～2007年期间，我国各类耐用品中品质升级速度最快的是通讯工具，该类耐用品的品质每年提高31.52%。如果把通讯工具的品质升级看做是新产品对原有产品的替代，那么，我国每年有大约1/3的通讯工具会被不断出现的新兴产品所取代。医疗保健产品和耐用消费品的品质升级速度也较快，每年品质升级的速度分别是14.88%和12.47%；教育文化娱乐用品的品质升级速度也达到了每年6.76%；而日用品、室内装饰品和交通工具的品质升级速度居中；品质升级速度最慢的是床上用品，每年大约提高1.31%。（4）城镇居民消费升级主要表现在通讯工具、耐用消费品、医疗保健用品和教育文化娱乐用品的升级。这就意味着现阶段在收入增加的条件下，我国城镇居民消费对于这几类耐用品的品质升级比较敏感，这几类耐用品的品质升级现象是在我国城镇居民生活中最为常见的品质升级现象。在居民收入不断增加的条件下，这些耐用品的品质将不得不快速上升来满足居民不断提高的消费需求。

四、品质升级对时间偏好的影响

前面章节对我国城镇居民耐用品的品质升级这一现象进行了分析，并且求出了各种主要耐用品的品质升级速度。当耐用品品质升级成为我国经济生活中一个常见现象的时候，品质升级必然会引起我国城镇居民消费的时间偏好的变化，进而导致其消费行为的转变。

当时间偏好是固定不变的时候，耐用品的折旧过程应当是一个稳定的变化过程；而当时间偏好可变的时候，耐用品的折旧过程就应当是一个非平稳变化的过程。为了能够直观地认识品质升级和消费者时间偏好之间的关系，本章利用我国城镇居民消费的家用汽车为例来说明品质升级和消费者时间偏好变化之间的关系。本章考察我国家用汽车的二手市场，利用二手车的价格来体现折旧的变化过程。其原因在于：二手车价格的高低是折旧快慢的直接表现，在相同的使用时间和行驶里程的条件下，较高的二手车价格意味着家用汽车的折旧速度较慢，较低的二手车价格表明家用汽车的折旧速度较快。于是，如果折旧是一个规则的变化过程，比如是按照指数形式衰减的话，那么，二手车价格变化的时间序列就会是一个指数衰减形式的时间序列；如果折旧是一个不规则变化的过程，对应的二手车价格变化就不会表现出指数衰减的特点。本章将以此推论作为检验我国城镇居民是否存在时间偏好改变现象的备择假设，如果二手车价格的变化过程不是指数衰减的时间序列，说明我国城镇居民的时间偏好由于品质升级的存在而发生了变化；反之，如果二手车的价格变化过程是一个指数衰减的时间序列，则说明家用汽车品质升级并没有导致我国城镇居民时间偏好发生变化。

由于我国城镇居民消费的家用汽车种类繁多，本章只能选取某种具有代表性的汽车。由于汽车的使用寿命较长，要分析家用汽车的二手价格变化趋势就需要考察较长时间内的汽车二手价格的变化状况。于是，本章尽可能地选取较长的时间段，从而有助于分析汽车二手价格的变化过程。因此，本章选取 2001 ~ 2007 年间生产的桑塔纳 GLi 舒适型轿车作为研究样本[①]，然后利用 2008 年 11 月在不同时间生产的该种轿车在二手市场上的成交价格计算该种轿车在各个时期的折旧。计算的步骤是：首先，以 2007 年生产的桑塔纳 GLi 舒适型轿车在 2008 年 11

① 桑塔纳 GLi 舒适型轿车的二手价格来源于优卡二手车网发布的 2008 年 11 月份二手车价值指南，http：//news. ucar. cn/valueguide. shtml。

月的标准状态价值作为参考标准并给其赋值为1；接着，以2004～2007年内该种轿车的二手价格按照使用里程由低到高的顺序依次和2007年生产轿车的标准状态价值进行比较，从而得到不同使用里程的轿车的相对值；然后，用1减去2007年使用里程50 000公里以内的桑塔纳GLi舒适型轿车的相对值得到的数值作为基本折旧率，并以此折旧率按照指数衰减规律求出的规则折旧在各期的具体数值；最后，将按照指数衰减形式求出的各期折旧和实际发生的折旧进行比较，并判断我国城镇居民的折旧变化规律，从而可以得出我国城镇居民是否存在时间偏好改变的现象。实际折旧和指数形式折旧的对比结果如图10－5所示。

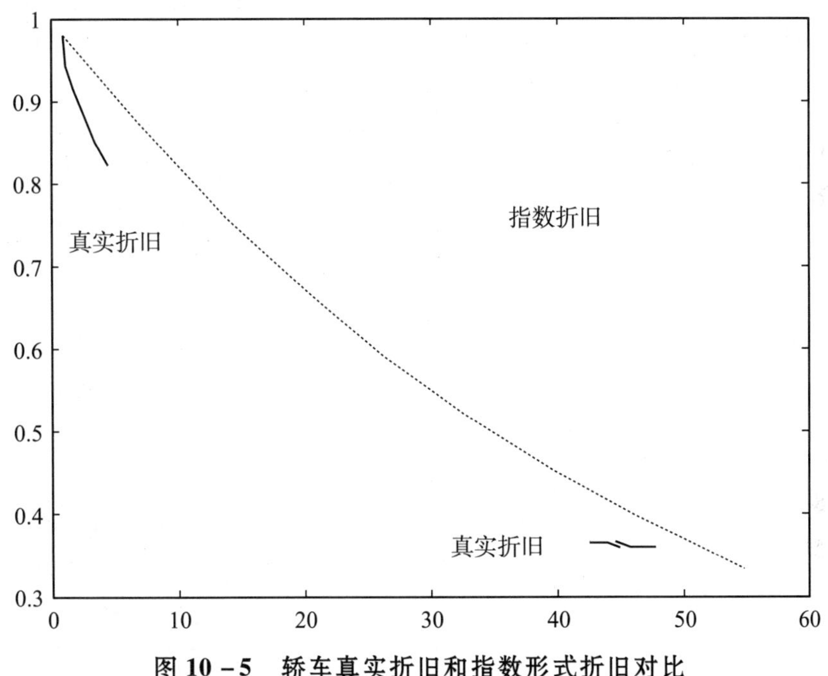

图10－5　轿车真实折旧和指数形式折旧对比

从图10－5中可以发现，如果对轿车的最初购买值完全相同，按照指数形式的折旧和其实际折旧过程存在着较大的差异，实际折旧的曲线位于指数折旧的下方。这说明在折旧刚开始发生的时候，轿车的实际折旧速度要快于按照指数而产生的折旧速度。轿车折旧的这种变化规律和安格赖特等（2001）对不规则折旧和相对不规则折旧与指数折旧相比较的前半部分基本相同，即在短期内实际折旧会低于指数形式的折旧。[①] 考虑到轿车的使用年限较长，在相当长的一段时间内

① Angeletos George-Marios, Laibson David, Repetto Andrea, Tobacman Jeremy, Weinberg, 2001, "The Hyperbolic Consumption Model: Calibration, Simulation, and Empirical Evaluation." *Journal of Economic Perspectives*. Vol. 15, No. 3.

轿车的折旧都可能会比指数形式的折旧变化得更为迅速，这种折旧在短期内快速下降的特点说明我国城镇居民的消费偏好有可能是按照不规则折旧和相对不规则折旧的形式而变化的。

为了验证我国城镇居民的时间偏好是按照规则折旧和相对不规则折旧的形式而变化就需要扩大考察轿车折旧的时间范围，确定轿车的折旧在经历一段时间的快速变化之后还有一个相对变化缓慢的过程。只有当轿车折旧确实存在这一个相对变化缓慢的过程才能排除我国城镇居民的折旧总是快于指数形式折旧的可能性。但是，由于我国汽车品种经常变化，有些原先生产的某种型号的汽车现在已经停产，而最近生产较新型号的汽车的时间距离又较短，因此，为了解决汽车型号和时间距离之间的矛盾，本章假定最近生产的某种型号的汽车是对已经停产的另一种型号汽车的完全替代品。于是，本章选取桑塔纳 GLi 舒适型作为桑塔纳 2000 GLS（化油器）的完全替代品，以 1995 年生产的不同行驶里程的桑塔纳 2000 GLS（化油器）在 2008 年 11 月二手市场上的交易价格为基础，按照和前面完全相同的方法来分析折旧的变化情况。通过对 1995 年产桑塔纳 2000 GLS（化油器）折旧的计算之后发现：行驶里程为 350 000 公里、355 000 公里、360 000 公里的汽车经过折旧后各自对应残值分别是 38.19%、37.93% 和 37.66%，它们之间的差额分别是 0.26% 和 0.27%，远远低于指数形式折旧的大约 2% 的情况。通过对 1995 年产的桑塔纳 2000 GLS（化油器）的折旧和指数折旧的对比分析之后可以排除我国城镇居民的折旧总是快于指数形式折旧的可能性，这就说明我国城镇居民的确存在着不规则折旧和相对不规则折旧的现象。

在对我国城镇居民汽车折旧分析的基础上发现，我国城镇居民的时间偏好并不是按照指数形式而平缓变化的，而是表现出一种短期内快速下降而后逐渐减缓的趋势。于是，自然得出这样的结论：在品质升级的影响下，我国城镇居民的时间偏好确实在不断改变。由于我国城镇居民的时间偏好是变化的，那么，变化的时间偏好就会必然使得我国城镇居民的消费行为发生变化，时间偏好也是导致我国城镇居民消费行为变化的一个重要因素。

五、小结

与我国城镇居民不断增加的收入相伴的是我国城镇居民消费的耐用品的品质不断提高，这说明我国城镇居民的消费处于升级的过程之中。在现阶段，我国各类耐用品的品质升级速度呈现出快慢不同的特点，通讯工具的品质升级速度最快，而床上用品的品质升级速度最慢。耐用品不同的品质升级速度将会影响到我国城镇居民消费升级的总体状况，也会对各个产业的技术进步和产品更新换代产生重要影响。

分析结果表明，我国各类耐用品品质都有升级的特征，但是品质升级速度在不同耐用品之间存在明显的差异。在收入增长和消费水平提高的背景下，我国城镇居民家庭所消费的耐用品的品质也会逐渐升级，并且成为耐用品消费的一个常见现象。直观上用来衡量耐用品品质升级的指标常常是耐用品品质升级的速度，某种耐用品品质升级的速度越快，说明这种耐用品的品质水平提高的越快。认识品质升级的基础是如何衡量品质升级速度，如果直接用价格来衡量品质升级就会有所偏差，而品质恩格尔曲率则提供了一个良好的研究工具和研究视角。本章首先测算了我国各类耐用品的品质恩格尔曲率，然后，以品质恩格尔曲率为工具变量转型时期我国城镇居民家庭所消费的各类耐用品的品质升级速度。同时，在现实生活中耐用品和非耐用品之间的界限并不是一成不变的。最为极端的情况是在收入持续增加的条件下，某些耐用品甚至也可以转化为非耐用品。从这一视角来说，耐用品品质升级速度也可以用来表现耐用品逐渐向非耐用品变化的特征。在品质升级的影响下，我国城镇居民的时间偏好也在发生变化。

第五节　我国城镇居民消费行为的演化路径

本章依据转型时期我国城镇居民耐用品消费的现状和耐用品品质升级的特点作为分析的基础，并且依据居民家庭消费及其演变的理论模型来探讨我国城镇居民家庭的消费变化趋势及其在这一变化趋势中所表现出来的基本特点。

一、理性预期的消费路径

假定一个代表性的消费者的寿命是 T 期，从第 S 期开始独立消费①。该代表性消费者追求其一生当中各个时期的总效用最大化。那么代表性消费者的跨期优化决策可以表示为：

$$\max\int_{S}^{T} e^{-\beta t}\mu(c_t)\,\mathrm{d}t \tag{10-23}$$

假定代表性消费者的效用函数是跨期可分的，并且在不同时间可以直接加总。于是，采用 CRRA 形式的效用函数为：

① 代表性消费者在独立消费（未成年）之前的消费包含在成年人消费之中。

$$\mu(c_t)=\frac{c_t^{1-1/\sigma}}{1-1/\sigma} \tag{10-24}$$

代表性消费者在其生命中的第 N 年进行工作，从而获得工资收入；在第 M 年退休，依靠原有的储蓄来维持自身的消费。同时，代表性消费者是完全理性和具有完全信息的，能够将其一生的工资收入合理地在各个时期消费。同时，该消费者是自私的，会在其一生当中将全部的收入都消费完，在其生命结束的时候不会留有遗产。那么，该消费者还得满足下面的约束条件：

$$\int_S^T c_t \exp[r_t(T-t)]\mathrm{d}t=\int_N^M w_t \exp[r_t(T-t)]\mathrm{d}t \tag{10-25}$$

以上三个公式表明了代表性消费在其一生之中的消费选择。其中，β 表示代表性消费者的时间偏好；$\mu(c_t)$ 是代表性消费者在 t 期的效用函数；σ 表示代表性消费者的跨期替代弹性；c_t 表示代表性消费者在 t 期的消费支出；w_t 表示代表性消费者在 t 期的工资性收入；r_t 表示 t 期的真实利率。将式（10－24）代入式（10－23）中，同时考虑约束条件式（10－25），就可以得到对应的拉格朗日函数：

$$\Psi=\int_S^T e^{-\beta t}\frac{c_t^{1-1/\sigma}}{1-1/\sigma}\mathrm{d}t-\lambda\left[\int_S^T c_t \exp[r_t(T-t)]\mathrm{d}t-\int_N^M w_t \exp[r_t(T-t)]\mathrm{d}t\right] \tag{10-26}$$

假定真实利率 r_t 在各个时期均保持稳定的水平 r，然后，在式（10－26）的基础上对 c_t 求导可以得到：

$$\exp(-\beta t)c_t^{-1/\sigma}-\lambda\exp[r(T-t)]=0 \tag{10-27}$$

接下来在对式（10－27）取对数之后，再对时间 t 求导数，可以得到：

$$\frac{\mathrm{d}c_t/\mathrm{d}t}{c_t}=\sigma(r-\beta) \tag{10-28}$$

式（10－28）表明代表性消费者的最优消费增长率受到跨期替代弹性、真实利率和主观时间贴现率三个因素的影响。假定代表性消费者的初始消费为 c_S，那么，在式（10－27）的基础上可以得到代表性消费者的最优消费演化路径：

$$c_t=c_S\times\exp[\sigma(r-\beta)(t-S)] \tag{10-29}$$

假定代表性消费者的工资收入随着年龄增加而相应增加①，工资收入的上升率是 g，代表性消费者在第 N 年开始工作时获得的工资收入是 w_N，在其退休之前的以后各年的工资收入为：

$$w_t=w_N\times\exp[g(t-N)] \tag{10-30}$$

① 一般来说，随着年龄的增加，工作技能和工作经验会越来越丰富，工资收入也会越来越高。

由于代表性消费者在其一生之中的收入要在其有生之年全部被消费完，即要满足约束条件式（10－25）。一般来说，收入水平的高低在很大程度上决定了消费水平的高低，为了发现收入水平和消费水平之间存在的某种关系，可以在利用约束条件的基础上计算出代表性消费者的初始消费水平 c_S 和开始工作时所获得的工资收入 w_N 之间的关系：

$$\int_S^T c_S \exp[r(T-t)+\sigma(r-\beta)(t-S)]\mathrm{d}t = \int_N^M w_N \exp[r(T-t)+g(t-N)]\mathrm{d}t \tag{10-31}$$

对上式进一步计算可以得到：

$$\frac{c_S}{w_N}=\frac{\sigma(r-\beta)-r}{g-r}\times\exp[\sigma(r-\beta)S-gN]\times\frac{\exp[(g-r)t]\big|_N^M}{\exp[(\sigma(r-\beta)-r)t]\big|_S^T} \tag{10-32}$$

为了简化起见，可以假定代表性消费者在刚工作时的工资收入 $w_N=1$。另外，用 A_t 表示代表性消费者在 t 期所拥有的储蓄，那么，式（10－33）可以被用来表示在最优消费增长率条件下代表性消费者在其一生中的储蓄变化状况。

$$\frac{\mathrm{d}A_t}{\mathrm{d}t}=w_t+rA_{t-1}-c_t \tag{10-33}$$

其中，$\frac{\mathrm{d}A_t}{\mathrm{d}t}$表示代表性消费者在 t 期的储蓄增加额；w_t 表示代表性消费者在 t 期的工资收入；r 表示真实利率水平；A_{t-1} 表示代表性消费者在 $t-1$ 期的总储蓄；c_t 表示代表性消费者在 t 期的消费支出。于是，可以利用式（10－28）和式（10－30）来表示代表性消费者的最优消费演进路径；利用式（10－29）来表示代表性消费者的工资收入演变路径；代表性消费者在最优消费水平条件下的储蓄演进路径可以利用式（10－33）来表示。

在得到代表性消费者的最优消费路径的基础上，需要对其进行数值模拟，从而得到代表性消费者的消费变化路径。假定代表性消费者的寿命 T 是 80 岁①；该消费者从 20 岁开始工作，即 $N=20$；工作到 60 岁的时候退休，即 $M=60$；该代表性消费者的独立消费和工作的时间相同，这就意味着 $S=N=20$。同时，假定代表性消费者在 20 岁工作时的工资等于 1，即 $w_{20}=1$。当该代表性消费者工作到 60 岁时退休，在退休之后，该代表性消费者的的工资收入为零，其消费由其原有的储蓄来提供，即当 $t>60$ 时，$w_t=0$。另外，该代表性消费者的工资随

① 在此以 2000 年我国第五次人口普查的各地区的人口的平均预期寿命的最大值为标准，上海的人均预期寿命为 80.04 岁。

着时间的增加而增加，工资的增长率 g 大约每年增长 6%[①]。从式（10-28）可知，代表性消费者的最优消费路径取决于跨期替代弹性、真实利率和主观时间贴现率这三个指标，对于这三个指标的赋值将与我国城镇居民家庭的跨期替代弹性计算过程中的取值相同，即跨期替代弹性 $\sigma=0.75$，真实利率 $r=0.05$，主观时间贴现率[②] $\beta=0.02$。

在对这三个指标赋值的基础上，可以得到我国城镇居民家庭消费随着时间的变化状况。另外，由式（10-30）可以得到代表性消费者初始消费的数值大小。对代表性消费者的收入和资产的相关状况做出界定之后，就可以在跨期替代弹性 $\sigma=0.75$，真实利率 $r=0.05$，主观时间贴现率 $\beta=0.02$ 的条件下对转型时期我国城镇居民家庭的最优消费路径做出模拟分析[③]。首先，利用式（10-31）计算得出代表性消费者的初始消费水平 $c_S=1.6753$；然后，在得到初始消费水平的基础上，利用式（10-28）和式（10-29）可以分别得到代表性消费者的消费和收入的变化轨迹。代表性消费者在 20 岁以前，由于消费由成年人提供，并且没有工资收入和储蓄，于是，A_{20}。利用式（10-33）就可以得到代表性消费者在最优消费路径下的各期储蓄的变化状况。

从图 10-6 中可以发现，在 20 岁参加工作的时候，代表性消费者的消费支出大于其工资收入。代表性消费者的工资收入表现出不断提高的特点，工资收入在 60 岁的时候达到其一生中的峰值，而后就急剧下降直到变为零。代表性消费者的消费支出也表现出随着时间增加而不断上升的趋势，但是，工资收入的上升速度要快于消费的上升速度。另外，大约在 33.5 岁的时候，代表性消费者的工资收入和消费支出才大体持平。模型中对代表性消费者的各项假定在代表性消费者的收入变化轨迹和最优消费路径中得到了充分说明，同时，收入变化轨迹和最优消费路径也和我国城镇居民家庭的现实状况比较吻合。当某个人刚参加工作的时候，其工资性收入一般较低，而后随着知识的积累和工作技能的增加，其工资水平必然会有一个大幅上升的过程。相对于工资收入的快速变动，消费的变动就要相对平滑一些，当消费只是按照收入的一定比例而变化的时候，就会出现这种变化特征。

---

① 2007 年我国城镇居民家庭人均可支配收入是 10 493.00 元，1978 年我国城镇居民家庭名义人均可支配收入是 343.4 元，我国城镇居民家庭的名义人均可支配收入每年大约增长 12.07%；与此同时，我国城镇居民家庭的消费价格指数大约增长了 6%，于是，我国城镇居民家庭的真实人均可支配收入大约是每年增长 $1-[(1+12.07\%)\div(1+6\%)]\approx 6\%$。

② 在此对我国城镇居民家庭的主观贴现率的取值以我国城镇居民家庭的主观贴现率的最小值为参考标准，这是因为在诸多文献中对主观时间贴现率的取值多为 0.01。

③ 本书利用 Matlab6.5 来对我国城镇居民家庭的消费行为进行模拟分析。

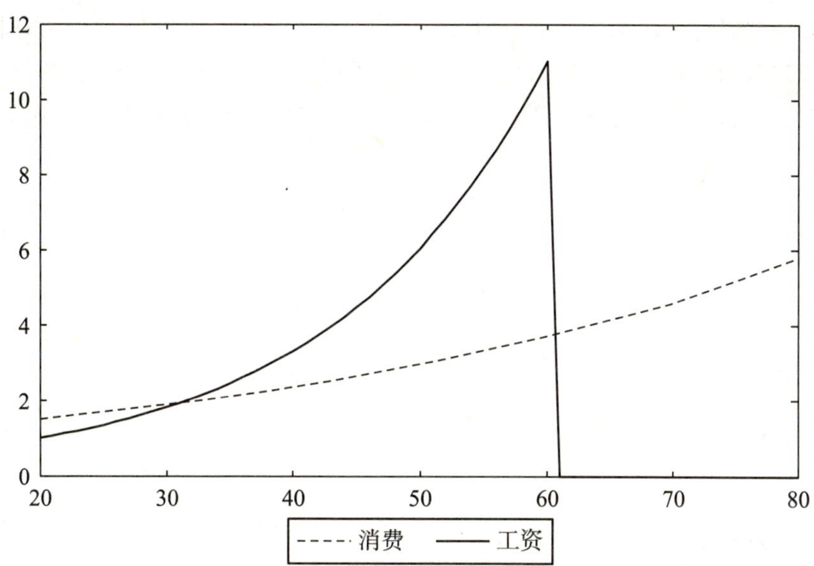

图 10－6　代表性消费者的收入变化轨迹和最优消费路径

图 10－7 给出了代表性消费者所拥有资产的变化路径。在代表性消费者开始工作的时候，由于收入全部用于消费不存在资产，其拥有的资产数量等于零。在随后的时间，由于消费支出大于工资收入，代表性消费者不得不利用负债（负资产）的方式来维持自己的消费支出。大约在 30 岁时，代表性消费者的资产下跌到其一生之中的谷底；在此之后，代表性消费者才开始拥有自己的资产。将图 10－6 和图 10－7 对比分析可以发现，20～33.5 岁这段时间内，代表性消费者的工资收入低于其消费支出，代表性消费者需要利用负债来维持其消费水平，于是，负债呈现出不断扩大的趋势。在 33.5～38.5 岁之间，由于工资收入逐渐赶上并且超过消费支出，代表性消费者能够使用其工资余额来弥补其以往的负债；此时，代表性消费者负债表现出逐渐降低的特点。在 38.5～50 岁这段时间内，由于代表性消费者的收入增长幅度明显快于消费的增长幅度，代表性消费者的负债开始减少；直到 50 岁左右，代表性消费者才拥有真正意义上的储蓄。在 50～60 岁之间，代表性消费者的储蓄总额不断扩大，大约 60 岁时，代表性消费者的储蓄总额达到其一生之中的峰值。在 60 岁之后，由于没有工资收入，代表性消费者的消费将依靠其拥有的储蓄来维持其原有的消费水平。然后，代表性消费者的储蓄将会逐渐减少，到 80 岁的时候，储蓄下降到几乎为零。

在对各个参数赋值的基础上，通过利用模型对代表性消费者的各项经济行为进行分析之后发现，该模型能够较好地反映代表性消费者的收入、消费和储蓄随着时间而相应变动的趋势，代表性消费者的收入、消费和储蓄的变动轨迹基本符合了对消费者行为的假定条件。于是，本章将以这一模型作为下一步分析的基础，依据我国城镇居民消费的特征，不断放松各种假定条件来拟合代表性消费者在现实中的真实经济行为，从而发现我国城镇居民消费变化的轨迹。

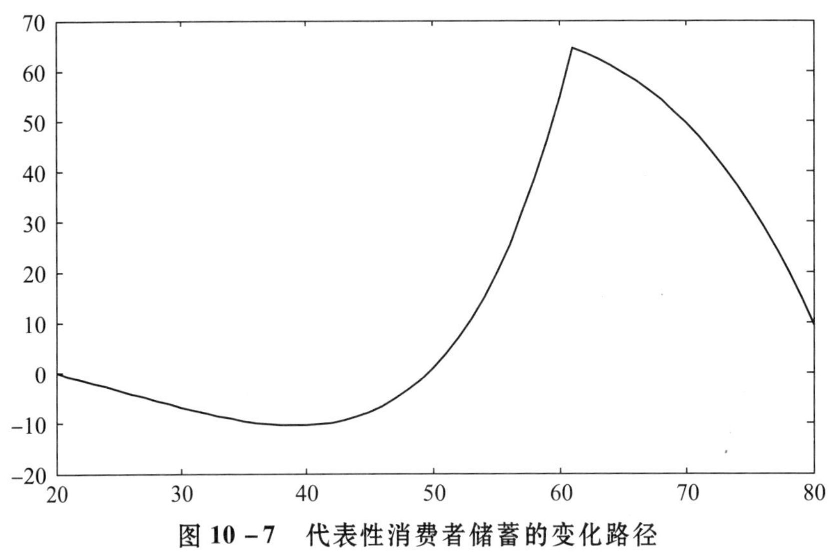

图 10－7　代表性消费者储蓄的变化路径

二、跨期替代弹性对消费路径的影响

前一节在假定代表性消费者的跨期替代弹性等于 0.75 的条件下得到代表性消费者的收入、消费和资产的变动轨迹。然而，在现实经济生活中，消费者的跨期替代弹性并不会是一成不变的；随着时间的变化，消费者的跨期替代弹性有时也会发生相应的变化。

为了分析在可变跨期替代弹性的条件下代表性消费者的消费变化轨迹，假定消费者的跨期替代弹性不再是固定在 0.75，而是有着一个可以变动的区间，这个变动区间的范围是［0，1］①。其他的假定条件没有发生变化，代表性消费者仍然是 20 岁开始工作，60 岁退休，80 岁生命结束；工资增长率、真实利率、时间偏好率分别是 6%、5%、2%；开始工作时的工资等于 1。在式（10－29）和式（10－32）的基础上可以得到可变跨期替代弹性条件下的代表性消费者的最优消费变动轨迹。

按照从左到右的顺序，图 10－8 中的三条坐标轴的表示内容和取值范围分别为跨期替代弹性（0～1）、消费（1～9）和寿命（20～80）。在工资收入不变的

① 当跨期替代弹性大于 1 的时候，代表性消费者的效用函数是消费增强型的效用函数。

条件下，跨期替代弹性逐渐变大，代表性消费者就会降低初始消费水平和提高消费的增长速度，从而增加将来的消费。这种变化情况可以从底面中的十条消费轨迹曲线的变化趋势得到说明：在跨期替代弹性逐渐变大的时候，消费轨迹曲线也相应变得更加弯曲。比如，跨期替代弹性等于零时，消费轨迹基本上是一条直线，各期消费大约都是2.5；而当跨期替代弹性等于1时，代表性消费者的初始消费水平大约仅有1.5，到其生命末的消费水平却几乎高达7.5。于是，随着跨期替代弹性逐渐变大，代表性消费者的各期消费之间的替代效应也就更为突出，各期消费相互之间的变动程度也就相应越加剧烈。跨期替代效应在代表性消费者的一生之中是可以变动的时候，代表性消费者的消费变化轨迹就不再是一条条独立的曲线，而是转变为在图中曲面上可能出现的所有曲线，代表性消费者的消费轨迹也就会相应变得更为复杂。同时，在图中还可以观测到一个有趣的现象：无论消费变动轨迹是何种形状，当代表性消费者的年龄为40岁的时候，此时的消费水平都等于2.5；而其他时期不同的消费轨迹上的消费水平都是存在差别的。跨期替代弹性的变化给调整我国城镇居民家庭的消费提供了一个良好的视角：较低的跨期替代弹性会使得消费更为平滑，居民家庭会增加当期消费支出。

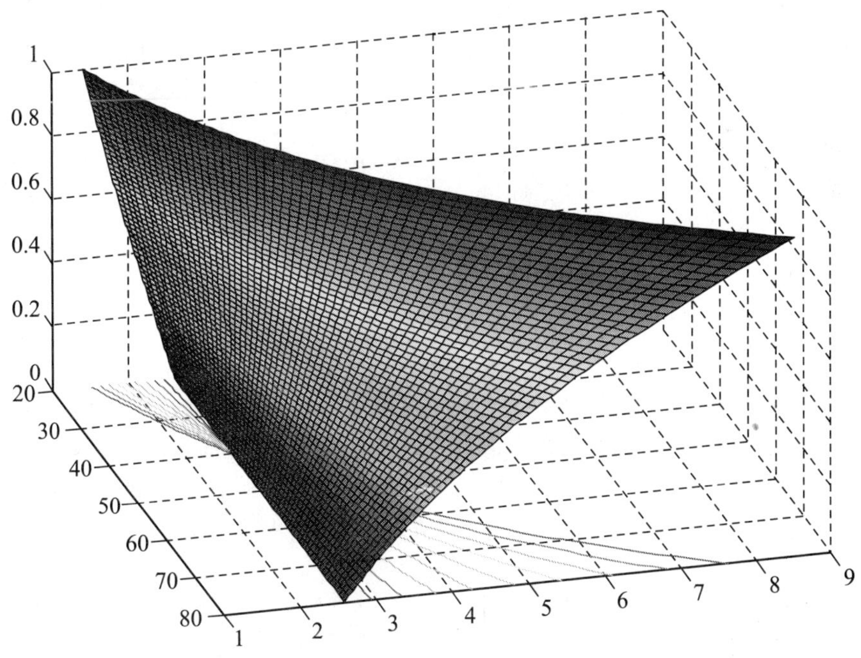

图10－8　跨期替代弹性变化对消费轨迹的影响

三、品质升级对消费路径的影响

进一步考虑现实中的消费过程，由于耐用品消费在消费总额中所占的比例有着明显上升的趋势，耐用品消费特点也会影响到总消费的变动轨迹。现实消费中耐用品具有折旧的过程，消费者对耐用品的时间偏好程度在一定程度上可以通过耐用品的折旧速度快慢来表现，而耐用品的品质升级快慢能够较好地体现耐用品的折旧速度快慢。于是，在前面章节对我国城镇居民家庭消费演化分析的基础上，本章尝试考虑在耐用品品质升级的现实条件下，我国城镇居民家庭的消费演化过程。

假定具有代表性的消费者可以生存 T 期，从第 S 期开始独立消费，在第 M 期参加工作，在第 N 期退休。代表性消费者的消费目标是追求各个时期的总效用最大化；在其生命结束的时候不会留有遗产，各个时期消费给代表性消费提供的效用具有可加性①；代表性消费者可以利用各种方式进行融资活动，即不考虑流动性约束对代表性消费者的影响。由于技术进步等多种因素的作用，代表性消费者所消费的商品（主要指耐用品）具有品质升级的特点。同时，代表性消费者的时间偏好不再是固定不变的，而是随着时间的变化也会发生变化，在本章中假定品质升级的快慢导致了代表性消费者对其自身所消费的商品的时间偏好也会发生相应的变动。于是，在对代表性消费者的这些假定条件的基础上，代表性消费者的跨期优化决策可以被表示为：

$$\max \int_S^T (1+\alpha t)^{-\beta/\alpha} u(c_t)\,\mathrm{d}t \tag{10-23}'$$

$$u(c_t)=\frac{c_t^{1-1/\sigma}}{1-1/\sigma} \tag{10-24}'$$

$$\int_S^T c_t \exp[r_t(T-t)]\,\mathrm{d}t=\int_N^M w_t \exp[r_t(T-t)]\,\mathrm{d}t \tag{10-25}'$$

其中，α 表示代表性消费者对基本时间偏好的偏离程度；β 表示代表性消费者的基本时间偏好；c_t 表示代表性消费者在 t 期的消费支出；w_t 表示代表性消费者在 t 期的工资收入；σ 表示代表性消费者的跨期替代弹性；r_t 表示 t 期的真实利率。那么，利用目标函数和约束条件可以得到拉格朗日函数：

$$\Psi=\int_S^T (1+\alpha t)^{-\beta/\alpha}\frac{c_t^{1-1/\sigma}}{1-1/\sigma}\mathrm{d}t-\lambda\left[\int_S^T c_t\exp[r_t(T-t)]\,\mathrm{d}t-\int_N^M w_t\exp[r_t(T-t)\,\mathrm{d}t\right] \tag{10-26}'$$

① 采用 CRRA 形式的效用函数来表示各期消费给代表性消费者所带来的效用。

另外，假定真实利率在各个时期都维持在相同的水平 r。对式（10－26）′中的 c_t 求取一阶导数，可以得到：

$$(1+\alpha t)^{-\beta/\alpha}c_t^{-1/\sigma}-\lambda\exp[r(T-t)]=0 \qquad (10-27)'$$

首先，通过对式（10－27）′中的各项取对数；然后，对时间 t 求一阶导数，通过变形可以得到：

$$\frac{\mathrm{d}c_t/\mathrm{d}t}{c_t}=\sigma\left(r-\frac{\beta}{1+\alpha t}\right) \qquad (10-28)'$$

式（10－28）′表明了代表性消费者的最优消费路径。将时间偏好变化的代表性消费者的最优消费路径式（10－28）′和时间偏好不会发生变化的代表性消费者的最优消费路径式（10－28）进行对比可以发现，时间偏好会发生变化的家庭在不同时间 t 上的消费变化率不再是一个固定的数值，而是含有 $\frac{\beta}{1+\alpha t}$ 项的变化值。而且，这种状况说明，在耐用品品质升级客观存在的条件下，一方面，随着时间的增加（t 值不断增加），$\frac{\beta}{1+\alpha t}$ 的数值就会越来越小，代表性消费者的消费变动幅度 $\left(\frac{\mathrm{d}c_t/\mathrm{d}t}{c_t}\right)$ 会越来越大；另一方面，当品质升级的速度较快的时候（α 值较大），代表性消费者的消费变动幅度也会越来越大。

假定代表性消费者的初始消费为 c_S，那么，在式（10－28）′的基础上可以得到代表性消费者的最优消费演化路径：

$$c_t=c_S\times\left[\frac{\exp(\sigma rt)}{(1+\alpha t)^{\sigma\beta/\alpha}}\right] \qquad (10-29)'$$

假定代表性消费者的工资收入随着年龄增加而相应增加①，工资收入的上升率是 g，代表性消费者在第 N 年开始工作时获得的工资收入是 w_N，在其退休之前的以后各年的工资收入为：

$$w_t=w_N\times\exp[g(t-N)] \qquad (10-30)'$$

在利用约束条件的基础上计算出代表性消费者的初始消费水平 c_S 和开始工作时所获得的工资收入 w_N 之间的关系：

$$\int_S^T c_S\exp[r(T-t)]\times\left[\frac{\exp(\sigma rt)}{(1+\alpha t)^{\sigma\beta/\alpha}}\right]\mathrm{d}t=\int_N^M w_N\exp[r(T-t)+g(t-N)]\mathrm{d}t \qquad (10-31)'$$

对上式进一步计算可以得到：

① 一般来说，随着年龄的增加，工作技能和工作经验会越来越丰富，工资收入也会越来越高。

$$\frac{c_S}{w_N}=\frac{\int_N^M \exp[r(T-t)+g(t-N)]\mathrm{d}t}{\int_S^T \exp[r(T-t)]\times[\exp(\sigma rt)/(1+\alpha t)^{\sigma\beta/\alpha}]} \qquad (10-32)'$$

假定代表性消费者开始工作时的收入为1，利用式（10－32）′求得代表性消费者的初始消费水平；然后，依据式（10－29）′可以得到代表性消费者的最优消费变动轨迹。对各个参数的赋值分别是：跨期替代弹性 $\sigma=0.75$，真实利率 $r=0.05$，基本时间偏好 $\beta=0.02$，工资增长率 $g=0.06$，代表性消费者开始工作时间 N、独立消费时间 S、退休时间 M 和预期寿命 T 分别是 20、20、60、80。同时，假定代表性消费者开始工作时的工资收入 $w_N=1$。于是，在给各个参数赋值的基础上①，利用式（10－32）′就可以在不同的品质升级条件下，得到代表性消费者的初始消费水平。然后，将初始消费代入式（10－29）′中，就可以得到有品质升级条件下的代表性消费者的最优消费轨迹，如图 10－9 所示。

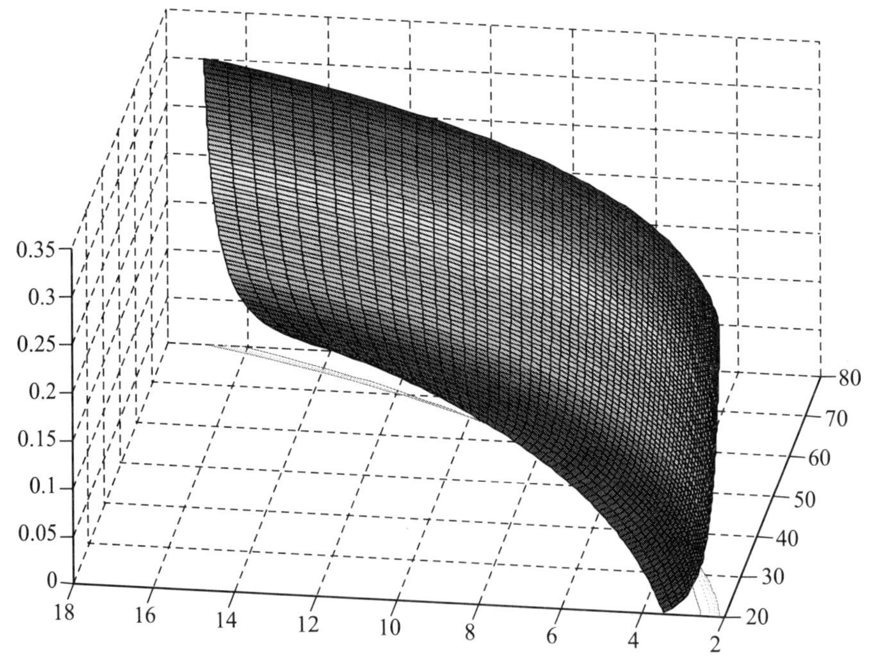

图 10－9　品质升级对消费轨迹的影响

图 10－9 中的三条坐标轴由左到右分别表示品质升级的速度（0～0.35）、

① 表示代表性消费者对基本时间偏好的偏离程度 α 的取值范围是 0～0.3，这是因为通讯工具的品质升级速度是 31.52%，品质升级最低速度是 2%。

相对于工资收入的消费（2～18）和代表性消费者的预期寿命（20～80）。从图中可以发现，当品质升级的速度提高的时候，代表性消费者的最优消费曲线将会变得更为陡峭。这说明当品质升级速度逐渐提高的时候，代表性消费者就会减少当前消费支出而增加将来的消费支出，这是因为由于存在品质升级的客观事实使得代表性消费者对于将来其所消费的商品带来的效用会大于现期消费所带来的效用。品质升级的速度快慢对于代表性消费者的消费支出影响也是存在着差异的，当品质升级的速度较慢的时候代表性消费者的消费波动幅度要大于较快品质升级条件下的消费变动幅度。这表现在图中的曲面的底部的扭曲程度要大于曲面顶部的扭曲程度。

四、利率变动对消费路径的影响

在现实经济生活中，政府行为也会导致消费变化，而政府对消费者产生直接作用的经济手段常常是税收和转移支付。当政府利用各种经济手段来影响消费者的消费行为的时候，是否存在品质升级以及品质升级的速度快慢也会对政府政策的结果产生不同的影响。

在此，我们考虑真实利率对消费变动的影响，当政府增加税收的时候，真实利率就会下降。于是，本章利用真实利率的变化情况来反映政府行为的变化。本章考虑两种情形：一种是在没有品质升级条件下的政府行为对消费者的消费变动幅度的影响；另外一种是在有品质升级条件下政府行为对消费者的消费变动幅度的影响。在前一种情况下消费者的最优消费变动幅度是式（10－28），即$\frac{\mathrm{d}c_t/\mathrm{d}t}{c_t}=\sigma(r-\beta)$；后一种情形下消费者的最优消费变动幅度是式（10－28）′，即$\frac{\mathrm{d}c_t/\mathrm{d}t}{c_t}=\sigma\left(r-\frac{\beta}{1+\alpha t}\right)$。跨期替代弹性$\sigma$、基准主观时间贴现率$\beta$这两个指标的取值和前述一样，在以上两个工资中的取值相同，而真实利率r成为被考察的对象。那么，对式（10－28）中各个参数的取值情况是：跨期替代弹性$\sigma=0.75$，基准主观时间贴现率$\beta=0.02$，真实利率r的取值范围[①]是0～0.15。对式（10－28）中各个参数的取值情况是：跨期替代弹性$\sigma=0.75$，基准主观时间贴现率$\beta=0.02$，与基准时间偏好差别程度[②] $\alpha=0.3$，真实利率r的取值范围是0～0.15，时间t

① 在1978～2007年间，我国城镇居民的一年期最高存款利率大约是10.98%，而实际中的借贷利率会高于这个数值，于是，本书选取真实利率的值在0～0.15之间。

② 在此选取与时间偏好差别程度的最大值是为了更为直观地表现在品质升级存在的条件下政府政策行为对消费的影响结果。

的取值范围[①]是0~60。在对各个参数赋值和确定变动范围的基础上，可以得到真实利率变动对最优消费水平变动的作用结果。

图10-10和图10-11中的三条坐标轴从左到右分别表示真实利率 r（0~0.15），消费变动幅度 $\frac{dc_t/dt}{c_t}$（-0.02~0.12）和年龄（20~80岁）。从图中可以发现，当真实利率低于0.02的时候，即真实利率低于基本时间偏好的时候，消费变动幅度小于0。这种状况说明当真实利率低于基本时间偏好的时候，消费会逐年降低。当真实利率大于基本时间偏好的时候，消费变动幅度的数值大于0，这就意味着消费会逐年攀升。当真实利率等于时间偏好的时候，有无品质升级对消费变动幅度有着重要影响。在无品质升级的条件下，真实利率等于基本时间偏好时，消费变动幅度等于0。这就意味着消费者的消费水平在其一生之中不会有任何变化，各期的消费支出均相等。当存在品质升级的条件下，真实利率等于基本时间偏好时，消费变动幅度在开始的时候变动的幅度较小，而后会逐渐变大。这说明消费者的消费支出会表现出相应提高的特点。同时，这也说明在品质升级下维持消费增长的真实利率水平要低于在无品质升级条件下维持消费增长的真实利率。这也从另外一个视角解释了为什么低利率的情况下依然存在着持续的消费增长的原因。

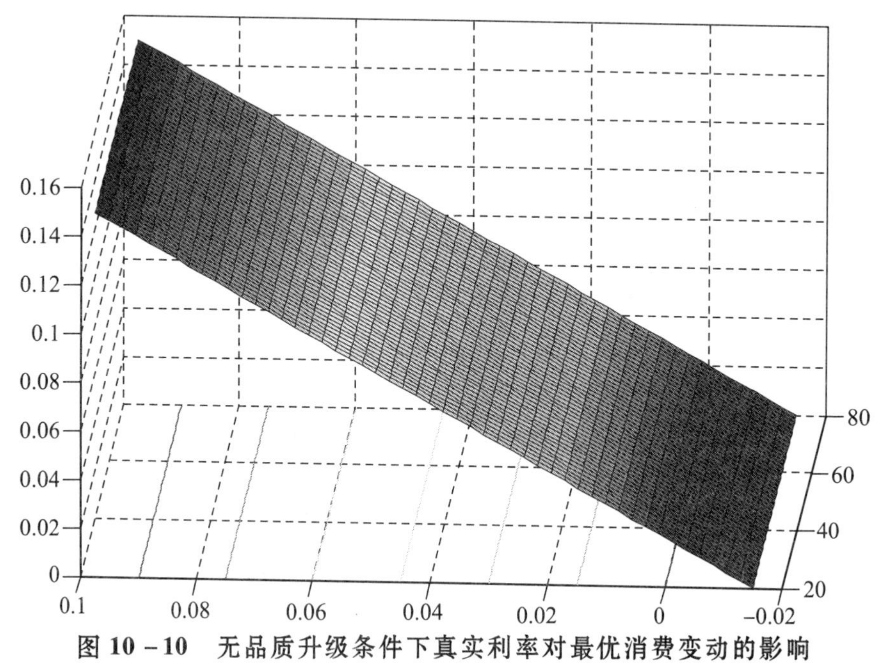

图10-10　无品质升级条件下真实利率对最优消费变动的影响

---

① 代表性消费者的预期寿命是80岁，该消费者从20岁开始工作，从20岁开始代表性消费者才进行独立消费行为。

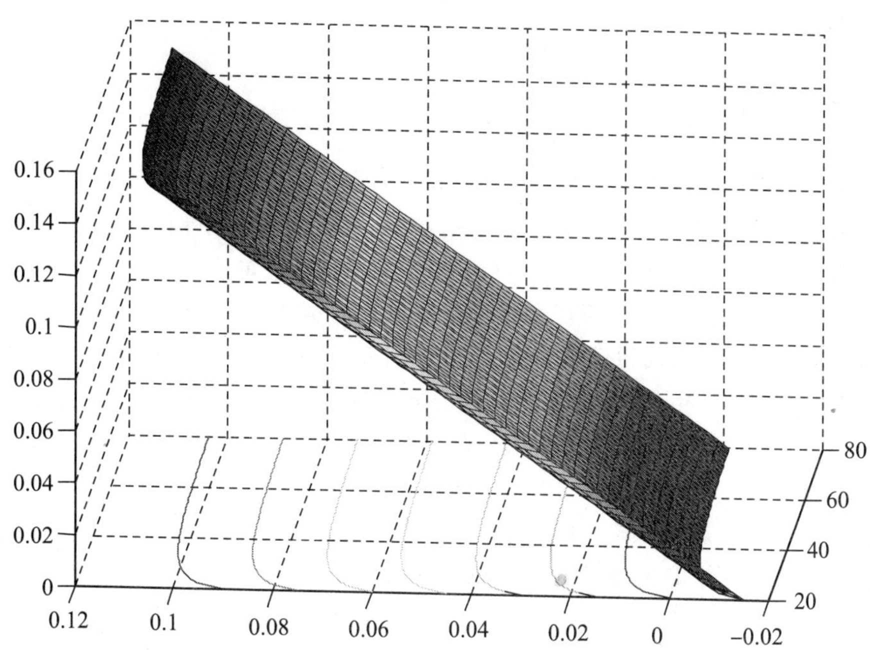

图 10-11　品质升级条件下真实利率对最优消费变动的影响

在无品质升级条件下，真实利率对最优消费变动的影响结果呈现出平面的特点；而在品质升级的条件下，真实利率对最优消费变动的影响结果呈现出不规则凹面的特点。当没有品质升级的时候，真实利率的变动被消费变动幅度完全表现出来，这表现在不同真实利率条件下的消费变动幅度是等距离上升。而在品质升级的条件下，真实利率对消费变动幅度的影响是具有时间收敛的特征：在代表性消费者年轻的时候，相同的真实利率上升幅度会导致其消费变动的幅度比无品质升级条件下的消费变动幅度更大；而在代表性消费者的生命末期，相同的真实利率上升幅度会导致其消费变动的幅度比无品质升级条件下的消费变动幅度更小。如果寿命可以无限延长的话，当寿命趋于无穷的时候所有消费者的消费变动幅度都会收敛到同一个值。这就说明相同的政府政策行为对于不同年龄阶段的消费群体有着不同的影响，年轻人的消费对真实利率变动更为敏感一些；相对来说，老年人的消费对真实利率变动就要迟缓一些。利率影响消费变动幅度的这种时间收敛也可以被用来说明社会的年龄结构特征对消费的影响，当政府采用相同的手段（降低相同的税率）来促进消费的时候，青年人较多的经济社会的消费会有一个大幅度提高的过程；而人口老龄化的经济社会的消费提升幅度就会相对小一些。

五、小结

本节在我国城镇居民跨期替代弹性和品质升级的估计结果和理性消费者的假定基础上，利用动态模拟的方法，分别探讨了变动跨期替代弹性和品质升级条件下的消费变动路径，并对政府政策行为对消费变动幅度的影响进行了探讨。

主要结论有：(1) 跨期替代弹性的高低会直接影响消费者的消费变动，较低的跨期替代弹性会使得消费更为平滑。同时，无论消费变动轨迹是何种形状，当代表性消费者的年龄为 40 岁的时候，此时的消费水平都等于 2.5；而其他时期不同的消费轨迹上的消费水平都是存在差别的。(2) 品质升级使得代表性消费者将来效用大于现期效用，当品质升级速度逐渐提高的时候，代表性消费者就会减少当前消费支出而增加将来的消费支出。而且，当品质升级的速度较慢的时候代表性消费者的消费波动幅度要大于较快品质升级条件下的消费变动幅度。(3) 品质升级下维持消费增长的真实利率水平要低于在无品质升级条件下维持消费增长的真实利率。真实利率对消费变动幅度的影响是具有时间收敛的特征：在代表性消费者年轻的时候，相同的真实利率上升幅度会导致其消费变动的幅度比无品质升级条件下的消费变动幅度更大；而在代表性消费者的生命末期，相同的真实利率上升幅度会导致其消费变动的幅度比无品质升级条件下的消费变动幅度更小。

第六节　研究结论和展望

本章以转型时期我国城镇居民的消费行为作为研究对象，利用数理模型、计量检验和动态模拟的方法，分析了由于我国城镇居民自身消费特性的改变而导致的消费行为变化的过程和内在联系。经过对我国城镇居民消费行为的考察之后，本章得出的结论主要有以下几个方面：

第一，在我国城镇居民收入和总体消费水平不断提高的前提下，我国城镇居民的消费变化可以分为三个阶段：温饱型阶段，由温饱型向舒适型转变阶段，舒适型阶段。发现我国城镇居民消费表现出以下特点：家庭设备用品及服务、医疗保健、食品和衣着的边际预算份额呈现出下降的态势；交通通讯和居住的边际预算份额表现出上升的趋势。交通通讯和教育文化娱乐用品及服务的收入弹性不断提高，家用设备用品及服务的收入弹性却持续下降；衣着、食品、居住、医疗保健的收入弹性相对较低。我国城镇居民家庭的总体消费水平一直在提高，我国城镇居民消费水平差异在不同时间体现在不同的商品之上。在温饱型阶段，不同收入水平家庭的消费水平差别主要体现在日用品、教育文化娱乐用品和食品的差异；在由温饱型向舒适型过渡阶段，不同收入水平家庭的消费水平差异主要表现在住房、日用品和教育文化娱乐用品这三个商品之上。

第二，我国城镇居民的跨期替代弹性大约是 0.75。转型时期的较高跨期替代弹性意味着我国城镇居民对于耐用品的当期购买和将来购买之间存在着较大的替代效应，城镇居民会降低耐用品的当期购买以期望在将来购买耐用消费品。较高的跨期替代效应可能是导致我国城镇居民消费不足的一个重要原因，我国城镇居民一直保持着较高的储蓄率的现状从另一个方面也印证了我国城镇居民的跨期替代弹性较高的事实。在对影响跨期替代弹性的三因素进行分析之后发现：期内替代弹性和跨期替代弹性呈现同向变动的特点，而非耐用品消费支出的系数、主观折旧率和跨期替代弹性表现出反向变动的特征。

第三，我国各类耐用品品质都有升级的特征，但是品质升级速度在不同耐用品之间存在明显的差异。在收入增长和消费水平提高的背景下，我国城镇居民家庭所消费的耐用品的品质也会逐渐升级，并且成为耐用品消费的一个常见现象。品质恩格尔曲率则提供了一个良好的研究工具和研究视角来衡量品质升级的过程和估计不同耐用品品质升级速度的快慢。通过对我国城镇居民各主要耐用品的品质升级进行估计之后发现，耐用品的品质升级平均速度大约是每年提高 9.67%，通讯工具的品质升级速度最快达到了 31.52%。同时，品质升级对我国城镇居民的时间偏好也会产生重要影响。经过对我国城镇居民的时间偏好的分析之后发现，城镇居民的时间偏好是一个不规则的变化过程。

第四，在对消费者行为动态模拟的基础上，本章首先发现跨期替代弹性的高低会直接影响消费者的消费变动，较低的跨期替代弹性会使得消费更为平滑。同时，无论消费变动轨迹是何种形状，当代表性消费者的年龄为 40 岁的时候，此时的消费水平都等于 2.5；而其他时期不同的消费轨迹上的消费水平都是存在着差别的。其次，品质升级使得代表性消费者将来效用大于现期效用，当品质升级速度逐渐提高的时候，代表性消费者就会减少当前消费支出而增加将来的消费支出。而且，当品质升级的速度较慢的时候代表性消费者的消费波动幅度要大于较快品质升级条件下的消费变动幅度。最后，品质升级下维持消费增长的真实利率水平要低于在无品质升级条件下维持消费增长的真实利率。真实利率对消费变动幅度的影响是具有时间收敛的特征：在代表性消费者年轻的时候，相同的真实利率上升幅度会导致其消费变动的幅度比无品质升级条件下的消费变动幅度更大；而在代表性消费者的生命末期，相同的真实利率上升幅度会导致其消费变动的幅度比无品质升级条件下的消费变动幅度更小。

转型时期我国城镇居民消费行为演变是一个复杂而又具有研究价值的课题，在改革开放的30多年历程中，由于一直不断变迁的制度使得我国城镇居民所处的外部环境有着迥异的变化。我国城镇居民也由原来的受约束的、短视的消费行为向前瞻性的、具有生命周期特点的消费行为过渡。从消费行为的视角来分析我国城镇居民消费的演变过程给更为深入地了解我国居民消费的内在规律和现实特点，以及制定相关政策提供了较好的思路。

我国经济社会快速变化的外在环境使得我国居民的消费行为也会相应变化，在今后的一段时间内还需要在以下几个方面来继续深化对我国城镇居民消费行为的研究。

第一，继续逼近我国城镇居民消费行为的真实状况，发现影响消费行为变化的多重因素。消费行为的变化最为直接的表现就是收入变化导致消费支出的变化，而这一变化过程是多种因素共同作用的结果。这就需要在今后的研究中考虑在多种因素共同作用下的消费行为的变化过程，建立分析消费行为变化的一般均衡框架，从而为更好地了解消费行为已有的变化过程和理性的预测消费行为的变化趋势提供理论基础和实际操作手段。从系统论的观点来看，消费者处于一定的经济社会之中，其消费行为必然会受到经济社会中多种要素的影响和作用。这些经济要素对消费行为的影响力度和作用机理需要在将来的研究之中得到更进一步的拓展。

第二，考察外部冲击对消费者的影响，以及消费者的应对行为。我国是一个开放的经济和快速变化的经济，开放经济使得我国消费者更容易受到国际市场波动的影响；快速变化的经济使得消费者自我调整消费行为的步伐也相应加快。当外部经济环境的变化对消费者有所冲击的时候，其消费行为必然也会发生变化。这就需要深刻的认识外部冲击对消费行为的传导机理和具体作用力度的大小，以及消费者在面临外部冲击时所采取的各种措施。同时，消费者面对的外部冲击具有多样性，不同的外部冲击产生的作用是不一样的；然而，更为困难的是研究多种外部冲击同时出现的条件下，消费者的行为变化。这些问题都需要在将来的研究中有所涉及并逐步加深。

第三，加强期内消费行为的研究。本章主要是在跨期选择的框架之内对不同时期的消费行为进行研究，然而消费者对同一时期之内的不同商品也会有所取舍，从宏观层面上就表现为消费结构的变化。要认清楚消费结果的变化，不仅要从跨期选择的视角来分析消费行为，而且也要从同一时间的角度来分析消费结构的变化。这是因为，不同时间的期内消费状况恰好是动态的消费结构变化过程。对于期内消费行为的研究也是认识我国城镇居民消费行为变化的一个重要视角，从这个角度来研究消费行为变化就需要在后续研究中不断得到体现。

第五篇

消费需求升级与产业发展的关联

第十一章

消费需求升级与产业发展的关联机制

居民消费需求增长与产业发展是相互协调和相互促进的，产业发展情况以及产业结构约束着居民消费水平及其结构，同时，居民消费也引导和拉动着产业发展水平的提高和产业结构的变迁升级。在短缺经济中，生产力水平相对较低，生产的产品无法满足人们的需要，基本上是生产什么就消费什么，生产决定消费，生产不足则消费不足，此种情况下是产业发展状况决定居民的消费水平和消费结构。

短期内，消费者面临的选择集由现有的产业发展状况决定。产业发展状况是决定居民消费的前提条件，但是，科技进步不断创造新产品，新产品的产生不仅会改变现有的产品供给状况，更重要的是创造新的消费需求使居民消费不断升级。在新产品不断出现的条件下，生产者要根据市场需求或者说居民消费情况来进行生产，否则，生产的商品就可能无法销售，整个社会再生产无法顺利进行。因此，在过剩经济中是居民的消费状况引导产业发展，居民的消费结构变动决定产业结构的变迁。当居民消费结构发生变动时，首先会引起生产消费资料的最终产品产业的生产变动，最终产品产业生产的变动又会通过对生产资料需求的变动影响到生产资料产业的变动。因此，居民消费升级会引起资源在不同产业间的重新分配，从根本上引导和决定着产业结构变动。

从长期而言，消费需要结构的变化决定着产业结构的变动，产业结构必须依据消费结构的变动进行调整。其作用机制可以用以下模型进行分析，如图 11 - 1 所示。在市场经济条件下消费需求升级对产业结构的影响是通过市场机制进行的，也可以说消费升级的产业结构效应的前提是市场机制的存在。居民消费升级引起现有价格体系的变动。现有价格体系变动引导资源在不同产业间流动，以适应居民消费升级造成的需求结构的变动。各个产业在满足不断升级需求的同时，增加居民收入，并不断扩大居民的消费选择集，使之可选择的产品不断增多。面对不断增多的产品种类，以及不断增加的收入，消费者为最大化自身效用，必然会提高自己的消费水平，并调整现在的消费结构，由此又引起了价格体系的变动和新一轮的产业结构调整，消费升级促进产业结构调整，产业结构调整促进居民收入提高，收入提高又促进消费升级，不断的循环往复，使经济保持不断增长。

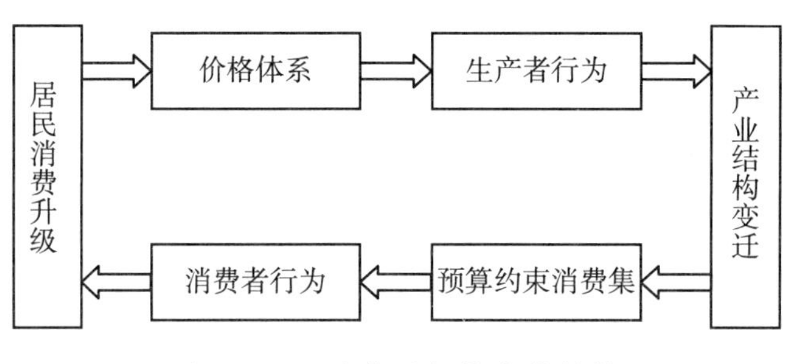

图 11-1　消费升级的产业结构

第一节　消费需求与产业发展的关联：基本理论

在经济运行过程中，消费需求升级通过一系列中间因素的变化对产业结构调整产生影响。首先是产品的收入弹性。由于不同的产品具有不同的需求收入弹性，在收入水平提高以后，收入弹性小的产品需求增长会低于收入水平增长，收入弹性大的产品需求增长会高于收入水平增长，由此导致的结果是，即使所有产品需求总量都因收入增长而增长，但却带来了消费需求结构的调整。同时，新产品的不断出现也使产业结构发生不断的改变，这在我国居民消费需求升级过程中有非常具体的体现。其次是通过价格体系的调整，收入水平的不断提高会带来消费需求结构的不断调整，如果产业结构保持稳定，从而产品供给结构保持稳定，则会导致产品价格体系的调整。这种价格体系的调整会产生双重作用：一是对消费需求产生调节作用，引导消费者多利用价格低廉的产品，少使用价格较高的产品，其调节作用的大小取决于不同商品的需求价格弹性；二是价格调整会引导厂商调整产品供给结构，多生产价格水平高的产品，减少生产价格水平低的产品，由此带来产业结构的调整。

尼盖（Ngai，2007）在研究经济增长过程中的结构变化时构建了一个多产业经济增长模型，把图 11－1 中所描述的原理进行了数理推导，在模型中刻画了消费结构的变动以及居民消费对以劳动就业结构表示的产业结构的影响。他假定封闭经济体由 m 个部门构成，其中 1，2，3，…直到第 $m-1$ 个产业是生产最终消费品的产业，第 m 个部门不仅生产消费品而且也生产用于投资的资本品。永久存在的代表性家庭效用函数为：

$$u=\int_{0}^{\infty} e^{-\rho t} v(c_1, \cdots, c_m) \mathrm{d}t \tag{11-1}$$

其中，$\rho>0$ 表示效用贴现率；c_i 是对 i 物品的消费量；$v(c_1, \cdots, c_m)$ 是满足稻田（Inada）条件的效用函数。劳动力的增长使制造业生产资本品的同时也生产消费品。①

劳动力外生并且以 θ 的速度增长，社会总资本存量内生增长，劳动力就业结构必须满足的条件为：

$$\sum_{i=1}^{m} n_i=1, \quad \sum_{i=1}^{m} n_i k_i=k \tag{11-2}$$

其中，n_i 表示 i 部门的劳动力占全体劳动力的比重，并且劳动力在各部门间自由流动；k_i 表示第 i 部门的人均资本存量；k 表示全社会平均的资本存量。假定各部门的生产函数形式相同，都为 $F^i(n_i k_i, n_i)=A_i F(n_i k_i, n_i)$，并且产品市场出清，其中 A_i 表示 i 产业的技术进步情况，则有：

$$c_i=F^i(n_i k_i, n_i) \qquad i\neq m$$
$$\dot{k}=F^m(n_m k_m, n_m)-c_m-(\sigma+\theta)k \tag{11-3}$$

社会计划者（Social Planner）要在各产业间最优地配置资源，以使全社会效用最大化，必须满足的一般均衡条件为：

$$\frac{v_i}{v_m}=\frac{F_k^m}{F_k^i}=\frac{F_n^m}{F_n^i} \tag{11-4}$$

此时，不同物品的相对价格为：

$$\frac{p_i}{p_m}=\frac{v_i}{v_m}=\frac{A_m}{A_i} \tag{11-5}$$

即劳动和资本在 i 和 m 两个产业的边际产量之比等于 i 和 m 两个产业产品的边际效用之比，以使资本在不同部门之间的配置达到一种均衡状态。

消费者的效用函数为：

$$v(c_1, \cdots, c_m)=\frac{\phi(\cdot)^{1-\theta}-1}{1-\lambda}, \quad \phi(\cdot)=\left(\sum_{i=1}^{m} w_i c_i^{(\varepsilon-1)/\varepsilon}\right)^{\varepsilon/(\varepsilon-1)} \tag{11-6}$$

① Rachel Ngai and Christopher A. Pissarides, 2007, Structural Change in a Multisector Model of Growth, *American Economic Review*, American Economic Association, Vol. 97, No. 1.

其中，$\frac{1}{\lambda}$为跨期替代弹性；ε 为价格弹性。由此得到居民的消费结构，即对不同产业产品消费支出的比例关系为：

$$\frac{p_i c_i}{p_m c_m}=\left(\frac{w_i}{w_m}\right)^{\varepsilon}\left(\frac{A_m}{A_i}\right)^{\varepsilon}=x_i \tag{11-7}$$

其中，x_i 为在物品 i 上的支出与物品 m 上支出的比值，因此，所有 M 种不同物品的 x_i 的比值可以表示家庭的消费结构。

以 m 产品作为计价物，则家庭的消费总支出为：

$$c=\sum_{i=1}^{m}\frac{p_i}{p_m}c_i \tag{11-8}$$

各产业部门的总产量为：

$$y=\sum_{i=1}^{m}\frac{p_i}{p_m}F^i \tag{11-9}$$

因此，以劳动力就业结构表示的产业结构为：

$$n_i=\frac{x_i}{X}\left(\frac{c}{y}\right)\quad i\neq m \tag{11-10}$$

$$n_m=\frac{x_m}{X}\left(\frac{c}{y}\right)+\left(1-\frac{c}{y}\right);\ X=\sum_{i=1}^{m}x_i \tag{11-11}$$

上式给出了家庭消费结构和产业结构相互关系的表达式，由该表达式可以看出，在家庭消费结构中所占比重越大的产业在产业结构中所占的比重就越大，整个社会的消费资料量越大则生产资料产业在产业结构中所占比重越小，而消费结构又受到技术进步以及价格弹性和跨期替代弹性的综合影响。

第二节　消费需求升级与产业发展的关联机制：投入产出分析

投入产出分析是建立在“一般均衡论”理论基础之上的，是经济学、统计学与数学相结合的产物，是对具有复杂联系的现象进行数量分析的重要工具，是一种对经济系统进行数学分析的方法，是研究经济中各个部分之间投入与产出的相互依存关系的数量分析方法。里昂惕夫（Leontief）阐述了有关第一张美国 1919 年投入产出表的编制工作、投入产出理论和相应的数学模型，以及计算方法。其基本思想是以矩阵形式，描述国民经济各部门在一定时期（通常为 1 年）生产中的投入来源和产出使用去向，揭示国民经济各部门间相互依存、相互制约的数量关系。同时，投入产出理论将生产法、收入法、支出法国内生产总值结合在一张表上，细化了国内生产总值核算。

投入产出分析通过一些假定，把各种经济变量之间的关系都处理成一次函数关系，利用相对稳定的经济参数（系数）建立确定的线性模型，用以描述各个生产部门的内在联系，反映不同部门之间的货物和服务流量。投入产出表和投入产出模型是投入产出分析的核心，既有反映国民经济整体最综合的指标，又有各个部门的单项指标，既有反映国民经济整体平衡的关系式，又有反映各个部门平衡的关系式，任何部门的一点点数量变化，都会引起国民经济整体的数量变化。

投入产出分析是一种定量分析方法，它必然要以一定的经济理论为依据。关于它的理论基础，里昂惕夫本人说是瓦尔拉斯（Walras）的一般均衡理论，“投入产出法是用新古典学派的一般均衡理论，对各种错综复杂的经济活动之间在数量上相互依赖关系进行经验研究”。一般均衡理论认为，国民经济由消费主体——居民户和生产主体企业所构成。一方面，居民通过市场向企业提供劳动力和资本以获得收入，再用收入从市场上购买企业所生产的消费品；另一方面，企业从市场上购买居民和其他企业提供的各种生产要素，组织生产过程，再把它的产品销售给居民和其他企业。这样，各种消费品和各种生产要素，通过各种市场在居民、企业和各企业之间进行循环。

一般均衡理论假定消费者在一定的预算约束下追求效用最大；生产者追求利润最大（成本最小）。从逻辑上可以证明，经济主体追求最大化的行为可以使所有市场在一组价格的调节下，实现供给和需求的完全相等，即存在一组价格（也称为均衡价格），使所有市场都实现了均衡，这就是一般均衡。假如某个市场的供求关系发生了变化，那么必然导致该市场的价格发生变化，从而引起其他市场的供求关系也发生变化，进而引起一系列的价格调整，直至最后形成新的均衡价格，实现新的市场均衡。因此，分析市场供求关系必须把所有市场联系起来进行一般均衡分析。

瓦尔拉斯是用联立方程组来描述一般均衡状态的，方程组的解就是均衡价格体系。但瓦尔拉斯的模型是一种纯粹理论抽象，它无法对实际的经济活动进行实证性分析。里昂惕夫的投入产出分析可以说是通过一些假定而对瓦尔拉斯一般均衡模型所做的简化。简化主要有以下几个方面：

第一，用产业代替瓦尔拉斯模型中的企业和消费者。并假定每个产业只生产一种特定的同质产品，同一产业内的产品在各种用途上是可以相互代替的，因为它们是同质的，生产同质产品的产业叫做纯产业，与《国民经济产业分类表》中的产业的含义不同，后者的产业非纯产业，而不同部门的产品之间是不能代替的，因为它们是不同质的。这样，产业之间的投入产出关系就由物质技术因素决定。而且，里昂惕夫模型比瓦尔拉斯模型中的方程个数大大减少了，从而可以在实际中应用。

第二，假定生产的规模收益不变，即假定每个产业产品的产出量与对它的各种投入量成固定比例。这样，投入与产出就成为线性关系，从而里昂惕夫投入产出模型就成为线性联立方程组，体现在消耗系数上。

第三，假定各产业的生产活动是互不影响的，即每个产业的产出由本产业的生产活动来决定，而不受其他产业生产活动的影响，国民经济的总产出等于每个产业产出之和。如果没有这样的假定，一个产业的产出要受到其他产业生产活动的影响（如装备制造业的新产品也不会提高其他应用新设备产业的生产率），那么该产业的投入和产出的关系就变得不确定，也就无法进行投入产出分析了。各产业投入产出关系固定，假定不存在技术进步，也没有生产设备的进步。

第四，假定消耗系数在一定时期相对稳定。在投入产出分析中，消耗系数是关键性数据，它们主要决定于各产业之间的生产技术联系。一般地说，在一个不太长的时期内生产技术条件变化不大，可以假定消耗系数具有相对稳定性。这样，投入产出分析就可以运用于经济预测。

第五，用一个年度的数据来计算消耗系数。在静态投入产出分析中，假定所有投入都是在1年内完成的，所有产出都是在1年内生产的。这样，就使生产时间上的差异问题被简化了。

通过这些方面的简化工作，一般均衡理论在实证分析中便得到了应用。但是，里昂惕夫的简化工作，使他的投入产出分析完全排除了瓦尔拉斯一般均衡理论的核心——价格对市场的调节作用，这一点可以看做是为了一般均衡理论能够应用于实证分析而付出的代价。里昂惕夫从瓦尔拉斯的方程组中推导出比较简单的线性方程组，这样，对线性方程组的求解就成了投入产出法应用于实证分析的关键问题。一般来说，越要对国民经济的运行情况进行详细的分析，就越需要更加明确地定义投入产出分析中的产业，因此需要相应增加产业个数。

投入产出分析认为各个产业之间是相互关联的，产业关联是指国民经济各部门在社会再生产过程中所形成的直接和间接的相互依存、相互制约的经济联系，产业关联分析主要是用定量的方法来研究上下游产业之间供给推动和需求拉动的相互影响，由于国民经济各产业部门之间的联系错综复杂，某一产业部门的产出、投入等变量发生变化，除影响到与该部门有直接投入产出关系的产业部门外，还通过间接影响波及其他产业部门。产业关联包括直接关联与间接关联两个层次：直接关联是指产业部门之间所存在的直接提供产品、服务等的经济技术联系；间接关联指产业部门间通过其他产业部门的中介而产生的经济技术联系。各产业都需要消耗其他产业的产品，同时，对其他产业的产品的消耗分为直接消耗和间接消耗两部分，直接消耗是在一个产业在生产产品的过程中直接以原材料的形式投入的某一产业的产品，间接消耗是在投入的其他产业的产品在其生产过程中所消耗的该某一产业的产品，投入产出分析通过计算直接和间接消耗系数来反映产业之间的这种相互关联关系。直接消耗系数是指第 j 产业生产 1 单位产品所直接消耗的作为中间投入品的第 i 产业的产品的数量，用公式表示为 $a_{ij}=\frac{x_{ij}}{X_j}$，其中，$x_{ij}$是指第 j 产业对第 i 产业产品作为中间投入品的消耗量，X_j 是指第 j 产业的总投入等于 j 产业的总产出，因此在投入产出表中如果要计算该系数，是用各列中的数除以各该列对应的最下面一行即总投入。但是，一种产品 X_j 对另一种产品 X_i 的消耗不仅有直接消耗而且还有间接消耗。

间接消耗是指在生产 X_j 时的其他投入 X_h 的生产过程中对 X_i 作为其中间投入的消耗部分。一种产品对某种产品的完全消耗等于直接消耗和全部间接消耗的总和，相应的完全消耗系数就是直接消耗系数和间接消耗系数之和，以 A 表示直接消耗系数矩阵，以 B 表示完全消耗系数矩阵：

$$
\begin{aligned}
B &= A+BA\rightarrow(I-A)B=A\rightarrow B=A(I-A)^{-1}\\
&=[I-(I-A)](I-A)^{-1}=(I-A)^{-1}-I \qquad (11-12)
\end{aligned}
$$

完全消耗系数 b_{ij}^* 反映了在过去所有生产环节中为生产单位第 j 种产品对第 i 种产品的直接与间接消耗的总和，其中 $(I-A)^{-1}$就是里昂惕夫逆矩阵（Leontief Inverse），其元素叫做完全需要系数 b_{ij}，是指为了得到一单位最终产品，对各部门产品的需求量，其中既包括直接需求，也包括间接需求。完全需要系数 b_{ij}与完全消耗系数 b_{ij}^* 相比，在 $i\neq j$ 时，两者相等。当 $i=j$ 时，$b_{ij}=b_{ij}^*+1$，说明 j 部门要增加 1 个单位最终产品时，首先 j 部门总产量也要增加这 1 个单位的最终产品，然后由于完全消耗的需要，还要增加 b_{ij}^*。

投入产出分析认为任一产业的生产活动通过产业之间的相互关联，必然影响和受影响于其他产业的生产活动。我们把一个产业影响其他产业的程度叫做影响力（Backward Linkage），把受其他产业影响的程度叫做感应度（Forward Linkage）。可以根据里昂惕夫逆矩阵来计算这两个系数。这个矩阵行上的数值就是反映该产业受到其他产业影响程度即感应度系数的系列，它表明其他产业最终需求的变化而使该产业生产发生变化的程度。横向系数的平均值可看做该产业受其他产业影响的平均程度（叫做感应度，感应度和感应度系数不同）。列上的数值反映的是该产业最终需求的变化对其他产业的影响程度即影响力系数系列，也就是该产业最终需求的变化而使其他产业生产发生相应变化的程度。列系数的平均值是该产业对其他产业施加影响的平均程度（叫做影响力，影响力和影响力系数不同）。我们把里昂惕夫逆矩阵中某一产业的行和列系数的平均值与全部产业行和列系数的平均值相比，就可以计算该产业的感应度系数和影响力系数了。

$$某产业的感应度系数\ FL = \frac{该产业逆矩阵横行系数的平均值}{全部产业逆矩阵横行系数的平均值的平均}$$

$$某产业的影响力系数\ BL = \frac{该产业逆矩阵横行系数的平均值}{全部产业逆矩阵横行系数的平均值的平均}$$

如果用 e_i 表示第 i 产业的感应度系数；e_j 表示第 j 产业的影响力系数；根据计算结果，如果 $e_i > 1$ 则表明该产业的感应度在全部产业中处于平均水平之上；如果 $e_i = 1$ 则表明该产业的感应度在全部产业中处于平均水平；如果 $e_i < 1$ 则表明该产业的感应度在全部产业中处于平均水平之下。同理，影响力也可以作类似的解释。后向关联影响度是指某产业的后向关联的影响度，是指对该产业的最终需求增加 1 个单位，所有其他产业必须增加的数量总和，当然，前后是指在生产过中处于要考察的产业这个生产环节的前后。

我们不仅要了解最终需求总量的变化对各产业生产的影响程度，而且要进一步掌握最终需求各构成项目（投资需求、消费需求、净出口）分别对各产业生产的影响程度，或称之为对各产业的生产诱发额。用里昂惕夫逆阵 L 中某一行的数值，分别乘以按项目分类的最终需求列向量（投资列向量、消费列向量、净出口列向量），得到由每种最终需求项目所诱发的各产业的生产额，即最终需求诱发产值额。把第 i 产业的最终需求项目的诱发产值额除以相应的最终需求项目的合计数，便可以得到各产业最终需求项目的生产诱发系数。把第 i 产业最终需求项目的生产诱发产值额除以相应产业的总产值，就得到该产业对最终需求的依存度系数。

居民的消费结构变动决定产业结构的变迁，居民消费升级时，首先会引起生产消费资料的最终产品产业的生产变动，最终产品产业生产的变动又会通过对投资品需求的变动，影响到与投资品生产相关的产业产出。居民消费升级通过上面直接和间接两个途径引起资源在不同产业间的重新配置，并引导和拉动着产业结构变迁。为了确定转型期中国居民消费升级的直接和间接效应的大小，还需要根据数据的可得性，建立衡量直接和间接产业结构效应大小的实证分析框架。

第三节　消费需求升级与产业发展的关联机制：需求冲击

需求冲击（Demand Shocks）对市场上某一行业的影响主要表现在价格效应和产出效应两方面。产出效应可能是现有厂商规模的扩大，也可能是伴随进入发生的厂商数量的增加。当扩张成本较大而进入相对容易时，生产者的数量会增加；当进入受阻而规模相对容易调整时，厂商会选择扩大规模。如果进入和扩张都比较难且成本较大，价格就会上升以控制不断增长的需求。

约翰和克里斯托弗（John & Christopher，2004）对美国的高等教育行业建立动态局部调整模型[①]。该模型首先分析古诺竞争（Cournot Competition）利润最大化和基于预算约束的非营利厂商产出最大化条件下高等院校的行为，然后放松即时调整假设（Instantaneous Adjustment Assumption），引入局部调整机制以代表厂商数量的时间路径。这样，对需求冲击的反应就可以根据进入的难易程度和速度的快慢分为当期和未来期。调整速度慢的行业对当期的影响较小，并且会花较长时间达到长期均衡。我国的教育文化娱乐产业和其他产业的不同之处在于它是一个集精神和物质生产于一体的综合群体，而且各细分行业内部也存在性质上的差异。仅以我国的非义务教育学校为例，其中既有公立和私立、非营利和营利上的差别，也有年制上的区别。因此，本节主要利用约翰和克里斯托弗的动态调整模型考察我国居民教育文化娱乐消费需求变化对该行业的影响。[②]

令 N 为行业中的厂商数；q 表示代表性机构的产出；Q 为其他机构的总产出；X 表示需求变动；K 为固定成本；$C(q)$ 为可变成本；平均成本为 $AC(q, K)=[C(q)+K]/q$；逆需求表示为 $P(q+Q, X)$，其中，$P_Q<0$，$P_X>0$；$N^*(X, K)$ 为自由进入条件下古诺均衡时的机构数。由此，代表性机构的利润可以表示为：

$$\pi(q, Q, X, K)=P(q+Q,X)q-C(q)-K \qquad (11-13)$$

命题1：在利润最大化机构的古诺竞争模型中，假定 $\pi_{qq}<\pi_{qQ}<0$，则 $N^*(X, K)$随着 K 的增加而减少。[③] $\pi_{qX}\geqslant 0$ 且 $\pi_{qX}/\pi_X\leqslant\pi_{qQ}/\pi_Q$时，$N^*(X, K)$随 X 的增加而增加。[④] 这意味着，固定成本的增加会减少长期均衡下的机构数量，而需求的变化与长期均衡下的机构数量则呈同向变化。

假定行业中各机构在预算约束 $P(q+Q, X)q-C(q)-K\geqslant 0$ 下使得产出最大化。进一步假定机构的平均成本函数是“U”形的，则自由进入条件下长期均衡的特征可以描述为：

---

① John E. Kwoka, JR., Christopher M. Snyder, 2004, “Dynamic Adjustment in the U.S. Higher Education Industry, 1955 - 1997”, Review of Industrial Organization, 24: 355 - 378, 2004.

② John E. Kwoka, JR., Christopher M. Snyder, 2004, “Dynamic Adjustment in the U.S. Higher Education Industry, 1955 - 1997”, *Review of Industrial Organization*, Vol. 24.

③ 来自科尔琼和弗拉德拉（Corchon & Fradera, 2002）的法则2。参见 Corchon, Luis C., Isabel Fradera (2002) “Comparative Statics in Cournot Free Entry Equilibrium”, Mathematical Social Sciences, 44, pp. 155 - 168。

④ 来自科尔琼和弗拉德拉（2002）的法则3。参见 Corchon, Luis C., Isabel Fradera (2002). “Comparative Statics in Cournot Free Entry Equilibrium”, Mathematical Social Sciences, 44, pp. 155 - 168。

$$q^*(X, K) = \max\{q \mid P(N^*(X, K)q, K) = AC(q, K)\} \quad (11-14)$$

$$N^*(X, K) = \max\{N \mid P_Q(N_q^*(X, K), X) = AC_q[q^*(X, K), K]\} \quad (11-15)$$

其中，$q^*(X, K)$ 为长期均衡的机构产出。

命题2：在持平约束（即零利润）条件下，非营利机构在平衡状态下的数量 $N^*(X, K)$ 与 X 同方向变化，与 K 反方向变化。

将两个命题结合得出一般条件下比较静态的结论：需求增加使机构数量增多，固定成本增加使机构数量减少。将这一关系线性化得到：

$$N^*(X, K) = \alpha + \beta X + \gamma K \quad (11-16)$$

根据上述结论，$\beta > 0$，$\gamma < 0$。

为了构建动态模型，假定机构数量在一个时期内不可能达到均衡，机构个数的变化量为均衡水平与 $t-1$ 期数量之差的某个调整比例，即 $\lambda(K_t)[N^*(X_t, K_t) - N_{t-1}]$。调整的速度取决于建立新机构的固定成本，固定成本越高就越需要更长的调整过程，用公式可表示为：

$$N_t - N_{t-1} = [1 - \lambda(K_t)][N^*(X_t, K_t) - N_{t-1}] + \varepsilon_t \quad (11-17)$$

其中，ε_t 为误差项，得到自回归形式：

$$N_t = \alpha[1 - \lambda(K_t)] + \lambda(K_t)N_{t-1} + \beta[1 - \lambda(K_t)]X_t + \gamma[1 - \lambda(K_t)]K_t + \varepsilon_t \quad (11-18)$$

假定不同类别机构（用 c 表示）的固定成本是变化的，但是同一类别中，固定成本是相对不变的。因此，式（11-18）可以表示为：

$$N_t = \alpha_c + \lambda_c N_{t-1} + \beta(1 - \lambda_c)X_t + \varepsilon_t \quad (11-19)$$

其中，K_c 是 c 类中机构的固定成本。$\lambda_c = \lambda(K_c)$，$\alpha_c = \alpha(1 - \lambda_c) + \gamma(1 - \lambda_c)K_c$。短期（影响）乘数是 $\beta(1 - \lambda_c)$，长期均衡乘数 $\beta = \dfrac{\beta(1 - \lambda_c)}{1 - \lambda_c}$，$\lambda_c$ 为 N_{t-1} 的估计系数。

第四节　消费需求升级与产业发展的关联机制：收入弹性与品质升级

收入弹性是连接消费需求与产业发展的一个重要枢纽，在居民收入水平持续增长的条件下，收入弹性较大的商品需求会有较大程度的增长。我国的全面社会经济转型伴随的是整体收入水平的快速增长，这首先带来的是对生活必需品需求的大幅度增长，因而会导致这些行业的快速发展。由于生活必需品的收入弹性较小，在基本需求得到满足之后，消费者对这类产品的需求不会继续随收入的增长而快速增加，转而对以提高生活质量为目的的其他消费品产生较大需求。在收入弹性的作用下，伴随着整体收入水平的提高，消费需求的不同发展变化阶段会产生对产业发展的不同作用。

在我国居民消费的温饱型阶段，日用品和教育文化娱乐用品的收入弹性大于1，其他商品的收入弹性都小于1。这说明在这一阶段，日用品和教育文化娱乐用品相对于其他商品而言还属于“奢侈品”，我国城镇居民家庭对于这两类商品的消费需求还受到压制。而在由温饱型向舒适型的过渡阶段，房屋及建筑材料、教育文化娱乐用品和日用品这三类商品的收入弹性均大于1，表明在这一时期处于不同收入阶层的我国城镇居民家庭的消费水平的高低主要体现在这三类商品上，这一阶段中我国居民的食品收入弹性明显下降，表明不同收入的城镇居民家庭所消费的食品之间的差异程度降低，不同收入的城镇居民家庭消费的食品有着趋近的特征，这是我国居民消费需求升级的一个表现特征之一。到了我国居民消费的舒适型阶段，家用设备用品及服务和交通通讯产品的收入弹性一直是大于1，交通通讯产品的收入弹性表现出不断提高的趋势，而家用设备用品及服务的收入弹性却表现出持续下降的趋势。衣着的收入弹性在前期的数值较大，随后表现出下降的趋势。这说明衣着类商品的需求波动范围会逐渐变小，随着人们生活水平的提高，衣着也和食品一样变为日常必需品。居住和医疗保健的收入弹性总体上维持在一个稳定的水平，这表明随着收入的增加，居住和医疗保健也逐渐成为城镇居民的生活必需品。

品质升级是消费需求升级与产业发展之间的又一种关联机制，在消费者的品质需求不断提高的条件下，许多消费品更新换代的速度会加快。当居民收入达到一定水平，消费品的数量得到满足之后，消费品的品质升级转而会对居民消费变化起到主导作用。消费品品质升级对产业发展的作用还体现在当收入增长到一定水平后，厂商新产品的引入更新和升级换代等行为都在加快，产业发展和升级的速度也会相应地加快。

第五节　本章小结

居民消费和产业发展二者之间存在紧密的互动关系，共同决定了整体经济发展水平。消费是生产的最终目的，因而产业发展必须适应消费需求的增长和升级，但同时由于技术进步等导致的产业发展又会影响消费需求升级的速度和方向。在实际经济运行过程中，消费升级与产业结构二者之间的影响是通过一系列中间因素进行的，收入是其中一个重要因素。

对于消费需求升级与产业发展之间的关联机制的研究，大致有三种方法：投入产业法、收入弹性法和品质升级法。投入产出分析通过一些假定，把各种经济变量之间的关系都处理成一次函数关系，利用相对稳定的经济参数建立确定的线性模型，用以描述各个生产部门的内在联系，反映不同部门之间的货物和服务流量，体现产业发展过程中的关联性。收入弹性方法能够很好地体现在消费者收入增长的条件下，对消费品需求的变化，以及对产业发展的速度和结构的影响。品质升级探讨的是消费者品质的方面的改变，在基本的消费需求得到满足之后，品质升级就成为影响整体消费需求演变的主导性因素，在新产品的研发、产品更新换代，以及新产业的出现等方面都会产生重要影响。

第十二章

消费需求升级与产业发展：实证研究

居民消费升级对产业结构的影响可以分为两大类：其一是直接产业结构效应，是对消费资料产业的直接拉动，由于居民对不同产业的产品具有不同的需求收入弹性，在居民的收入水平提高以后对不同产业产品的需求会发生相应变动，使不同最终消费品的相对价格发生变动，从而导致相关产业产值和就业情况的相对变动；其二是间接产业结构效应，是对生产资料产业的间接拉动，最终产品产业产出的变动需要通过生产规模的变动来实现，生产规模的变动引起生产资料价格相对变动，会引导资源流向相关的生产资料产业，引起产业结构向重化的方向发展。居民消费升级会通过直接效应和间接效应两种方式来对产业结构变迁发生作用。

第一节　居民消费升级的直接产业结构效应

产业结构的变迁受多种因素的影响，虽然在某一时点上，产业发展状况决定了消费者的选择集，从而决定居民的消费选择，但从长期来看生产的最终目的是为了满足人类自身的消费，居民消费变动将引导产业结构发生相应的变动，消费升级对产业结构的作用可以分为直接产业结构效应和间接产业结构效应。直接产业结构效应是指居民消费升级会抑制或者淘汰过时的产业和刺激新兴产业的发展，直接使生产最终消费品产业的产出发生相对和绝对变动。间接产业结构效应是指居民消费在抑制或者淘汰过时的产业和刺激新兴产业的发展的同时，会间接影响生产资料产业的发展，从而影响到生产资料产业在产业结构中所占的比重。

居民消费升级通过上述两个途径来影响产业结构的变迁，在本节中主要讨论居民消费升级的直接产业结构效应。居民消费升级表现在消费水平和消费结构变动两个方面，消费水平的变动体现为居民消费总量的变动，消费结构的变动体现为购买各种商品的支出比重的变动。自 1978 年以来中国城乡居民无论在消费水平还是在消费结构方面都发生了重大的变动，但我国农村居民和城镇居民的消费水平和消费结构存在较大的差别，因此，以下采用结构分解分析（SDA）方法分别分析农村居民和城镇居民消费升级的直接产业结构效应。

一、农村居民消费升级的直接产业结构效应

按照马斯洛的需求层次理论，人们的消费需求存在着由低到高的层次性，随着人民收入水平的提高，低层次需求不断得到满足，然后人们对产品的需求向着更高层次发展。反映与人类生理和心理特征有关的需求可分为三个层次：一是生理需求；二是追求便利和机能的需求；三是追求时尚和个性的需求。需求层次的这种变化，要求与之相适应的产业结构也要做出相应的调整。钱纳里（1988）的研究表明[①]，在人均收入为 300 美元以下的低收入阶段，恩格尔系数较大，此时人们的消费需求主要集中在温饱方面，需求结构处于满足人们生理需求的阶段，与这一需求相适应，产业结构中属于较低层次的农业和纺织工业占较大比重，劳动密集型产业在整个产业结构中占主导地位。在人均收入处于 300 ~ 1 500 美元之间的中等收入阶段，人们的温饱问题已得到基本解决，提高生活质量成为人们追求的目标，消费需求进入了追求便利和功能的阶段，这种变化要求耐用消费品生产的增加，在此阶段上最突出的特点就是家电产业的快速发展。耐用消费品产业的发展需要大量的投资，收入的提高和耐用消费品需求的增加促进了耐用消费品工业，以及相应的生产资料工业发展，使产业结构向重化方向发展。在人均收入为 1 500 美元以上的高收入阶段，物质产品比较丰富，人们消费选择余地相应扩大，对生活质量和生活环境的要求也有所提高，人们消费需求表现出多样性的特点，精神消费需求越来越大，开始进入时尚和个性化阶段，与这种消费需求相适应，满足人们精神消费的服务业将快速发展，服务业在产业结构中的比重会逐渐上升。

由以上分析可知，自 1978 年改革开放以来，中国农村居民的消费水平和消

① 霍利斯·B·钱纳里：《发展的型式（1950 ~ 1970）》，经济科学出版社 1988 年版。

费结构都发生了较大的变动，由于农村居民数量巨大，其消费升级必然会对中国的产业发展造成影响。下面对农村居民消费升级对产业发展的影响进行计量分析，采用的数据是 1987～2007 年间中国国家统计局编制的投入产出表，使用 Matlab7.0 进行矩阵运算，把农村居民消费升级变动对产业发展的影响分解出来。

由 SDA 分解的结果可以看出，在 1987～2007 年期间，农村居民消费对各产业总产出的拉动为 42.09 个百分点，农村居民消费增加对电力、蒸汽、热水生产供应业的促进最大，使其产出增加了 138.5%，使食品制造业产出增加了 92.92%，农村居民消费对于农业的拉动作用最小为 0.57%。在不同的时间段上农村居民消费的影响呈现出不同的特点。

在 1987～1990 年的时间段上，农村居民消费对食品制造业的拉动最大，使其产出增长了 10.38%，使商业饮食业的产出增长了 3.93%，对于其他产业的拉动相对较小。这表明农村居民的消费此时仍然处于温饱水平上，农村居民收入增加后，首先要增加的就是食物的消费，因此，生产农村居民主要食品的农业以及食品制造业在这一时期中获得了较大的拉动。在这一阶段，农村居民消费的拉动作用的最突出特点就是对于与“吃”相关的行业的强劲拉动。在 1990～1992 年的时间段上农村居民消费对于化学工业的拉动最大为 11.40%，对于商业饮食业的拉动仍然非常强劲，使之增长了 10.77 个百分点，拉动农业产出增长 8.52%，对于建筑业的拉动力开始增加，但仍然较弱，仅使之增长 0.04 个百分点，对于化学工业的拉动由上一个时段的年均 1.02%，上升为本时段的 5.64%。在这一时段上农村居民消费对于产业发展的最突出的作用，就是促进了商业饮食业的发展，同时带动了作为国民经济基础产业的化学工业的发展，表明农村居民的消费开始升级，开始注重消费的多样化，并且这种多样化产品的消费已经开始带动基础产业的发展。在 1992～1995 年的时间段上，农村居民消费大幅增加，对于各个产业增长的拉动较以前的两个时段有大幅的上升，而且是全面拉动各个产业，使产出水平猛增。在这个时间段上，农村居民消费的增加对于食品制造业和建筑材料其他非金属矿物制品业的促进作用最强，产出年增长率分别为 17.37% 和 16.64%，对于采掘业和电力及蒸汽、热水生产供应业的拉动力达到了前所未有的水平，使这两个产业的产出分别增加了 11.40% 和 18.07%，对于化学工业、建筑材料及其他非金属矿物制品业、金属产品制造业、机械设备制造业和其他制造业的促进作用也显著增强。农村居民消费在这一时段上对于产业发展最突出的作用，就是促进了各个产业的全面高速发展，并且使采掘业和电力及蒸汽、热水生产供应业等基础性产业获得巨大的发展。农村居民对以上两个产业产品消费的大幅增加，表明在该时间段上农村居民的消费水平发生了明显的升级，其基本生活条件得到明显的改善。在 1995～1997 年的时间段上，农村居民对各产业产品的总消费量由 0.35 万亿元下降到 0.26 万亿元，因此对各产业发展的拉动作用也有所减弱，但仍然拉动各产业总产出增长 3.59%。这两年中农村居民消费对于食品制造业的促进作用最强，使其产出增长了 14.62%，对于金融保险业的促进作用居于第二位，促使其产出增长了 12.3%。电力及蒸汽、热水生产供应业、炼焦、煤气及石油加工业及化学工业经历了上一时段的迅猛增长之后，其增长速度在本时段上明显放慢。农村居民对各产业产品的消费总量虽然有所下降，但是对于食品制造业的强大拉动作用仍然表明农村居民的生活条件在改善，对于金融保险业的拉动作用则表明农村居民的生产和生活观念在改变。在 1997 ~ 2000 年的时间段上，农村居民消费继续下降，使各产业总产出在 3 年间仅增长 3.48%，其中对于金融保险业的促进作用最强，在 3 年的时间中使其产出增长了 6.83%。在这一时段上农村居民消费对于各产业发展促进作用的最大特点，就是促进了各个产业的均衡发展，对各个不同产业产出的促进作用的差距明显缩小。在 2000 ~ 2002 年的时段上，农村居民的总消费出现了负增长，并且对 16 个产业中的 15 个产业的产出的作用是负向的，只是使建筑材料及其他非金属矿物制品业和建筑业的产出分别增长 1.55% 和 9.04%。在 2002 ~ 2005 年的时间段上，农村居民的总消费又开始增长，由 2002 年的 0.105 万亿元上升到 2005 年的 0.11 万亿元。农村居民消费又开始拉动农业之外的各产业产出的增长，使各产业的总产出增加了 0.69%，其中对食品制造业的拉动最强，拉动该产业的产出增加 2.75%，拉动运输邮电业的产出增加 1.45%。在 2005 ~ 2007 年的时间段上，农村居民对于其他服务业的增长没有促进作用，反而有所减少，使得其他服务业的产出下降了 2.49 个百分点，对建筑业的贡献最大，但也只使其产出在两年间增长了 4.88%，对于电力及蒸汽、热水生产和供应业和化学工业的影响分别为 2.83 个和 0.81 个百分点，贡献非常有限，这也反映了农村居民消费升级较慢的现实。

农村居民消费升级的产业结构效应又可以进一步分解为消费水平升级的结构效应和消费结构变动的结构效应。农村居民消费水平的变动对产业结构的影响要远大于居民消费结构变动的影响。从 1987 ~ 2007 年的总体情况来看，农村居民消费水平的提高使各产业的总产出增加了 39.32%，具体到对各个产业的影响来看，农村居民消费水平的提高对电力及蒸汽、热水生产和供应业的影响最大，使其产出增加了 92.99%；对食品制造业的促进作用居于第二位，使其产出增长了 69.3%；对建筑业的促进作用相对较小，使其产出增加了 11.55%；对于其他产业的促进作用则较为平均，如使农业的产出增加 45.76%、采掘业的产出增加了 49.46%、其他制造业的产出增加 38.6%。这反映了农村居民消费升级的一个突出的特点，那就是消费总量的增加。同时，农村居民对于家用电器的消费对电力、蒸汽等相关产业的促进非常明显；对建筑业较小的拉动力表明，农村居民的居住条件的改善相对较慢，这也可能与农村比城镇居民有相对较大的人均居住面积有关。相比之下，农村居民消费结构变动对产业产出的影响相对较小，并且对不同产业的影响差异较大，这也反映了我国农村居民的消费升级还处于量的扩张阶段，以弥补以前消费上的不足，在1987～2007年21年间使各产业产出总额的变动为42.09%，其中对农业、化学工业和纺织缝纫及皮革产品制造业的影响为负，分别使其产出下降34.92%、9.84%和10.76%，表明在农村居民的消费结构中，农产品和衣着支出增长相对较慢；农村居民消费结构的变动对电力和金融保险业的拉动最强，使其产值分别增加45.51%和32.61%。农村居民消费结构对各个产业产出影响的差异表明，农村居民的消费结构在1987～2007年期间生了较大变动，对于服务业和耐用品消费的增加反映了农村居民消费的升级过程，对各个产业产出的不同作用，使不同产业的产出占总产出的比重也发生了相应的变动。在不同的时段上农村居民消费水平和消费结构的变动对产业结构的影响都有较大的不同，但是有一点是相同的，那就是农村居民消费水平变动对各产业的影响，要大于农村居民消费结构变动的影响，居民消费水平提高对各产业的影响一般都是正向的，而农村居民消费结构升级对于农业等满足人们低层次需求的产业，作用则是负向的，并且对于不同的产业影响差别较大。农村居民消费水平和消费结构变动对各产业的影响在1992～1995年这个时间段上最强，分别使各产业的总产出增加了6.91%和0.45%，在2002～2005年这个时间段的影响最弱，分别使各产业的总产出增加了0.52%和0.17%，这也反映了在最终需求六大类明细项目中，农村居民消费对各产业产出的影响不断下降。农村居民消费在1987～2007年间的升级过程中，虽然消费结构和消费水平变动的总体影响为正向的，但是也应看到在六大类项目中，农村居民消费升级的影响是相对较小的，对于产业结构的变动并未起到决定性影响，固定资产投资和城镇居民的消费升级对于产业结构变动的影响最大，两者在1987～2007年期间分别使总产出增加了427.24%和251.31%，而农村居民消费的影响则仅为42.09%。同时，农村居民在总人口中所占的比重仍为一半以上，这表明农村居民的消费能力仍然较弱，农村居民的消费升级空间仍然很大，在农村居民的消费能力提高后，农村居民的消费对各产业产出的拉动作用也将进一步增强，其产业结构效应也将进一步显现。

总之，农村居民消费对于各产业发展的作用经历了一个先增强后减弱然后又增强的过程，在1995年之前农村居民的消费强劲地带动各个产业的发展，在1995年以后农村居民的消费增速减缓，甚至在2000～2002年期间出现负增长，因此，农村居民消费对产业产出的增长的影响力也在不断减弱。农村居民消费升级的产业结构效应表现出明显的时间段特点。农村居民消费升级首先促进了农业、商业饮食业以及食品制造业的发展，带动这些产业在产业结构中的比重不断上升，继而又带动了化学工业，电力及蒸汽、热水生产供应业，炼焦、煤气及石油加工业以及机械工业的发展，并使产业结构表现出重化的特点。

二、城镇居民消费升级的直接产业结构效应

城镇居民消费升级（包括消费水平提高和消费结构变动两方面）使 1987 ~ 2007 年间各产业的总产出增加 251.31%，其中对电力、蒸汽、热水生产供应业促进作用最大，使其产出增加了 629.05%；使炼焦、煤气及石油加工业的产出增加了 371.64%；对于建筑业的拉动作用最小为 112.45%。由以上数据可以发现，城镇居民的消费升级与农村居民的消费升级有一定的相似之处，都对电力、蒸汽、热水生产供应等行业增长的影响相对于对其他产业的影响较大，城镇居民对于各产业产出的拉动作用要明显的强于农村居民，这也反映了农村居民和城镇居民的消费存在着巨大的差异。这同时也说明了，我国居民消费对于经济的拉动作用还要持续相当长的时间，因为农村人口仍占总人口的一半以上，农村人口相对于城镇人口的生活水平相差还是较大，随着农村居民收入水平的增长，其消费也必然会向城镇居民靠近，这必然会为经济提供巨大的需求，为我国经济的长远发展提供动力。

在不同的时间段上城镇居民消费升级的影响也呈现出不同的特点。在 1987 ~ 1990 年的时间段上，城镇居民消费对食品制造业的拉动最大，使其产出增长 13.66%。城镇居民消费的作用在这一时段上与农村居民消费的作用相似，在收入增加后首先要增加的就是食物的消费，只不过城镇居民消费升级的拉动作用较农村居民强一些。因此，作为城镇居民食物主要来源的食品制造业和商业饮食业，在这一时段上获得了较大的发展。在这一阶段，城镇居民消费升级的拉动作用的最突出特点与农村居民消费一样，也是对与“吃”相关的产业的强劲拉动。在 1990 ~ 1992 年的时间段上，城镇居民消费对于商业饮食业的拉动最明显，对于食品制造业和农业的拉动仍然非常强劲，使之分别增长了 12.14% 和 10.34%；对于建筑业的拉动力也开始增强，但仍然较弱，仅使之增长 0.13 个百分点；对于化学工业的拉动由上一个时段的年均 1.62%，上升为本时段的 4.65%。在这一时段上城镇居民的消费对产业发展最突出的作用是促进了商业饮食业的发展，同时带动了作为国民经济基础产业的化学工业的发展。这表明城镇居民的消费开始升级，开始注重消费的多样化，多样化产品的消费已经开始带动基础产业的发展，并且这种带动作用比农村居民消费的带动作用要强。在 1992 ~ 1995 年的时间段上，城镇居民消费大幅增加，由 0.4 万亿元增加到 2.5 万亿元，对各产业增长的拉动较以前的两个时段有大幅的上升，并且是全面拉动各个产业的产出水平

迅猛增长。在这个时间段上，城镇居民消费的增加对于食品制造业的促进作用最强，使其产出年均增长率为 12.87%；对于纺织缝纫及皮革产品制造业开始表现出强劲的拉动作用，使之年均增长 10.08%；另外，对于化学工业、建筑材料及其他非金属矿物制品业、金属产品制造业、机械设备制造业和基他制造业的促进作用与农村居民升级的作用相似，只不过比农村居民消费的拉动作用更加强劲。在 1995～1997 年的时间段上，城镇居民消费增速下降，城镇居民消费对于产业发展的拉动作用也有所减弱，但仍然拉动着各个产业产出的增长。其中对于其他服务业的促进作用最强，在两年的时间中使其产出增长了 9.84%；对于金融保险业的促进作用位为 7.06%，居于第二位；对于农业产出的拉动作用大幅减少为 4.57%；对于其他产业的拉动作用也明显减弱。在 1997～2000 年的时间段上，城镇居民消费使各产业总产出在 3 年间增长 9.06%。城镇居民消费对于炼焦、煤气、石油加工业的促进作用最强，在 3 年的时间中使其产出增长了 23.58%。在这一时段上城镇居民消费对于各产业发展的促进作用的最大特点就是促进了资源类产业的快速发展。在 2000～2002 年的时段上，城镇居民的消费与农村居民消费出现负增长不同，仍然处于增长过程之中，并且对所有 16 个产业都是正向的促进作用。其中对于服务业的促进作用最强，在 2 年间使其他服务业和商业饮食业的产出分别增加了 23.82% 和 20.13%；对于金融保险业的拉动作用也十分强劲，使其产出增加了 10.76%；对于第二产业中的各制造业行业的促进作用则相对较弱，除去电力及蒸汽、热水生产供应业和其他制造业外，对其他制造业行业的拉动都在 10% 以下。在该时间段上城镇居民消费最明显的特征就是对于服务业的拉动，使第三产业的各个行业获得了较大的发展。在 2002～2005 年的时间段上，城镇居民消费对于各产业总产出的拉动为 7.57%，并且延续了对于服务业的强劲拉动，尤其是对于金融保险业的拉动作用进一步地增强，在 3 年间使其产值增加了 30.26%，对第二产业的各行业的促进作用也十分明显，但是相对于对第三产业各产业的促进作用相对较小。

总之，农村居民消费升级与城镇居民消费升级在促进产业发展方面表现出很强的相似性。首先，居民消费的增加先促进与人们生存需要的相关产业的发展，最先促进了农业、商业饮食业以及食品制造业的发展，继而又带动了化学工业，电力及蒸汽、热水生产供应业，炼焦、煤气及石油加工业以及机械工业的发展，在人们的消费水平水平提高到一定程度后，居民消费的进一步升级对于服务业的促进作用日益明显。其次，居民消费对产业发展的带动作用具有明显的波动性，居民消费升级存在一个积蓄能量然后突然增加的特点，1992 年之前人们的收入在不断的增长，城乡居民人均收入按当年价格分别由 1978 年的 343.4 元和 133.6 元上升到 1991 年的 1 700.6 元和 708.6 元，在收入持续续增长一段时间之后，居民的消费发生突然的调整，对各产业产品的消费突然增加，强烈拉动各产业产出的增加，此时无论农村还是城镇居民的消费对产业发展的拉动作用都急剧地增大，开始下一个能量积蓄过程。

与前面分析的农村居民消费升级的产业结构效应可以分解为消费水平升级和消费结构升级的结构效应一样，城镇居民消费升级的产业结构效应也可分为这两部分，但是城镇居民消费升级的产业结构效应要明显地强于农村居民消费升级的产业结构效应。

在 1987～2007 年间，城镇居民消费升级使各产业产出的总产出增加了 257.31%，仅次于固定资产投资的 427.24%，对于各产业的产出起着相当重要的拉动作用。城镇居民消费水平的变动对各产业总产出的影响要远大于城镇居民消费结构变动的影响。从 1987～2007 年的总体情况来看，城镇居民消费水平的变动使各产业的总产出增加了 205.92%，其消费结构的变动使总产出增加了 3.30%，消费水平提高的作用是消费结构变动作用的近 70 倍。这显示出我国居民的消费升级总体而言仍然是处于量的扩张阶段，从对各个具体产业的影响来看，城镇居民消费水平的提高对电力及蒸汽、热水生产和供应业的影响最大，使其产出增加了 514.69%；对食品制造业和采掘业的产出分别增加了 384.42% 和 261.98%。对这两个产业的促进作用居于第二位和第三位；对建筑业的促进作用相对较小，使其产出增加了 54.96%；对于其他产业的促进作用差别也较大，如使农业的产出增加了 160.5%、金属产品制造业的产出增加了 190.58%、建筑材料及其他非金属矿物制品业的产出增加了 97.1%。

相比之下，城镇居民消费结构变动对各产业产出的拉动相对于其消费水平提高显得比较弱，并且对不同产业的影响差异较大，在 1987～2007 年期间对农业、食品制造业的影响为负，分别使其产出下降 60.11% 和 34.92%，表明在城镇居民的消费结构中，农产品、食品的支出所占的比重有所下降，是城镇居民消费升级的反映；与农村居民消费结构变动的作用相同，城镇居民消费结构的变动对金融、建筑和建筑材料制造业的拉动最强，使其产值分别增加 105.76%、57.49% 和 57.49%，这反映了我国城镇居民居住条件的不断改善以及居民购置房产方式的改变；使运输邮电业的产出增加了 21.9%。城镇居民消费结构变动对各个产业产出影响的差异表明，城镇居民消费结构在 1987～2007 年期间生了较大变动，是城镇居民消费升级的重要反映，对各个产业产出的不同影响使不同产业的产出占总产出的比重也发生了相应的变动。

在不同的时段上城镇居民的消费水平和消费结构的变动对产业结构的影响都有较大的不同，但是有一点是相同的，那就是城镇居民消费水平变动对各产业的影响要大于城镇居民消费结构变动的影响。城镇居民消费水平变动对各产业的影响都是正向的，而其消费结构变动对于不同产业有的影响差别较大，并且对农业、食品制造业等一些产业的影响是负向的。城镇居民消费水平和消费结构变动对各产业的影响在1992～1995年这个时间段上最强，分别使各产业的总产出增加了13.26%和0.83%；在1995～1997年这个时间段的影响最弱，分别使各产业的总产出增加了2.59%和－0.07%。

农村居民和城镇居民在促进产业发展方面也具有各自不同的特点，农村居民消费升级的产业结构效应总体而言要弱于城镇居民。农村居民虽然在人口比例上占多数，但由于农村居民的消费远小于城镇居民，农村居民消费对产业发展的拉动作用也相对较小，在1987～2007年期间城镇居民消费使各产业的总产出增加了209.22%，农村居民消费使各产业产出仅增加了42.09%，只有在1995～1997年时间段上农村居民对总产出的促进作用大于城镇居民，在其他时间段上都小于城镇居民的作用。另外，农村居民和城镇居民消费升级促进各个产业发展的顺序不同，使得不同产业在各个时间段上的发展速度不同，不同的产业在不同的时段上分别获得较大的发展，最终导致产业结构的变迁。各产业的发展之所以形成这样的先后顺序，是由于农村居民和城镇居民消费升级的过程中对于各产业产品消费的先后顺序不同造成的。农村居民在解决了“吃”的问题后，在住房的方面投入开始增加，如在1992～1995年之间使建筑材料、其他非金属矿物制品业的产出增加了16.4%，而城镇居民在解决了“吃”的问题后，在“用”的方面的投入开始增加，如在1987～1990年期间城镇居民拉动其他制造业的产出增加10.5%。

三、消费升级对产业发展影响的时间序列分析

自改革开放以来我国经济获得了长足的发展，人均GDP水平由1978年的381元上升到2000年的7 858元，2007年达到18 934元。这期间城乡居民的可支配收入也分别由1978年的343.4元和151.79元上升到2006年的5 025.08元和11 759.45元①。随着人们收入水平的提高，人们的需求水平和消费结构处于不断的升级过程之中，人们对耐用品的消费经历了三次“革命”，在本部分分别考察三次“革命”对产业结构的影响。

（一）第一次消费“革命”

在第一次消费“革命”时期，城镇居民的人均收入提高了1.9倍，农村居

① 本部分所使用的数据如无特殊说明均来自于历年《中国经济统计年鉴》。

民的收入提高了2.6倍，在1985年分别达到了739.1元和547.31元，与此同时，城镇居民的恩格尔系数1985年比1981年下降了3个百分点，农村居民的恩格尔系数由1978年的67.7%下降到1985年的57.8%，下降了近10个百分点。在这个阶段上的消费支出以吃穿为主，并且在数量上有所增加，形成了对轻工消费品的巨大需求，成为轻工业发展的主要动力，价格处于百元消费级的手表、自行车、缝纫机也就是俗称的“老三件”成为时尚的追求。在这个阶段我国轻工业获得了飞快发展，其占工业总产值的比重从1978年的43.1%上升到1985年的47.09%。由于市场机制的引入，人们的消费需求对产业结构的影响逐渐加强，促使产业结构合理化，使产业结构呈现出第一产业比重迅速上升的特点，三次产业增加值在GDP中所占比重由1978年的28.19:47.88:23.94变为1985年的28.44:42.89:28.67，农业就业份额出现了明显下降，工业和服务业就业所占份额有所上升，这说明我国农村和农业改革极大地解放了农业生产力，推动了第一产业的发展，但由于这种结构变动具有补偿性和暂时性，从1985年开始，第一产业的就业和产值比重又开始下降。在第一次消费革命期间，纺织等轻工业得到了很大的发展，满足了市场的需要，同时由于重工业处于调整过程之中，因此，第二产业的产值比重下降较多。

（二）第二次消费“革命”

在第二次消费“革命”期间人们的收入水平以更快的速度提高，在此期间城镇和农村的人均可支配收入分别增长了7.5倍和4.7倍。这期间最突出的特点就是家庭耐用消费品的升级，人们追求的耐用消费品由百元级上升到千元级，以彩电、冰箱、洗衣机这“新三件”为代表。由于耐用消费品的普及可以带动固定资产投资的增加，因此对于产业发展具有重要的意义，而其他诸如食品、衣着、医疗保健、交通通讯、教育文化娱乐和居住支出的变动对于相应产业发展也有重要的影响。八大类商品消费支出变动情况如表12-1、表12-2所示。

表12-1　城镇居民八大类商品的消费支出变动情况　单位：元

年份	总支出	食品	衣着	家庭设备用品及服务	医疗保健	交通通讯	教育文化娱乐	居住	杂项
1985	673.20	351.72	98.04	57.87	16.71	14.39	55.01	32.23	47.23
1986	798.96	418.92	113.04	88.92	7.56	—	—	—	—
1987	884.40	472.93	121.09	100.57	8.87	—	—	—	—
1988	1 103.98	567.01	153.21	148.62	12.59	—	—	—	—

续表

年份	总支出	食品	衣着	家庭设备用品及服务	医疗保健	交通通讯	教育文化娱乐	居住	杂项
1989	1 210.95	659.96	149.15	133.97	15.98	—	—	—	—
1990	1 278.89	693.77	170.90	108.45	25.67	40.51	112.26	60.86	66.57
1991	1 453.81	782.50	199.64	139.83	24.96	13.11	—	—	—
1992	1 671.75	883.65	235.41	140.68	41.51	44.17	147.45	99.68	79.20
1993	2 110.81	1 058.20	300.61	184.96	56.89	80.63	194.01	140.01	95.50
1994	2 851.34	1 422.49	390.38	252.42	82.89	132.68	250.75	193.16	127.56
1995	3 537.57	1 771.99	479.20	263.36	110.11	183.22	331.01	283.76	114.92
1996	3 919.47	1 904.71	527.95	298.15	143.28	199.12	374.95	300.85	170.45
1997	4 185.64	1 942.59	520.91	316.89	179.68	232.90	448.38	358.64	185.65
1998	4 331.60	1 926.89	480.86	356.83	205.16	257.15	499.39	408.39	196.95
1999	4 615.91	1 932.10	482.37	395.48	245.59	310.55	567.05	453.99	228.79
2000	4 998.00	1 971.32	500.46	374.49	318.07	426.95	669.58	565.29	171.83
2001	5 309.00	2 027.99	533.66	376.22	343.28	493.94	736.63	610.67	186.61
2002	6 029.88	2 271.84	590.88	388.68	430.08	626.04	902.28	624.36	195.84
2003	6 510.94	2 416.92	637.72	410.34	475.98	721.12	934.38	699.38	215.1
2004	7 182.10	2 709.60	686.79	407.37	528.15	843.62	1 032.80	733.53	240.24
2005	7 942.88	2 914.39	800.51	446.52	600.85	996.72	1 097.46	808.66	277.75
2006	8 696.55	3 111.92	901.78	498.48	620.54	1 147.12	1 203.03	904.19	309.49

资料来源：相关年份的《中国经济统计年鉴》。

表 12-2　　农村居民八大类商品的消费支出变动情况　　单位：元

年份	总支出	食品	衣着	家庭设备用品及服务	医疗保健	交通通讯	教育文化娱乐	居住	杂项
1985	317.42	183.43	30.77	16.19	7.67	5.58	12.36	57.87	3.55
1986	356.95	201.17	33.74	—	—	—	—	—	—
1987	398.29	219.67	34.23	—	—	—	—	—	—
1988	476.66	254.57	41.18	—	—	—	—	—	—
1989	535.37	289.58	44.38	—	—	—	—	—	—
1990	584.60	343.76	45.44	30.90	19.02	8.42	31.38	101.37	4.31
1991	619.79	357.06	51.07	35.34	22.34	10.27	36.44	102.00	5.27

续表

年份	总支出	食品	衣着	家庭设备用品及服务	医疗保健	交通通讯	教育文化娱乐	居住	杂项
1992	659. 21	379. 26	52. 51	36. 67	24. 14	12. 24	43. 77	104. 90	5. 72
1993	769. 65	446. 83	55. 33	44. 67	27. 17	17. 41	58. 38	106. 79	13. 07
1994	1 016. 81	598. 47	70. 32	55. 46	32. 07	24. 02	75. 11	142. 34	19. 02
1995	1 310. 40	768. 19	89. 79	68. 48	42. 48	33. 76	102. 39	182. 21	23. 06
1996	1 572. 08	885. 49	113. 77	84. 22	58. 26	47. 08	132. 46	219. 06	31. 74
1997	1 617. 15	890. 28	109. 41	85. 41	62. 45	53. 92	148. 18	233. 23	34. 27
1998	1 590. 30	849. 60	98. 10	81. 90	68. 10	60. 70	159. 40	239. 60	32. 90
1999	1 577. 40	829. 00	92. 00	82. 30	70. 00	68. 70	168. 30	232. 70	34. 30
2000	1 670. 13	820. 50	96. 00	75. 50	87. 60	93. 10	186. 70	258. 30	52. 50
2001	1 741. 09	830. 70	98. 70	77. 00	96. 60	110. 00	192. 60	279. 10	56. 40
2002	1 834. 31	848. 40	105. 00	80. 40	103. 90	128. 50	210. 30	300. 20	57. 70
2003	1 943. 30	886. 03	110. 27	81. 65	115. 75	162. 53	235. 68	308. 38	43. 01
2004	2 184. 65	1 031. 91	120. 16	89. 23	130. 56	192. 63	247. 63	324. 25	48. 27
2005	2 555. 40	1 162. 16	148. 60	111. 44	168. 09	244. 98	295. 48	370. 16	54. 52
2006	2 829. 02	1 216. 99	168. 04	468. 96	126. 56	288. 76	305. 13	191. 51	63. 07

由表 12－1 和表 12－2 中数据可以看出，城乡居民都有一个消费升级的过程，表现为居民消费支出绝对数额的不断上升和消费结构的不断变化。在居民的消费升级过程中对于食品、衣着和家庭设备用品的支出总量不断地增加，但是在整个消费支出中所占的比重却是不断减小的，而对于医疗、通讯、教育文化娱乐和居住的支出不但在总量上有所增加，在整个消费支出中所占的比重也在不断地上升。

食品支出的数额随着城乡居民收入的提高增长最快，然而，居民食品支出虽然在绝对数上增长最快，但是在居民的消费结构中所占的比重却在不断下降，由于居民在食品支出上绝对数量的增加和相对数量的减少，使农业产出的绝对数额由 1985 年的 2 564 亿元上升到 2000 年的 14 944. 7 亿元，同时在三次产业中所占的比重却由 28. 44% 下降到 15. 06%。居民食品支出的增加也使得食品制造业的产值由 1986 年的 704. 4 亿元上升到 1 442. 5 亿元，增长了 1 倍以上，但是由于同期的名义 GDP 增长了 10 倍以上，所以食品制造业在整个产值结构中的比重也有明显的下降。

居民衣着支出的变动则相对较小，增长缓慢，并且在整个消费结构中的比重也在不断地下降。居民衣着支出的变动主要影响我国纺织业的发展。我国纺织业的产值变化情况如图 12-1 所示。

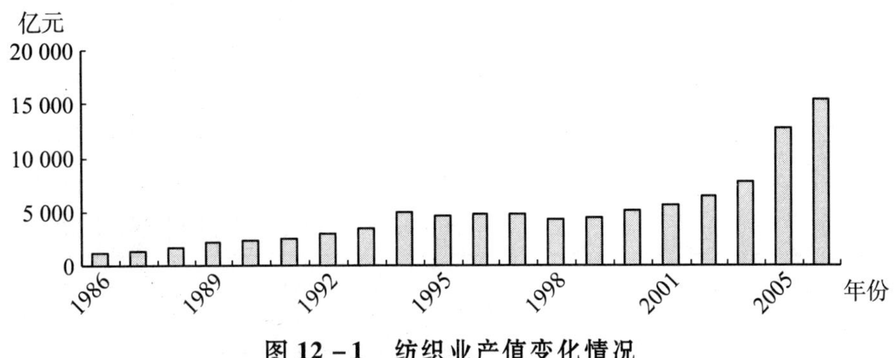

图 12-1 纺织业产值变化情况

资料来源：中经网统计数据数据库综合年度数，http：//db. cei. gov. cn/scorpio_online/aspx/main. aspx? width = 1142&height = 800。

由图 12-1 可以看出，在 1986～2000 年期间我国纺织业的产值增长相对比较缓慢，虽然在这期间纺织业的出口增长比较迅速，但是由于国内居民衣着消费增长缓慢，使得纺织业的产值在整个产业结构中的比重也呈现出不断下降的趋势。

居民医疗保健、教育文化娱乐以及交通通讯支出的增加主要是促进第三产业的发展，随着教育和医疗改革的不断深入，以及人们对健康和教育的重视程度的不断提高，以上三项支出占城乡居民总支出的比重变化情况如图 12-2 所示。

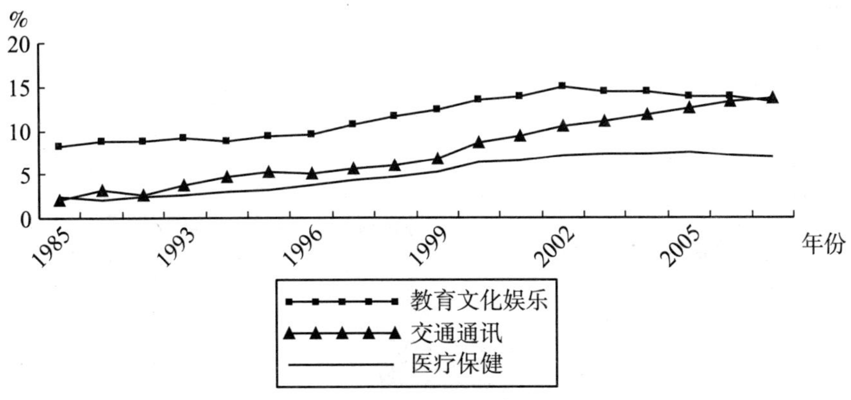

图 12-2 三项支出的比重变动情况

三项支出在居民消费结构中的比重都在不断地上升，变化虽然不大，但是如果考虑到城镇和农村居民的支出分别上升 7 倍和 5 倍以及我国巨大的人口基数的话，就可以发现居民用于这三项的总支出绝对数量巨大而且总量增加速度非常快，这促进了我国第三产业的迅速发展。与医疗保健、教育文化娱乐和交通通讯等服务业相关产业的增长使得“第三产业其他行业增加值”的增长情况如图 12－3 所示。

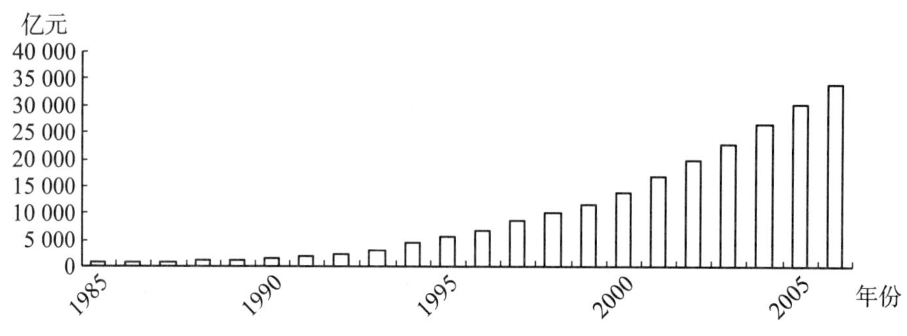

图 12－3　第三产业其他行业增加值

以上三项支出的增加在促进了服务业发展的同时，也使得第二产业中的相关产业获得快速的发展。医疗保健支出的增加使得医药制造业的产值由 1986 年的 154.39 亿元上升到 2000 年的 1 781.37 亿元，增长了 10 倍以上。教育文化娱乐支出的增加促进了教育文化体育用品制造业工业产值由 1986 年的 43.79 亿元上升到 2000 年的 617.94 亿元，增加了 13.11 倍。

第二次消费革命期间最重要的变化就是家庭耐用品的普及，城乡居民家庭人均用于家庭设备用品及服务的支出也在不断地增加，变动情况如图 12－4 所示。

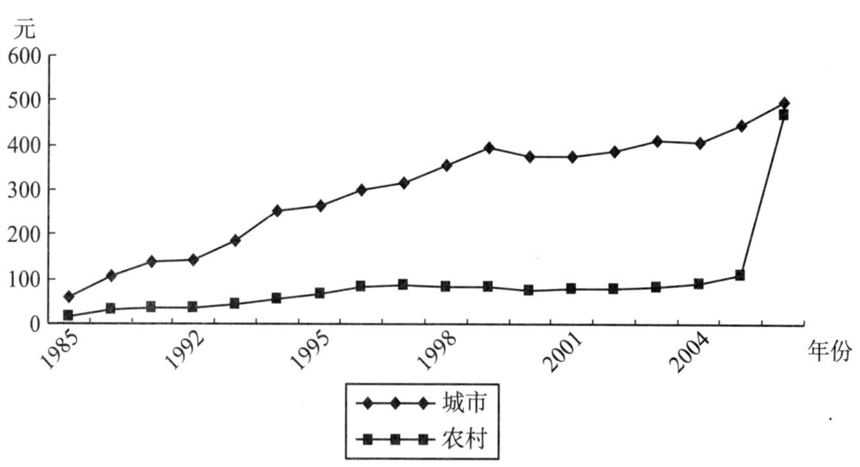

图 12－4　家庭设备用品及服务支出

由图 12－4 可知，城乡居民用于家庭设备用品及服务的支出在 1985～2000 年间不断增加，尤其是城镇居民的增长速度更快，相比而言农村居民用于耐用品的支出的变动则较为平缓。在洗衣机、彩电、冰箱进入城镇居民家庭的过程中，初始阶段，洗衣机的普及速度比彩电和冰箱快，但是彩电的普及率很快就超过了洗衣机，而冰箱的普及率则低于彩电和洗衣机。在2000年每百户居民的彩电拥有量达到116台，洗衣机达到90.5台，冰箱80.1台，家电普及率迅速提高，都接近于饱和状态。相比之下农村居民三大件的普及率则要低得多，在1985～2000年期间虽然普及率也在逐渐提高，但是增加的速度相当慢，到2000年每百户居民拥有的彩电、冰箱和洗衣机的数量仅是城镇居民的41.8%、15.37%和31.58%，或许可以说2000年之前主要是城镇居民的“革命”，农村居民由于收入水平低而且提高速度慢，还未真正进入“革命”期。但是，即使消费“革命”仅在占人口一半以下的城镇展开，还是极大地促进了相关产业的发展，1985～2000年间我国工业总产值由9 716.47亿元上升到85 673.66亿元，其中轻工业由1985年的4 575亿元上升到2000年的34 094.5亿元，增长率为年均14.33%。产业结构中的重工业和农业、轻工业的矛盾进一步缓解，重工业从长期的自我循环中摆脱出来，转向为农业和消费品工业服务。更为重要的是居民消费需求总量的扩张和结构的升级，直接诱发了工业结构从传统轻工业向现代轻工业的第一次升级，家电产业、建材产业以及为其服务的电子产业、集成电路、微型计算机等工业也都从无到有迅速发展。这都是消费需求总量和结构的变动对产业结构变迁产生推动的结果。

农村家庭的耐用消费品的普及率虽然比城市中低很多，存在着对耐用消费品的潜在需求，但是受到收入水平低和增长速度慢的制约（在2000年农村居民的人均年纯收为3 146.21元，而同期城市居民的可支配收入为6 279.98元），使得农村居民的潜在需求无法转变成现实需求。观察农村居民的八大类商品的消费支出可以发现，在1985～2000年期间农村居民对耐用品的消费结构虽然有所变动，但是其变动的幅度相对于城镇居民仍然较小。由于农村居民的潜在需求无法转化成现实需求，而城市家庭耐用品的消费基本已达到饱和状态，新的消费热点还没有形成，因此，为了促进经济的增长，我国走上了靠投资拉动经济增长的道路。这也使得我国产业结构中重工业的比重在20世纪90年代后期快速上升，到2000年重工业的产值占工业总产值的比重已达到60.2%。

（三）第三次消费“革命”

第三次消费革命的主要特点是住房和汽车成为人们新的追求目标，以及通讯成为人们的消费热点。2000年以来伴随着我国经济的高速增长，收入水平快速提高。随着居民收入的稳步增长和有关消费刺激措施的出台，住房、汽车和通讯成为人们消费的新热点，也极大地刺激了房地产、汽车以及电子通讯等相关产业的迅猛发展，同时也掀起了新一轮机电、化工、冶金、建材、交通运输、电力等一大批相关产业的投资热潮，这必然带动这些产业在整个产业结构中的比重上升。

近年来，我国城镇居民居住消费在居民总消费中的比重提升很快，由前面的城乡居民八大类商品的消费支出可以发现，城镇居民人均住房消费占总支出的比重由住房改革初期1993年的6.63%上升到2006年的10.4%，占城镇居民可支配收入的比重由5.43%上升到7.69%。农村居民住房支出占总支出的比重高于城镇，而且自1993年以来一直维持在15%左右。而且，我国居民用于购买房产的支出在我国按投资处理，居民八大类商品消费支出中的住房支出指的是房租以及与住房相关的燃气和燃煤的支出，如果考虑到居民用于购买房产的支出，那么我国居民用于住房方面的花费增长更快。1995年以来城乡居民住房投资总额情况如表12-3所示。

表12-3　　城乡居民投资情况

年份	城镇住宅投资额（亿元）	农村住宅投资额（亿元）
1995	3 278.2	1 458.5
1996	3 326.2	1 872.3
1997	3 319.7	2 051.0
1998	4 310.8	2 083.0
1999	5 050.9	2 007.9
2000	5 435.3	2 158.9
2001	6 261.5	2 077.6
2002	7 248.9	2 158.2
2003	8 624.8	2 167.5
2004	11 010.1	2 453.9
2005	12 825.8	2 601.5
2006	16 305.5	3 027.5

资料来源：中经网统计数据数据库综合年度数，http：//db.cei.gov.cn/scorpio_online/aspx/main.aspx？width=1142&height=800。

城镇居民住宅投资额的年均增长速度为15.70%，农村居民住宅投资额的年均增长速度为6.86%。居民住宅投资的增加，使得房地产业和建筑业的产值也有了迅猛的增长。1995年以来建筑业和房地产业的产值情况如表12-4所示。

表 12-4　　建筑业和房地产业的产值情况

年份	房地产业（亿元）	建筑业总产值（亿元）
1995	5 794.0	2 354.0
1996	8 282.0	2 617.6
1997	9 127.0	2 921.1
1998	10 062.0	3 434.5
1999	11 153.0	3 681.8
2000	12 498.0	4 149.1
2001	15 362.0	4 715.1
2002	18 527.0	5 346.4
2003	23 084.0	6 172.7
2004	29 022.0	7 174.1
2005	34 552.0	8 243.8
2006	41 557.0	9 483.9

房地产业和建筑业的年均增长速度分别为 19.62% 和 13.51%，远高于 GDP 的增长速度，同时城乡住宅投资之和与以上两个产业的相关系数如表 12-5 所示。

表 12-5　　城乡住宅投资与建筑业及房地产业相关系数

项目		城乡住宅投资总额	房地产业总产值	建筑业总产值
城乡住宅投资总额	皮尔森相关系数	1.000	0.992**	0.996**
	双层检验值		0.000	0.000
	N	12.000	12.000	12.000

注：** 在 0.01 水平相关性显著（双尾）。

其中的相关系数表明城乡住宅投资与房地产业和建筑业总产值呈现出较强的正相关关系。城乡居民住宅投资的上升会带动房地产业和建筑业产值的上升，由于住宅投资的速度远高于 GDP 的增长速度，城乡居民住宅投资的增加必然会带动房地产业以及建筑业在产业结构中比重的上升。

四、小结

本节采用 SDA 分析方法对农村居民和城镇居民消费升级的直接产业结构效

应进行分析，并把两者的作用进行了比较，主要结论如下：

第一，农村居民消费升级对于各产业发展的作用经历了先增强后减弱然后又增强的过程。在1995年之前农村居民的消费强劲地带动着各个产业的增长，在1995年以后农村居民的消费增速减缓，在2000~2002年期间甚至出现负增长，农村居民消费对相关产出增长的影响力也在相对减弱。农村居民消费升级首先促进了农业、商业饮食业以及食品制造业的发展，继而又带动了化学工业，电力及蒸汽、热水生产供应业，炼焦、煤气及石油加工业以及机械工业的发展。城镇居民和农村居民在促进产业发展方面具有很强的相似性，但也具有其鲜明特点。城镇居民消费升级在促进产业发展方面的作用要强于农村居民，在1987~2005年期间，城镇居民消费使各产业的总产出增加了146.78%，而农村居民消费使各产业产出仅增加了27.72%，因此，城镇居民消费升级的作用远大于农村居民。

第二，农村居民和城镇居民消费升级促进各个产业发展的顺序不同，使得不同产业在各个时间段上的发展速度不同，不同的产业在不同的时间段上分别获得大的发展，然后进入稳定增长期。各产业的发展之所以形成这样的先后顺序，是由城乡居民消费升级的过程中对不同产业产品消费的先后顺序造成的。农村居民和城镇居民的消费升级过程有所差异：农村居民在解决了“吃”的问题后，住房投入立即增加；城镇居民在解决了“吃”的问题后，在“用”的方面投入开始增加，导致不同产业在不同的时间段上分别获得各自的发展，从而影响产业结构的变迁。

第二节　居民消费升级的间接产业结构效应

居民消费升级的间接产业结构效应是指居民消费升级通过影响固定资产投资而对产业结构产生的作用。居民消费升级会引起产业部门对资本品的需求，特别是对固定资产投资的需求，固定资产投资增加会使与之相关的产业，如机械设备制造和钢铁等的产出增加，从而使产业结构发生相应的变动。产业结构的变迁是多种因素综合作用的结果，中间需求和最终需求都会对产业结构变迁产生影响，但对于中国的产业结构变迁而言，中间需求的作用远弱于最终需求，城乡居民消费和固定资产投资是最终需求的最重要组成部分。

本节主要从居民消费升级拉动固定资产投资的角度考察消费升级的间接产业结构效应，但并不否认在某一时点上产业结构对需求结构的决定性作用，在某一时点上产业结构情况决定了消费者可选择的消费品的种类，因而决定了居民的消费结构，消费结构只能服从于既定的产品构成。但从动态的过程看，消费升级不仅从产品的实现上制约产业结构，而且引导着产业结构的变动，这里的消费升级包括消费水平的不断提高和消费结构的不断优化。正是由于居民的消费升级，引导着产业结构在变动过程中表现出一定的规律性，并且使我国的产业结构变迁过程具有某些特点。但是由于我国产业结构变迁过程是在经济转型的过程中发生的，在转型的过程中城乡居民的消费升级过程进展迅速，并且存在着巨大的城乡差距以及我国居民的消费率偏低等问题，使我国居民的消费升级与产业结构之间的关系呈现出独有的特征。以下将通过对 1987 ~ 2005 年间投入产出表及时间序列数据的计量分析，来考察我国转型期居民消费升级的间接产业结构效应。

一、居民消费与固定资产投资相关关系的确定

我国居民的消费经历了三次“革命”，这三次“革命”使居民的消费不断地升级。在这三次“革命”的过程中，居民消费结构发生了重要的改变，这种改变不仅仅是居民消费数量的变动，更重要的是居民主要消费品的品种、质量和比例也发生了巨大的变动。每一次消费“革命”都有一种或几种新消费品开始进入家庭，成为人们在一定时期内的追求目标。新产品的生产需要有新的生产设备和厂房等固定资产来对这种新产品的生产提供支持，这必然会带来全社会固定资产投资的增加，而全社会固定资产投资作为需求的重要组成部分自 1978 年以来一直保持着较快的增长速度。1980 年以来历年的全社会固定资产投资额变动情况如图 12 – 5 所示。

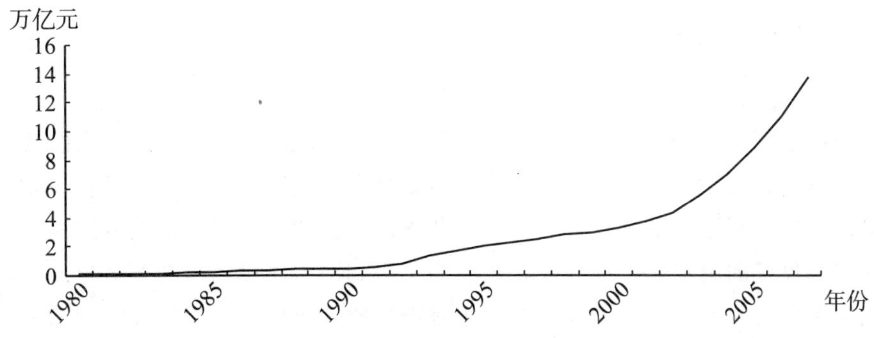

图 12 – 5　我国全社会固定资产投资额

资料来源：中经网统计数据数据库综合年度数据，http：//db. cei. gov. cn/scorpio_online/aspx/main. aspx？ width = 1142&height = 800。

2007 年我国全社会固定资产投资达到了 13.72 万亿元，占 GDP 的 54.99%，在 1980 年和 1993 年这一比例分别为 20.03% 和 36.99%。

固定资产投资作为一种需求，其支出具有特殊性，主要集中在少数几个产业中。固定资产投资支出主要由“建筑安装工程投资”和“设备工器具投资”两部分组成，建筑安装工程投资一项就占全社会固定资产投资的 60% 以上，设备、工器具投资占到全社会固定资产投资的 20% 以上，两者相加就占到全社会固定资产投资的 80% 以上。由于固定资产投资数额巨大且占 GDP 的比重大，并且增长迅速，必然会使与建筑安装工程和设备、工器具生产相关的产业所面临的需求快速增加，而且建筑安装工程和设备工器具生产的增速要快于 GDP 的增速，使与建筑安装工程和设备、工器具生产相关产业的产值和就业迅速增加，进而导致产业结构发生重大变动。建筑安装工程投资和设备工器具投资随时间变化如图 12-6 所示。

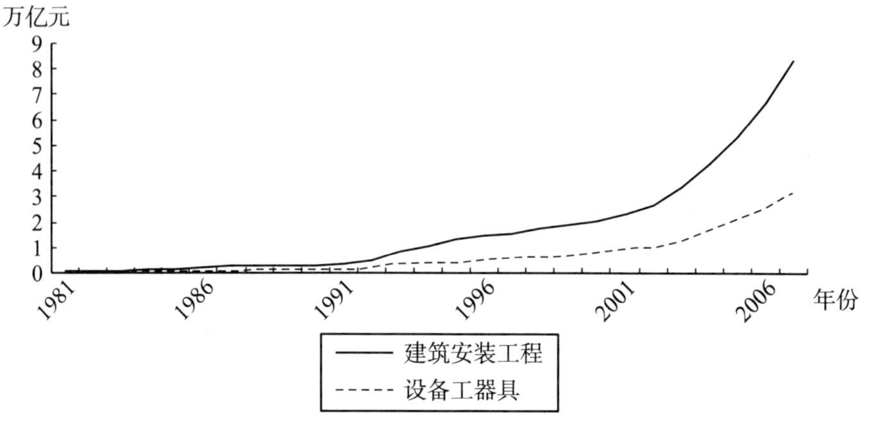

图 12-6　建安工程及设备工器具变化情况

资料来源：中经网统计数据数据库综合年度数据，http://db.cei.gov.cn/scorpio_online/aspx/main.aspx? width=1142&height=800。

全社会固定资产投资可以分为两部分：其一是政府作为主要投资人的政府固定资产投资；其二是由企业和个人作为主要投资人的私人固定资产投资。政府固定资产投资主要用于基本建设，属于公共支出，虽然可以增加消费者的福利，但是这部分投资的决定是一种政府行为。为了得到由于居民的消费升级导致的全社会固定资产投资额，需要把全社会固定资产投资中政府固定资产投资剥离掉。因此，我们用全社会固定资产投资减去国家财政决算支出总的“基本建设支出”得到私人固定资产投资，具体的数额如表 12-6 所示。

表 12-6　　全社会私人固定资产投资情况

年份	全社会固定资产投资额（亿元）	财政预算中基本建设支出额（亿元）	私人固定资产投资额（亿元）
1980	910.90	346.36	564.54
1981	961.00	257.55	703.45
1982	1 230.40	269.12	961.28
1983	1 430.10	344.98	1 085.12
1984	1 832.90	454.12	1 378.78
1985	2 543.20	554.56	1 988.64
1986	3 120.60	596.08	2 524.52
1987	3 791.70	521.64	3 270.06
1988	4 753.80	494.76	4 259.04
1989	4 410.40	481.70	3 928.70
1990	4 517.00	547.39	3 969.61
1991	5 594.50	559.62	5 034.88
1992	8 080.10	555.90	7 524.20
1993	13 072.30	591.93	12 480.37
1994	17 042.10	639.72	16 402.38
1995	20 019.30	789.22	19 230.08
1996	22 913.50	907.44	22 006.06
1997	24 941.10	1 019.50	23 921.60
1998	28 406.20	1 387.74	27 018.46
1999	29 854.70	2 116.57	27 738.13
2000	32 917.70	2 094.89	30 822.81
2001	37 213.50	2 510.64	34 702.86
2002	43 499.90	3 142.98	40 356.92
2003	55 566.60	3 429.30	52 137.30
2004	70 477.40	3 437.50	67 039.90
2005	88 773.60	4 041.34	84 732.26
2006	109 998.20	4 390.38	105 607.82

资料来源：中经网统计数据数据库综合年度数据，http：//db.cei.gov.cn/scorpio_online/aspx/main.aspx？width = 1142&height = 800。

为了确定居民消费升级与固定资产投资的相互关系，使用 SPSS16.0 对 1980 ~ 2006 年的社会消费品零售总额的年增长额和全社会私人固定资产投资额两者进行 Pearson 相关性分析，结果如表 12 - 7 所示。

表 12 - 7　　社会消费品零售增长额与私人固定资产投资额相关系数

项目	相关系数	私人投资	消费品零售增长额
私人固定资产投资额	皮尔森相关	1.000	0.923**
	双尾检验值	—	0.000
	N	27.000	27.000
社会消费品零售增长额	皮尔森相关	0.923**	1.000
	双尾检验值	0.000	—
	N	27.000	27.000

注：** 为在 0.01 水平相关性显著（双尾）。

从表 12 - 7 的相关性分析结果看，居民消费与固定资产投资之间存在较高的正相关关系，并且这种相关关系在 0.01 的显著性水平上拒绝原假设，正的相关系数 0.923 表明两者之间是同方向变动的，两者的变动趋势如图 12 - 7 所示。

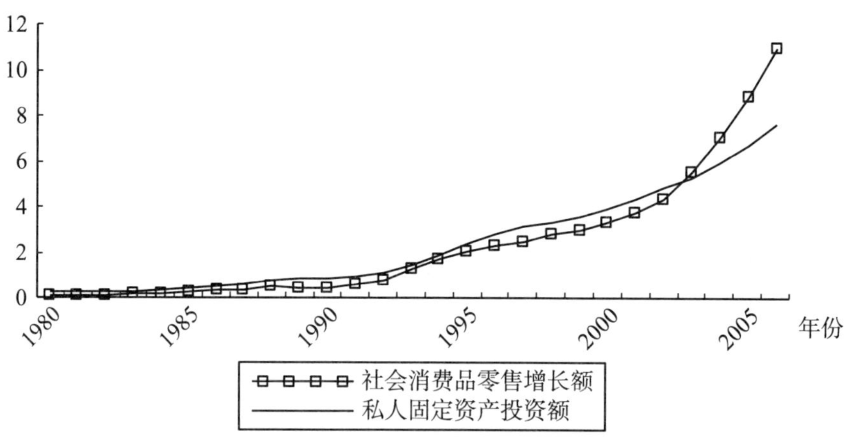

图 12 - 7　社会消费品零售增长额与私人固定资产投资额的变化趋势

资料来源：中经网统计数据数据库综合年度数据，http：//db. cei. gov. cn/scorpio_online/aspx/main. aspx？ width = 1142&height = 800。

观察全社会消费品零售增长额和私人固定资产投资额两个时间序列可以发现，两个序列都具有明显的上升趋势，并且上升趋势具有明显的相似性，这种相似性是否仅是一种巧合呢？从理论上而言，社会消费品零售总额的增加会使企业增加利润，企业增加利润的动机会使企业扩大生产，从而增加生产设备投资，也就是说社会消费品零售总额的增加与私人投资的增加之间可能存在一种因果关系。下面从实证检验的角度来考察居民消费升级与固定资产投资之间是否存在着某种相互关系，如果存在这种相互关系则考察在长期内是否稳定。由于两个序列都具有明显的趋势性，因此这两个时间序列都非平稳时间序列。进行一阶差分后的序列仍然都有明显的趋势，但二阶差分后的序列采用 Eviews 5.0 进行单位根检验，发现两个二阶差分序列都不存在单位根，都是平稳序列，所以两个序列都是二阶单整时间序列，单整阶数相等。因此，可以通过协整分析来验证两者之间是否存在稳定的相互关系，约翰逊协整分析的结果如表 12－8 所示。

表 12－8　　约翰逊协整分析的结果

CE 假设值	特征值	迹统计量	临界值	P 值**
None*	0.524530	27.43266	15.49471	0.0005
At most 1*	0.395581	11.07673	3.841466	0.0009

注：迹检验表明 eqn（s）在 5% 水平上存在二阶协整关系，* 表明 5% 水平上拒绝原假设，** MacKinnon-Haug-Michelis（1999）p-values。

由表 12－8 的检验结果可以发现，私人固定资产投资和消费品零售总额之间存在着协整关系，即两个时间序列在长期相互关系相对稳定。接下来对两个时间序列进行格兰杰因果检验，看两个序列之间的相互因果关系。格兰杰因果检验的结果如表 12－9 所示。

表 12－9　　格兰杰因果检验的结果

原假设	滞后期数	F 值	P 值	结论
社会消费品零售总额不是私人固定资产投资的格兰杰原因	1	7.804 6.703	0.010 0.016	拒绝 拒绝
社会消费品零售总额不是私人固定资产投资的格兰杰原因	2	1.005 5.768	0.384 0.011	接受 拒绝
社会消费品零售总额不是私人固定资产投资的格兰杰原因	3	0.612 3.206	0.616 0.049	接受 拒绝
社会消费品零售差额不是私人固定资产投资的格兰杰原因	4	0.675 3.822	0.621 0.027	接受 拒绝

从表 12－9 中可以看出，滞后期数为 1 期时，消费品零售总额不是私人固定资产投资的格兰杰原因的概率为 1%，因而拒绝原假设接受备择假设，认为前者

是后者的格兰杰原因。在滞后期大于1时，消费品零售总额不是私人固定资产投资的格兰杰原因的概率较大，无法拒绝原假设，认为消费品零售总额不是私人固定资产投资的格兰杰原因。这表明当期的消费品零售情况会对下一期的固定资产投资具有带动作用，对于滞后两期及以上的固定资产投资的影响则较弱。在滞后期为2~4时，私人固定资产投资不是消费品零售总额的格兰杰原因的概率均小于5%，因此拒绝原假设接受备择假设，认为固定资产投资是消费品零售总额的格兰杰原因。

消费品零售总额和固定资产投资之间存在较强的相关关系，并且是一种比较稳定的相互关系，两者之间在滞后一期的条件下消费品零售总额是私人固定资产投资的格兰杰原因。这说明，居民消费增加是固定资产投资增长的重要原因。

二、居民消费与固定资产投资相互关系的ARMA模型分析

在前面分析的基础上可知，居民消费是固定资产投资变动的重要影响因素，并且在滞后一期的条件下，居民消费升级是固定资产投资增加的格兰杰原因。接下来以私人固定资产投资作为因变量，居民消费作为自变量，来回归如下模型：

$$invest2_t = \beta retail_t + u_t$$

其中，$invest2_t$ 表示 t 时期的私人固定资产投资；$retail_t$ 表示 t 时期的社会消费品零售总额，回归结果如表12-10所示。

表12-10　　回归结果

变量	系数	标准误差	t统计量	P值
社会消费品零售总额	1.194025	0.061346	19.46386	0.0000
常数	-6190.930	1 980.317	-3.126232	0.0044
R^2	0.938095	因变量均值		22 273.68
调整后的 R^2	0.935618	因变量标准差		27 344.45
回归标准差	6 938.256	赤池信息准则		20.59868
残差平方和	1.20E+09	施瓦茨准则		20.69466
对数似然值	-276.0821	F统计量		378.8417
D.W.值	0.239631	P值		0.000000

回归结果中 R^2 为0.93，并且回归系数也显著，但是D.W.值仅为0.24，表明残差存在非常强的自相关，如图12-8所示。

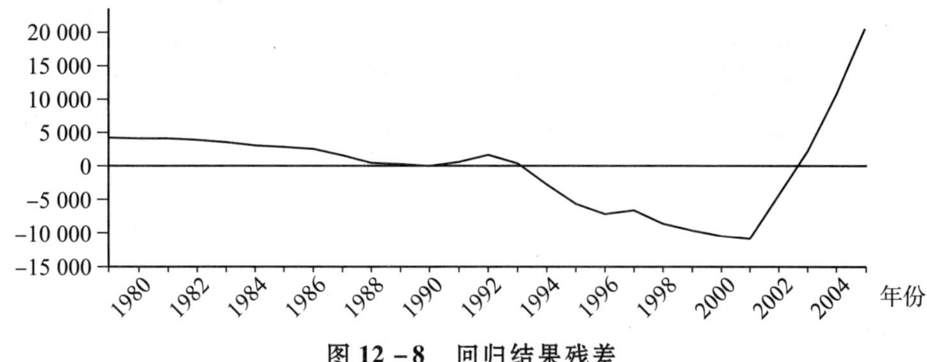

图 12 - 8　回归结果残差

由图 12 - 8 可以判断回归的残差具有明显的自相关性和异方差性，因此，需要对回归模型进行修正。根据回归残差的情况并结合前面格兰杰因果检验的结果，在原回归模型的基础上加上 AR（1）和 MA（1）项，同时，为了避免异方差的问题，把 $invest2_t$ 和 $retail_t$ 取对数后再进行回归，按新模型回归得到的结果如表 12 - 11 所示。

表 12 - 11　　自回归移动平均过程（1，1）模型回归结果

变量	系数	标准误差	t 统计量	P 值
LNRETAIL	1.029261	0.053878	19.10359	0.0000
一阶自回归过程	0.914422	0.063887	14.31314	0.0000
一阶移动平移过程	0.732753	0.119476	6.133049	0.0000
R^2	0.997231	因变量均值		9.205260
调整后的 R^2	0.996991	因变量标准差		1.490141
回归标准差	0.081746	赤池信息准则		-2.062222
残差平方和	0.153697	施瓦茨准则		-1.917057
对数似然值	29.80889	D.W. 值		2.016193

比较两种计量结果可以发现，采用 ARMA（1，1）的回归结果明显优于前面模型的回归结果，R^2 指标明显提高，并且 D.W. 值也有了显著的改善（为 2.02 非常接近 2），表明采用 ARMA（1，1）比较好地消除了自相关的问题。对残差进行 ADF 检验的结果如表 12 - 12 所示。

由表 12 - 12 中 ADF 检验的结果可知残差序列是平稳的，满足建立 ARMA（1，1）模型的条件。由以上回归结果可以看到，变量都以较高的概率通过了显著性检验，而且从模型的拟合程度看，R^2 达到了 99% 以上。以上 ARMA（1，1）模型较好地解释了私人固定资产投资和消费品零售总额的相互关系。

表 12 - 12　　ADF 检验结果

ADF 检验统计量		t 统计量	P 值
		- 4.928920	0.0006
检验临界值	1% 水平	- 3.724070	
	5% 水平	- 2.986225	
	10% 水平	- 2.632604	

回归结果中 LNRETAIL 的系数为 1.029，表明居民消费品零售总额每增加 1%，私人固定资产投资就会增加 1.03%，而我国全社会消费品零售总额自 1978 年以来大多数年份都保持着两位数的增长率，对固定资产投资增长具有非常重要的决定作用。同时，政府的基本建设支出大多数年份中也保持了两位数的增长。以上两个因素促进了固定资产投资的不断增长。再加上私人固定资产投资本身的基数大，更重要的是私人固定资产投资支出主要集中在与“建筑安装工程投资”和“设备工器具投资”相关的少数几个产业中，使这些产业的产出不断增加，必然会对产业结构产生重大作用。本节第三部分重点分析固定资产投资对产业结构的影响。

三、固定资产投资的产业结构效应分析

固定资产投资支出主要由“建筑安装工程投资”和“设备工器具投资”两部分组成，主要对建筑业、钢铁、水泥以及机械设备制造等相关产业产生影响。观察图 12 - 5，可以发现，我国全社会固定资产投资可以分为三个阶段，即 1992 年之前的缓慢增长阶段、1992 ~ 2002 年的较快增长阶段，以及 2002 年至今的快速增长阶段，这三个阶段的增长情况与居民消费升级过程的三次“革命”相对应。

在温饱消费阶段，人们主要是增加与吃和穿相关的消费。与吃和穿相关的产业都是劳动密集型产业，如农业和畜牧业以及纺织业等，这些产业部门产出的增加对于固定资产的依赖性较弱，因此，在温饱消费阶段的固定资产投资额相对较小。但是由于在这一阶段上人们长期压抑的购买力得到释放，各个产业的产出不断增长，投资仍然保持了一个较快的增长速度。

在人们的吃、穿等基本的生存需求得到满足后，人们的消费升级过程就进入了第二个阶段，即家电消费“革命”阶段。家电产业对于固定资产投资的依赖性比较大，在原有的固定资产存量不足以满足产品生产的需要的条件下，固定资产投资开始迅速增加。自 1984 年开始，全社会固定资产投资连续 5 年增长率都保持在 20% 以上，在 1989 ~ 1990 年间有所下降，但在 1991 年之后又开始了大规

模的增长，特别是在 1993 年全社会固定资产投资的增长率为 61.8%，达到 5 594.5 亿元，其后增速有所放缓。在 1999 年增速仅为 5.5%，虽然增速有所放慢，但是固定资产投资的绝对量始终在不停地增长，固定资产投资增速的变动，反映了居民家电消费升级的过程。在 1993 年左右处于居民家电消费升级过程的起始阶段，由于有良好的市场前景，固定资产投资增加最快。随着居民对家电需求的满足，消费升级对固定资产投资的拉动力相对减弱。随着人们收入的不断提高以及住房改革的推进等，人们对居住和出行条件改善的要求日益强烈，并引起了“住、行”消费“革命”的到来。与住、行相关的产业属于资本密集型产业，于是引发了新一轮的投资热潮。自 2000 年以来全社会固定资产投资又保持了两位数的增长，特别是近 5 年以来一直保持着 25% 左右的年增长速度。由上面的分析可知，固定资产投资的三个阶段与居民消费升级过程中的三次“革命”密切相关，得益于居民的消费升级引发的固定资产投资的增加，我国的建筑、钢铁、水泥以及机械设备制造等相关产业获得了巨大的发展，同时也引起了产业结构的变动。

居民消费升级的间接产业结构效应，首先表现为固定资产投资的增加使我国产业结构表现出不断重化的特点。居民消费升级引起的固定资产投资，作为社会总需求的重要组成部分主要是对重工业发生作用，这种作用是通过两种路径实现的：固定资产投资形成对重工业产品的需求；固定资产投资的增加导致重工业产出和就业的增加。另外，重工业内部的固定资产投资促进了重工业生产效率的提高，从而也可以提高重工业的产值。1978 ~ 2006 年间全社会固定资产投资和重工业总产值的变化情况如图 12 - 9 所示。

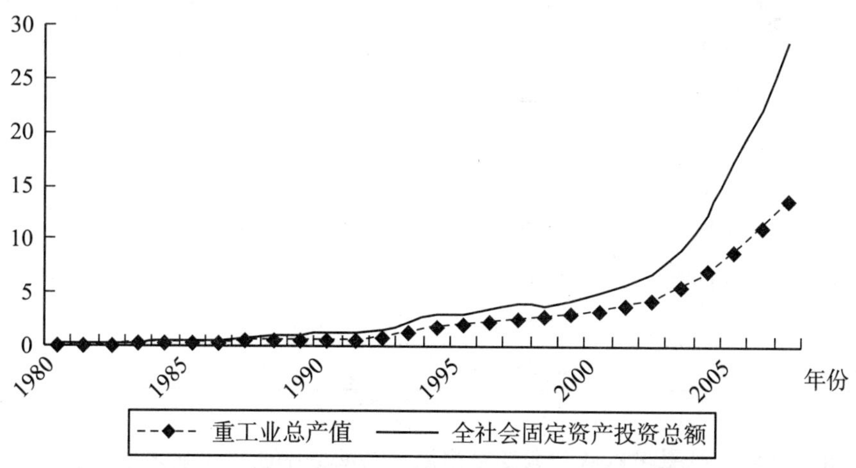

图 12 - 9　全社会固定资产投资与重工业产值变动趋势

资料来源：中经网统计数据数据库综合年度数据，http：//db.cei.gov.cn/scorpio_online/aspx/main.aspx？width = 1142&height = 800。

全社会固定资产投资额与重工业总产值变动的相关性如表12－13所示。

表12－13　　相关系数情况

		全社会固定资产投资额	重工业总产值
全社会固定资产投资额	皮尔森相关系数	1.000	0.990**
	双尾检验值	—	0.000
	N	28.000	26.000
重工业总产值	皮尔森相关系数	0.990**	1.000
	双尾检验值	0.000	—
	N	26.000	28.000

注：在0.01水平上相关性显著（双尾）。

由于全社会固定资产投资和重工业总产值两个时间序列都具有明显的时间趋势，都是非平稳的时间序列，为此采用ARMA（1，1）模型来研究全社会固定资产投资对重工业总产值的影响。同时，为了避免异方差性的影响，首先对两个变量进行对数化，使用Eviews5.0得到回归结果如表12－14所示。

表12－14　　回归结果

变量	系数	标准误差	t统计量	P值
LNINVEST	0.889816	0.034417	25.85426	0.0000
常数项	1.632698	0.323139	5.052617	0.0001
一阶自回归过程	0.306490	0.228141	1.343428	0.1942
一阶移动平均过程	0.922593	0.094160	9.798172	0.0000
R^2	0.996385	因变量均值		9.763879
调整后的R^2	0.995843	因变量标准差		1.150926
回归标准差	0.074206	赤池信息准则		－2.212937
残差平方和	0.110130	施瓦茨准则		－2.016594
对数似然值	30.55524	F统计量		1837.609
D.W.值	1.933851	P值		0.000000

由以上回归结果可以看到，变量都以较高的概率通过了显著性检验，而且从模型的拟合程度看，决定系数R^2达到了99%以上，模型具有很好的解释功能，D.W.统计量为1.93，比较好地避免了序列自相关的问题，回归结果的残差图如图12－10所示。

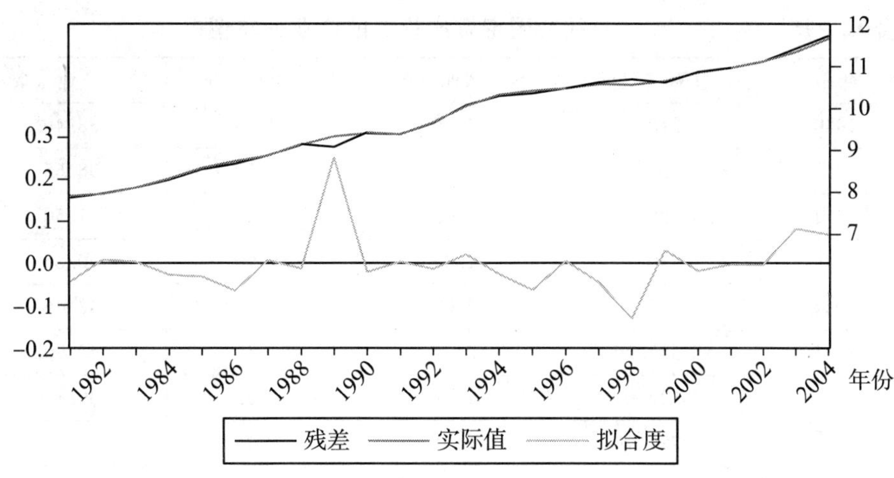

图 12－10　回归结果残差

从图 12－10 中可以清楚地看出拟合效果较好，并且生成的残差序列为近似的白噪声序列，而且大部分落在 5% 的显著带宽中，只是在 1989 年和 1998 年剧烈变动时落在 5% 的显著带宽外。ARMA（1，1）模型较好地解释了全社会固定资产投资和重工业总产值之间的数量关系。固定资产投资每增长 1% 则重工业的总值就增加 0.89%，固定资产投资对重工业的产出具有非常强的拉动作用。同时，投资占 GDP 的比重呈现出不断上升的趋势，这就导致重工业在产业结构中比重的不断上升。

由于居民消费升级过程中不断增加的产品主要集中于三次产业中的第二产业，并且居民消费升级所导致的固定资产投资也主要发生在第二产业内部，使得第二产业产值不断增加，这导致我国第二产业产值在三次产业中的比重保持在 50% 左右，还没有像发达国家那样出现第二产业在整个产业结构中比重下降的过程。

居民消费升级的产业结构效应，不仅是增加固定资产投资从而带动相应重工业的发展，同时，固定资产投资不仅仅作为一种总需求拉动着产业结构的变动，还作为经济增长的源泉也推动相应产业产值的增长。固定资产投资在各个产业之间分布情况的变动，会使各个产业的生产能力发生变动，进而使产业结构发生变动。自 1980 年以来我国全社会固定资产投资在各产业的分布情况如表 12－15 所示。

由表 12－15 中的数据可以看出，第一、二产业的固定资产投资在总投资中所占比重不断减少，第三产业的固定资产投资在总投资中所占比重不断上升。全社会固定资产投资在各个产业中分布结构的变动使各产业产值非均衡增长，从而引起产业结构的变动。为了验证这种因果关系的存在性，把各产业固定资产投资占总投资的比重与各产业增加值在 GDP 中所占的比重，用 Eviews5.0 做格兰杰因果检验，结果如表 12－16 所示。

表 12-15　　全社会固定资产投资的产业分布情况

年份	总额（亿元）	第一产业（%）	第二产业（%）	第三产业（%）
1980	910.90	3.76	57.75	38.49
1981	961.00	3.25	58.10	38.65
1982	1 230.40	3.03	55.47	41.50
1983	1 430.10	2.25	56.90	40.85
1984	1 832.90	2.08	55.46	42.46
1985	2 543.20	2.72	54.38	42.90
1986	3 120.60	2.19	58.63	39.18
1987	3 791.70	1.81	61.25	36.94
1988	4 753.80	2.29	63.02	34.69
1989	4 410.40	2.45	61.99	35.56
1990	4 517.00	2.91	57.37	39.72
1991	5 594.50	2.79	58.25	38.96
1992	8 080.10	2.39	56.51	41.10
1993	13 072.30	2.28	46.82	50.89
1994	17 042.10	2.48	42.49	55.03
1995	20 019.30	2.49	40.98	56.53
1996	22 913.50	2.56	40.50	56.93
1997	24 941.10	2.60	38.87	58.53
1998	28 406.20	2.43	34.41	63.16
1999	29 854.70	2.41	32.93	64.66
2000	32 917.70	2.61	34.04	63.35
2001	37 213.50	2.92	32.61	64.47
2002	43 499.90	3.42	33.77	62.81
2003	55 566.60	2.98	38.42	58.60
2004	70 477.40	2.68	40.78	56.54
2005	88 773.60	2.62	43.75	53.63
2006	109 998.20	2.50	44.07	53.43

注：表中数据为当年价格，1978～1990 年固定资产投资比重采用全民所有制单位固定资产投资构成计算。

资料来源：《中国固定资产投资统计数典》（1950～2000）和相应年份的《中国固定资产投资统计年鉴》。

表 12－16　　格兰杰因果检验结果

原假设	样本容量	滞后期数	F 统计量	P 值
INVEST_1_% 不是 GDP_1_% 的格兰杰原因	26	1	3.86306	0.06155
GDP_1_% 不是 INVEST_1_% 的格兰杰原因	26	1	1.97505	0.17328
INVEST_2_% 不是 GDP_2_% 的格兰杰原因	26	1	3.23646	0.08515
GDP_2_% 不是 INVEST_2_% 的格兰杰原因	26	1	0.85286	0.36533
INVEST_3_% 不是 GDP_3_% 的格兰杰原因	26	1	1.72091	0.20252
GDP_3_% 不是 INVEST_3_% 的格兰杰原因	26	1	0.00505	0.94397

表 12－16 中 INVEST_i_% 表示第 i 产业的固定资产投资占全社会固定资产投资的份额，GDP_i_% 表示第 i 产业增加值占 GDP 的比重。对于第一产业和第二产业的格兰杰因果检验的结果表明，在滞后一期的条件下在 10% 的显著性水平上，拒绝投资结构不是产业结构变动的格兰杰原因的原假设，认为投资结构是以增加值表示的产业结构变动的格兰杰原因，并且不存在反方向的格兰杰因果关系，第三产业投资所占份额与其在产业结构中所占比重的格兰杰因果关系并不明显，这也证明了第三产业劳动和技术密集的特性。

固定资产投资对于各个具体产业也有相应的拉动作用，由于关于固定资产投资资金用途的时间序列数据仅限于“建筑安装工程”和“设备工器具”两类，无法取得更加详细的数据，因此，固定资产投资对各个具体产业的影响分析，仍然采用 1987～2005 年编制的投入产出表中的数据和 SDA 分析的方法。

居民消费升级的间接产业结构效应，是以固定资产投资作为中介而发生的。在最终需求的六个明细项目中固定资产投资对总产出的影响最大，使之在 1987～2005 年期间增长了 322.68%，对产业发展的促进作用大于城镇居民消费的 146.78%、农村居民消费的 27.72%，以及政府消费的 55.6%。在分行业的对比中，固定资产投资对机械设备制造业的促进最大，使其产出增长了 703.75%，对金属产品制造业的促进作用居于第二位，使其产出增长了 673.67%，处于第三位到第十位的产业依次是建筑业（544.55%），电力及蒸汽、热水生产供应业

(621.19%)，建筑材料及其他非金属矿物制品业（544.55%），其他制造业(315.45%)，炼焦、煤气及石油加工业（492.48%），化学工业（318.27%），运输邮电业（296.95%），商业饮食业（220.06%）。与前面农村居民消费、城镇居民消费以及政府消费相比，固定资产投资对于第二产业和第三产业的拉动作用明显更加强劲。固定资产投资在不同时段上对各产业的影响具有高度的一致性，在1987～1990年、1990～1992年、1992～1995年、1995～1997年、1997～2000年、2000～2002年以及2002～2005年这7个时间段上对不同产业促进作用的大小排序基本相同，处于前几位的产业是建筑业，金属产品制造业，采掘业，电力及蒸汽、热水生产供应业，炼焦、煤气及石油加工业，化学工业，建筑材料及其他非金属矿物制品业等生产性的产业部门。固定资产投资对于机械设备制造业的促进作用无论在哪个时段上都是最强的，其他几个产业的排序稍有变化，总体上保持着一定的稳定性。由此可知，固定资产投资更多的是促进了生产性基础性产业（如机械设备制造业）以及资源性基础产业（如采掘业）的发展，对于服务业和农业的促进作用则相对较弱。

四、小结

本节采用时间序列分析方法、协整分析方法和第四章中介绍的SDA分析方法，分析了居民消费升级的间接产业结构效应，主要结论如下：

首先，采用协整分析的方法分析考察居民消费升级与固定资产投资之间是否存在着稳定的相互关系，结果表明两者之间存在着一种比较稳定的长期关系。然后采用相关分析的方法对这种相互关系进行计量分析，正的相关系数0.923表明两者之间是同方向变动的。接下来采用ARMA模型对私人固定资产投资和居民消费之间的相互关系进行分析，发现ARMA（1，1）模型较好地解释了全社会固定资产投资和消费品零售总额的相互关系，居民的消费品零售总额与私人固定资产投资之间有长期稳定的较为密切的相互关系，全社会消费品零售增长额每增加1%私人固定资产投资增加1.029%，在模型中AR（1）和MA（1）的系数分别为0.91和0.73，表明固定资产投资在除受到社会消费品零售总额的影响之外，还受到前期固定资产投资的强烈影响。

在确定了居民消费和私人固定资产投资之间的相互关系之后，接下来使用第四章介绍的SDA分析方法，对固定资产投资对各产业的影响进行了分析。结果发现，固定资产投资对第一产业的促进作用较弱，对第二产业和第三产业的拉动作用则非常强劲。私人固定资产投资在不同时段上对各产业的影响具有高度的一致性，在1987～1990年、1990～1992年、1992～1995年、1995～1997年、1997～

2000年、2000~2002年以及2002~2005年这7个时间段上对不同产业促进作用的大小排序基本相同，处于前几位的产业是建筑业，金属产品制造业，采掘业，电力及蒸汽、热水生产供应业，炼焦、煤气及石油加工业，化学工业，建筑材料及其他非金属矿物制品业等生产性的产业部门。固定资产投资对于机械设备制造业的促进作用无论在哪个时段上都是最强的，对其他几个产业影响的大小排序稍有变化，但总体上保持着一定的稳定性。固定资产投资更多的是促进了生产性基础性产业（如机械设备制造业）以及资源性基础产业（如采掘业）的发展，对于服务业和农业的促进作用则相对较弱。

第三节　本章小结

本章应用投入产出方法对我国消费需求升级与产业结构和产业发展的影响进行了实证检验。消费需求升级对产业结构的影响可以分为两大类：其一是直接产业结构效应，是对消费资料产业的直接拉动。它是指由于居民对不同产业的产品具有不同的需求收入弹性，在居民的收入水平提高以后对不同产业产品的需求会发生相对变动，使不同最终消费品的相对价格发生变动，从而导致相关产业产值和就业情况的相对变动。其二是间接产业结构效应，是对生产资料产业的间接拉动。最终产品产业产出的变动需要通过生产规模的变动来实现，生产规模的变动引起生产资料价格相对变动，会引导资源流向相关的生产资料产业，引起产业结构向重化的方向发展。居民消费升级会通过直接效应和间接效应两种方式来对产业结构变迁发生作用。由于我国农村居民和城镇居民在收入水平和消费水平上均存在较大差异，因此，分别针对农村居民和城镇居民分析了其消费升级的直接产业结构效应和间接产业结构效应。农村居民消费与城镇居民消费升级在促进产业发展方面表现出很强的相似性。首先，居民消费的增加先促进与人们生存需要的相关产业的发展，最先促进了农业、商业饮食业以及食品制造业的发展，继而又带动了化学工业，电力及蒸汽、热水生产供应业，炼焦、煤气及石油加工业以及机械工业的发展，在人们的消费水平水平提高到一定程度后，居民消费的进一步升级对于服务业的促进作用日益明显。我国农村居民和城镇居民在促进产业发展方面也具有各自不同的特点，农村居民消费升级的产业结构效应总体而言要弱于城镇居民。农村居民虽然在人口比例上占多数，但由于农村居民的消费额远小于城镇居民，农村居民消费对产业发展的拉动作用也相对较小。

第六篇

转型时期的产业发展

第十三章

产业结构与产业发展：概述

我国的经济转型不仅是一个由计划经济向市场经济的体制转型过程，同时也是一个由农业经济向现代工业经济、服务业经济转换发展的过程。在这一产业发展过程中，整体产业结构发生了重要的变化，这是我国整体经济发展水平和产业发展水平的一个重要体现。本章将对我国产业结构变迁的大致过程，以及制造业和服务业两大产业内部结构的转变过程进行分析，然后对我国和其他几个国家和地区的产业结构发展转变过程进行比较。

第一节 中国产业结构变迁进程

1978年开始中国进入了改革开放的时代，逐渐把市场机制引入到经济中来，并且使市场机制在经济中发挥越来越重要的作用，但是计划机制仍然在经济生活中发挥着重要的作用。综合考察我国自1978年至今的产业发展历程可以看出，计划机制仍然起着主导性的作用，同时市场机制的作用也在不断地增强。

由于我国的改革首先由农村开始以农业作为突破口，“家庭联产承包责任制”的引入使农业获得巨大的发展，然后逐渐过渡到工业，因此，使得在1978～1984年这一期间，第一产业比重不断上升。此间产业结构变动的显著特点是第一产业占国民生产总值的比重迅速上升：1984年与1978年相比，第一产业由28.19%上升到32.13%，同期第二产业所占比重下降了近5个百分点，第三产业所占比重略有上升，这说明农村改革提高了农业的生产力，极大地推动了第一产业的发展。在工业化进程中第一产业比重迅速提高是我国的一种特有现象，是一种在市场机制的作用下纠正第一产业发展偏差的暂时情况。由于这种结构变动具有补偿性和暂时性，到1984年制度变迁的冲击释放完毕[①]，此后，第一产业比重又回到了不断下降的轨道上来。在农村的“联产承包责任制”的改革取得了巨大成功之后，城镇的工商业改革也逐渐展开。自1981年开始我国开始了由计划经济向市场经济的过渡期，具体的表现就是价格双轨制的推行，把市场机制逐步引入了国有经济的生产与交换中，促进了生产资料和生活资料生产的迅速发展。由于企业生产具有了一定的自主性和市场引导，终端消费性工业品的生产迅速扩张，最突出的表现就是轻工业获得快速发展，轻工业的产值由1981年的2 781亿元增长到1992年的12 217.7亿元，年均增长率为14.40%。轻工业的增长带动重工业中相关产业的发展，重工业的产值由1981年的2 619亿元增长到1992年的15 506.5亿元。1985～1992年间是我国非农产业较快发展的时期，第三产业增加值在GDP中所占比重从28.67%上升到前所未有的34.76%，第二产业比重保持在43%左右，第一产业所占比重下降为21.8%。劳动力大量从第一产业转移到第三产业，使得第三产业劳动力的比重由16.76%上升到19.80%，推动了第三产业的发展。

30多年来，我国坚持巩固和加强第一产业、提高和改造第二产业、积极发展第三产业，促进了三次产业结构不断向优化升级的方向发展。三次产业中，1978～2007年第一产业年均增长4.6%，第二产业增长11.4%，第三产业增长10.8%。从构成看，第一产业所占比重明显下降，第二产业所占比重基本持平，第三产业所占比重大幅上升。其中，第一产业所占的比重从1978年的28.2%下降到2007年的11.3%，下降了16.9个百分点；第二产业所占比重由47.9%上升为48.6%，上升0.7个百分点；第三产业所占比重由23.9%上升为40.1%，上升16.2个百分点（见表13－1、图13－1）。

表13－1　　我国国内生产总值的构成　　单位：%

年份	第一产业	第二产业	工业	建筑业	第三产业
1978	28.2	47.9	44.1	3.8	23.9
1979	31.3	47.1	43.6	3.5	21.6
1980	30.2	48.2	43.9	4.3	21.6
1981	31.9	46.1	41.9	4.2	22.0

① 林毅夫：《再论制度、技术与中国农业发展》，北京大学出版社2000年版。

续表

年份	第一产业	第二产业	工业	建筑业	第三产业
1982	33.4	44.8	40.7	4.1	21.8
1983	33.2	44.4	39.9	4.5	22.4
1984	32.1	43.1	38.7	4.4	24.8
1985	28.4	42.9	38.3	4.6	28.7
1986	27.2	43.7	38.6	5.1	29.1
1987	26.8	43.6	38.0	5.5	29.6
1988	25.7	43.8	38.4	5.4	30.5
1989	25.1	42.8	38.2	4.7	32.1
1990	27.1	41.3	36.7	4.6	31.6
1991	24.5	41.8	37.1	4.7	33.7
1992	21.8	43.4	38.2	5.3	34.8
1993	19.7	46.6	40.2	6.4	33.7
1994	19.8	46.6	40.4	6.2	33.6
1995	19.9	47.2	41.0	6.1	32.9
1996	19.7	47.5	41.4	6.2	32.8
1997	18.3	47.5	41.7	5.9	34.2
1998	17.6	46.2	40.3	5.9	36.2
1999	16.5	45.8	40.0	5.8	37.7
2000	15.1	45.9	40.4	5.6	39.0
2001	14.4	45.1	39.7	5.4	40.5
2002	13.7	44.0	39.4	5.4	41.5
2003	12.8	46.0	40.5	5.5	41.2
2004	13.4	46.2	40.8	5.4	40.4
2005	12.2	47.7	42.2	5.5	40.1
2006	11.3	48.7	43.1	5.6	40.0
2007	11.3	48.6	43.0	5.6	40.1

资料来源：《中国统计年鉴（2008）》，中国统计出版社 2008 年版。

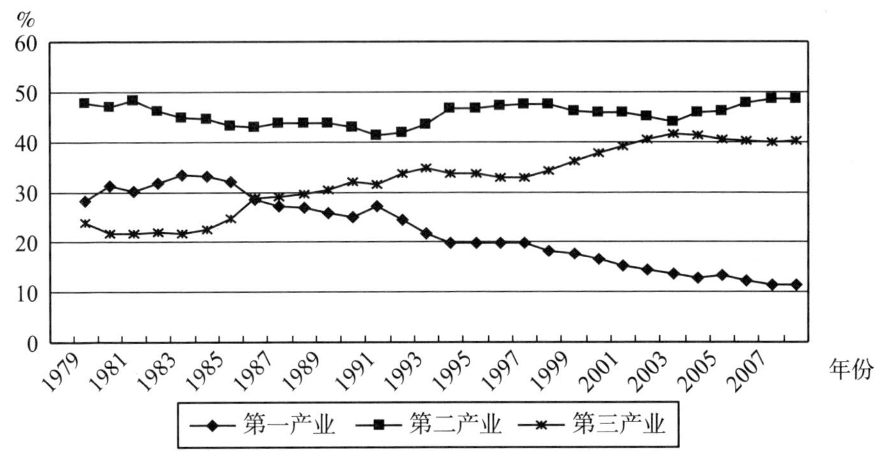

图 13-1　我国国内生产总值的构成

另外，三次产业对国民经济的贡献率（各产业的增加值与 GDP 增加值之比）也发生了变化。在改革初期，农业是国民经济的主导产业，其对经济的拉动作用最明显，其次是第二产业（40%左右），再次是第三产业（10%左右）。20 世纪 90 年代以来，格局发生了变化，农业对国民经济中的贡献程度明显降低，工业仍然保持着自己的强势地位，第三产业开始高速发展，其对国民经济发展的推动作用越来越明显。到 2007 年，第三产业对国民经济的贡献率达到 42.3%，仅次于工业的 54.1%。第三产业的发展在很大程度上带动了整个国民经济的发展。

新中国成立初期，从事三次产业的就业人口比例依次为 70.5%、17.3%、12.2%，结构严重失衡，绝大部分劳作于农田，很少有人问津工业以及服务业，其原因是当时的人们思想不解放、发展滞后。此后，邓小平南方谈话搞活了人们的思想，改革开放带来了商机，大家逐渐意识到工业对国民经济发展的重要性，工业以及第三产业的发展于是被提上日程。伴随着无数次的结构调整与产业升级，第二、三产业都获得了飞速的发展，其对国民经济的贡献率也逐渐超过农业，从事第二、三产业的人口也大为增加，中国经济正在逐渐向现代经济社会转变。数据显示，到 2007 年底，从事三次产业人口的就业比例依次为 40.8%、26.8%、32.4%，真正达到了协同发展。与新中国成立初相比，虽然从事第二、三产业人口的增长速度大大高于农业，但是从事农业生产的人口依旧占大多数，表明中国仍然是个农业大国。但我们可以看到，中国的经济发展不再是畸形的发展，而是朝着健康正确的方向前进。

按照美国经济学家库兹涅茨的分析，现代经济增长的一个重要特征就是经济结构发生转变：农业部门实现的国民收入在整个国民收入中的比重，以及农业劳动力在全部劳动力中的比重，随着时间的推移，处于不断下降之中。工业部门的国民收入的相对比重大体上是上升的，而工业部门劳动力的相对比重大体不变或略有上升。服务部门劳动力的相对比重呈上升趋势，但其国民收入的相对比重大体不变或略有上升。正如在美国，1870 年全部劳动力的 53% 在农业部门，到 1960 年降到不足 7%。在一个世纪中，发达国家农业劳动力占全部劳动力的百分比减少了 30 ~40 个百分点。改革开放以来，我国农业的就业人口从占全部就业人口的 70.5% 下降到 40.8%，第二产业就业比重从 17.3% 上升到 26.8%，呈略微上升趋势，第三产业相应的从新中国成立初的 12.2% 上升到 32.4%，上升幅度比较明显。如此看来，中国的经济结构调整也顺应着这种规律，朝着比较健康的方向发展，现代经济的结构性特征越来越明显。

第二节　产业内部结构升级

一、制造业内部结构转变

从前面的分析我们可以看出，在三次产业结构中，第二产业产值占整个国民经济总值的接近 50%，如此之大的比例说明第二产业仍然是国民经济发展的核心力量，是中国经济增长和发展的推动力。工业的发展对经济的持续增长是必要的，如果没有工业的高速增长，中国现阶段的经济发展就可能停滞不前。分析中国工业发展数据可知，中国经济的高速增长几乎总是与第二产业，主要是制造业的高速增长联系在一起的，这是发展处于中间阶段的特点。中国经济处于转轨时期，该时期的特点并不是服务业成为经济发展的主导力量，而是制造业体系的深化和制造业地位的日益加强。制造业对一国经济增长和人均收入提高的作用是任何其他产业无法替代的，生活中随时随地都是制造品，制造业是高质量生活的基础。

自 20 世纪 90 年代以来，以制造业为主的中国经济得到了长足发展，中国在全球制造业中的比重从 3% 提高到 2007 年的 13.2%，盛顿经济咨询机构（Global Insight）预测，2009 年中国在全球制造业出口中所占比例将达到 17%①。目前，中国的制造业在全球占有重要地位，位居美国之后已经成为全球第二大制造业国家，并具有“世界工厂”的称誉。

① 资料来源：http：//www.zhaoshang-sh.com/zs/ViewPort/2009/12 - 24/091224151883FFFE717EG664CJGJK95.html。

制造业是指对原材料（采掘业的产品和农产品）进行加工和再加工，以及对零部件装配的工业的总称。制造业拥有最为庞大的产业体系，制造业各行业按其用途属性，可分为轻纺制造业、资源加工制造业、机械电子制造业三大部分。按照国家统计局最新的国民经济行业划分标准，制造业包括食品、烟草、家具等制造业在内的30多类行业。在我国，根据国家统计局2005年底发布的经济普查主要数据第二号公报显示，制造业企业已占我国工业企业数量的91.6%、主营业务收入的86.8%、利润的73.1%。国家统计局数据显示，制造业的出口占出口总额比重一直在80%以上，并创造了近3/4的外汇收入。由此可见，制造业是我国工业发展、商品出口的主体和国民经济发展的重要力量。

不过，我国工业化的进程目前仍处在由低级向高级发展的中间阶段，从改革开放以来，我国的制造业结构发生了一系列变化：

制造业的技术水平提高，价格优势明显，产品综合竞争力提高。生产、出口产品技术含量提高，由劳动密集型的轻纺产品逐步转向机电和高新技术产品。机电和高新技术产品出口额2008年为8 317亿美元[①]和4 156.1亿美元[②]，分别是2002年1 571亿美元和679亿美元的5.3倍和6.1倍。制造业的产业集中度提高，企业兼并重组步伐加快。第三次工业普查数据表明，1995年，规模以上制造业销售收入中，大型企业比重为36.15%，大中型企业比重为52.1%。到2001年，大型企业比重提高到46.12%，大中型企业比重提高到59.36%。2005年制造业500强中，国有控股企业居主导地位，有220家。从表13-2可以看出，1978~2000年，在工业生产领域，轻工业、重工业各占据半壁江山，两者比例在50%左右，其中重工业所占比例稍微多一些。但在2000年以后，生产重点明显转移到重工业。而据统计，作为重工业中“领头羊”的制造业单位数占总工业数的90%以上，产值占到工业总产值的80%以上。毋庸置疑，制造业的发展带动了整个工业产值的增加，制造业的优势地位日益凸显。在1985~1997年，整个制造业增加值增长速度为8.48%，其中轻工业年均增加值增长率为9.45%，高于重工业的8.02%；制造业劳动和资本的年均增长速度分别为1.69%和10.62%；同时，轻工业的增加值、劳动和资本占制造业增加值、劳动和资本总量份额的年均增长率分别为0.54%、0.08%和1.36%；而重工业对应的年均增长率分别为-0.20%、-0.04%和-0.58%。这说明在这段时期整个制造业的劳动和资本等要素更多地向轻工业投入并且轻工业的劳动生产率年均增长速度（7.60%）也高于重工业（6.29%）。

---

① 资料来源：http：//www.cacs.gov.cn/news/xiangguanshow.aspx? articleId=57550。

② 资料来源：http：//www.customs.gov.cn/publish/portal0/tab4370/module3760/page7.htm。

表 13－2　　我国制造业发展状况

年份	工业总产值（亿元）	轻工业比例（%）	重工业比例（%）	制造业产值（亿元）
1978	4 237	43.1	56.9	1 265.8
1980	5 154	47.2	52.8	1 386.5
1985	9 716	47.4	52.6	2 596.2
1990	23 924	49.4	50.6	5 667.7
1995	91 894	47.3	52.7	28 378.8
1997	113 733	49.0	51.0	28 928.9
1998	67 737.14	49.3	50.7	30 441.1
1999	72 707.04	49.2	50.8	32 196.6
2000	85 673.66	39.8	60.2	25 289.2
2001	95 448.98	39.4	60.6	29 125.7
2002	110 776.48	39.1	60.9	35 396.1
2003	142 271.22	35.5	64.5	43 125.5
2004	201 722.19	31.6	68.4	51 748.5
2005	251 619.50	31.1	68.9	60 118.0
2006	316 588.96	30.0	70.0	71 212.9
2007	405 177	29.5	70.5	80 144.6
2008	507 448	28.7	71.3	112 423.4

资料来源：《中国统计年鉴（2009）》，中国统计出版社 2009 年版。

从增加值情况来看，由表 13－2 和表 13－3 可知，1986～1997 年，劳动密集型的轻工业的增加值增加较多，食品制造业、烟草制造业、纺织业、家具制造业等行业工业总产值增加迅速，烟草制造业 1997 年工业总产值达 1 296.03 亿元，家具制造业达 320.2 亿元，产值增加达 6 倍之多。属于资本密集型的重工业行业增加值也增长迅速，专用设备制造业、交通运输设备制造业、电器机械及器材制造业和通讯设备、计算机及其他电子设备制造业等行业的增加值均出现大幅增长，其中计算机及其他电子设备制造业 1997 年增加值达 3 921 亿元，增加达 16 倍之多。同时，劳动密集型行业的劳动份额变动相对较大，资本份额增长率最大的行业都集中在轻工业行业，它们分别是烟草加工，纺织服装、鞋、帽制造业，石油加工，医药制造等。可见，从各分行业的增加值和要素的变动份额来看，制造业存在着轻工业比重增加而重工业比重减少的结构变化。在此期间，各行业的劳动生产率年均增长率也存在较大差异。劳动生产率年均增长率最快的行业分别是其他制造、食品制造、电子通讯、木材加工、家具制造和金属制品等行业，它们的增长率都高于11%；劳动生产率年均增长率最小的五个行业分别是石油加工、有色金属、化学纤维、黑色金属和橡胶制品，其中，石油加工业的劳动生产率年均增长率为负（-8.47%）。

表13-3　制造业按行业分全部国有及规模以上非国有工业企业工业总产值

单位：亿元

年份	农副食品加工业	食品制造业	烟草制品业	纺织业	纺织服装、鞋、帽制造业	家具制造业	石油加工、炼焦及核燃料加工业
1986		704.36	224.53	1 163.3		51	
1987		806.36	277.12	1 373.49		62.41	
1988		1 038.5	367.98	1 728.16		77	
1989		1 203.02	450.89	2 109.57		82.02	
1990		1 265.84	511.99	2 291.08		81.37	
1991		1 473.35	547.45	2 533.27		90.35	
1992		1 671.91	646.52	2 899.16		114.09	
1993	1 726.83	629.89	776.1	3 520.74	993.58	153.64	1 446.1
1994	2 509.01	826.07	968.85	4 949.93	1 441.48	218.78	1 880.37
1995	3 045.1	995.07	1 004.23	4 604	1 470.15	226.03	2 028.12
1996	3 471.62	1 154.09	1 202.19	4 722.29	1 776.66	281.65	2 212.1
1997	3 792.47	1 302.55	1 296.03	4 760.28	1 845.28	320.2	2 569
1998	3 516	1 213.97	1 374.73	4 376.27	2 018.07	294.71	2 329.44
1999	3 517	1 262.19	1 390.77	4 529.82	2 038.59	318.38	2 705.58
2000	3 722.7	1 442.52	1 451.29	5 149.3	2 291.16	370.18	4 429.19
2001	4 097.88	1 627.7	1 694.72	5 621.56	2 596.26	434.85	4 587.76
2002	4 776.96	1 967.31	2 037.49	6 370.79	2 914.91	524.21	4 784.98
2003	6 152.32	2 290.07	2 235.81	7 725.2	3 426.02	719.97	6 235.26
2004	—	—	—	—	—	—	—
2005	10 614.95	3 779.39	2 840.74	12 671.65	4 974.63	1 427.26	12 000.49
2006	12 973.49	4 714.25	3 214.08	15 315.5	6 159.4	1 883.09	15 149.04
2007	17 496.08	6 070.96	3 776.23	18 733.31	7 600.38	2 424.94	17 850.88
2008	23 917.37	7 716.54	4 488.87	21 393.12	9 435.76	3 072.8	22 628.68

续表

年份	化学原料及化学制品制造业	医药制造业	塑料制品业	非金属矿物制品业	黑色金属冶炼及压延加工业	有色金属冶炼及压延加工业	金属制品业
1986	638.9	154.39	161.95	516.89	660.53	232.74	274.08
1987	819.28	207.63	207.9	593.22	766.15	276	338.03
1988	1 091.91	289.11	324.49	752.91	931.06	352.4	411.51
1989	1 375.3	323.09	347.42	891.89	1 140.02	471.53	494.23
1990	1 492.01	356.14	349.82	890.57	1 298.78	509.46	522.57
1991	1 625.07	453.55	439.23	1 055.4	1 538.5	573.55	615.23
1992	1 911.16	569.03	566	1 422.4	2 080.78	709.11	800.43
1993	2 377	689.83	712	2 332.92	3 931.18	974.45	1 302.05
1994	3 165.33	874.56	926.64	2 997.15	4 165.42	1 202.36	1 707.99
1995	3 819.79	961.26	1 127.65	3 018.36	3 660.22	1 372.29	1 650.72
1996	4 471.36	1 151.1	1 337.93	3 559.69	3 745.84	1 424.55	1 943.78
1997	4 722.37	1 262.24	1 442.47	3 827.53	3 856.32	1 470	2 078.1
1998	4 627.83	1 372.73	1 497.83	3 204.48	3 883.19	1 628.73	2 150.68
1999	4 924.78	1 497.22	1 623.41	3 394.64	4 097.36	1 793.14	2 215.09
2000	5 749.02	1 781.37	1 899.7	3 692.85	4 732.9	2 180.23	2 539.76
2001	6 303.66	2 040.86	2 136.6	4 026.02	5 707.31	2 369.17	2 852.27
2002	7 220.05	2 378.44	2 487.92	4 557.04	6 492.36	2 599.98	3 294.38
2003	9 244.86	2 889.98	3 063.83	5 653.25	10 007.37	3 564.07	3 857.4
2004	—	—	—	—	—	—	—
2005	16 359.66	4 250.45	5 067.89	9 195.24	21 470.98	7 937.95	6 556.76
2006	20 448.69	5 018.94	6 381.01	11 721.52	25 403.79	12 936.48	8 529.47
2007	26 798.8	6 361.9	8 120.41	15 559.44	33 703.01	18 031.88	11 447.08
2008	33 955.07	7 874.98	9 897.17	20 943.45	44 727.96	20 948.74	15 029.61

续表

年份	通用设备制造业	专用设备制造业	交通运输设备制造业	电气机械及器材制造业	通讯设备、计算机及其他电子设备制造业	仪器仪表及文化、办公用机械制造业	电力、热力的生产和供应业
1986		202.12	346.73	406.78	241.58	71.05	309.87
1987		248.36	425.96	480.9	339.01	81.53	362.27
1988		317.78	574.45	665.76	497.45	101.05	431.19
1989		354.14	670.09	849.76	551.24	113.13	557.18
1990		341.25	713.87	797.09	584.19	110.12	676.63
1991		392.4	975.75	917.12	764.69	136.71	828.37
1992		526.93	1 544.01	1 236.17	928.93	182.61	1 021.3
1993	1 965.55	1 499.33	2 599.28	1 850.93	1 299.12	365.74	1 445.51
1994	2 391.75	1 791.9	3 185.8	2 327.04	1 999.86	424.45	2 017.61
1995	2 365.69	1 756.54	3 303.28	2 594.3	2 530.48	425.7	2 440.55
1996	2 680.92	1 988.14	3 785.01	3 059.76	3 051.09	528.73	2 805.44
1997	2 813.35	2 071.02	4 123.1	3 366.09	3 921.03	599.95	3 320.07
1998	2 579.8	1 920.27	4 212.01	3 628.58	4 893.56	692.75	3 616.81
1999	2 693.9	1 980.71	4 659.31	4 021.55	5 830.96	705.73	3 996.91
2000	3 046.95	2 192.63	5 364.83	4 834.68	7 549.58	867.91	4 611.39
2001	3 505.33	2 352.25	6 474.95	5 481.07	8 990.25	937.67	5 087.7
2002	4 247.96	2 818.9	8 359.27	6 142	11 288.64	1 089.62	5 889.05
2003	5 711.21	3 831.65	11 214.05	7 916.19	15 839.76	1 636.72	6 858.6
2004	—	—	—	—	—	—	—
2005	10 610.37	6 085.43	15 714.86	13 901.29	26 994.38	2 781.05	17 785.93
2006	13 734.76	7 953.31	20 382.92	18 165.52	33 077.58	3 539.27	21 549.32
2007	18 415.52	10 591.98	27 147.4	24 019.07	39 223.77	4 307.99	26 462.65
2008	24 687.56	14 521.3	33 395.28	30 428.84	43 902.82	4 984.49	30 060.51

资料来源：中经网统计数据库。

然而在1998～2003年，制造业的结构又发生了新的变化。整个轻工业的增加值份额减少，而重工业的增加值份额增加。从各分行业的情况来看，增加值份额增长最快的行业为通讯设备，计算机及其他电子设备制造业，仪器仪表及文化、办公用机械制造业，交通运输设备制造业，黑色金属冶炼及压延加工业，有色金属冶炼及压延加工业和电气机械及器材制造业，它们都属于技术和资本较为密集的重工业。在1998～2003年期间，虽然劳动更多地投向劳动密集型的轻工业行业，但重工业行业的资本和增加值份额增加了，这就造成了重工业行业的劳动生产率年均增长率（23.62%）高于轻工业（15.45%）。随着制造业产业升级的深化，重工业的比重还将继续增加，重型化趋势会依旧显著。

我国制造业的生产能力空间分布很不均匀，东部沿海地区是我国事实上的制造业分布带，无论是生产规模还是销售收入来看，东部地区绝对是制造业发展的龙头。从整体来分析，东、中、西部地区产业布局各有侧重，东部以劳动密集型产业和资本密集型产业为主，东部地区的销售收入占全国总销售收入的90%以上；而中、西部地区比重较大的则是在一些资源加工型产业方面，如烟草加工、金属冶炼、炼焦业、麻纺织业、盐加工业，等等；此外，中部地区在运输设备制造业，西部地区在航空航天设备制造业等方面占有较大比重。

另外，从就业结构来看，劳动密集型行业继续承担吸纳劳动力的重任，就业份额明显增长。同时，劳动密集型行业在20世纪90年代的发展并非简单的数量扩张，而是规模扩大和效率提高的结果。总体来看，劳动密集型产业对经济增长的带动作用已经逐步让位于生产资本品和中间产品的资本技术密集型产业，但在吸纳社会剩余劳动力和为重工业发展提供积累方面仍发挥着极为重要的作用。由表13－4可以看出，从事制造业的总人口变化可以分为三个阶段：第一个阶段是1985～1995年就业人口显著增加，化学原料及化学制品制造业、医药制造业和有色金属冶炼及压延加工业就业人员增加明显，医药制造业1995年就业人员达到102万人，为1985年的近2倍。第二个阶段是1996～2002年，制造业从业人口增长率呈现下降趋势，烟草制品业、通用设备制造业、专用设备制造业、电气机械及器材制造业和仪器仪表及文化、办公用机械制造业等行业就业人员下降明显。其中，通用设备制造业从业人数从1995年的405万人下降到2002年的187万人，专用设备制造业从业人数从1995年的304万人下降到2002年的136万人。具体原因可能有两个：一是很大一部分劳动力投入到新兴产业的生产，使得传统的制造业受了冷落；二是由于科技的进步，该领域不再需要更多的劳动力，大部分工作都被机器所代替，从而“淘汰”出冗余的就业人口。第三个阶段是2002～2008年，受中国加入世贸组织及经济发展环境良好的影响，大多数制造业产品需求增加，尤其是产品出口需求增加，使得更多的企业加入到制造业生产中来，初级产品和高新技术产品的从业人员都大幅增加，制造业总就业人数大幅度上升。

表 13－4　　制造业按行业分从业人员数　　单位：万人

年份	农副食品加工业	食品制造业	烟草制品业	纺织业	纺织服装、鞋、帽制造业	家具制造业	石油加工、炼焦及核燃料加工业
1985	351			570	115	39	46
1990	443			745	165	42	76
1991	467			756	172	40	85
1992	475			743	174	40	88
1993	187	126	29	684	164	34	68
1994	192	126	34	691	181	35	71
1995	198	124	33	673	175	35	72
1996	198	119	33	634	168	31	76
1997	190	114	33	596	162	30	74
1998	141	77	30	393	127	19	67
1999	128	72	29	353	122	18	63
2000	113	67	27	327	120	16	61
2001	98	62	25	301	121	15	56
2002	95	60	23	280	130	17	56
2003	181.66	101.07	21.22	499.16	289.19	43.39	59.66
2004	190.87	106.96	20.17	519.16	320.26	52.79	62.73
2005	222.55	121.02	19.67	590.96	346.06	71.27	74.4
2006	238.6	128.13	18.99	615.43	377.57	83.8	76.79
2007	264.8	135.03	18.61	626.26	414.19	91.3	80.64
2008	315.07	154.57	19.77	652.06	458.7	104.41	86.02

年份	化学原料及化学制品制造业	医药制造业	塑料制品业	非金属矿物制品业	黑色金属冶炼及压延加工业	有色金属冶炼及压延加工业	金属制品业
1985	294	53	67	316	243	58	140
1990	382	81	100	390	300	86	183
1991	398	86	102	401	307	88	187
1992	408	91	103	408	320	92	184
1993	389	91	101	389	341	92	192

续表

年份	化学原料及化学制品制造业	医药制造业	塑料制品业	非金属矿物制品业	黑色金属冶炼及压延加工业	有色金属冶炼及压延加工业	金属制品业
1994	405	97	101	401	346	101	196
1995	412	102	109	425	346	101	193
1996	407	102	105	407	337	101	181
1997	392	101	101	392	321	98	174
1998	304	86	73	304	256	84	119
1999	282	83	67	263	242	83	106
2000	254	83	61	240	222	80	96
2001	230	82	56	219	204	79	89
2002	217	82	59	207	189	74	87
2003	311.33	115.4	140.91	396.22	255.91	106.6	171.24
2004	315.66	118.51	152.2	407.19	261.39	115.58	191.59
2005	339.99	123.44	183.28	418.18	287.49	130.74	223.23
2006	357.78	130.28	201.41	426.39	296.13	136.82	248.26
2007	380.28	137.34	224.05	448.41	304.43	156.27	273.48
2008	429.64	150.75	255.42	498.73	313.5	185.18	327.17

年份	通用设备制造业	专用设备制造业	交通运输设备制造业	电气机械及器材制造业	通讯设备、计算机及其他电子设备制造业	仪器仪表及文化、办公用机械制造业	电力、热力的生产和供应业
1985	855						137
1990	989		201	169	157	63	192
1991	963		229	184	172	66	204
1992	964		240	197	167	72	213
1993	419	305	338	226	151	86	232
1994	442	294	345	233	163	90	244
1995	405	304	370	244	172	86	257
1996	422	280	354	236	163	82	272
1997	403	274	346	227	165	79	282

续表

年份	通用设备制造业	专用设备制造业	交通运输设备制造业	电气机械及器材制造业	通讯设备、计算机及其他电子设备制造业	仪器仪表及文化、办公用机械制造业	电力、热力的生产和供应业
1998	275	197	279	170	134	53	281
1999	249	179	269	158	133	48	283
2000	222	163	244	145	138	46	282
2001	203	145	232	137	143	44	284
2002	187	136	226	140	155	44	285
2003	283. 49	205. 31	311. 77	265. 12	273. 46	71. 96	238. 41
2004	308. 36	209. 13	327. 48	298. 57	333. 4	78. 33	239. 28
2005	355. 12	219. 89	352. 4	367. 21	439. 64	88. 68	252. 69
2006	378. 74	234. 65	374. 58	403. 98	505. 07	98. 8	259. 11
2007	420. 71	256. 51	408. 59	449. 15	587. 92	106. 97	256. 96
2008	493. 21	308. 43	473. 14	265. 12	273. 46	116. 48	259. 41

注：因统计口径变化，2003 年以后从业人员数据指全部国有及规模以上非国有工业企业就业人数。

资料来源：历年《中国统计年鉴》，中经网统计数据库。

中国是制造业大国但并不是制造业强国，我国企业的自主研发能力比较低，还不能提供制造业结构升级所必需的先进技术和工艺，很多高质量的中间产品必须从外国进口，所以，在调整结构的同时，提高自主研发与创新能力是发展制造业的根本。很多制造业升级就是寻求一种体系的深化，中国制造业体系的调整方向是加速改变现有的制造业结构。重型化也要求必须由劳动密集型制造业为主的体系转变为技术密集型制造业体系，或者是不断提高技术密集型制造业的比重，促进传统制造业的自动化和推进新兴制造业的发展，也就是以促进高科技制造业的发展来带动传统制造业的升级。

二、服务业内部结构转变

改革开放以来，我国的第三产业取得了长足发展，服务业增加值从 1978 年的 872. 5 亿元增长到 2008 年的 120 486. 6 亿元，增长了 138 倍，按可比价格计算，年均增速达到 10%，高于同期的 GDP 增速。第三产业从业人员也从 1978 年的 4 890 万人猛增到 2008 年的 25 717 万人，从净增加从业人数来看，几乎是同期第二产业的两倍。平均每年新增加就业岗位 991.76 万人，大大高于同期第二产业平均每年增加 674.48 万个就业岗位的水平。因此，服务业发展对于扩大就业，维护社会稳定发挥了很大的作用。第三产业贡献率从 1978 年的 27.7% 增加到 2009 年的 42.8%。1978 ~ 2008 年，第三产业占 GDP 的比重上升了 16.2 个百分点（同期第二产业占 GDP 的份额只上升了 0.7 个百分点，第一产业则从 28.2% 下降到 11.3%），是三次产业中上升幅度最大的产业。

整体看来，服务业增加的比重在整个阶段的发展规律如表 13 - 5 所示。

表 13 - 5　　　　我国第三产业发展状况

年份	第三产业增加值比重	第三产业就业所占比例
1978	23.9	12.2
1979	21.6	12.6
1980	21.6	13.1
1981	22.0	13.6
1982	21.8	13.5
1983	22.4	14.2
1984	24.8	16.1
1985	28.7	16.8
1986	29.1	17.2
1987	29.6	17.8
1988	30.5	18.3
1989	32.1	18.3
1990	31.6	18.5
1991	33.7	18.9
1992	34.8	19.8
1993	33.7	21.2
1994	33.6	23.0
1995	32.9	24.8
1996	32.8	26.0
1997	34.2	26.4
1998	36.2	26.7
1999	37.7	26.9

续表

年份	第三产业增加值比重	第三产业就业所占比例
2000	39.0	27.5
2001	40.5	27.7
2002	41.5	28.6
2003	41.2	29.3
2004	40.4	30.6
2005	40.1	31.4
2006	40.0	32.2
2007	40.4	32.4
2008	40.1	33.2

资料来源：《中国统计年鉴（2009）》，中国统计出版社2009年版。

从表13－5可以看出，中国第三产业在改革的起步阶段（1978～1983年）出现了下降的趋势，可能是新中国成立初期的农业政策与对工业发展的高度重视造成的，年均比重始终低于23%，但在1984～1986年间较前期有一个比较迅速的增长，增加值比重提高了4.3个百分点，但即便如此，也才接近于1952年的比重。这一情形表明，中国第三产业在改革早期阶段的发展在一定程度上还只是对改革前低潮的一个补偿性回复。1987年以后的数据表明，中国服务业规模已经稳定步入一个新的阶段，年均比重已稳居30%以上，甚至在2002年还达到了41.5%的历史高位，高出改革开放之初近1倍。随着对第三产业认识的不断深化和投入的不断增加，第三产业实现了长足的进步与快速发展。从就业结构来看，从事第三产业人口的比例不断攀升，从1952年的9.1%一直增长到2008年的33.2%，服务业成为吸纳就业人口的重要力量。

在第三产业中，各类服务业均实现了快速增长，具体表现可以通过表13－6～表13－9进行分析。

由表13－6～表13－9可知，第三产业内规模最大的六个行业大致为：批发、零售和贸易餐饮业，交通运输和仓储业，金融保险业，国家、政党机关和社会团体，社会服务业，以及教育、文化和广播电影电视业。批发零售餐饮业、交通运输仓储邮电业、金融房地产业仍是我国服务业行业中的主体行业，但批发零售餐饮业在服务业中的比重呈下降趋势，其在第三产业中的比重从1991年的28.9%下降到2003年的23.6%，批发零售业的统计到2008年比重已下降到19.2%。改革开放初期，第三产业主要集中在商业、饮食、居民服务、交通运输、邮电等传统产业领域。经过30多年的发展，传统服务业不断改进，商业饮

表 13-6　　我国第三产业产值构成（1991～2003 年）

行业＼年份	1991	1992	1993	1994	1995	1996	1997	1998	1999	2000	2001	2002	2003
农、林、牧、渔服务业	0.7	0.7	0.7	0.7	0.6	0.6	0.8	0.8	0.8	0.8	0.8	0.8	0.8
地质勘察业水利管理业	1.1	1.1	1.2	1.3	1.4	1.4	1.3	1.2	1.2	1.1	1.0	1.0	0.9
交通运输和仓储业	17.5	16.3	16.1	14.8	13.2	12.9	11.7	11.5	11.3	11.4	10.9	10.3	8.8
邮电通讯业	2.0	2.1	2.6	3.2	3.8	4.2	4.8	4.9	5.2	6.7	7.1	7.5	8.2
批发、零售贸易餐饮业	28.9	29.9	27.3	27.1	27.5	27.2	26.7	26.1	25.6	24.5	23.9	23.5	23.6
金融、保险业	17.8	17.5	18.2	18.5	19.4	19.7	19.7	18.6	17.9	17.5	16.8	16.5	16.5
房地产业	5.1	5.7	5.7	5.8	5.9	5.6	5.5	5.8	5.7	5.6	5.7	5.8	6.1
社会服务业	6.2	6.6	7.9	8.0	8.6	8.4	9.5	10.5	10.7	10.9	11.6	12.1	12.4
卫生体育和社会福利业	3.0	2.9	2.9	2.9	2.7	2.8	2.7	2.7	2.7	2.8	3.0	3.0	3.0
教育、文化艺术及广播电影电视业	6.3	6.0	6.3	6.5	6.3	6.6	6.8	7.2	7.8	8.0	8.4	8.6	8.0
科学研究和综合技术服务业	1.3	1.4	1.3	1.4	1.5	1.6	1.9	1.9	2.1	2.1	2.1	2.2	2.2
国家机关、政党机关和社会团体	9.2	8.9	8.7	8.6	8.0	7.9	7.7	7.8	8.1	7.9	7.8	7.9	8.0
其他行业	0.9	1.0	1.1	1.1	1.0	1.0	1.0	1.0	1.0	0.9	0.9	0.8	0.8

表 13－7　　我国第三产业增加值指数（上年＝100）（1991～2003 年）

行业＼年份	1991	1992	1993	1994	1995	1996	1997	1998	1999	2000	2001	2002	2003
总计	108.8	112.4	110.7	109.6	108.4	107.9	109.1	108.3	107.7	108.1	108.4	108.7	107.8
农、林、牧、渔服务业	110.7	110.4	102.2	110.3	108.7	105.8	132.5	113.4	106.3	103.0	111.7	112.0	103.2
地质勘察业水利管理业	110.9	115.1	111.2	116.3	105.4	105.1	104.3	100.7	106.2	104.1	103.7	104.8	96.6
交通运输和仓储业	108.6	107.9	105.9	107.1	105.0	103.8	105.3	102.0	105.6	105.0	104.8	104.5	101.6
邮电通讯业	135.5	130.3	153.3	120.1	139.0	134.1	123.1	127.4	120.1	120.4	117.5	112.9	112.9
批发和零售贸易餐饮业	104.5	113.1	106.6	107.7	105.9	105.4	108.5	107.7	107.2	108.2	107.5	108.1	109.1
金融、保险业	102.3	108.0	110.9	109.4	108.5	107.5	108.5	104.9	104.8	106.5	106.4	106.9	107.0
房地产业	112.0	134.7	110.8	112.0	112.4	104.0	104.1	107.7	105.9	107.1	111.0	109.9	109.8
社会服务业	126.8	119.3	118.9	108.3	105.8	105.0	107.9	110.6	108.1	108.7	110.9	111.2	109.3
卫生体育和社会福利业	114.9	109.4	111.8	108.2	106.4	110.3	108.1	107.8	104.6	106.3	111.6	109.2	107.2
教育、文化艺术及广播电影电视业	107.8	108.0	114.9	115.0	108.0	113.9	114.8	110.2	107.2	105.3	108.6	111.0	107.5
科学研究和综合技术服务业	112.0	115.3	106.9	117.9	110.5	114.0	112.1	110.8	110.5	106.9	107.4	112.1	107.8
国家机关、政党机关和社会团体	114.5	108.6	107.7	108.3	106.0	106.2	107.0	108.3	108.6	107.7	107.3	108.4	107.9
其他行业	114.8	119.5	117.9	110.6	108.6	109.5	110.2	108.1	106.5	105.6	104.4	105.7	104.5

表 13-8　　我国第三产业增加值指数（上年 = 100）

年份	第三产业	交通运输、仓储和邮政业	批发和零售业	住宿和餐饮业	金融业	房地产业	其他
1978	113.8	108.9	123.1	118.1	109.8	105.7	111.0
1979	107.9	108.3	108.7	111.1	97.2	104.1	110.1
1980	106.0	104.3	98.1	103.9	106.6	107.9	115.1
1981	110.4	101.9	129.5	117.5	104.3	96.5	107.6
1982	113.0	111.4	99.3	131.6	144.6	109.1	113.6
1983	115.2	109.5	121.2	119.4	127.0	105.2	112.0
1984	119.3	114.9	124.7	108.1	131.1	127.7	115.5
1985	118.2	113.8	133.5	106.3	116.9	125.0	111.7
1986	112.0	113.9	109.4	115.6	131.6	125.9	103.0
1987	114.4	109.6	114.7	109.7	123.3	129.3	110.4
1988	113.2	112.5	111.8	125.1	119.5	112.7	109.4
1989	105.4	104.2	89.3	109.9	125.9	115.9	104.9
1990	102.3	108.3	94.7	103.5	101.9	106.2	103.0
1991	108.9	110.6	105.2	108.2	102.3	112.0	115.7
1992	112.4	110.1	110.5	127.0	108.0	134.7	111.5
1993	112.2	112.5	108.6	108.2	110.9	110.8	116.9
1994	111.1	108.5	108.2	127.1	109.4	112.0	112.7
1995	109.8	111.0	108.2	110.2	108.5	112.4	110.3
1996	109.4	111.0	107.6	106.8	107.5	104.0	112.7
1997	110.7	109.2	108.8	110.9	108.5	104.1	115.9
1998	108.4	110.6	106.5	111.1	104.9	107.7	109.7
1999	109.3	112.2	108.7	107.7	104.8	105.9	111.4
2000	109.7	108.6	109.4	109.3	106.5	107.1	113.0
2001	110.3	108.8	109.1	107.6	106.4	111.0	112.9
2002	110.4	107.1	108.8	112.1	106.9	109.9	113.6
2003	109.5	106.1	109.9	112.4	107.0	109.8	110.8
2004	110.1	114.5	106.6	112.3	103.7	105.9	112.6

续表

年份	第三产业	交通运输、仓储和邮政业	批发和零售业	住宿和餐饮业	金融业	房地产业	其他
2005	110.5	111.3	107.8	112.3	114.1	108.7	111.0
2006	112.1	111.1	111.9	112.6	128.6	111.1	109.3
2007	113.8	113.0	116.3	108.8	130.4	115.0	109.2
2008	109.5	107.6	115.1	1 009.6	114.0	98.0	109.5

资料来源：《中国统计年鉴（2009）》，中国统计出版社2009年版。

表13-9　　我国第三产业增加值构成　　单位：%

年份	第三产业	交通运输、仓储和邮政业	批发和零售业	住宿和餐饮业	金融业	房地产业	其他
1978	100	20.9	27.8	5.1	7.8	9.2	29.3
1979	100	22.0	22.9	5.0	7.6	9.8	32.7
1980	100	21.7	19.7	4.8	7.6	9.8	36.3
1981	100	20.5	21.5	5.0	7.4	9.3	36.3
1982	100	21.2	14.7	5.4	9.9	9.5	39.3
1983	100	20.5	14.8	5.4	11.1	9.1	38.9
1984	100	19.0	20.3	5.4	11.4	9.1	34.8
1985	100	16.3	31.0	5.3	10.1	8.3	28.9
1986	100	16.7	28.5	5.5	11.9	10.0	27.5
1987	100	15.9	29.6	5.2	12.6	10.7	25.9
1988	100	14.9	32.3	5.3	12.8	10.3	24.4
1989	100	14.9	28.2	5.1	17.7	10.4	23.7
1990	100	19.8	21.5	5.1	17.3	11.2	25.0
1991	100	19.4	25.0	6.0	14.4	10.4	24.8
1992	100	18.0	25.7	6.2	14.0	11.8	24.3
1993	100	18.2	23.6	6.0	14.0	11.6	26.
1994	100	17.2	23.3	6.2	13.8	11.8	27.6
1995	100	16.2	23.9	6.0	14.0	11.8	28.0

续表

年份	第三产业	交通运输、仓储和邮政业	批发和零售业	住宿和餐饮业	金融业	房地产业	其他
1996	100	16.2	24.0	5.7	13.8	11.2	29.1
1997	100	15.4	23.4	5.8	13.4	10.8	31.2
1998	100	15.2	22.6	5.8	12.1	11.2	33.0
1999	100	15.3	22.1	5.7	11.3	10.9	34.7
2000	100	15.9	21.1	5.5	10.6	10.7	36.2
2001	100	15.5	20.6	5.4	9.8	10.6	38.1
2002	100	15.0	20.0	5.5	9.2	10.7	39.5
2003	100	14.1	19.9	5.6	8.9	11.0	40.4
2004	100	14.4	19.3	5.7	8.4	11.1	41.2
2005	100	14.8	18.4	5.7	8.6	11.2	41.3
2006	100	14.7	18.3	5.7	10.0	11.4	39.9
2007	100	14.6	18.2	5.7	11.1	11.8	38.6
2008	100	13.8	19.2	5.5	14.0	10.6	37.0

资料来源：中经网产业数据库。

食服务业多种经济成分共同发展，物资流通开始变革物流形式，与新型业态相配适的物流中心、商品配送中心不断发展，交通运输供不应求的情况得到了改善。另外，在传统第三产业持续发展的同时，旅游、信息、咨询、科技服务、社区服务、金融保险、房地产、教育、文化等新兴行业也发展较快。

经过多年的发展，我国一般性的服务产品如乘车难、通讯难、看病难等严重短缺问题基本有所缓解，日常性服务产品的制约问题不再突出，但优质的生活服务尤其是与国民经济结构升级需要和走新型工业化道路要求的新兴现代服务业要求还是有所差距，与国外发达国家相比，我国服务业还处于较低发展层次上。我国传统服务产品日渐饱和，服务业的快速增长取决于新型服务业和生产服务业。因此服务业的快速增长与增强就业能力必须加大结构调整力度，实现从传统服务业的迟缓发展向新业态和现代服务业快速发展转变。

第三节　转型期中国产业发展进程的国际比较

就全球产业结构的发展趋势而言，存在从第一产业向第二产业再到第三产业的升级过程。在此升级过程中各个产业的投入由劳动密集型到资本密集型再到技术和知识密集型转换，增长的动力逐渐由物质要素投入变化到技术和知识。随着时间的发展，无论是农业增加值占整个 GDP 的比重，还是农业部门人口占所有就业人口的比重，都具有不断下降的趋势；工业部门增加值占 GDP 的比重存在一个先上升后下降的过程，工业部门的就业比重也有类似的先上升后下降的过程；服务业的产值和就业人口比重在所有国家都呈不断上升的趋势。这种规律性变化是多方面因素促成的，而每一国家的影响因素或多或少会有所差异，这也造成各国的产业结构有所不同。

一、日本和韩国的产业发展状况分析

下面对日本和韩国的产业发展过程进行简要分析，并与中国的产业产业结构变迁过程相比较。日本和韩国在各个不同时期的产业结构及人均 GDP 情况如表 13－10 所示。

表 13－10　日本和韩国的产业结构及人均 GDP 情况

年份	日本				韩国			
	人均 GDP（美元）	第一产业（%）	第二产业（%）	第三产业（%）	人均 GDP（美元）	第一产业（%）	第二产业（%）	第三产业（%）
1950	391.61	—	—	—	—	—	—	—
1955	648.68	—	—	—	270.71	—	—	—
1960	1 073.27	—	—	—	314.63	—	—	—
1965	1 719.89	—	—	—	314.63	—	—	—
1970	3 515.63	—	—	—	721.14	—	—	—
1975	5 552.49	—	—	—	1 354.69	—	—	—
1980	9 264.25	3.4	34.8	61.8	2 687.65	14.6	41.3	44.1
1981	10 438.65	3.3	34.8	62.0	3 067.76	4.8	32.9	62.4

续表

年份	日本				韩国			
	人均 GDP（美元）	第一产业（%）	第二产业（%）	第三产业（%）	人均 GDP（美元）	第一产业（%）	第二产业（%）	第三产业（%）
1982	11 263.19	3.4	34.7	61.9	3 522.76	4.8	32.5	62.6
1983	11 735.64	3.4	33.2	63.4	4 007.04	5.1	33.7	61.2
1984	12 426.24	3.3	32.8	63.9	4 503.44	5.2	35.4	59.4
1985	13 516.69	3.1	33.4	63.5	4 901.01	5.1	35.1	59.7
1986	14 359.76	3.0	33.0	64.0	5 673.53	5.2	36.9	57.9
1987	15 309.73	3.0	32.6	64.4	6 603.95	5.3	38.4	56.3
1988	16 945.24	2.7	33.6	63.6	7 569.88	5.3	38.7	56.0
1989	18 451.66	2.7	34.2	63.1	8 300.26	5.4	37.9	56.8
1990	19 796.93	2.5	35.1	62.4	9 278.49	5.5	38.9	55.6
1991	21 189.93	2.2	34.7	63.1	10 466.83	5.6	39.2	55.2
1992	21 899.92	2.2	33.3	64.5	11 231.15	5.5	38.4	56.1
1993	22 207.86	2.0	32.1	65.9	12 115.56	5.5	38.5	56.0
1994	22 592.18	2.0	31.1	66.9	13 376.15	5.5	38.7	55.8
1995	23 390.96	1.9	30.4	67.7	14 736.43	5.6	39.0	55.4
1996	24 187.07	1.9	30.7	67.5	15 650.24	5.4	39.3	55.3
1997	24 573.89	1.7	30.3	68.0	15 956.80	5.4	39.2	55.4
1998	23 954.77	1.7	28.8	69.5	14 685.35	5.3	38.2	56.5
1999	23 988.85	1.6	28.8	69.6	15 863.67	5.2	39.4	55.4
2000	25 125.57	1.6	29.8	68.6	16 890.31	4.9	40.7	54.4
2001	25 731.74	1.5	28.8	69.7	17 575.33	4.7	40.4	54.8
2002	26 132.07	1.6	27.6	70.8	18 921.85	4.3	40.3	55.4
2003	27 019.83	1.4	28.7	69.9	19 696.55	3.9	41.5	54.6
2004	28 415.23	1.6	27.4	71.0	21 088.12	4.0	43.0	53.0
2005	29 780.30	1.6	27.1	71.4	22 048.39	3.9	43.6	52.4
2006	31 235.76	4.3	27.6	68.2	23 323.50	7.7	25.8	66.2
2007	32 063.24	4.2	27.3	68.4	24 949.65	7.4	25.5	66.9

资料来源：人均 GDP 数据来自宾夕法尼亚大学 Penn World Table 的以 2005 年美元计价的 PPP 数据，http：//pwt. econ. upenn. edu/php_site/pwt_index. php。表中各国的产业结构数据来自中国台湾地区中华经济研究院网站的研究报告《东亚地区产业结构之比较分析》，http：//sear. cier. edu. tw/jour/all32/pub_column32. doc。日本、韩国 2006 年、2007 年数据根据中经网统计数据库数据计算得到。

第二次世界大战后的日本作为战败国，在战争的废墟上开始其经济重建和发展。经过短短30年，其经济获得了长足发展，在20世纪70年代成为仅次于美国的第二经济大国，其人均国民生产总值在1987年超过美国，曾一度居世界首位。第二次世界大战时，为了支援战争使得日本产业结构严重扭曲，因此，日本在战后经济发展过程中主要经历了四次主要的产业结构调整。从战后初期到1955年，日本政府进行了第一次产业结构调整，一方面充分利用日本的剩余劳动力和工资低廉的优势，加快恢复和发展农业和轻工业，大力发展纤维、食品等出口导向型轻纺工业，使日本的劳动密集型产业得到了快速发展。同时，日本政府大力扶持面向国内市场的进口替代工业，如化工、钢铁、水泥等部分资本密集型工业和半导体收音机、黑白电视机、冰箱等耐用消费品。经过第一次产业结构调整，日本“二战”期间被扭曲的以重工业为主的产业结构得到了纠正，使农业和轻纺工业得到了发展，人们的基本生活需求得到满足。1945～1955年期间，第一产业在国民收入中的比重从17.8%上升到22.8%，第二产业的比重从40.5%下降到30.8%，第三产业的比重则从41.7%上升到46.8%。20世纪60年代，日本大力引进国外先进技术，建立起钢铁、电力、造船、石油化工、汽车、家用电器等一大批出口导向型资本密集的新型企业，开始了国民经济的重化学工业化过程，进行了大规模的固定资本投资，形成了“以投资呼唤投资，以投资促进投资”的连锁反应，使整个国民经济活跃起来。在1956～1973年期间，日本国民生产总值以10%左右的速度增长，其国民生产总值先后超过了英、法、德等国，于1968年成为仅次于美国的第二大经济强国。在经济高速增长阶段，日本完成了第二产业结构调整，基本上实现了重工业化。20世纪70年代的石油危机促使日本对产业结构进行了第三次重大调整，开始发展资源与能源消耗较少的知识、技术密集型产业，推动了产业结构从劳动、资本密集型向知识、技术密集型转变，产品也完成由“重、厚、长、大”向“轻、薄、短、小”的发展，实现产业结构进一步高度化。20世纪80年代中期由于日元升值，日本进行了向高技术化、信息化、服务化方向发展的产业结构调整，即第四次产业结构调整，至2007年，农业、工业及服务业比重分别为4.2%、27.3%及68.4%。

韩国与日本相似，资源也并不丰富，在1953年朝鲜战争结束之际，资本及技术都相当缺乏，因此产业结构是以农业为主，工业仅占10%左右。从20世纪50年代开始，韩国的产业结构经历了三次大的调整。首先是五六十年代轻纺工业的发展与工业化的起步。第二次世界大战后韩国为了满足国内生活用品需要，积极推进纺织、食品为中心的消费工业，推行进口替代战略，到20世纪60年代初已经能够满足国内需求，并且由于国内市场狭小，消费品工业的发展使得国内市场出现了饱和。60年代中期，韩国采取了出口导向型发展战略，依靠廉价劳动力优势，大力发展食品、纺织、皮革制鞋等劳动密集型产业，逐渐成为拉动出口的龙头产业，到70年代已经占据出口总额的60%以上。其次是20世纪70年代重化学工业的发展和工业内部结构升级。为了推进工业结构的高度化，1973年韩国政府发布了《重化学工业化宣言》，确定把钢铁、石油化工、有色金属、造船、汽车制造等部门作为重点发展的出口战略产业，并通过优惠贷款、税收减免等一系列倾斜政策扶持重化学工业的发展，使得70年代韩国对重化学工业的投资占工业总投资的80%以上。到80年代初，电子、钢铁、船舶、汽车、塑料等重化学工业成为韩国的主要出口行业。1972年时，韩国制成品出口中轻重工业产品比重分别为74.5%和25.5%，而1982年变为47.2%和52.8%。工业产值中，轻、重工业产值比重1971年时分别为61.9%和38.1%，而到1980年则变为48.8%和51.2%。20世纪80年代中后期，由于韩国国内生产要素费用上升，韩国轻工业的竞争力减弱，石油危机中油价上涨造成的冲击，使韩国的重化学工业的发展受到了影响。这些情况迫使韩国政府进行经济调整，一方面把失去了比较优势的一部分劳动密集型产业向海外转移；另一方面把包括计算机、电子、精密机械、精密材料、信息技术、生物技术等高新技术产业加以重点培育，到2007年，农业、工业及服务业的比重分别为7.4%、25.5%及66.9%。

在经济增长的过程中一个国家或者地区内部产业结构的改变有其必然性，因为在经济增长过程中人均收入水平会不断提高，而不同种类物品的收入弹性是不同的。因此，随着收入水平的不断提高居民消费物品的比重会有所变动，即居民消费会随着收入水平的提高而不断的升级，进而引导和促进产业结构的不断变动。但同时也应注意到一个国家的自然条件、政治制度、对外贸易以及劳动力供给情况会对产业结构的变迁过程产生重要的影响。日本和韩国在第二次世界大战后的前30年中，经济经历了迅猛的发展，并且产业结构也发生了急骤的变化，并且经历了大致相同的发展历程，首先执行进口替代和出口导向型的经济发展战略发展本国的轻工业，紧跟着是重化工业阶段，接下来就是由于要素价格的影响而把劳动密集型产业向外转移，在本国或本地区则发展技术和知识密集和服务型产业，使得第一产业在经济中所占的比重下降到10%以下，工业的比重经历先上升后下降的过程，并且其比重下降到一半以下，服务业的比重超过工业并且保持不断上升的趋势。中国的产业发展与以上两个国家不同，新中国成立之初基本上是一个农业国，第一产业的产值占总产值的比重在70%以上，相比之下日本的产业结构情况要好得多，日本产业结构中工业的比重在1945年为40.5%，而中国和韩国的工业基础则较差。新中国成立以后首先进入了重化工业阶段，自1978年开始轻工业产值在整个工业总产值中所的比重不断上升，在1992年达到了创纪录的63.21%，这一时段工业发展过程相当于韩国70年代以前和日本60

年代之前的工业发展阶段。1990年以后中国的工业发展与韩国和日本在70～80年代之后的工业发展阶段相似，在经历了轻工业比重的逐渐上升过程之后，走上了重化工业阶段，重工业的比重在整个产业结构中不断上升，到2006年重工业在整个产业结构中所占的比重上升到70.04%。在80年代之后由于要素价格的变动等原因，韩国和日本的高科技产业和服务业又成了发展得较快的产业。到2007年，韩国和日本的服务业所占的比重分别为66.9%和68.4%，而我国目前还是工业的发展速度最快。

二、英国、美国的产业发展状况分析

英国在18世纪第一次工业革命时期就由农业国变成了工业国，利用工业化先发优势，确立了“世界工厂”的地位，其工业基础较好。自第二次世界大战到1979年，英国将铁路运输、煤矿、造船等对国家和社会有重要战略意义的工业部类实行国有化，因此，国有经济在国内生产总值中的比例大幅上升，邮政、通讯、电力、燃气、铁路和造船和钢铁等工业部类所占比重高达75%。随着国有化程度的提高，政府干预的增强，国有企业出现了机构臃肿，管理水平低下，资源配置不合理，员工积极性不高，人、财、物大量浪费的现象。为了改变这一不利于经济持续发展的局面，英国保守党政府自1979年开始实施改革和产业调整，对生产能力过剩、经济效益低和人员过剩的国有企业进行改造改组。原公共事业的企业大多成为私人所有，包括燃气、电力供应、铁路、煤炭和电信，同时大幅削减税收，促使大批高新技术和服务行业中小企业创立和成长。这次改革和产业结构调整使英国的产业结构发生了重大变化，传统的制造业企业大幅减少，企业通过加大科研投入和通过与科研机构合作加大了高新技术的研发，政府也完善了法律、金融财政和知识产权保护等服务体系，促使化工、制药和生物技术产业、通讯业、软件及IT服务行业以及相应的服务和咨询业在以后的20年得到了迅猛的发展，并吸纳了大量人员就业。与此同时第二产业在国内生产总值中的比重下降，就业人员减少。由表13－11可知，1980年英国第二产业在国内生产总值中的比重为42.8%，到2000年这一比重已下降到28.7%。工业就业人数占总就业人数的比重也由1980年的37%下降到2000年的20%。而第三产业在国内生产总值中的比重则由1980年的55%上升到2000年的70.3%。服务业就业人数占总就业人数的比重由1980年的60%上升到2000年的74%。进入21世纪，政府为高新技术工业、科学研究、教育和培训、金融服务、零售、旅游和其他服务业发展创造一个良好的长期投资环境，如英国政府允许私营技术企业的短期资金可以通过银行透支、贸易信贷等方式融通；中期资产可以通过银行信贷、财产抵押、自发信用券、发行股票等方式取得；新创办的高技术公司可以以发行债券的方式筹措资金；对游戏等服务产业实行税收减免的政策；积极发展金融、财会、信息技术、教育、房地产等第三产业；减少对农业、采矿业和制造业等第一、二产业的投资和优惠政策。因此，第三产业得到快速发展，到2006年英国第三产业占国内生产总值的比重达72.8%，服务业就业人数占总就业人数的比重为77%，2009年服务业就业人数占总就业人数的比重达79%（见图13－2）。

表13－11　　英国、美国的产业结构　　单位：%

年份	英国			美国		
	第一产业	第二产业	第三产业	第一产业	第二产业	第三产业
1970	2.9	44.8	52.4	7.3	28.7	64.0
1980	2.2	42.8	55.0	2.5	33.5	64.0
1985	2.0	40.9	57.1	2.1	31.1	66.8
1987	2.0	37.8	60.2	2.0	29.5	68.5
1988	1.8	37.2	61.0	1.9	29.5	68.6
1989	1.9	36.8	61.3	2.0	28.7	69.3
1990	1.9	35.2	62.9	2.1	28.0	69.9
1991	1.8	33.1	65.1	2.0	27.0	71.0
1992	1.8	32.0	66.2	1.9	25.8	72.5
1993	1.99	31.8	66.3	1.7	25.8	72.5
1994	1.8	31.6	66.6	1.8	26.6	71.6
1995	1.9	31.7	66.4	1.6	26.9	71.5
1996	1.8	31.5	66.7	1.8	26.8	71.4
1997	—	—	—	1.7	26.2	72.0
1999	1.5	26.3	61.2	1.6	26.8	71.7
2000	1.1	28.7	70.3	1.6	24.9	73.5
2001	1.0	27.4	71.6	1.6	23.1	75.3
2002	1.0	26.4	72.6	—	—	—
2003	1.0	26.6	72.4	1.6	23.0	75.3
2004	1.0	26.3	72.7	1.2	22.3	76.5
2005	1.4	22.0	76.3	1.6	20.6	77.8
2006	1.0	26.2	72.8	1.3	22.0	76.7

资料来源：历年《国际统计年鉴》。

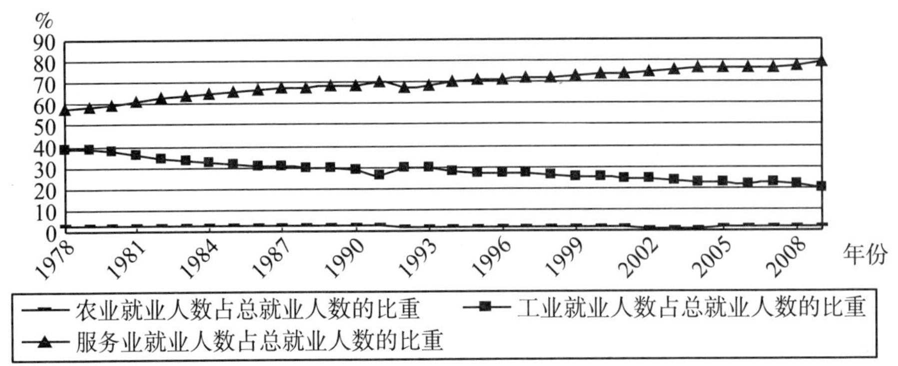

图 13-2　英国分产业就业人数占总就业人数的比重

资料来源：根据中经网统计数据库数据计算得到。

美国自南北战争后经济发展迅速，到 19 世纪 70 年代末，美国基本完成了产业革命，由农业国开始向工业国过渡。第二次工业革命后至 20 世纪 50 年代，美国农业地位日益下降，工业地位日益突出，制造业一直保持上升势头，第一产业下降到 28% 左右，第二产业上升为主导产业，占 53% 左右，一直到 20 世纪 60 年代第二产业在国民经济中仍占据主导地位。20 世纪 60 年代以来，在第三次技术革命浪潮的推动下，制造业的劳动生产率进一步提高，美国产业结构发生了新的变化，产业结构重心从制造业向服务业转移，第三产业的发展加速，劳动力迅速由第一、二产业向第三产业转移，第三产业逐渐在国民经济中占有优势地位。特别是在 20 世纪 70 年代和 80 年代初，由于日本和欧洲经济的迅速崛起，美国在世界经济中的份额迅速下降，经济实力大大削弱，从而使美国选定了微电子、新能源、新材料等发展潜力大的高新技术领域，加快了高科技成果产业化的步伐，将劳动密集型产业转移到发展中国家。1994 年 8 月，克林顿政府决定把民用科研总预算提高至占国内生产总值的 3%，同时通过制定政策法规，鼓励企业增加高新技术的投入，如建立风险投资机制，多渠道吸引资金投入，发行科技股票和债券，动员大量社会资金投入高新技术领域。通过这些措施使通讯设备、计算机、航天航空、生物工程等一大批高新技术产业迅速崛起，汽车业、钢铁业等传统产业生产规模缩小。与此同时，通过运用新技术和新工艺对传统产业加以改造，如将微处理器引入机床，使传统的机床生产能力和生产质量大幅度提高，在机械产品中引入程序控制器、微处理器等电子元器件，使传统产品跃上一个新档次。在汽车工业普遍采用计算机辅助设计，提高设计速度和质量，使部分传统产业的劳动生产率得以提升，增强了竞争力。伴随着高新技术产业的发展和知识经济时代的到来，高新技术服务业、软件业、信息技术以及与之配套的金融、咨询等服务业迅速发展，第三产业在国内生产总值中的比重和就业人数大幅增加。

1980年美国三次产业在国内生产总值中占的比重分别为2.5%、33.5%和64.0%，2006年第二产业在国内生产总值中的比重降为22%，第三产业比重增加到76.7%。三次产业从业人数占总就业人数的比重也发生了重大变化，1980年美国三次产业就业人员占比分别为4%、31%和66%，2006年这一比重变为1%、20%和79%，制造业比重下降迅速，服务业比重大幅上升，到2009年美国服务业就业人数占总就业人数比重已增加到81%（见图13－3），服务业在国民经济中的地位和解决就业方面的作用迅速提升。

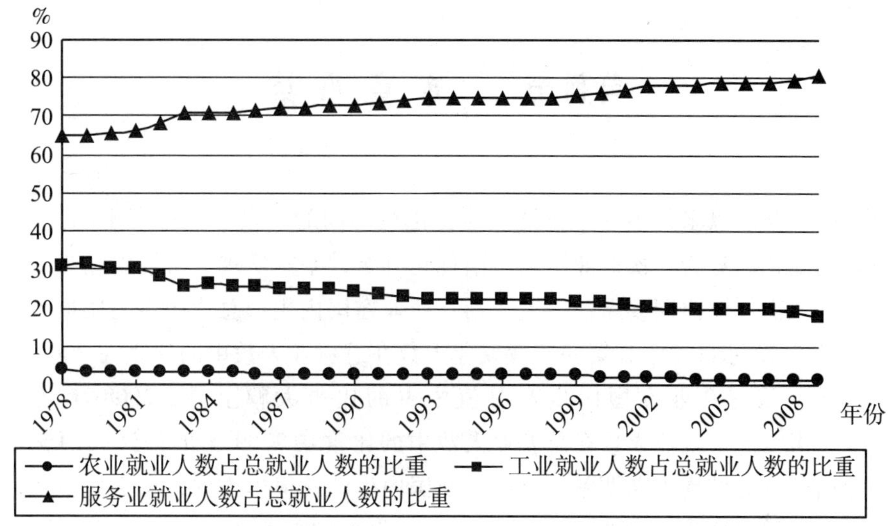

图13－3　美国分产业就业人数占总就业人数的比重

资料来源：根据中经网统计数据库数据计算得到。

中国的产业发展与以上几个国家和地区的产业发展的不同之处，在于在中国的产业升级过程中至今未发生产业外移的现象，而以上几个国家或地区在产业升级过程中都发生了劳动密集型产业外移情况。中国产业发展的突出特点是高层次产业不断产生和发展，但低层次产业虽在工业总产值中所占的比重有所下降，但绝对量也大幅增长，例如，纺织、服装及皮革业在工业总产值中所占的比重虽然由2000年的10.25%下降到2006年的8.09%，但产值却由2000年的8 785.6亿元增加到2006年的25 624.9亿元。同时，作为高科技产业的通讯设备、计算机及其他电子设备制造业的产值由2000年的7 549.58亿元上升到2006年的33 077.58亿元，占工业总产值的比重由2000年的8.81%上升到2006年的10.44%。中国经济之所以表现出以上的特点，与中国国内庞大的消费市场密切相关，中国庞大的国内市场给低层次产业提供了生存的市场空间。中国劳动力市场的供给状况给中国低层次产业提供了丰富的劳动力资源，使得低层次产业不需要向外转移来克服经济高速发展所带来的成本上升。同时，居民收入水平普遍的快速上升使居民的消费水平不断升级，在居民消费的不断升级过程中耐用品的消费比重增加，创造出巨大的耐用品市场，并由此带动投资品产业的发展，使中国的产业发展表现出明显的重化趋势。现有的收入分配状况，使新产品可以作为奢侈品出现并获得较大的市场空间，然后随着生产率的提高而普及大众，从而使新产业不断发展壮大。中国居民消费升级过程决定了中国的产业发展表现出不同于以上几个国家和地区的突出特点。

第四节　本章小结

自改革开放以来，中国产业结构的变化在不同的阶段表现出了不同的特征，但总体的变化趋势为三次产业结构不断优化升级，基本实现了由工农业为主向第一、二、三次产业协同发展的转变。第一产业在国内生产总值中占的比重大幅下降，2008 年降为 11.3%，第一产业就业人数在总就业人数中的比重在 2009 年降为 38.1%。第三产业在国内生产总值中占的比重大幅上升，2008 年增加到 40.1%，第三产业就业人数在总就业人数中的比重在 2009 年上升到 34.1%。第二产业内部行业结构不断调整和升级，在国内生产总值中占的比重变化不大，维持在 40%～50%之间，现在仍然是国民经济发展的核心力量，是中国经济增长和发展的推动力。但目前我国企业的自主研发能力比较低，还不能提供制造业结构升级所必需的先进技术和工艺，很多高质量的中间产品必须从外国进口，所以在调整结构的同时，提高自主研发与创新能力是发展制造业和其他工业的根本。中国工业体系的调整方向是加速改变现有的制造业结构，重型化也要求必须由劳动密集型制造业为主的体系转变为技术密集型制造业体系，或者是不断提高技术密集型制造业的比重，促进传统制造业的自动化和推进新兴制造业的发展，也就是促进高科技制造业的发展来带动传统制造业的升级。改革开放以来，随着对第三产业认识的不断深化和投入的不断增加，我国第三产业实现了长足的进步与快速发展，第三产业在国内生产总值中的比重从 23.9% 上升到 40.1%。从就业结构上看，从事第三产业的人口的比例不断攀升，从 1952 年的 9.1% 一直增长到 2008 年的 33.2%，服务业成了吸纳就业人口的重要力量，在经济发展中的地位日益增强。

综观日本、韩国、英国和美国的产业结构变迁过程，中国的产业发展表现出了自己的特征，如中国的产业升级过程中至今未发生产业外移的现象，而以上几个国家或地区在产业升级过程中都发生了劳动密集型产业外移情况。高层次产业不断产生和发展，但低层次产业虽在工业总产值中所占的比重有所下降，但绝对量也大幅增长。同时，与这些新兴工业化国家和发达国家相比，我国的产业结构还不尽合理，第一产业和第二产业在国内生产总值中的比重仍然过高，农业占比仍然在10%以上，工业占比在40%以上，而日本和韩国第一产业占比都在5%以内，英国和美国在1%左右，第二产业占比则在20%左右。第三产业比重过低，仅占国内生产总值的40%左右，吸纳就业人数占总就业人数的比重在2009年仅为34.1%，而新兴工业化国家和发达国家第三产业在国内生产总值中的比重已达70%左右；在吸纳就业人数方面，英国2009年第三产业吸纳的就业人数占总就业人数的比重为79%，美国达到81%。今后中国的产业结构调整应在重视第二产业内部结构调整升级的过程中，加快第三产业的发展，使其成为支撑经济发展的重要力量和吸纳就业的主要渠道，进一步优化产业结构。

第十四章

消费需求升级与产业发展再探讨——Ⅰ

以上分析讨论了我国在经济转型背景下，消费需求升级与产业发展的重要影响因素，并对二者之间的关联与作用机制进行了理论探讨。本章考察食品与农业、纺织服装业、居住与建筑业三个领域中的产业发展状况，以及产业发展与消费需求升级的相关性。

第一节　食品与农业

一、农业

转型时期我国的农业结构发生了深刻变化，渔业和牧业产量迅速增加，种植业和林业产量增加相对较慢；种植业内部水果和蔬菜的产量增加迅速，谷物和油料作物产量增加适度。

农业产业结构包含两个层次：一是广义农业，即农、林、牧、渔业的比例关系；二是狭义农业，即种植业内部各种作物的比例关系。进入转型时期，随着我国的经济发展，无论广义的农业结构还是狭义的农业结构都经历了巨大的变化。下面分别按照产值、劳动力、土地使用的结构考察两种农业产业结构的变化，并将它们与世界上几个有代表性的国家进行比较。

1978 年以来，按增加值考察的农业产业结构变化趋势如表 14－1 所示。

在全国农业产业结构中种植业比重持续下降，1978 年种植业的产值占农业总产值的 80%，2006 年种植业产值占有 50% 左右；牧业和渔业比重上升，牧业从 1978 年的 15% 上升到 2006 年的 32%，渔业从 2% 上升到 10%；林业所占比重变化不明显。

表 14－1　　我国农、林、牧、渔业产值结构的变化

年份	农业	林业	牧业	渔业
1978	0.80	0.03	0.15	0.02
1980	0.76	0.04	0.18	0.02
1985	0.69	0.05	0.22	0.03
1990	0.65	0.04	0.26	0.05
1995	0.58	0.03	0.30	0.08
2000	0.56	0.04	0.30	0.11
2005	0.50	0.04	0.34	0.10
2006	0.51	0.04	0.32	0.10

资料来源：根据《中国统计年鉴（2007）》整理，各年产值按当年价格计算。

在表 14－1 中，由于各年的产值是按现期价格计算，无法使用移动平均法消除偶然因素的影响。下面使用可比价格计算各年的定基增长率，并计算 5 年的平均数研究农、林、牧、渔业的产值增加情况，对比期为 1978～1980 年的平均数。

由表 14－2 可以看出，按可比价格计算的产值，渔业和牧业增长的最快，增长速度远远超过农、林、牧、渔业产值总指数的增长速度；农业和林业产值的增长速度最慢，远低于农、林、牧、渔业总指数的增长速度。

在种植业内部，粮食作物以及各种经济作物的产量结构也发生了明显的变化。表 14－3 列出了种植业内部粮食产量与其他几种主要作物的产量变化，为了消除产量波动的影响，我们比较 1978～1980 年的平均产量与随后每 5 年的平均产量以及 2006 年产量的比。由表中可以看出，粮食作物的产量稳步上升，但增长速度并不快，其中薯类、谷类作物的产量增加尤其不明显；与粮食类产量相比较，棉花、油料和水果的产量明显增加，水果产量的增长速度比其他作物快得多，2006 年的产量达到 1978～1980 年平均产量的 24 倍；麻类的产量有所下降。由此，我们可以认定，在转型时期，种植业内部粮食作物的比重下降，麻类的产量不仅在绝对值上，而且在相对值上都大幅度下降；水果、蔬菜和油料作物的比重则明显上升，水果在种植业中的重要性显著增加。

表 14－2　　按不变价格计算的增长率

时间段	指数（1978 年＝100）				
	农、林、牧、渔业总产值指数	农业	林业	牧业	渔业
1978～1980 年	105.6	104.4	105.0	112.4	100.2
1981～1985 年	140.7	136.2	146.5	161.4	140.7
1986～1990 年	184.5	170.0	172.9	246.2	288.6
1991～1995 年	247.1	206.7	225.7	387.1	530.6
1996～2000 年	358.9	269.7	290.6	643.5	1 000.0
2001～2005 年	454.1	320.1	348.7	881.7	1 343.3
2006 年	507.0	350.9	379.3	1 002.5	1 504.2

注：（1）2003 年起执行新国民经济行业分类标准，农业总产值包括农、林、牧、渔服务业产值。

（2）指数均按可比价计算。

资料来源：根据中国国家统计局网站数据计算。

表 14－3　　种植业主要产品产量的变化

时间段	粮食	谷物	豆类	薯类	棉花	油料	麻类	烟叶	水果	蔬菜
1978～1980 年	1.00	—	—	1.00	1.00	1.00	1.00	1.00	1.00	1.00
1981～1985 年	1.16	—	—	0.92	1.83	1.87	1.49	1.84	1.37	1.39
1986～1990 年	1.28	—	—	0.91	1.71	2.24	1.16	2.35	2.11	2.15
1991～1995 年	1.41	1.00	1.00	1.01	1.95	2.89	0.64	2.88	4.52	2.98
1996～2000 年	1.56	1.10	1.15	1.19	1.83	3.80	0.44	2.95	8.14	4.72
2001～2005 年	1.44	1.00	1.30	1.20	2.30	4.56	0.68	2.41	17.55	7.03
2006 年	1.52	1.06	1.30	1.17	2.65	4.76	0.74	2.59	23.90	7.76

注：蔬菜数据包含瓜果类。

资料来源：蔬菜数据根据联合国粮农组织数据库计算，其他数据根据中国统计局网站数据整理计算。

就农业的三种主要的生产要素土地、劳动力和资本来看，土地的使用结构变化最能反映农业结构的变化，因为在转型时期，我国的农村劳动力过剩，决定各种农业生产结构的主要是土地的使用结构。

表 14－4 中的数据反映了各种作物播种面积结构的变化，先分别计算了 1978～1980 年及以后每 5 年的各种作物平均播种面积，再计算各种作物平均播种面积占农作物总播种面积的比重。从农作物播种面积的结构来看，粮食作物的播种面积在农作物总播种面积中的比重持续下降，但是粮食的播种面积仍占用了

大多数的耕地；油料作物的播种面积经历了一个快速上升之后，20 世纪 90 年代中期以后趋于稳定；棉花的播种比例基本没有变化；蔬菜和果园的播种比例上升的最快；麻类的播种面积比例较低，表中没有显示，实际上也是在下降的。

表 14－4　　农作物播种面积结构

时间段	农作物	粮食作物	油料	棉花	麻类	蔬菜	果园
1978～1980 年	1.00	0.80	0.05	0.03	0.00	0.02	0.01
1981～1985 年	1.00	0.78	0.07	0.04	0.00	0.03	0.01
1986～1990 年	1.00	0.77	0.07	0.03	0.00	0.04	0.03
1991～1995 年	1.00	0.74	0.08	0.04	0.00	0.05	0.04
1996～2000 年	1.00	0.72	0.09	0.03	0.00	0.08	0.06
2001～2005 年	1.00	0.67	0.09	0.03	0.00	0.11	0.06
2006 年	1.00	0.67	0.09	0.03	0.00	0.12	0.06

资料来源：根据中国统计局网站数据计算。

1978 年以来，我国的农业结构变化显著。渔业和牧业产量增长迅速，种植业和林业增长缓慢，因而渔业和牧业在农业中的比重提高，种植业和林业的比重降低。与有代表性国家的牧业发展速度快于渔业相比，我国的渔业增长速度则快于牧业，相比于渔业和牧业来讲，种植业产量的增长速度过于缓慢。我国以后的农业发展要确保种植业的较快增长，进一步提高牧业的增长速度。

种植业内部，水果和蔬菜的产量增长迅速，相对于有代表性的国家，油料作物产量的增长速度过慢，谷物类产量的增长速度比较适当。合理的结构调整需要进一步提高油料作物的增长速度。在保持谷物的产量增加速度不降低的前提下，快速提高油料作物产量的增长速度是种植业结构调整面临的急迫任务。

二、奶制品业

根据《中国奶业统计年鉴》和《中国统计年鉴》的数据分析奶类的产量、乳品企业数量、年底奶牛存栏头数，可以发现：

第一，我国奶类产量增长迅速。1978～2000 年，奶类年产量从 97.1 万吨缓慢增加到 919.1 万吨，22 年来产量增加 800 多万吨；2000～2007 年，奶类年产量从 919.1 万吨增加到 3 633.4 万吨，7 年时间翻了两番，产量增加了 2 700 多万吨（见表 14－5、图 14－1），可见奶业的快速发展。

表 14 -5　　中国历年奶类产量　　单位：万吨

年份	产量
1978	97.1
1979	130.2
1980	136.7
1981	154.9
1982	195.9
1983	221.9
1984	259.6
1985	289.4
1986	332.9
1987	378.8
1988	418.9
1989	435.8
1990	475.1
1991	524.3
1992	563.9
1993	563.7
1994	608.9
1995	672.8
1996	735.8
1997	681.1
1998	745.4
1999	806.9
2000	919.1
2001	1 122.9
2002	1 400.4
2003	1 848.6
2004	2 368.4
2005	2 864.8
2006	3 302.5
2007	3 633.4

资料来源：《中国奶业统计年鉴》各期整理。

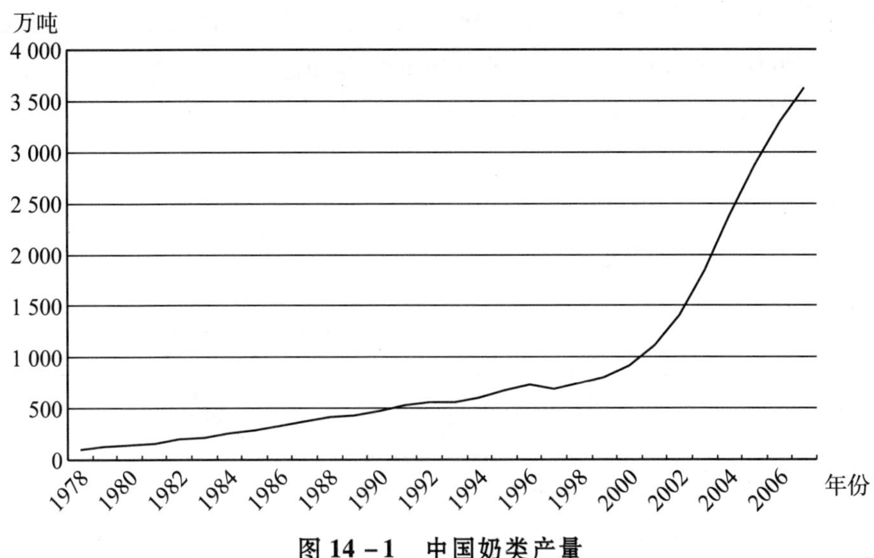

图 14－1　中国奶类产量

第二，乳品企业数量增加较多。1998 年，全国共有各类乳品企业 395 家，到 2006 年增加到超过 700 家（见表 14－6）。乳品业从业人数则从 1998 年的 8 万多人增加到 2006 年的 20 多万人（见表 14－7）。

表 14－6　乳品企业数量　单位：家

年份	1998	1999	2000	2001	2002	2003	2004	2005	2006
企业总数	395	378	377	434	499	584	636	698	717
亏损企业数量	145	124	98	110	121	158	197	196	176

表 14－7　我国乳品企业从业人数　单位：人

年份	1998	1999	2000	2001	2002	2003	2004	2005	2006
人数	81 782	84 862	89 632	110 410	121 590	161 515	171 255	192 265	202 995

第三，乳品业亏损面较大。1998～2006 年，亏损的乳品企业占总企业数量的比例在 24%～37%之间（见表 14－8），企业亏损面较大。

表 14－8　乳品企业亏损率　单位：%

年份	1998	1999	2000	2001	2002	2003	2004	2005	2006
亏损率	37	33	26	25	24	27	31	28	25

第四，2000 年后，乳牛存栏数增加较快。1978 年底乳牛存栏 47.5 万头，

2000年底存栏488.7万头，22年增加440万头，平均每年增加20万头，增加速度较慢。2007年底存栏1 387.9万头，和2000年相比，7年增加近900万头，平均每年增加130万头，增加速度较快（见图14－2、表14－9）。

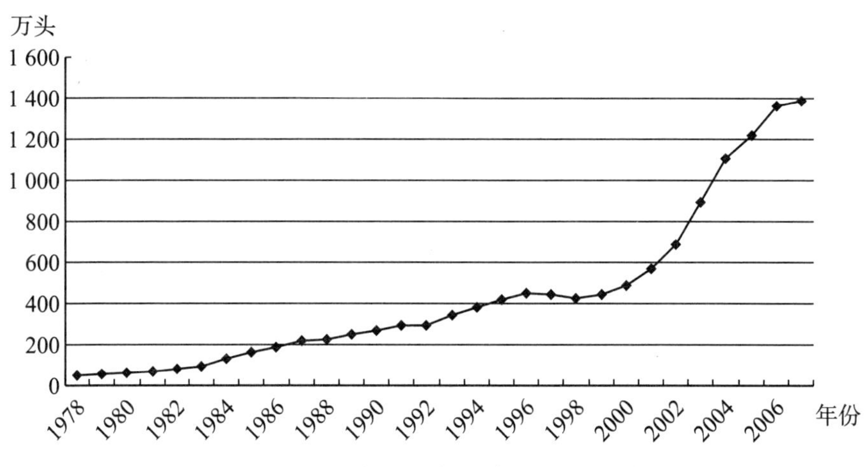

图14－2　中国历年乳牛年末存栏数

表14－9　　中国历年乳牛年末存栏数　　单位：万头

年份	1978	1979	1980	1981	1982	1983	1984	1985	1986	1987
数量	47.5	55.7	64.1	69.8	81.7	95.1	133.6	162.7	184.6	216.4
年份	1988	1989	1990	1991	1992	1993	1994	1995	1996	1997
数量	222.2	252.6	269.1	294.6	294.2	345.1	384.3	417.2	447.0	442.5
年份	1998	1999	2000	2001	2002	2003	2004	2005	2006	2007
数量	426.5	442.8	488.7	566.2	687.3	893.2	1 108.0	1 216.1	1 363.2	1 387.9

第五，奶业的市场集中度较高。根据中国商业联合会的数据，2007年，液态奶市场占有率最高的三家企业蒙牛、伊利和光明，分别占有的市场份额为24.81%、21.65%、8.74%，$CR_3=0.552$。在乳酸饮料市场上，分列前三位的蒙牛、光明和伊利的市场份额分别是21.33%、16.57%和15.36%，$CR_3=0.5326$。

三、餐饮业

在此，我们根据《中国餐饮年鉴（2004）》和各期《中国统计年鉴》数据，使用住宿和餐饮业两手总额、主要餐饮网点从业人员数量、旅游餐饮业外汇收入数据分析我国餐饮业的发展。

第一，住宿和餐饮业零售总额增加速度加快。住宿和餐饮业零售总额在转型初期增加较慢，后期的增长速度越来越快。2007 年的零售总额已经达到 1978 年的 200 多倍（见表 14 – 10、图 14 – 3）。

表 14 – 10　　住宿和餐饮业发展状况

年份	1978	1979	1980	1981	1982	1983	1984	1985	1986	1987
零售总额（亿元）	54.8	63.70	80.0	87.6	98.4	112.1	137.1	196.9	232.8	283
从业人员（万人）	104.4	139.4	176.5	211.3	238.8	271.3	322.1	376.4	393.9	422.4
旅游餐饮收入（亿美元）	0.27	0.51	0.64	1.08	1.11	1.18	1.27	1.37	1.38	1.75

年份	1988	1989	1990	1991	1992	1993	1994	1995	1996	1997
零售总额（亿元）	366.5	405.1	419.8	492.0	589.7	817.8	1 201.4	1 614.7	2 070.0	2 488.2
从业人员（万人）	445.5	407.6	414.8	438.5	480.2	522.2	635.1	710.1	775.3	800.0
旅游餐饮收入（亿美元）	2.02	1.62	2.11	2.85	4.79	4.78	14.04	16.58	13.76	15.87

年份	1998	1999	2000	2001	2002	2003	2004	2005	2006	2007
零售总额（亿元）	2 878.8	3 270.3	3 836.1	4 465.2	5 547.1	6 191.4	7 550.4	8 886.8	10 346	12 352
从业人员（万人）	850	900	1 000	1 200	1 500	1 800	1 800	1 812	1 839	1 845
旅游餐饮收入（亿美元）	15.5	15.3	15.2	15.4	16.6	14.3	19.4	27.5	35.1	37.5

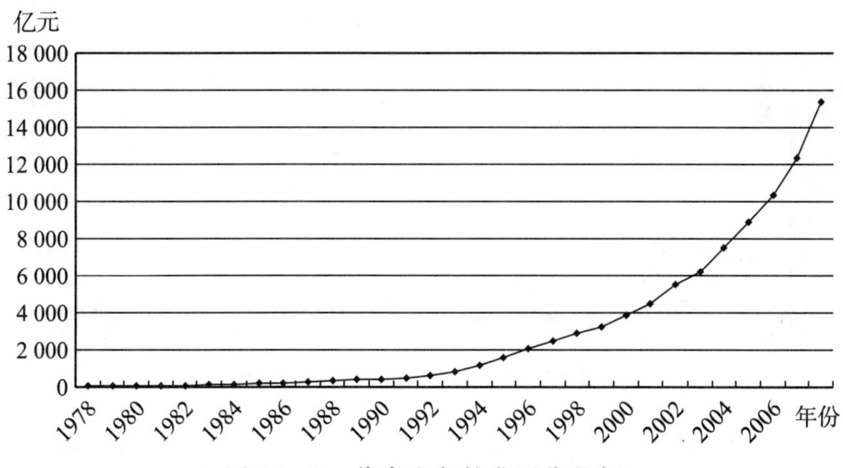

图 14 – 3　住宿和餐饮业零售总额

第二，旅游餐饮业成为餐饮业中不可忽视的组成部分。1978 ~ 1993 年旅游餐饮业的外汇收入不足 5 亿美元，1994 ~ 2003 年旅游餐饮业的外汇收入增加到 15 亿美元左右，2004 年以后旅游餐饮业的外汇收入迅速增加，2007 年已接近 38 亿美元（见图 14 – 4）。

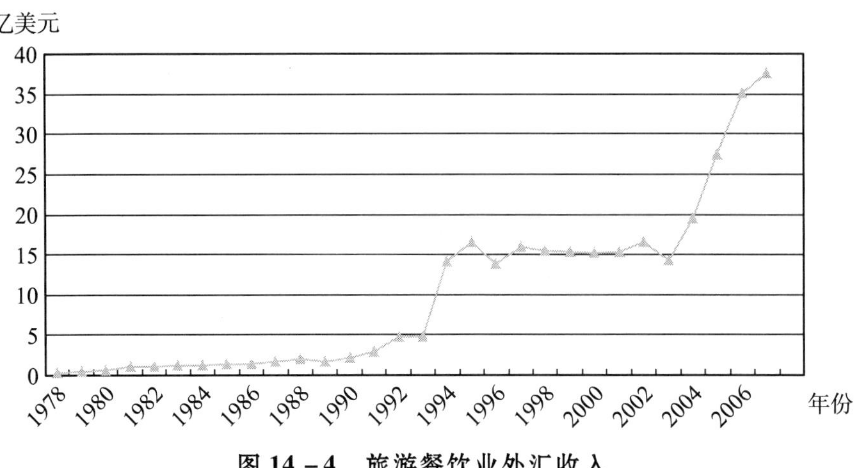

图 14-4 旅游餐饮业外汇收入

第三，主要餐饮网点从业人数逐年增加。1978 年，主要餐饮网点的从业人数只有 104 万人，之后餐饮业从业人数逐年增加，2000～2003 年从业人数增加速度极快，到 2007 年，从业人数已经突破 1 800 万人（见图 14-5）。餐饮业已经成为吸收劳动力就业的重要产业。

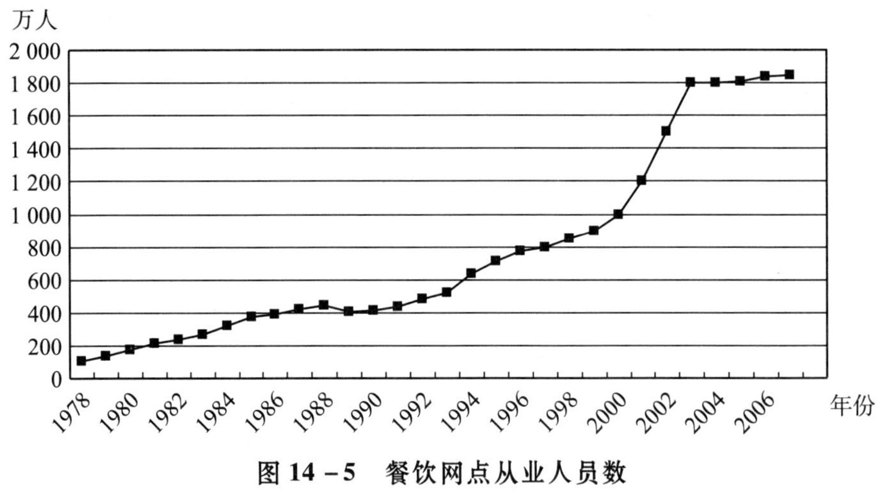

图 14-5 餐饮网点从业人员数

四、食品工业

以下数据来自各期《中国统计年鉴》，由于统计指标和统计口径的变化，在不同的阶段我们讨论的食品工业的指标也不相同。

第一，1978～1984 年，食品工业快速发展。这一段时期，集体食品企业数量增加快，但是资金和利润规模较小。全民企业的数量增加不快，人数增加不多，但是资金和利润增加速度较快。这期间集体制食品企业从不足1.3万个增加到4.1万多个。全民制食品企业的年底固定资产净值增加了110多亿元，定额流动资金增加了60多亿元，集体制食品企业固定资产净值只增加了20多亿元，定额流动资金增加了17亿元。利润总额方面，全民企业从20.5亿元增加到56.6亿元，集体企业从1.7亿元增加到4亿元。全民企业的从业人数增加不多，只从203.9万人增加到288万人（见表14－11）。总之，全民制食品企业开始重视质的提高，资本的扩张快于人员数量的增加，集体制企业主要是数量的扩张，资本量有限。

表14－11　　1978～1984年食品工业主要经济指标

指标 年份	企业单位个数（个）		固定资产净值（年底数）（亿元）		定额流动资金年平均余额（亿元）		利润总额（亿元）		年末人数（万人）	
	全民	集体	全民	集体	全民	集体	全民	集体	全民	集体
1978	12 715	12 995	80.3	—	54.2	—	20.5	1.7	203.9	—
1979	13 205	17 717	87.1	8.8	61.3	4.0	24.1	2.0	214.4	—
1980	13 612	23 886	100.1	11.7	67.5	5.2	29.2	3.0	234	—
1981	13 918	27 820	117.7	15.2	76.9	7.0	34.9	3.7	256.1	—
1982	14 650	31 366	143.2	19.6	98.2	9.7	56.0	3.5	274.4	—
1983	14 985	33 220	166.8	23.3	111.4	11.5	52.0	4.0	280.6	—
1984	15 130	41 546	192.9	30.7	122.5	21.1	56.6	4.0	288.0	—

第二，1985～1992年，食品制造业结构调整。在这期间，食品业规模扩大，资金总额增加了1 000多亿元，销售收入增加了近1 000亿元。这一段时间的食品制造业竞争激烈，利润总额在1985～1988年从35.3亿元增加到56.68亿元，之后迅速减少，到1992年，全行业利润总额只有16.2亿元。竞争的结果是，企业亏损面大，1986～1989年，10%～14%的企业亏损，1990～1992年，20%左右的企业亏损；从业人数没有显著增加，多数年份在350万人左右；企业数量锐减，1992年和1986年相比，企业数量减少近1/4（见表14－12）。

第三，1993～1999年，相关食品企业资本深化，规模扩大，竞争加剧。在这期间，食品加工业和食品制造业产品销售额翻了一番，但是食品加工业企业数量减少近60%，食品制造业减少了将近70%，这说明企业规模扩大了。但是从业人数减少了23%和38%，这说明食品制造业和食品加工业经历了资本深化过程。亏损企业率多数年份在20%以上，甚至达到35%，食品加工业利润总额下降，1998年亏损28亿多元，食品制造业的利润总额较高（见表14－13）。食品加工业和制造业的竞争激烈，食品制造业的企业规模差距更大，小企业的处境更艰难。

表14－12　　1985～1992年食品制造业主要经济指标

年份＼指标	企业单位个数（个）	亏损企业数（个）	资金总额（亿元）	产品销售收入（亿元）	利润总额（亿元）	年末人数（万人）
1985	40 141	—	270.4	545.38	35.30	312.62
1986	46 446	6 196	330.02	637.36	35.95	—
1987	43 664	5 958	390.54	753.18	42.08	345.29
1988	42 755	4 403	473.27	985.48	56.68	350.55
1989	41 431	6 166	597.34	1 120.64	50.43	347.50
1990	40 207	8 194	690.54	1 187.29	27.73	351.08
1991	39 319	7 297	800.15	1 347.60	36.74	358.83
1992	36 605	7 008	1 286.75	1 541.21	16.18	357.29

表14－13　　相关食品业主要经济指标（1993～1999年）

年份＼指标	企业单位个数（个）	亏损企业率	资产总计（亿元）	产品销售收入（亿元）	利润总额（亿元）	年平均从业人数（万人）
食品加工业						
1993	27 015	0.19	1 458.09	1 646	24.19	234.93
1994	27 819	0.15	1 932.66	2 037	62.30	245.27
1995	30 711	0.20	2 675.25	2 864	45.64	240.20
1996	30 213	0.21	3 047.63	3 099	－13.41	245.74
1997	27 970	0.23	3 342.55	3 398	－0.22	246.48
1998	11 909	0.37	3 206.2	3 180	－28.7	200.50
1999	11 231	0.35	3 121.54	3 212	11.00	180.59
食品制造业						
1993	15 442	0.29	686.79	600	5.33	154.73
1994	15 311	0.26	879.64	681	9.49	154.39
1995	16 130	0.30	1 227.55	929	17.02	153.33
1996	15 647	0.26	1 414.65	1 066	16.59	140.55

续表

年份＼指标	企业单位个数（个）	亏损企业率	资产总计（亿元）	产品销售收入（亿元）	利润总额（亿元）	年平均从业人数（万人）
食品制造业						
1997	14 304	0.27	1 614.55	1 169	17.83	140.89
1998	5 368	0.35	1 566.31	1 120	9.22	102.55
1999	4 963	0.33	1 611.12	1 184	32.97	96.67
饮料制造业						
1993	12 705	0.27	1 053.17	782	34.01	149.72
1994	13 161	0.25	1 352.45	825	29.91	145.73
1995	14 719	0.29	1 740.26	1 088	36.02	148.26
1996	14 130	0.23	2 025.91	1 291	45.18	146.93
1997	12 711	0.24	2 366.73	1 483	72.37	144.72
1998	3 817	0.35	2 495.11	1 490	69.20	115.14
1999	3 579	0.34	2 665.02	1 563	86.59	106.27
烟草加工业						
1993	391	0.28	757.12	810	36.25	32.83
1994	382	0.25	993.56	860	94.53	31.71
1995	423	0.26	1 269.03	994	125.83	32.08
1996	416	0.23	1 474.26	1 180	119.71	30.87
1997	398	0.21	1 664.26	1 281	125.23	30.98
1998	352	0.23	1 715.60	1 329	118.64	29.18
1999	352	0.21	1 850.70	1 370	127.09	28.10

1993～1999年，饮料制造业产品销售额翻了一番，但是饮料制造业企业数量减少了72%，证明饮料企业追求规模经济的趋势；饮料制造业的资产总额增加了1.5倍多，但是从业人数减少了30%，说明饮料制造业经历了资本深化过程；亏损企业率在23%～35%之间，但是饮料制造业利润总额较高，从34亿元增加到87亿元。饮料制造业的竞争激烈，企业规模差距很大，小企业很难生存。

1993～1999年，烟草加工业产品销售收入增加了0.7倍；企业数量比较稳定，在350～420家之间，这说明企业规模较大，企业变更不明显。烟草加工业的资产总额增加了近1.5倍，但是从业人数减少了15%，这说明烟草工业经历了资本深化过程。亏损企业率在21%～28%之间。烟草加工业利润总额较高，增加速度快，1993年利润总额为36亿元，1999年为127亿多元，增加了2.5倍多。总体来看，烟草加工业竞争激烈，盈利能力差别很大。

第四，2000~2007年，企业规模继续扩大，资本深化程度更高。在这期间，大中型农副食品加工业资产总额增加了近2倍，产品销售收入增加10倍多，利润总额增加了近13倍，但是企业数量仅增加了0.12倍，就业人数增加了0.79倍（详见图14-6、表14-14、图14-7~图14-9）。平均每个企业占有的资本量和销售额大幅增加。

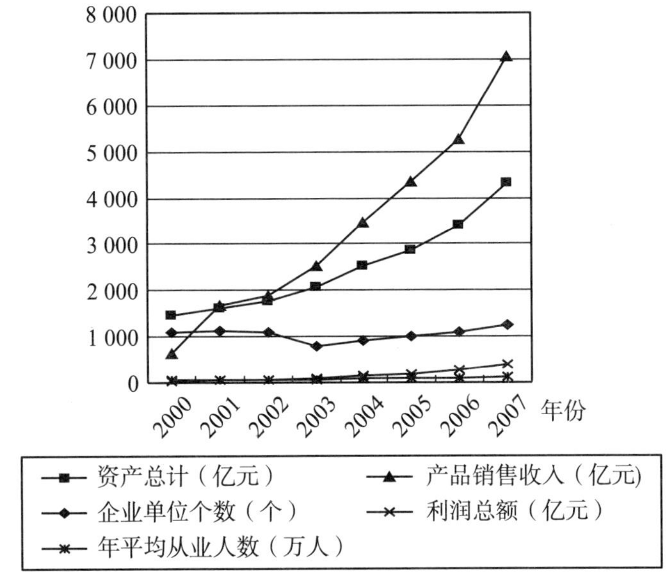

图14-6　2000~2007年大中型农副食品加工业主要经济指标

表14-14　　大中型相关食品业的主要经济指标（2000~2007年）

年份 \ 指标	企业单位个数（个）	资产总计（亿元）	产品销售收入（亿元）	利润总额（亿元）	年平均从业人数（万人）
农副食品加工业					
2000	1 108	1 470.61	623.82	29.05	62.43
2001	1 136	1 602.56	1 675.15	49.23	62.22
2002	1 100	1 750.53	1 898.12	46.06	70.18
2003	788	2 059.27	2 524.02	95.11	75.99
2004	906	2 519.23	3 466.70	144.80	79.88
2005	996	2 850.39	4 359.02	196.96	92.25
2006	1 091	3 393.99	5 265.03	268.13	98.47
2007	1 243	4 311.29	7 065.70	404.10	111.54

续表

指标 年份	企业单位个数（个）	资产总计（亿元）	产品销售收入（亿元）	利润总额（亿元）	年平均从业人员（万人）
食品制造业					
2000	534	854.09	1 178.60	26.39	33.32
2001	560	992.55	762.92	37.34	34.42
2002	596	1 168.25	931.33	45.97	39.01
2003	495	1 400.27	1 300.51	81.47	49.98
2004	575	1 738.08	1 680.37	94.72	55.82
2005	633	2 015.71	2 207.95	145.59	63.32
2006	700	2 254.43	2 722.55	181.23	68.09
2007	793	2 714.10	3 364.10	249.65	70.68
饮料制造业					
2000	757	1 967.98	1 306.38	91.96	62.60
2001	770	2 136.72	1 261.02	97.29	59.67
2002	759	2 222.30	1 354.00	103.65	57.01
2003	527	2 288.82	1 552.98	125.50	55.91
2004	542	2 228.96	1 670.91	122.05	51.72
2005	555	2 447.76	2 159.42	167.66	55.35
2006	578	2 812.19	2 705.66	225.55	56.87
2007	645	3 362.60	3 388.31	336.77	62.11
烟草制品业					
2000	140	1 746.52	2 358.99	139.10	19.48
2001	143	2 259.93	1 648.57	177.15	19.23
2002	138	2 406.74	1 894.25	208.23	18.45
2003	146	2 711.53	2 175.79	272.97	18.81
2004	124	2 931.71	2 532.62	362.96	17.84
2005	108	3 179.75	2 803.87	401.79	17.43
2006	101	3 461.69	3 141.09	461.99	17.70
2007	87	3 697.12	3 704.82	603.78	17.49

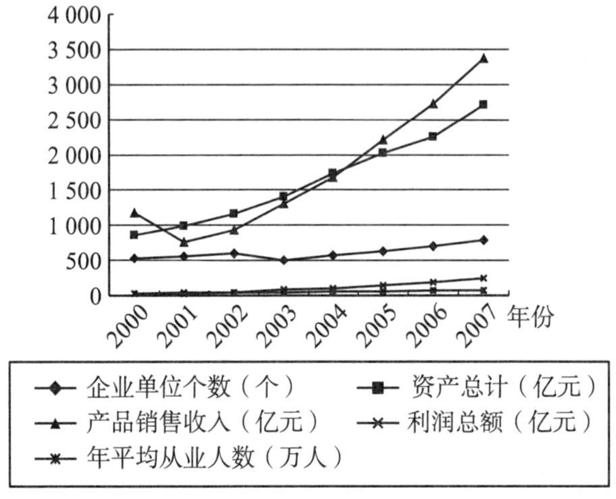

图 14-7　2000～2007 年食品制造业主要指标

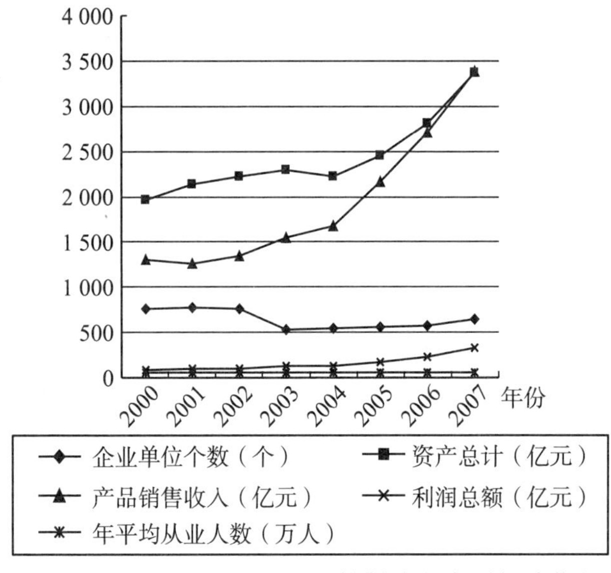

图 14-8　2000～2007 年饮料制造业主要经济指标

五、食品消费升级对产业发展的作用

本部分根据 2002 年 42 部门的投入产出表计算的里昂惕夫逆矩阵系数，分析单位食品最终消费的增长对食品相关产业发展的拉力。

第一，农业最终消费主要对农业具有拉力，对食品相关产业没有明显的拉力（见图 14-10）。

第二，食品加工和烟草业消费量的增加主要拉动食品加工和烟草业、农业的发展，对食品相关产业的发展没有明显作用（见图 14-11）。

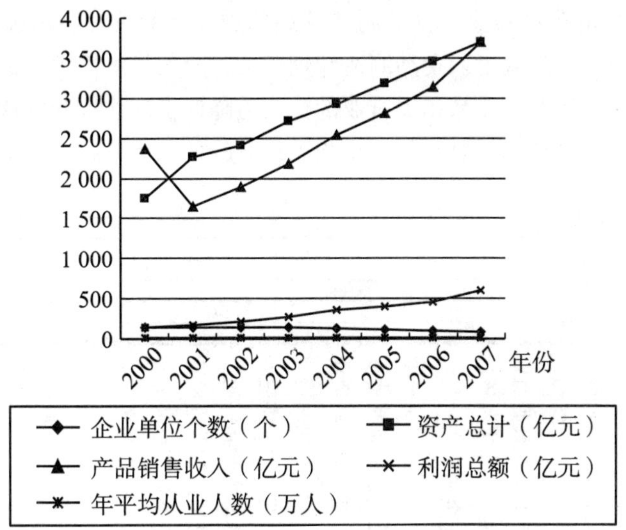

图 14－9　烟草制造业主要经济指标

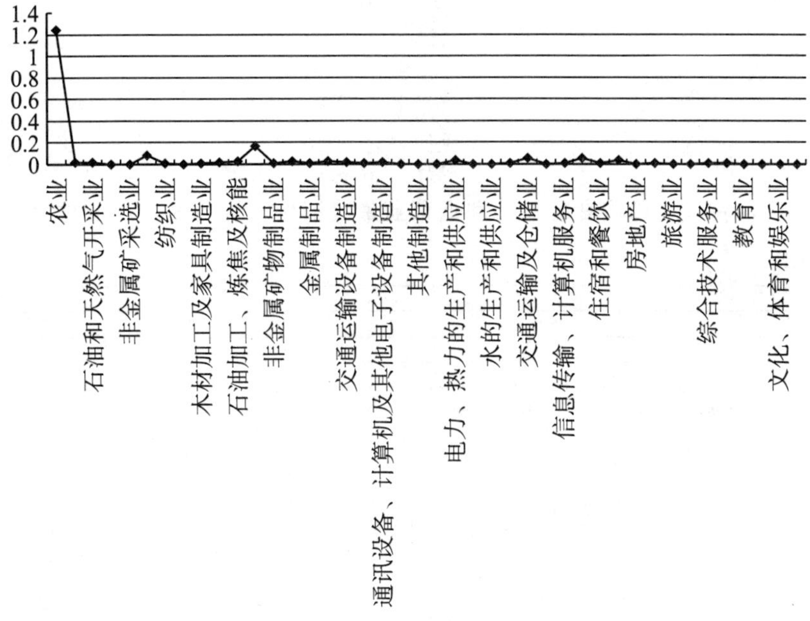

图 14－10　单位农业最终消费对食品相关产业拉力

第三，住宿及在外用餐的增加对住宿餐饮业及农业的发展有明显的拉动作用，对食品相关产业的发展起的作用较小（见图 14－12）。

第四，食品消费对相关产业拉力的变化。根据里昂惕夫逆矩阵，可以单独分析农业、食品制造及烟草加工业、住宿和餐饮业的最终需求对这三个行业影响的变化。通过比较 1983 年和 2002 年这三个行业的里昂惕夫逆矩阵的变化可以看出，农业的最终消费对农业、食品制造及烟草加工业的拉动力增强了，但是对住宿和餐饮业的拉动力降低了。食品制造和烟草加工业的最终需求只是对本行业的拉动力增强了，对其他两个食品相关行业的拉动力降低了。住宿和餐饮业的最终需求对本行业的拉动力降低了，对其他两个相关行业的拉动力增强了（见表 14 – 13）。

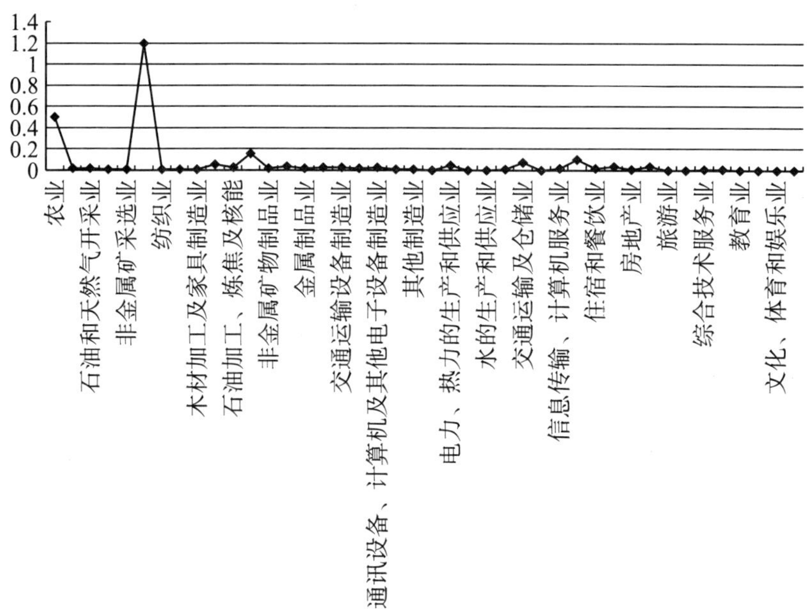

图 14 – 11　单位食品加工和烟草业最终消费对食品相关产业拉力

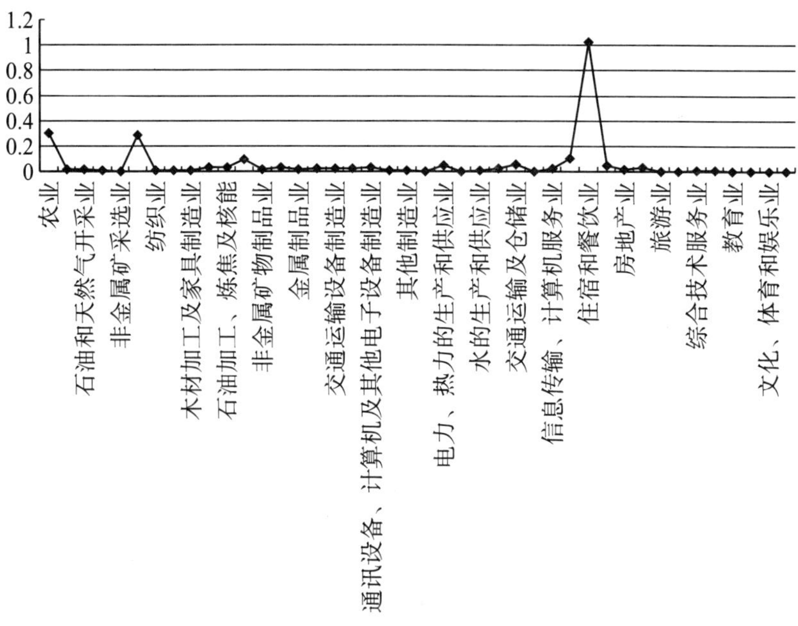

图 14 – 12　单位住宿餐饮业最终消费对食品相关产业拉力

表 14 - 15　　各行业拉动力变化情况

行业	农业	食品制造及烟草加工业	住宿和餐饮业
农业	0.034208	-0.320540	0.067144
食品制造及烟草加工业	0.067390	0.1165170	0.1512670
住宿和餐饮业	-0.020730	-0.038290	-0.058210

六、农业及相关产业发展的国际比较

一国农业产业结构与国土面积、人口、自然资源、经济发展阶段等因素都有关系，本部分选择几个代表性国家，与我国农业相关产业的发展状况作一比较。

（一）农、林、牧、渔业

在相比较的几个国家中，巴西的谷物产量增加最快，2004 年的产量是 1979 ~ 1981 年平均产量的两倍多；其次为印度、法国、中国，谷物产量分别增加了一半左右；美国的谷物产量增长速度较慢；俄罗斯的谷物产量几乎没有变化；日本的谷物产量则逐渐减少。

表 14 - 16　　各国的谷物总产量增长速度

国家 时间段	巴西	中国	法国	印度	日本	俄罗斯	美国
1979 ~ 1981 年	1.00	1.00	1.00	1.00	1.00	—	1.00
1989 ~ 1991 年	1.22	1.36	1.25	1.41	0.97	—	0.97
1999 ~ 2001 年	1.63	1.47	1.38	1.72	0.87	1.00	1.11
2003 年	2.19	1.31	1.19	1.69	0.76	0.98	1.16
2004 年	2.07	1.44	1.53	1.68	0.84	1.13	1.29

资料来源：根据联合国粮农组织数据库计算。

由于缺乏林业产值的数据，而林业产品的种类繁多，全面衡量林业产量非常烦琐，所以我们选择具有代表性的圆材产量进行研究。为了消除偶然因素的影响，分别计算 1978 ~ 1980 年及以后每 5 年的平均产量，并将 2006 年的产量列出进行对比研究。与 1978 ~ 1980 年均产量相比，巴西的圆材产量增加了一半，中国和印度的圆材产量增加了 1/3，俄罗斯和美国的圆材产量几乎没有变化，而日本的圆材产量则下降了一半（见表 14 - 17）。从中可以看出，发展中国家经济发展时，圆材的产量增加，但是，发达国家的圆材产量则几乎不再变化。随着我国经济的发展，我国圆材产量增加较快，圆材产量的增加速度将逐渐减慢，林业在农业结构中的比重将降低。

我们用一个国家的肉类总产量来衡量畜牧业的发展。与 1979 ~ 1981 年的肉类总产量相比，除了日本的肉类产量增加不明显外，其他各国的肉类产量均有明显增加。我国的肉类总产量的增加尤其引人注目，2004 年的产量是 1979 ~ 1981 年平均产量的 5 倍多。巴西、印度的肉类总产量增长速度也比较快，美国、法国、俄罗斯的肉类总产量增长速度比较慢（见表 14 - 18），这说明，当发展中国家经济快速增长时，肉类总产量迅速增加，而发达国家的肉类产量增速减缓。因此，发展中国家经济起飞阶段，畜牧业在农业经济结构中的比重迅速上升，而发展到一定程度后，畜牧业的发展速度将会减缓。我国目前的人均收入仍然属于发展中国家的行列，随着我国经济的快速发展，肉类的总产量还将快速增加，畜牧业在农业中的比重还将进一步提高。

表 14 - 17　　各国的圆材总产量变化

时间段＼国家	巴西	中国	法国	印度	日本	俄罗斯	美国
1978 ~ 1980 年	1.00	1.00	1.00	1.00	1.00	—	1.00
1981 ~ 1985 年	1.11	1.09	0.99	1.09	0.97	—	1.05
1986 ~ 1990 年	1.21	1.21	1.11	1.19	0.92	—	1.23
1991 ~ 1995 年	1.30	1.29	1.11	1.26	0.77	1.00	1.20
1996 ~ 2000 年	1.40	1.38	1.05	1.21	0.61	0.80	1.18
2001 ~ 2005 年	1.53	1.35	1.08	1.29	0.47	1.10	1.11
2006 年	1.52	1.30	1.73	1.34	0.50	1.21	1.16

资料来源：根据联合国粮农组织数据库计算。

表 14 - 18　　各国肉类总产量变化

时间段＼国家	巴西	中国	法国	印度	日本	俄罗斯	美国
1979 ~ 1981 年	1.00	1.00	1.00	1.00	1.00	—	1.00
1989 ~ 1991 年	1.58	2.11	1.06	1.48	1.17	—	1.19
1999 ~ 2001 年	2.94	4.33	1.21	2.01	0.99	1.00	1.54
2003 年	3.52	4.90	1.18	2.27	1.01	1.12	1.60
2004 年	3.81	5.12	1.15	2.30	1.01	1.13	1.60

资料来源：根据世界粮农组织数据库整理。

与1981～1985年的渔业产量相比，中国渔业产量增加的幅度相当惊人，2006年的渔业总产量是1981～1985年平均产量的8.8倍。印度的渔业产量增加速度也比较快，2006年的产量是1981～1985年均产量的2.68倍。而美国、法国、巴西的渔业产量则变化甚微，俄罗斯和日本的渔业产量则有明显的下降，进入21世纪，这两个国家的年渔业产量还不到1981～1985年均产量的一半（见表14-19）。从上述三类国家的渔业产量变化模式来看，发展中国家在经济高速发展阶段，渔业产量迅速增加，但是发达国家的渔业产量则基本不变，有些国家的渔业产量还可能大幅度下降。我国目前还是经济高速发展的发展中国家，渔业产量还会高速增加，渔业在农业结构中的地位将大幅度提高。

表14-19　　各国渔业产量增长比例

时间段＼国家	巴西	中国	法国	印度	日本	俄罗斯	美国
1981～1985年	1.00	1.00	1.00	1.00	1.00	—	1.00
1986～1990年	0.94	1.76	1.08	1.29	1.02	1.00	1.29
1991～1995年	0.76	3.39	1.07	1.76	0.73	0.62	1.28
1996～2000年	0.84	6.12	1.05	2.11	0.58	0.56	1.18
2001～2005年	1.11	7.84	1.05	2.36	0.49	0.42	1.22
2006年	1.18	8.80	0.94	2.68	0.46	0.43	1.18

资料来源：根据联合国粮农组织数据库计算。俄罗斯的统计数据从1988年开始，1986～1990年栏的平均数为1988～1990年数据的平均。

总结上面代表性产品的变化可以得出结论：快速发展中的欠发达国家的种植业、林业、牧业、渔业的产量增长速度快于发达国家；欠发达国家经济发展过程中牧业、渔业、种植业、林业的增长速度依次减弱；发达国家的种植业和牧业产量平稳，林业、渔业产量趋于减少。因此，欠发达国家经济发展阶段，农业结构中牧业、渔业的比重将快速提升，种植业和林业的比重将逐步下降，这种结构变化随着欠发达国家的人均收入提高而逐渐减缓。

（二）种植业内部各种作物的结构变化

由于各国的国情不同，种植业内部各类作物的结构差别很大，比较不同国家的种植业结构意义不大。但是随着人均国民收入的增加，无论是发展中国家，还是发达国家，种植业内部各类作物的产量也在发生变化。比较我国转型时期种植业内部各类作物的产量变化与相关国家类似变化的异同，有助于判断转型时期我国种植业内部各类作物产量的变化合理与否，并对我国种植业内部各类作物的结构调整有指导意义。

1978～2007年，巴西的种植业中，增长速度最快的是主要油料作物，其次是蔬菜及瓜类，再次是谷类与除了瓜果之外的水果以及坚果；主要豆类虽然总的趋势也是增加，但是增加速度相应较慢，而且增加趋势并不稳定；主要纤维类的产量除了在最后一个时期增加明显外，前几个时期都呈现出了下降的趋势。

在转型时期，我国的种植业内部各种作物的产量发生了巨大变化。变化最大的是水果、蔬菜和坚果的产量，2003～2007年平均产量分别是1978～1982年平均产量的10倍、7倍和5.4倍；主要油料作物和主要纤维的产量稳定增长，2003～2007年平均产量分别是1978～1982年平均产量的2.7倍和2倍；谷物产量增加缓慢，2003～2007年平均产量仅仅是1978～1982年平均产量的1.5倍，特别是1982～2007年的15年间，年均产量几乎没有增加；豆类的产量则有所减少。

1978～2007年，印度的种植业中，产量增加最快的作物是坚果类，2003～2007年平均产量约是1978～1982年平均产量的3倍；其次是油料作物、蔬菜和水果，2003～2007年平均产量约是1978～1982年平均产量的2.2～2.3倍；谷物和豆类的产量增加比较慢，相应时期的产量分别是1.7倍和1.2倍。

转型初期俄罗斯种植业中的各类作物产量都经历了下降的厄运。其后的恢复阶段，各类作物产量的变化存在明显差异。以1990～1992年的平均产量作参照，之后各期的年平均产量除了蔬菜类的产量持续增加之外，其他作物的平均产量都有下降阶段。下降最严重的是豆类，其次是谷物和主要纤维类，这三类作物的产量都没有恢复到1990～1992年的水平，而且差距较大；油料作物的产量下降不明显，而且恢复较快，2003～2007年的平均产量已经达到1990～1992年平均产量的1.78倍；水果和坚果类的平均产量也基本上恢复到了1990～1992年的水平。

法国的豆类作物产量增加幅度很大，1988～1997年的平均产量接近1978～1982年均产量的9倍，然后开始下降，2003～2007年平均产量仍是1978～1982年平均产量的4.4倍；油料作物的产量稳定快速增加，2003～2007年平均产量已达到1978～1982年平均产量的4.3倍；谷物类产量平稳而缓慢地增加；纤维和蔬菜类的产量虽有波动，但总起来讲，变化不大；水果和坚果类的产量则持续下降。

日本的种植业中各类作物的产量总体上呈下降趋势。下降速度最慢的是谷物，其次是蔬菜、豆类和油料作物；下降最快的是纤维类，近15年来，纤维类已接近绝产；坚果和水果类的产量则持续快速下降。

美国的各类作物的产量呈上升趋势。其中上升最快的是坚果类；水果和谷物的产量比较平稳（见表14－20）。

表 14 - 20　　有关国家种植业内部主要作物产量的变化

国家	作物 \ 时间段	1978～1982 年	1983～1987 年	1988～1992 年	1993～1997 年	1998～2002 年	2003～2007 年
巴西	谷物	1.00	1.19	1.33	1.52	1.61	2.09
	主要纤维作物	1.00	1.10	1.07	0.64	0.95	1.35
	水果（瓜类除外）	1.00	1.28	1.62	1.80	1.92	1.95
	主要油料作物	1.00	1.20	1.40	1.70	2.49	3.70
	豆类	1.00	0.94	1.11	1.20	1.15	1.37
	坚果	1.00	1.20	1.47	1.52	1.37	1.88
	蔬菜及瓜类	1.00	1.17	1.36	1.56	1.82	2.24
中国	谷物	1.00	1.22	1.33	1.47	1.46	1.47
	主要纤维作物	1.00	1.68	1.59	1.47	1.48	2.03
	水果（瓜类除外）	1.00	1.61	2.55	4.97	7.51	10.02
	主要油料作物	1.00	1.50	1.60	2.04	2.46	2.66
	豆类	1.00	0.88	0.67	0.68	0.77	0.85
	坚果	1.00	1.04	1.46	2.27	3.47	5.41
	蔬菜及瓜类	1.00	1.62	2.18	3.43	5.34	7.05
法国	谷物	1.00	1.13	1.25	1.24	1.41	1.33
	主要纤维作物	1.00	1.17	1.04	0.95	1.07	1.40
	水果（瓜类除外）	1.00	0.95	0.79	0.79	0.78	0.71
	主要油料作物	1.00	2.47	3.54	3.55	4.16	4.34
	豆类	1.00	3.43	8.89	8.65	6.61	4.44
	坚果	1.00	0.69	0.63	0.60	0.75	0.71
	蔬菜及瓜类	1.00	0.98	1.06	1.14	1.25	1.06
印度	谷物	1.00	1.18	1.40	1.55	1.65	1.73
	主要纤维作物	1.00	1.02	1.20	1.37	1.32	1.82
	水果（瓜类除外）	1.00	1.24	1.34	1.80	2.15	2.20
	主要油料作物	1.00	1.16	1.74	2.07	1.84	2.27
	豆类	1.00	1.14	1.18	1.24	1.23	1.26
	坚果	1.00	1.22	1.53	2.01	2.43	2.96
	蔬菜及瓜类	1.00	1.19	1.35	1.53	1.97	2.24

续表

国家	作物＼时间段	1978~1982年	1983~1987年	1988~1992年	1993~1997年	1998~2002年	2003~2007年
日本	谷物	1.00	1.04	0.95	0.92	0.84	0.80
	主要纤维作物	1.00	0.14	0.06	0.00	0.00	0.00
	水果（瓜类除外）	1.00	0.92	0.79	0.68	0.63	0.55
	主要油料作物	1.00	1.06	0.88	0.56	0.75	0.70
	豆类	1.00	1.08	1.06	0.85	0.80	0.75
	坚果	1.00	0.91	0.66	0.56	0.50	0.42
	蔬菜及瓜类	1.00	0.99	0.94	0.88	0.82	0.76
俄罗斯	谷物	—	—	1.00	0.75	0.64	0.72
	主要纤维作物	—	—	1.00	0.76	0.68	0.60
	水果（瓜类除外）	—	—	1.00	0.88	0.90	1.08
	主要油料作物	—	—	1.00	0.94	1.06	1.78
	豆类	—	—	1.00	0.67	0.42	0.54
	坚果	—	—	1.00	0.91	1.61	0.96
	蔬菜及瓜类	—	—	1.00	1.03	1.16	1.47
美国	谷物	1.00	0.97	0.95	1.03	1.09	1.23
	主要纤维作物	1.00	0.91	1.20	1.42	1.33	1.66
	水果（瓜类除外）	1.00	0.92	1.00	1.15	1.18	1.06
	主要油料作物	1.00	0.92	0.93	1.13	1.32	1.37
	豆类	1.00	0.88	1.04	1.13	1.18	1.35
	坚果	1.00	1.21	1.43	1.54	1.91	2.45
	蔬菜及瓜类	1.00	1.05	1.18	1.36	1.44	1.44

资料来源：根据《联合国粮农组织统计数据库》计算。

由以上数据分析可以看出，由于各国的要素禀赋不同，在国际分工中的地位也不同，因此，种植业内部产业结构的变化规律差别很大。但是随着人均收入的快速增加，种植业产业结构的变化也有共同性。这种共同性主要表现为油料作物、蔬菜和水果的产量随收入的增加而大幅度增加；谷物产量增加速度比较慢，但是比较平稳；除了个别国家外，纤维和坚果类的产量都是快速下降。和其他国家种植业内部产业结构变化相比较，我国转型时期种植业内部产业结构的变化呈现出不同的特点，第一，各种作物产量变化的幅度差距比较大，水果产量增加了

9倍多，而谷物类产量仅增加了不到0.5倍，豆类的产量则有所下降。第二，大多数代表性国家经济增长时，种植业结构调整的特点是主要油料作物产量增长迅速，而我国的油料作物增长幅度则较低；谷物产量持续增加，而我国的谷物产量增加不多，特别是近15年来处于停滞状态；大多数国家坚果和纤维类的产量呈下降趋势，我国这两类作物的产量增加明显。

1978年以来，我国的农业结构变化显著。渔业和牧业产量增长迅速，种植业和林业增长缓慢，因而渔业和牧业在农业中的比重提高，种植业和林业的比重降低。与代表性国家的牧业发展速度快于渔业相比，我国的渔业增长速度则快于牧业。相比于渔业和牧业来讲，种植业产量的增长速度过于缓慢。因此，我们建议我国今后的农业发展要确保种植业的较快增长，进一步提高牧业的增长速度。在种植业内部，水果和蔬菜的产量增长迅速，相对于代表性国家，油料作物产量的增长速度过慢，谷物类产量的增长速度比较适当。合理的结构调整需要在保持谷物的产量增加速度不降低的前提下，快速提高油料作物产量的增长速度是种植业结构调整面临的急迫任务。

第二节　纺织服装业

一、我国纺织服装业发展概况

纺织工业在世界上是一个具有悠久历史的传统工业，世界纺织品服装的销售额仅次于旅游产业和信息产业，名列第三。世界纺织品贸易的年均增长速度基本维持在6%～7%，目前全球纺织品和服装的年交易总额约为4 000亿美元。从长远发展看，纺织服装是人类生存最基本的需求之一，随着人口数量增长和生活质量的提高，纺织服装业只能以不断的增长来满足人们的需求，因此，纺织行业并非夕阳产业而是永恒的产业。

改革开放以来，我国纺织工业获得了巨大的发展，主要纺织产品产量及纤维加工能力不断扩大，生产、贸易和经济效益大幅增加，已形成从原料到最终成品，从国内生产到全球销售，纺织教育、科研、设计相配套的完整产业体系和产业链，包括纺、织、印染、纤维及其相关设计、生产、设备等一系列的工业部门。(1) 按最终产品用途划分，可以分为服饰用、家用和产业用三大类。(2) 按原料来源划分，可以分为天然纤维加工业和化学纤维加工业。(3) 按国家统计局

《国民经济行业分类》标准，包括纺织业、服装业、化学纤维制造业和纺织专用设备制造业。纺织业包括棉纺织（印染）、毛纺织、麻纺织、丝绢纺织、针织业；服装包括服装、制帽、制鞋业；化纤业包括合成纤维、人造纤维制造业。（4）按海关进出口统计分类，习惯将纺织行业的进出口产品归入纺织品服装类，并进一步细分为纺织业和服装业。

2007 年我国纺织全行业从业人数达 2 000 多万人，实现主营业务收入 26 786 亿元，其中规模以上纺织企业 43 309 家，共完成工业总产值 30 800 亿元，实现利润总额 1 152 亿元[①]。主要纺织产品——纱、布、化学纤维和服装的产量均居世界首位（见表 14 - 21），其中化纤产量已超过全球生产总量的 1/3，纤维加工量达到 3 530 万吨，占全球纤维消费的 45%（见图 14 - 13）。1995 年我国纺织品服装出口额为 379.67 亿美元，占世界的 12.34%，开始居世界第一位。2007 年全国纺织品服装出口额达到 1 756.16 亿美元（其中，纺织品出口 605.43 亿美元，服装出口 1 150.74 亿美元），是 1980 年的 30.3 倍，实现贸易顺差 1 568.79 亿美元，占全国贸易顺差总值的 59.83%。从出口产品结构看，纺织品出口比重已上升到 35% 左右，2007 年为 34.47%，产业链整体竞争能力提升较快。出口服装产品的质量和档次明显提高，中高档服装产品占 40% ~50%。从贸易方式看，纺织品服装出口由加工贸易向一般贸易转型。2007 年一般贸易比重已提高到 72.41%，远远高出全国一般贸易比重（44.22%），其中纺织品一般贸易比重达 72.75%，服装一般贸易达 72.23%。说明我国纺织行业产业链自我配套能力在不断增强。

表 14 - 21　　全国主要纺织产品产量变化

产品名称	单位	产量		2007 年/1980 年
		1980 年	2007 年	
化学纤维	万吨	45.03	2 413.78	53.6
纱	万吨	292.6	2 068.17	7.07
布	亿米	134.8	675.26	5.01
印染布	亿米	80.7	490.18	6.07
绒线（毛线）	万吨	5.73	40.32	7.04
呢绒	亿米	1.01	5.46	5.41
苎麻布及亚麻布	亿米	0.41	2.23	5.44
丝	万吨	3.54	19.7	5.57

① 中国纺织经济信息网，www.ctei.gov.cn。

续表

产品名称	单位	产　量		2007 年/1980 年
		1980 年	2007 年	
丝织品	亿米	7.59	86.85	11.44
梭织服装	亿件	9.4	178	18.94
针织服装	亿件	约 35	334	9.54
产业用纺织品	万吨	53（1988 年）	544.32	10.27

资料来源：《中国工业经济年鉴》。

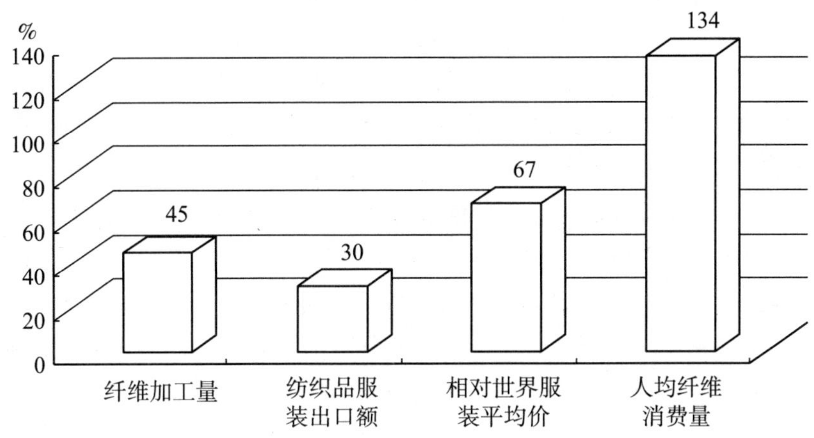

图 14－13　2007 年中国纺织工业相对全球比重

纺织工业的快速发展对国民经济和社会的发展起着重要和积极的作用，使衣着领域发生了根本的变化。1978 年，我国人均衣着纤维消费为 2.88 公斤，是世界人均衣着纤维消费水平的 40%；到 2006 年跃升为人均 14 公斤，已是世界人均衣着纤维消费水平的 127%。从温饱到小康，从限量供应到布票的取消，不仅满足了 13 亿人的衣着需要，而且衣着水平迅速提高。

改革开放后，随着居民衣着消费水平的不断提高，我国服装业得到了迅速的发展，工业总产值平均年递增速度达到 14%，服装出口额不断增加，1995 年，服装出口额占世界总出口额的 8.95%，成为世界第一大服装出口国①。近 30 年来，我国服装业大体经历了三个发展阶段：第一阶段是 1979～1990 年，服装行业经历了一个平稳增长时期；第二阶段是 1991～2000 年，服装行业进行了快速膨胀和不断的产业升级；第三阶段是 2001 年以来，加入 WTO 后服装业进入了新一轮的生产扩张阶段。

① 中国纺织经济信息网，www.ctei.gov.cn。

（一）1979～1990年：平稳增长阶段

改革开放后，政府实行大力发展消费品生产的方针，并把服装业列为消费品生产的三大支柱产业之一，从而促进了服装业的发展。1983年取消布票配给制后，服装实行敞开供应，服装产量增长开始加快。截止到1991年，全国已有大小不同规模的服装企业3.7万个，职工250万人，加上联产和个体户，从业人员达306万人，拥有各种缝纫设备250万台（套）以上，服装产量36.3亿件，为1980年（见表14－22）的3.84倍①。随着改革开放的不断深入，经济特区和沿海开放城市利用自身优势，通过积极吸引外商投资引进了大量的先进技术和管理经验，如上海、北京、天津、广东、大连等地区服装业拥有进口设备占设备总数的60%～70%，从而提高了服装业的科技、管理水平。另外，我国的服装科研力量也不断加强，有40多所大专院校设立了服装系，服装专科学校达102个，中国服装业已初步形成了以科研、教育、生产、销售为基础的一个比较完整的产业体系。

这一期间，随着发达国家科学技术的进步和产业结构的变化，作为早期重要产业的服装业劳动力所占比重下降，纷纷向发展中国家转移，由此促进我国服装出口的增长。如图14－14所示，1980～1985年服装出口平均增长5.8%，1986～1991服装出口额年平均增长23.2%②。但基本上服装产业还是以满足内需为主，截止到1990年服装出口额只占到总产值的39.4%。

表14－22　　1980～1990年我国服装行业发展情况

年份	1980	1981	1982	1983	1984	1985	1986	1987	1988	1989	1990
产量（亿件）	9.45	10.08	9.85	10.04	11.06	12.67	27*	23	29.11	30.04	31.75
同比（%）	27	6.7	－2.3	1.9	10	14.6	113	－14.8	26.6	3.4	5.7
工业增加值（亿元）	27.95	32	30.38	32.68	38.14	50.41	52.74	61.3	73.61	90.67	100.86
同比（%）	—	14.5	－5.1	7.6	16.7	32.2	4.6	16.2	20.1	23.2	11.2
工业总产值（亿元）	134.7	147.24	141.94	153.46	178.67	199.29	209.33	235.9	278.31	319.1	307.23
同比（%）	13.9	9.3	－3.6	8.1	16.4	11.5	5	12.7	18	14.7	－3.7

注：*1986年8月，国家明确提出：我国的对外贸易在一定时期内要靠纺织。根据这一精神，纺织工业部制定了“以扩大纺织品出口为重点”的战略转移，在北京、天津、大连等沿海12个重点出口城市设立出口基地，从而使服装产量大增。

资料来源：《中国统计年鉴》、《中国工业经济年鉴》。

①② 《中国纺织工业年鉴》（1987～1992）。

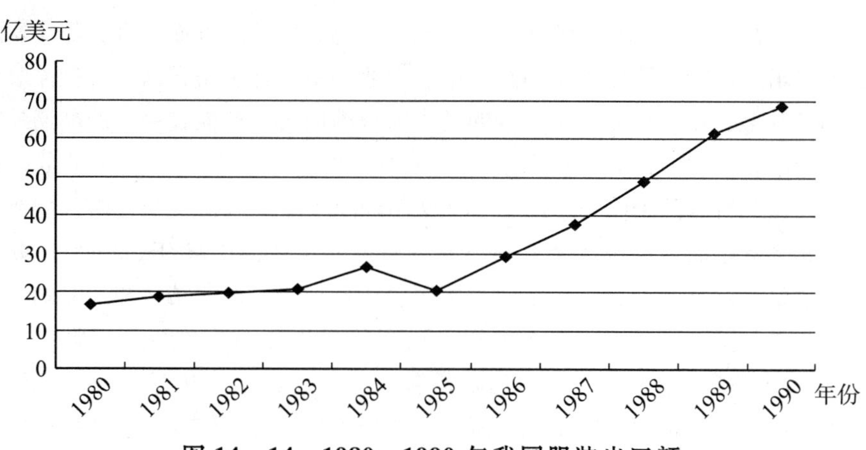

图 14 - 14　1980 ~ 1990 年我国服装出口额

（二）1991 ~ 2000 年：产业升级阶段

这一时期，服装产业经历了先快速膨胀后结构调整的发展历程。

1991 ~ 1995 年，国内消费市场正处于由商品短缺向商品过剩的阶段过渡，由于服装企业投入少、产出快，个体等各种经济成分竞相投资建厂，致使服装产量迅速膨胀，年均增长率达到 25.6%（见表 14 - 23），成为我国服装业发展最快的时期，服装业不仅成为我国消费品制造业的重要组成部分，也是对外贸易的支柱产业。1991 年服装出口额达到 89.98 亿美元，服装出口占我国纺织品服装出口比重上升到 53.98%，首次超过纺织品出口规模，打破了长期以来我国以纺织品出口为主的格局。1995 年，服装出口额占世界总出口额的 8.95%，成为世界第一大服装出口国。①

表 14 - 23　　1991 ~ 1995 年我国服装业发展情况

年份	1991	1992	1993	1994	1995
产量（亿件）	36.33	42.66	63.68	79.37	179.96
同比（%）	14.3	17.4	49.3	24.6	126.7
出口额（亿美元）	90	167.5	184.3	237.2	249.5
同比（%）	31.4	86.1	10	28.7	5.2

资料来源：相关年份《中国统计年鉴》、《中国工业经济年鉴》。

进入 20 世纪 90 年代后，国内消费者的观念发生了很大的变化，不但对服装

① 根据《中国纺织工业年鉴》（1992 ~ 1996）整理。

质量有了较高的要求，对服装的文化内涵、品位、风格等方面也有了较丰富、较成熟的追求。而前一阶段形成的众多服装企业基本上都拥挤在同一类产品、同一档次的平台上，在满足人民对衣着的基本需求的同时，产能过剩、产品同质化现象日趋严重，再加上面临国际服装市场强有力的竞争以及东南亚金融危机的影响，我国服装行业从1996年开始到1999年经历了最困难的一个时期：生产停滞不前，相当数量的劣势服装企业被兼并或破产、转产，1998年、1999年服装业的企业数量一度急剧减少。于是，我国服装产业加快了产业结构和产品结构调整的步伐。进入了“转轨升级”新阶段。激烈的竞争使那些单纯进行服装加工的中小企业越来越难以生存，纷纷通过承包、租赁、转让、私营、股份合作等形式，加快所有制结构调整的步伐。服装业投资主体也逐步转变，致使民间资金源源不断地注入服装业，截止到2000年，全国服装民营企业的数量已占服装企业总数量的53%，成为服装业的主体。面对激烈的竞争，一批服装企业在提高质量的同时，注重树立品牌、企业形象，成为深受国内消费者欢迎的知名品牌。还有一些大型服装企业集团在以现有的品牌优势的基础上，走“系列化”和“多层次”的发展道路，开始向上游产业延伸，开发服装面料。这一时期，行业中产品销售收入超过10亿元企业的有10家，超过亿元的有几百家，它们的生产发展速度和经济效益远远高于国内服装企业的平均水平。

（三）2001年至今：新一轮的产业扩张阶段

进入21世纪，随着WTO的加入和国内经济保持近两位数的稳定增长，我国服装业进入了第二次大规模产业扩张和升级阶段。

一方面，无论是服装生产还是进出口贸易，都呈现出快速增长的态势。2007年我国累计完成服装及衣着附件出口1 150.74亿美元和296.62亿件，实现贸易顺差1 131.05亿美元，占我国贸易顺差的43.14%。截止到2007年我国服装业已连续13年位居世界服装生产出口第一的位置（见表14－24）。

另一方面，我国服装出口单价呈整体上升趋势，如表14－25所示。2007年服装平均出口单价3.29美元，同比上升了11.9%。针、梭织服装出口数量和出口金额稳定增长，出口单价继续平稳上扬，梭织服装平均出口单价小幅增长4.36%，针织服装出口单价增幅较大，达21.56%，表明我国服装出口由量增向质增阶段转变。其一，在产业升级中，企业更加意识到品牌的重要性，不断通过做广告等形式来树立自己的品牌、维护自己的顾客忠诚度，致使企业的销售费用不断上升。这就形成了行业资源进一步向大企业集中，品牌集中度逐渐提高（如作为中国羽绒服行业的领军企业，波司登已连续13年（1995～2007年）保持国内羽绒服市场占有率第一），两极分化明显的局面。20世纪末期我国最大服装企业产品销售收入不足 50 亿元，销售收入上亿的企业为数不多，而 2007 年，我国最大的服装企业销售收入已近 200 亿元，销售收入上亿的企业比比皆是。根据中国服装协会统计，行业 10% 的企业利润占全行业利润总额的 80%，20% 的企业实现利润占行业总体利润的 94%[①]。其二，在品牌战略的指导下，国内企业开始重视自主品牌国际化，通过无形资产——品牌价值，提高出口产品附加值，提高品牌贡献率，来改变原有的以 OEM 为主的低成本、低附加值的出口方式，纷纷制定和实施了自主品牌国际化战略。例如，自 2006 年以来，先后有 4 位国内服装设计师参加了巴黎、米兰和纽约三大世界顶级时装周，举办了中国设计师时装发布会；李宁公司多年来采取赞助世界比赛和运动队的方式，进行品牌国际化战略；2007 年底宁波雅戈尔集团以 1.2 亿美元的净资产价格收购美国 Kell Wood Company 持有的 Smart 公司 100% 股权和 Xinma（香港新马服饰）公司 100% 股权；2006 年、2007 年中国服装设计师品牌“吉芬”、“无用”登上国际顶级服装 T 台；2008 年，“波司登”品牌在英国开设了两家专卖店。[②]

表 14－24　2001～2007 年我国服装业发展情况

年份	2001	2002	2003	2004	2005	2006	2007
产量（亿件）	228.44	252.38	363.08	418	465	512	600
同比（%）	9.1	10.5	43.9	15.1	11.2	10.1	17.2
销售收入（亿元）	2 415.97	2 725.5	3 239.42	3 879.81	4 780	5 910.22	7 335.75
同比（%）	13.3	12.8	18.9	19.8	23.2	23.6	24.2
利润总额（亿元）	100.68	111.19	132.57	152.52	206.16	273.38	357.13
同比（%）	16.5	10.4	19.2	15	35.2	32.6	30.6
出口额（亿美元）	365.3	426.26	519.16	616.16	738.8	951.9	1 150.74
同比（%）	1.5	16.7	21.8	18.7	19.9	28.8	20.9

资料来源：相关年份《中国统计年鉴》。

表 14－25　2001～2007 年我国服装出口平均单价变化情况　单位：美元

年份	2001	2002	2003	2004	2005	2006	2007
各类服装	2.36	2.06	2.3	2.38	2.74	2.97	3.29
梭织服装	3.73	3.28	3.65	3.94	3.63	4.03	4.31
针织服装	1.53	1.36	1.57	1.62	1.9	2.25	2.74

资料来源：中国棉花网，www.cncotton.com。

①② 资料来源：中国服装网，www.efu.com.cn。

二、转型期衣着消费需求升级对相关产业发展的影响

消费需求是社会生产的前提，也是影响产业结构变动的重要因素之一[①]。经济转型时期我国居民衣着消费支出不断增加，消费品质不断升级，必然会对衣着消费相关产业的发展带来一定的冲击和影响。近年来，受全球经济危机、人民币持续升值、原材料涨价等诸多因素的影响，我国纺织品服装出口增速逐步放缓，这无疑预示着国内需求将成为拉动中国纺织行业增长的新动力。在这样一个背景下，分析居民衣着消费和相关产业的发展关系，具有重要的现实意义。

（一）衣着消费与产业发展的相关性分析

首先通过计算衣着消费与产业发展的相关系数来考察衣着消费对产业发展的作用：选取纱产量、布产量和纺织业的利税总额来代表纺织业的发展情况，服装产量和服装业的利税总额来代表服装业的发展情况，化纤业和化纤业利税总额来代表化纤业的发展情况（表 14－26）。总体来看，衣着消费与各产业发展都具有较高的相关性，尤其是与服装产业，这可能是由于纺织业和化纤业的产品除用于衣着生产外，还用于建筑、医药、汽车等其他行业，因此与衣着消费的相关性较服装业低一些。从表 14－26 中看到，除“衣着消费与服装数量和纺织业利税总额的相关系数”外，城镇居民衣着消费与产业发展的相关系数均高于农村居民的相关系数（见图 14－15）。

表 14－26　　城乡居民衣着消费与相关产业发展的相关系数

项　目	城镇居民	农村居民
衣着消费与服装数量的相关系数	0.95	0.95
衣着消费与化纤产量的相关系数	0.93	0.92
衣着消费与纱产量的相关系数	0.90	0.89
衣着消费与布产量的相关系数	0.93	0.92
衣着消费与纺织业利税总额的相关系数	0.83	0.83
衣着消费与服装业利税总额的相关系数	0.93	0.92
衣着消费与化纤业利税总额的相关系数	0.83	0.82

资料来源：《中国工业经济年鉴》。

① 程立：《对消费升级拉动经济增长的思考》，载于《南京理工大学学报》2005 年第 1 期，第 43～48 页。

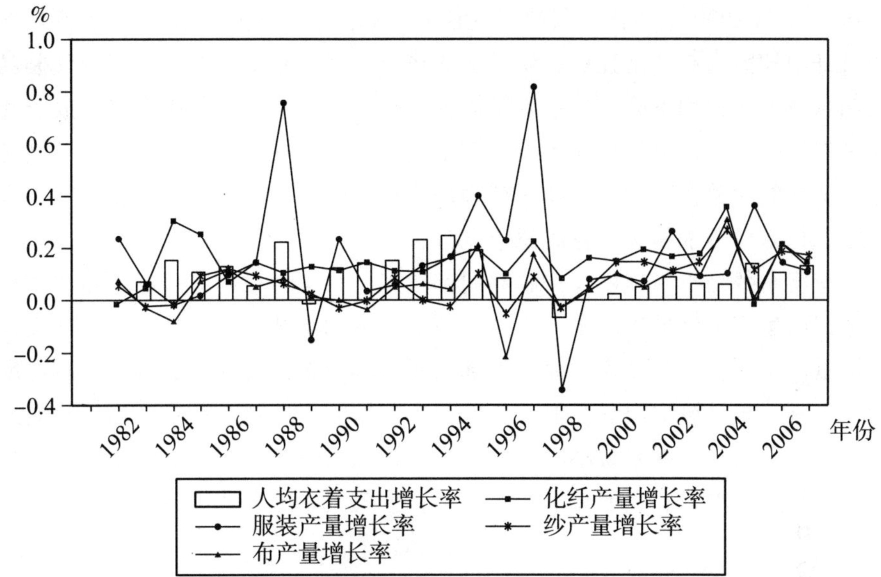

图 14-15 城镇居民人均衣着消费支出和相关产业主要产品产量增长情况

（二）衣着消费对相关产业的拉动——投入产出分析

第一，衣着消费升级对产业发展拉力对比分析。

下面通过比较 2002 年对 1987 年里昂惕夫逆矩阵系数变动情况，来分析近年衣着最终消费的增长对相关产业发展的拉力变化。

从表 14-27 中可以看到，1990 年与 1987 年相比：纺织业的单位最终消费对纺织业和服装、皮革及其制品制造业的拉力增强；而服装、皮革及其制品制造业的单位最终消费对纺织业的拉力有所增强；却对自身产业的拉力有所减弱，这可能是因为这一时期人们对衣着的消费主要采取自己买布料缝制的方式，还没有实现成衣化，因此衣着需求的增加对纺织业的拉动作用更为明显。

表 14-27 单位衣着最终消费对相关产业拉力变动（2002 年对 1987 年）

产 业	2002 年对 1990 年		1990 年对 1987 年	
	纺织业	服装皮革及其制品制造业	纺织业	服装皮革及其制品制造业
纺织业	-0.1636	-0.1527	0.0615	0.0714
服装皮革及其制品制造业	0.0041	0.0675	0.0003	-0.0048

资料来源：根据 1987 年、1990 年、2002 年中国投入产出表计算。

2002 年与 1990 年相比：服装、皮革及其制品制造业的单位最终消费对纺织业和自身的拉力均有所增强；而纺织业的单位最终消费对服装、皮革及其制品制造业和自身的拉力均下降。这主要是因为，随着衣着消费的不断升级，成衣化趋势越来越明显，人们对纺织品本身的需求相应减少，从而服装、皮革及其制品制造业的消费对相关产业的拉动作用就表现得更为强烈一些。

第二，衣着需求相关产业的感应度分析。

感应度系数是指当国民经济各部门都增加一个单位最终需求时，需要该部门为其他部门生产提供的供应量，也就是该部门为满足其他部门生产的需要而提供的产出量。感应度系数越大，表示该部门受到其他部门需求影响越大。感应度系数大于 1 时，表示该部门受其他部门所产生的影响程度超过社会平均，感受的需求压力较大；当感应度系数小于 1 时，表示该部门受其他部门所产生的影响程度低于社会平均水平，感受的需求压力较小；感应度系数公式如下：

$$\text{某产业的感应度系数} = n\left(\sum_{i=1}^{n} b_{ij}\right) \Big/ \left(\sum_{i=1}^{n}\sum_{j=1}^{n} b_{ij}\right) \quad (i,\ j=1,\ 2,\ \cdots,\ n)$$

其中，b_{ij}是里昂惕夫逆矩阵的第 i 行第 j 列元素。

这里通过比较 1987 ~ 2005 年感应度系数变动情况，来分析近年衣着消费相关产业的发展的影响情况。

表 14 - 28 结果显示，纺织业和服装皮革制造业的感应度系数是逐渐递减的，这说明随着经济的发展，国民经济各部门均增加一个使用单位时，纺织业和服装皮革制造业由此受到的需求感应程度在逐渐减小，也就是纺织业和服装皮革制造业为满足其他部门生产的需要而提供的产出量逐渐减少，这就变相的说明 30 年来纺织业和服装皮革制造业的快速发展主要是源于国内居民衣着消费的不断升级和国际市场需求的不断扩大。

表 14 - 28　　1987 ~ 2005 年衣着消费相关产业的感应度系数

年份	产　　业	感应度系数
1987	纺织业	1.82
	服装、皮革及其制造业	0.62
1990	纺织业	1.94
	服装、皮革及其制造业	0.58
1992	纺织业	1.49
	服装、皮革及其制造业	0.47
1995	纺织业	1.76
	服装、皮革及其制造业	0.57

续表

年份	产　业	感应度系数
1997	纺织业	1.65
	服装、皮革及其制造业	0.63
2000	纺织、缝纫及皮革产品制造业	1.02
2002	纺织业	1.16
	服装、皮革及其制造业	0.61
2005	纺织、缝纫及皮革产品制造业	0.75

资料来源：根据 1987~2005 年的投入产出表计算整理。

第三，衣着需求相关产业最终依赖度分析。

利用里昂惕夫逆矩阵还可以对各产业的生产诱发额、生产最终依赖度进行分析。所谓生产诱发额是指对于某产业的一个最终需求量，通过产业间的波及效应所激发的各产业的全部生产额，其功能在于可以认识当经济系统中的最终需求额增长时，通过产业间的技术经济联系和产业波及效应所激发各产业生产的作用力大小。

根据方程：$X=(I-A)^{-1}Y$，可以用里昂惕夫逆矩阵 $(I-A)^{-1}$ 中某一行的数值分别乘以按项目分类的列向量即包括投资列向量、消费列向量和净出口列向量，便得到由各种最终需求项目所诱发的各产业的生产额，即最终需求诱发生产额，记作 X_i^s。

$$X_{\mathrm{i}}^s=\sum_{k=1}^{n}b_{ik}Y_k^s \quad (i=1,2,\cdots,n;\ s=1,2,3)$$

其中，X_i^s 表示第 i 产业由第 s 项最终需求所诱发的产值额；C_{ik} 表示 $(I-A)^{-1}$ 中的元素；Y_{k}^s 表示第 k 产业第 s 项的最终需求额；$s=1$，2，3 分别表示投资、消费和出口三个最终需求项目。

生产最终依赖度是用来测算各产业部门的生产对最终需求项目（消费、投资、出口等）依赖程度的大小，包括直接依赖和间接依赖，即最终需求对各产业生产的直接或间接的影响程度。与生产诱发额相比，主要作用在于认识各产业的生产对市场需求的依赖程度。把第 i 产业最终需求项目的生产诱发产值额除以相应产业各最终需求项目的生产诱发额之和，就得到该产业对最终需求的依赖系数。即：

$$Z_i^s=\frac{X_i^s}{\sum_{s=1}^{n}Y_i^s} \quad (i=1,2,\cdots,n;\ s=1,2,3)$$

其中，Z_i^s 表示第 i 产业生产对第 s 种最终需求项目的依赖度系数；$\sum_{s=1}^{n} Y_i^s$ 表示第 i 产业各最终需求项目生产诱发额的合计数。下面根据我国 1987 年、1990 年、1992 年、1995 年、1997 年、2002 年的投入产出表按农村居民和城镇居民分别计算了纺织业和服装皮革及其制品制造业的生产诱发额和最终需求依赖度系数，如表 14－29 所示。

表 14－29　城乡居民最终需求对纺织业的诱发效应及相应的依赖度系数

年份	产业	生产诱发额（元）		最终依赖度系数（%）	
		城镇	农村	城镇	农村
1987	纺织业	3 928 138	5 309 383	23.6	31.9
1990	纺织业	6 125 489	6 729 232	22	24.1
1992	纺织业	7 852 144	8 281 639	20.7	21.8
1995	纺织业	25 125 836	16 907 743	31.5	21.2
1997	纺织业	22 060 917	17 091 999	23.8	18.4
2002	纺织业	25 589 800	8 379 723	28.4	9.3

资料来源：根据 1987～2002 年的投入产出表计算整理。

从生产诱发额[①]看，城镇居民的需求对纺织业和服装皮革及其制品制造业的生产诱发额在不断增加，并且随着城镇居民衣着的逐渐成衣化和衣着需求的不断升级，城镇居民的需求对服装皮革及其制品制造业的拉动作用远大于对纺织业的拉动作用，1987～2002 年城镇居民的需求对服装、皮革及其制品制造业的生产诱发额增加了 18 倍，而对纺织业的生产诱发额仅增加了 5.5 倍。与城镇居民相比，由于农村居民的衣着需求升级速度缓慢导致其对纺织业和服装皮革及其制品制造业的拉动作用明显减弱，并且随着城乡居民在衣着消费上的差距不断扩大，他们对相关产业的拉动作用的差距也越来越大。

从最终依赖度看，虽然纺织业和服装、皮革及其制品制造业受出口的影响很大，但对国内需求的依赖度也较高，城镇居民和农村居民加起来大约在 40%～50% 之间，尤其是服装、皮革及其制品制造业。随着城镇居民衣着支出的不断增加，纺织业和服装、皮革及其制品制造业对其的依赖度明显增加，2002 年服装、

① 虽然这里计算的生产诱发额考察的是某产业最终需求项目的变化通过产业间的关联对整个国民经济所有产业的影响，但通过对里昂惕夫逆矩阵的分析会发现在衣着类需求对纺织业和服装、皮革及其制品制造业这两个产业的直接和间接影响占最主要的地位，因此，计算的生产诱发额在一定程度上也反映了居民衣着类需求对纺织业和服装、皮革及其制品制造业的拉动情况。

皮革及其制品制造业对城镇需求的依赖度更是增加到38.5%（见表14－30），超过了1/3，与之相反的是，受农村居民衣着消费升级缓慢的影响，纺织业和服装、皮革及其制品制造业对农村居民衣着需求的依赖度也不断下降。

表14－30　城乡居民最终需求对服装、皮革及其制造业的诱发效应及相应的依赖度系数

年份	产业	生产诱发额（元）		最终依赖度系数（%）	
		城镇	农村	城镇	农村
1987	服装、皮革及其制造业	1 343 578	1 241 066	28.9	26.6
1990	服装、皮革及其制造业	2 178 390	1 846 090	24.5	20.7
1992	服装、皮革及其制造业	2 942 714	1 793 472	19.4	11.9
1995	服装、皮革及其制造业	20 669 061	10 983 047	36.3	19.3
1997	服装、皮革及其制造业	20 367 771	9 445 462	33.5	15.5
2002	服装、皮革及其制造业	25 510 291	5 253 256	38.5	7.9

资料来源：根据1987～2002年的投入产出表计算整理。

第四，衣着需求相关产业影响力分析。

对投入产出逆矩阵系数的列进行计算可得影响力系数指标。影响力系数是指当国民经济各部门都增加一个单位最终需求时，需要该部门为其他部门生产提供的供应量，也就是该部门为满足其他部门生产的需要而提供的产出量。影响力系数系数越大，表示该部门对其他部门需求影响越大。影响力系数大于1时，表示该部门对其他部门的影响程度超过社会平均，是国民经济发展速度的关键；当影响力系数小于1时，表示该部门对其他部门的影响程度低于社会平均水平。其公式如下：

$$\text{某产业的影响力系数} = n\left(\sum_{j=1}^{n} b_{ij}\right) / \left(\sum_{i=1}^{n}\sum_{j=1}^{n} b_{ij}\right) \quad (i,\ j=1,\ 2,\ \cdots,\ n)$$

其中，b_{ij}是里昂惕夫逆矩阵的第i行第j列元素。

这里通过比较1978～2005年感应度系数变动情况，来分析近年衣着消费相关产业的发展对国民经济其他产业的影响情况。

从表14－31中可以看出，纺织业和服装皮革制造业各年的影响力系数都大于1，最低的1.13，最高的1.25，说明这两类部门对其他部门所产生的影响程度高于社会平均影响力水平大约20%左右。这意味着人们衣着需求的增加和不断升级，不仅会带动相关产业的发展，还会通过产业间的相互关联对国民经济其他部门产生波及作用，最终带动整个社会的发展。

表 14-31　　1987～2005 年衣着消费相关产业的影响力系数

年份	产　　业	影响力系数
1987	纺织业	1.21
	服装、皮革及其制造业	1.2
1990	纺织业	1.16
	服装、皮革及其制造业	1.17
1992	纺织业	1.18
	服装、皮革及其制造业	1.21
1995	纺织业	1.22
	服装、皮革及其制造业	1.25
1997	纺织业	1.13
	服装、皮革及其制造业	1.13
2000①	纺织、服装、皮革及其制造业	1.17
2002	纺织业	1.2
	服装、皮革及其制造业	1.23
2005②	纺织、服装、皮革及其制造业	1.16

注：①由于 2000 年 17 个部门的投入产出表将两个产业合并在一起，所也这里计算的数据也是两部门合并在一起的数据。

②由于 2005 年 17 个部门的投入产出表将两个产业合并在一起，所也这里计算的数据也是两部门合并在一起的数据。

资料来源：根据 1987～2005 年的投入产出表计算整理。

第三节　居住与建筑业

改革开放 30 多年来，我国城乡居民居住消费快速增长，居住条件不断改善。城镇居民居住支出由 1981 年的 19.68 元增加至 2007 年的 982.28 元，年均实际增长率达到 9.2%；农村居民居住支出则从 1978 年的 12 元增加到 2007 年的 573.8 元，年均实际增长 4%。从住房条件看，我国城市人均住宅建筑面积由 1978 年的 6.7 平方米提高到 2006 年的 27.1 平方米，增加了 4 倍；农村人均住房面积则由 1978 年的 8.1 平方米增至 2007 年的 31.6 平方米，约增加了 3.9 倍。然而近年来也存在房价过高、投资波动、消费不振等现象，特别是在当前因房产次贷危机引发的世界性金融危机期间，如何通过刺激居住（特别是住房）消费需求带动相关产业[1]发展，促进经济回暖，具有重要的现实意义。

一、我国居住相关产业发展状况

首先，从全社会住宅投资看，由1995年的不到5 000亿元增长到2007年的25 000亿元的庞大规模，近年来的增速在20% ~30%之间（见表14 -32）。城乡之间的住宅投资额有较大差异，1995 ~2007年，城镇住宅投资约增长了7倍，而农村的住宅投资只增长了不到3倍。正是城乡之间在增速上的巨大差异，使得城镇、农村的住宅投资的绝对额迅速拉大，2007年城镇住宅投资额超过20 000亿元，而农村住宅投资仅为3 700多亿元，差距为5.6倍。住宅投资的城乡差异见证了我国城市化进程加快所带来的城乡间居住产业发展的不同状况。此外，从表14 -32中还可以看到，城镇房地产业构成城镇住宅投资的主力。近年来，城镇房地产业的住宅投资已占城镇住宅投资的80%以上；相反，农村住宅投资主要是农户自身的投资，到2007年农户的住宅投资仍占农村住宅投资的86%。

表14 -32　　全社会住宅投资额　　单位：亿元

年份	合计	城镇	房地产	农村	农户
1995	4 736.7	3 278.2	1 753.1	1 458.5	1 349.9
1996	5 198.5	3 326.2	1 699.2	1 872.3	1 766.4
1997	5 370.7	3 319.7	1 539.4	2 051.0	1 890.7
1998	6 393.8	4 310.8	2 081.6	2 083.0	1 907.2
1999	7 058.8	5 050.9	2 638.5	2 007.9	1 799.1
2000	7 594.1	5 435.3	3 312.0	2 158.9	1 946.5
2001	8 339.1	6 261.5	4 216.7	2 077.6	1 879.5
2002	9 407.1	7 248.9	5 227.8	2 158.2	1 917.7
2003	10 792.3	8 624.8	6 776.7	2 167.5	1 875.1
2004	13 464.1	11 010.1	8 837.0	2 453.9	2 002.2
2005	15 427.2	12 825.8	10 860.9	2 601.5	2 211.6
2006	19 333.1	16 305.5	13 638.4	3 027.5	2 567.1
2007	25 005.0	21 238.3	18 005.4	3 766.7	3 204.1

资料来源：《中国统计年鉴（2008）》，中国统计出版社2008年版。

[1] 本章所指“居住相关产业”，是指与居住消费支出具有密切关系的由房地产（住宅）、水电燃料等产业构成的较宽泛的范围。

第二，从全社会施工、竣工住宅面积和价值看（见表14－33），除少数几个年份，每年全社会施工的住宅面积均超过150 000万平方米，特别是2003年以来，每年施工的住宅面积均超过200 000万平方米，2007年更是超过300 000万平方米；竣工住宅价值大幅提高，近年来均在10 000亿元以上，剔除价格及面积因素后，住宅价值的提高在一个重要的方面体现了住房质量的提高。从商品住宅价值占竣工住宅价值的比例看，目前我国住宅商品化率约在60%，而1995年该比例不到30%，这反映了我国住宅产业发展的一大重要趋势。

表14－33　　全社会施工、竣工房屋面积和价值

年份	施工住宅面积（万平方米）	商品住宅（万平方米）	竣工住宅面积（万平方米）	商品住宅（万平方米）	竣工住宅价值（亿元）	商品住宅（亿元）
1995	140 451.9	32 902.3	107 433.1	11 951.3	3 622.7	995.4
1996	155 508.9	31 849.3	121 913.4	12 232.6	4 505.6	1 194.3
1997	149 658.1	30 374.7	121 101.0	12 464.7	4 884.6	1 269.9
1998	167 600.8	36 223.0	127 571.6	14 125.7	5 441.8	1 484.1
1999	181 236.4	42 590.3	139 305.9	17 640.7	6 019.9	1 831.3
2000	180 634.3	50 498.3	134 528.8	20 603.3	6 153.4	2 173.6
2001	182 767.1	61 583.0	130 419.6	24 625.4	6 396.5	2 622.4
2002	19 3731.0	73 208.7	134 002.1	28 524.7	6 967.8	3 191.0
2003	205 286.7	91 390.5	130 160.8	33 774.6	7 631.2	4 128.9
2004	217 580.5	108 196.5	124 881.1	34 677.2	8 320.3	4 620.7
2005	239 769.6	129 078.4	132 835.9	43 682.9	10 042.3	6 060.1
2006	265 565.3	151 742.7	131 408.2	45 471.7	10 950.1	6 717.2
2007	315 629.8	186 788.4	146 282.7	49 831.3	12 990.7	7 853.1

资料来源：《中国统计年鉴（2008）》，中国统计出版社2008年版。

第三，从人均住房面积看，城市人均住宅建筑面积由1978年的6.7平方米提高到2006年的27.1平方米，增加了4倍；农村人均住房面积则由1978年的8.1平方米增至2007年的31.6平方米，约增加了3.9倍；城乡居民人均住房面积年均增速基本接近，大致稳定在5%上下。从国际上看，英国37平方米、德国36平方米、新加坡33平方米，美国和澳大利亚等发达国家的人均住宅面积已达到50平方米以上[①]。我国人均住宅面积与这些国家相比还有一定差距，但也已达到中等发达国家水平。

与居住产业关系十分密切的是水电燃料业，从固定资产投资看，近年来电力、燃气及水的生产和供应业的投资幅度明显加快。2003年，电力、燃气及水的生产和供应业的投资约在4 000亿元，而到2007年则高达9 500亿元。尽管电力、燃气及水的生产和供应业不仅仅满足居民居住需求，但从该项指标上可以大略看出近年来我国居民居住条件改善的一个缩影。其次，从规模以上水电燃料业（特别是电力、热力的生产和供应业）企业主要指标看，产业规模庞大，利润效益较好。2007年电力、热力的生产和供应业的工业总产值、工业增加值和利润总额分别为26 462.65亿元、828.89亿元和1 982.22亿元；燃气生产和供应业的工业总产值、工业增加值和利润总额分别为988.72亿元、306.67亿元和75.52亿元；水的生产和供应业的工业总产值、工业增加值和利润总额分别为797.08亿元、365.96亿元和30.89亿元。

二、居住消费与产业发展的相关性

从居住消费与产业发展的相关系数可以比较好地考察居住消费与产业发展的相关性（见表14－34）。总体而言，居住消费与产业发展具有高相关性。从表14－34可以看出，除“居住消费与电力、燃气及水的生产和供应业投资的相关系数”外，农村居民居住消费与产业发展的相关系数均高于城镇居民的相关系数。在设定投资滞后变量后，可以看到：城镇居民的“居住消费与滞后一期的住宅投资的相关系数”高于当期的住宅投资的相关系数；农村居民则相反。此外，城镇居民的“住宅消费与住宅投资的相关系数”高于当期的住宅投资的相关系数。

表14－34　　居住消费与产业发展的相关系数

项　　目	城镇居民	农村居民
居住消费与住宅投资的相关系数	0.95	0.98
居住消费与住宅投资的相关系数（住宅投资滞后一期）	0.96	0.96
住宅消费与住宅投资的相关系数[a]	0.86	—
住宅消费与住宅投资的相关系数（住宅投资滞后一期）[a]	0.89	—

① 参见 http：//blog.soufun.com/13065557/1648380/articledetail.htm。

续表

项　　目	城镇居民	农村居民
居住消费与住宅施工面积的相关系数	0.96	0.98
住宅消费与住宅施工面积的相关系数[a]	0.90	—
居住消费与竣工住宅价值的相关系数	0.98	0.98
居住消费与电力、燃气及水的生产和供应业投资的相关系数[b]	0.96	0.90
水电燃料消费与电力、燃气及水的生产和供应业投资的相关系数[b,c]	0.98	—

注：a. 由于无法获得农村居民住宅消费数据，故该项目的农村居民的相关系数从略；

b. 电力、燃气及水的生产和供应业投资数据为“全社会固定资产投资”，未进一步细分为城镇居民、农村居民；

c. 由于无法获得农村水电燃料消费数据，故该项目的农村居民的相关系数从略。

资料来源：根据各年度《中国统计年鉴》相关数据计算。

三、居住消费升级对产业发展拉力的对比分析

我们通过比较2002年对1997年里昂惕夫逆矩阵系数变动情况，来分析近年单位居住最终消费的增长对居住相关产业发展的拉力变化。

从表14－35可以看到，2002年与1997年比较：

表14－35　　单位居住最终消费对居住相关产业拉力变动（2002年对1997年）

产　　业	电力、热力的生产和供应业	燃气生产和供应业	水的生产和供应业	房地产业
电力、热力的生产和供应业	－0.0012	0.0050	－0.0214	0.0025
燃气生产和供应业	0.0010	－0.0038	0.0041	0.0003
水的生产和供应业	－0.0012	0.0021	－0.0192	－0.0000
房地产业	0.0015	0.0032	0.0027	0.0064

资料来源：根据1997年、2002年中国投入产出表计算。

第一，电力、热力及水的生产和供应业的单位最终消费对燃气生产和供应业与房地产业的拉力增强；对其自身以及水的生产和供应业的拉力则有所减弱。

第二，燃气生产和供应业的单位最终消费除对其自身之外的居住各相关产业的拉力有所增强；而水的生产和供应业的单位最终消费对燃气生产和供应业与房地产业的拉力有所增强，而对电力、热力的生产和供应业与水的生产和供应业的拉力则有所减弱。

第三，房地产业对居住各相关产业（除水的生产和供应业外）的拉力有所增强。这与这些年份（特别是1998年起取消实物分配福利住房）房地产业快速发展，对国民经济各部门的带动力明显增强的事实相吻合。

四、1997~2002年居住产业结构变动的归因分析

可以对里昂惕夫逆矩阵进行归因分析，以方便我们判明转型时期我国产业发展中的结构变动情况。归因分析的基本思想如下：

设 B_0 和 B_t 是对应里昂惕夫逆矩阵 B 在基准期和计算期的列标准化矩阵。如果存在矩阵 C，使得 $CB_0 = B_t$，则称矩阵 C 为基准期到计算期产业结构变动的归因矩阵。

归因矩阵可以从以下两个方面对产业结构变动做出定量解释：第一，行和与1的大小关系反映了产业在整个经济系统中的结构变动情况。如果第 i 行的行和大于1，表示在整个经济系统中，通过各部门最终需求，导致 i 部门结构性增长；相反，小于1，则表明结构性萎缩。第二，归因矩阵与单位矩阵不同的元反映了产业之间投入产出关系的变动。如果第 i 行的对角元大于1，表示通过该产业的最终需求影响使 i 产业的结构性增长；如果某非对角元大于0，反映了对应的列产业通过最终需求拉动了 i 产业的发展。

在表14-36中[①]，除水的生产和供应业外（可能与倡导节约用水、推广节水用具有关），其他居住相关产业的行和均大于1，表明通过各部门最终需求的增长导致这些产业发生结构性增长；仅房地产业的对角元大于1，表明房地产业受其最终需求影响将发生结构性增长，而其他居住相关产业受其最终需求影响则发生结构性萎缩。从非对角元正负情况看，电力、热力及水的生产和供应业通过最终需求拉动了其他28个产业的发展；燃气生产和供应业、居住和房地产业则分别拉动了其他30个、27个和30个产业的发展。它们也在一定程度上反映了居住消费与产业发展的关联性。

表14-36　　1997~2002年居住产业结构变动的归因分析

产　业	行和	对角元	产　业	行和	对角元
电力、热力的生产和供应业	1.0966	0.9930	水的生产和供应业	0.9855	0.9930
燃气生产和供应业	1.011	0.9972	房地产业	1.1243	1.0067

资料来源：根据1997年、2002年中国投入产出表计算。

① 此处的归因矩阵是个37×37大型矩阵，为使报告保持简洁，表14-36中未列非对角元数据。

五、居住消费升级对产业发展的冲击——CGE 方法

可计算一般均衡（CGE）模型是通过真实的经济数据对抽象的阿罗—德布鲁一般均衡结构的一个模拟，力图获得各类市场达到均衡时的供给、需求和价格等的数值关系。CGE 模型是经验分析的一大重要工具，被广泛地用于分析公共政策作用于多重市场之后的总福利和分配影响。这些公共政策包括财政改革和发展计划（Perry et al.，2001；Gunning & Keyzer，1995）、国际贸易（Shields & Francois，1994；Martin & Winters，1996；Harrison et al.，1997）以及不断增长的环境规制（Weyant，1999；Bovenberg & Goulder，1996；Goulder，2002）。

CGE 模型的基本结构为：

假设经济中存在着 N 种商品，效用函数具有 C－D 形式：

$$U = A_C c_1^{\alpha_1} c_2^{\alpha_1} \cdots c_N^{\alpha_N} = A_C \prod_{i=1}^{N} c_i^{\alpha_i} \quad \alpha_1 + \alpha_2 + \cdots + \alpha_N = 1$$

第 j 个产业的产出 y_j 是 N 种中间投入品 x 和 F 种原始投入 v 的函数，假设也具有 C－D 形式：

$$y_j = A_j(x_1^{\beta_1} x_2^{\beta_2}, \cdots, x_N^{\beta_N})(v_1^{\gamma_1} v_2^{\gamma_2}, \cdots, v_F^{\gamma_F}) = A_j \prod_{i=1}^{N} x_{ij}^{\beta_{ij}} \prod_{f=1}^{F} v_{fj}^{\gamma_{fj}}$$

$$\beta_{1j} + \cdots + \beta_{Nj} + \gamma_{1j} + \cdots + \gamma_{Fj} = 1$$

第一，家庭。

代表性家庭最优化行为：

$$\max_{c_i} U\ (c_1,\ c_2,\ \cdots,\ c_N) \qquad \text{s. t. } m = \sum_{i=1}^{N} p_i\ (c_i + s_i)$$

可得：

$$c_i = \alpha_i \frac{\left(m - \sum_{i=1}^{N} p_i s_i\right)}{p_i}$$

第二，生产者。

解第 j 个生产者/产业的最大化行为：

$$\max_{x_{ij}, v_{ij}} \pi_j = p_j y_j - \sum_{i=1}^{N} p_i x_{ij} - \sum_{f=1}^{F} w_f v_{fj} \qquad \text{s. t. } y_j = \phi_j(x_{1j},\ \cdots,\ x_{Nj};\ v_{1j},\ \cdots,\ v_{Fj})$$

可得：

$$x_{ij} = \beta_{ij} \frac{p_j y_j}{p_i}$$

$$v_{fj} = \gamma_{fj} \frac{p_j y_j}{w_f}$$

第三，一般均衡。

一般均衡要求商品市场超额需求（Δ^C）、要素市场超额需求（Δ^F）、超额利润（Δ^π）、超额收入（Δ^m）同时实现最小化（均等于0）。

$$\Delta_i^C \equiv \sum_{j=1}^{N} \beta_{ij} p_j y_j + \alpha_i \left(\sum_{f=1}^{F} w_f V_f - \sum_{j=1}^{N} p_j s_j \right) + p_i s_i - p_i y_i$$

$$\Delta_f^F \equiv \sum_{j=1}^{N} \gamma_{fj} \frac{p_j y_j}{w_f} - V_f$$

$$\Delta_j^\pi \equiv p_j - A_j \prod_{i=1}^{N} (\beta_{ij}/p_i)^{\beta_{ij}} \prod_{f=1}^{F} (\gamma_{fj}/w_f)^{\gamma_{fj}}$$

$$\Delta^m \equiv \sum_{f=1}^{F} w_f V_f - m$$

第四，数值模拟。

“可计算一般均衡”的“可计算”的含义是指能够通过真实的经济数据进行数值模拟，进而明确各类市场达到均衡时的供给、需求和价格等的数值关系。可采用一些数学软件对上述方程进行数值模拟。此处，我们将采用 GAMS 软件对居住消费升级对产业发展的影响关系进行 CGE 模拟。

在进行 CGE 模拟之前，我们首先构建一个简化的社会核算矩阵（SAM）。其结构如表 14－37 所示。

表 14－37　　　　描述性宏观 SAM

	1	2	3	4	5	6	7	8	汇总
	商品	活动	要素（劳动力、资本）	居民	投资	政府	国外		
1 商品		中间投入			居民消费	投资需求	政府消费	出口	总需求
2 活动	国内总产出								总产出
3 要素 劳动力		劳动者报酬							要素收入
4 要素 资本		资本回报							要素收入
5 居民			劳动收入	资本收入					居民总收入
6 政府	进口税	生产税			直接税				政府总收入
7 投资					居民储蓄		政府储蓄	外国储蓄	资本来源
8 国外	进口								进口
汇总	总供给	总投入	要素支出	要素支出	居民支出	资本使用	政府支出	出口	

在这个简单的CGE模型中，我们假定商品只有两种，一种为“居住部门”(SH)，由“房地产业、租赁和商务服务业”和“电力、热力及水的生产和供应业”构成；一种为“非居住部门”(NSH)，由除这两个产业外的其他产业构成。SAM表中的直接数据来源于2005年投入产出表与资金流量表。

基本结果是：在整个经济达到均衡状态时的，SH的产出的水平值为2.8883×10^8，NSH的产出的水平值为4.6460×10^9。现假设居住消费升级的一个冲击(SH的消费提高1%)将使SH的产出增加0.035%，NSH的产出增加则稍有减少(为4.6459×10^9)。可见，在该模型结构下，居住消费升级对其自身及其他产业的均衡产出的影响有限。主要原因是当前产出水平与均衡产出水平相比存在着很大差距。SH的当前产出为2.3580×10^8，NSH的当前产出为6.1602×10^8。

第四节　本章小结

我国食品与农业的产业发展状况明显地体现出消费需求升级的影响，即与总量增长相比，产业发展更突出地体现在产品结构的变化方面。公众外出就餐的需求大幅度增加，带动了我国餐饮业的快速发展，成为相关领域发展的主导因素。对相关产业的实证检验结果表明，就农业整体而言，对农业发展贡献最大的是居民需求，其次是劳动生产率的增长，对进出口没有贡献。对奶业的发展贡献最大的是奶牛数量的增加。而对于餐饮业的发展，惯性的作用最明显，这种惯性既可能来自消费，也可能来自餐饮业的生产周期。

转型以来，我国消费者对纺织品和服装的需求发生了巨大的变化，保暖御寒等基本需求早已得到满足，目前的消费需求主要体现在美观、多样化、个体性等方面。与之相对应，我国的纺织服装业自转型以来也取得了长足的发展，目前为纺织品和服装出口大国，对我国的出口和就业贡献巨大。我国居民衣着消费的不断升级推动了相关产业的迅速发展。从相关系数看，城乡居民衣着消费与产业发展具有高度相关性，城镇居民衣着消费与产业发展的相关系数一般高于农村居民的相关系数。基于投入产出表的分析表明：第一，20世纪80～90年代初期，衣着需求对纺织业的拉动作用比较明显，但随着衣着消费的不断升级，它对服装、皮革及其制品制造业的拉动作用逐渐减弱；第二，纺织业和服装皮革制造业的感应度系数逐渐递减，这说明30年来纺织业和服装皮革制造业的快速发展主要是缘于国内居民衣着消费的不断升级和国际市场需求的不断扩大；第三，城镇居民的需求对纺织业和服装皮革制造业的生产诱发额在不断增加，而农村居民的需求对纺织业和服装皮革制造业的生产诱发额增长缓慢；第四，纺织业和服装皮革制造业对国内需求的依赖度，尤其是对城镇居民需求的依赖度不断增加；第五，纺织业和服装皮革制造业各年的影响力系数都大于1，意味着居民衣着需求不断升级，在带动相关产业发展的同时，还会通过产业间的相互关联对国民经济其他部门产生较强的波及作用。

福利住房制度的终结产生了我国对居住的大量需求，加之住房商品兼有耐用品和投资品的特殊属性，对其产生了消费和投资的双重需求，居住产业的消费需求与相关产业的发展高度相关。从相关系数看，我国城乡居民居住消费与产业发展具有高度相关性。农村居民居住消费与产业发展的相关系数一般高于城镇居民的相关系数，而投资滞后变量对居住消费与产业发展相关性的影响在城镇、农村间存在差异。基于投入产出表的分析表明，近年来房地产业对居住各相关产业的拉力均有所增强，而其他居住相关产业对居住产业的拉力则增减作用并存；房地产业受其最终需求影响将发生结构性增长现象，而其他居住相关产业受其最终需求影响则发生结构性萎缩现象。从相关系数看，我国城乡居民居住消费与产业发展具有高度相关性。农村居民居住消费与产业发展的相关系数一般高于城镇居民的相关系数，而投资滞后变量对居住消费与产业发展相关性的影响在城镇、农村间存在差异。基于投入产出表的分析表明，近年来房地产业对居住各相关产业的拉力均有所增强，而其他居住相关产业对居住产业的拉力则增减作用并存；房地产业受其最终需求影响将发生结构性增长现象，而其他居住相关产业受其最终需求影响则发生结构性萎缩现象。简单的CGE分析结论显示，居住消费升级对其自身及其他产业的均衡产出的影响有限。由于我国经济远不是均衡结构以及CGE分析本身存在的问题（如模型设定、方程结构等），CGE分析的结论不具有政策价值，仅提供一个参考性视角。

第十五章

消费需求升级与产业发展再探讨——Ⅱ

本章为第十四章的延续，考察了交通通讯、教育文化娱乐、医疗保健领域相关产业的发展情况，应用大量数据对这几大产业的发展水平、结构变化等进行了分析，并进而对相应的消费需求升级与产业发展的相关性进行了实证检验。

第一节　交通通讯业发展

世界银行（World Bank，1999）研究指出，孤立（Isolation）是穷人或生活于贫穷国家的许多人所面临的极大困难，信息技术的发展和普及有助于穷人打破孤立、获取新的市场知识、融入市场。从本质上来讲，交通和通讯服务都极大地促进了经济体地理联系和信息联系，从而能够为发现并创造市场机会提供强有力的支持。而这些关系到人们积极性、能动性和创造性的东西无疑是经济进步的基础性要素。[①]

在我国令人瞩目的经济转型和经济快速发展过程当中，国家的交通和通讯基础设施的建设也取得了很大成就。在 1978 ~ 2006 年期间，交通服务方面，道路长度由 26 966 公里发展到 241 200 公里，是 8.5 倍的关系；公共交通运营车数由

---

① World Bank，1999：World Development Report 1998/1999：Knowledge for Development，The World Bank，Washington，D. C.

25 839 辆发展到 316 000 辆，是 12 倍之多的关系；通讯服务方面，固定电话用户由 192.544 万户发展到 36 778.5613 万户，是 191 倍的关系；公用电话由 1.1639 万户发展到 2 960.713 万户，是 2 543 倍的关系；另外，电话普及率（含移动电话）由 1980 年的 0.43 部/百人发展到 63.4 部/百人，移动电话年末用户由 1988 年 0.32 万户飙升到 2006 年的 46 105.8 万户。这些交通和信息服务的成果数字隐含着怎样的经济意义是值得重视和研究的。

一、交通通讯服务行业相关发展指标

自中国实行改革开放以来，经济发展迅速，在交通和通讯服务方面取得了显著进步。交通服务方面的发展可以体现在道路长度和各种运输方式里程数、道路面积、公共交通运营车数、出租汽车数等指标上面；通讯服务方面的发展可以体现在固定电话用户数、移动电话用户数、公用电话数、电话普及率等指标上面。表 15 -1、表 15 -2 是交通通讯服务发展相关指标描述。

表 15 -1　　交通通讯服务发展相关指标

年份	道路长度（公里）	公共交通运营车数（辆）	出租汽车数（辆）	固定电话年末用户（万户）			移动电话年末用户（万户）	电话普及率（含移动电话）（部/百人）
				全国	城市	农村		
1978	26 966	25 839	—	192.54	119.15	73.39	—	—
1979	28 391	29 912	—	203.30	—	—	—	—
1980	29 485	32 098	—	214.08	134.17	79.90	—	0.43
1981	30 277	34 189	—	222.10	—	—	—	0.44
1982	31 934	36 251	—	234.30	—	—	—	0.46
1983	33 934	38 616	—	250.80	—	—	—	0.49
1984	36 410	41 282	—	277.40	—	—	—	0.53
1985	38 282	42 993	25 346	312.03	218.96	93.07	—	0.60
1986	71 886	49 460	54 712	350.38	250.51	99.87	—	0.67
1987	78 453	52 504	61 525	390.72	293.04	97.68	—	0.75
1988	88 634	56 818	82 010	472.70	362.30	110.39	0.32	0.86
1989	96 078	59 671	98 508	568.04	439.62	128.42	0.98	0.98
1990	94 820	62 215	110 697	685.03	538.45	146.58	1.83	1.11

续表

年份	道路长度（公里）	公共交通运营车数（辆）	出租汽车数（辆）	固定电话年末用户（万户）			移动电话年末用户（万户）	电话普及率（含移动电话）（部/百人）
				全国	城市	农村		
1991	88 791	66 093	128 281	845.06	670.83	174.23	4.75	1.29
1992	96 689	77 093	190 345	1 146.91	920.57	226.34	17.69	1.61
1993	104 897	88 950	286 207	1 733.16	1 407.37	325.79	63.93	2.22
1994	111 058	100 848	393 315	2 729.53	2 246.78	482.75	156.78	3.30
1995	130 308	136 922	504 040	4 070.57	3 263.56	807.00	362.94	4.76
1996	132 583	148 109	585 369	5 494.74	4 277.82	1216.92	685.28	6.33
1997	138 610	169 121	683 687	7 031.04	5 244.40	1 786.63	1 323.29	8.18
1998	145 163	189 002	754 247	8 742.09	6 259.81	2 482.28	2 386.29	10.53
1999	152 385	209 884	791 411	10 871.60	7 463.30	3 408.40	4 329.60	13.00
2000	159 617	225 993	825 000	14 482.90	9 311.60	5 171.30	8 453.30	20.10
2001	176 016	230 918	870 000	18 036.80	11 193.70	6 843.10	14 522.20	25.90
2002	191 399	246 129	884 000	21 422.20	13 579.10	7 843.10	20 600.50	33.60
2003	208 052	264 338	903 000	26 274.70	17 109.70	9 165.00	26 995.30	42.16
2004	222 964	281 516	904 000	31 175.60	21 025.10	10 150.50	33 482.40	50.03
2005	247 000	313 000	937 000	35 044.50	23 975.30	11 069.20	39 340.60	57.22
2006	241 200	316 000	929 000	36 778.56	25 132.93	11 645.63	46 105.80	63.40
2007	246 000	348 000	960 000	36 563.7	24 859.8	11 704.0	54 730.6	69.45

资料来源：历年《中国统计年鉴》和《新中国五十五年统计资料汇编》，空白部分数据缺少。

表 15－2　　全国运输线路长度　　单位：万公里

年份	铁路营运里程	公路里程		内河航道里程	民航航线里程		管道里程
			高速公路			国际航线	
1978	5.16	89.02	—	13.60	14.89	5.53	0.83
1979	5.29	87.58	—	10.78	16.00	5.13	0.91
1980	5.29	88.33	—	10.85	19.53	8.12	0.87
1981	5.33	89.75	—	10.87	21.82	8.28	0.97
1982	5.70	90.70	—	10.86	23.27	9.99	1.04

续表

年份	铁路营运里程	公路里程		内河航道里程	民航航线里程		管道里程
			高速公路			国际航线	
1983	5.41	91.51	—	10.89	22.91	9.99	1.08
1984	5.45	92.67	—	10.93	26.02	10.74	1.10
1985	5.51	94.24	—	10.91	27.72	10.60	1.17
1986	5.57	96.28	—	10.94	32.43	10.76	1.30
1987	5.58	98.22	—	10.98	38.91	14.89	1.38
1988	5.61	99.96	0.01	10.94	37.38	12.83	1.43
1989	5.69	101.43	0.03	10.90	47.19	16.64	1.51
1990	5.78	102.83	0.05	10.92	50.68	16.64	1.59
1991	5.78	104.11	0.06	10.97	55.91	17.74	1.62
1992	5.81	105.67	0.07	10.97	83.66	30.30	1.59
1993	5.86	108.35	0.11	11.02	96.08	27.87	1.64
1994	5.90	111.78	0.16	10.27	104.56	35.19	1.68
1995	5.97	115.70	0.21	11.06	112.90	34.82	1.72
1996	6.49	118.58	0.34	11.08	116.65	38.63	1.93
1997	6.60	122.64	0.48	10.98	142.50	50.44	2.04
1998	6.64	127.85	0.87	11.03	150.58	50.44	2.31
1999	6.74	135.17	1.16	11.65	152.22	52.33	2.49
2000	6.87	140.27	1.63	11.93	150.29	50.84	2.47
2001	7.01	169.80	1.94	12.15	155.36	51.69	2.76
2002	7.19	176.52	2.51	12.16	163.77	57.45	2.98
2003	7.30	180.98	2.97	12.40	174.95	71.53	3.26
2004	7.44	187.07	3.43	12.33	204.94	89.42	3.82
2005	7.54	334.52	4.10	12.33	199.85	85.59	4.40
2006	7.71	345.70	4.53	12.34	211.35	96.62	4.82

（一）出租车数量猛增，交通方式选择多样化、多层次

如图 15－1 所示，1978～2006 年间，道路长度和公共交通运营数量稳步而持续上升。与之形成鲜明对比的是，出租车数量在 1978～1991 年处于较缓慢上升阶段，而在 1991～1998 年间数量连续飙升，之后由于存量限制，增长势头趋

缓。出租车数量的增长过程反映了其从稀少到普及化的过程，也反映了人们交通需求水平的上升和经济的快速发展状况，体现了经济发展和居民生活对交通需求的升级要求。经济的持续发展和市场化进程的推进都带来人们交通需求水平的日益提高，交通消费水平和质量的提高一方面更好满足了人们的日常生活需求，另一方面也为人们的生产或工作行为带来便利，因此，快捷、舒适的交通方式成为居民选择的明显趋势。道路建设和公共交通稳步发展为居民交通需求提供了基本支持，与公共出租以及家庭汽车一起构成了多层次、多样化的交通体系。

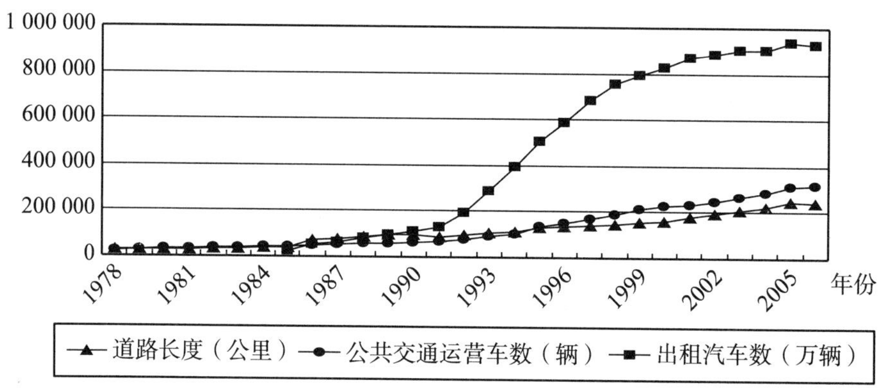

图 15－1　各交通服务相关指标的变化状况

（二）公用电话量陡然上升，电话用户日益普及，通讯服务快速发展

由图 15－2、图 15－3 可以看出，公用电话数量从 2001 年开始陡然上升，说明经济的持续增长和积累对通讯方式的强烈潜在要求使得公用电话供给得以爆发。同时，固定电话用户和移动电话用户从 20 世纪 90 年代后期开始都经历快速发展阶段，相比较而言，移动电话用户有更快的增长势头并超过固定电话用户数量而成为通讯工具的新宠。这些发展当然与相关的通讯基础设施的建设及其普及化是分不开。通讯服务数量和质量的提高带来人们交流和沟通方式的变革，经济增长、需求提升和通讯服务水平已经形成互动发展关系。

（三）各运输线路长度变化

由图 15－4 可以看出，各种运输线路的综合比较说明公路和民航航线发展状况最为活跃。公路里程在 1978～1997 年间增长速度与铁路相当，表现为缓慢增长，但是在 1997 年以后公路里程增速加快，尤其是在 2005 年有一个跳跃，约是 2004 年里程数的近 1.8 倍，同时公路中的高速公路里程也加速增长，与公路里程一样在1997年以后增速加快。可以说，公路建设的发展由于其相对的灵活性为经济发展和居民生活的相关需求提供了支持。民航航线稳步增长之后在1991年开始增速呈波动性加快，同时国际航线也有一定程度的持续增长。民航航线的发展适应了经济和生活对交通需求的升级要求，使得整个交通运输体系更加完善。另外，内河航道里程在此阶段特征明显：1979年下滑后直到1998年几乎不变，而后又有增幅，直到近几年又几乎没有变化。管道里程在1978～2006年间有一定的增幅，呈匀速增长过程。

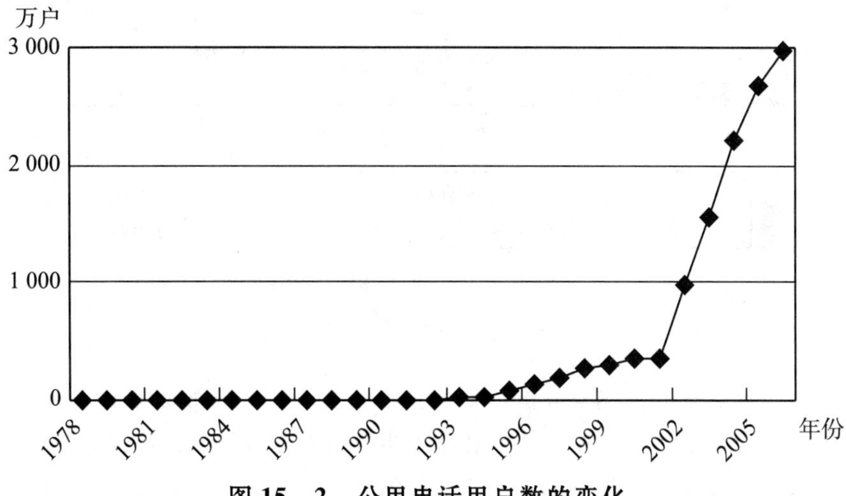

图15－2 公用电话用户数的变化

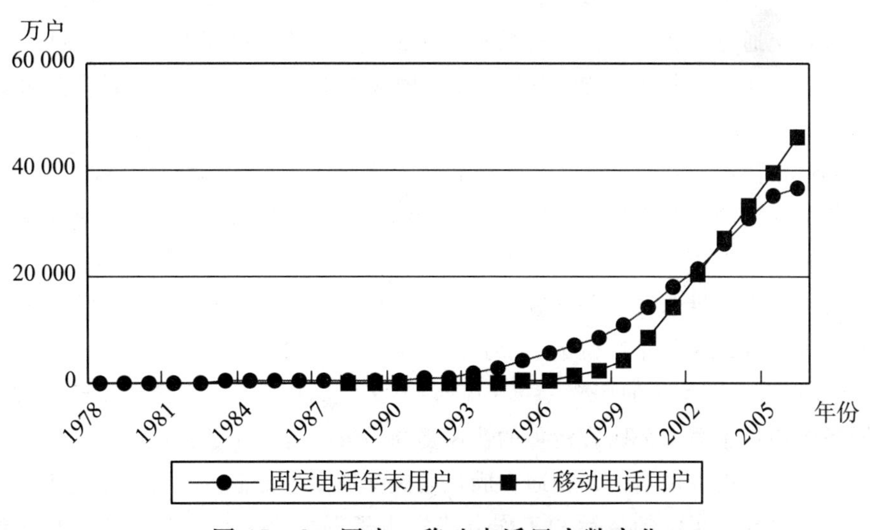

图15－3 固定、移动电话用户数变化

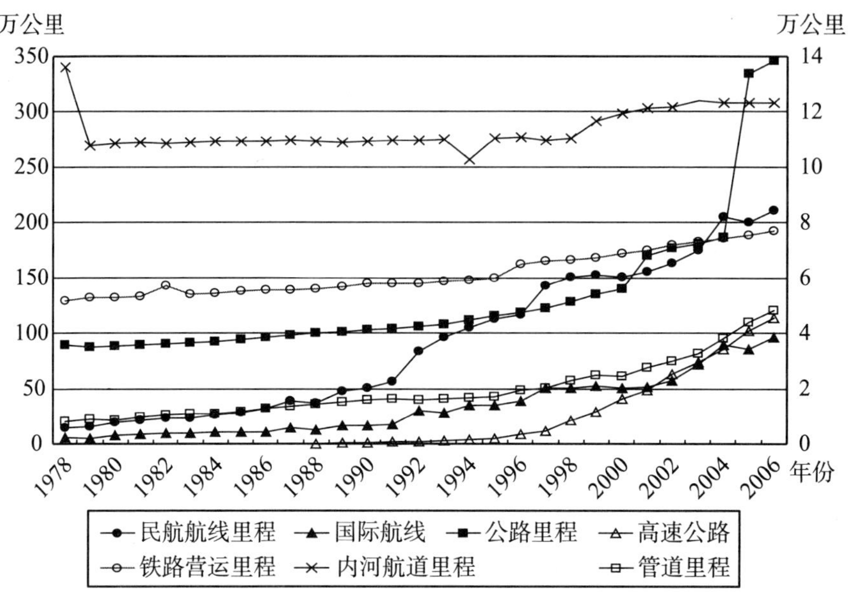

注：实心标志的指标对应于左轴，其余标志的指标对应于右轴。

图 15－4　各运输线路长度发展状况

通过统计数据的描述与分析可知，自中国实行改革开放以来，尤其近 10 年左右，伴随着经济稳步发展，交通和通讯服务得到飞速发展，特别是新兴项目如出租车数量、移动电话数量都有疾速提升的表现，经济增长的积累已经促使交通通讯服务发展的潜能得以释放，从而为以后的良性互动发展奠定了基础。

各种交通方式所承载的客运数量和质量一定程度反映了其发展趋势和行业绩效，并可以比较出各种交通方式在满足国民交通服务消费中重要程度和地位差别。

客运量指在一定时期内，各种运输工具实际运送的旅客数量。该指标是反映运输业为国民经济和人民生活服务的数量指标，也是研究运输发展规模和速度的重要指标。

第一，客运量总计与公路客运量增长高度一致。客运量总计与公路客运量走势的高度一致说明公路客运量的上升是拉动总客运量的最主要力量。公路客运量由 1978 年占总客运量的 58% 逐步提高到 2007 年的 92%，公路交通已经成为交通服务的绝对主力。公路客运量的快速提高一方面说明了公路交通业的快速发展过程；另一方面也说明公路交通在满足居民交通需求方面的重要性。随着居民收入水平的提高，居民的生活和工作方式发生了深刻改变，公路交通所具备的快捷、方便、灵活服务与居民交通需求相辅相成，获得了长足发展。

第二，铁路客运量在 100 000 万人水平上波动，占客运总量比重日趋下降

（由于总量是不断增长的），由 1978 年占总客运量的 32% 下降到 2007 年的 6%。相比较公路交通的快捷性、方便性和灵活性而言，铁路更适合长途交通需求，随着公路交通产业的快速发展以及整个交通产业结构的不断优化，铁路交通服务逐渐被公路等交通方式部分替代。但是由于铁路交通所具备的优势以及铁路行业的不断发展和完善，其客运量仍保持在一定水平，并且近几年有较强的上升趋势。另外，下面的旅客周转量状况分析说明了铁路交通在长途服务上的优势。

第三，民航客运量逐渐提高，其地位日渐凸显，而水运客运量水平保持平稳，民航和水运客运在总客运量中比重较低。值得重视的是民航交通服务在现代交通需求的重要性日趋加强。民航交通具有很强的“时空优势”，成为居民交通的新宠。航空交通作为新型服务对大多数居民来讲既能最大节省交通时间，也可以获得一种航空体验。随着居民生活水平的提高，航空交通将逐渐会成为交通消费升级的重要方面。但目前民航交通行业还有长足的发展过程，需要不断适应各个发展阶段的居民消费水平，使得消费和供给形成良性互动，促进产业和消费的和谐发展（见表 15－3、图 15－5 和图 15－6）。

表 15－3　　各种交通方式的客运量的历年变化　　单位：万人

年份	总计	铁路	公路	水运	民航
1978	253 993	81 491	149 229	23 042	231
1979	289 665	86 389	178 618	24 360	298
1980	341 785	92 204	222 799	26 439	343
1981	384 763	95 219	261 559	27 584	401
1982	428 964	99 922	300 610	27 987	445
1983	470 614	106 044	336 965	27 214	391
1984	530 217	113 353	390 336	25 974	554
1985	620 206	112 110	476 486	30 863	747
1986	688 212	108 579	544 259	34 377	997
1987	746 422	112 479	593 682	38 951	1 310
1988	809 592	122 645	650 473	35 032	1 442
1989	791 376	113 807	644 508	31 778	1 283
1990	772 682	95 712	648 085	27 225	1 660
1991	806 048	95 080	682 681	26 109	2 178
1992	860 855	99 693	731 774	26 502	2 886
1993	996 634	105 458	860 719	27 074	3 383

续表

年份	总计	铁路	公路	水运	民航
1994	1 092 883	108 738	953 940	26 165	4 038
1995	1 172 596	102 745	1 040 810	23 924	5 117
1996	1 245 356	94 796	1 122 110	22 895	5 555
1997	1 326 094	93 308	1 204 583	22 573	5 630
1998	1 378 717	95 085	1 257 332	20 545	5 755
1999	1 394 413	100 164	1 269 004	19 151	6 094
2000	1 478 573	105 073	1 347 392	19 386	6 722
2001	1 534 122	105 155	1 402 798	18 645	7 524
2002	1 608 150	105 606	1 475 257	18 693	8 594
2003	1 587 497	97 260	1 464 335	17 142	8 759
2004	1 767 453	111 764	1 624 526	19 040	12 123
2005	1 847 018	115 583	1 697 381	20 227	13 827
2006	2 024 157	125 655. 8	1 860 487	22 047	15 967. 84
2007	2 227 761	135 670	2 050 680	22 835	18 576. 21

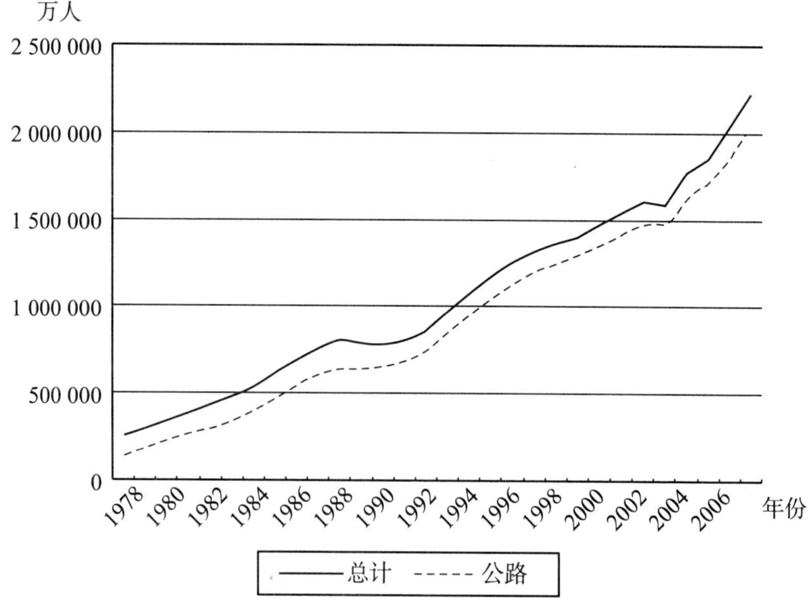

图 15 – 5　公路交通客运量与总运量的比较

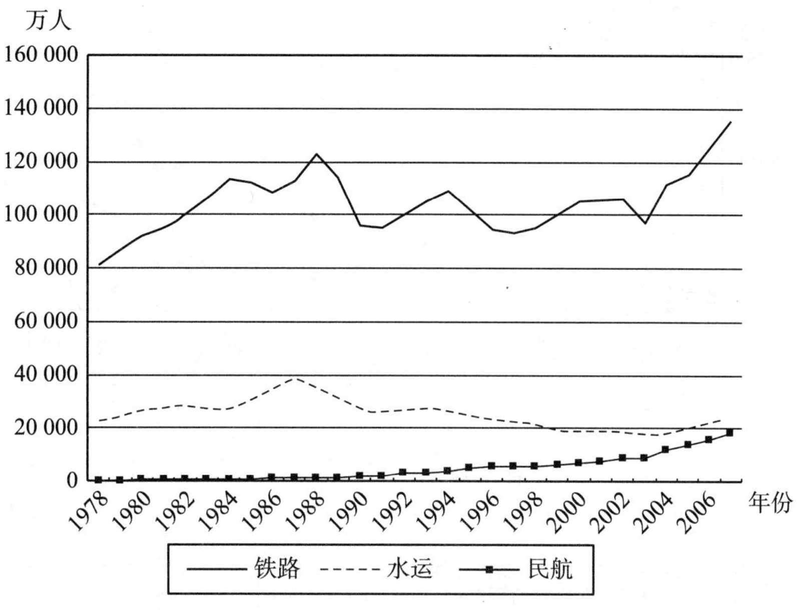

图 15－6　三种交通客运量的历年变化

周转量指在一定时期内，由各种运输工具运送的旅客数量与其相应运输距离的乘积之总和。该指标可以反映运输业生产的总成果，也是计算运输效率、劳动生产率以及核算运输单位成本的主要基础资料。旅客周转量计算公式为：旅客周转量＝$\sum$（旅客运输量×运输距离）。

由图 15－7 可以看出，与交通客运量的分析相比，由于周转量指标反映路途距离长短，铁路与公路旅客周转量的差距并是那么大。在 1978～1990 年间，铁路旅客周转量稍大于公路，而 1990 年之后，公路旅客周转量上升速度快于铁路旅客周转量，二者差距逐渐拉大，公路交通成为整个旅客交通承载的第一主力。另外，民航旅客周转量与民航客运量一样，都是稳步提升的。

从各交通方式的旅客周转量比重来看，公路和铁路旅客周转量占总计量的绝大部分，从 1978 年的 93%经过中间阶段的波动变化逐渐下降到 2007 年的 87%，并有逐渐下降的趋势。从公路和铁路旅客周转量的比重比较来看，1978～1997 年间公路旅客周转量逐渐上升，而铁路旅客周转量逐渐下降；1997～2007 年间，公路旅客周转量趋于稳定，而铁路旅客周转量略有下降。民航旅客周转量的不断上升也是一个明显特征，2007 年其比重达 13%（见图 15－8）。具体来看，水运旅客周转量不断下降趋零，铁路交通的长途交通优势不断被民航交通所替代，从而出现公路旅客周转量比重在近 10 年的平稳化、铁路旅客周转量下降和民航旅客周转量逐年上升的局面。

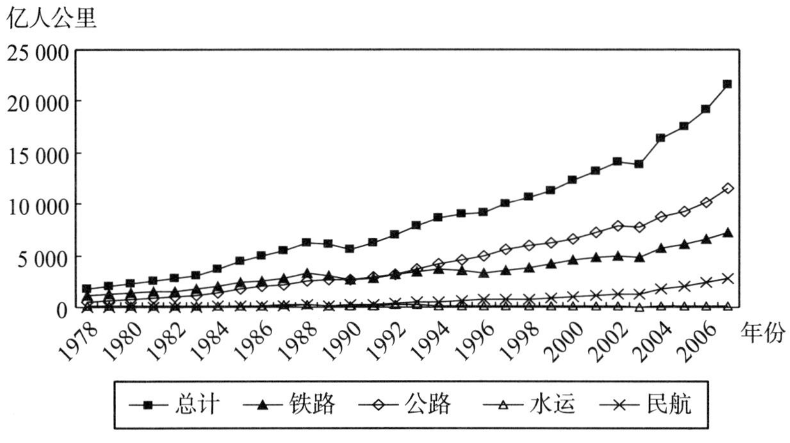

图 15-7　各种交通方式旅客周转量的历年变化

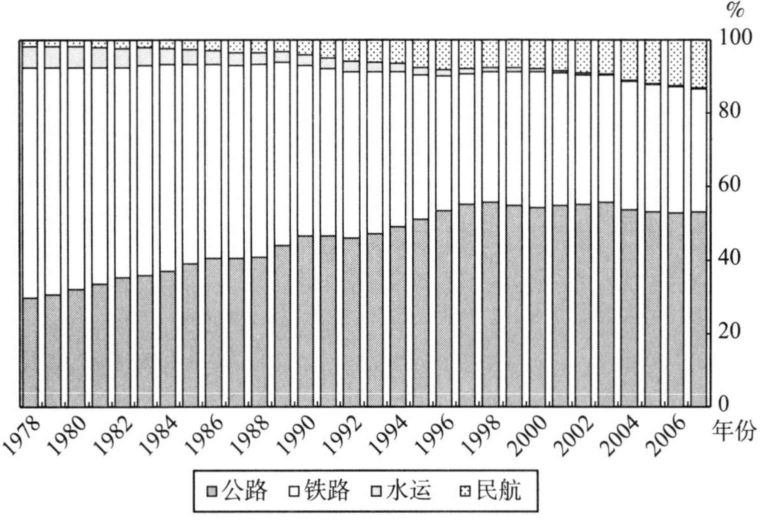

图 15-8　各种交通方式旅客周转量的比重比较

总之，各种交通方式旅客周转量的此消彼长变换，反映了转型时期交通产业结构的升级和优化趋势。经济的增长和收入的提高为居民交通消费升级提高了强大的支持，从而促进交通产业的优化升级，使供给和需求形成良性互动。

二、交通通讯相关产业投资状况

由表 15-4、图 15-9 和图 15-10 可以看出，1995~2003 年，交通通讯相关产业经历了扩张发展阶段。

表 15 - 4　　基本建设新增固定资产　　单位：亿元

年份	交通运输设备制造业	通讯设备、计算机及其他电子设备制造业	交通运输仓储和邮电通讯业
1995	58.48	42.42	1 099.05
1996	119.09	70.92	1 414.87
1997	146.34	86.61	1 809.58
1998	109.28	84.23	1 784.8
1999	189.21	177.68	2 090.66
2000	75.6	145.96	2 897.78
2001	63.09	133.97	2 654.08
2002	95.63	217.21	3 393.8
2003	117.7	226.96	2 945.11

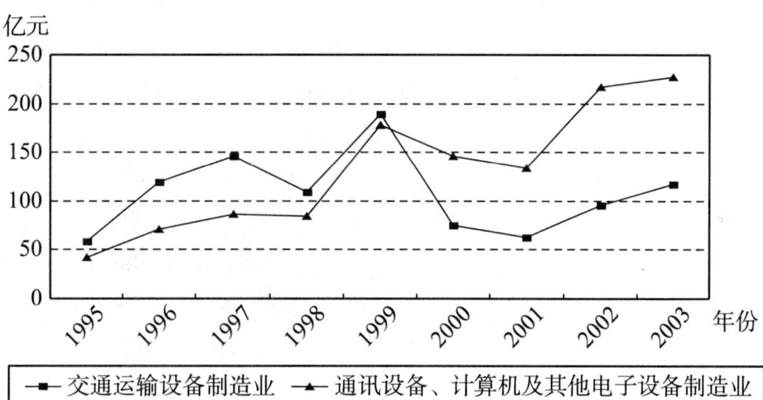

图 15 - 9　交通通讯相关产业基本建设新增固定资产状况（1）

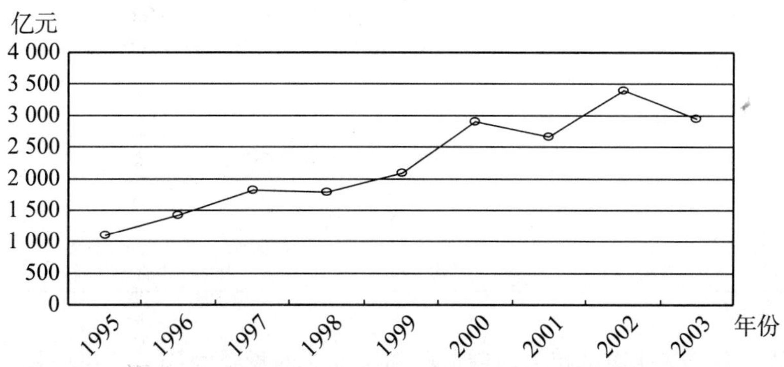

图 15 - 10　交通通讯相关产业基本建设新增固定资产状况（2）

交通运输设备制造业的基本建设新增固定资产变化在1995~2003年间有波动和起伏，1999年达到最大值189.21亿元，各年度基本建设新增固定资产都大于50亿元，1995~2003年基本建设新增固定资产平均值为108.27亿元。1995~2003年交通运输设备制造业的基本建设新增固定资产的波动和起伏变化，说明该行业的发展经历了产能积累的消化阶段，其进一步的发展需要其产业的消费拉动。

通讯设备、计算机及其他电子设备制造业的基本建设新增固定资产在1995~2003年间的增长势头强劲，虽然1999~2002年间有起伏，但总体上升趋势明显。2003年的基本建设新增固定资产达227亿元，是1995年的5.35倍。可以看出，在与居民消费需求发展的互动过程中，通讯设备、计算机及其他电子设备制造业作为新兴发展产业发展迅速。

交通运输仓储和邮电通讯业的基本建设新增固定资产在1995~2003年间的增长较快，平均值为2 232.2亿元，平均增速为21%。交通运输仓储和邮电通讯业作为服务和流通业对国民经济有重要作用，与居民生活消费活动也密切相关。

而在2004~2007年间，通过城镇投资的新增固定资产投资变化可以看出（见表15-5），交通运输设备制造业的投资持续高速增长，2007年新增固定资产达1 490亿元，是2004年的2.6倍，其增长特征与居民交通消费发展（如汽车消费的兴起）密切相关；通讯设备、计算机及其他电子设备制造业的投资增长也很快，2007年新增固定资产达1 281.8亿元，是2004年的1.88倍，与居民通讯消费发展相一致；交通运输仓储和邮政业的投资绝对数很大，其增长也很快，2007年新增固定资产达6 527.9亿元，是2004年的1.5倍；信息传输、计算机服务和软件业的投资比较稳定，2004~2007年的平均新增固定资产投资为1 068亿元。

表15-5　城镇投资各行业新增固定资产　单位：亿元

年份	交通运输设备制造业	通讯设备、计算机及其他电子设备制造业	交通运输仓储和邮政业	信息传输、计算机服务和软件业
2004	573.7	680.8	4 257.8	1 153.3
2005	924.7	868.6	5 235.8	958.2
2006	1 054.4	1 230.7	5 751	1 082.4
2007	1 490	1 281.8	6 527.9	1 077.7

总体来看，交通通讯相关的制造业和服务业的投资经历了较快增长，而居民交通通讯消费作为热点消费项目其发展必将推动交通通讯产业的进一步持续发展。

三、交通通讯相关产业产值发展状况

1998～2007年间，从交通通讯相关产业的工业增加值历年变化来看（见图15－11），三个产业工业增加值都有较快增长，交通运输设备制造业由1998年的1 080.28亿元增加到2007年的6 974.48亿元，增长达5.5倍，平均每年增长60%多；通讯设备、计算机及其他电子设备制造业由1998年的1 120.96亿元增加到2007年的7 924.57亿元，增长达7倍之多，平均每年增长67%多；交通运输仓储和邮政业由1998年的4 660.9亿元增加到2007年的14 604.1亿元，增长达3倍多，平均每年增长23.7%多。三个产业的工业增加值即使消除价格因素也大大高于总体经济的增长水平。同时可以发现，与交通运输设备制造业相比，通讯设备、计算机及其他电子设备制造业的工业增加值总量水平和增长速度都更大，这也体现了交通通讯产业在国民经济中的支柱地位越显重要。

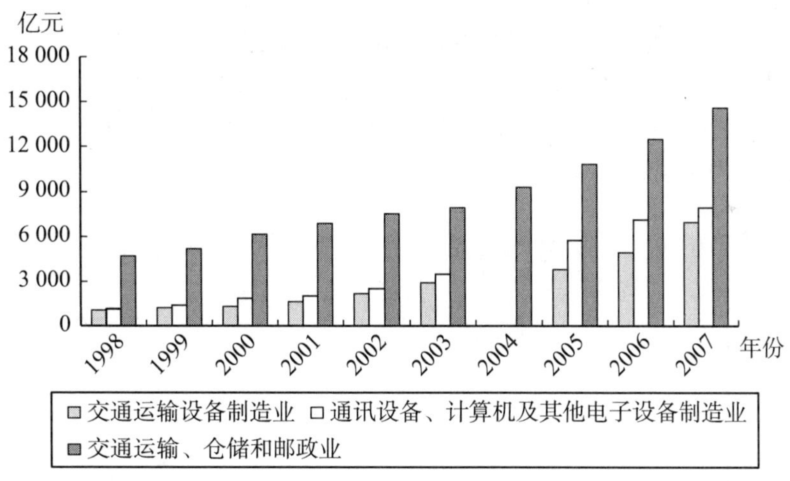

图15－11　交通通讯相关产业的工业增加值历年变化

四、中国汽车产业发展分析

汽车的消费和产业发展是经济发展所重点关注的对象。最近发生的全球金融危机使我们认识到扩大内需、提高国内消费比重的重要性。针对汽车消费和产业发展，政府出台了许多促进消费、拉动产业发展的政策举措，如车辆购置税的减免，以旧换新的补贴，以及对新能源、节能减排汽车研发和推出的支持等。

在经济和收入快速增长的背景下，居民对汽车消费的热衷和追求，将使我国成为汽车消费大国、逐渐进入汽车消费时代。从产量而言，2001 年以前汽车（轿车）处于低水平的缓慢增长阶段，而在 2001 年之后汽车产量急速增长，2007 年产量是 2001 年的近 4 倍，而其中轿车为近 7 倍。汽车消费和产业的起步与扩张过程，也是产品快速更新、供需不断调整适应的过程。随着汽车消费的增长、汽车产业规模的扩大，我国汽车产业组织也应该快速变化，向合理化的方向发展。为了更好实现我们既成为汽车消费大国也成为汽车制造大国的目标，对我国汽车产业组织现状和合理化趋势的考察是一个很现实的问题。

（一）中国汽车产业的发展历程及阶段特征

2007 年，中国汽车工业全年累计生产汽车 888.89 万辆，比上年同期增长 22%，1980 ~ 2007 年间平均以 1.15 倍的速度发展。2007 年，轿车产辆为 479.78 万辆，比上年增长近 24%，1980 ~ 2007 年间平均以近 1.29 倍的速度发展，轿车在汽车总量中的比重不断加大，达到 54%。

从图 15 - 12 看，汽车产量的变化呈现两个阶段：一个是 1978 ~ 2001 年的稳步增长阶段，合计量平均增速为 12.7%；另一个是 2001 ~ 2007 年的快速增长阶段，合计量平均增速为 25%，轿车量平均增速近 37.7%。汽车合计产量和轿车产量的发展变化具有较高的一致性。

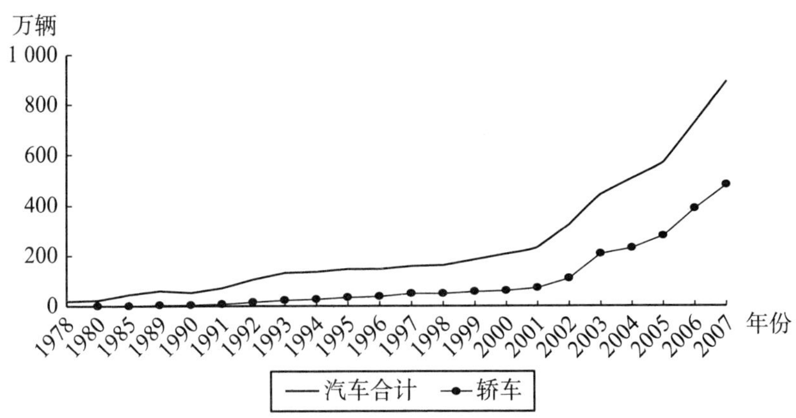

图 15 - 12　转型时期汽车产量发展变化

从 2001 年开始的汽车产量飞速增长，一方面体现了我国居民收入增长和消费升级的统一过程；另一方面也是汽车行业自身发展的推动：汽车行业的技术进步和以市场需求为导向的发展道路。

全世界 2004 年汽车产量超过 100 万辆的国家中国排名第四位。全世界 2004

年汽车销售量排名中国居于第三位。但是也要看到，中国与世界第一位和第二位相差甚远。2004 年，居于世界第一位的美国汽车产量为 1 198.9 万辆，居世界第二位的日本汽车产量为 1 051 万辆，而中国为 509.11 万辆。

全世界 2006 年汽车产量超 100 万辆的国家中国排名第三位。全世界 2006 年汽车销售量排名中国居于第二位。2006 年，居于世界第一位的日本汽车产量为 1 148.4 万辆，居世界第二位的美国汽车产量为 1 126.4 万辆，而中国为 728.0 万辆。

中国汽车产业的发展历程与中国从计划经济向市场经济转换的市场化过程以及经济和消费增长历程有密切的联系。可以说，汽车产业的发展历程是与改革开放政策和市场需求不断相互适应、相互作用的过程。汽车产业经历了初建、发展、产业政策不断调整的历程，其发展大致呈现三个阶段及特征。

第一，在 1979 年之前的 30 年中，中国工业发展主要依循中央计划经济的道路，在集中的计划指导下，先后建设了第一汽车和第二汽车制造厂。在国家和省市支持下，形成了一批汽车制造厂、汽车制配厂和改装车厂，其中，南京、上海、北京和济南共 4 个较有基础的汽车制配厂，经过技术改造成为继一汽之后第一批地方汽车制造厂，发展汽车品种，相应建立了专业化生产模式的总成和零部件配套厂，为今后发展大批量、多品种生产协作配套体系形成了初步基础。

汽车产业初始设立和发展的计划性很浓，主要为汽车产业发展的战略目标作原始性准备。这个阶段的企业进入、企业产出规模、企业分工体系和关系不是市场竞争和市场调节的产物，而是政府相关决策和计划管理的结果。汽车生产的产品分工以及零部件制造分工都是在政府计划安排下进行，因而产业生产集中程度较低、企业分散等产业组织的不合理性问题已经显现。

第二，实行改革开放的 1979 年到 90 年代的全面发展阶段。在改革开放方针指引下，汽车工业进入全面发展阶段，主要体现在：汽车老产品升级换代，调整商用车产品结构，改变“缺重少轻”的生产格局；发展轿车工业，引进技术和资金，国产轿车生产初具规模；行业管理体制和企业经营机制加强改革，汽车、摩托车车型品种、质量和生产能力都大幅增长。

1986 年，汽车工业被确立为国民经济发展的重要支柱产业，国家的支持力度加大，汽车产业发展进入新的阶段。为了推动汽车产业的快速发展，在改革开放政策的指引下，中外合资企业成为中国汽车工业成长和发展的主要力量，也是这个阶段的主要特征。国家的汽车产业政策适应了经济和汽车发展阶段形势，汽车产业的“摊子”逐渐铺开：生产企业增多，产品结构逐渐优化，轿车生产形成势头，外资和技术引入力度渐强，产业实力的积累为今后的产业升级打下了基础。

这个阶段汽车产业的发展形势与改革开放的进程和方向联系密切。政府逐渐提高企业自主性发展的地位，重视市场需求趋势和要求，积极为汽车产业发展创造良好的内部和外部条件，努力服务于汽车产业的赶超发展目标。1994 年国家颁布《汽车工业产业政策》，为今后汽车产业的发展规划提出了方针、措施和方向。

但是，这个阶段汽车产业的生产集中程度不高、企业过多的问题更加突出，引起中央政府的高度重视，并为此不断推动大型企业集团的成长和发展。但是发展程度仍然处于较低水平的汽车产业，在政府干预、条块分割、市场竞争不足、市场容量有限的现实下，汽车产业的生产集中等产业组织合理化问题没有得到有效解决。

第三，21 世纪汽车产业的市场主导性发展阶段。在这个时期，汽车产业的供给推动式发展让位于市场需求导向型的竞争发展阶段。在需求迅速增长的背景下，汽车产量急速提高，2001 ~2007 年之间翻了两番；汽车产业发展异常活跃，产品品种、品牌百花齐放，产品结构日趋合理，以满足于不同消费层次的需求。在汽车生产的中外合作发展以外，汽车产业自主品牌发展和自主创新道路显示出较强的力量，成为发展新阶段的亮点和特征。从 2001 年起，中国在既有的合资厂外，出现自主开发的汽车厂，包括国营的哈飞与奇瑞以及民营的吉利与比亚迪等。轿车占中国汽车总产量的比例，也已从改革初期的近于零上升到 2007 年的 54%，亦即现今汽车产业主要的发展是在轿车这部分，同时也是近年来汽车产业成长最快的部分。

汽车产业新发展的另一个表现就是汽车产业链的发展。汽车是关联度很高的行业，汽车产业的发展必然带动整个产业链的发展和完善，从而使得各个链条相辅相成、共同发展。汽车产业链包括了整车企业、经销商、零部件供应商、汽车金融、二手车、后市场等几大部分。汽车产业链各个层次围绕消费需求的增长这个中心不断完善发展，提高了产业链的紧密性和系统性。

综合而言，中国汽车工业经历了 20 世纪 70 ~80 年代艰难的自主摸索、80 ~90 年代的大范围合资和 90 年代到 21 世纪初的自主群飙三个阶段。从国家设立和发展汽车产业之初，经历了以市场换技术、合资为主并严格限制参进的政策阶段，之后逐步进行修改、推出新政策，强调技术的自主开发以及自有品牌的培育。2004 年发改委发布的《汽车产业发展政策》所列的政策目标第三条，就是“激励汽车生产企业提高研发能力和技术创新能力，积极开发具有自主知识产权的产品，实施品牌经营战略”。从培育和发展自主品牌和自主创新、提高民族汽车产业竞争力的角度来看，中间的市场换技术、合资为主的政策在一定意义上说是一个失败，因为其结果是导致外资对汽车产业的控制力的强大，后来的政策又回归于自主研发、自主发展的道路。而从市场经济的发展来看，资源会有更高利润的地方配置。汽车产业发展到一定程度后，其潜在的利润会“诱惑”包括国内厂商的进入，最后这种诱惑会战胜政策上对合资之外进入的抑制，并使得整个汽车产业的发展战略和目标的转移，走向自主创新和自主研发的道路，虽然路可能会比较艰难。在新的历史条件下，在市场竞争和市场需求主导性不断加强的推动下，汽车业产业组织的合理化以及产业链优化的进程将是一个不断调整、进步的过程。

（二）汽车产业组织分析

第一，市场结构分析。

汽车产业的市场结构问题一直是产业的初建、成长、发展过程中所重点关注的问题，如何实现汽车的生产集中、充分利用规模经济性是我们要着力解决的问题。虽然在汽车产业发展历程中国家一直在致力于通过产业组织的计划安排来提高汽车产业竞争力、促进自主发展目标的实现，但是国家技术引进的汽车产业发展政策也是一把“双刃剑”：一方面实现了中国汽车产业从零到有、以致初具规模的发展局面；另一方面也导致了汽车产业组织不合理、汽车生产体系整车厂系和地理区域条块分割严重、汽车产业自主品牌和自主研发发展不利的后果。从开始就以某一汽车生产项目为中心的铺摊子式的发展模式造成了整个汽车产业（整车、零部件生产）的车系分割和区域分割，导致汽车产业组织的合理化演变一直不甚理想，汽车企业数量变化不大，产业集中度低，汽车产业的规模经济性难以显现。

我国汽车业企业数量变化虽然有一定程度的波动，但是一直处于高位徘徊状态，近似在 2 400 ~ 3 000 家间浮动（见图 15 - 13）。图 15 - 14 说明了汽车生产企业数量的变化情况，20 世纪 80 年代在政策指导下汽车生产企业迅速增多，1985 年汽车生产企业数量过百后，在长达 20 年的时间里汽车生产企业数量一直稳定在 120 家左右。从汽车产业的企业数量的角度也可以看出我国汽车产业组织调整的不利效果——汽车生产企业过多。

表 15 - 6 体现了汽车产业 1998 ~ 2007 年的生产集中度 CR_3（与市场份额集中度值近似）变化，10 年间三个最大生产企业的市场份额变化不大，并没有表现出一个降低或上升的趋势，也即说明 10 年来虽然我国汽车产销量飞速提高，但我们一直追求的集中度提高和规模经济性的努力几乎没有效果，三个最大生产企业并没有在竞争中获得相对规模的扩张。大量相对规模较小企业的继续存活，一方面可能是它们仍存在一定的竞争优势，或者说是几家最大生产企业还无能力

挤掉它们；另一方面也有可能是中央或地方政府过度保护的结果。无论如何，值得我们反思的问题是：现有的汽车产业发展条件可能还无法短期完成向产业组织合理化的演进，其中的障碍一方面是市场机制的自发作用发挥不畅；另一方面是政府政策提供或产生的制度性的自觉力量也不能促成预期目标。

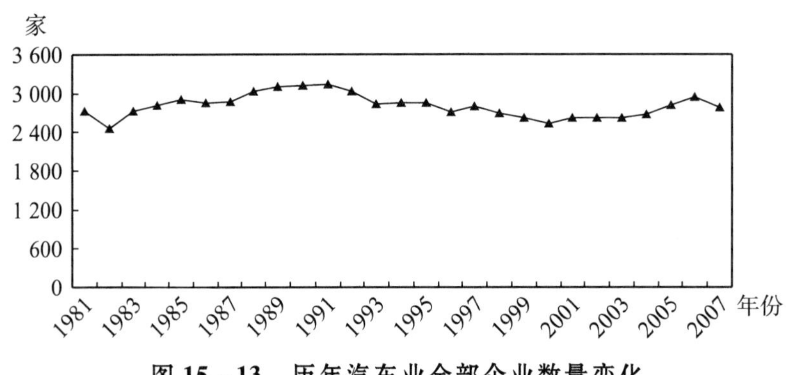

图 15－13　历年汽车业全部企业数量变化

资料来源：《中国汽车工业年鉴》期刊社：《中国汽车工业年鉴》相应年份。

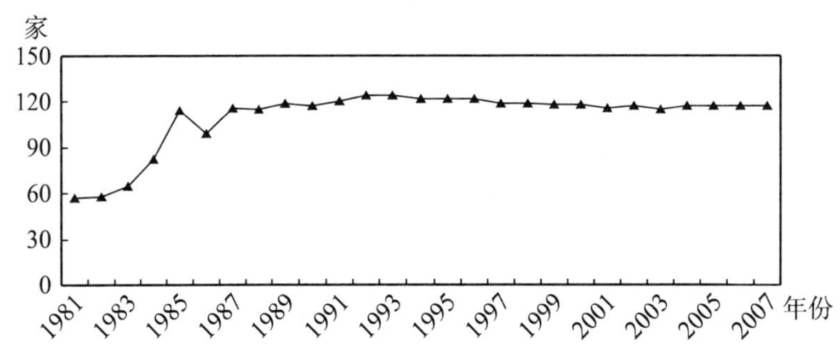

图 15－14　历年汽车生产企业数量变化

资料来源：《中国汽车工业年鉴》期刊社：《中国汽车工业年鉴》相应年份。

表 15－6　汽车产业集中度指标 CR_3 历年变化

年份	1998	1999	2000	2001	2002	2003	2004	2005	2006	2007
CR_3	42	44	39	47	47	48	47	46	46	47

资料来源：《中国汽车工业年鉴》期刊社：《中国汽车工业年鉴》相应年份。

我国目前的汽车生产厂商规模小，汽车生产分散，汽车产业的集中度很低，同国外同行相比有很大的差距。可以说我国汽车产业兴起和发展的方式造成的“路径依赖”为后来的产业组织的合理化调整带来严重阻碍。同时，在地区经济割据大环境下，汽车产业的重复建设和区域分割局面也是一个制度性因素造成结果，企业的进入退出机制不合理，企业的市场兼并和重组战略难以有效实行。

未来，实现我国汽车生产企业的集中整合、形成行业的规模经济性、有效提升汽车产业的国际竞争力还是一个艰难的过程，一个基本的思路是政府应该提供汽车生产企业市场竞争充分的有利和有力条件，突破制度性的、市场分割的桎梏，提供企业在统一市场上的有效竞争平台，为市场竞争开路。因为产业的有效整合最终应是市场竞争主导的结果。

从汽车产业的发展历程来看，汽车产业建立伊始，发展模式就是：整车生产确立之后，零部件厂商就以整车厂为中心同时上马，从而形成零部件厂商以车系划分的分工局面，各个整车生产体系相对独立，各个零部件厂商对相应的整车厂有很强的依附性，没有形成独立的零部件市场，车系分工代替了上下游市场分工。因此，当前的整车与零部件厂商协作关系非常不利于零部件厂商的整合以及其规模经济性的发挥，从而也就提高了零部件的生产成本，进而影响到整车厂商的市场竞争力，增加了我国汽车产业的国际竞争压力。

因此，汽车产业的市场结构问题至少包括了整车生产企业和零部件生产企业两个市场，并且两个市场是相辅相成、紧密联系的。为了实现汽车产业的有效整合，我们必须打破产业现有的分工体系，改变企业集团大而全、小而全的局面，促进零部件企业和整车企业两个市场的兼并重组，降低生产成本，提高生产效率，形成国际竞争优势。

第二，市场行为分析。

首先，由于我国汽车消费需求的增长性和多层次性，企业竞争首先表现为产品定位竞争行为，主要包括价格和产品差异化两个方面。总的来说，我国汽车产业发展水平还处于较低阶段，这一方面是供给方面自身发展上的原因；另一方面也是我国汽车消费需求的拉动力量还没有充分显示。处于当前经济发展阶段的我国居民消费水平相对于汽车消费还较低，汽车消费的价格因素最为关键，同时消费者的汽车消费成熟度低，汽车消费偏好不确定，因此，汽车产业市场竞争的突出表现为价格竞争行为与产品差异化行为的结合。汽车生产厂商形成了高、中、低档的市场细分，许多国产汽车厂商走档次低、价格低的产品生产路线，细分市场，较好地满足了收入相对不高的汽车消费者的需求，如吉利、奇瑞等生产厂商。另外，汽车市场也形成了国产品牌与外来品牌的竞争。总之，对应于当前我国的发展水平，汽车市场形成了多层次的竞争格局。

其次，在汽车消费持续提高的趋势，汽车厂商的产品线扩展竞争日趋强烈。在政府对产品品种进入管制的背景下，跨国公司控制下的合资企业在进入市场的初期大多处于中高级市场，而本土企业则由于技术水平所限以提供经济型轿车为主。政府的产品品种进入管制放松后，消费需求的增长使得厂商产品线竞争日趋激烈：合资企业纷纷向下延伸产品线，本土企业则倾向于进入较高端市场。奇瑞等自主品牌不再满足于低端市场集体内耗，开始了向高端市场挺进的战略动向。

最后，随着汽车消费水平的提升，企业技术创新竞争更为关键，研发投入不断增强。表 15－7 显示了 21 世纪以来汽车工业研发投入比重不断上升的趋势，技术创新将成为未来汽车产业竞争的关键环节。国家或消费者对汽车的环保、节能、安全等方面提出了更高要求，这为后进汽车厂商增强竞争能力提供了契机，如自主品牌可以力争在某些重点方面形成突破，获得竞争优势。

从以上方面可以看出，自主品牌要想在竞争激烈的形势中获取优势地位，必须抓住当前的重要机遇期，在技术方面重点突破，有效实施产品线竞争战略，不断提高自身的市场势力。

表 15－7　　汽车工业研发投入　　单位：亿元

年份	2001	2002	2003	2004	2005	2006	2007
研发投入	1.38	1.45	1.32	1.42	1.66	1.77	1.80

资料来源：《中国汽车工业年鉴》期刊社：《中国汽车工业年鉴》相应年份。

第三，市场绩效分析。

汽车产品品种和品牌越来越多，产品的水平和垂直差异不断扩展，较好满足了多样化的消费需求。其中自主品牌数量及产品产量升高明显，如表 15－8 所示。以吉利、奇瑞汽车为代表的自主品牌走汽车产品的低端路线，占领了低端市场，品牌数量增加飞快，2006 年已有全中国轿车市场 26.8% 的占有率。

表 15－8　　近年来自主品牌乘用车品牌数量及产量

项目＼年份	2004	2005	2006
乘用车品牌个数			
合计	110	115	156
自主品牌	27	34	66
自主品牌比重（%）	24.55	29.57	42.31
乘用车产量（万辆）			
合计	248.3	311.8	430.2
自主品牌	49.6	74.1	115.3
自主品牌比重（%）	19.98	23.77	26.80

资料来源：《中国汽车工业年鉴》期刊社：《中国汽车工业年鉴（2007）》。

但是我国汽车制造企业的整体利润水平不高，存在大量利润水平偏低企业，产业的规模经济优势不显著。如表 15 – 9 所示，2007 年有过半企业利润总额在 500 万元以下。汽车产业市场集中程度偏低直接影响市场绩效，汽车企业亟待进一步整合，以充分发挥规模经济性。

表 15 – 9　　2007 年按汽车工业利润总额划分的企业数　　单位：个

合计	10 万元以下	10 万 ~ 50 万元以下	50 万 ~ 100 万元以下	100 万 ~ 500 万元以下	500 万 ~ 1 000 万元以下	1 000 万 ~ 5 000 万元以下	5 000 万 ~ 10 000 万元以下	10 000 万元以上
2 646	673	186	136	484	261	543	163	200

注：一汽、东风、上汽等企业集团以一家计。

资料来源：《中国汽车工业年鉴》期刊社：《中国汽车工业年鉴》相应年份。

汽车市场全球化的趋势不可阻挡，我国汽车产业发展面临严峻的国内国际环境，我们应该抓住当前发展的重要机遇期，根本解决汽车产业发展存在的矛盾，摆脱困境，尽快提升我国汽车产业竞争力。

第一，市场集中和生产规模经济性的提高。我国汽车产业集中程度的提高一直是一个难题，使得汽车产业规模经济性的发挥非常不力，难以形成汽车产业的有效竞争局面。在汽车产业组织的合理化发展的道路上，汽车产业的兼并重组、整合之所以得不到有效实施，重要的原因就是由于过去计划安排下的发展模式造成的竞争格局不利于市场竞争机制和政府干预对产业组织合理化发展作用的发挥。汽车工业体系是在政府的计划安排下硬性进行，确立一个汽车生产项目，然后围绕这个项目在政策的整体安排下整车和零部件配套企业的摊子随即展开，所以汽车产业发展缺乏系统性，各个整车生产体系相对独立。以整车生产为中心的条块分割生产体系，生产企业的车系分工明显，市场分工程度严重不足。汽车零部件市场的竞争程度低，企业市场化分工程度有限，产品市场化程度低，围绕整车而生产和供应的“自给自足”性特征明显。整个汽车产业体系内部条块分割、关系分散，严重影响了整车和零部件企业的市场化程度。

我国汽车产业已经形成的格局是，汽车工业中几乎所有的大中型企业都是国有企业与跨国公司合资的企业，并且跨国公司可能由于技术优势掌握了控制权；同时，超过半数的省份都有整车制造厂商，而汽车零部件厂商又是以围绕整车生产为中心的分工模式。所以，汽车产业组织的合理化发展障碍既有企业层面的因素，也有经济区域利益冲突造成的阻碍。

面对当前我国汽车产业的发展格局和国际形势，汽车产业发展政策应做出战略调整，从汽车产业国家竞争力提高的全局出发，强化政策支持力度，打破汽车制造的区域割据局势，消除对低效企业的保护性政策和行为，提高整车和零部件厂商的资源配置效率，促进本土企业的合作发展，支持企业间的兼并重组行为，为市场竞争机制在产业组织合理化发展中作用的发挥创造积极条件。汽车产业组织合理化至少包含了整车企业和零部件企业两个部分，这两个部分的产业组织优化相辅相成、不可偏失。1999 年福特汽车公司将其原有的全部零部件部门重组为一个独立的零部件集团公司，实现了零部件由以内部市场为重点向全球市场为重点的转变。实现我国零部件厂商由车系内分工向开放市场分工的转变是整车市场集中的重要条件。

第二，汽车产业自主发展战略。各个时期的汽车产业发展政策最终目标是实现民族汽车产业的自主实力和竞争力，以市场换技术的发展政策一方面使得国家汽车产业加速进步，一方面也导致了本土企业对外资的技术依赖，使得外资对我国汽车产业的控制力加强。“入世”以后，汽车市场的更加开放，汽车产业全球化的程度不断加强，民族汽车产业如何在新的形势、新的竞争中抓住时机快速崛起，逐步实现民族汽车产业在汽车市场上的控制力是一个非常迫切的现实问题。

当前的形势是在整体技术实力上本土企业存在弱势，同时汽车外资和合资品牌的市场优势地位明显。要实施民族汽车产业的赶超战略，首先要练好内功，本土企业必须认识到技术竞争越发成为竞争力持续提升的根本，应该加强研发投入力度，创建优势品牌。同时，本土企业应该加强联合、深化各个层面的合作，改变各自为战的局面，在市场竞争中形成民族汽车产业阵营，也为本土企业进一步实施有效的兼并重组铺路。最终我们需要的汽车产业组织合理化以及生产集中和效率提高是自主产业优势为主导的结果。政府应该在汽车产业自主发展中起到积极作用，可以设立国家汽车产业自主发展机构，为本土企业合作提供指导和服务，为自主研发投入提供有力支持，培养汽车制造技术人才，发展汽车制造专业教育事业，在产业组织、研发、教育各个层次为汽车产业发展体现强有力的作用。

第三，汽车消费需求增长与产业发展。

在新的形势下，我们应该抓住消费需求高速增长的大好时机，以市场消费需求为导向，加快技术创新，在市场竞争中提高民族汽车产业的市场优势，开创中国汽车产业的国际地位。当前的发展机遇在于消费需求的持续增长和消费需求的巨大潜力；而当前的发展机会在于在新技术进步竞争中夺取优势，提高产品竞争力和市场势力；而汽车产业新发展的依靠在于政策的强力支持以及与政府与企业的通力合作。在合资品牌和外来品牌主宰市场的形势下，本土汽车企业更应该抓住消费快速增长的契机，研究消费者的汽车消费偏好，寻求重点突破，推出个别富有竞争力车型，创建和打响民族品牌，进而不断扩展、延伸自己的市场势力。同时，汽车产业要在政府的支持和指导下，加快产业集中、获得规模经济优势，形成国家汽车产业的有效竞争局面。

目前，轿车需求在汽车需求的比重越来越高。我国的家庭轿车普及率还很低，但随着经济增长，轿车的普及有着较大的空间，因此轿车市场将成为汽车厂商激烈竞争的主战场。消费者轿车消费的个性化很强，消费增长过程中消费偏好也有一定的不确定性，因此汽车市场竞争中的产品形象传达与价格一样是影响消费的重要因素，汽车厂商应该在提高产品质量的前提下，深入研究汽车消费行为，有明确清晰的产品定位和市场定位，把好的产品成功地推向市场，提高市场的认可度。

五、中国电信产业发展状况

（一）中国电信产业改革历程：竞争格局变迁

从中国电信产业打破垄断、引入竞争开始，电信产业改革大致经历了以下各个阶段：

第一阶段，打破垄断，引入竞争，联通组建成立。1994 年中国联通的成立是中国电信改革的一个标志。在国务院的正式批准下，联通公司由国家 17 个部委和大型公司集资组建成立，目的是给当时被认为“政企不分、行业垄断”的邮电行业引入外部竞争者，中国电信业从完全垄断到引入竞争，在基础电信市场形成中国联通与邮电部双寡头的竞争态势。但是由于邮电部的政企不分，市场竞争效果一直不理想，联通在与原中国电信的竞争中处于明显的劣势，电信市场是一个不对称的双寡头竞争格局。

第二阶段，实行邮电分家，组建信息产业部，负责电信行业的监管。1998 年，为了进一步加大改革力度，实现了政企分开、邮电分设，重组了中国电信和中国联通。在这个序幕之后，电信产业改革经历了一系列重大动作。

第三阶段，经过一系列的拆分、重组、组建行动，形成了电信产业 5 +1 市场格局。5 +1 市场格局包括包括了中国电信、中国网通、中国移动、中国联通、中国铁通这五大电信巨头加上中国卫星通讯。其中，原中国电信拆分成中国电信、中国移动和中国卫星通讯等三个公司，寻呼业务并入联通公司。之后的中国电信又进行南北分拆，南方的固定电信业务为基础成立新中国电信；以华北、东北、山东、河南的固定电信业务和原来成立的网通、吉通的业务为基础成立新中国网通。

这个阶段当中，电信、移动的分离影响深刻，之后由于移动业务的高速增长使得中国移动迅速崛起、一家独大。南北分拆后，从形式上打破了固话领域的垄断，互联互通引发两固话巨头全面渗透，也带来了新的全面争斗。5 +1 运营体系的形成促进了行业竞争，使电信资费回归到较为合理的水平

第四阶段，实施“六合三”重组方案，进入全业务竞争时代。2008 年 5 月 24 日工业和信息化部、国家发展和改革委员会、财政部三部委发布《关于深化电信体制改革的通告》，提出了中国电信收购中国联通 CDMA 网，中国联通与中国网通合并，中国卫通的基础电信业务并入中国电信，中国铁通并入中国移动的“六合三”重组方案。三家都将成为既有移动、又有固话业务的全业务运营商，以形成相对均衡的电信竞争格局。

这次新的重组是在 3G 牌照发放以及企业发展差距扩大、竞争架构严重失衡的背景下进行的。由于移动业务快速增长，固话业务用户增长慢、经济效益低的矛盾日益突出，企业发展差距逐步扩大，竞争架构失衡严重。工业和信息化部 2009 年 1 月 7 日宣布，批准中国移动通信集团公司增加基于 TD-SCDMA 技术制式的第三代移动通讯（3G）业务经营许可，中国电信集团公司增加基于 CDMA2000 技术制式的 3G 业务经营许可，中国联合网络通信集团公司增加基于 WCDMA 技术制式的 3G 业务经营许可。这标志着中国电信市场正式进入 3G 时代。

中国电信的发展目标就是，通过拆分和重组监管手段的反复运用来寻求电信运营企业相互制衡的有效竞争格局，其中新技术的发展（如 3G）当前是竞争格局重设的一个契机。总之，电信改革经历了一系列业务类型的分拆或重组、业务地区的分拆或重组实践，不断改变着或平衡着电信市场的竞争格局，从分业分区竞争最终走向了全业务竞争的时代，电信市场格局将在新的相对平衡的基础上继续演进。

（二）电信市场需求与市场竞争格局分析

通讯业发展的原动力，一是市场需求；二是创新。不同业务市场需求在数量上差异引导电信业务的此消彼长，比如移动业务的兴起和固话业务的衰减；而消费需求升级也构成了技术创新的根本动力，比如 3G 业务就是为了满足和迎合消费者的更高级需求，3G 服务能够同时传送声音（通话）及数据信息（电子邮件、即时通讯等），其代表特征是提供高速数据业务。成本降低和业务创新拓宽了电信消费需求的深度和广度。

我国移动电话用户数从 1999 年开始一路飙升，2003 年开始超过固话用户数，2007 其用户数量达到 5.47 亿户。反观固定电话用户数的趋势，2004 年开始增速减

缓，2006 年后开始下降，其用户数量可以说已经达到饱和状态（见图 15－15）。作为一项新兴需求，移动短信业务快速增长，2007 年短信业务达到 5 945.8 亿条，是 2002 年的 10 倍之多（见图 15－16）。随着网络技术的发展和信息需求的提高，互联网络用户发展很快，2007 年有 21 000 万人，是 2000 年的近 10 倍（见图 15－17）。

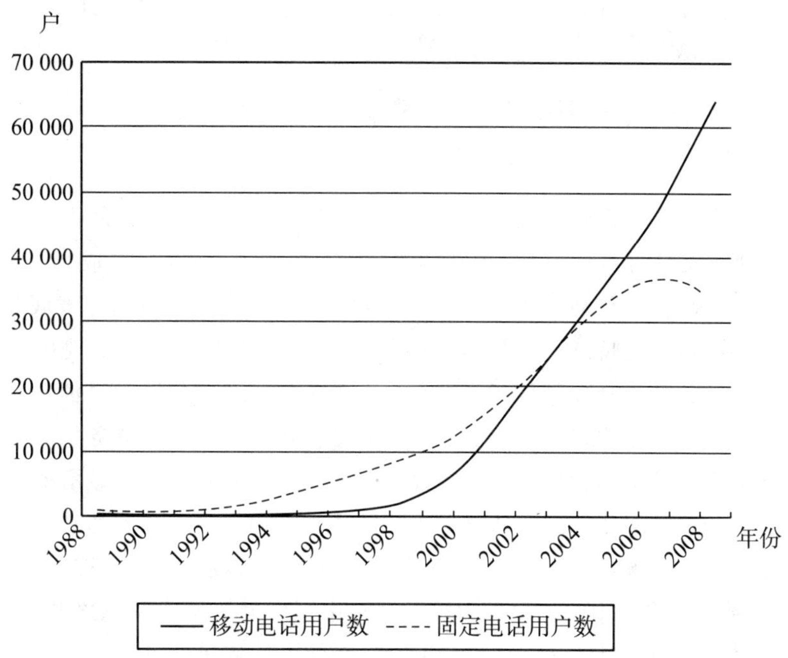

图 15－15　移动电话和固定电话用户数发展比较

资料来源：相关年份《中国统计年鉴》。

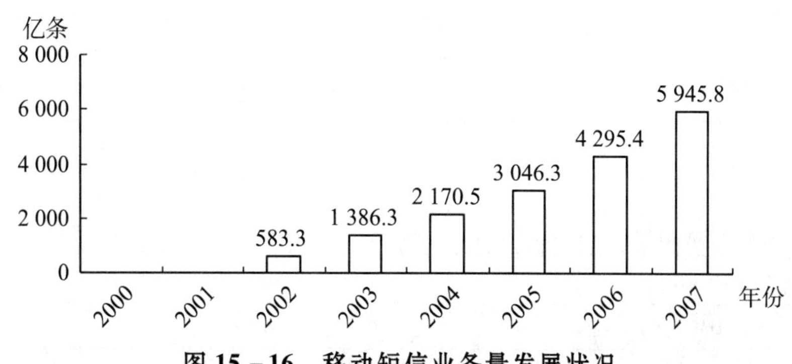

图 15－16　移动短信业务量发展状况

资料来源：相关年份《中国统计年鉴》。

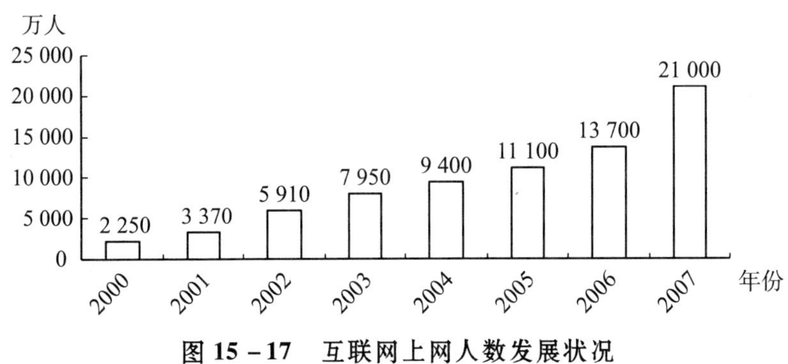

图 15-17 互联网上网人数发展状况

资料来源：相关年份《中国统计年鉴》。

长期以来，移动话音对固定话音的替代趋势不断加强，从而使得移动业务暴涨，固化业务相对的下滑迅速。但是随着互联网的发展，宽带业务成为了固网运营商主要的收入来源。“移动超过固定”和“数据超过话音”是电信技术发展的趋势。

随着移动业务的持续增长加上网络经济“赢者通吃”的竞争规律，中国移动的运营业绩独领风骚，其他三家运营商业务下滑趋势明显。随着消费需求形势的变迁，中国移动在用户发展状况、语音业务发展状况和增值业务发展状况各个方面表现突出，其他运营商则相当被动。表 15-10 和图 15-18 显示了中国各大电信运营商的业绩对比状况，能够基本反映市场竞争格局。中国移动的移动用户数量有绝对优势，占据了市场份额的过半比重。2007 年中国移动净利润为 870.62 亿元，几乎是中国电信、中国网通和中国联通三家净利润之和 450.97 亿元的两倍。2007 年，电信企业的用户、收入市场份额进一步向优势企业集中，用户、收入市场集中度指数（HHI）分别达到 2 882 和 3 181，比 2006 年分别上升了 140 和 160。数据充分显示了中国电信市场结构失衡的情况，中国移动一家独大，以中国电信为标志的固网运营商其发展和业务调整均受到严重的束缚。

表 15-10　　运营商移动用户占有率对比　　单位：%

项目＼年份	2003	2004	2005	2006	2007
中国移动 GSM 用户	60.66	54.09	53.75	56.45	59.08
中国联通 GSM 用户	23.34	22.31	20.72	19.84	20.13
中国联通 CDMA 用户	6.17	7.36	7.13	6.84	6.94
中国电信小灵通用户	6.68	11.17	12.44	11.75	9.61
中国网通小灵通用户	3:15	5.06	5.96	5.12	4.23

资料来源：http：//it. sohu. com/s2005/dianxinchongzu. shtml。

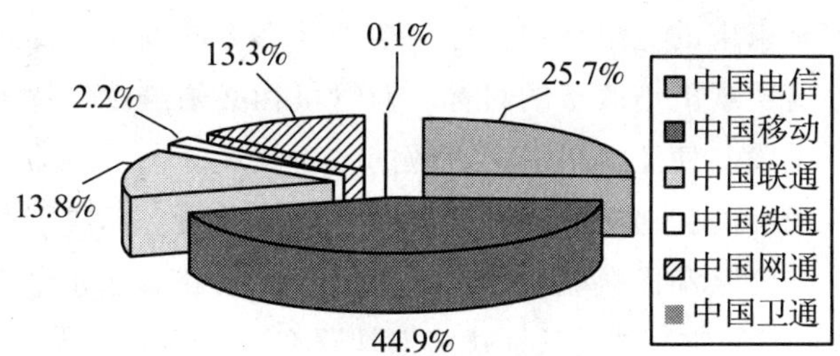

图 15－18　2006 年中国六大电信运营商的业务收入比例

资料来源：《中国信息年鉴（2007）》。

电信运营商失衡的市场竞争格局使得市场竞争不足，对消费者福利和产业发展都带来负面影响。如果不作必要的改变而任其发展，这种竞争不足的市场格局会得到进一步的强化。3G 业务的进入是电信市场格局重建的良好契机，重新组合的三家运营商有了势力相对平衡的竞争起点，可以在新的技术平台上进入移动、固话、宽带的全业务竞争时代。表 15－11 显示了重组后的三家运营商的相关项目对比。竞争格局的重新洗牌必将把电信市场带入新一轮的激烈竞争中，其中移动业务必将是火药味最强烈的一个。

表 15－11　　2008 年重组后三家运营商相关项目对比

运营商	组成	业务	用户规模
新移动	中国移动＋中国铁通＋TD-SCDMA	TD-SCDMA 网络，固网	移动：3.866 亿（GSM） 固话：原铁通 2 100 万用户 宽带：原铁通 400 万用户
新电信	中国电信＋CDMA 网络＋CDMA2000	CDMA 网络，固网	移动：4 192.6 万（CDMA） 固话：2.26 亿 宽带：3 817 万 小灵通：约 5 400 万
新联通	中国联通（－CDMA 网）＋中国网通＋WC-DMA	WCDMA 网络，固网	移动：1.20564 亿（GSM） 固话：1.1878 亿，其中无线市话 2 868 万 宽带：2 266 万 小灵通：约 2 400 万

资料来源：http：//it.sohu.com/s2005/dianxinchongzu.shtml。

电信业务消费需求的增长是电信市场竞争的背景和动力。运营商的重组仅仅是拉开这次电信改革的序幕而已，改革的目标在于能够构建三家势均力敌的电信运营商，降低电信业务成本，加快技术进步，提高竞争效率。三足鼎立的竞争格局已经形成，但是未来的竞争格局实际将会朝什么方向发展、是否会达到公平有效却很难预料。要实现电信改革的目标，监管机构必须继续发挥主导作用，统一筹划，创新监管手段，使竞争格局向有效的方向发展。

转型时期，我国的交通通讯服务行业获得快速发展：形成了多样化、多层次的交通服务体系，公路和民航航线发展最为活跃，铁路客运水平变化平稳，公路交通的短途优势以及航空交通的长途优势对铁路交通客运形成挤压之势；通讯服务业务发展迅猛，移动通讯和互联网应用日益普及，居民通讯消费水平大为提高。

交通通讯行业中，汽车制造业和电信运营业备受关注。中国汽车工业经历了20世纪70～80年代艰难的自主摸索、80～90年代的大范围合资和90年代到21世纪初的自主群飙三个阶段。21世纪汽车产业的发展将主要以市场主导性为主。汽车消费需求的巨大潜力、自主创新和自主研发力量的增强，为我国汽车产业组织合理化发展和国际竞争力提升提供了不容错过的历史机遇。面对当前我国汽车产业的发展格局和国际形势，以及市场集中和生产规模经济性的缺乏和民族产业的相对弱势，必须从汽车产业国家竞争力提高的全局出发，强化政策支持力度，打破汽车制造的区域割据局势，消除对低效企业的保护性政策和行为，提高整车和零部件厂商的资源配置效率，促进本土企业的合作发展，支持企业间的兼并重组行为，为市场竞争机制在产业组织合理化发展中作用的发挥创造积极条件，最终实现以自主产业优势为主导的汽车产业组织合理化以及生产集中和效率提高的结果。其中，汽车产业组织合理化至少包含了整车企业和零部件企业两个部分，要重视我国零部件厂商由车系内分工向开放市场分工的转变的重要性；本土汽车企业更应该抓住轿车消费快速增长的契机，研究消费者的汽车消费偏好，寻求重点突破，推出个别富有竞争力车型，创建和打响民族品牌，进而不断扩展、延伸自己的市场势力。

电信改革经历了一系列业务类型的分拆或重组、业务地区的分拆或重组实践，不断改变着或平衡着电信市场的竞争格局，从分业分区竞争最终走向了全业务竞争的时代，电信市场格局将在新的相对平衡的基础上继续演进。中国电信的发展目标就是，通过拆分和重组监管手段的反复运用来寻求电信运营企业相互制衡的有效竞争格局，其中新技术的发展（如3G）当前是竞争格局重设的一个契机。通讯消费需求的增长和升级构成了通讯技术创新的根本动力，而通讯业务成本降低和项目创新也拓宽了电信消费需求的深度和广度。如今在3G背景下的运营商新重组仅仅是拉开这次电信改革的序幕而已，改革的目标在于能够构建三家势均力敌的电信运营商，降低电信业务成本，加快技术进步，提高竞争效率。要实现电信改革的目标，监管机构必须继续发挥主导作用，统一筹划，创新监管手段，使竞争格局向有效的方向发展。

六、交通通讯消费与相关产业发展相关性分析

与居民交通通讯消费作为持续增长的热点消费项目、成为居民消费主流相对应，交通和通讯产业正经历快速的发展阶段，表现出持续增长的趋势，成为经济发展和经济增长的支撑产业。交通相关产业的进入者不断增多，市场结构竞争性日趋强烈，从而使技术进步速度明显加快，产品不断创新以适应消费发展的要求，产品供给领域不断拓展，汽车、摩托车等交通制造业表现出很强的市场活力。通讯相关产业的发展速度更是惊人，固定电话和移动电话的普及率突飞猛进，为人们工作生活的交流提供了极大方便，极大程度上革新了居民的工作和生活方式。通讯服务水平和消费水平的极大提高与通讯制造业的飞速发展分不开，通讯资费不断降低，移动电话市场竞争加剧、产品更新快速、产品价格日益下降，都为通讯消费发展提高了支撑。总之，交通通讯的消费发展和产业发展相辅相成，形成了良好的互动发展关系。当然，当前交通通讯的消费发展和产业发展还处于起飞阶段，巨大的发展潜力还没有释放出来，经济的转型和增长阶段决定了消费和产业的发展将经历持续的调整、磨合阶段。

（一）交通通讯消费与产业发展关系的投入产出分析

交通通讯产业的较快发展应与居民消费升级有很大关系。随着收入水平的持续增长，居民消费水平提高、消费结构迅速调整升级，其中在交通通讯的消费提升非常明显和突出（如前所述）。经济进步和发展与居民交通通讯消费升级提高有较高的一致性。下面通过投入产出模型对交通通讯消费和产业发展的数量关系及其动态变化进行考察。

1. 2002 年各产业消费对交通行业的拉动系数：感应度分析

通过对里昂惕夫逆矩阵系数 L 的计算，得到各产业消费对交通运输设备制造业和交通运输及仓储业的拉动系数，如图 15－19 所示。

由图 15－19 可以看出，在 2002 年交通运输设备制造业和交通运输及仓储业产出的消费拉动中其行业自身的消费拉动力最为强大，拉动系数超过 1，分别约为 1.43 和 1.166，而其他产业消费对两交通行业各自产出的影响权数都较小而没有突出表现，但是宏观来看，两个产业的感应度系数超过 1 而居于平均水平之上，分别为 1.09 和 1.60。比较而言，交通运输设备制造业的消费在除了自身以外的其他产业中对交通运输及仓储业的产出拉动系数相对较大，这也从数据说明了交通制造业消费购买必然有利于促进交通服务业的发展，但是交通运输及仓储业消费对交通制造业的产出相对而言并没有较大的拉动作用。

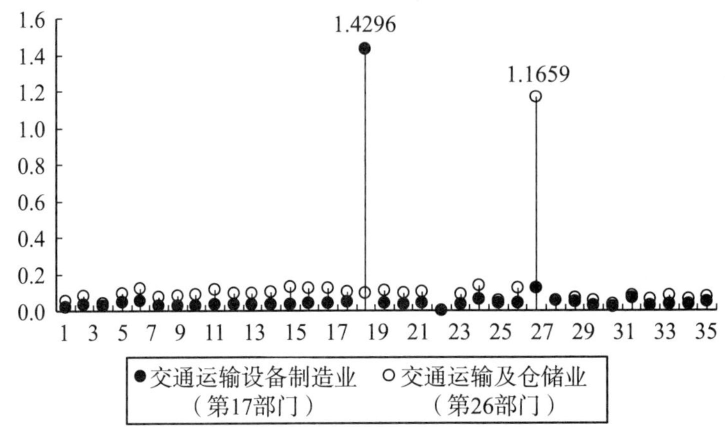

注：横轴为35个产业（产品）部门；纵轴是各部门消费对交通相关产业的拉动系数，即里昂惕夫逆矩阵系数 L 的元素 $l_{17,j}$ 和 $l_{26,j}$（$j=1, 2, \cdots, 35$）。

图 15－19　各产业消费对交通相关产业产出的拉动系数

2. 2002 年交通行业消费对各产业的拉动系数：影响力分析

关注里昂惕夫逆矩阵系数 L 中的交通行业部门对应的列向量便可以考察交通行业消费对其他产业的拉动系数，也是其对各部门产出的影响力分析。如图 15－20 所示，除了自身产业以外，交通运输设备制造业消费对化学工业（12 部门）、金属冶炼及压延加工业（14 部门）、机械设备等制造业（16 部门）和商业和饮食业（28 部门）四个部门的产出拉动相对较大。另外，交通运输设备制造业消费对所有产业总产出的影响力系数为 1.25，大于平均数 1。交通运输及仓储业消费对石油加工、炼焦及核燃料加工业（11 部门）的产出拉动相对较大，其总的影响力系数为 0.91，小于平均值 1。

3. 1997 年和 2002 年交通消费与交通产业发展的关系对比

通过比较两年的关注里昂惕夫逆矩阵系数 L 元素的变动，可以考察技术进步因素对交通消费对交通产业拉动力度的变化。如表 15－12 所示，两个交通行业在发展中拉动系数都是增强的，这说明随着交通消费的持续增长，其对各交通产业的拉动作用也是不断增强的，交通消费与产业发展之间是协调发展的，因此交通消费和交通产业发展分别是当前消费和产业发展的增长热点。从表 15－13 可以看出两交通产业的感应度系数都提高了，这说明各类消费对两个产业的拉动力增强了，扩大消费将对交通产业发展有较强的推动作用；两交通产业的影响力系数变化不明显，交通运输设备制造业有微弱降低，而交通运输及仓储业有微弱提高。

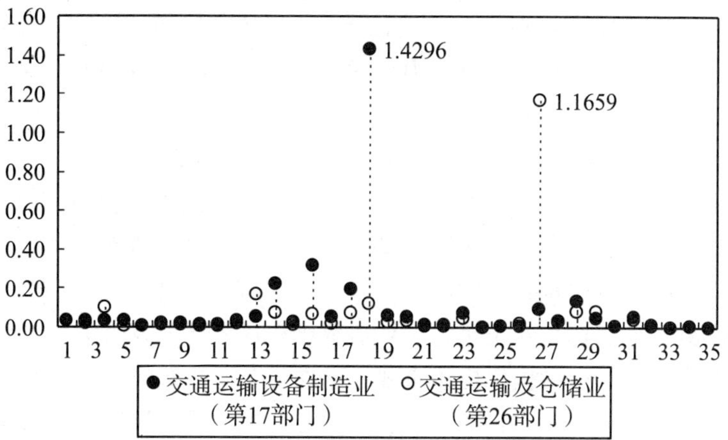

注：横轴为35个产业（产品）部门；纵轴是交通相关产业消费对各部门的拉动系数，即里昂惕夫逆矩阵系数 L 的元素 $l_{i,17}$ 和 $l_{i,26}$（$i=1, 2, \cdots, 35$）。

图15－20　交通消费对各产业产出的拉动系数

表15－12　单位交通最终消费对交通相关产业拉力变动（2002年对1997年）

产　业	交通运输设备制造业	交通运输及仓储业
交通运输设备制造业	0.0028	0.0135
交通运输及仓储业	0.0411	0.0889

资料来源：根据1997年、2002年中国投入产出表计算；数据表明的是纵行产业的消费对横行产业产出的拉动系数变动。

表15－13　各交通产业的感应度系数和影响力系数变动（2002年对1997年）

产业＼指标	感应度系数变动	影响力系数变动
交通运输设备制造业	0.1170	－0.0004
交通运输及仓储业	0.4573	0.0629

资料来源：根据1997年、2002年中国投入产出表计算；数据表明的是纵行产业的消费对横行产业产出的拉动系数变动。

（二）拉动产业发展的最终需求构成变化分析

以上分析了交通消费和交通产业发展的关联程度，但是需要提出的问题是拉动交通产业发展的最终需求中的消费比重又是怎样的。最终需求包括了最终消费、资本形成和净出口三大部分，为了对最终消费进行具体分析，需要对农村、城市、政府三个方面的构成也进行考察。

由表15－14可知，2002年交通运输设备制造业消费比重只有19.1%，大大低于资本形成比重84.4%，其中城市消费是农村消费的两倍多（虽然2002年农村人口却是城市人口的1.5倍多）；2002年交通运输及仓储业的消费比重为54.6%，其中净出口比重达32.8%，出口依赖性高；较低的总消费比重说明居民对交通工具的购买还相对不足，城乡消费比重较大差异说明交通工具消费城乡不平衡性问题突出。今后国家应该重视促进农村交通消费问题，采取加大对农村基础建设的投入、提高对农村居民消费支持力度和完善农村社会保障体系等措施来改善农村消费环境和释放农民消费潜力。

表15－14　　2002年交通产业最终需求构成　　单位：%

最终需求构成产业	最终消费比重				资本形成比重	净出口比重
	农村比重	城市比重	政府	合计		
交通运输设备制造业	6.0	13.1	0	19.1	84.4	-9.8
交通运输及仓储业	11.2	34.6	8.8	54.6	6.9	32.8

与居民交通通讯消费作为持续增长的热点消费项目、成为居民消费主流相对应，交通通讯产业也处于快速的发展阶段，表现出持续增长的趋势，成为经济发展和经济增长的支撑产业。总体来看，交通通讯相关的制造业和服务业的投资经历了较快增长，而居民交通通讯消费作为热点消费项目其发展必将推动交通通讯产业的进一步持续发展。

本部分通过投入产出模型对交通通讯消费和产业发展的数量关系及其动态变化进行考察。2002年交通运输设备制造业和交通运输及仓储业产出的消费拉动中其行业自身的消费拉动力最为强大，拉动系数超过1，分别约为1.43和1.166，而其他产业消费对两交通行业各自产出的影响权数都较小而没有突出表现，但是宏观来看，两个产业的感应度系数超过1而居于平均水平之上，分别为1.09和1.60。除了自身产业以外，交通运输设备制造业消费对化学工业（12部门）、金属冶炼及压延加工业（14部门）、机械设备等制造业（16部门）和商业和饮食业（28部门）四个部门的产出拉动相对较大。另外，交通运输设备制造业消费对所有产业总产出的影响力系数为1.25，大于平均数1。交通运输及仓储业消费对石油加工、炼焦及核燃料加工业（11部门）的产出拉动相对较大，其总的影响力系数为 0.91，小于平均值 1。

通过 1997 年和 2002 年交通消费与交通产业发展的关系对比发现，两个交通行业在发展中拉动系数都是增强的，这说明随着交通消费的持续增长，其对各交通产业的拉动作用也是不断增强的，交通消费与产业发展之间是协调发展，因此交通消费和交通产业发展分别是当前消费和产业发展的增长热点。两交通产业的感应度系数都提高了，这说明各类消费对两个产业的拉动力增强了，扩大消费将对交通产业发展有较强的推动作用；两交通产业的影响力系数变化不明显，交通运输设备制造业有微弱降低，而交通运输及仓储业有微弱提高。

分析了交通消费和交通产业发展的关联程度之后，通过对拉动交通产业发展的最终需求中的消费比重情况的考察，说明我们需要提高消费比重，国家应该重视促进农村交通消费水平，采取加大对农村基础建设的投入、提高对农村居民消费支持力度和完善农村社会保障体系等措施来改善农村消费环境和释放农民消费潜力。

转型期间，居民交通通讯消费增长表现尤为突出，交通通讯消费占总消费比重连年攀升：除了食物消费，在 2007 年，城镇居民交通通讯消费占收入比重居首位，而农村居民交通通讯消费占收入比重居于第二位（住房居第一位），这充分说明了在转型期间经济增长和收入提高的背景下，交通通讯作为新兴的消费主题和热点，居民对其有强烈的消费倾向。如果不考虑作为具有人力资本投资性质的医疗和教育消费以及具有投资性的住房消费，可以说我国居民已进入交通通讯消费时代。其中，汽车消费作为居民新型消费目标其重要地位已经凸显，汽车行业的技术进步和产业发展与汽车消费升级的互动必将是今后居民消费升级和产业发展中的活跃因素。

居民交通通讯消费地位的提升使得交通通讯消费成为促进消费和振兴消费的关键力量，是提高居民消费率的重要途径。同时，居民交通通讯消费需求的提升必然促使和推动交通通讯服务水平的提高以及相关产业的发展，技术进步作为关键要素在推动产业发展的同时也必将为居民消费升级提供更大的选择空间，从而实现交通通讯相关产业供给和需求的良性互动和发展。因此，交通通讯消费应该成为我国经济和消费增长目标的重点关注对象。

城乡居民交通通讯消费升级的比较分析表明：在时间上，城乡居民交通通讯消费比重同步上升（城镇高于农村）；而相对于收入变化，农村居民交通通讯消费比重比城镇上升更快，且有突变特征。农村居民交通通讯消费比重相对于城镇居民在时间变化和收入变化上的非一致性发现以及相关的实证研究表明，与产业发展、技术进步、消费环境、市场化进程和消费观念等时间性因素相一致的城镇居民消费发展对农村居民交通通讯消费影响显著，从而使得农村居民收入对其交通通讯消费的支持作用不显著。城镇消费升级的强大的导向作用，使农村交通通讯支出比重受消费总支出的约束处于次要地位，体现了农村在缺乏收入支撑（相对于城镇）的情况下对城镇消费升级的追赶特征。城乡消费升级的较强联动作用一方面体现了市场化推进的成果，另一方面也说明了继续完善市场、桥接城乡消费市场的重要意义。在重视农村交通通讯消费的同时，应该继续加大对农村基础设施投入，发展和完善农村市场，推进农村社会保障体系的建设，以使农村交通通讯消费继续保持发展势头。

城乡居民交通通讯消费的收入弹性分析表明，城镇居民交通通讯消费的收入弹性无论是时间序列的估计还是收入分组的界面数据估计都大于1而且富有弹性；农村居民交通通讯消费的收入弹性的时间序列估计约为1.7，并稍大于城镇对应的弹性，但其收入分组的界面数据估计却小于1而且缺乏弹性。这说明，农村居民的收入水平与城镇居民差距较大，其较低的收入水平构成了消费升级的“瓶颈”约束，这应该引起我们的重视。

与居民交通通讯消费的持续增长、成为居民消费主流相对应，交通和通讯产业经历快速的发展阶段，表现出持续增长的趋势，成为经济发展和经济增长的支撑产业。总体来看，交通通讯相关的制造业和服务业的投资经历了较快增长，而且居民交通通讯消费作为热点消费项目其发展必将推动交通通讯产业的进一步持续发展。

通过对拉动交通产业发展的最终需求中的消费比重情况的考察，说明我们需要提高最终需求中的消费比重，特别是应该重视促进农村交通消费水平提高。

为了进一步促进居民交通通讯消费升级和相关产业发展以及两者的良性互动发展，应重视以下方面：

第一，加大对交通通讯产业的技术研发支持，加快其技术进步的步伐。转型时期，居民的消费升级和产业升级发展尤为活跃，而技术进步因素对两者而言其是最为根本的。针对居民当期的消费水平和消费阶段，技术进步带来的产品创新更有利于是产品的适销对路。

第二，促进农村消费市场和城市消费市场的统一性，为农村交通通讯消费升级提供良好的消费环境和消费条件。促进城乡消费市场的统一性，可以使农村即时享受产业发展成果，也会进而扩展产业发展空间。交通通讯消费作为消费热点，其市场的成熟化和统一性对供给和需求的和谐进步更显重要。

第三，提高居民收入水平，尤其是注意提高农村居民收入，缩短居民收入差距。当前农村居民收入水平相对于交通通讯消费升级需求显得过低，过低的收入构成了农民交通通讯消费升级的“瓶颈”约束。

第四，通过对新旧产品替代的支持等有效的消费政策来加速消费升级和刺激产业发展，比如政府实施的汽车“以旧换新”政策。产品的新旧替代日渐重要，其对供求双方都会有利，相应的政策应该疏通产品的新旧替代矛盾。

第二节 教育文化娱乐产业[①]

一、我国教育文化娱乐及相关产业的发展概况

（一）教育产业

随着生活水平的提高，人们对精神文化的需求快速增长。2006 年，教育文化娱乐业增加值约 7 500 亿元，占当年第三产业增加值的 8.8%，教育文化娱乐业贡献率[②]约为 2.3%。

改革开放以来，我国已经建立了一个基本适应社会主义现代化建设需要、世界上规模最大的教育体系。2007 年，我国共有幼儿园近 13 万所，小学 32 万所，初中近 6 万所，高中学校超过 3 万所，高等学校 2 321 所。2000 年，我国 15 岁及以上文盲半文盲人口为 8 507 万人，比 1982 年减少近 1.4 亿人；文盲率由 1982 年的 22.81% 下降为 2000 年的 6.7%，比 1990 年下降 9.2 个百分点，实现了联合国教科文组织在《世界全民教育宣言》中提出的将文盲率在 1990 年的水平上降低一半的要求。到 2007 年，我国总人口中具有大专及以上教育程度的人口占 6.2%，比 1982 年增加 5.6 个百分点，具有高中教育程度的认可占 12.6%，比 1982 年增加 6.0 个百分点。

1978 年以来，我国学前教育稳步发展。全国幼儿园园数保持在 10 万所以上，在园幼儿人数从 1978 年的 788 万人增加到 2007 年的 2 349 万人，3～5 岁儿童学前三年毛入园率从 2002 年的 36.8% 提高到 2007 年的 44.6%。2007 年，我国有 87.2% 的儿童接受过学前一年教育，比 2002 年提高了 6.6 个百分点。另外，2007 年全国共有民办幼儿园 77 616 所，比 1996 年增加 53 150 所，占全国幼儿园总数的 60.1%，比 1996 年提高 47 个百分点；在园幼儿人数达 869 万人，比 1996 年增加 738 万人，年均增长 18.8%。全国民办幼儿园在园幼儿人数占全国在园幼儿总数的比例从 1996 年的 4.9% 提高到 2007 年的 37.0%，增加 32.1 个百分点。民办幼儿园已成为推动全国学前教育发展的生力军。

---

① 本节数据如无特别标明均来源于《中国统计年鉴》各卷。

② 教育文化娱乐业贡献率是指教育文化娱乐业增加值增量与 GDP 增量之比。

学前教育的稳步发展，对促进儿童身心全面健康发展，普及义务教育，提高国民整体素质具有十分重要的意义。

1986 年，《中华人民共和国义务教育法》正式颁布实施。到 2000 年，我国“普九”人口覆盖率已经达到 85%，青壮年文盲率下降到 5% 以下，实现了基本普及九年义务教育的战略目标。截至 2007 年底，全国实现“两基”的县（市、区，含县级行政区划单位）达到 2 991 个，人口覆盖率 99.3%，初中阶段毛入学率达到 98%。

2003 年，国家提出把解决西部地区“两基”问题作为攻坚战役，2004 年正式启动西部攻坚计划。到 2007 年底，“两基”攻坚目标如期实现。在西部 12 省、自治区、直辖市和新疆生产建设兵团 410 个“两基”攻坚县（市、区、团场）中，有 368 个顺利实现“两基”目标，并已通过国家教育督导团的审查验收，其他 42 个县也已达到了“普六”标准。“两基”攻坚计划的落实尤其是农村寄宿制学校建设工程和“两免一补”政策的实施，为许多应届小学毕业生和失学在家的往届小学毕业生继续就读初中提供了机会。2007 年，我国开始推行农村义务教育免除学杂费政策并免费提供教科书，2008 年秋季起，城市义务教育阶段的学杂费也全面免除，我国正在形成城乡统一的义务教育普惠制。

此外，义务教育阶段教师学历合格率达到较高水平。普通小学专任教师学历合格率（中等师范毕业及以上）从 1978 年的 47.1% 提高到 2007 年的 99.1%。初中（含职业初中）专任教师学历合格率（专科及以上）从 1978 年的 9.8% 提高到 2007 年的 97.2%，其中，具有本科及以上学历的教师比例由 1978 年的 7.6% 提升至 2007 年的 47.2%。

自 1978 年以来，高中阶段教育规模增长较快，普通高中和中等职业教育的结构更趋合理。高中阶段（包括普通高中、成人高中、中等职业教育）招生人数从 1980 年的 640 万人增加到 2007 年的 1 650 万人，在校生人数从 1 721 万人增加到 4 527 万人，年均增长率均为 3.6%。尤其是 20 世纪 90 年代以后，高中阶段教育发展速度加快，1990 ~ 2007 年，高中阶段招生人数年均增长 6.8%，在校生人数年均增长 6.6%。毛入学率从 1990 年的 26.0% 提高到 2007 年的 66.0%，提高了 40 个百分点。初中毕业生升学率从 1990 年的 40.6% 提高到 2007 年的 79.3%，提高了近 39 个百分点。

2002 年，全国一次职业教育工作会议召开，此后，我国中等职业教育（包括普通中专、成人中专、职业高中和技工学校）发展势头强劲。2007 年，全国共有中等职业教育学校 14 832 所，中等职业教育招生人数由 2002 年的 474 万人增加到 2007 年的 810 万人，增加 336 万人，年均增长 11.3%，明显高于同期普通高中招生人数 4.4% 的年均增幅。中等职业教育招生人数占高中阶段招生总数的比重连续5年呈上升趋势，由2003年的40.2%提高到2007年的49.1%，普通高中和中等职业教育的结构更趋合理。中等职业教育在校生规模快速增长，由2002年的1 191万人增加到2007年的1 987万人，增加796万人，年均增长10.8%，略高于同期普通高中在校生人数8.4%的年均增幅，已连续5年增量超过百万。中等职业教育在校生人数占高中阶段在校生总数的比重相应提高，由2003年的38.8%提高到2007年的43.9%，普通高中和中等职业教育的在校生结构进一步优化。

民办高中阶段教育也在持续发展。2007年，我国民办高中阶段教育学校数达6 059所，其中民办普通高中3 101所，占普通高中学校总数的19.8%；民办中等职业教育学校2 958所，占中等职业教育学校总数的19.9%；民办高中阶段教育在校生人数从1996年的70万人增加到2007年的504万人，增加433万人，增长6倍，占高中阶段教育在校生总数的比例从3.7%提高到11.1%，增加了7.4个百分点。民办普通高中在校生人数从1996年的58万人增加到2007年的246万人，增加188万人，增长3.2倍。全国民办普通高中在校生人数占普通高中在校生总数的比例从7.5%提高到9.8%。民办中等职业教育发展迅速。在校生人数从1996年的12万人增加到2007年的258万人，增加246万人，增长20.5倍。全国民办中职教育在校生人数占中职教育在校生总数的比例从1.1%提高到13.0%，提高近11.9个百分点。

另外，高中阶段专任教师学历合格率持续提高。普通高中90%的教师达到国家学历要求（本科及以上），2007年全国普通高中专任教师中，具有本科及以上学历的教师人数为129万人，比1978年的34万人增加95万人，增长2.8倍，远高于同期全国普通高中专任教师人数增长94.7%的幅度。中等职业教育学校近80%的教师学历达到本科及以上。2007年全国中等职业教育学校专任教师中，具有本科及以上学历的教师人数从2003年的37.3万人增加到50.2万人，增加12.9万人，增长34.7%，明显高于同期全国中等职业教育学校专任教师人数增长16.9%的幅度。具有本科及以上学历的专任教师所占比例由2003年的66.5%提升至2007年的76.7%。

自1977年我国恢复高考制度后，我国高等教育事业进入快速发展时期，普通高校从1978年的598所增加到2007年的1 908所。

高等教育在校生人数快速增长。本专研在校生人数从1978年的228万人增加到2007年的2 529万人，增长了10倍，年均增长8.7%，其中：研究生在学人数从1.1万人增加到120万人，年均增长17.6%；普通本专科在校生人数从86万人增加到1 885万人，年均增长11.2%；成人本专科在校生人数从141万人增加到524万人，年均增长4.6%。普通高等教育招生结构趋于合理。研究生招生所占比例逐年上升，从 1978 年的 2.7% 提高到 2007 年的 6.9%，普通本科招生所占比例从 1978 年的 66.5% 下降到 2007 年的 46.4%，而专科招生所占比例从 30.9% 上升到 46.7%。

1999 年以来，我国连续 7 年实施高等教育扩招，高等教育规模扩张迅速，快步进入大众化发展阶段。1999 ~ 2005 年，高等教育招生人数年均增幅达 20.2%。各类高等教育在校生人数也快速增长，从 1998 年的 850 万人增加到 2007 年的 2 700 万人，年均增长 13.7%，其中本专研在校生从 643 万人增加到 2 529 万人，年均增长 16.4%。平均每 10 万人口中的高等教育在校生人数从 1998 年的 519 人增加到 2007 年的 1 924 人，增加 1 405 人，增长 2.7 倍。

高等教育扩招政策的实施，使得入学机会进一步扩大，高等教育毛入学率从 1990 年的 3.4% 提高到 2002 年的 15%，标志着我国的高等教育进入大众化发展阶段。2007 年，我国高等教育毛入学率已经达到了 23%，普通高中毕业生升学率达到 71.8%。

2003 年以来，我国高等教育的发展重点从规模扩大转变为内涵发展，高水平大学和重点学科建设取得明显成效。“九五”至“十五”时期，国家通过“985 工程”和“211 工程”的实施，推动了高水平大学和重点学科的建设，已初步形成了一批具有中国特色的高水平大学，缩小了与世界一流大学的差距。高水平大学的建设，在培养和造就高层次创造性人才、构建国家创新体系中，发挥着越来越重要的作用。随着高等教育规模的扩大，我国普通高校办学效益逐年提高，校均规模增长较快。普通高校校均规模从 1992 年的 2 074 人增加到 2007 年的 8 571 人，增加 6 497 人，增长 3.1 倍。其中，普通本科院校校均规模从 1992 年的 2 676 人增加到 2007 年的 14 057 人，增长 4.3 倍；普通专科院校校均规模从 1 051 人增加到 5 095 人，增长 3.8 倍。我国民办高等教育规模迅速扩张，2007 年，全国民办高校总数达到 297 所，自 2003 年以来，开始兴办民办机制的独立学院，到 2007 年已建成 318 个独立学院。民办普通本专科在校生规模大幅增长。全国民办普通本专科在校生人数从 1996 年的 1.2 万人增加到 2007 年的 350 万人，年均增长 67.5%，占普通本专科在校生总数的比例达 18.6%；民办普通本专科招生人数从 2002 年的 16.1 万人增加到 2007 年的 119 万人，占普通本专科招生总数的比例已经超过 20%。2002 年以来，民办高等教育办学层次结构有所提高，本科在校生所占比例从 2002 年的 8.6% 提高到 2007 年的 53.4%，超过专科在校生所占比例。

普通高校专任教师学历层次不断上移，近 50% 的教师具有研究生学历，其中具有博士学位的教师比例由 1985 年的 0.4% 提升至 2007 年的 11.3%。普通本科院校具有研究生学位的教师比例已经达到 57.9%，其中具有博士学位的教师比例达 15.9%。普通专科院校具有研究生学位的教师比例已达 23.4%。

（二）文化娱乐产业

我国的文化娱乐业从改革开放之初进入萌芽起步阶段。1979 年，广州东方宾馆开设了国内第一家音乐茶座。之后，营业性舞厅等经营性文化活动场所在各城市争相开业，我国第一次出现了文化市场。1987 年 2 月，文化部、公安部、国家工商局联合发出了《关于改进营业性舞会管理的通知》，第一次明确了举办营业性舞会的合法性质，文化经营活动正式成为我国社会主义文化事业的合法组成部分。1992～2002 年，我国的文化产业处于酝酿徘徊阶段。这一时期，随着市场经济体制的确立，我国文化产业界开始探索文化产业发展的现实道路。与其他国家相比，我国的文化产业在这一阶段发展相对落后。我国对文化产业的关注和讨论与日本、韩国相比并不晚，但计划式文化体制使文化产业缺少活力，总体上我国的文化产业在这一阶段徘徊不前。而日、韩两国的文化产业得到快速发展，游戏软件、动漫画、日剧韩剧等文化产业迅速成长为国民经济的支柱产业，在振兴本国经济方面，发挥了重要作用，而我国文化产业并未成为国民经济的支柱产业，对我国经济的贡献微乎其微。

根据“文化产业统计研究课题组”的统计数据[①]，2003 年我国文化产业及相关产业所创造的增加值 3 577 亿元，占 GDP 的 3.1%。2003 年我国文化及相关产业有从业人员 1 274 万人，占全部从业人员的 1.7%。从结构上看，在我国诸种文化产业中，以传统意义上的文化产业如新闻、出版、广电和文化艺术等为主构成的“核心层”有从业人员 223 万人，实现增加值 884 亿元。同时，新兴文化产业如网络文化、休闲娱乐、文化旅游、广告及会展等为主构成的“外围层”有从业人员 422 万人，实现增加值 835 亿元。新兴文化产业的从业人员已超出传统文化行业近 1 倍，创造的价值已接近传统的几个产业部门。但与国外发达国家相比，我国文化产业不仅规模小，而且新兴文化产业比重明显偏低。据文化部提供的资料显示，美国的文化娱乐业年收入 4 000 亿美元，占 GDP 的 20%，为美国第二大产业。而截至 2003 年，我国文化及相关产业有从业人员 1 274 万人，占城镇从业人员的 5.0%；实现增加值 3 577 亿元，仅占 GDP 的 3.1%。可见，我国的网络游戏业、文化信息业、文化电子商务等新兴产业尚存在巨大发展潜

① 2003 年 7 月，为全面反映我国文化产业的发展情况，由中宣部牵头，成立了国家统计局、文化部、国家广播电影电视总局、新闻出版总署、国家文物局等单位参加的“文化产业统计研究课题组”。课题组对我国文化产业的概念进行了界定，提出了《文化产业及相关产业分类》，并于 2004 年 7 月，利用现有统计资料对 2003 年我国文化及相关产业的主要指标进行了初步测算，首次公布了我国文化产业发展的官方数据。

力。此外，从事文化用品、设备及相关文化产品生产、销售的“相关层”有从业人员629万人，实现增加值1 858亿元，其发展规模在整个文化产业发展中占据了一半。

2007年，国家统计局发布的“2006年我国文化及相关产业发展测算报告”中的数据显示，2006年我国文化产业实现增加值5 123亿元，按可比价格计算，比2005年增长17.1%，年增速高出同期GDP增速6.4个百分点。此外，2006年文化产业对GDP增长的贡献率为3.41%，拉动GDP增长0.36个百分点，均比上年有所提高。据测算，2006年文化产业占GDP的比重是2.45%，比2004年提高0.3个百分点；文化产业从业人员有1 132万人，占全部从业人员比重为1.48%，占城镇从业人员比重为4.0%，分别比2004年提高0.16个和0.24个百分点。

从我国文化娱乐产业机构看，2005年，文化产业“核心层”、“外围层”和“相关层”的增加值之比是37:20:43，从业人员之比是31:17:52；2006年三层增加值之比是42:18:40，从业人员之比是34:17:49。可以看出，核心层在总量结构中所占比重有明显提高，显示出我国文化产业在文化体制改革的推动下，在存量领域已经出现了实质性的增长，引起了总体结构的良性变化。①

居民对精神文化需求的快速增长给精神文明的发展带来强大的内在动力。进入21世纪，我国的教育文化娱乐业得到蓬勃发展。2006年，教育文化娱乐业增加值约7 500亿元，占当年第三产业增加值的8.8%，教育文化娱乐业贡献率约为2.3%。就教育业来看，我国已经建立了一个基本适应社会主义现代化建设需要、世界上规模最大的教育体系。学前教育、义务教育、高中阶段教育和高等教育规模增长较快，教育结构更趋合理。文化娱乐业自改革之初的萌芽阶段进入到现在的快速发展阶段。文化娱乐核心产业在总量结构中所占比重明显提高，新兴文化产业实现增加值835亿元，但与发达国家相比，所占比重依然较低。

二、消费需求升级对教育文化娱乐及相关产业的影响

消费需求是社会生产的前提，也是影响产业结构变动的重要因素之一②。转型时期，我国居民消费水平进一步提高，新需求的拉动对相关产业的发展可能产生积极作用。20世纪90年代中后期以来，居民消费结构升级和产业结构升级趋

① 资料来自中国网，http://www.china.com.cn，《2008年中国文化产业发展报告》总报告。

② 程立：《对消费升级拉动经济增长的思考》，载于《南京理工大学学报》2005年第1期，第43~48页。

势明显。促进国内需求，特别是消费需求的回升和升级，在一定程度上将加快相关产业的发展，提高产出水平；另外，增加国内需求对于缓解世界经济危机对中国产业以及整个国民经济造成的负面影响也是至关重要的。

本部分应用“需求冲击”模型对教育文化娱乐及相关行业的消费需求变化与产业发展之间的相关性进行实证检验，各年份统计数据主要来自《新中国五十五年统计资料汇编：1949～2004》、《中国统计年鉴》、《中国教育统计年鉴》和《全国教育事业发展统计公报》。在数据的处理上，为了避免序列相关以及序列不平稳等问题，我们将所有数据转换为增长率的形式，对所有变量取对数后进行差分。

（一）对教育业的检验与分析

本部分将教育分为学前教育、义务教育、高中阶段教育和高等教育。考虑到居民需求变化对后两者的影响可能会更大，继而将高中阶段教育和高等教育进行细分，以分析需求对同一教育产业内细分行业的影响。限于数据的可得性，本部分对1978～2007年的学前教育、1993～2007年的义务教育、1994～2007年的高中阶段教育和1992～2007年高等教育的相关数据分别进行回归。教育需求的变化用在校学生数的增长率表示，学校数量的增长率表示教育业的发展。各模型使用的在校学生数为各行业总的在校学生数，选用这一数据是由于总需求（总的在校人数）导致某一产业的发展，而细分行业的数量在一定程度上是该行业发展的结果，结果如表15－15所示。

表15－15　　机构数量增长率的OLS回归

<table>
<tr><th colspan="2" rowspan="2">类型</th><th rowspan="2">α</th><th rowspan="2">$\beta(1-\lambda)$</th><th rowspan="2">λ</th><th rowspan="2">R^2</th><th colspan="2">在校人数对学校数量的弹性分析</th></tr>
<tr><th>短期</th><th>长期</th></tr>
<tr><td colspan="2">学前教育</td><td>－0.0356
（－1.657）</td><td>0.7666
（2.955）*</td><td>0.0282
（0.1623）</td><td>0.27</td><td>0.7666</td><td>0.7888</td></tr>
<tr><td colspan="2">义务教育</td><td>－0.0423
（－2.9541）**</td><td>0.5138
（1.9801）</td><td>0.1650
（0.5682）</td><td>0.58</td><td>0.5138</td><td>0.6153</td></tr>
<tr><td rowspan="2">高中阶段教育</td><td>所有高中学校</td><td>－0.0776
（－2.6096）**</td><td>0.9402
（2.975）**</td><td>0.0621
（0.3119）</td><td>0.54</td><td>0.9402</td><td>1.0025</td></tr>
<tr><td>其中：普通高中</td><td>0.0014
（0.1584）</td><td>0.0011
（0.0149）</td><td>0.7601
（2.5354）**</td><td>0.44</td><td>0.0011</td><td>0.0046</td></tr>
</table>

续表

类型		α	$\beta(1-\lambda)$	λ	R^2	在校人数对学校数量的弹性分析	
						短期	长期
高中阶段教育	中等职业教育	-0.028 (-1.8671)	0.260 (1.887)	0.8104 (4.7225)*	0.74	0.260	1.3713
	—普通中等专业学校	-0.0293 (-0.9315)	0.3285 (1.0635)	0.5615 (2.1304)	0.38	0.3285	0.7491
	—职业高中	-0.0330 (-1.3822)	0.2421 (1.1037)	0.545 (1.8881)	0.33	0.2421	0.5321
	—技工学校	-0.0175 (-0.7423)	0.0845 (0.4265)	0.6584 (2.3965)**	0.42	0.0845	0.2474
	—成人中等专业学校	-0.0647 (-1.8486)	0.3544 (1.1062)	0.5858 (2.4196)**	0.43	0.3544	0.8556
高等教育	所有高等院校	-0.0282 (-2.6259)**	0.2389 (3.0864)*	0.8827 (6.0014)**	0.61	0.2389	2.0367
	其中：普通高校	-0.0137 (-0.4828)	0.3291 (1.6192)	0.3750 (1.5324)	0.37	0.3291	0.5266
	成人高校	-0.0292 (-1.4328)	-0.0611 (-0.3481)	0.5431 (1.9761)	0.42	-0.0611	-0.1337

注：* 表示通过显著性水平为1%的检验，** 表示通过显著性水平为5%的检验。在对“所有高等院校”检验时，该模型存在序列自相关，加入AR（1）解决这一问题，其中系数为-0.703，t统计值为-0.2415，通过显著性水平为5%的检验。

从总体上看，除了义务教育，在校人数的增长率短期内对其他教育均有显著影响。其中，对高中学校的影响最大（0.94），学前教育次之（0.77），对高等院校的影响最小（0.24）。回归结果表明，在读学生每增长1%，高中学校的数量就增加0.94%，幼儿园园数增加0.77%，而高等院校仅增加0.24%。从均衡（长期）弹性看，学前教育、义务教育和高中阶段教育基本经历了与短期影响相似的发展，但高等教育行业最为特别，长期影响接近2.04。可能的原因有：第一，高等教育业的进入壁垒较高，新建高等院校的成本和时间要远远大于高中学校和幼儿园，并且短期内融资新建高等院校的难度也较大；第二，20世纪90年代初，为了建立适应社会主义市场经济的高等教育体制，我国高等教育进行第五次重大调整①，在控制高校数量的基础上坚持以内涵发展为主，集中力量办好一批重点大学，优化高等教育的结构与布局，扩大高等学校办学规模，逐步实现从量到质的转变。因此，在校人数对高等教育业的短期影响可能更多的表现为规模效应，即现有高等学校校均规模的增加；而在长期中，高等教育行业应呈现院校数量增长和规模扩大相结合的发展模式。我们对这一想法进行检验，实证结果（见表 15－16）与该推论相符：在校人数短期内对高等教育，尤其是普通高等教育产生的规模效应（0.6554）更为显著②；从长期看，对数量和规模均产生影响，但院校数量对此反应更为强烈。

表 15－16　　普通高校规模增长率的 OLS 回归

类型	α	β（1－λ）	λ	R^2	在校人数对学校规模的弹性分析	
					短期	长期
普通高校	0.0268 （0.7867）	0.6554 （2.2232）**	－0.1490 （－0.4921）	0.34	0.6554	0.5704
其中：本科院校	0.0068 （0.2174）	0.6108 （2.0525）	0.2386 （0.8418）	0.54	0.6108	0.8022

注：** 表示通过显著性水平为 5% 的检验。

就高中阶段教育而言，在校人数的增长对普通高中学校数量的增长影响不大，但对中等职业教育学校的影响较明显，原因可能是中等职业教育学校比普通高中更容易对需求变化做出反映。一方面，从中等职业学校的性质看，中等职业教育主要“以服务为宗旨，以就业为导向”，以培养高素质劳动者和技能型、应用型人才为目的。经过多年的发展，我国的职业教育初步实现了从计划培养向市场驱动转变，因此面对市场需求的变化，中等职业学校更容易做出调整。近年来中等职业学校毕业生就业率一直保持在 95% 以上，毕业生的质量得到社会的广泛认同。另一方面，我国职业教育制度改革和发展为中等职业学校的调整提供了有力的制度保证。进入 21 世纪，国务院先后三次召开或批准召开全国职业教育工作会议，并于 2002 年和 2005 年两次做出关于大力发展职业教育的决定，明确把职业教育作为我国经济社会发展的重要基础和教育工作的战略重点，职业教育发展的政策环境、舆论环境和社会环境得到了明显改善。此外，中央和地方的财

① 常连智、贾协增、侯建设：《我国高等教育改革和发展五十年的历程与时代特征》，载于《机械工业高教研究》2000 年第 2 期，第 17～21 页。

② 由于相关年鉴只统计了普通高等学校的校均规模，因此，我们仅对该特定行业进行实证检验。

政支持为中等职业学校的发展提高了有效的资金保障。据统计，自 2003～2008 年，中央财政已累计投入专项资金约 100 亿元，重点支持了 1 396 个职业教育实训基地、2 200 个县级职教中心和示范性中等职业学校。各地政府也逐渐加大对职业教育的投入，目前覆盖城乡的职业教育培训网络已基本形成①。

从高等教育看，在校人数的增加并未引起成人高校数量的增加，两者之间呈负相关，但不显著。这可能是由于 1999 年以来普通高等院校的大幅扩招使得高中、中专应届毕业生升读普通高校的机会增加，生源的转移使高中毕业生作为成教生源的比例不断下降。另外，普通高校扩招过快，师资队伍、教学设备及实验条件、图书资料、教学场地和食宿条件比较紧张，很可能挤占原先用于成教的教学资源，加之普教招生国家教育事业拨款加上学生收费大大高于成人教育学费收入，从而在很大程度上制约了成人高校的发展。

（二）对文化娱乐及相关产业的检验与分析

我国居民在收入水平、消费习惯等方面的差距可能使得城乡居民教娱消费需求变化对相关产业的发展产生不同影响，因此在进行实证研究时，我们分别利用 1985～2007 年的相关数据对城镇和农村进行检验。我们采用城镇和农村文教娱消费价格指数剔除价格因素的影响，将居民名义文教娱消费支出转换为以 1985 年为基期的实际文教娱消费支出，然后对其取对数并进行差分，即用城镇和居民实际教育文化娱乐消费支出的增长率表示需求变化。用各产业机构数或产量的增长率表示教育文化娱乐业及相关产业的发展。

人均收入水平的不断提高促使居民消费结构会发生相应的变化，人们的需求层次将逐步升级，精神需求不断扩大。居民对精神文化及相关产品的追求一定程度上又会促进相关产业的发展。

第一，城镇居民教育文化娱乐需求变化对文化娱乐及相关产业的影响。

表 15－17 显示，城镇居民文化娱乐消费需求的变化对广播电台的影响远大于对其他文化娱乐业的影响，对文化馆数量的影响为正，但居民教育文化娱乐消费支出每增加 1%，广播电台在长期和短期内的增加比例都远高于文化馆的增加比例。

这一方面可能是由于互联网和数字技术的应用使传统意义上的广播发生了巨大变化，数字广播、网络电台、播客等多种广播形态逐渐发展以满足居民丰富多样的个性化需求。而传统的娱乐方式如读报看书，逐渐被高科技娱乐方式所取

① 资料来自国家发展门户网，www.chinagate.com.cn，国务院关于职业教育改革与发展情况的报告，2009 年 4 月 23 日。

代。其次，在享受文化娱乐活动方面，广播电台比文化馆更具有便捷性。广播电台使人们足不出户便可以获得相应的文化娱乐服务。据统计，我国有74%的城镇居民仍然选择在家收听广播。相关资料表明，近年来，我国广播业的节目市场和形态等发生了较大的变化，听众收听时间在增加，收听率也有加大提高。根据CSM的相关统计，全国主要城市人均日收听时间从2004年的58分钟增加到2006年的97分钟，早高峰时段由2004年的17%上升到2006年的22%，上午时段由平均5%上升到平均8%，下午时段由平均2.5%上升到7.5%。①

文化馆作为我国基层主流文化的重要阵地，一直在我国社会公共文化生活中起着重要作用。随着大量文化娱乐场所的市场化，尽管城镇居民收入水平在快速提高，但大部分居民难以享受到应有的文化服务，因此文化馆的公益性作用越发重要。

表15-17　城镇居民教育文化娱乐消费需求变化对文化娱乐及相关产业发展影响的OLS回归

文化娱乐产业							
变量	图书	杂志	报刊	广播电台	文化馆	公共图书馆	博物馆
α	0.075 (4.156)*	0.050 (3.921)*	0.01 (0.774)	-0.067 (-3.539)*	-0.003 (-1.663)	0.005 (2.942)*	0.019 (1.858)
β(1-λ)	-0.137 (-2.124)**	-0.041 (-0.931)	-0.073 (-0.824)	0.557 (3.621)*	0.030 (2.549)**	-0.006 (-0.717)	-0.004 (-0.117)
λ	0.080 (0.397)	-0.695 (-3.209)*	0.297 (1.405)	-0.470 (-1.607)	0.030 (0.146)	0.268 (1.591)	0.494 (2.381)**
AR(1)		0.788 (3.245)*		-0.159 (-0.591)			
AR(2)		-0.528 (-2.446)**		-0.375 (-2.60)**			
AR(3)				-0.393 (-2.232)**			
R^2	0.21	0.19	0.12	0.80	0.26	0.21	0.31
城镇教育文化娱乐消费需求变化对文化娱乐产业的影响							
短期	-0.137	-0.041	-0.073	0.557	0.030	-0.006	-0.004
长期	-0.149	-0.024	-0.105	0.379	0.031	-0.008	-0.009

① 资料来自行业报告：《广播电视产业发展回顾》，http://www.showchina.org/gqbg/2008/200812/t243687.htm。

续表

与文化娱乐相关的产业							
变量	电视机	其中：彩色电视机	录音机	照相机	机制纸及纸板	其中：凸版纸	微型电子计算机
α	0.068 (2.097)	0.212 (5.483)*	0.009 (0.065)	0.073 (1.354)	0.161 (3.657)*	-0.005 (-0.173)	0.319 (2.892)**
β(1-λ)	-0.034 (-0.322)	-0.054 (-0.565)	0.8744 (1.6911)	-0.6774 (-1.8228)	0.1069 (0.7169)	0.279 (1.198)	1.629 (2.642)**
λ	0.111 (0.289)	-0.583 (-2.316)**	-0.368 (-1.437)	0.776 (4.11)*	-0.754 (-4.087)*	-0.295 (-1.181)	-0.077 (-0.375)
AR(1)	0.548 (2.014)	0.737 (2.522)**	0.535 (2.101)**	-0.632 (-2.391)**	0.980 (4.826)*		
AR(2)	-0.577 (-2.918)**	-1.104 (-3.406)*		-0.472 (-1.834)	-0.692 (-3.436)*		
AR(3)		0.358 (1.441)					
AR(4)		-0.440 (-2.197)**					
R^2	0.50	0.45	0.11	0.25	0.33	0.12	0.29
城镇教育文化娱乐消费需求变化对相关产业的影响							
短期	-0.034	-0.054	0.874	-0.677	0.107	0.279	1.629
长期	-0.038	-0.035	0.639	-3.017	0.061	0.216	1.512

注：* 表示通过显著性水平为1%的检验，** 表示通过显著性水平为5%的检验。

检验结果还显示，城镇居民教育文化娱乐消费支出对微型电子计算机和录音机产量的影响远大于制纸、照相机，对电视机产量的影响为负，统计上不显著。居民一消费支出每增加1%，微型电子计算机产量在短期和长期内增加均大于1.5%，录音机产量增加幅度超过0.5%，而电视机产量则下降0.03%。这说明，随着城镇居民收入的增加，居民在教育文化娱乐消费品逐渐从传统的电视机向家用电脑等现代型消费品转变，其中所体现出的需求升级和消费行为的变化会加快我国技术含量更高的工业产品的生产，进而促进相关产业的发展。据统计，1997年，我国城镇居民家庭每百户拥有家用电脑不足3台，2000年不足10台，2007

年增加到近54台，年均增长率达36.5%。

第二，农村居民教育文化娱乐需求变化对文化娱乐及相关产业的影响。

从表15－18可以看出，农村居民教育文化娱乐支出的增加对广播电台、电视台、杂志、文化馆和公共图书馆数量增加的影响均为正。这可能由于农村居民的消费习惯和消费观念所致。CMMR相关专项研究项目研究显示，农村居民的文化休闲活动场所大多选择在家中，其中在家看电视仍占据主要地位，91.3%，做家务占51.9%，看书读报占24.2%。农村居民通过闲暇时间阅读书刊杂志来获取现代的知识和信息。另外，从娱乐活动看，以2004年为例，全国各类群众文化事业机构共举办展览12万个，组织文艺活动42.4万次，举办文艺培训16.8亿次，这些活动大部分都是在基层乡镇、社区和农村举行的。

表15－18　农村居民教育文化娱乐消费需求变化对文化娱乐及相关产业发展影响的OLS回归

	文化娱乐产业					
变量	杂志	广播电台	电视台	文化馆	公共图书馆	博物馆
α	0.019 (1.966)	－0.059 (－3.123)*	－0.037 (－3.989)*	－0.001 (－0.114)	0.004 (2.335)**	0.018 (2.186)**
$\beta(1-\lambda)$	0.038 (0.711)	0.552 (2.910)**	0.398 (3.973)*	0.007 (0.627)	0.007 (0.923)	－0.003 (－0.096)
λ	0.222 (1.086)	－0.412 (－1.343)	－0.306 (－1.518)	－0.589 (－2.786)**	0.370 (2.303)**	0.504 (2.810)**
AR（1）		－0.248 (－0.837)	－0.378 (－1.702)	0.655 (2.577)**		
AR（2）		－0.389 (－2.570)**	－0.381 (－3.085)*			
AR（3）		－0.461 (－2.211)**	－0.428 (－2.995)**			
R^2	0.10	0.71	0.80	0.14	0.23	0.31
农村教育文化娱乐消费需求变化对文化产业的影响						
短期	0.038	0.552	0.398	0.007	0.007	－0.003
长期	0.049	0.392	0.305	0.004	0.010	－0.006

续表

与文化娱乐相关的产业						
变量	电视机	其中：彩色电视机	铅笔	纸质版及板纸	其中：凸版纸	微型电子计算机
α	0.067 (1.812)	0.121 (2.783)**	0.073 (1.702)	0.164 (3.697)*	0.150 (0.764)	0.364 (3.443)*
$\beta(1-\lambda)$	0.017 (0.169)	0.428 (1.900)	0.299 (0.858)	0.037 (0.257)	-0.629 (-1.279)	1.512 (2.809)**
λ	0.094 (0.239)	0.029 (0.139)	-0.417 (-1.571)	-0.756 (-3.946)*	-0.760 (-3.599)*	-0.086 (-0.425)
AR (1)	0.553 (1.940)			0.968 (4.680)*	0.526 (2.042)	
AR (2)	-0.561 (-2.668)**			-0.686 (-3.320)*	-0.482 (-1.623)	
AR (3)					0.650 (2.445)**	
R^2	0.50	0.17	0.12	0.31	0.32	0.32
农村教育文体娱乐消费需求变化对相关产业的影响						
短期	0.017	0.428	0.299	0.037	-0.629	1.512
长期	0.019	0.441	0.211	0.021	-0.357	1.393

注：* 表示通过显著性水平为1%的检验，** 表示通过显著性水平为5%的检验。

农村居民教育文化娱乐消费支出对微型电子计算机和彩色电视机生产数量的影响最大。根据国家统计局数据，2000年我国农村居民家庭每百户拥有家用计算机不足0.5台，2007年超过3.5台，年均增长率约35%。另外，农村地区也成为我国庞大的电视机消费市场。据CMMR统计，截至2008年3月，我国农村地区拥有电视人口8.2亿，电视家庭户2.2亿多，占我国家庭总量的62%，电视作为人们日常生活的必需品，是农村居民接触最频繁的媒介。另外，计量结果显示，农村居民消费需求的变化在一定程度上也带动了铅笔制造业、制纸业的发展。

第三，城镇和农村居民教育文化娱乐消费支出对文娱业及相关产业影响的比较。

城乡教育文化娱乐消费支出对文化娱乐业及相关产业均产生了不同程度的影响。城乡居民消费需求变化对广播业的影响都比较大。但在文化馆的发展上，城镇居民消费需求对其影响更大些。就相关产业看，城乡居民消费支出能够带动科技含量较高的电子产业（如电子计算机）的发展。再者，农村较城镇居民消费对电视机，尤其是彩色电视机产业的影响更为突出。

第三节　医疗保健业

一、我国医疗保健相关产业的发展现状

（一）医疗服务业

我国在计划经济时期已经形成包括医疗、预防、保健、康复、教学、科研等在内的比较完整的医疗卫生服务体系。目前，城市形成市、区两级医院和社区卫生服务中心的城市医疗服务体系，农村形成以县级医院为龙头、乡镇卫生院和村卫生室为基础的农村医疗卫生服务网络。经济转型时期卫生服务机构的数量和规模进一步扩张。表 15－19 是有关我国卫生机构的一些数据。

根据《2008 年我国卫生事业发展统计公报》，2008 年末，全国卫生机构总数（不含村卫生室）27.8 万个，全国注册医疗机构（不含村卫生室）26.9 万个，其中：医院 19 712 个，社区卫生服务中心（站）2.4 万个，乡镇卫生院 3.9 万个。医院按等级分：三级医院 1 192 个（其中：三甲医院 722 个），二级医院 6 780 个，一级医院 4 989 个，未评定等级医院 6 751 个。医院按床位数分：100 张床位以下医院 11 725 个，100～199 张床位的医院 3 572 个，200～499 张床位的医院 3 020 个，500～799 张床位的医院 907 个，800 张及以上床位的医院 488 个。全国疾病预防控制中心 3 534 个，其中：省级 31 个、市地级 390 个、县（区、县级市）级 2 708 个。全国已组建 2 675 个卫生监督所、中心（不含分支机构），其中：省级 31 个、市地级 362 个、县区级 2 167 个。卫生监督所（中心）比上年增加 122 个。

2008 年末，从医疗机构的床位数来看，全国医疗机构床位 403.6 万张，其中：医院床位 288.3 万张（占 71.4%），卫生院床位 86.5 万张（占 21.4%），社区卫生服务中心（站）床位 9.8 万张（占 2.4%），妇幼保健院（所、站）11.7

万张（占2.9%）。与上年比较，医疗机构床位增加33.5万张，其中：医院床位增加20.8万张，卫生院床位增加10.2万张，每千人口医院和卫生院床位数增加到2008年的2.83张。

表15-19　　经济转型时期我国卫生机构发展状况

年份	卫生机构数（万个）	卫生技术人员数（万人）	卫生机构床位数（万张）	每千人口医生数（人）	每千人口医院和卫生院床位数（张）
1978	16.97	246.39	204.17	1.08	1.93
1980	18.06	279.82	218.44	1.17	2.02
1985	20.09	341.09	248.71	1.36	2.14
1990	20.87	389.79	292.54	1.56	2.32
1995	19.01	425.69	314.06	1.62	2.39
2000	32.48	449.08	317.7	1.68	2.38
2001	33.03	450.77	320.12	1.69	2.39
2002	30.60	426.98	313.61	1.47	2.32
2003	29.13	430.65	316.4	1.48	2.35
2004	29.75	439.29	326.84	1.50	2.40
2005	29.90	446.02	336.75	1.52	2.45
2006	30.90	462.41	351.18	1.54	2.53
2007	29.84	478.76	370.11	1.54	2.63
2008	27.8	503.0	403.87	1.57	2.83

注：①2002年起，卫生人员数不包括高中等医学院校本部、药检机构、国境卫生检疫所和非卫生部门举办的计划生育指导站（中心）人员数；卫生机构数不再包括高中等医学院本部、药检机构、国境卫生检疫所和非卫生部门举办地计划生育指导站。②2002年起，医生系执业（助理）医师数。

资料来源：《中国卫生统计年鉴（2008）》、《2008年我国卫生事业发展统计公报》。

与此同时，卫生人力总量也在不断增长。卫生人力总量即卫生人员、乡村医生和卫生员之和。2008年末，全国卫生人员达616.9万人，乡村医生和卫生员达93.8万人。卫生人员中：卫生技术人员503.0万人，其他技术人员25.5万人，管理人员35.7万人，工勤技能人员52.7万人。卫生技术人员中：执业（助理）医师208.2万人（其中：执业医师171.5万人），注册护士165.3万人。每千人口卫生技术人员3.80人，每千人口执业（助理）医师1.57人，每千人口注册护士1.25人。医疗机构卫生人员581.8万人，其中：卫生技术人员478.0万人，执业（助理）医师198.6万人、注册护士163.3万人。疾病预防控制中心卫生人员19.7万人，其中卫生技术人员14.9万人。

我国卫生机构规模和数量的扩张大幅度提高了社会的医疗保健供给能力，但与此同时，医疗机构发展不平衡、布局不合理问题也越来越突出，严重影响了医疗保健总体服务可及性。医疗保健资源从初级体系向高级体系集中，且主要集中在大城市的大医院，而农村医疗保健资源匮乏、质量不高现象又很普遍。表15－20是有关农村每千人口床位数和卫生技术人员数与全国平均情况对比的数据。

表15－20　　农村和全国卫生资源对比状况

年份	2001	2002	2003	2004	2005	2006	2007
全国平均每千人口医院和卫生院床位数（张）	2.39	2.32	2.34	2.40	2.45	2.53	2.63
每千农业人口乡镇卫生院床位数（张）	0.81	0.74	0.76	0.76	0.78	0.80	0.85
全国每千人口卫生技术人员数	3.62	3.41	3.42	3.46	3.49	3.58	3.66
每千农业人口乡村医生和卫生员数	1.41	—	0.98	1.00	1.05	1.10	1.18

资料来源：《中国卫生统计年鉴（2008）》。

从以上数据可以看出，每千农业人口平均拥有不到1张床位，只拥有1名卫生技术人员，远远低于全国的平均数。大医院规模越来越大，技术设备水平越来越高，导致城乡居民就诊流向过于向上一级医院集中，出现大型综合医院和专科教学医院人满为患，就诊者“看病难”的局面，而基层医疗机构却门厅冷落，资源质量不高却又闲置。这种两极分化的情形又进一步加剧了设备、资金、人才等资源过于流向城市大医院的局面，使资源配置不合理的程度越发严重。

这种卫生机构资源配置不合理的现象一方面是医疗卫生体制改革过于市场化导向所致；另一方面与政府卫生投入过分倾斜有关。观察我国卫生费用的分配情况，可以看出改革开放以来，政府的卫生投入向医院倾斜，其中城市医院占的比重又较高。赵郁馨等（2008）对我国卫生费用分配的集中状况做了说明。进入20世纪90年代以来，卫生费用向高级别医疗机构集中的趋势明显。1990～2003年，城市医院在卫生总费用中所占比重基本保持了上升态势，从32.76%上升到51.16%，2004年开始缓慢下降，2006年降到50%以下。县医院、乡镇卫生院和门诊机构所占比重均有明显下降，特别是乡镇卫生院所占比重，从10.62%逐年下降到6.45%。这意味着越来越多的卫生资源用于购买城市医疗服务，用于购买农村医疗服务的经费很少。三级医疗服务体系中又缺乏合理的转诊制度和医生行医制度，因而出现大城市大医院医疗机构超负荷运转，而基层医疗卫生机构资源匮乏、闲置的局面。

（二）医药业

改革开放以来，伴随我国居民收入水平提高和医疗保健需求的增长，医药消费市场的潜力逐渐显现，我国医药行业获得快速发展。到目前为止，我国已形成较为完整的制药工业体系，生产原料药、中间体、制剂、药用辅料即药用包装和制药机械等。其中，生产化学原料药约1 300种制剂药4 500多种；化学原料药产量1999年达到43万吨，其中24大类原料药26万吨，成为世界原料药第二生产大国，而青霉素及β-内酰胺类药物和维生素占该产品世界总产量的30%，成为全球最大的生产国和出口国，2007年产量达到205.07万吨。一些重要原料药的技术攻关取得突破性进展，β-地塞米松、VE、VC、VB等品种的技术经济指标在20世纪90年代已居世界前列，以往依赖进口的三水酸氨、亚莫西林、亚奇霉素、头孢噻啉等在90年代已完全国产化，填补了国内生产的空白[①]。

2008年我国医药行业累计完成工业总产值8 666.8亿元，同比增长25.7%，高于全国工业平均水平（23.1%）2.6个百分点，工业增加值同比增长17.4%，高于全国工业平均水平（12.9%）4.5个百分点。其中，化学原料药和化学药品制剂制造业分别完成工业总产值1 853.9亿元和2 336亿元，同比各增长23.2%和23.9%；中成药制造业和中药饮片加工业分别完成1 779.4亿元和410.4亿元，同比各增长21.2%和32.8%；生物生化制品制造业完成768.7亿元，同比增长30.6%；医疗仪器设备及器械和卫生材料及医药用品制造业分别完成754.1亿元和394.4亿元，同比各增长31.4%和39.5%[②]。

自从我国第一个具有自主知识产权的基因重组药物a2lb干扰素1989年在深圳科技园实施产业化，我国已有27种生物技术药物实现了国产化。我国基因药物的发展大致可划分成三个发展阶段：第一阶段（1993~1996年）为初创阶段，主要表现为以国家生物技术开发中心、国家科委以及六大国家级的生物制品研究所领头的企事业单位，项目集中在疫苗类产品；第二阶段（1997~1999年）为企事业齐头并进大发展阶段，这个时期，涉入的单位众多，生物项目上马重复状

① 国家发改委经济运行局：《中国经贸导刊》2008年第9期。

② 中国宏观经济网，http://www.cei.gov.cn/LoadPage.aspx?

况严重，同时，国外拥有的主要生物基因药物我国已能生产。低水平、重复生产的结果是产品供过于求，导致企业竞相降价，难以获利。第三阶段（2000 年至今），随着 2000 年 6 月人类基因组草图的公布，各国政府纷纷投巨资从事基因序列和基因功能的研究，我国和发达国家一样将迎来生物基因药物飞越发展的后基因时代①。整个“十五”期间生物制药业工业总产值和产品销售收入在行业中的增速最高（见表 15－21），是医药行业增长最为迅速的领域，固定资产净值年递增达 28.8%，是医药行业投资的重点。

表 15－21　　“十五”期间医药子行业各项指标比较

项　目	全行业	中药制药	化学制药	生物制药
2005 年现价产值（亿元）	4 508	1 202	2 405.9	353.7
比重（%）	100	26.67	53.37	7.85
产值年均递增（%）	19.2	19.4	16.7	30.7
销售收入年均递增（%）	19.4	19.2	17.1	31.2

资料来源：国家发改委：《医药行业“十一五”发展指导意见》。

经济转型时期我国的医药生产流通和监管体制较计划经济时期都发生了显著变化。改革开放以后我国药品的生产许可权下放到省级政府，各省（直辖市、自治区）的药品质量管理机构都拥有独立的药品审批权。通过审批的药品可以在本省（直辖市、自治区）内生产、流通。在发展本地经济的利益目标驱使下，这种分散审批机制使得药品生产许可管理上相对放松，出现所谓“国药批不下来走地药，药批拿不着上健字号”，药品生产企业的数量迅速增加，也在一定程度上导致市场充斥一些假冒伪劣药品和保健品。

在药品流通领域，政府虽然对药品批发实行管制，但原来统一的三级医药批发系统已分解成分别隶属于不同级别地方政府的上万家医药批发企业。在地方利益驱动下，药品批发企业的数量越来越多，规模普遍偏小。到 2002 年，我国药品批发企业已达 16 000 多家，但年经营额超过 2 000 万元的却不足 400 家②。这种市场竞争的结果难以体现生产流通的集约化，也难以提高效率。

从 2000 年开始，根据原国家计委“关于改革药品价格管理的意见”，药品价格被分成两类：国家基本医疗保险药品目录内的药品及部分特殊药品实施政府定价，其余药品价格全部放开。在医疗服务机构“以药养医”的补偿机制下，

① 段奇珺：《我国生物制药行业的发展现状》，载于《农村金融研究》2001 年第 8 期。

② 程云杰、杨静：《中国医药商业企业重思生存之道》，新华社新闻稿，2002 年 8 月 28 日。

医疗服务机构愿意采购且推荐患者使用价格相对较高的药品。医药企业出于竞争的需要，通过药品定高价来扩大毛利空间，并将其中大部分作为销售成本转让给医疗服务机构，医药代表按处方数量给予医生回扣，这些都成为医药行业公开的秘密。这直接导致药价虚高，对“看病贵”起到推波助澜的作用。使得居民的药物消费中相对价廉的药物无法得到推广，在一定程度上出现药物滥用（如抗生素的使用）、药物性价比较低等现象。

为规范我国医药产业的发展，2009 年 4 月的新医改方案提出“建立健全药品供应保障体系”，“建立国家基本药物制度”，“规范药品生产流通，严格市场准入和药品注册审批”，“促进药品生产、流通企业的整合”，“建立科学合理的医药价格形成机制”。新医改方案和配套措施正在陆续出台，这对促进我国医药行业的良性发展会起到积极作用。

（三）护理业

随着居民健康消费意识的增强和我国疾病谱的变化，以及家庭模式的转变，居民对护理模式的要求也越来越高。目前缺乏有关我国护理行业发展的详细数据，但是根据卫生部《中国护理事业发展规划纲要（2005～2010）》，改革开放以来，我国护理事业发展迅速，成绩显著，护理服务不断向家庭、社区延伸，家庭护理、临终关怀、老年护理、日间病房等多样化的社区护理服务有所发展。护理工作模式由功能制护理发展到小组制护理，进一步发展到责任制护理，直至现在的整体护理。护理工作已经由“以病人为中心”转型为“以人的健康为中心”。

从家庭护理来看，国内早在 20 世纪 80 年代开始就建立家庭病床，开展家庭卫生保健服务。经历了 20 多年的发展，其服务项目很多，除了提供基础护理技术操作、妇幼保健、老年患者护理，协助患者提高生活质量，还可进行康复医疗护理和健康教育及心理咨询①。但是由于家庭护理尚未纳入医保范围，且相关法律制度尚待完善，出现纠纷难以依法解决，限制了家庭护理在我国的发展。

从临终关怀来看，我国已将临终关怀作为一个独立学科列入《医疗机构诊疗科目名录》（2001 年 11 月），并将临终关怀内容正式列入卫生部制定的全科医生培训大纲（1999 年 11 月）和社区护士岗位培训大纲（2000 年 7 月）。1988 年 7 月在天津医科大学成立了中国第一个临终关怀研究中心，同年 10 月

---

① 薛文星、许志红、张玲：《家庭护理及其在我国的发展现状》，载于《临床医药实践杂志》2008 年第 8 期。

上海成立了第一个临终关怀院，北京等全国大中省（市、区）相继开展筹建临终关怀机构[①]。但是由于观念差异、资金来源等影响，临终关怀在我国的发展面临困境。

根据《中国卫生统计年鉴（2008）》，改革开放以来我国疗养院的数量经历一个先增加后减少的过程。从1980年的470家逐年扩张，1988年达到高峰，全国共有652家疗养院，之后不断下降，到2007年全国共有237家。但是每家疗养院的平均床位数从1980年的144.6张增加到2007年的180.8张，反映出现存疗养院的平均规模较改革开放之初有了增长。此外，老年护理、日间病房等护理机构也有所发展，反映出居民家庭模式和健康消费理念的转变。

我国已出台《我国护理管理标准及评审办法》、《中华人民共和国护士管理办法》等护理行业法规，对引导护理行业走向规范化、专业化起到良好作用，但是相比较发达国家，护理行业法制环境仍需不断健全。

经济转型时期我国的人口结构、居民生活方式和思想观念在不断发生变化，因而护理行业的发展极具潜力。经济转型时期，我国老龄人口的比重在不断增加。从我国人口结构来看，根据WHO人口老龄化的标准，65岁以上人口占总人口的比重超过7%或者60岁以上人口占总人口的比重超过10%，这样的国家就进入人口老龄化时期。我国2000年65岁以上人口比重已经达到7%，因此我国已经进入人口老龄化时期（见表15－22）。国家卫生服务调查有关两周患病率的调查结果（见表15－23）表明，老龄人口是疾病高危人群。根据格罗斯曼模型，当人变老时，健康资本的存量开始贬值。在生命周期中，人们增加医疗保健支出以试图抵消正在贬值的存量。老年人的疾病频率、严重程度以及医疗费用都要高出平均水平。针对老年人以及残障病重人士的长期护理行业开始逐步形成。

表15－22　　经济转型时期我国人口变化数据

年份	1982	1990	1995	2000	2005	2006
总人口（万人）	101 654	114 333	121 121	126 743	130 756	131 448
人口自然增长率（%）	15.68	14.39	10.55	7.58	5.89	5.28
城镇人口比重（%）	21.1	26.4	29.0	36.2	43.0	43.9
65岁以上人口比重（%）	4.9	5.6	6.2	7.0	7.7	7.9

资料来源：《中国卫生统计年鉴（2007）》。

① 刘晓兰、程守服：《临终关怀前景讨论》，载于《中国现代医学杂志》2000年第10期。

表 15－23　　居民两周患病率　　单位：‰

类型	合计		城市		农村	
	2003 年	1998 年	2003 年	1998 年	2003 年	1998 年
两周患病率	143.0	149.8	153.2	187.2	139.5	137.1
男性	130.4	136.2	135.5	170.7	128.7	125.1
女性	155.8	164.1	170.2	203.5	150.6	150.1
年龄别两周患病率						
0～4	133.0	201.8	104.2	221.4	139.5	197.5
5～14	72.2	100.6	60.9	116.2	74.5	97.4
15～24	49.8	64.7	40.4	79.6	52.4	60.8
25～34	82.5	106.8	59.5	93.3	90.4	110.9
35～44	126.2	154.3	100.0	156.2	135.9	153.2
45～54	191.5	196.0	163.1	217.3	202.6	187.6
55～64	251.8	259.1	258.1	312.1	249.0	230.5
65 以上	338.3	294.1	396.9	379.4	302.1	242.0

资料来源：1998 年、2003 年国家卫生服务调查。

随着居民健康意识的增强和收入水平的提高，人们对护理服务的认识不断深入，对护理服务质量的要求也越来越高。目前在广大农村地区由于医疗保健资源配置的不合理，护理服务还主要局限在医院门诊和病房护理，在我国大部分大中城镇及较富裕的乡镇，竞争型护理市场和超前型护理市场正在逐渐形成。竞争型护理市场主要针对处于小康生活水平的消费群体，以健康护理需求为导向，以维护人类健康为目的，不仅要求诊疗护理，还要求病前、病后的保健护理和了解健康知识、提供健康信息等。超前型护理市场主要针对一部分先富起来的群体，开办特需服务、特种护理，提供高质量、高效率、个性化、高层次的保健服务，属于高消费市场。护理服务市场在我国大有可为。

经济转型时期我国居民消费需求水平不断提高，会对相关产业的发展带来冲击。消费需求是影响产业结构变动的重要因素之一。我国居民医疗保健消费的变化，必然会在一定程度上影响到医疗保健相关产业的发展。研究医疗保健消费和相关产业的发展关系，会有助于相关产业的结构优化与升级。

二、基于需求冲击模型的实证检验与结果分析

本部分应用需求冲击模型对我国医疗保健及相关行业的需求变化与产业发展

关系进行实证检验，各年份统计数据主要来自《中国统计年鉴》、《中国卫生统计年鉴》。在数据的处理上，为了避免序列相关以及序列不平稳等问题，我们将所有数据转换为增长率的形式，对所有变量取对数后进行差分。

（一）对医疗机构的检验与分析

限于数据的可得，本部分考察居民需求变化对医院和乡镇卫生院的影响，医院内部又细分出综合医院和中医院进行分析。用 1980～2007 年的数据分别进行回归。医疗需求的变化用诊疗人次的增长率表示，医疗机构数量的增长率表示医疗行业的发展，计量结果如表 15－24 所示。

表 15－24　　　　机构数量增长率的 OLS 回归

类型	α	$\beta(1-\lambda)$	λ	R^2	诊疗人次对医疗机构数量的弹性分析	
					短期	长期
所有医院	0.0256 (3.354)***	0.0846 (0.918)	－0.1043 (－0.512)	0.05	0.0846	0.0766
其中： 综合医院	0.0212 (3.284)***	0.0222 (0.337)	－0.1154 (－0.539)	0.02	0.0222	0.0199
中医院	0.0026 (0.388)	－0.0147 (－0.191)	0.8768 (8.382)***	0.82	－0.0147	－0.1193
乡镇卫生院	0.0012 (0.147)	0.5286 (4.037)***	0.0759 (0.473)	0.41	0.5286	0.5720

注：*** 为通过显著性水平为 10% 的检验。

从短期影响来看，诊疗人次的增长对乡镇卫生院有显著影响，对医院的数量增长并无显著关系。回归结果表明诊疗人次每增长 1%，乡镇卫生院的数量就增长 0.53%。从长期影响来看，诊疗人次每增长 1%，乡镇卫生院的数量就增长 0.57%。乡镇卫生院主要服务于农村医疗卫生需求，回归结果反映出农村基层医疗卫生服务体系较多地受医疗保健需求的影响，乡镇卫生院主要负责提供公共卫生服务和常见病、多发病的诊疗等综合服务，通常规模较小，但是对于农村居民来说，乡镇卫生院数量的增长提高了农村居民医疗保健服务的可及性，有助于较好地满足医疗保健需求。第四次国家卫生服务调查的结果也表明，2008 年和 2003 年相比，门诊病人的就诊流向发生明显变化，到基层医疗卫生机构就诊的比例由 2003 年的 69.5% 增加到 2008 年的 73.7%，其中农村由 79.3% 增加到 81.7%。

从中医院的发展来看，诊疗人次的增长与中医院的数量增长呈负相关，但不显著。中医药诊疗方法具有“简、便、廉、验”的特点和优势，成本低廉，疗效稳定，但是在医疗机构市场化的进程中，服务价格过低、诊疗手段单一、管理长期缺位制约了中医院的发展。相比较西医，中医药服务的收费标准过低，医生把脉、组方等复杂的脑力劳动价值无法得到体现，同样的治愈病人，中西医的收益相差甚远。据对全国102所中医院现在执行的97项中医医疗项目价格的调查，在计算出成本的54个项目中，有40项处于亏本状态。很多中医院无奈不得不大量开展收费高、效益明显的西医检查和治疗，逐渐丧失中医的特色和优势。病人有的时候不仅需要有中医特色的治疗方式，还需要现代西医为基础的诊疗设备和技术，中医院设备普遍落后，缺乏完善的医疗设备和诊疗技术，综合诊疗能力低下，不能像综合医院那样全方位地满足病人的需求，因而在市场经济中竞争能力越来越差。

（二）对相关产业的检验分析

本部分分别利用1985～2007年的相关数据对城镇和农村居民医疗保健需求对相关产业的影响进行检验。采用城镇和农村医疗保健消费价格指数剔除价格因素的影响，将居民名义医疗保健消费支出转换为以1985年为基期的实际医疗保健消费支出，然后对其取对数并进行差分，即用城镇和居民实际医疗保健消费支出的增长率表示需求变化。用各产业产量的增长率表示医疗保健相关产业的发展。

表15-25的回归结果表明，城镇居民医疗保健需求的增长对中成药产量的增长，无论短期影响还是长期影响均大于化学药品原药，但是回归系数并不显著。并且从对化学药品原药的影响来看，两者呈负相关。随着工业化的进程以及生态环境的改变，我国居民的疾病谱发生着改变。根据第四次国家卫生服务调查结果，1998～2008年我国平均每年新增慢性病病例近1 000万例。其中，高血压病和糖尿病的病例数增加了2倍，心脏病和恶性肿瘤的病例数增加了近1倍。慢性疾病已经成为影响居民健康的主要问题。在慢性病患病中，循环系统疾病（如心脏病、脑血管病、高血压病等）、内分泌系疾病（如糖尿病）增加明显，而呼吸、消化等系统的慢性病明显下降。有医生明确诊断的循环系统疾病例数由1993年的0.37亿人增加到1.14亿人（其中：高血压患者由1 400万人增加到7 300万人、脑血管病由500万人增加到1 300万人）；糖尿病病例数从200万人增加到1 400万人。在慢性病的治疗方面，中药材以其取法自然，药食同源，符合现代社会尤其是城镇居民崇尚自然的保健养生观念，并且安全有效，毒副作用小，在调整人体内环境比西药有独特优势，治疗亚健康及一些疑难病症有特殊治疗功效，因而越来越被城镇居民所接受。人们也逐渐认识到西药的一些局限性和毒副作用，因而中药材在某些方面对化学药品有了替代作用。

表 15 - 26 回归结果表明，农村居民医疗保健需求的增长对中成药和化学药品原药均表现出正相关的关系。对化学药品原药产量增长，无论短期影响还是长期影响均大于中成药，但是回归系数并不显著。这可能是因为农村居民相比较城镇居民，药物选择上并没有较强的养生、健康意识，并不过分讲究中成药和化学药品之间的替代选择。

表 15 - 25　城镇居民医疗保健需求变化对医疗保健相关产业发展影响的 OLS 回归

类型	α	$\beta(1-\lambda)$	λ	R^2	城镇医疗保健需求对相关产业的影响	
					短期	长期
中成药	-0.021 (-0.137)	0.909 (0.967)	-0.414 (-1.948)*	0.195	0.909	0.643
化学药品原药	0.260 (3.202)***	-0.677 (-1.435)	-0.282 (-1.361)	0.182	-0.677	-0.528

注：* 为通过显著性水平为 1% 的检验；*** 为通过显著性水平为 10% 的检验。

表 15 - 26　农村居民医疗保健需求变化对医疗保健相关产业发展影响的 OLS 回归

类型	α	$\beta(1-\lambda)$	λ	R^2	农村医疗保健需求对相关产业的影响	
					短期	长期
中成药	0.114 (1.134)	0.014 (0.016)	-0.392 (-1.724)	0.153	0.014	0.010
化学药品原药	0.127 (2.243)**	0.319 (-0.753)	-0.292 (-1.354)	0.116	0.319	0.247

注：** 为通过显著性水平为 5% 的检验。

利用动态调整模型分析居民医疗保健需求变化对相关产业动态化发展的影响。从对医疗机构的影响来看，居民医疗保健需求变化对乡镇卫生院有显著影响，对综合医院数量的增长影响并不显著，与中医院的数量增长呈负相关，但是并不显著。从对相关产业的影响来看，城镇居民医疗保健增长对中成药产量的增长，无论短期影响还是长期影响均大于化学药品原药，但是回归系数并不显著。并且从对化学药品原药的影响来看，两者呈负相关。农村居民医疗保健需求的增长对中成药和化学药品原药均表现出正相关的关系。对化学药品原药产量增长，无论短期影响还是长期影响均大于中成药，但是回归系数并不显著。

第四节 本章小结

交通通讯是社会经济活动的基础设施，具有很强的外部性。我国转型时期交通通讯业的发展首先体现在总量的快速增长，制约其他行业和整体经济活动效率提高的“瓶颈”问题已经基本得到解决。其次，交通通讯业的发展体现在交通通讯方式的多样性、多层次化方面。公众对交通通讯服务的需求在不断变化升级，不仅要求能够完成基本功能，而且在舒适性和快捷便利性等其他方面也都有需求，与消费需求变化的这一特点相对应，我国的交通通讯业也提供了多样化的产品和服务，能够满足不同层次、不同收入消费者的多样化需求。交通通讯的消费发展和产业发展相辅相成，形成良好的互动发展关系。当前交通通讯的消费发展和产业发展还处于起飞阶段，巨大的发展潜力还没有释放出来，经济的转型和增长阶段决定了消费和产业的发展将经历持续的调整、磨合阶段。

教育文化娱乐及相关产业是服务业的一个重要组成部分，在基本的生活需求得到满足之后，必然会产生对这些领域的大量需求。本章利用动态调整模型分析居民教高文化娱乐需求变化对相关产业动态化发展的影响。从教育业看，除了义务教育，需求的变动（在校人数的增长率）短期内对其他教育均有显著影响。其中，对高中学校的影响最大，学前教育次之，高等院校最小。对高等教育的短期影响更多的表现为规模效应。在长期中，需求变动对高等教育的影响最大，高校数量和规模均受到较大影响，院校数量对此反应更为强烈。另外，城乡教高文化娱乐消费支出对文化娱乐业及相关产业均产生不同程度的影响。总地来说，城乡居民教高文化娱乐消费需求对广播业及科技含量较高的电子信息产业的影响比较大。

医疗服务产业、医药行业和护理行业三个医疗保健消费的相关产业在改革开放以后均有较大的发展，从医疗服务产业来看，医疗卫生机构数量和规模在不断扩大，但由于我国医疗卫生体制改革的影响，医疗产业存在资源配置失衡、经营行为扭曲、民间资本进入门槛过高等问题。从医药行业来看，医药行业的生产能力大幅提高，但是受医药生产和流通体制改革的影响，医药行业尚未实现良好竞争。从护理行业来看，我国的护理事业发展迅速、潜力巨大，但是社会文化和法制经济等因素对某些护理机构的发展有一定限制。护理行业人力资源状况仍需继续提高。我国医疗保健相关产业的国际竞争力相对较弱，迄今为止，我国尚无医疗保健企业进入 Forbes Global 2000、Fortune Global 500 和 FT Global 500 等全球企业榜。[①] 医疗保健相关产业发展虽已取得一定成绩，但是道路仍很艰巨。

① www. forbes. com，www. fortunechina. com，www. ft. com.

第十六章

消费需求升级背景下的产业发展——基于技术进步与产业融合的角度

从20世纪80年代开始，信息通讯技术的进步和普及应用对人类的生活和生产方式产生了革命性的影响，自然也成为影响中国经济转型和经济增长的一个重要因素。信息通讯技术的作用不仅体现在极大地降低了获取、处理、应用信息的成本，从而提高生产效率，还表现为消费和生产这两个环节之间的距离被拉近，消费者和生产者之间的交流要比以前充分快捷得多。在信息通讯技术的作用下，消费者和生产者之间的身份差异开始变得模糊，而传统产业与产业之间的界限也在发生变化。

第一节　技术进步、创新与消费需求升级

自改革开放以来，中国经济的快速增长已经保持了近30年。很多研究将迅速增长归因于各种宏观经济因素，如经济体制改革、巨大的国内市场、大量廉价的劳动力以及中国积极参与全球经济一体化。然而，中国作为世界上最大的一个信息技术市场，信息技术基础设施的投资在迅速增加，对经济增长的贡献和影响力不容忽略。自1993～2001年，中国对信息技术资本的投资以平均每年几乎33%的速度增长。原因之一是外商直接投资流入成为中国经济发展中的一支生力军，成为了技术进口的新渠道。二是民营企业发挥越来越大的作用，现在有更大

的自主权以引进技术，而政府的主要任务是为技术引进确定宏观调控目标，但并不对这类进口的结构和内容进行微观控制。与此同时，中国的产业结构也在不断发展和升级，自20世纪80年代后期以来，第三产业一直保持高速增长，截至2008年底，第三产业占GDP的比重已达40%以上，而第一产业所占的份额已经下降到不足15%，第二产业（主要是制造业和建筑业）仍然保持较高比重，占GDP大约45%的比重。近几年，虽然有越来越多的文献研究高新技术部门，如电信、计算机产业和互联网的发展，但由于我国目前经济增长和产业发展的基础仍然是以第二产业为主，而通常与第三产业或服务部门紧密相关的高新技术产业，还没有达到中国的工业总产出的份额中的显著位置，因此，很少有研究将信息通讯技术作为一个潜在的并且越来越重要的生产力和经济增长的来源。但信息化与网络化已经成为一种不可避免的发展趋势，在中国经济中的重要性也越来越明显。

随着中国即将成为经济强国和"全球制造业中心"，信息通讯技术的重要性日益凸显出来。作为国民经济的基础性、支柱性和先导性产业，信息通讯业在经济社会发展中的地位和作用不断增强，最近10多年来，我国信息产业年产值平均增长率保持在25%左右，以3倍于GDP增长的速度发展。信息产业对国家GDP的贡献率已从2001年的4.2%增加到2005年的7%，自20世纪90年代以来，信息技术已成为中国在21世纪的经济增长的一个关键推动力，中国经济已经越来越多地通过发展高科技产业带动起来。特别是近几年，中国不仅在很多领域迅速确立了全球制造业中心的地位，如汽车、纺织品和空调，而且还准备成为"技术和电信跨国公司的研发基地"，并成为"未来10年内信息技术产品的世界中心"。中国高技术产业的增加值占GDP的比重稳步增加，从2000年的2.8%到2006年4.6%。中国的高技术产品的进出口总额从2000年的18.9亿美元上升到2007年的29.2亿美元，占全部商品进出口总额的比重也由2000年的18.9%上升到2007年的29.2%。中国信息技术投资规模的扩张同时引发了90年代初期各地高新技术产业开发区的建立。1992年，对高新技术产业开发区的国家基本政策出台，该政策涉及五个领域，即税收、金融、贸易、定价和人事政策。到1993年，全国各地已经有52个高新技术产业开发区。

发达国家信息技术投资的爆炸性增长及其对GDP和劳动生产率增长的贡献率已得到广泛的研究，很多文献证明了发达国家的信息技术与生产率之间的正相关关系。美国经济复苏的原因是自90年代中期以来，半导体产业推动了美国平均劳动生产率增长和全要素生产率增长的加速。例如，通过比较美国和欧洲的实证研究发现，近几年欧洲经济增长落后是由于较低的信息技术投资水平。表16-1列举了一些学者在不同的时间段对美国及其他国家的信息技术投资与产业发展及经济增长之间关系的研究，结果大都表明信息技术投资和产业发展及经济增长之间的密切联系。

表 16－1　　在选定的国家和产业层面对信息技术利润的研究

研究者及日期	样本	主要结论
美国的研究		
林纳和西奇尔（Lliner & Sichel，2000）乔根森和斯提洛（Jorgenson & Stiroh，2000）	1973～1999 年	1995～1999 年，信息技术投资的贡献率占 GDP 和劳动生产率增长的一半，在早期贡献率较低。信息技术对于使用技术和生产技术的部门的生产率均有贡献
斯提洛（Stirho，2001a；2001b）	61 个产业 1987～1999 年	1995～1999 年，使用信息技术的产业生产率增长加速，信息技术密集型产业比非信息技术密集型产业有较大的生产率的提高
经济顾问委员会（2001）	1973～1999 年	1995～1999 年，信息技术投资对劳动生产率的加速增长占到一半的贡献率，超过了 1973～1975 年的水平。信息技术密集型产业在非物质产品生产的产业中导致多要素生产率（MFP）的增长
罗伯特·戈登（Robert Gordon，1999，2000）	1972～1999 年	信息技术投资的确对多要素生产率的增长有贡献，但只发生于生产信息技术及其他耐用品产业中，而不存在于使用信息技术的产业中
乔根森（Jorgenson，2001）	1948～1999 年	信息技术投资自 1995 年以来对经济增长的贡献率占 0.5% 以上。自 1995 年以来，生产率增长中约一半产生于使用信息技术的产业中
诺德豪斯（Nordhaus，2001）	16 个产业 1978～1998 年	1995～1998 年，劳动生产率增长加速并不仅局限于少数几个新经济部门
乔根森和斯提洛（Jorgenson & Stiroh，1995）	1958～1992 年 1985～1992 年	信息技术投资与经济增长增量中的 0.5% 有关
翁林纳和西奇尔（Oliner & Sichel，1994）	1970～1992 年	信息技术投资太小以至于增加的效应和经济增长中只有 0.16%～0.28% 与信息技术有关
罗奇（Roach，1987，1989，1991）	1970～1987 年	服务部门中的人均信息技术投资有较大增长，而人均产出却在下降

续表

研究者及日期	样本	主要结论
其他地区和多个国家的研究		
施赖尔（Schreyer，1999）	7个国家 1990~1996年	7个国家均表现出信息技术对生产率增长的较大贡献，但国家之间的指标不尽相同
达韦里（Daveri，2000）	18个OECD及欧盟国家 1992~1997年	信息技术促进了20世纪90年代所有研究国家的GDP增长，但对欧盟国家的贡献率比其他工业化国家小。在欧盟内部，信息技术对增长贡献率的差异主要是由于较低的信息技术投资水平
波赫约拉（Pohjola，2001）	39个国家 1980~1995年	信息技术投资对OECD国家有80%的毛利率；对发展中国家也一样
克雷默和戴德里克（Kraemer & Dedrick，1994）	12个亚太国家 1984~1990年	信息技术投资的确与GDP和生产率增长有关
戴万和克雷默（Dewan & Kraemer，1998，2000）	36个国家 1987~1993年	信息技术的确在发达国家中与劳动生产率有关，但在发展中国家却并不如此
克雷默和戴德里克（Kraemer & Dedrick，2001）	43个国家 1985~1995年	信息技术投资的增长与生产率增长有关。信息技术投资的水平（占GDP的比重）与生产率增长不相关

资料来源：Jason Dedrick，Vijay Gurbaxani，and Kenneth L. Kraemer（2003）。

传统的衡量生产函数产出的指标，即某种程度的经济和生产力的增长，是关于投入要素即资本和劳动的函数。信息技术资本存量有别于其他一切形式的资本。这种要素的投入可通过资本深化的过程转化为产出，提高劳动质量和技术进步（也称为全要素生产率）。自20世纪末期，世界经济经历了转型，从侧重于制造业（或“工业经济”）转向信息技术在广泛的经济部门中的大规模投资和应用（或“网络经济”、“信息经济”）。简单地说，在全球范围内变化着的新的经济定义中包含以科学和技术为基础，以信息作为主要驱动力配置社会生产力要素和资源的一切经济活动。

实证结果显示中国的经济增长在很大程度上来自于要素的积累，特别是不断扩大的资本投资，这表明新古典增长的核算方法今天仍然适用。信息技术投资作为GDP的一部分，其比重远远低于其他形式的投资，但其对经济增长的贡献几乎是后者的一半，信息技术已成为中国经济增长的一个重要贡献。而快速的经济增长也将确保消费者对信息技术产品和服务的持续高需求，同时这种需求又通过带动相关产业的发展促进产业结构升级，重塑产业形态，并将形成新的产业演进路径，实现下一轮的经济高速增长。

一、ICT技术与消费需求升级

近10年来，科学技术的迅速发展使得企业提供的产品和服务前所未有的丰富多样。过去，在整个产业链条中，提供产品和服务的企业是高高在上的市场主体，占有绝对的主导权。无论其怎样装扮得亲民，消费者作为产品和服务的接受者相对来说处于被动地位，属于被灌输和诱导的下层大众，并且被排斥在厂商的产业链之外，位于市场的末端，有时甚至因受到厂商某些竞争策略的操纵而成为受害者。如今，信息通讯技术的发展改变了这种状况，消费者见多识广，在各种时尚潮流不断涌现的背景下，消费者的需求也比以往更易变化。掌握了技术或拥有网络的消费者感觉到他们可以拥有更大的主导权，并开始对厂商提供商品和服务的内容、时间、地点以及价格提出更具体的要求。总之，一方面，信息通讯技术正在为厂商以一种全新的方式接触消费者搭建平台；另一方面，信息通讯技术也为消费者以同样的方式接触厂商搭建了平台。

二、消费者需要：一整套解决方案

历史上任何时代，生产力发展与人们需求升级的相互作用都导致了经济活动的产生和发展。在商品经济欠发达的时代，消费者的消费需求及其满足程度受到商品数量和质量的限制。这一阶段的厂商强调规模经济，通过大批量生产降低生产成本和产品价格，源源不断地制造越来越多的商品。在这一过程中，新产品的研发和技术创新导致商品的品质不断提高。在商品经济发展达到一定程度的时候，人们对效用的追求由商品转向了商品所附带的服务功能，企业意识到仅靠商品的创新及质量的提高难以维持企业的竞争力，开始在其产品价值链上拓展高效有序的服务体系。

今天的消费者希望享受到整个过程，而不仅仅是交易本身。消费者希望供应商能够以合理的价格在不同条件下提供充分满足个人需求的一整套解决方案，包括从最初的挑选产品和服务、配置其结构到产品/服务的使用、后续服务的支持直至最终废弃阶段。因此，不少学者认为已进入体验经济时代。“体验经济”一词早在20世纪70年代由阿尔文·托夫勒提出，他在《未来的冲击》一书中预言继服务业发展之后，体验业将成为未来经济发展的支柱。的确，一方面，在越来越多的产业中，供给远远超过了需求，市场增长的速度放慢，全球化的浪潮迫使任一企业都面临着不确定的全球竞争格局；另一方面，随着消费者收入水平的不断提高和新技术的发展，消费者的需求呈现出个性化、多样化的特征，对简单生活的渴求也越来越强烈。人们想要从消费商品或服务的过程中获得包括愉快、炫耀、刺激等多种情感的满足，制造商或服务提供商必须看到消费者并不仅仅是他们的利润来源，而是作为存在精神压力、有待解决的问题和物质及精神需要、且有各种美好愿望的个人，其中有些可能消费者自身甚至都没有意识到。所以消费者的期望在不断提高，而品牌忠诚度却在不断降低。这时候，单个的、物美价廉的商品和服务已远远不能满足消费者的需要，取而代之的是针对某种问题或某种特定要求的一套完整的服务与解决方案。例如，消费者需要一些“孔”，有创新精神的打孔设备提供商就会提供购买设备、培训人员、维护设备等一套完整的服务。这里，设备供应商完成了从推销打孔设备到解决方案供应商的转变，消费者也获得了费用降低而效率提高的收益。需强调的是，解决方案的设计因人而异，因此方案本身就具有个性化和差异化的特质，也由此包含了为企业创造价值增值的潜力和机会。归根结底，从最初物美价廉的产品和服务到价值创造过程中的解决方案的提供，是一个消费需求逐渐提升的过程，也是企业逐步接近消费者最真实需求的渐进过程。而企业的竞争力也不仅仅是提供产品和服务的能力，还包括了为消费者提供解决方案的创新体验，并且将其融入人们生活方式的能力。企业必须面临的转变是，以消费者而不是以企业自身为出发点，从针对产品的创新转到针对消费者的创新，从产品驱动型的经营方式，转到解决方案驱动型的商业模式。

把一整套解决方案与传统的捆绑销售进行比较，从表16－2中可以看到，不论是价格捆绑还是产品捆绑，都是早期的从企业角度出发的销售策略，捆绑的大多是企业自身所能够提供的产品或服务，即使存在创新，也都局限在企业能力这一非常有限的空间内实现。而一整套解决方案是以消费者的需求为驱动力，从满足需求这一角度出发，企业提供的不仅仅是产品，还有帮助消费者解决问题，同时提供额外的服务。这一过程需要形成跨行业紧密的，甚至无缝的合作，有时合作的对象甚至是自己的竞争对手。企业通过一整套解决方案的提供让消费者不再对众多产品和服务进行管理和协调，在消费者看来，解决方案来自同一家企业。这种价值创造方式是前所未有的，也是目前所有产业都面临着的巨大转变。

如果把捆绑分为三个阶段的话，第一个阶段是价格捆绑，这种策略在一系列产业都行之有效，从消费类电子产品到医疗服务。例如，一家公司为同时购买数码相机和照片打印机两种商品的消费者提供一定的折扣。这种策略在餐饮业也已实行多年，在餐馆，购买搭配好的套餐价格比起单独分别点菜的价格更低，虽然不是每个用餐者都喜欢有限的选择，但由于价格的折扣或额外赠品的诱惑，这种策略仍有一定市场。第二个阶段是产品捆绑。最初，从一台计算机穿过电话线发送数据到另一台计算机上，消费者不得不花高达300美元购买外部拨号调制解调器。现在，微型调制解调器普遍被植入电脑，消费者理所当然地接受捆绑的产品。随着新技术的飞速发展和普遍应用，产品捆绑并不总是可行。最后，捆绑发展到第三阶段，一整套解决方案。一整套解决方案可以被用来解决一个具体问题，如平日由于缺乏时间而造成的消费瓶颈，也可以在很大程度上提升消费者的乐趣，如提高旅行或娱乐的体验。苹果电脑公司首先推出能存储多达7 500首歌曲的数字音乐播放器iPod，接下来再增加iTunes网上音乐商店的在线服务，用户可以从互联网上通过任何一台电脑以每首歌99美分的价格下载音乐到iPod。因此，从消费者的角度来看，苹果公司已经通过硬件、软件和内容的巧妙组合，把自己和自己的品牌融入到以音乐为中心的业务领域中。

表16-2　　传统捆绑策略与一整套解决方案比较

项目	价格捆绑	产品捆绑	一整套解决方案
创建的方式	组合不同的产品，以折扣价格销售捆绑的产品	整合两种或多种互补的产品和服务，以任意价格销售捆绑的产品	通过融合和销售跨产业的不同产品和服务，满足普遍的需求
模仿的风险	高，可能导致价格战	中，可能只在一段设定的时期或产品生命周期中有效	低，核心供应商对消费者有“锁定”效应
品牌效应	由于折扣而贬低品牌价值	如果视为创新或增值，能提升品牌效应	提升品牌效应，通过： • 拥有解决方案空间的积极所有权 • 定位一个新的品牌
利润率效应	破坏利润率以获得市场份额	在提供成熟的产品或日用品组合中获取剩余利润率	通过扩大价值主张创造新的利润率

由此看出，在购买一整套解决方案时，价格虽然也是消费者关注的焦点之一，但以下因素将会比价格更重要：后续产品或服务是否及时提供，解决方案中的产品是否容易过时，质量是否稳定及安装或适应的难度等。有时情感因素或时间因素也可能会排在价格前面成为消费者的首选。如果企业无法消除以上顾虑，消费者将转向更具创新精神和活力的竞争对手；反之，消费者将会为这种解决方案支付溢价，也将对那些真正能够创造价值的厂商保持高度忠诚，这种忠诚可能是由于一整套解决方案的“锁定”效应。此外，一整套解决方案还可以让那些强撑着现有品牌的企业基于不同的价值主张创立新的品牌，从而创造新的价值增

长机会。

制订一整套解决方案要从了解消费者入手。信息通讯技术的进步使得产品和服务的供应商能以较之以前低廉且迅速得多的方式获得消费者的信息，以确定消费者最想要哪些产品或服务的组合及他们的支付意愿。利用信息通讯技术，企业能够深入了解它的现有用户及潜在用户，并理解他们各自的需要。多种渠道可以获得关于消费者的信息：市场调研、交易量、企业网站上的点击率、网上的用户评论、销售和服务人员的报告、电子邮件、消费者投诉和咨询等。企业的数据库自动抓取这些信息并将其分门别类，以惊人的速度在电脑上使用复杂的统计方法，分析海量数据，为进一步细分市场、以更个性化的方法接触消费者、协调供应商、制定不同销售策略的企业提供详细的方案。理想的解决方案在范围上很广泛和灵活，使消费者能够集中只想要的组件。更重要的是，解决方案可以随着时间的推移、技术的进步和消费偏好的变化而变化。不是因为新奇，而是因为深入了解消费者的愿望所做出的迅速反应。从长远来看，解决方案中包含的一系列周到的产品和服务将逐步融入人们的生活方式。

三、市场边界：按需求定义市场

一些国家或国际组织曾对市场或者说产业进行分类，颁布过不同的产业分类标准。1997 年，NAICS（北美产业分类体系）取代了 20 世纪 30 年代建立的 SIC（标准产业分类）。NAICS 中的服务类产业比 SIC 更丰富，NAICS 中有 358 个新兴产业，其中 250 个是服务产业。其他的分类体系还有欧盟的 NACE（欧洲分类体系）、ISIC（国际标准产业分类）、CPC（联合国中心产品目录）及中国的《国民经济行业分类》。ISIC 和 CPC 的目的是将全球性的经济活动包括进去，侧重于以欧盟及北美等经济发达国家的产业分类为基础。由于制造业在我国国民经济中处于主导地位，是拉动我国经济增长的主要行业，因此，中国于 2002 年制定的《国民经济行业分类》与 ISIC 相比，分类标准的差异主要表现在制造业。在《国民经济行业分类》中，制造业分为 30 个大类、169 个中类、482 个小类，分别比国际标准产业分类多 7 个大类、108 个中类和 355 个小类。《国民经济行业分类》遵循国际通行的行业划分原则，采用经济活动的同质性原则划分国民经济行业，每一个行业类别都按照同一种经济活动的性质划分。

在消费者的需求日益多样化的今天，对于面向需求方市场的分类来说，以生产和供应方为基础的上述分类方法显得有些过时。例如，在 NAICS 分类中，生产工艺类似的厂商被归为一类。信息部门大类中就包括软件、电影制造和戏院，是因为这个部门的所有产业在“生产过程”中都涉及知识产权的问题。虽然官方的产业分类似乎是一种层次分明的分类，但对产业本身的发展趋势和反应积极的市场主体来说，这些分类并没有成为政府或企业的决策工具，他们的决策大都以技术和市场需求为导向，而不局限于某个特定的产业。

在传统的新古典理论中，通常用产品的交叉弹性来定义市场的范围，或者将具有极高的替代弹性的产品归为一类。但后来有人认为弹性难以测量和观察。在新古典经济学中，市场与产业的定义往往都是由产业组织学家形成和完善的。在狭义的市场概念中，目标厂商可能是垄断厂商；但广义的市场定义表明，同一厂商的垄断地位会随着市场范围的扩大而减弱。总体来看，无论是政府、国际组织还是产业组织学家的分类，都是按照一种固定的模式进行的分类，即技术—产品—产业—市场，其传导过程是从供给方到需求方的。

如今，政府机构和厂商均认识到，市场的定义在消费者驱动型的经济环境中已变得越来越模糊。传统的官方定义和需求交叉弹性的方法从来就没有限制过消费者的选择，如煤炉取暖，从消费者的视角看，电力取暖、喝酒、吃火锅、买棉被、厚墙、迁居，甚至结婚等都可成为其有效的替代品，这说明相关市场的界定在某种意义上是相当令人困惑的。

事实上，产业从来就不是静止不动的，它们在不断地演化。企业的经营方式及经营目标在逐渐改变；有的企业在成长，同时另一些在消亡。回首百年，很多今天的基础产业在早期闻所未闻或为刚刚兴起的事物，如汽车、航空、石油化工等产业。即使在30年前，很多今天收入数十亿的产业也并不存在，如移动电话、生物技术、包裹速递，等等。那么，在未来的30年或更长的时间，又会出现多少今天尚未开发的领域和尚未知晓的产业？如果历史能提供参考，那么答案是：将有许多全新的产业诞生。

传统竞争发生在具有明确的产业和市场边界范围内，这些边界是由产业内不同企业提供的产品和服务决定的。在市场范围既定的条件下，企业为维持它们在市场中的地位，往往把重点放在竞争对手的优势上。它们观察对手在做什么，力求自己做得更好。后果是各种品牌变得越来越相似，相关商品的替代弹性越来越大，产业利润率越来越低。这也使得人们在做出选择时越来越关注价格，对特定品牌的忠诚度不断下降，企业只能在有限的市场空间内与竞争对手夺取和重新分配市场份额和市场利润。如果企业把关注焦点从竞争对手转移到消费者身上，就会发现更广阔的市场空间。以前，消费者面对既定的产业和市场边界时不得不做出让步，需要从不同的供应商那里购买商品和服务并自己组合起来使用，还要从不同的供应商那里获得售后服务以保证使用过程的稳定性。现在，消费者需要的一整套解决方案驱使企业必须做出改变，它要求每一家企业都必须考虑他们的产品和服务适合整个解决方案链条中的哪一个环节，甚至需要跨越整个产业链寻找解决用户主要问题的答案，这可能将企业引入一个全新的业务领域。例如，在购买一套家庭影院设备的消费者看来，虽然制造商和零售商的品牌非常重要，但他们可能对其设备的升级、维修服务和影片及时更新更感兴趣。这就需要制造商与强大的维修服务商和影视产品供应商建立紧密的合作关系，保证客户及时获得售后服务、家庭视频和影视产品。此时，企业不应该受到应该做什么或不应该做什么的产业边界的限制，企业下一步应该做的，是通过有效的市场调查，研究消费者以确定和理解其消费需求，然后尽情发挥想象力，通过融合不同商品和服务以满足他们。只有那些掌握了如何创建和推销一整套解决方案的企业才会取得成功，获得最大的市场份额和利润。从解决方案的意义上看，原来的产业或市场正在被重新定义：只要解决方案得到越来越多的厂商和消费者的认同，无论该方案跨越了多少个“产业”，它都会构成一个市场或产业。

与此同时，互联网革命也催生出更多更细分的市场。在传统经济的物理世界中，空间是有限的。商店的货架只能容纳有限的商品；电影院只能在有限的时间内播放为数不多的几部电影，其市场只限于方圆几公里内有限的消费者；即使是传播距离较远、受众较多的广播和电视，其无线电频谱和光纤电缆的容量也是有限的，而且，每天最多也只能播放 24 个小时的节目。出于有限的物理空间，厂商不得不想尽一切办法吸引足够多的消费者，包括在商店货架显眼的位置摆上最热销的商品，电影院放映最热门的电影，音像店循环播放最流行的音乐，同时利用电视、广播、网络等媒体不遗余力地炒作和推销投资较大、成本较高的商品，为的是刺激人们的消费欲望，挖掘有限物理空间的最大极限。如今，信息通讯技术的发展改变了这一切。在互联网上，存在无限的货架空间。在技术上，销售方可以无限多地登录和上传商品，其销售商品的范围完全可以按消费者的需求来确定。例如，一家销售服装的商店可以同时销售箱包皮具，同时提供服装搭配方面的建议，也可以只销售某一品牌的服装，无论款式、颜色和型号可能都比实体商店里要齐全得多。对于某些可数字化的商品来说，供给变得更简单了。最流行的和最冷门的音乐、电影及书籍，厂商都能以大致相等的成本提供，无须增加额外的费用，流通成本几乎为零，更不用凭借有限的几种热门商品来支撑市场、攫取利润。研究表明，在网络市场中，即使最冷门的产品需求量也不会为零，由于存货成本极低，95% 的非热门产品创造的利润总量超过了 5% 的热门产品创造的利润总量。

对于消费者来说，一旦供给变得简单，满足消费需求也可以随心所欲了。只要拥有一台可与互联网链接的终端设备，消费者可以在任意时间、任意地点订购自己喜欢的商品，并要求厂商在指定的时间内将其送到任意地点。同时，无限的供给也带动了不可估量的需求，消费者找到的越多，他们喜欢的就越多，消费的也就越多。消费者可以不受任何时间与空间的限制看自己喜欢看的电影，读自己欣赏的小说，听自己愿意听的音乐。在供给越来越充足的经济环境中，消费者发现他们的兴趣和品位实际上并不像媒体所描述的那样，集中在少数几个品牌或热门产品上，而是千差万别的。越来越多的人对大众传媒不感兴趣，例如，流行音乐中的十大热门金曲排行榜对于紧跟时尚潮流的人来说具有一定参考价值和购买的导向作用，但对于只喜欢19世纪欧洲古典音乐的消费者来说毫无意义。这种多元化的兴趣引导着他们结成越来越专业化的不同小圈子，越来越深入地探讨着圈内的主题爱好。越来越多的人愿意尝试一下那些无名之作，或者重拾旧日的经典。单个来看，消费者们并没有变，他们的兴趣一直是不尽相同的，是信息通讯技术的进步使得他们能够满足自己的特殊兴趣罢了。由此，划分市场的标准不再是地理位置，也不是官方的统计分类，而是消费者的兴趣，世界上有多少人，就有多少个兴趣领域，相同的或类似的兴趣领域就构成了不同的市场，无数个细分的小市场组成了整个产业。

四、角色转变：消费者成为生产者

美国学者阿尔文·托夫勒在2006年的新著《财富的革命》中着力强调“Prosumer”（产消者）。它是由Producer（生产者）和Consumer（消费者）两个词汇组成，意指一种生产者即消费者，或消费者即生产者的现象。同时也意指在我们的现实生活中广泛存在但被严重忽视的非正式生产部门中存在的生产消费同期行为。

产消合一包括为了创造能与地球另一端的人共同分享价值的、没有报酬的工作。这种行为不仅被报道商业和金融的各种媒体所低估，还被学术机构和政府所低估。与之相对应的是另一个概念（范畴）“Crowdsourcing”（众包），众包指的是把传统上由内部员工或外部承包商所做的工作外包给一个大型的、没有清晰界限的群体（顾客、消费者、客户、业余爱好者、赞助商及市民等）去做。这种工作可以是开发一项新技术，完成一个设计任务，改善一个算法，或者是对海量数据进行分析等①。这种价值创造的工作通常也是免费的。这两个概念（“产消者”、“众包”）与“以客户为中心”有很大不同，以客户为中心是指，企业确定产品的基本设计理念，消费者来进行一些改进。这种策略跟平常的经营模式是一样的，只不过显得更亲民一些，仍然停留在以企业为核心的协同生产理念上。

现在消费者早已不再满足于仅为被动的产品与服务的接受者，而是迫不及待

① ［美］杰夫·豪著：《众包：大众力量缘何推动商业未来》，中信出版社2009年出版，推荐序三。

地想要成为生产者。在 Web 1.0 时代，我们能使用在个人电脑平台上运行的软件编写并发送电子邮件，使用网页制作软件，创建网页并上传到因特网主服务器。Web 2.0 提供了信息传输工具的服务功能，利用这些工具，即使没有在个人电脑上安装专业软件，我们也能轻易接触到网络上可利用的信息和服务，编成新信息并即时公布和发送。如今，我们看到用户可以利用的内容不仅在数量和质量上呈上升趋势，服务的质量和多样性也同样在提高。

受不断进步的技术和变化中的环境的驱动，当信息消费者也被视为生产者时，内容供给商和内容消费者之间的界限正在消失，每个消费者个体都成为了张扬着个性的单独媒体。现在人们可以分享知识、计算能力、宽带和其他资源，用户不只是接收，而是有意识地、清晰地对服务做出回应，以创造一系列广泛的任何人可使用或修改的免费和开放的产品和服务。今天的消费者对于他们消费的产品和服务的创新及传播投入极大的热情。以社会网络形式体现的用户创造的内容构成了文化内容在生产、集中和传播方面对主流媒体垄断地位的挑战。全世界有越来越多的人通过博客（Blog）、社区论坛而不是报纸自由发表自己的观点和主张；通过播客（Podcast）而不是电视节目或音像店传播视频、音频和自我表演；通过各专业网站写书评、影评，削弱传统专业评论者的垄断地位；通过各国的维基网站在线编辑和更新百科全书；eBay 和淘宝等电子购物网站也已经通过颁发星星和打分来评价卖方和买方的信用度，为后来的消费者提供参考信息。所有这些用户主导的内容创新正在转变许多机构开发新产品、服务和知识的方式，基于服务的组织也从激励他们的观众参与中受益。在合作的领域中，或在大规模地扁平和分散的创新过程中，千千万万的热心者不再像传统的、工业化的生产方式那样创作内容、思想和知识，他们的研究成果也几乎没有保留传统产品的特征。在新兴的产消者时代中，人们可以自如地在消费者和生产者身份之间转换。

数字媒体的创新和分享是用户主导行为中最明显的。其他大众化产品的生产方式同样离不开产消者的参与，一些著名的实物例子如下：Threadless 是一家总部位于芝加哥的公司，其生产的 T 恤衫的图案由消费者自行设计，消费者选择生产线、确定产量并负责市场推广和促销工作，消费者承担了创新、新产品开发、销售预测和市场营销等核心功能。这一切都不依赖于传统的广告宣传和促销，也不借助大型零售商全世界的连锁店来进行销售。仅 2007 年，Threadless 就创造了 3 000 万美元的总收入①，平均每月向全球销售 9 万件 T 恤衫，公司业绩仍在快速增长。另一个由业余爱好者创建的图片网站 iStockphoto，有超过 23 000

① Threadless-The Most Innovative Small Company in America (According to INC), Available at: http://www.t-shirttalk.com/2008/05/31/threadless-the-most-innovative-small-company-in-america-according-to-inc/.

名摄影爱好者上传他们的摄影作品，其中绝大多数是业余摄影师，每张图片只以其他图片库 1% 的价格——25 美分进行转让，收入在网站和摄影师之间分成，颠覆了库存图片的传统，预计 iStockphoto 的年收益在 2012 年将增长到 2.62 亿美元①。

有三种力量推动着消费者到生产者的转变，一是生产工具的普及。点对点网站的出现、开放源代码软件、用户易于掌握的编辑工具、廉价的存储器和价格合理的宽带都为产消者的出现提供了可能，也共同推动了集体创造力的爆发。个人电脑和廉价的数字产品如数码摄影机、数码相机和移动电话等便携式终端设备可以将文学作品、电影制作和音乐创作等置于任何人的掌控之中，这意味着生产者的队伍在以指数级的速度扩大。特别是业余爱好者们，在短短几年的时间内就能参与到之前只有专业者才能完成的工作中，数百万人有能力制作电影短片、音乐专辑或是在几秒钟内将他们的想法发布到全世界。正因为如此，我们的选择空间正在以前所未有的速度膨胀。二是自我价值实现的需求。产消者大都是出于兴趣爱好投入工作，其目的往往是非商业的，如娱乐、自我表现、试验，等等，因为在内容的创作中，每个人都是独一无二的个体，每个人都拥有在别人看来很有价值的知识或才华，无论怀着什么目的，人们渴望得到别人的认同，这种认同可以转化成声誉，这是一种吸引力毫不亚于金钱的财富。三是无所不在的传播工具。信息通讯技术的进步在世界范围内建立起发达的网络，尽管每一个人都能借助生产工具成为生产者或创作者，但创作出的内容要有人欣赏才会有意义。互联网及连接网络的各种终端设备在这时扮演了一个传播工具的角色，它降低了人们相互接触的成本，降低了商品或服务流通的成本，有效地提高了市场的流动性，这种流动性继而带来了更多的消费。

除此之外，基于网络的 DIY（Do It Yourself）服务已经使用户有能力成为某些社会领域的生产者。在很多行业的网络中，自助服务可以让消费者像企业雇员一样参与工作，但不用支付任何报酬。他们可以自己完成产品的配置、订单的输入以及部分售后支持的工作。每一位消费者都可以依自己喜好的价格、经验和服务，量身定做产品。例如，航空公司的网上自动售票系统，点对点（P2P）网站上的视频、音频及文字资料的上传及下载服务。在这种模式下，消费者帮助厂商生产或出售他们所消费的产品或服务。它的优势在于：降低成本并且提高顾客满意度。

① ［美］杰夫·豪著：《众包：大众力量缘何推动商业未来》，中信出版社 2009 年出版，序言。

五、新的价值创造方式：以需求带动需求

即使消费者没有在网上建立博客，没有对相关商品发表过评论，没有上传自己创作的音频、视频内容（这类群体的人也许只是在做自己想做的事，根本不会把自己看成一个推荐者或向导），他们也能留下蛛丝马迹成为其他消费者或厂商的目标。今天，消费者不知不觉地被追踪着每天的一举一动：有越来越多的网络软件在自动观察消费者的行为；一切消费者浏览过的在线媒体，包括在线广告、产品说明、博客和论坛等都极大地提升了他们的影响，增加了他们的价值，也能在一定程度上反映消费者的偏好和兴趣；所有消费者的购物记录，包括在线或在实体商店的消费信息也都会一并被某些隐藏的统计软件获取，并最终提炼出一些匿名的数据传达给产品和服务的供应商，成为其决策的重要参考依据之一。

随着用户创作内容重要程度的上升，如今厂商特别关注他们是如何被评论的。在线论坛就像是一把“双刃剑”，它既是坏名声的传播土壤，也是好名声的扩音器，而且，无论名声如何，都可能通过线下众口相传的力量成倍地放大。eBay、亚马逊等网上商店的评论机制就非常清晰地表明，其他消费者的行动往往是最有用的指示信号。有关消费的信息可以转化成强大的营销工具，从产品来源到质量、规格，从销售者的服务态度到物流的速度都成为人们公开评论的内容。人们在比较产品的优和劣，传播他们的喜和恶的同时，也扮演了指导者的角色。而其他消费者能很轻松地获得这类有价值的参考信息，以迅速帮助其做出购买与否的决定。口碑的力量甚至会刺激消费者主动去了解和学习以前并不熟悉的产品和服务领域，无须某个零售商绞尽脑汁地猜测什么样的产品有人买。

其经济效果是不言而喻的：**消费需求在创造更多的消费需求**。

市场在不断扩大，利润也会不断增加。除了购物网站，还有很多人通过其他社会网络获取有用的商品信息。有些人对传统的媒体持审慎态度，也越来越怀疑各种天花乱坠的广告；消费者甚至做出博客和在线论坛的可信度比传统的电视广告更高的评价。以需求带动需求的原因很简单：只有其他消费者的动机与我们最为一致。

前面提到的 Threadless 公司是这方面的杰出代表。美国无线 Threadless 出售 T 恤衫不需要广告或市场推广预算的原因是，消费者群体的贡献惊人：为了说服朋友为自己的设计投票，以获得年度设计的奖金，设计者们会为网站做免费宣传。此外，上传一张本人穿 Threadless 的 T 恤衫的照片或推荐朋友购买 T 恤衫，均能得到价值不等的购买信用值。谷歌（Google）搜索引擎也一直在这样做，他们观察数百万人的行动，然而将这种信息转化为相关的搜索结果或建议。雅虎

（Yahoo!）上的音乐打分，交友网站上的“好友注册”，购物网站上的“推荐给好友”均成功地采用了以需求带动需求这一策略。厂商在这场消费者主导的经济活动中，不知不觉地将自己隐藏在消费者身后，倾听他们的声音，紧跟他们的步伐，并采纳他们中大多数人的建议。除了提供产品和服务，厂商还应尽量搭建一个让消费者互相交流、使消费者的才能最大化发挥的平台，从产品设计到销售中的每一个环节都给予消费者充分的尊重。事实上，从生产方的规模经济到需求方的规模经济，本身就是一个现代信息通讯技术对传统生产方式逐渐渗透的过程，更是一个从生产者主权过渡到消费者主权的转变过程。在很多具有需求方规模经济特征的产业中，如电话、互联网和软件等，以前是厂商为了扩大网络规模而不遗余力地创造需求，现在则是消费者自己在自觉或不自觉地受到他人需求的影响，通过自己的需求带动另一些人的需求，这种相互刺激的力量以几何级数的效应爆发出来并迅速扩张，远远大于厂商所做的任何努力。而且，这种需求相互刺激的模式已不再局限于网络产业，而是渗透到所有提供最终消费品的产业。

事实上，需求创造需求的模式早已存在，只不过在传统经济条件下只在小规模范围内有效，受到消费者所在的地理位置、生活圈及个人口头传播能力等诸多因素的限制，因而这种效应比较微弱且容易被学术界和厂商忽略。互联网的普及则在很大程度上将消费者从这些限制中解脱出来，每个人都可以在网上畅所欲言，发表自己对某事某人或某物的观点、看法等各种主观愿望。认识或不认识的，地理位置远或近的，说着不同或相同语言的所有人都有着同样平等且充分的权力成为传播工具和途径。无论某个人的观点是以文字、图片、音频或视频的方式出现，都有可能影响到其他人的决策。

值得一提的是，这种新的需求创造需求的模式并不是全新的事物，古典经济学中的萨伊定律和凯恩斯理论早已有所提及，该模式只不过是在新的时代背景中的具体表现，是对这两种需求理论的有效补充和完善。萨伊认为，商品交易实质上是以物换物，货币只在刹那间起媒介作用。产品总是用产品来购买，买者同时就是卖者，买卖是完全统一的。因此，商品的供给会为自己创造出需求，总供给与总需求是恒等的。而诞生于经济大萧条时期的凯恩斯理论则认为厂商是根据消费者的需求提供产品和服务的，萧条的原因是消费者的有效需求不足，即消费者由于没有支付能力而导致厂商投资不足，进而导致整个经济体系逐渐走向紧缩的恶性循环，只要消费需求得到有效地刺激，供给与需求协调一致，经济就能实现稳定的增长。我们在此并不打算评述萨伊定律的“供给自动创造需求”还是凯恩斯理论的“需求决定供给”正确与否，毕竟两种理论各自有其特殊的历史背景，研究对象也不尽相同。萨伊定律的对象是消费者，供给和需求都是针对消费者的，也就是个人的供给能力决定了可以通过市场解决的个人需求。而凯恩斯理论的对象则是宏观经济中的两个部门，分别指生产者和消费者双方，即居民的需求决定了厂商的供给，厂商根据居民的需求生产。如今，这两种不同的理论在新的经济背景下都可找到各自的现实依据。一方面，生产工具的普及和产消者的出现使得越来越多的可数字化内容由消费者生产出来，这些内容也越来越多地通过点对点网站上的交换形式实现市场交易，或者通过互联网免费地向大众传播，获得诸如声誉等某些非货币形态的财富。从这个意义上来看，买卖是均衡的，供给的确在创造自己的需求。另一方面，在如今很多产业的供给都大大超过需求的条件下，厂商的投资决策不得不取决于消费需求的改变和提升，对于某些消费者能够生产的可数字化产品来说，需求既源自丰富的供给，又反过来刺激更多潜在的需求；而对于传统的只能由工厂生产的产品来说，厂商比以往任何时候都更加重视消费者的意见，因为尊重消费者意味着节省成本，提高生产效率和顾客满意度，当然还能获得更大的利润和消费者的忠诚。信息通讯技术的进步使得厂商能够以低廉的成本接触消费者，了解消费需求变化规律，从而实现真正意义上的按需生产。

六、消费需求升级：中国与世界同步

正如世界上其他国家一样，更多的中国人在这场信息通讯技术进步的浪潮中积极学习和探索，并将其不断融入他们的生活。截至 2009 年 6 月底，我国网民规模、宽带网民数、国家顶级域名注册量三项指标稳居世界第一。网民数达到 3.38 亿人[①]，较 2008 年底增长 13.4%，增长 4 000 万人；其中使用手机上网的人达到 1.55 亿人，较 2008 年底增长 32.1%。这意味着平均每 4 个中国人中就有 1 人是网民。同年数码相机市场总销量 923.4 万台；数字电视用户人数达 1.557 亿人，4 100 多万户；移动电话用户达 6.5 亿人。随着网民规模的快速增长，网络的价值在不断膨胀，网络服务的多样化和内容的丰富进一步增强了网络的扩张力和吸引力。

网民规模的庞大，也催生出以网络为基础的经济的高度发展。据中国互联网络信息中心（CNNIC）提供的数据，2009 年年中中国网络购物的用户规模在经济危机中逆势上升，达到 8 788 万户，近半年增加了近 1 400 万户。网购平台淘宝正从中受益。仅 2008 年一年，淘宝交易额高达 999.6 亿元[②]，成为中国最大的综合卖场，相比之下，“零售冠军”国美用了整整 20 年才达到年销售 1 000 亿元

① 中国互联网络信息中心（CNNIC）：《第 24 次中国互联网络发展状况统计报告（2009 年 7 月）》。

② 新浪科技报道 http://tech.sina.com.cn/i/2009-02-23/11112849094.shtml，2009 年 2 月 23 日。

的规模，而淘宝只用了五年半的时间。据中华全国商业信息中心统计，淘宝一年销售额就相当于40家"全国百家重点大型零售企业"一年销售额之和。淘宝的成功就在于为用户提供了一整套完善的购物体验。2003年，在面临强大的竞争对手易趣网时，淘宝的市场份额还不到20%。"支付宝"的采用使淘宝解决了用户担心的电子交易安全性的问题，通过建立买卖双方的公共账户，所有的资金流动都会受到淘宝网的监控；"淘宝旺旺"的开通又实现了交易双方的即时在线沟通，买卖双方可以就价格、质量、包装及售后服务等问题进行协商，就像在实体商店购物一样。这两项附加服务在推出时是其他的国内网络购物平台没有的。随后，淘宝进一步完善了搜索引擎、电子邮件、网络支付、网上银行、论坛/BBS、网上跟踪物流等和网络购物关联性最强的几项应用系统建设。正是这些捆绑的附加服务使消费者享受到了一整套网络购物的完善服务和体验的乐趣。2005年，乐此不疲的消费者和销售者将淘宝的市场占有率提高到了81.9%。如今，即使是单纯的消费者也能通过新开发的"淘宝客"赚钱：只要消费者获取商品代码，通过链接、个人网站、博客或在社区发帖推广卖家店铺，一旦有买家经过其推荐进入卖家店铺完成交易后，就可得到由卖家支付的佣金，这一举措彻底将原来纯粹的消费者变成了积极主动的产消者。

研究机构摩根士丹利于2006年公布了一份分析全球TMT（科技、媒体和电信业）产品和服务的报告，基于购买力或经济实力（如人均GDP和人口总数）选择了15个国家进行比较（本书只选择了美国、中国和日本的数据），以衡量这些国家在TMT产品和服务方面未来发展的倾向。报告选择了5个核心指标来衡量市场规模和增长率，分别是电话线、个人电脑、移动电话、有线电视用户及网络用户的数量。对每一个国家，都计算了这五个指标在过去、现在、将来所占全球市场的比重并进行了排名。分析表明，2004年排名前三位的分别是美国（9.0%）、中国（8.1%）和日本（6.5%）。预计到2010年，中国将以8.7%的比重跃居世界第一位、第二位和第三位分别是美国（7.7%）、印度（7.0%）和日本以5.9%的比重排在第四位。

从图16-1可以看到，中国居民正在迅速接受和掌握信息通讯技术，并积极利用各种工具提升自己的消费需求甚至改变生活方式。摩根士丹利调查表明，中国的消费者越来越多地将因特网作为了解产品信息的主要来源，特别年轻人更是如此。随着个人电脑和移动电话等终端数字设备越来越成为生活中不可缺少的一部分，中国的消费者比以前任何时候都更开放，消息更加灵通，也与世界上其他人更加接近。他们想要知道地球另一端的时尚潮流，也可能津津乐道于某一部网络小说并与同好者产生共鸣，还可能无意中受到博客上某个不相识的人的启发产生了对某种商品或服务的兴趣。这些表现与发达国家的消费者无异。另一个改变人们生活的有用工具就是搜索引擎。人们购买产品、选择服务、获取信息都会用相关搜索引擎搜索。年轻的消费者更倾向于在决定购买某商品前在线搜集信息，尤其是购买消费类电子产品时。在中国，68%的网络用户通过搜索引擎获取信息①。他们所进行的每次搜索都表达了消费者的需求，如果企业能及时利用这些需求，就会给他们带来更广阔的市场空间。

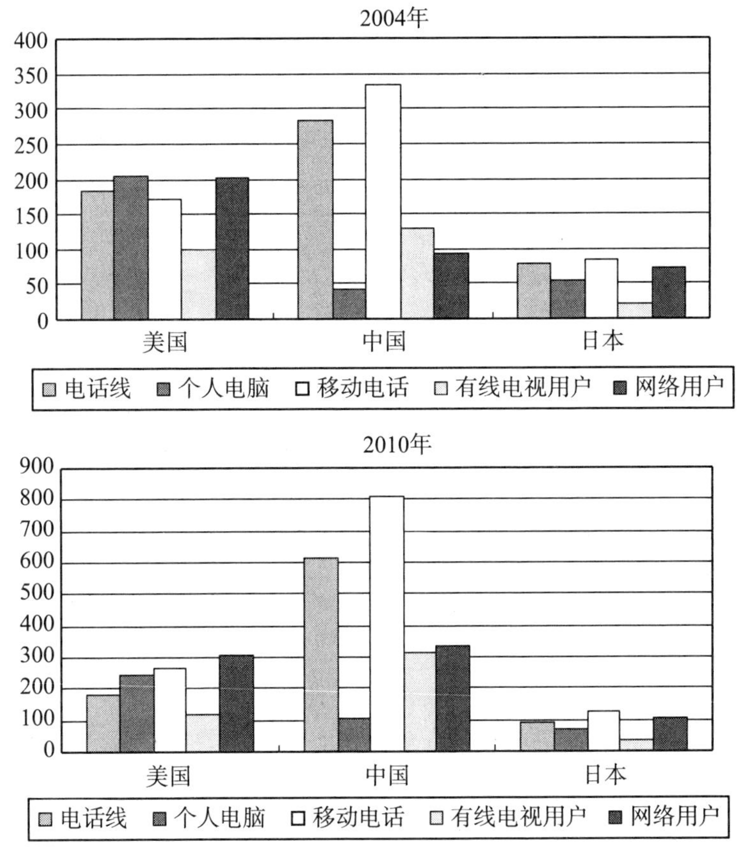

图 16－1　世界 TMT（科技、媒体和电信业）市场变化

资料来源：根据摩根士丹利 2006 年 3 月研究报告中相关数据整理绘制。Morgan Stanley Research：Global TMT Market Sizing：Emerging Markets Have Finally Emerged，Available at：http：//www. morganstanley. com/institutional/techresearch/pdfs/tmt032306. pdf.

在中国，有 58%网络用户的购买决策受到其他用户创作内容（消费者评价/打分，论坛/讨论公告，博客等）的影响，同时 47%的中国宽带用户在博客、聊

① McKinsey company：2008 Chinese Consumer Survey，Available at：http：//www. mckinsey. com/ideas/pdf/McKinsey_2008_Chinese_Consumer_Survey. pdf.

天室或论坛上发表评论[①]。2005 年，土豆网（www. tudou. com）成为中国最早成立的视频分享网站，该公司致力于创建一个用户在任何时间、通过任何上网设备都可以分享节目的网络视频内容社区，3 年多来在网络视频分享领域居领导地位。截至 2008 年底，该网站用户上传的视频数量已经接近 1 500 万人，月独立用户近 7 000 万人[②]。博客的发展也同样表明了产消者的力量。2002 年，博客在中国尚属新生事物，此后几年博客一直持续增长，截至 2008 年底，博客用户规模为 1.62 亿人，占 2.98 亿网民中的 54.3%，且大部分人经常更新博客内容[③]。随着博客的应用发展，网民阅读博客也成为大众趋势。调查显示，人们除了对个人生活记叙、小说、散文或趣事的关注外，点击率较高的话题还有影评、书评、音乐鉴赏、社会热点、旅游游记、学术问题探讨、经济行情分析、衣食住行类信息。这说明博文对网民的工作与生活已经起到了一定的引导作用，网民开始尝试从博客中找到工作、生活、购物、旅游等方面的经验参考信息。博客的迅猛发展随之带来一系列新的应用，如博客广告、博客搜索、企业博客、移动博客、博客出版、独立域名博客等创新商业模式，日益形成一条以博客为核心的价值链条。如图 16－2 所示，该价值链条不仅囊括博客平台提供商、博客作者、博客读者、广告客户等传统博客价值链上的各种角色，也包含 RSS 订阅器等新兴角色[④]。

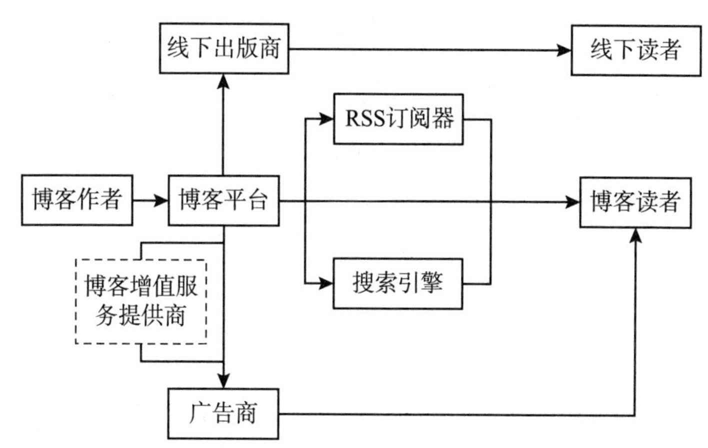

图 16－2　博客价值链

资料来源：中国互联网络信息中心（CNNIC）：《2007 年中国博客市场调查报告》，第 5 页。

① Chinese rely heavier on user-generated content than Americans, Available at: http://www.my-life-in-china.com/online-marketing/chinese-rely-heavier-on-user-generated-content-than-americans/.

② 互联网周刊，http://www.ciweek.com/article/2009/0116/A20090116417652.shtml，2009 年 1 月 16 日。

③ 中国互联网络信息中心（CNNIC）：《中国互联网络发展状况统计报告（2009 年 1 月）》，第 32 页。

④ 中国互联网络信息中心（CNNIC）：《2007 年中国博客市场调查报告》，第 5～6 页。

总之，我们必须看到，今天的知识、权力和生产能力将比历史上任何时刻更加分散，价值创造将更快、流动性更高。如今的消费者不再单纯是产业价值链条上的末端，不再像以往那样只能被动地受制于已有的条条框框，接受厂商早已生产好的产品。用现代信息通讯技术武装起来的消费者已开始调整他们的行为，并对厂商提出了更高的要求和更严的挑战，“需求方的规模经济”、“产消者”和“众包”等大量的强调消费者主权的新概念都来自于现实世界。如果说原来的时代要求生产者取悦消费者，尊重消费者，那么现在这些远远不够，现在的时代要求生产者发自内心地热爱消费者，把他们看做自己的一部分，未来更是如此。只有那些掌握了消费者这一巨大资源的生产者才能获得财富，也只有当价值链上的所有部分都协调一致时，才能真正谈得上产业升级。

企业面临的现状是，当任何人都可以在信息通讯技术的帮助下掌握信息带来的力量时，只有对消费者采取更加坦诚的态度才能获得新的竞争优势。在一整套解决方案的设计中，任一家企业都可以跨越产业边界，涉足竞争者甚至合作者的行业，当然对方也可以成为这样的竞争者。很多大企业已经意识到这一点并开始这样做了：包括保险业在内的金融服务业已成为索尼公司的经营范围中利润最高的产业；星巴克拥有自己的在线音乐库，并部署了日益尖端的技术基础设施；埃克森美孚公司目前最火暴的新产品是“孟加拉商人”牌精选咖啡；当波音公司开始提供无线宽带通讯业务的时候，它是否还是一家“飞机制造商”？而戴尔公司和惠普公司在PC业务市场上又增加了一个强有力的竞争对手：迪斯尼公司。

类似的例子还有很多，既然地域界限、官方文件或者学术研究都不可能约束厂商提供产品和服务的种类、范围，也无法限制他们的市场。甚至在不远的将来，单个厂商的生产能力也不构成约束条件，那么，企业或产业要赢得顾客，就要和消费者共享技术、知识，进行互动性对话，而不仅仅是交易。同时要求企业融入到全球的产业链中，将世界各地的资源纳入自己的价值创造系统。因此企业可以不必拥有任何生产资料，很多时候甚至连产品设计都没有。企业拥有品牌并进行管理，利用信息通讯技术观察市场变化，协调价值创造产业链上的每一个环节以达到高效的融合，最重要的是，企业拥有对消费者的关注。

第二节　产业融合与产业发展

随着消费者收入水平的提高，消费需求的转变与升级，伴随着信息通讯技术的突破性进展及蓬勃发展，对许多产业的环境及产业结构都带来了巨大的影响和变革，特别是近几年发展迅速的电子信息产业，该产业中原来的价值链不断被打破，重新整合成新的价值链，这些新的价值链将跨越原本各自独立的产业界限，形成新的价值网，并经由不同的连接方式，形成电子信息产业的融合趋势。产业融合是产业发展内在规律在现阶段的具体体现，是在经济全球化、高新技术迅速发展的大背景下企业提高生产率和竞争力的一种发展模式和产业组织形式。造成这种融合趋势有来自供给方面的影响因素，而真正推动产业融合发生和发展的，则是消费需求的变化和升级。今天的消费者比以前更易变化，各种时尚潮流不断涌现，从而赋予他们更大的主导权，并对厂商提供商品和服务的内容、时间、地点以及价格提出更具体的要求。正是这种来自市场需求方的力量引导着该产业未来的发展趋势。

自20世纪80年代以来，不同的学者对于产业融合的成因及类型的描述都不尽相同，国外较具代表性的有尤弗亚（Yoffie，1997）及植草益（2001）等人的观点，他们或者将产业融合分为技术融合、产品融合以及市场融合三个层次，或者侧重于从技术进步和政府放松规制的角度来定义融合。中国学者近几年对产业融合的研究也颇有建树。马健（2006）认为产业融合导致产业内企业之间竞争合作关系发生改变，使得产业界限模糊化甚至重划产业界限。周振华（2003）也强调了产业融合所造成的产业间新型的竞争协同关系的建立和更大的复合经济效应。尽管目前各界对产业融合尚未形成一个统一的表述，但都是从不同角度揭示了产业之间发生的新变化，即产业融合是一种全新的经济现象；产业融合的发展态势已广泛影响到世界信息产业的走向，并必将重塑全球产业的结构形态。上述几位学者的角度虽有所不同，但大都是从市场的供给方（产业或厂商）和所处的经济环境作为研究出发点，而对于需求方即消费者在产业融合中所起到的推动及决定作用鲜有提及，而这正是我们将要分析的。

一、电子信息产业融合的动因

电子信息产业的融合包含了硬件厂商、软件厂商和信息技术服务供应商提供的技术、产品及服务。硬件厂商通过整合信息技术部件厂商和销售渠道资料，将基于产品的解决办法提供给用户；软件厂商通过丰富产品的组合并扩展他们的用户基础；信息技术服务商则整合他们的内容为用户提供全方位的一站式购物基础。随着技术的进步，产品和服务之间的融合正成为越来越明显的趋势。格林斯坦和卡阿娜（Greenstein & Khanna）认为存在两种类型的产业融合。当两项技术能相互取代时，这是替代型的融合。第二类是当两项技术组合在一起发挥的作用比分开使用更好时，这是互补型的融合。[①] 彭宁斯和普伦那（Pennings & Puranam）按成因将产业融合分为两大类：需求驱动型产业融合和供给驱动型产业融合。需求驱动型产业融合，是指由于社会经济状况相似，消费者偏好形成跨产业需求，从而多种产品联合使用具有互补性，出现产业融合；供给驱动型产业融合，是指由于技术创新导致传统产业的边界模糊而出现产业融合。[②] 斯蒂格利茨（Stieglitz）综合了格林斯坦和彭宁斯的结论，即将替代品—互补品与供给方—需求方的融合结合了起来，并建立了一个 2×2 的矩阵将产业融合分为四类。[③]

（一）需求驱动型融合

信息通讯技术正在使世界成为一个共同市场，国家与文化之间的差异正在消失，全球消费者近乎趋同的生活方式和消费需求将超越民族、地域、文化的限制，消费者不仅在本国市场上购买消费品，同时也在国际市场上购买消费品。随着各个不同市场的消费者需求逐渐趋于一致，本地的、国家的及世界市场正变得越来越同质化，这导致世界市场的全球化和一体化。尤其是在交通、电信、FDI和对外贸易领域，这种全球范围内消费者需求的融合特别明显。互联网的普及进一步加速了经济活动的全球化。网络意味着一个世界范围的交互系统，这种横向市场结构属性使终端用户得以掌握终端设备、信息分发、信息内容以及软件界面的控制权。在信息充分自由流动的情形下，企业制定全球性的市场策略能够提高效率，被“全球顾客”普遍认同的需求带来了生产与销售的标准化。消费者可以全球范围内自由租用和购买设备，其产品标准是开放式和“即插即用式”的。标准化的产品只需使用单个转换器或更少的独立用户接口，最终目标是只需一种提供原始带宽的电源就可满足所有需求，如电脑和电话能共用一个插孔以简化链接，并减少不同插孔的数量，就像今天所有的电器都可插进标准的插座并移动到任何地方一样。此外，由于企业可以集中资源于标准化的产品和服务上，趋同的消费需求特征将使企业更容易渗透进更多的国家市场。

同时，需求的趋同进一步带来了世界范围内放松管制的浪潮，放松管制使原来独立发展的产业得以凭借技术和经营优势互相介入，企业间的竞争进一步激

---

① Greenstein, S. and Khanna, T., 1997: What does Industry Mean? *In Yoffie ed.*, *Competing in the age of digital convergence*, U. S. The President and Fellow of Harvard Press.

② Pennings Johannes M., and Puranam P, 2001: Market Convergence & Firm Strategy: New Directions for Theory and Research. *Paper presented at the ECIS Conference*, *The Future of Innovation Studies*, Eindhoven, Netherlands.

③ Stieglitz, N., 2003: Digital Dynamics and Types of Industry Convergence—The Evolution of the Handheld Computers Market in the 1990s and beyond, *in J. F. Christensen*, *P. Maskell* (*eds.*): *The Industrial Dynamics of the New Digital Economy*, Edward Elgar.

化。对于消费者来说，如果消费不同电子产品的交易成本或价格比较高，而这种交易成本是可以避免的，或较高的价格可以通过购买厂商提供的一系列相关产品得以降低，这种现象我们常常称之为“捆绑式销售”。同时消费者还渴望通过单笔交易就可满足多种需求，这种拉动力量会导致“一站式消费”，这使得以前独立销售的产品可以打包销售。由放松管制导致的融合速度非常快，几乎在一夜之间就消除了产业间的人为壁垒。例如，过去电话和有线电视有很明显的产业界限，由于当时电话的使用价格较高，再加上以铜线作为信号传送的导管，限制了信息传输的速度，增加了传输的成本。后来政府逐渐放松对电信业的规制，新的信息通讯技术的广泛使用降低了宽带和计算机的价格，信息的传输成本也随之降低，并且不受时间、空间的限制。

同时，不同产业之间的竞争使得原来产业内部的规制失去了意义，技术融合以及建立在技术融合基础上的业务融合和市场融合促使产业管制进一步放松，从而为产业融合创造良好的条件。如美国1996年的《电信法》（Telecommunication Act of 1996），促进了电话、有线电视、无线、计算机产业的融合。美国电话公司开始涉足视频传送市场，有线电视公司也努力进入电话市场。新崛起的本地电话和信息服务业厂商通过谈判，或承租有线电视系统网络，与有线电视运营商结盟。法案通过后，不仅开放了通讯服务产业之间的自由竞争，更推动了相关产业的数字化、自由化与开放的风潮。在信息通讯技术的引领下，这些产业（电话、有线电视、无线网、计算机）正逐渐整合成一个宽带网络系统。由于系统需要软件产业（电视及信息内容）和硬件产业（电话、有线电视及计算机）的支持，因此在软件产业与硬件产业之间以及它们内部进行着激烈的围绕技术展开的竞赛，优胜者能迅速融入全球性的宽带网络甚至成为市场主导，而失败者将被排斥于市场之外，这种竞争的威胁加速了产业融合的步伐。

（二）供给驱动型融合

供给方的融合主要产生于技术创新及扩散。当一项技术创新被广泛使用时，技术扩散必然伴随着技术创新价值的溢出，这使技术创新具有一定的外部性。技术革新开发出了替代性或关联性的技术、工艺和产品，这些技术、工艺和产品通过渗透、扩散融合到其他产业之中，提高相关产业生产的技术，从而改变了产品的消费特征，为相关产业创造了新的技术升级机会，也为产业融合提供了动力。在美国、日本等发达国家，信息技术创新及互联网的普及推动了信息产业与其他产业的融合。不同的技术在更深的程度上开始重叠并使得一项技术能以更低的成本提供与另一项技术相同的收益。特别是在计算机和电信产业提供的产品和服务上（数字摄影和通讯），当捆绑不同的技术时，厂商首先看到了可能存在的范围经济或协同经济效应[①]。这些技术创新在不同产业之间的扩散导致了技术融合，技术融合使不同产业形成了共同的可转换的技术基础，并使不同产业间的边界趋于模糊，最终导致产业融合现象产生。

虽然技术融合是产业融合的前提条件，但不是所有的技术融合都会导致产业融合。阿尔芳松和塞尔维托以电子行业 1984～1992 年的数据表明了技术融合和市场融合的关系，指出技术融合并不必然带来产品和市场的融合，因而并不实现真正意义上的产业融合。其主要原因在于技术融合与市场需求的脱节，厂商不是站在用户的角度考虑问题而只一味地追求技术创新。就需求方而言，用户对“技术上的完美”并不感兴趣，除非用户能切实感受到某些收益，如内容的完善及价格的降低等，否则新技术难以推广。就供给方而言，由于锁定效应的存在，加之用户的惯性和惰性，厂商想要任何新技术替代某些产品并不容易，因为这种产品早已为用户熟悉，性能稳定、使用方便、且能满足用户感觉到的需求。因此，要实现技术的融合必须首先要有来自需求方的融合，即消费者有消费捆绑的集成产品的愿望，新技术产品才能被市场接受，经过一系列相互衔接、相互促进的阶段，还要有外部的经济环境的相应变革才能真正称得上是产业融合。

随着近几年人们对产业融合研究的不断深入，越来越多的学者也认识到技术融合并不是促进产业融合的最重要因素。在福勒看来[②]，融合最重要的动因是消费者对未来的愿景：所有的服务都变得更加简单。除此之外，其他导致产业融合的因素还有：（1）提供比别的产品更低的成本，或更好的投资回报率；（2）为担忧的潜在购买者解决实际问题；（3）具备新的、必需的功能；（4）明显改善生产力和完成任务的质量；（5）使用户的生活比他们现在拥有的更容易。只有这些因素中的大部分得以满足，产业融合才会实现。

除了来自需求方或供给方的融合，还存在替代效应和互补效应产生的融合。对需求方来说，当需求变得相似时，消费者之间需求的融合意味着不同的消费者群彼此之间是可替代的，相关产品融合为单一捆绑销售的产品意味着不同需求之间的互补，即将它们整合在一起的价值比单独提供的价值大。对供给方来说，不同技术的融合引起一项技术提供可替代另一项技术的功能，技术之间的融合是由互补技术的捆绑带来的，详如表 16－3 所示。

① 从 20 世纪 70 年代开始，全球最大的芯片制造商 Intel 就不断跨越产业边界，将触角延伸到通讯领域开发新的技术，推动自己在通讯领域建立的标准，以实现它在通讯领域与芯片领域的主导地位。

② Fowler. Thomas B.，2002：Convergence in the Information Technology and Telecommunications World，Separating Reality From Hype，*The Telecommunications Review*.

表 16 – 3　　产业融合的分类

类型	替代型	互补型
供给方	由于不同的技术能满足相同的需求而变得相似	不同的技术结合在一起产生新的技术
	速度：取决于技术机会及其专用性	速度：取决于技术机会及其专用性
	如计算、通讯、图像，生物技术与制药	如光电子，有机化合
需求方	不同消费者的需求变得相似	不同的（但相关的需求）可由捆绑的产品得以满足
	速度：渐进的	速度：如果放松管制就很迅速
	市场全球化，消费需求的同质化	如贸易、消费者和投资银行，软件和硬件

资料来源：彭宁斯和普伦那（Pennings & Puranam，2001）。

具体来看，就电子信息产业而言，消费需求增长与产业融合之间的相关性还体现在：

在产业融合的初始阶段，消费者对融合产品的接受必须达到一定程度，否则，由于需求不扩散或需求的增长缓慢，产业融合过程就难以维持。因此，需求增长是产业融合的原动力。随着市场上可选择产品的范围扩大，消费者倾向于选择同类产品中价格较低的。这种对低价格的关注使得厂商不得不追求成本的降低，从这个角度看来，如果一项新技术能带来成本的节约，它一定能得到消费者认可和一定的市场份额，低成本效应能随着使用者规模的扩大越来越明显，从而新技术得以应用和推广，为技术融合乃至产业融合打下基础。一旦消费者选择了这种产品，还要在今后很长的时间里不间断地对产品进行维护和升级，如对更快的速度、更好的兼容性及更丰富的服务内容的需求，这种需求的增长如果由单一厂商来满足的话，虽然消费者能享受到“一站式服务”的方便与快捷，但会造成厂商的业务领域过于分散，成本必然居高不下；而且对于消息灵通，永不满足的消费者来说，早已厌倦了被锁定在某一种技术或产品中；此外，为迅速响应消费需求的变化及升级，厂商供应能力的速度也是体现其竞争力的一个重要方面。这就要求企业之间结成紧密且高效的联盟进行无缝地生产，以最快速度按消费者的要求共同完成商品和服务的供应，及时送到消费者手中。在现有消费需求得到满足的基础上，新产品及新服务还会不断创造出来，这使得联盟内成员形成长期的固定协作关系，联盟网络也将以更快的速度和更大的规模地扩张，最终实现产业融合。

二、产业融合及其表现形式

随着20世纪90年代以来的计算机、电视技术、电信及其相互结合为代表的现代信息技术的飞速发展，以计算机网、有线电视网和电信网为基础的“三网融合”成为了网络发展的必然趋势，一个统一的宽带多媒体平台正在逐步形成，并承载现有的和将来可能有的种种业务。数字化技术把语音、数据和视频等不同信息形式转化为相同的数字信号，而计算机技术和网络技术的发展朝向互联网通讯的技术融合趋势使数字化信息传送更为广泛与普及。因此，数字化革命所带来的融合不仅仅如传统的定义那样广泛存在于电信、广播电视和出版业，还集中体现在计算机（Computer）、通讯（Communication）和消费类电子产品（Consumer Electrics）三大产业（简称3C融合），如图16－3所示。所以，今天的电子消费品数字化已经成为趋势，数字化促进了音视频、通讯与计算机技术的融合，涌现出了一大批新产品和新业务。在3C技术融合的推动下，以电子消费品为基础，传统PC、通讯产业加速了融合进程。所有主流PC制造商都开始销售电视机和其他电子消费品，半导体和软件主导厂商英特尔、微软，传统PC巨头惠普、戴尔都在积极进军电子消费品领域。新一代的电子消费品集成了不同技术领域的最新成果，成为技术“融合”的终端平台。如数码相机已可以完成拍照和摄影的功能，并可进行简单的录影录像的处理；计算机通过网络的链接可以执行通讯和收看电视节目的任务；移动电话更是一个集多种功能于一身的数字产品，甚至我们已无法确切定义该产品是一部电话，一个数码相机，一个GPS定位仪，一台微型电脑还是一部音频播放器或者一台游戏机。这些产品在技术升级的同时也预示着以消费为导向的信息服务模式与技术资源分配的产业新格局正在形成。这一趋势不仅仅是消费电子技术和功能的升级，也标志着基于技术融合的产业内外互动正在成为消费电子产业发展的新趋势。

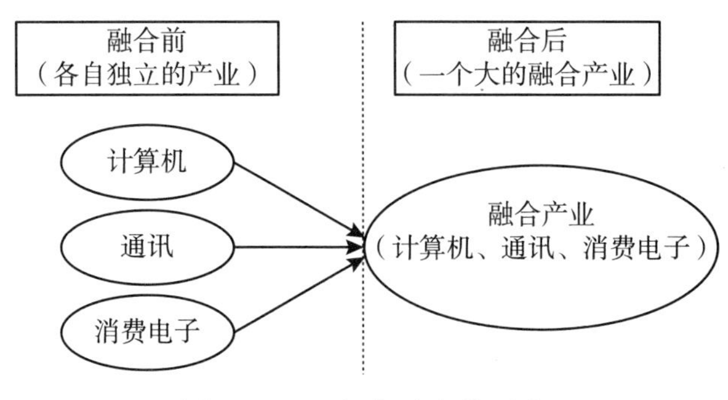

图16－3 产业融合的过程

产业融合催生了许多新产品和新服务，满足了人们收入和生活水平提高后对更高层次消费品的需求，并为企业带来了新的市场空间。一些具备洞察用户需求并有效地整合多方提供的产品与服务的厂商，当他们的产品最大化用户的信息系统价值时，他们将在价值链中获取较高的份额。因此，作为产品和服务的供给者，厂商在融合的环境中要面临技术的更新、不断变化的消费者偏好和市场需求，不得不对新的和未知的市场进行多样化投资，这必将产生战略上的合作关系。厂商可通过一系列合作开发行为拓展他们的能力并利用外部资源，这些行为包括内部合作投资、联盟、合资、研发伙伴以及合并和收购（M&A）。由于每种融合方式的独特性，如驱动力、融合率、或替代/互补效应各有不同，因此不同的战略反映会产生不同的融合方式。

需求方的“替代型”的融合来自不同消费者之间日益增长的消费需求的趋同和相似。伴随着这种趋势，厂商必须不断更新他们现在的产品以赶上潮流。如果新产品的构造与他们现在产品的构造的技术与市场相关性较强，厂商常常通过内部研究开发就能对原有产品进行维护和升级。对于需求方的“互补型”融合，包括产品或服务的捆绑销售，厂商可通过多样化经营和企业间的联合增加产品的功能。由于存在范围经济效应，企业的内部开发或并购也能扩展他们的专业知识领域和经营范围。

在替代品变化的技术融合中，技术替代意味新进入者通过技术革新随时可进入在位者的产品领域。如果在位厂商早期就意识到这种威胁，有可能与代表新的、替代技术的厂商结成联盟。当融合的速度加快时，生存的压力同样会迫使合并行为的产生。另外，如果在位者控制了销售渠道或其他的关键资产，进入者或者通过内部发展，或者积极主动和在位厂商结成联盟以进入市场。由于互补性而产生的技术捆绑，厂商会以技术联盟及其他战略组织关系的提升形式共同开发新的、联合的技术。如果研究的技术是基础型而不是应用型的，联盟的成员还会包括政府机构和大学。

无论是受需求驱动还是供给驱动，或者替代型和互补型的融合，新的融合产业形成后，在利益动机的驱使下，该产业的企业普遍提高成长速度和生产与服务效率，使得该产业从低成长性、低附加值状态过渡到高成长性、高附加值状态，从而实现产业结构的调整与升级，进而推动一国的经济增长。产业融合促进了更多参与者进入和开辟市场，增强了市场的竞争性和加速新市场结构的塑造。

三、产业融合对产业发展的影响

（一）产业融合改变产业及市场的定义

政府部门作为市场与产业分类的主要机构，早已对市场或产业进行过分类。

1997 年，NAICS（北美产业分类体系，North American Industry Classification System）取代了 20 世纪 30 年代建立的 SIC（标准产业分类，the Standard Industrial Classification）。NAICS 中的一项重要变化是其中的服务类产业比 SIC 更丰富，这代表了 20 世纪早期的产业结构，同时去掉了 SIC 中一些已过时的产业，在旧的 SIC 中，几乎有一半（459 个）的产业是制造业，而今天这些部门的产值在 GDP 中所占的比重还不到 20%。NAICS 中有 358 个新兴产业，其中 250 个是服务产业。

然而，NAICS 分类依然是建立在生产过程和供给方的经济基础之上。生产工艺类似的厂商被归为一类。如信息部门，包括软件、电影制造和戏院，这是因为这个部门的所有产业在“生产过程”中都涉及知识产权的问题。在消费者的需求日益多样化的今天，对于面向需求方市场的分类来说，NAICS 的以生产和供应方为基础的分类法也明显缺乏说服力。虽然官方的产业分类似乎是一种层次分明的分类，但对产业本身的发展趋势和反应积极的市场主体来说，这些分类并没有成为分析家或管理者的决策工具，他们的决策大都是以技术和市场需求为导向，而不是局限于在某个特定的产业中。

其他的分类体系还有美国于 1948 年建立的 ISIC 和欧盟的 NACE。ISIC（国际标准产业分类，International Standard Industrial Classification）目的是将全球性的经济活动包括进去，NACE（欧洲分类体系，General Industrial Classification of Economic Activities）与 ISIC 一致，尽管存在细微的差别，但与 NAICS 相比，NACE 和 ISIC 似乎不大适合新兴的服务和网络经济条件下的产业分类。

在反垄断案例中使用的市场定义是“地理区域中的产品或产品集，是由一家假定的利润最大化的厂商销售，这家厂商并不服从价格规制，并在那个区域的目前和将来都是那种商品的唯一销售者，他会在目前或可能将来水平上进行‘微幅但显著且非暂时性’的提价”。而在传统产业经济学理论中，没有明确提出产业边界这一概念，并加以详细说明。从这个意义上讲，产业边界既定是传统产业经济学理论中的一个非常重要的隐含条件。传统产业分类方法正是在这一隐含概念的基础上，按照一定的原则或标准进行分类。无论从静态的角度，还是从动态的角度，在特定时期内，产业总是具有相对的边界。产业融合表明产业的边界是不断变化的，存在缩小、扩大、模糊甚至消失的可能，进而改变了传统的产业定义和产业演化路径，改变了传统产业的竞争规则和产业界限，导致产业边界重新划分。

总体来看，无论是官方还是产业组织学家的分类，都是按照一种固定的模式进行的分类，即技术—产品—产业—市场，其传导过程是从供给方到需求方的。而如今市场越来越朝着用户和需求方的方向发展，产品不断将多种技术融合到一起，甚至在一定程度上某些技术是交叉重叠的，但产业分类并没有明确将它们的界限区分开来。如果说一项技术因为有购买者就能被定义为一个市场的话，如今的产品特别是消费电子品往往都集成了多项技术，因此，用传统的市场与产业定义来分析现在产业融合趋势下的市场和产业就会出现许多问题。

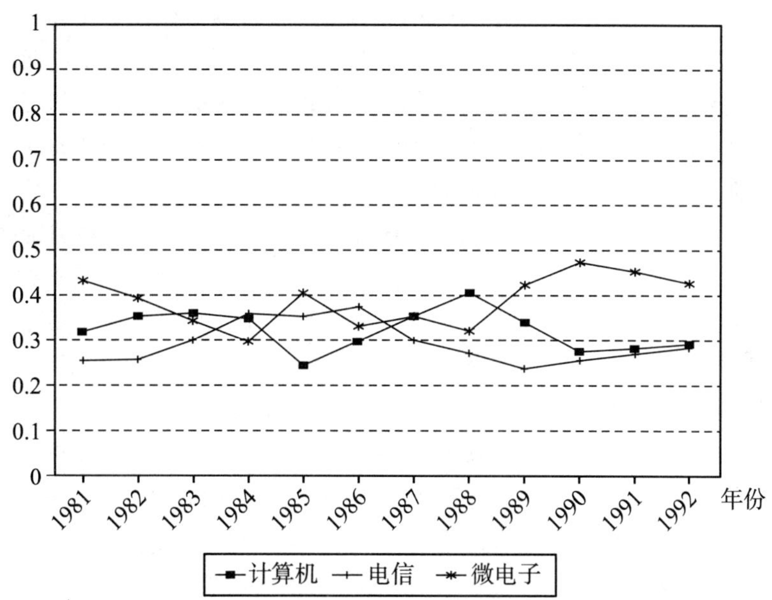

图 16－4　主要计算机公司的技术融合（1981～1992 年）

资料来源：Duysters，G. and Hagedoom，J.，1998. Technological Convergence in the IT Industry：The Role of Strategic Technology Alliances and Technological Competencies. *International Journal of the Economics of Business*，Vol. 5，No. 3.

图 16－4 显示的是世界主要计算机公司 1981～1992 年的技术融合曲线图，图中代表计算机、电信与微电子的三条曲线互相交织在一起，呈现出高度的交叉与融合，因此我们很难对某种包含有这三种技术的产品进行精确的市场定义。在分析某产业的市场集中度时，我们的基本前提假设是这个市场的边界是明确、清晰的，即每种产品都由独立工厂的生产线制造；每种产品都具有特殊的性质，使其可以明显地区分开来，相互之间不会发生竞争；每种产品也都直接拥有明确的客户群。然而新技术建立的新产业边界并在全新的行业中创造和获取价值，并通过创造新的竞争优势来源迅速重组许多现有行业。在这种情况下，产品的可替代性与差异化特征同时得到强化。由此带来更复杂的问题是，不少融合的产品既在同一市场，又不在同一市场，如网络电话，其某些功能是在电信市场，但又不是在原来意义上的电信市场。显然，这将给市场的定义带来极大的困难。

（二）产业竞争和垄断的重新界定

市场定义的变化，在某种程度上否定了对哈佛学派的“结构—行为—绩效”产业经济分析范式。既然对市场定义的变得困难，市场结构无法用集中度来衡量和解释，就更不可能清楚揭示其对市场行为的决定作用，从而也不可能进一步分析对绩效的影响。相比之下，抛开市场结构与市场行为的必然联系的芝加哥学派的分析方法，可能更适合用来分析产业融合中的组织问题。这种新的变化必将会带来新的研究视角，重新探讨垄断与竞争的新标准。

产业融合带来的经济后果不只是上述方面，融合对企业发展和制定战略同样具有极大影响。电子消费品功能的多元化和信息处理能力的加强需要各种类型的高端技术在同一终端产品上的整合，只有这样的产品才具有强大的市场竞争力。另外，产业融合带来的产业间业务交叉、市场交叉等新变化，使得市场竞争不单纯是一种竞争关系，更是一种协同关系。在产业融合条件下，企业不仅要考虑自身，把业务流程的各个功能串联起来，以实现业务的集成，还要考虑与外部的一系列连接以完成协同式的业务。在当前产业融合的环境中，几乎没有哪个市场参与者拥有整个价值链的技术和资源，从而使这些融合部门中的参与主体不得不在不同程度上依赖合作者。这一系列企业重大合并、收购和联合活动塑造了新的市场结构。

然而，合作也就意味着更高层次的竞争，一项或者几项技术优势都不足以构成产品的比较优势，真正的竞争力是包括信息生产、信息处理和信息消费等各个环节的整合竞争力。因此，就这个意义上而言，产品的竞争将随着融合的趋势迎来新一轮的产业结构调整与升级，这种既合作又竞争的态势必将成为电子信息产业的未来发展方向。由于消费者被认为是企业供应链上的合作伙伴，企业按他们的需求组织生产、提供服务，所以起决定性作用的主要是市场需求规模和结构。

这就会产生两种结果：一方面，互补性的融合使得产品或服务供应商并不是预测哪一种功能组合会赢得市场优势，而是要有能力在最短时间内提供用户所要求的任何功能组合，同时要付出的代价是专业化。另一方面，当融合市场越来越多地提供同类产品的时候，消费者不同的需求及其消费模式还将在相当长时间内存在，替代性的融合产生的对专业化的需求为提供单一功能产品的厂商保留了生存空间，差异化产品得以推出。当然，这种差异化可能更多地取决于消费需求的偏好，对某种品牌的认同，以及消费习惯等。因此，产品融合是相对的，多产品功能的简单集成并不能完全取代以前单一功能产品。比如照相手机不能完全取代数码相机，游戏手机不能完全取代掌上游戏机。多功能便携设备要在各功能之间取得平衡，又受到设备重量、体积、显示屏大小以及电池容量的限制。这种变化，一方面可能使竞争更趋激烈；另一方面可能使竞争更加丰富化。

此外，从技术角度来看，产业内的厂商都会经历“为标准而竞争到在标准内竞争”这一过程，一旦行业标准建立起来，在同一标准约束下，不同产业产品之间在联合使用时应有共同的标准硬软件“接口”。同时，“标准接口”是开放的还是封闭的也直接影响着产业竞争格局。如果是开放的，那么融合过程中由于新进入者容易进入，有可能使得产业的竞争程度加剧。如果是封闭的，则某一企业在“标准接口”的竞争中取得垄断地位，则此时产业的竞争格局取决于该垄断企业竞争策略的变化。

值得一提的是，原本独立的产业相互融合并不意味着产业数量的下降，相反，由于融合带来的分工的不断细化，将导致各种专业的市场或产业的增长。每个市场都拥有专业的业务领域和厂商，这些厂商的竞争优势和独特的资源是高度私有化的，而且这些新的子市场的进入壁垒一旦建立起来，似乎要在短时期内进入还是比较困难的。例如，电子湾（Ebay）目前不具备与思科在路由器方面竞争的能力，诺基亚同样无法与微软公司的操作系统进行竞争。因此，产业融合的另一个结果可能会带来专业厂商的垄断，但这种建立在技术基础上的垄断未必能够持久，毕竟产业融合的特征还没有完全体现出来，而技术又是在不断进步的。在产业融合的进程中，竞争的格局不断打破又形成新的态势，原来具有较高市场集中度的产业或垄断厂商同样也面临调整与改变。

（三）企业战略的调整及产业升级

在产业融合发展过程中，跨国公司的迅速发展成为了积极的推动因素，甚至是推动产业融合发展的主要载体。全球范围内竞争的加剧使跨国公司更加关注核心竞争力的塑造与强化，剥离不相关业务、外包边缘性业务、回归核心业务成为跨国公司发展的主要方向，相应地电子信息产业链也越来越长。过去是一个企业完成整个产品的生产，现在是一个产业链才能完成。没有一个相对完整的产业链，单个企业生产单个产品的生产组织方式将难以生存。同时，并购重组已成为跨国公司在全球范围内整合产业资源、控制价值链中更多环节，从而不断巩固其全球市场地位、增强国际竞争能力的重要途径，从而越来越深刻地影响着世界产业竞争格局。一方面，跨国公司加大研发的投入，加快科技成果转化为生产力的速度，还向其他企业输出技术，广泛渗透到其他产业，推动新技术产业与传统产业融合。另一方面，跨国公司按整体利益最大化原则，对从研究开发到加工制造、到销售服务的整个价值链的各个环节，在全球范围内优化布局，从而把企业内部分工转变为国际分工，使产业细分转化为产业融合。在同一竞争行业内，如集成电路领域，技术发展到65纳米以后，更多厂商选择联合研发和制造，如ST、飞利浦和飞思卡尔合作的微电子联盟，IBM、英飞凌和三星组成的65纳米和45纳米技术项目。在不同行业之间，摩托罗拉宣布与谷歌（Google）合作，将在其手机里加入具有Google搜索引擎功能的软件，同时实现对地点的精确查找；松下、三星与美国有线电视运营商Comcast合作，共同推广高清电视机顶盒等。

产业融合的趋势，使得不少厂商在追求专利和专有技术的同时，更加注重开放和标准技术的研发和应用，掌握不同技术的厂商也更加注重相互协作。TCP/IP、Wi-Fi等系列开放的技术标准，让不同类型的技术、运营商和产品按照统一的技术标准相互连接和通讯。除了技术的开放和应用，产业内或产业间企业结成的各种形式的技术联盟主要有：（1）特许：在特许的联盟中，相关企业之间有长期的不间断的技术联系，因而不只是进行一次交易就结束；而且，被授权的企业是精心挑选的有实力的企业。（2）交叉特许或联合授权：两家或多家企业签订协议允许互相使用对方的专利，这种特许使得企业之间的联系比单方面的特许更强，双方的技术交流也更加密切。（3）研发联盟：由多个成员建立的、涉及较复杂领域的研发组织。如微电子和计算机技术组织（MCC）和半导体制造技术联盟（Sematech）。

在电子信息产业价值链重组过程中，其国际转移出现了产业集群的现象。在美国，在世界市场占有明显竞争优势的集成电路和软件产业，很大程度上依赖的就是美国斯坦福大学附近的硅谷以及麻省理工学院四周的波士顿128号公路等科学园。在日本，集成电路生产主要集中在九州岛熊本高技术城。在印度，软件生产和出口主要集中在全国的20多个软件园区，这些软件园中企业的出口额占全国出口总额的80%，是印度软件产业的主力军。在北欧，电子信息产业发展主要依靠几个大的跨国公司，如瑞典主要是爱立信和ABB，芬兰主要是诺基亚。瑞典电子信息产业主要集中在斯德哥尔摩和瑞典东南部地区，芬兰则依靠奥鲁科学园等10个园区。在中国，已经形成了三大电子信息产业集群带，分别是以上海为龙头的长江三角洲地区，以广州、深圳为中心的珠江三角洲和以北京—天津为轴线的环渤海地区。在电子信息产业集聚出现的同时，国际产业梯次转移使得产业分工越来越细。当前，发达国家日益重视发展高技术经济、服务业和环保产业，鼓励制造工厂向国外搬迁和投资。这一调整的结果是，美国、日本和欧洲发达国家发展知识密集型产业，新兴工业化国家和地区发展技术密集型产业，劳动密集型和一般技术密集型产业则向发展中国家转移。

四、我国的电子信息产业融合态势

按传统的口径划分，我国的电子信息产业大致可分为三大类：投资类、消费电子类和基础元器件。过去提出的发展信息产业这一结构调整是在短缺经济状态下，以克服产业“瓶颈”、填补产业空白为目标的宏观均衡导向型调整。20 世纪 80 年代以来至 90 年代中期，由于电视机、收录音机、录放像机等消费类电子产品快速进入家庭，市场需求快速增长，推动整个电子信息产品市场的增长。在这个时期，消费类电子产品是整个电子信息产品市场的主导产品。但这种状况从 90 年代中期后发生了变化。从 1998 年开始，投资类产品的市场需求增长无论是在绝对数量，还是在相对数量都已经超过了消费类产品，市场主导产品开始由消费类产品逐渐转换为投资类产品。这是因为随着我国国民经济信息化进程不断加快，以计算机、通讯设备为代表的投资类产品大量、快速进入家庭和各行各业，成为基本的生活、生产资料。这一变化过程使得投资类和消费类产品无论在技术、功能及市场的划分上都趋于融合，因而其市场边界也趋于模糊。而消费者需求的升级及技术的融合，使传统家用电器、计算机、通讯终端逐步融合为一体的信息家电出现，数字电视、机顶盒、数字视音频产品以及各类数字化终端等新型电子消费品也随之迅速发展。随着企业不断加快新品开发和市场拓展的步伐，产品结构逐步升级，高端产品比重不断提高。液晶和等离子产品日益成为彩电行业的热点和增长点，2005 年，中国数字电视的销量已占全球总销量的 54%，产量占全球总量的 45%，其中平板电视占到了 40% 左右。计算机行业中，笔记本电脑占微型计算机的比重接近 60%。[①]

随着人们生活水平提高，消费水平和消费结构明显提升，要求更加方便、时尚，符合个性化消费需求的产品。消费需求的提升直接导致了电子信息产业的转型与升级，主要体现在三个方面：一是模拟技术向数字技术转变，数字化成为电子产品的主流；二是网络化趋势明显，基于网络应用的技术开发迅速拓展；三是应用领域的扩大，改变了各行业的生产和运作方式，促进了经济结构的调整和发展方式的转变，反过来又促进了信息技术的进一步升级。在这一变化过程中，中国的电子信息产业结构从生产硬件为主逐渐走向软硬件结合，内容服务、内容渠道等市场逐渐融合渗透。不少消费类电子企业推出了内容服务平台、搜索引擎和硬件捆绑等新业务模式，形成新的竞争优势。表现为中国的企业以各种不同的形式广泛参与国际分工，组建战略联盟，开展产业链上下游的协作和整合，如国内主营通讯设备的主导厂商华为公司，与关键零部件的供应商开展了针对特定项目的协作关系（如英特尔、摩托罗拉、得州仪器、高通、微软、太阳微、英飞凌和杰尔），还和西门子（作为中国 TC-SCDMA 项目的一部分）、3Com（在销售和联合产品开发领域）成立了合资企业。就技术领域，华为除了与相关领域全球

① 张晓强主编：《中国高技术产业发展年鉴（2006）》，北京理工大学出版社 2006 年版。

领先的厂商和大学建立一系列广泛的联盟关系之外，如表 16－4 所示，还建立了自己的全球创新网络。

表 16－4　　　　华为的全球创新网络

所属地	范　围
基斯特/斯德哥尔摩，瑞典	基站结构和系统设计，无线电技术，RAN 运算法
莫斯科，俄罗斯	运算法，无线电频率设计
班加罗尔，印度	嵌入式软件开发，平台开发
普莱诺/得克萨斯（紧靠达拉斯电信走廊）	CDMA 全套方案，3G 通用移动通讯系统，CDMA 移动智能网络方案，移动数据服务方案，光学方案，模拟声音数字化方案
深圳研发中心	服务平台
华电/深圳研发中心	
深圳试验制造中心	
上海	芯片设计，嵌入式软件
北京	打包技术，3G 终端开发
南京	3G 服务，软件

资料来源：Ernst，D. and Naughton，B.，2005. China's Emerging Industrial Economy Insights from the IT Industry，*Paper Prepared for the East-West Center Conference on China's Emerging Capitalist System*. Honolulu，Hawaii，Draft Version。

除了华为，许多中国的电子信息企业纷纷主动参与和建立以全球市场为目标的战略联盟，这些联盟很大部分是研发联盟，旨在联合开发新型电子产品，相互技术渗透，共同分享市场份额，提高竞争能力。据吴建和卡拉汉的研究，中国信息产业在 1997～2003 年间共建立了 80 个国际研发联盟，分别有来自北美、欧洲、日本、韩国及国内的组织。其中和摩托罗拉、微软、IBM、朗讯和贝尔五个跨国公司达成的联盟数就有 39 个之多，中国方面多数是中兴、华为、大唐、中国移动等实力较强的公司，另外也有一些是清华、北大、复旦等高校或地方政府参与。其联盟的动机不外乎有：培育与政府的关系、获取人力资源、建立垂直联系、转移互补技术、获得规模经济、进入当地市场并获得一定市场份额。①

面对来自国内企业终端制造能力的提升，跨国公司日益将资源投向产业链上游的材料、芯片等环节，或价值链上的研发与营销等利润丰厚的环节。同时，跨国公司向发展中国家的产业转移也已由制造转移向制造与研发协同转移演进。中国正成为跨国公司研发中心的投资热点，诺基亚、摩托罗拉、西门子、IBM 等在

① Jian Wu and Callahan J.，2005：Motive，Form and Function of International R&D Alliances：Evidence from the Chinese IT Industry，*The Journal of High Technology Management Research*，Vol. 16，No. 2.

中国的研发中心已在其全球战略中占据越来越重要的地位。电子信息产业的融合态势同样使得产业集中度不断提高，东部沿海地区仍是其发展的主要区域，规模排名前八位的省市都在东部地区。长江三角洲、珠江三角洲和环渤海三大区域的劳动力、销售收入、工业增加值和利润占全行业比重均达80%以上。产业基地和园区建设进一步深入，9个已挂牌国家电子信息产业基地的产业规模和利税总额占全行业的比重均超过3/4，产业的集群效应及基地的优势地位日益显现。电子信息产业发生的这些变化，使得资源不断进行整合，市场融合的趋势进一步加速，并逐渐形成新的全球性的市场结构，垄断与竞争的格局在这一变动过程中将发生巨大的变化。

在产业分类上，为更好地体现投资类产品与消费类产品的融合化趋势，《国民经济行业分类》（GB/T4754—2002）对《国民经济行业分类与代码》（GB/T4754—1994）进行了调整，将投资类、消费类电子产品和元器件的生产合并为“通讯设备、计算机以及其他电子设备制造业”，增加了“信息传输、计算机服务和软件业”，并对其进一步细化，较好地反映了信息产业发展的方向。

尽管我国的电子信息产业在产业融合的浪潮中有了这些积极的变化，同时还要看到，中国经济仍处于转型时期，是非健全的市场经济时代。在转型期，更需要强化政府的宏观调控和制定发展战略、方针的作用，以保证产业从制造大国迈向技术强国。但是，目前政府在宏观管理调控和指导方面显得薄弱。主要表现在体制改革滞后，制约产业发展，特别3C融合进展缓慢，影响融合产品的开发、增值业务的开展及数字音视频产业的发展。首先，产业融合所引起的产业界限模糊或消失、产业的广度与深度的变化，极大地制约现行的政府管制，因为这些管制大多数是在产业界限相对明晰时形成和实施的。如果仍然采用原来的产业管制方式无疑将不能适应也不利于融合型产业体系的构建与发展。政府及政策制定者还应充分认识到放松管制也是促进产业融合的动力，应制定适宜的管制框架以促进这一产业体系的构建。而且，对于中国的《反垄断法》来说，首要问题是现行的产业分类体系及不断变化着的全球性市场结构能否对产业及市场有一个较为准确的定义，以做出更科学的关于垄断或竞争是否合理的判断。

其次，以企业为主体的技术创新体系尚未形成，政府对创新的扶持力度不够，缺乏相应的措施。虽然大型骨干企业已开始重视核心技术的开发，但由于基础薄弱，科研开发投入少，大多数企业尚停留在二次应用开发阶段，或只有整机系统的开发，未能进入核心关键技术和中、长期技术的研发，因此，距离形成核心产业链、核心竞争力相差甚远。在标准方面，国内企业在国际化标准组织（ISO）、国际电工委员会（IEC）等制定标准中，参与制定的总量不足2‰。因此，应加快建立以企业为主体的国家技术创新体系，有效发挥政府在基础性技术及关键技术领域的政策引导和组织协调作用，整合社会科技创新资源，建立关键领域的研发协作体系，并充分发挥科研机构、高等院校的科技资源和企业的资金、市场与生产优势，实现优势互补，联合攻关。依托国内市场加快建立与国际接轨的自主标准体系，突破发达国家的专利和技术标准壁垒。

最后，为全面提升我国电子信息产业的国际竞争力，加速培育一批拥有自主知识产权产品、有国际竞争力的跨国公司和国际知名品牌。要从政府采购、科研布局、工程建设、投融资支持等多个方面，切实加大对电子信息产业领域优势骨干企业的支持力度。同时，鼓励以完善产业链为核心的企业合并和并购重组，促使资金、人才、市场等资源向优势骨干企业集中，支持企业的多元化经营，实现规模经济与范围经济效应。

五、全球产业融合：从消费需求升级的视角分析

尽管不少学者将信息通讯技术的蓬勃发展作为研究产业融合的主要基础和前提，也考察了产业内或产业间多样化的合作、新能源和新材料的不断发现及广泛应用、各国政府放松规制等因素在产业融合的过程中所发挥的巨大促进作用。但是，在分析产业融合的成因及趋势时，信息技术不只是简单地将产品融合在一起，更重要的是正在全球范围内打破原来的产业链体系，重构新的价值创造网络，同时挣脱了地域和时间限制的消费者也由此获得更大的主动权。和产品或服务的供给方一样，消费者在信息通讯技术的高速发展中也在不断调整和进步，并逐渐学会利用信息通讯技术不断改造自己，实现消费需求的升级。与此同时，消费者开始对厂商提供商品和服务的内容、时间、地点以及价格提出更具体的要求。正是在这场全球性的产业融合中，消费者在影响产业组织变革及未来发展趋势方面的作用也特别明显地体现出来。

（一）开放式创新拓展企业边界

创新是一个近年来颇受关注的词。创新的面很宽泛，除了微观层次上的产品创新、工艺创新、服务创新、技术创新和管理创新，宏观层次上的关于创新能力的培养、制度的创新及国家创新体系的建设也屡见不鲜。如果我们把企业内部的活动进行详细考察，就会发现各个环节都有可能实现创新。这些活动不仅包括最直接创造利润的环节，如从供应商处购买原材料或中间产品、生产的各个流程、产品的包装、配送及分销渠道、与顾客接触的方式、各种营销手段的运用等整个过程，还包括很多间接的且必要的支持活动，如设备的管理、人力资源的安排、金融业务、产品的研发、日常维护和维修，甚至企业间的战略伙伴关系、投资战

略和公关策略等。所有这些活动都是创新的潜在对象，这让我们不再简单地将创新活动等同于产品创新和工艺创新。

传统的创新观点通常意味着企业在自身研发能力的范围内自主研发并将其通过知识产权的保护设法转化为市场所需要的商品，企业很少关注来自外部的创新和思想。以前的科技重大进步的确大多发生在一些大的、世界知名的研发机构内部，比如贝尔实验室和施乐帕洛阿尔托研究中心。企业的研发和设计能力也曾被学术界和商界作为衡量企业是否具有核心竞争力的重要标准。但现在，科技进步如此之快，即使是最大的企业也无法对相关产品的所有基础学科进行深入研究，而且，企业花费巨资所创造的大量专利发明，也只有很小一部分被用在企业的产品上。企业也越来越清晰地认识到，无论企业多么精明、具有多么丰富创造性以及创新性，企业外具有丰富创造性和创新性的精明人永远比企业内的员工多[①]。哪怕是全球性的垄断厂商也不例外。即使是微软，它的很多成功的软件都不是自己开发，而是直接来自于中小企业或个人的创新成果，或者是模仿竞争者的产品；在汽车产业，梅塞得斯—奔驰公司甚至在尝试将研发工作外包给不同产业的其他公司，奔驰推出的Smart汽车就不是自主设计的结果，它的全部设计工作是由瑞士钟表制造商Swatch完成的；宝马和波音曾经以掌握并控制发动机的核心技术维持竞争优势，但现在它们已将创新的重要责任交给了供应商。这表明企业之间的合作形式已经发生了重大改变，从简单的以削减成本为主的外包过渡到了在更开放、平等的环境中共同创造价值。对那些在价值创造网络中协调整个过程的企业来说，发明创新和生产物质性产品的关系并不大，更重要的是协调并综合利用好的想法。

实际上，就微观层次上的产品创新而言，也即某种形式的改良或发明，在如今面临来自全球竞争压力的环境下，任何一家企业都很难严守知识产权秘密。无处不在的信息通讯技术在几秒钟内就能将新产品、新技术的信息传播到每一个角落，只要给予一定时间，竞争对手很容易利用这些信息和技术在较短的时间内进行反向设计，生产出类似的产品。如今，很多企业在内部研发要求和能力的基础上，开始考虑如何通过更加开放的渠道从外部市场获取新的专利技术和能力。通过项目委托、联合研究与开发等多种研发外包的形式建立战略联盟，以达到合理利用资源，分散风险和增强企业竞争力的目的。然而，随着信息通讯技术对各个产业的渗透和在世界范围内的广泛运用，企业间的缔结联盟、联合投资和选择性外包仍然具有一定刚性。一方面，全球性的竞争在加剧，企业的规模在不断扩张，用于研发预算的增长速度逐渐超过销售的增长速度；另一方面，消费者见多

① ［美］彼得·芬加：《没有对手的竞争》，群言出版社2008年版，第61页。

识广且需求易变，不断涌现的时尚潮流导致消费需求不断升级，要求企业跨越产业边界提供产品和服务，因此企业间的战略联盟在引导创新和增长到达一定程度后，很难再有进一步较大的提高。这时候，企业非常需要交叉性的企业边界，聪明的企业必须超越自身的甚至跨过产业的边界，进入到由信息通讯技术搭建起来的网络平台，将世界作为其研发部门。利用网络平台，企业不仅和战略同盟，也和顾客紧密地联系在一起，还能够寻找到好的创意及某些独特的智力资源，获得外部的技术支持。

越来越多的企业认识到，技术上的领先并不等于市场的成功。不是每个企业都擅长研发，也不是每个企业都需要擅长研发。对于产品应该包含什么功能、能解决什么问题以及能带给用户什么体验，最终消费产品的人最有发言权，同样，企业投入巨资开发出的新产品和新技术也要得到市场的认同才能收回成本、创造利润。与其由企业的决策者绞尽脑汁地预测什么产品和服务才能激发消费者的兴趣和购买欲望，不如让渡一部分权力给他们。新的全球化带来了合作的变革，企业在整合创新和拓展生产方式，而后者又反过来促进了全球化的进一步深化。传统的大众传媒限制了消费者传播信息的渠道，今天高度发达的信息通讯技术则帮助了他们实现了权力的过渡。点对点网站的出现、开放源代码软件、用户易于掌握的编辑工具、廉价的存储器和价格合理的宽带、个人电脑和廉价的数字产品等工具使得今天的消费者早已不再满足于仅为被动的产品与服务的接受者，而是迫不及待地想要成为生产者，对于消费的产品和服务的创新及传播投入极大的热情。他们在网上创作内容并与所有人分享，对自己感兴趣的产品和厂商更是高度关注。他们表现出来的某些科学才华和专业技能过去只有专业者才能拥有，现在大众中的一些人也同样具备，并开始涉足专业者的领域。他们不仅在网络上分享产品的使用心得，交流经验，而且擅长改变某些产品原有设计，并开发出新的用途。在这种关系中，双方都在投资，因此它的价值增长是单方投资价值增长的两倍。创新中心（InnoCentive）就是这样一个面向全世界征集研究成果且集体智慧汇集的地方。在这里，诸如波音、杜邦、宝洁、宝马等《财富》500强企业中的80%～90%都将自己最棘手的问题和急需的新技术公布在网页上，登录网站的每一个人都可以尝试解决这些问题，企业会支付给解决问题的人1～10不等的报酬，远远低于企业内部研发机构的花费。来自全球175个国家的14万“问题解决者”为这些公司出谋献策，除了各行各业的科学家，还有众多的其他不同身份的人，如工程师、业余爱好者、律师、在校学生等构成了创新中心的智力资源。创新中心超越了传统的研发机构，比企业内部的研发团队更快速且更高效地解决那些明确指定的问题。同时，对于那些拥有大量知识产权却无法有效利用的企业来说，创新中心更是一个开放的转让途径，很多跨国公司在这里为公司内部闲置的研究成果寻找外部出路以获得更多的收益。从这个意义上来说，研发部门可能成为企业的下一个利润增长点。

世界范围内的创新还为中小企业的发展提供了不断增长的机遇。由于资金约束，中小企业难以负担巨额的研发费用，即使研发成功，企业本身的较小规模和狭窄的业务领域使得其不能完全发挥出昂贵硬件系统所能提供的功能，同时，中小企业易变的经营模式和经营范围也与研发所需时间的长度难以协调。通过网络交易平台，那些在研发、管理和营销方面无法同大企业抗衡的中小企业也能参与到全球化的经济系统中来，出售或购买创新理念和技术，同样可以获得可观的收益。信息通讯技术的发展让垄断企业、中小企业及大众得以在平等的基础上展开协作，以更高效、便捷的方式融合在一起，共同发现价值、创造收益。

（二）基于时间的竞争加快融合步伐

随着社会经济的发展和人们生活水平的不断提高，人们的消费能力和消费观念的提升，大众化的产品越来越无法满足人们日益个性化的消费需求。产品从研发、生产，到最终消费者手中的生命周期越来越短，消费者对品牌的关注度与忠诚度也在不断地下降，同时还有潜在的进入者或在位的竞争对手不断瓜分越来越薄的市场利润。这就要求企业必须在第一时间内掌握市场最新的动向，企业的产品进入市场越早，就越有可能赢得最具价值和增长潜力的市场需求。尤其在全球化已成为不可逆转的趋势下，信息技术在各行业的广泛应用，使得市场竞争已进入一个全新时代。在传统企业经营方式中，企业的竞争优势来自于成本、质量、技术、服务等因素，这些因素体现在企业生产经营的整个过程中。但是，从接受订单到交付成品是一个漫长的过程，诸多中间环节会不可避免地产生等待现象。现在的消费者不仅要求厂商的产品具备低廉的价格，良好的质量，先进的技术和完善的服务，还特别强调产品从订购到交付使用的速度。企业如果将时间竞争观念融入到生产运营中，采取需求驱动的生产方式，快速响应市场，加快新产品的推出，缩短产品生命周期的每一个环节的时间，就能取得竞争优势。总之，无论市场需要什么，反应迅速的企业总比迟缓的企业更有机会获得成功。

基于时间竞争战略就是围绕消费者易变的需求，将时间作为一种竞争资源，对企业组织结构、管理和生产方式等进行调整，从而更快更准确地对外界做出反应，以提高整体组织效率。它不仅要求企业根据顾客需求的变化，缩短产品开发的时间、库存周转的时间、生产周期等所有订货至交货的时间，还要求企业进行机构调整、商业流程等组织形式的改革，这种竞争对企业的原有运营方式提出了重大的挑战。

供应链的同步化和运行过程的一体化是获得时间竞争优势的关键，其对市场需求反应时间长短反映了其调动和使用各种资源的能力。借助信息通讯技术搭建的网络平台，任何信息都可以无障碍和无时滞地传递。比起具有某些物理形态的商品，信息能够以很低的成本储存、运送和废弃。只要市场需求有变化，有关变化的信息就会实时通过通讯网络传输到产品或服务的供应商处，这些信息还可以在研发部门、采购部门、生产部门及销售部门实现充分的共享。随着信息代替库存这种变革的深入，所有的有关产品和服务生产的环节逐渐无缝地整合在一起，为永不满足的消费者提供让他们心满意足的产品。

对于很多与时尚潮流相关的产品如电子消费品或服装来说，要保持领先地位，必须快速识别甚至引领时尚趋势，在恰当的时间推出自己的产品，在潮流还新鲜的时候获得高边际利润。西班牙的服装公司 Zara 就是将时间作为武器，放弃了自主创新，将重点放在对市场的快速反应上。在它看来，商店并不仅仅是商业流程的终端，也是搜集市场信息的起点。顾客的需求趋势通过商店及时反馈给设计团队，然后，计算机控制的裁剪机器将统计数据变成样衣。为了在市场需求还没变化之前迅速将产品推向市场，Zara 加快了运输速度，用飞机而不是轮船从西班牙将成品运送到世界各地，只需 12 天就可完成从服装设计到成衣上市的整个过程，而同行业中其他公司是将绝大多数生产外包给工资水平极低的国家，他们完成这一过程最出色的表现也是 6～9 个月。因此，Zara 的服装总是最新潮，最受消费者喜爱的。它通过产业链的高效整合大幅压缩成本，具备更加灵活的行动能力，将库存降到最低水平，尽可能地避免了时尚界的风险。当然，类似 Zara 的企业还有很多，他们的成功不只是来源于该公司本身的战略行为，帮助其实现市场领先地位的是产业链上各个环节，包括原材料采购、物流运输、订单处理、加工制造、终端零售等数百家甚至数千家的企业组成的高效整合的产业链。这些新的极具竞争力的企业以全球为基础规划商业活动和生产的各个部门来为消费者提供产品和服务，从搜集消费者需求信息到产品交付完成都是通过全球性紧密的组织间协作完成的。

此外，市场全球化和消费者需求的多样化导致产品种类成倍增加。这是由于企业需要根据不同国家和地区消费者的偏好、语言、环境以及政府法规提供多种版本的产品，即使在同一地区，一个产品系列也会包含不同功能的多个型号产品。而且，技术更新速度的加快使得企业必须生产多个系列的产品以应对不同的升级需求。在这种情况下，厂商根本不可能针对如此复杂多变的需求准确预测每一件产品的产量。结果就是一些产品大量积压，而另一些产品则供不应求。为了解决这个问题，有很多企业采取延迟策略（Postponement），将产品形式和特征的变化尽可能向后推迟到顾客订单后再确定，这使得某些原来本该在工厂完成的任务现在延迟到制造厂、地区配送中心、经销渠道甚至顾客处实施，尽可能晚地为特定顾客组装产品和服务。延迟策略是基于在敏捷供应链协调连接的过程中，供应环节越接近于最终消费者的特定要求，产品的差异程度就越高。不仅尽可能地尊重不同消费者需求的差异，也是一种基于时间竞争方式的具体体现。该策略的实施除了要求企业具备对市场做出快速反应的能力，产品还必须是可模块化生产的，零部件具有标准化与通用化的特性。以戴尔和惠普为代表的来自计算机制造业、汽车业和服装业等产业的某些厂商早已通过成功运用这一策略在同行业中占据主导地位。具体措施包括建立信息网络减少处理订单信息中的延误；储存标准化的零部件；使用快速运输工具；在需求量大的地方设厂以更接近消费者；利用各种高效的自动化设备，等等。这意味着企业在接到订单后必须将供应链的所有环节紧密调动起来协调运行，实现从按库存生产向按订单生产的转变。

（三）产业融合对产业及企业的影响

企业业务的增长、边界的模糊以及产业间的协作必须有强大的信息通讯技术做支持。信息通讯技术不仅可以直接作用于劳动和资本，提高企业的劳动生产率，从而使生产过程变得简单，还有利于企业之间的沟通交流，降低交易成本。此外，信息技术资本的另一个区别于其他传统的生产要素的特点是，它的投资会产生相当大的经济外部性。除了信息通讯技术本身产生的网络外部性，还存在另一种与其相关的外部性，即所谓的知识溢出（学习效应）。所有企业间的关于采购、生产、管理、销售和宣传的技术都会通过学习效应被许多公司掌握和应用，有竞争力的企业常常在很短的时间内复制创新性企业所做的信息通讯技术方面的投资。除此之外，还有很多企业之外的用户群体也在通过信息通讯技术展开一系列活动，如消费者的需求反馈、学术机构的科研活动、政府部门的信息化管理以及劳动力的自由流动，等等。因此，采用信息通讯技术的企业会首先发生生产过程和组织的变化或创新，而那些成功运用先进技术的企业或产业会将知识自然而然地渗透到其他企业或行业。信息通讯技术的独特价值就在于它能够从根本上改变产业间的业务流程和组织结构。

表 16 – 5 以美国 1984 年和 2000 年 42 个使用信息技术的产业为例，分析了基于产业间贸易而产生的技术、资本和知识的溢出。表格通过将每个产业信息技术的资本存量加权和来衡量产业中可利用的信息技术产生的资本溢出。我们将信息技术的溢出存量分为两种：一种来自中间产品的供应产业；另一种来自消费者。然后，我们用信息技术溢出存量估计可变成本函数。结果表明，信息技术的溢出存量降低了所有产业的可变成本。此外，就信息技术的外部性来说，由中间产品供应商创造的外部性比起由消费者创造的更大也更重要。也就是说，知识的溢出更容易通过产业间的贸易实现，溢出的同时也将使用信息技术的相关企业更

紧密地联系在一起。通过比较不同产业，我们发现，服务业中的信息技术溢出带来的收益比其他产业更大，不仅是由于他们具有较高的信息技术资本密度，而且还因为他们的交易模式更高效也更快捷。在分析信息技术溢出存量的长期效应中，我们发现，一个产业对自有信息技术资本的需求很大程度上受到消费者和中间品供应产业的信息技术需求影响。

表 16-5　　拥有信息技术和信息技术溢出的存量：1984 年和 2000 年美国 42 个产业的对比

产　业	K_0^{1984}	K_0^{2000}	SO_B^{1984}	SO_B^{1984}	SO_F^{1984}	SO_F^{2000}
农业、林业和渔业	38.33	1 602.74	1 144.83	12 616.25	590.00	8 868.71
采矿业	1 459.32	5 004.96	1 411.47	23 308.05	740.62	3 745.31
建筑业	119.88	7 138.66	2 041.69	23 402.65	619.12	9 778.35
木材和木制品	141.11	1 011.66	1 191.39	14 212.65	460.68	8 426.71
家具和设备	99.08	907.03	2 137.65	23 468.15	176.94	2 329.77
石头、泥土和玻璃制品	390.18	1 913.17	831.44	9 827.20	429.59	6 925.55
基础金属行业	579.64	1 795.73	1 132.92	14 548.34	941.57	7 325.56
金属制成品	478.90	4 190.21	974.25	11 246.00	722.25	7 867.80
工业机械和设备	3 069.72	21 856.13	2 385.66	22 552.87	682.99	11 926.10
电子和其他电动设备	2 513.83	17 140.83	1 591.06	15 936.64	1 156.16	16 624.51
运输设备	1 479.52	7 672.02	2 661.02	28 238.35	334.26	3 247.59
仪器和相关制品	720.38	9 413.36	2 358.23	22 213.79	856.31	8 397.56
各类行业制造	131.38	902.30	2 654.13	25 674.38	804.09	15 087.99
食品和相关产品	702.51	4 703.20	1 452.17	18 056.98	961.65	9 639.89
烟草产品	102.08	256.05	3 491.65	46 761.54	48.70	1 541.88
纺织产品	183.31	1 564.09	1 002.51	13 024.95	603.88	6 526.81
服装和其他纺织品	189.73	937.25	2 218.41	21 985.31	318.02	5 400.19
纸和相关产品	345.38	1 960.48	1 048.92	13 248.89	1 447.32	17 961.14
印刷和出版业	746.17	13 633.18	1 811.17	24 923.82	2 025.25	25 476.71
化工和相关产品	906.78	9 488.78	1 518.10	19 962.35	473.59	5 534.52
石油和煤产品	252.83	475.24	1 293.54	10 563.02	661.03	8 981.03
橡胶和各种塑料制品	209.92	2 874.50	837.08	11 043.47	1 004.56	10 679.67
皮革和皮革制品	27.07	141.72	2 133.84	16 526.63	231.76	8 844.30
交通业	382.30	13 086.17	1 200.91	18 835.27	999.12	14 666.78

续表

产　业	K_0^{1984}	K_0^{2000}	SO_B^{1984}	SO_B^{1984}	SO_F^{1984}	SO_F^{2000}
通讯业	976.33	22 886.72	1 338.25	21 762.58	2 605.17	28 200.64
电力、燃气和卫生服务	2 093.05	11 319.66	793.75	10 733.67	1 141.41	16 328.01
批发贸易	14 746.20	122 687.71	1 075.00	17 209.72	755.85	9 486.33
零售贸易	4 926.50	41 003.09	2 425.63	33 589.72	291.45	5 718.98
银行和证券	14 724.29	160 823.70	983.28	24 752.84	1 506.41	11 811.76
保险业	2 927.49	31 355.62	2 903.91	43 784.56	707.07	17 277.96
不动产	1 357.82	36 232.76	608.25	12 182.22	2 920.33	36 490.29
饭店和其他住宿	241.04	2 304.35	2 268.82	25 736.71	1 091.21	18 026.47
个人服务	164.15	1 570.40	2 077.98	32 779.76	783.14	7 501.46
商业服务	6 787.41	98 718.38	527.31	8 085.46	3 235.05	34 933.83
汽车修理、养护和停车	344.85	2 124.88	1 149.07	20 406.96	1 621.49	18 153.85
各种维修服务	127.65	1 275.98	660.98	8 795.97	1 969.80	25 894.93
电影	227.72	3 593.01	2 014.25	40 183.98	937.94	12 796.06
娱乐休闲服务	210.79	1 779.48	2 267.88	35 755.95	620.20	8 739.57
医疗服务	1 038.47	12 505.25	2 668.11	41 605.96	0.31	1.26
法律服务	434.76	6 876.14	870.38	14 051.37	2 402.90	33 324.81
教育服务	120.83	963.82	1 693.51	44 121.69	389.56	1 533.81
其他服务业	2 204.12	27 690.86	1 433.55	22 266.27	1 614.43	24 693.13

注：资本存量是以1996年的百万美元单位衡量，K_0^{1984}、K_0^{2000} 分别表示某产业1984年和2000年拥有的资本存量，SO_B^{1984}、SO_B^{2000} 和 SO_F^{1984}、SO_F^{2000} 分别表示某产业1984年和2000年通过后向关联和前向关联溢出的资本。

资料来源：Sung-Bae Mun, M. Ishaq Nadiri. 2002, Information Technology Externalities: Empirical Evidence From 42 U.S. Industries, NBER Working Paper Series, October 2002, available at: http://www.brousseau.info/semnum/pdf/2003-06-16_Mun.pdf。

表16-5显示了1984年和2000年各行业本身的信息技术资本存量（K_0）和两个信息技术溢出存量（SO_B和SO_F），SO_B代表通过中间产品投入的供应产业创造的可利用的信息技术溢出资本（后向关联），SO_F代表通过顾客创造的可利用的信息技术溢出资本（前向关联）。从第一和第二列中，各行业1984~2000年的自有信息技术资本存量增加迅速。总体来说，2000年所有产业的自有信息技术资本存量大约是1984年的9~10倍以上。通过检验各行各业的自有信息技术资本存量可以看到，服务行业，如批发贸易、银行和证券、商业服务是使用信息技术的主要产业。事实上，服务业的信息技术资本存量可以解释美国私营经济大

部分信息技术资本存量。由于我们的信息技术溢出存量是通过产业间的贸易流加权计算的，信息技术资本在服务行业的集中意味着与服务行业有更多贸易的产业会有较大的信息技术溢出存量。在制造业部门，工业机械和设备、电子和其他电气设备使用的信息技术资本较其他制造业相对较多。

第 3 ~6 列显示来自后向关联（SO_B）和前向关联（SO_F）产业的信息技术溢出资本。由于所有产业的信息技术资本存量的迅速增长，信息技术溢出资本同样增长较快。比较 2000 年的 SO_B 和 SO_F，我们的结论是：第一，42 个产业中有 32 个产业的 SO_B 大于 SO_F。这种差别来自所有产业间贸易的中间投入的需求以及与信息技术密集型产业的贸易量，特别是与服务产业。第二，制造业的 SO_F 普遍比服务业较小，而制造业的 SO_B 和服务业显示差别不大。与后向关联不同的是，制造业的前向关联并不像服务业那么多样化。例如，家具及固定设备产业超过 50% 的产业间销售是由建筑业带动的。由于建筑业是一个信息技术不太密集的产业，家具及固定设备的 SO_F 较小。

上述例子表明：1984 ~2000 年，美国制造业在服务业的带动下，信息技术的迅速进步和广泛使用使得各产业溢出资本的存量不断增长，产业间的贸易更方便高效，联系更加紧密，融合的程度逐渐加深。这是由于作为与消费者直接接触的现代服务业，其信息技术资本存量增长的过程特别明显地反映了消费需求升级的过程。服务业将最先捕捉到的消费需求变化，经由一系列市场机制传导到制造业，进而改变和重新构建产业间的组织形态，推动产业向融合的趋势发展。这种融合是以信息通讯技术为主要工具，以全球化为竞争背景，以消费者需求的变化为前提，在开放、共享和信任的基础上展开的。现在的消费者不只是被动地消费产品和服务，还主动通过各种信息渠道反馈需求信息，传播产品使用心得，积极地参与产品研发、设计和营销，甚至还擅长根据个人喜好改装或重新组合产品和服务，同时扮演了某些环节生产过程的监督者角色。无处不在的网络、技术和生产工具的普及赋予了消费者权力，这种权力还在继续扩张。为了赢得竞争优势，企业不得不调整自己的经营策略和思路，开始比任何时候都更加关注消费需求的变化，并结合自身的优势进行生产和销售。它使我们意识到：竞争和合作不只局限于生产相同或类似产品的企业或产业之间，成千上万的消费者群体同样对所消费的产品和服务投入极大的兴趣，他们在参与合作的同时也推动了竞争。

在这场早已开始的全球化浪潮中，我们已不能、也无法脱离全球竞争的背景来研究一国产业未来的发展。在研究许多产业时，视野需要从一国的范围扩展到全世界，诸如此类的产业如汽车业、航空业、零售业、消费电子品业、快餐业和日用品业等等早已不再局限于一国市场，而是将全球市场作为其战略目标，并逐渐形成全球性寡头垄断的格局。随着以中国为代表的发展中国家融入全球市场的步伐加快、贸易壁垒的降低、技术的进步和扩散、政府规制的放松等因素，还有很多企业或产业正在从全球范围内选择最佳的合作伙伴，调动全球的一切可利用的生产要素，进入全球价值创造的产业链，同时也将全球的消费者锁定为下一步即将服务的对象。信息通讯技术的应用已开始将地球另一端的人变成了网络上近在咫尺的邻居，不同产业之间、企业之间以及供应方与需求方之间在全球化和信息化的平台上可以进行更便捷的交流、更平等的对话、更紧密的合作甚至更迅速的融合。我们必须面对的是，产业融合是全世界所有产业在新的竞争背景下进行的重新调整和组织变革，并不局限在一国范围内，更不局限在信息通讯技术产业内。它要求企业建造全球经济体系，并真正拥有全球能力，包括全球的劳动力、全球统一的生产和经营过程，全球的信息技术平台。如果说工业时代的主要任务是提高生产率，那么信息时代的主要任务就是拓展关系。越来越多的企业选择在全球范围内设计、获取资源、装配和分销产品。开放的信息技术标准的出现，使得通过整合全球各地的最佳零部件建造全球产业链体系变得更容易。

这使我们看到21世纪的竞争将不再是企业之间的竞争，而是产业链之间的竞争。传统的企业通常都有明确的组织边界，所掌握的资源和进行的生产活动在边界的范围内开展，这样做的后果是产业利润越来越低，消费者的期望却越来越高。如今，在消费者的一整套解决方案的要求下，在开放式创新的和基于时间的竞争环境下，边界已成为提高产业链运作效率和价值创造的障碍。无论是在产品的研发、设计、生产，还是营销、配送环节，为了捕捉到市场的细微变化，及时发现新的机会和挑战，并针对变化迅速采取相应措施，企业需要和顾客及供应商密切合作，为完成某一项任务或目标实现无边界化地融合。市场正在被众多因素重新定义，其中包括全球化、模糊的企业边界、信息通讯技术的渗透、消费需求的个性化、战略联盟以及产业间的融合等。越来越多的企业不断突破既定的企业边界，同时也在跨越它原来所属的产业边界，涉足竞争者甚至合作者的行业。这些大企业均无一例外地将全球市场作为目标，极其高效地调动和利用各种资源，构建起以自身为中心的全球价值链。这个过程同时也是原来的企业和产业边界不断模糊和弱化的过程。企业价值创造产业链上的每一个环节都将天衣无缝地衔接在一起，这不是单个系统或者单个企业在运作，事实上是由许多企业组成的联盟在完美地进行合作，宛如一体。消费者由此感受到的也不是单个企业的绩效，而是包含所有供应商和物流合作伙伴的整个供应链的绩效。产业融合改变了工业经济的传统价值链，而且这种改变一旦开始，就不可能再回头。

（四）中国企业的机遇和挑战

随着中国融入世界的步伐加快，中国企业同样感到了全球产业升级与发展的机遇与挑战。与此同时，中国的企业与消费者在以令人吃惊的速度学习和运用信息通讯技术；政府对某些产业管制的放松；经济、政治、文化在全球范围内的不断碰撞与交融；各种大型物流工具的出现及在36小时内将商品运输到地球另一端的能力，诸多因素都正在促使和推动多种协作方式的出现，这些方式不受产业或者国家边界的限制。今天，在衡量和比较中国的竞争优势时，如果我们仍然停留在“廉价劳动力是中国最大的竞争优势”概念上，那么中国的企业永远无法真正融入全球化的产业体系。这是因为，一方面，廉价的劳动往往只能从事最简单的加工制造劳动，在世界上其他地方总是会有比中国还要廉价的劳动力；另一方面，除了控制成本，还有更重要的战略武器同样可以增强企业的竞争力。而且，从长期来看，劳动力成本的低廉难以维持和提升劳动力的消费需求，进一步削弱了企业和产业的增长潜力。一个真正的全球企业，需要的是在全球范围进行最优资源和能力的配置，通过建立快速响应消费需求的产业链来节省成本。不论是研发、原材料采购，还是加工制造、物流以及营销等，链条上的每一个环节的创新都可能带来不同程度的成本缩减，而不仅仅局限于加工制造这一个环节。在越来越注重速度、开放、协作和融合的时代背景下，廉价的劳动力已日益成为中国企业进入全球产业链最大的劣势。

所以，摆在中国企业面前的不是选择是否加入全球性产业融合的价值创造网络，而是决定什么时候加入以及如何加入。每个企业都必须为其在价值链中的位置而战斗。大企业管理并协调其价值创造网络，通过稳定的回报率和良好的伙伴关系赢得尽可能多的更专业化的合作伙伴。中小企业则努力加入两个或者三个将来能占据地位的价值创造网络，为了达到这个目的，它们必须从价值链上某个环节做出选择，培养起最具竞争优势的核心能力，还要同那些全球化的大企业建立良好的关系。这意味着所有的企业都应该对他们的边界进行郑重考虑，决定哪些是他们自己更擅长的，哪些更适合由合作伙伴、供应商和消费者来完成。当然，对于某些尚在成长和学习中的中小企业来说，本地化生产仍然有优势。本地厂商最了解当地消费者的需求，最能有效利用当地资源，生产出的产品为当地消费提供了机会。而且，雇用当地人才为当地经济创造了财富和就业岗位，这反过来提高了消费者的需求。价值创造网络的每个成员都将自己的产品与服务同占主导地位的大企业结合在一起，因为现在赢得消费者靠的是整个价值创造网络，而不是产品。当企业甚至产业的边界变得可以渗透，全球产业融合的趋势为管理者们提出了一个艰难的选择：当所有产品和服务都通过全球网络共同创造价值时，该如何区分内部和外部？如何定义市场和产业？建立在原有市场和产业基础上的一系列经济、政治、法律的范畴又是否应该重新修订？

越来越多的现象表明，产业融合必将是未来产业发展的重大趋势之一。在党的十七大报告中，一个显著的新意就是将信息化作为与工业化、城镇化、市场化、国际化并举，提出了“推进信息化与工业化融合”的崭新命题。从原来的“以信息化带动工业化、以工业化促进信息化”，到现在的“推进信息化与工业化的融合”，中国政府进一步准确把握了现阶段我国工业化与信息化的关系本质。而“融合”更是高度概括了工业化与信息化的相互发展的逻辑，强调了两者的紧密依存。无疑，推进信息化与工业化的融合，有利于促进我国现代产业体系的发展和形成。此后不久，中国政府公布了“十大产业振兴计划”，电子信息产业由于在国民经济中的战略性、基础性和先导性地位而成为其中之一，其对于促进社会就业、拉动经济增长、调整产业结构、转变发展方式和维护国家安全具有十分重要的作用。如今，我国已成为全球最大的电子信息产品制造基地，在通讯、高性能计算机、数字电视等领域也取得一系列重大技术突破。与此同时，全国各地在不遗余力地打造以制造业为主的产业集群、创建以研发为主的科技园区、设立以发挥地方优势和特色为主的经济圈、产业面临着结构转变和升级、企业经历着拆分和重组。这些都是中国在全球性的产业融合的环境中做出的积极应对措施，力争加入到由国际化分工形成的价值创造网络中。因此，加强信息技术产业本身的建设和发展并不是本研究分析的主要目的，而加快其他相关产业对信息通讯技术成果的推广和应用，从而使中国能够充分利用信息通讯技术革命提供的历史机遇才是我们面临的重大任务。

信息化与工业化融合不断催生出的新产业，如新型服务业、教育培训业、IT咨询业等。反过来，这种相互融合对电子信息产品制造业、软件产业、信息服务业、电信业等又带来了大量市场需求，有效推动这些产业的发展壮大。而融合的更深层次意义是使产业结构升级，形成以高新技术产业为先导，基础产业和传统产业为支撑，新型服务业全面发展的新格局，促使经济增长方式从粗放式向集约式转变，推进工业经济向信息经济过渡。同时促进信息技术渗透到传统生活方式，产生新的生活方式，进而有效提升人们的消费需求和生活品质，促使人们转变原有的生产、生活观念与思维模式，使社会经济基础、结构、生产力与生产关系从工业社会向信息社会过渡，确保实现经济增长和更加持续快速地发展。

第三节 本章小结

技术进步在最近几十年的经济活动中发挥着主导作用，信息通讯技术的广泛应用使传统的生产者与消费者的身份界限发生了模糊，消费者不再是通过市场需求向生产者传递需求信息，然后只能接受生产者的产品，而是能够主动地参与产品的生产，由单纯的消费者转变为“产消者”。伴随新技术而来的，还有经济活动的重心，已经由生产方的规模经济转移至了需求方的规模经济，这也是一个现代信息技术对传统生产方式渗透的过程。

技术进步对经济活动的另一个重要影响是传统产业之间的划分日益，产业融合广泛出现，这其中包括需求驱动型融合和供给驱动型融合两种类型。产业融合典型表现在 IT、媒体、网络等行业，不仅突破了传统产业之间的定义和划分，也使得我们必须重新思考诸如竞争、垄断、规制等一系列有关产业发展的理论和现实问题。

第十七章

基本结论与政策含义

第一节　基本结论

通过以上十六章的研究，本书的基本结论如下：

第一，转型时期居民可支配收入快速增长决定了消费需求的快速增长，无论是维持基本生存需求的消费支出还是实现发展和享受的消费支出，在总量上都大幅度增长了。因此，中国转型时期实现了几乎所有消费品市场空间的急剧扩大，这种消费品市场总量的快速增长是我国转型时期消费需求增长的最主要和最显著的特征。1978～2007年间，以不变价格计算的城镇居民实际食品消费水平增长了3倍多，农村居民实际食品消费水平增长了2倍多。1981～2007年，城镇居民人均衣着消费支出扣除物价因素后增长了6.74倍，农村居民人均衣着消费支出增长了3.59倍。1981～2007年，城镇居民居住支出按可比价格计算增长了9倍多，农村居民居住支出从1978年的12元增加到2007年的573.8元，按照农村居民消费价格指数调整之后，1985～2007年，年平均增长4%左右。1978～2007年，城镇居民的人均教育文化娱乐消费支出年平均实际增长率达7.49%，农村教育文化娱乐支出虽然在绝对数上明显小于城镇居民支出，但其年平均实际增长率达到了7.6%。

居民消费需求的快速增长，使得最终消费需求增长成为推动GDP增长的主要的稳定力量。新世纪之前，最终消费需求对 GDP 增长的贡献平均在 60% 以上，只是在进入 21 世纪后，相对于固定资产投资增长和净出口增长，其对经济增长的贡献减小了。经济增长对固定投资增长和对外贸易增长的依赖在进入 21 世纪后显著增强了，但是无论是固定资产投资还是对外净出口，其波动幅度显著大于最终消费需求。2001 年之后，对外净出口对经济增长贡献为正，并且持续时间较长，由此累积的贸易冲突显著增加。虽然最终消费需求总量增长迅速，但是相对于 GDP 增长和人均收入水平增长，人均消费支出增长率相对较低，并且在城镇和农村居民之间，人均消费支出水平的差距不是逐步减小而是不断扩大了。1978 年，城镇居民人均消费是农村居民人均消费的 2. 9 倍，2007 年中国城镇居民人均消费是农村居民的 3. 6 倍。

第二，本书对我国居民消费结构演化的具体分析得到了许多有价值的发现。1978 年以来，在消费需求总量增长的前提下，居民消费支出结构发生了重大变化，无论是城市居民还是农村居民，恩格尔系数都显著下降了，教育文化娱乐、医疗保健、住房、交通通讯等支出比例显著增加了。城镇居民和农村居民的恩格尔系数从 1978 年的 57. 5% 和 67. 7%，下降到 2008 年的 37. 9% 和 43. 7%。在对食品消费开支的分析中我们发现，虽然蔬菜和粮食的消费所占比例最大，但是其人均消费数量却出现了明显地下降，肉类和牛奶的消费量迅速增加，上述现象在城镇居民消费中表现得特别明显。

在对住房支出的研究中我们发现，住房市场化的结果是城镇居民和农村居民住房支出比例的趋同，虽然存在城镇与农村居民的收入差距，但是作为满足基本生存需要的住房需求支出比例在城乡之间差别不大。在最近 10 年中，城镇居民的名义居住消费支出增长迅速，但是实际支出保持稳定，受价格因素的影响巨大，而农村的实际住房支出受价格因素的影响较小，名义支出与实际支出的差距不大。

对交通通讯消费支出的研究发现，农村居民在消费支出水平较低时实现的交通通讯支出比例与城镇居民较高的消费支出水平时实现的比例类似，显然在消费支出水平近似的情况下，农村居民家庭用于交通通讯方面的支出大于城镇居民的此项支出。这可能与中国的城市工业化和人口城市化过程不同步有关，工作地与抚养和赡养人口居住地的分离是城市打工者的普遍状态，由此发生巨大的交通通讯支出。

第三，基于开放经济的发展，进口贸易与外资流入两大因素对我国居民消费需求变动产生了重要的影响。我们的研究发现，进口商品中的农产品虽然比例不大，但是总量增长迅速，特别是在加入 WTO 以后，中国已经成为仅次于欧盟、美国、日本之外的世界第四大农产品进口国。中国进口的农产品消费品中，动植物油脂及其分解产品以及肉类制品是最重要的组成部分。进口的工业制成品中所包含的消费品数额总量呈上升势头，主要有珠宝首饰、小轿车、医药品、陶瓷制品和针织服装五类产品，其中，珠宝首饰、小轿车和医药品的进口呈逐年递增趋势，而陶瓷产品进口在经历了21世纪之初的疯狂增长过后急剧下跌，针织服装进口量则基本保持稳定。服务贸易快速发展，但是从1992年之前保持顺差状态，转变为1992年之后的逆差并呈扩大趋势，中国服务贸易结构亟须改善。

居民消费支出中的进口品支出增长最快、比重最大的是教育文化娱乐进口消费，其次是食品类进口消费支出，医疗保健类消费品和交通通讯类消费品的消费支出排在第三位，衣着和家庭设备类消费支出中进口消费支出数额同样在增加，不过二者增长速度相对缓慢。

第四，本书通过应用数理模型、计量检验和动态模拟等方法，发现了由于我国城镇居民自身消费特性的改变而导致的消费行为变化的过程和内在联系。我国城镇居民的跨期替代弹性大约是0.75。较高跨期替代弹性意味着我国城镇居民对于耐用品的当期购买和将来购买之间存在着较大的替代效应，城镇居民会降低耐用品的当期购买以期望在将来购买耐用消费品。较高的跨期替代效应可能是导致我国城镇居民消费不足的一个重要原因。

我国各类耐用品品质都有升级的特征，但是品质升级速度在不同耐用品之间存在明显的差异。品质恩格尔曲率提供了一个良好的研究工具和研究视角来衡量品质升级的过程和估计不同耐用品品质升级速度的快慢。通过对我国城镇居民各主要耐用品的品质升级进行估计之后发现，耐用品的品质升级平均速度大约是每年提高9.67%，通讯工具的品质升级速度最快达到了31.52%。同时，品质升级对我国城镇居民的时间偏好也会产生重要影响。经过对我国城镇居民的时间偏好的分析之后发现，城镇居民的时间偏好是一个不规则的变化过程。

在对消费者行为动态模拟的基础上，我们发现：（1）跨期替代弹性的高低会直接影响消费者的消费变动，较低的跨期替代弹性会使得消费更为平滑。（2）品质升级使得代表性消费者将来效用大于现期效用，当品质升级速度逐渐提高的时候，代表性消费者就会减少当前消费支出而增加将来的消费支出。而且，当品质升级的速度较慢的时候，代表性消费者的消费波动幅度要大于较快品质升级条件下的消费变动幅度。（3）品质升级下维持消费增长的真实利率水平要低于在无品质升级条件下维持消费增长的真实利率。

第五，通过投入产出等研究方法，本书深入分析了消费需求与产业发展之间的关联机制，研究结果表明消费需求升级对产业发展存在两种作用，即直接产业结构效应和间接产业结构效应。直接产业结构效应表现为对消费资料产业的直接拉动，由于居民对不同产业的产品具有不同的需求收入弹性，在居民的收入水平提高以后对不同产业产品的需求会发生相对变动，使不同最终消费品的相对价格发生变动，从而导致相关产业产值和就业情况的相对变动。间接产业结构效应是对生产资料产业的间接拉动，最终产品产业产出的变动需要通过生产规模的变动来实现，生产规模的变动引起生产资料价格相对变动，会引导资源流向相关的生产资料产业，引起产业结构向重化的方向发展。

第六，本书运用“需求冲击”方法，深入研究了在我国教育、医疗、娱乐等行业中消费需求升级对产业发展的影响。“需求冲击”模型能够同时从价格和产出两个方面来考察某一行业需求变化对厂商行为和行业整体的影响，能够很好地揭示出消费需求变化对产业整体发展的影响。分析结果表明，在我国教育、医疗等行业，居民整体收入水平的快速增长所导致的消费需求的总量增长和结构变化，在很大程度上影响了相关行业的发展。

第七，技术进步和技术创新速度的加快是最近几十年中我国经济增长的重要背景和条件，本书以信息通讯技术为例，全面分析了技术进步和技术创新对消费需求升级和产业发展的作用，得到了一些较为重要的结论。信息通讯技术的普及应用和技术进步速度的加快使得相关行业的消费需求升级和产业发展呈现出不同于传统行业的新特点，首先是产业边界的模糊和重叠，进而出现产业融合，这使得我们需要重新审视对产业的传统界定，进而又会影响我们对市场范围、市场份额、竞争与垄断等的判别。其次，技术的进步也会导致消费者和生产者的身份变得模糊，消费者不再是仅仅通过市场价格等来向生产者传递需求信息，而是可以主动地参与生产活动，直接将自己的需求偏好纳入生产过程中，从单一的消费者转变为“产消者”。

第二节 政策含义

第一，消费需求对我国产业发展和整体经济增长的作用是至关重要的，消费需求不仅对于经济增长具有无可替代的主导性作用，而且也是提高居民实际生活水平的必经之路。因此，今后我们仍然应该强调居民消费需求在整体经济活动中的重要地位，高度重视国内消费需求对经济增长的拉动作用，依靠消费需求来保证高速经济增长的持续性。

第二，收入差距的扩大是我国在转型过程中发生的一个重要现象，适度的收入差距有助于提高资源的配置效率，提高工作的积极性，而过大的收入差距，尤其是不合理的收入差距则会对经济活动效率产生负面影响。过大的收入差距首先会对消费需求产生不利影响，降低全社会整体的消费倾向，阻碍消费需求的增长速度。另外，行业间不合理的收入差距会使资源过度进入高收入行业，从而影响资源在行业间的配置效率。因此，从效率和公平两个方面统筹考虑、抑制收入差距的继续扩大、从根源和消除不合理不合法的收入差距，应是我国今后一个时期内收入分配制度调整的重要方面。

第三，从本书的相关结论可以看出，我国城镇居民和农村居民的消费需求存在着较大差异，农村居民的消费状况整体上要滞后于城镇居民近10年，这一局面严重制约了我国整体消费需求的增长和相应产业的发展。由于我国城镇居民基本生活需求已经整体上得到满足，消费需求由生存型转向舒适型，因此，农村居民的消费增长与升级状况会对今后一个时期我国经济增长的速度将产生重要影响。今后应继续重视农村居民的消费需求，从税收、补贴等方面来引导生产厂家以农村居民作为产品研发和销售的重点，加快农村居民消费的增长和升级速度，缩小与城镇居民消费之间的差距。另外，提高农村居民的收入水平、降低预期支出的不确定性等也是提高农村居民消费水平的有效措施。

第四，我们在对交通、通讯、文化、医疗等行业消费需求与产业发展的实证研究中发现，基础设施的欠缺目前仍然是这些行业中消费需求升级和产业发展的重要制约因素。交通通讯等行业是在基本生活消费得到满足之后具有较大需求增长空间的领域，因而是今后影响我国整体消费需求的重要因素。加强基础设施领域的投入，完善基础设施建设的层次与结构，增加对我国农村地区的道路、电力、通讯等基础设施的建设，不仅能够有效地拉动这些领域中的消费需求，提高居民的实际生活水平，而且能够直接带动相关产业的发展，保持经济的高速增长。

第五，消费需求升级和产业发展之间是双向的互动关系，存在复杂的关联与作用机制，在创新和技术进步加快的今日，这一特点尤为明显。相对于要素资源的投入而言，创新与技术对于产业发展的持续性作用更加明显。我国目前已经是世界上的制造大国，很多行业的产量都居世界首位，但距离制造强国还有较大差距，主要体现在核心技术、自主创新、研发能力等方面。资源和环境约束是世界各国的经济发展都必须面对的一个共同背景条件，在这种情况下我们更应该将经济增长和产业发展的方式从要素投入主导转向技术创新主导，不能以资源的枯竭和环境的恶化作为经济增长的代价。我国政府应继续采取有针对性的产业政策，在行业准入、税收政策、人才引进等方面推动先进技术的应用和落后技术的淘汰、引导高新技术企业和行业的发展，提高我国整体的生产技术水平。

第六，我国的经济转型同时也是由封闭经济转向开放经济的过程，从商品的进出口贸易，到技术和外来资本的进入，再到国内资本的对外投资，我国的经济活动已成为全球经济体系不可或缺的重要组成部分。出口是我国国内总需求的一个重要组成部分，因此，出口的增长与变动对我国自转型以来的产业发展产生了重要的影响。随着我国整体经济发展水平的提高和居民消费需求升级的加快，我国对国外产品和服务的需求会有较快增长，这可能会使我国参与全球经济活动的方式和重点发生根本性改变，由生产领域转向消费需求领域。世界各国的实践均表明，对外开放对本国的经济增长和经济活动效率有着明显的促进作用，因此，我们应继续促进我国经济领域的全面开放，打破现存的种种限制性壁垒，提高我国生产和消费活动的对外开放度，更加紧密地融入全球经济体系。

主要参考文献

[1] [美] 安格斯·迪顿著，胡景北、鲁昌译：《理解消费》，上海财经大学出版社2003年版。

[2] [美] 戴维·罗默著，苏剑译：《高级宏观经济学》，商务印书馆1999年版。

[3] [美] 邹至庄著，曹祖平等译：《中国经济转型》，中国人民大学出版社2005年版。

[4] [匈] 雅诺什·科尔奈：《大转型》，见《比较》第17辑，中信出版社2005年版。

[5]《2005中国市场经济发展报告》(中文版)，中国商务出版社2005年版。

[6]《体制变革与经济增长——中国经验与范式分析》，上海人民出版社1999年版。

[7] H. 钱纳里等：《工业化和经济增长的比较研究》，上海三联书店1995年版。

[8] 阿瑟·刘易斯：《二元经济理论》，北京经济学院出版社1989年版。

[9] 阿瑟·刘易斯：《经济增长理论》，商务印书馆1999年版。

[10] 艾伯特·赫希曼：《经济发展战略》，经济科学出版社1991年版。

[11] 安格斯·迪顿：《经济学与消费者行为》，中国人民大学出版社2003年版。

[12] 安格斯·迪顿著，胡景北、鲁昌译：《理解消费》，上海财经大学出版社2003年版。

[13] 白让让：《中国轿车产业中的产品线扩展——模型分析与经验考察》，载于《中国工业经济》2008年第7期。

[14] 宝光：《产业结构高度化研究》，载于《天津财经大学学报》2005年第5期。

[15] 北京大学中国经济研究中心宏观组：《中国的经济增长：速度、效率

和可持续性》，1998 年，http：//ccer. pku. edu. cn/download/2702 - 1. pdf。

［16］曹俊杰、高峰：《我国城乡居民消费观念差异之比较》，载于《经济问题》2004 年第 3 期。

［17］常连智、贾协增、侯建设：《我国高等教育改革和发展五十年的历程与时代特征》，载于《机械工业高教研究》2000 年第 2 期。

［18］陈静、叶文振：《产业结构优化水平的度量及其影响因素分析》，载于《中共福建省委党校学报》2003 年第 1 期。

［19］陈利平：《高增长导致高储蓄：一个基于消费攀比的解释》，载于《世界经济》，2005 年第 11 期。

［20］陈锡康：《投入产出方法》，人民出版社 1983 年版。

［21］陈学彬、杨凌、方松：《货币政策效应的微观基础研究——我国居民消费储蓄行为的实证研究》，载于《复旦学报（社会科学版）》2005 年第 1 期。

［22］陈燕、肖艳芬：《从消费函数看湖北省城镇居民的居住消费》，载于《统计与咨询》2005 年第 6 期。

［23］程立：《对消费升级拉动经济增长的思考》，载于《南京理工大学学报》2005 年第 1 期。

［24］初庆华：《普通高校扩招对成人高等教育的影响及对策》，载于《经济师》2006 年第 4 期。

［25］楚红丽：《义务教育阶段家庭教育支出的收入弹性与价格弹性分析》，载于《教育科学》2008 年第 2 期。

［26］戴维·罗默著，王根蓓译：《高级宏观经济学》，上海财经大学出版社 2003 年版。

［27］德雷泽：《宏观经济学中的政治经济学》，经济科学出版社 2003 年版。

［28］董立彬：《新加坡经济转型期的教育对策及其启示》，载于《河北学刊》2008 年第 2 期。

［29］杜海韬、邓翔：《流动性约束和不确定状态下的预防性储蓄研究——中国城乡居民的消费特征分析》，载于《经济学（季刊）》2005 年第 1 期。

［30］凡勃伦：《有闲阶级论》，北京商务印书馆 1899 年版。

［31］樊纲、王小鲁：《消费条件模型和各地区消费条件指数》，载于《经济研究》2004 年第 5 期。

［32］樊潇彦、袁志刚、万广华：《收入风险对居民耐用品消费的影响》，载于《经济研究》2007 年第 4 期。

［33］范剑平：《我国城乡居民消费结构的变化趋势》，载于《宏观经济研究》2000 年第 6 期。

[34] 范剑平：《中国城乡居民消费结构的变化趋势》，人民出版社 2001 年版。

[35] 方甲：《产业结构问题研究》，中国人民大学出版社 1997 年版。

[36] 菲利普·阿吉、彼得·霍依特著，陶然等译：《内生增长理论》，北京大学出版社 2004 年版。

[37] 封建强：《我国城镇居民耐用消费品的消费特点》，载于《统计与决策》，1999 年第 7 期。

[38] 冯佐芝：《产业结构转化应以消费观念更新为先导》，载于《岭南学刊》1999 年上半年增刊。

[39] 高梦滔、和云、师慧丽：《信息服务与农户收入：中国的经验证据》，载于《世界经济》2008 年第 6 期。

[40] 高培勇：《中国税收持续高速增长之谜》，载于《经济研究》2006 年第 12 期。

[41] 高佩义：《我国农村产业革命的发展进程——再论我国农村产业革命》，载于《南开学报》1986 年第 4 期。

[42] 龚仰军：《产业结构研究》，上海财经大学出版社 2002 年版。

[43] 顾海兵、王亚红：《中国城乡居民收入差距的解构分析：1985 ~ 2007》，载于《经济学家》2008 年第 6 期。

[44] 郭宏宇、吕风勇：《我国国债的财富效应探讨——1985 ~ 2002 年间我国国债规模对消费需求影响的实证研究》，载于《财贸研究》2006 年第 1 期。

[45] 郭克莎：《结构优化与经济发展》，广东经济出版社 2001 年版。

[46] 郭克莎：《三次产业增长因素及其运动特点分析》，载于《经济研究》1991 年第 12 期。

[47] 郭克莎：《中国：改革中的经济增长与结构变动》，上海三联书店 1996 年版。

[48] 郭书杰：《试论产业结构调整的原则与目标》，载于《生产力研究》2004 年第 6 期。

[49] 国家统计局国际统计信息中心课题组：《国际产业转移的动向及我国的选择》，载于《统计研究》2004 年第 4 期。

[50] 国家统计局综合司课题组：《我国居民消费行为研究》，载于《统计研究》2003 年第 5 期。

[51] 韩波、徐梅：《转型期中国经济增长对产业结构变迁的需求诱致与技术促进效应分析》，载于《探索》2007 年第 2 期。

[52] 杭斌、申春兰：《经济转型中消费与收入的长期均衡关系和短期动态

关系》，载于《管理世界》2004年第5期。

[53] 杭斌、申春兰：《预防性储蓄动机对居民消费及利率政策效果的影响》，载于《数量经济技术经济研究》2002年第12期。

[54] 何德旭、姚战琪：《中国产业结构调整的效应、优化升级目标和政策措施》，载于《中国工业经济》2008年第5期。

[55] 何解山、廖淑梅：《普通高校扩招对成人高等教育的影响及对策》，载于《中国成人教育》2000年第8期。

[56] 贺菊煌：《经济增长模型中的储蓄率内生化问题》，载于《经济研究》2005年第8期。

[57] 侯志阳、戴双兴：《城乡居民二元消费结构与产业结构升级》，载于《企业经济》2001年第8期。

[58] 胡斌：《论居民衣着消费与消费结构合理化》，载于《消费经济》2000年第1期。

[59] 华尔特·惠特曼·罗斯托：《从起飞进入持续增长的经济学》，四川人民出版社1988年版。

[60] 华尔特·惠特曼·罗斯托：《工业化和经济增长的比较研究》，上海三联书店1989年版。

[61] 华尔特·惠特曼·罗斯托：《经济成长的阶段》，商务印书馆1985年版。

[62] 华尔特·惠特曼·罗斯托：《战后二十五年的经济适合国际经济组织的任务》，商务印书馆1981年版。

[63] 华西里·里昂惕夫：《投入产出经济学》，商务印书馆1980年版。

[64] 黄丽馨：《广西消费结构与产业结构关联的实证分析》，载于《改革与战略》2000年第4期。

[65] 黄少安、孙涛：《非正规制度、消费模式和代际交叠模式——东方文化信念中居民消费特征的理论分析》，载于《经济研究》2005年第4期。

[66] 黄宇：《我国城镇居民消费动态演进分析——基于ELES模型的实证》，载于《山西财经大学学报》2008年第8期。

[67] 黄祖辉、王敏、万广华：《我国居民收入不平等问题：基于转移性收入角度的分析》，载于《管理世界》2003年第3期。

[68] 霍利斯·B·钱纳里：《发展的型式（1950～1970）》，经济科学出版社1988年版。

[69] 霍利斯·B·钱纳里：《结构变化与发展政策》，经济科学出版社1990年版。

[70] 贾根良:《报酬递增经济学:回顾与展望》,载于《南开经济研究》1998 年第 6 期。

[71] 贾根良:《劳动分工、制度变迁与结构变》,南开大学出版社 1999 年版。

[72] 贾良定、陈秋霖:《消费行为模型及其政策含义》,载于《经济研究》2001 年第 3 期。

[73] 江小涓:《建国以来产业结构与产业组织理论研究的回顾》,2004 年,http://cms.cass.cn/show_News.asp?id=5078。

[74] 江小涓:《中国工业中长期发展预测及结构变动趋势》,载于《管理世界》1995 年第 3 期。

[75] 蒋选:《面向新世纪的我国产业结构政策》,中国计划出版社 2003 年版。

[76] 金晓斌等:《城市住宅产业发展系统动力学研究——以南京市为例》,载于《南京大学学报(自然科学)》2004 年第 6 期。

[77] 金晓彤、杨晓东:《中国城镇居民消费行为变异的四个假说及其理论分析》,载于《管理世界(月刊)》2004 年第 11 期。

[78] 瞿宛文:《超赶共识监督下的中国产业政策模式——以汽车产业为例》,载于《经济学季刊》2009 年 1 月。

[79] 柯林·克拉克:《经济进步的诸条件》,商务印书馆 1940 年版。

[80] 李广众:《政府支出与居民消费:替代还是互补》,载于《世界经济》2005 年第 5 期。

[81] 李继云、孙良涛:《云南产业结构与经济增长关系的实证分析》,载于《工业技术经济》2005 年第 8 期。

[82] 李家鸽:《城乡居民医疗保健支出比较分析》,载于《贵州财经学院学报》2005 年第 2 期。

[83] 李江帆:《第三产业发展规律探析》,载于《生产力研究》1994 年第 2 期。

[84] 李江帆:《第三产业经济学》,广东人民出版社 1990 年版。

[85] 李江帆、曾国军:《中国第三产业内部结构升级趋势分析》,载于《中国工业经济》2003 年。

[86] 李锐、朱喜:《农户金融抑制及其福利损失的计量分析》,载于《经济研究》2007 第 2 期。

[87] 李实、Knight:《中国城市中的三种贫困类型》,载于《经济研究》2002 年第 10 期。

[88] 李实、张平、魏众:《中国居民收入分配实证分析》，社会科学文献出版社 2000 年版。

[89] 李通屏:《中国消费制度变迁研究》，经济科学出版社 2005 年版。

[90] 李文利:《我国农村居民教育支出入户调查的实证研究》，载于《当代教育论坛》2006 年第 1 期。

[91] 李悦:《产业经济学》，中国人民大学出版社 1998 年版。

[92] 李悦:《中国工业部门结构》，中国人民大学出版社 1988 年版。

[93] 李子奈:《计量经济学》，高等教育出版社 2000 年版。

[94] 梁前德、傅家荣:《中国居民教育消费基本问题研究》，载于《湖北经济学院学报》2004 年第 3 期。

[95] 林白鹏、张圣平、臧旭恒、张东辉:《中国消费结构与产业结构关联研究》，中国财政经济出版社 1993 年版。

[96] 林菊英:《我国 21 世纪医疗体制改革与护理发展趋向》，载于《实用护理杂志》2002 年第 18 期。

[97] 林毅夫:《论制度和制度变迁》，载于《发展与改革》1988 年第 4 期。

[98] 林毅夫:《再论制度、技术与中国农业发展》，北京大学出版社 2000 年版。

[99] 林毅夫、蔡昉、李周:《中国的奇迹: 发展战略与经济改革》，上海三联书店、上海人民出版社 1994 年版。

[100] 刘存绪、丁明献、邝先慧:《教育经济学》，西南财经大学出版社 2002 年版。

[101] 刘大赵:《我国城镇居民边际消费倾向及消费需求收入弹性分析》，载于《商业研究》2000 年总第 221 期。

[102] 刘贵生、谢群松:《个人消费乘数模型》，载于《经济研究》1999 年第 4 期。

[103] 刘建国:《我国农户消费倾向偏低的原因分析》，载于《经济研究》1999 年第 3 期。

[104] 刘伟:《产业结构与经济增长》，载于《中国工业经济》2002 年第 3 期。

[105] 刘伟:《工业化进程中的产业结构研究》，中国人民大学出版社 1995 年版。

[106] 刘伟:《经济发展和改革的历史性变化与增长方式的根本转变》，载于《经济研究》2006 年第 1 期。

[107] 刘伟、杨云龙:《中国产业经济分析》，中国国际广播出版社 1987

年版。

[108] 刘学良：《中国收入差距的分解：1995～2006》，载于《经济科学》2008年第3期。

[109] 刘毅：《中产阶层消费结构变迁及特征》，载于《经济学家》2008年第3期。

[110] 龙志和、周浩明：《中国城镇居民预防性储蓄实证研究》，载于《经济研究》2000年第11期。

[111] 卢盛荣、邹文杰：《货币政策地区效应的微观基础研究　我国省际居民消费储蓄行为的实证分析》，载于《经济科学》2006年第5期。

[112] 陆鑫：《中国城市居民服装消费行为空间研究》，载于《东华大学学报》2003年第3期。

[113] 陆鑫、刘国联：《中小城市居民服装消费行为（倾向）的调查分析》，载于《大连轻工业学院学报》2002年第3期。

[114] 陆益龙：《户籍制度——控制与社会差别》，商务印书馆2003年版。

[115] 吕铁、周叔莲：《中国的产业结构升级与经济增长方式转变》，载于《管理世界》1999年第2期。

[116] 罗楚亮：《经济转轨、不确定性与城镇居民消费行为》，载于《经济研究》2004年第4期。

[117] 罗斯托：《从起飞进入持续增长的经济学》，四川人民出版社1988年版。

[118] 马洪、孙尚清：《中国经济结构问题研究》，人民出版社1981年版。

[119] 马建堂：《经济结构的理论、应用和政策》，中国社会科学出版社1991年版。

[120] 马建堂：《中国产业结构调整机制的转换》，载于《学术界》1987年第3期。

[121] 马建堂：《周期被动与结构变动》，湖南教育出版社1990年版。

[122] 马健：《产业融合论》，南京大学出版社2006年版。

[123] 马克斯·韦伯：《新教伦理与资本主义精神》，中国社会科学出版社2009年版。

[124] 迈克尔·P·托达罗：《经济发展与第三世界》，中国经济出版社1992年版。

[125] 孟昕、黄少卿：《中国城市的失业，消费平滑和预防性储蓄》，载于《经济社会体制比较》2001年第6期。

[126] 闵维方：《高等教育运行机制研究》，人民教育出版社2002年版。

[127] 穆争社、文启湘:《依据消费需要结构调整生产结构》,载于《消费经济》2002年第3期。

[128] 尼古拉·埃尔潘:《消费社会学》,社会科学文献出版社2005年版。

[129] 欧阳志刚:《农民医疗卫生支出影响因素的综列协整分析》,载于《世界经济》2007年第9期。

[130] 裴春霞、孙世重:《流动性约束条件下的中国居民预防性储蓄行为分析》,载于《金融研究》2004年第10期。

[131] 裴平、熊鹏:《我国货币政策传导过程中的"渗漏"效应》,载于《经济研究》2003年第8期。

[132] 彭文平:《消费的过度敏感性假说及其在中国的应用》,载于《上海经济研究》2001年第5期。

[133] 平新乔:《从中国农民医疗保健支出看农村医疗保健融资机制的选择》,载于《管理世界》2003年第11期。

[134] 齐天翔:《经济转轨时期的中国居民储蓄研究——兼论不确定性与居民储蓄的关系》,载于《经济研究》2000年第9期。

[135] 钱纳里等:《工业化和经济增长的比较研究》,上海三联书店1995年版。

[136] 秦朵:《居民储蓄——准货币之主源》,载于《经济学(季刊)》2002年第2期。

[137] 秦朵:《居民消费与收入关系的主源》,载于《经济学(季刊)》2002年第2期。

[138] 秦朵:《居民消费与收入关系的总量研究》,载于《经济研究》1990年第7期。

[139] 全林:《居民储蓄、消费行为及其效用分析》,载于《上海交通大学学报》2000年第11期。

[140] 申朴、刘康兵:《中国城镇居民消费行为过度敏感性的经验分析:兼论不确定性、流动性约束与利率》,载于《世界经济》2003年第1期。

[141] 沈蕾:《上海不同年龄层次家庭特征及其服装消费行为研究》,载于《中国纺织大学学报》1998年第4期。

[142] 史海英:《我国农村居民边际消费倾向的实证分析》,载于《商场现代化》2008年总第553期。

[143] 史忠良、刘劲松:《网络经济环境下产业结构演进探析》,载于《中国工业经济》2002年第7期。

[144] 宋锦剑:《论产业结构优化升级的测度问题》,载于《当代经济科学》

2000 年第 5 期。

[145] 宋振学、臧旭恒：《边际效用分段递增的效用函数与预防性储蓄行为》，载于《消费经济》2007 年第 2 期。

[146] 宋铮：《中国居民储蓄行为研究》，载于《金融研究》1999 年第 6 期。

[147] 苏东水：《产业经济学》，高等教育出版社 2000 年版。

[148] 孙凤：《消费者行为数量研究》，上海三联书店、上海人民出版社 2002 年版。

[149] 孙凤：《预防性储蓄理论与中国居民消费行为》，载于《南开经济研究》2001 年第 1 期。

[150] 孙凤：《中国居民的不确定性分析》，载于《南开经济研究》2002 年第 2 期。

[151] 孙凤、王玉华：《中国居民消费行为研究》，载于《统计研究》2001 年第 4 期。

[152] 孙虹、苏祝清：《中国服装消费结构的变化对羊毛产业链的影响》，载于《毛纺科技》2008 年第 3 期。

[153] 孙尚清：《论经济结构对策》，中国社会科学出版社 1984 年版。

[154] 孙泱：《我国第一个五年计划概要》，中国财政经济出版社 1957 年版。

[155] 田灵江：《住宅产业现状与发展》，载于《工程设计 CAD 与智能建筑》2002 年第 8 期。

[156] 万广华、史清华、汤树梅：《转型经济中农户储蓄行为：中国农村的实证研究》，载于《经济研究》2003 年第 5 期。

[157] 万广华、张茵、牛建高：《流动性约束，不确定性与中国居民消费》，载于《经济研究》2001 年第 11 期。

[158] 汪浩瀚：《跨期选择、制度转型与居民消费行为的不确定性》，载于《当代财经》2006 年第 5 期。

[159] 汪建：《电信重组三大悬念之电信监管可否喘口气?》，载于《中国电信业》2008 年第 7 期。

[160] 王兵、陈雪梅：《产业结构与广东经济增长》，载于《暨南学报》2006 年第 4 期。

[161] 王俊豪：《现代产业经济学》，浙江人民出版社 2003 年版。

[162] 王晴：《印度软件业崛起原因及其对我国产业结构升级的启示》，载于《生产力研究》2007 年第 3 期。

[163] 王述英：《当前产业结构调整的趋势》，载于《南开经济研究》2001年第6期。

[164] 王小鲁：《中国经济增长的可持续性——跨世纪的回顾与展望》，经济科学出版社2002年版。

[165] 王信：《我国居民收入高增长时期的储蓄存款分析》，载于《经济科学》1996年第5期。

[166] 王艳、范金：《收入差距与中国城镇居民消费行为的实证研究》，载于《管理工程学报》2007年第1期。

[167] 威廉·配第：《政治算术》，北京商务印书馆1928年版。

[168] 魏军：《中国行业收入差距的制度研究》，博士论文，2007年，万方数据库。

[169] 文启湘：《依据消费需要的结构调整生产结构》，载于《消费经济》2002年第3期。

[170] 文启湘、冉净斐：《消费结构与产业结构的和谐：和谐性及其测度》，载于《中国工业经济》2005年第8期。

[171] 吴进红：《对外贸易与江苏产业结构升级》，载于《南京社会科学》2006年第3期。

[172] 吴炜峰：《转型时期消费升级与产业发展的相关性——基于投入产出表的分析》，载于《江西行政学院学报》2009年第2期。

[173] 吴炜峰：《转型时期影响我国城乡居民居住消费的因素分析——中国居住消费函数构造》，载于《财贸经济》2009年第7期。

[174] 吴炜峰、杨蕙馨：《转型时期我国城乡居民居住消费收入弹性研究》，载于《产业经济评论》2008年第3期。

[175] 吴怡兴：《教育产业论》，人民教育出版社2000年版。

[176] 武力、温锐：《1949年以来中国工业化的“轻、重”之辩》，载于《经济研究》2006年第9期。

[177] 西奥多·威廉·舒尔茨：《人力资本投资》，北京经济学院出版社1992年版。

[178] 西蒙·库兹涅茨：《各国的经济增长》，商务印书馆1985年版。

[179] 西蒙·库兹涅茨：《各国的经济增长总产值和生产结构》，商务印书馆1999年版。

[180] 西蒙·库兹涅茨：《现代经济增长》，北京经济学院出版社1989年版。

[181] 肖争艳、马莉莉：《利率风险与我国城镇居民消费行为》，载于《金

融研究》2006 年第 3 期。

[182] 熊和平：《消费习惯、异质偏好与动态资产定价．纯交换经济情形》，载于《经济研究》2005 年第 10 期。

[183] 胥和平、张世贤：《消费需求变动对跨世纪中国工业发展的影响》，人民出版社 2001 年版。

[184] 徐杏：《消费结构、产业结构和就业结构的联动分析》，载于《河海大学学报（哲学社会科学版）》2000 年第 3 期。

[185] 徐绪松、陈彦斌：《预防性储蓄模型及其不确定性分解》，载于《数量经济技术经济研究》2003 年第 2 期。

[186] 杨蕙馨、吴炜峰：《居住消费升级与产业发展的相关性分析》，载于《经济学动态》2009 年第 4 期。

[187] 杨治：《产业经济学导论》，中国人民大学出版社 1985 年版。

[188] 杨治：《产业政策与政策优化》，新华出版社 1999 年版。

[189] 杨治：《经济结构战略性调整的若干理论问题》，载于《宏观经济研究》2000 年第 11 期。

[190] 叶海云：《试论流动性约束、短势行为与我国消费需求疲软的关系》，载于《经济研究》2000 年第 11 期。

[191] 叶宗裕：《我国城镇居民边际消费倾向的实证研究》，载于《经济经纬》2007 年第 6 期。

[192] 尹世杰：《我国消费结构发展趋势与政策引导》，载于《经济学家》1998 年第 5 期。

[193] 尹世杰：《中国消费结构研究》，上海人民出版社 1988 年版。

[194] 余根钱、樊纲：《体制改革时期的储蓄增长：对近年来中国城镇居民储蓄增长原因的分析》，载于《金融研究》1992 年第 6 期。

[195] 余永定、李军：《中国居民消费函数的理论与验证》，载于《中国社会科学》2000 年第 1 期。

[196] 袁志刚、宋铮：《城镇居民消费行为变异与我国经济增长》，载于《经济研究》1999 年第 11 期。

[197] 约瑟夫·熊彼特：《资本主义、社会主义与民主》，商务印书馆 1999 年版。

[198] 臧旭恒：《居民跨时预算约束与消费函数假定及验证》，载于《经济研究》1994 年第 4 期。

[199] 臧旭恒等：《居民资产与消费选择行为分析》，上海三联书店、上海人民出版社 2001 年版。

[200] 臧旭恒：《中国消费函数分析》，上海三联书店、上海人民出版社1994年版。

[201] 臧旭恒、刘大可：《利率杠杆与居民消费——储蓄替代关系分析》，载于《南开经济研究》2003年第6期。

[202] 臧旭恒、裴春霞：《预防性储蓄、流动性约束与中国居民消费计量分析》，载于《经济学动态》2004年第6期。

[203] 臧旭恒、孙文祥：《城乡居民消费结构——基于ELES模型和AIDS模型的比较分析》，载于《山东大学学报（哲学社会科学版）》，2003年第6期。

[204] 臧旭恒等：《产业经济学》，经济科学出版社2007年版。

[205] 张东辉、徐启福：《中国城镇居民收入分配差距的实证研究》，载于《当代经济研究》2002年第1期。

[206] 张桂文：《中国二元结构转换研究》，吉林人民出版社2001年版。

[207] 张桂文：《中国二元经济结构演变的历史考察与特征分析》，载于《宏观经济研究》2001年第8期。

[208] 张明海：《中国经济的增长和要素配置的市场化：1978～1999》，载于《世界经济文汇》2002年第3期。

[209] 张淑玲、卢婵君：《FDI对我国产业结构升级的作用机制研究》，载于《生产力研究》2007年第9期。

[210] 张瑛、路宏：《农村家庭义务教育支出与负担实证分析研究》，载于《中国农业教育》2007年第3期。

[211] 赵春艳：《我国经济增长与产业结构演进关系的研究——基于面板数据模型的实证分析》，载于《数理统计与管理》2008年第3期。

[212] 赵人伟、李实、卡尔、李思勤：《中国居民收入分配再研究》，中国财政经济出版社1999年版。

[213] 赵郁馨、翟铁民、应亚珍、万泉、张毓辉、陶四海、谢小平：《我国基本医疗卫生服务筹资研究》，载于《卫生经济研究》2008年第3期。

[214] 植草益：《信息通讯业的产业融合》，载于《中国工业经济》2001年第2期。

[215] 中国国家统计局：《中国经济统计年鉴》，中国统计出版社历年。

[216]《中国市场化指数——各省区市场化相对进程2006年度报告》（2001年、2002年、2003年、2004年、2005年指数）。

[217] 中国投入产出学会课题组：《1997～2002年中国经济结构变化趋势分析》，载于《统计研究》，2007年第1期。

[218] 钟契夫、车囊全：《投入产出原理及其应用》，中国社会科学出版社

1982 年版。

[219] 周振华:《产业融合拓展化:主导因素及基础条件分析》,载于《社会科学》2003 年第 3 期。

[220] 周振华:《现代经济增长中的结构效应》,上海三联书店 1991 年版。

[221] 朱春燕、臧旭恒:《预防性储蓄理论——储蓄(消费)函数的新进展》,载于《经济研究》2001 年第 1 期。

[222] 朱高林:《中国城镇居民衣着消费的基本趋势:1957~2004》,载于《东北财经大学学报》2007 年第 3 期。

[223] 朱高林、程慧敏:《城乡居民耐用消费品消费差距分析》,载于《经济界》2006 年第 3 期。

[224] 朱国林、范建勇、严燕:《中国的消费不振与收入分配:理论和数据》,载于《经济研究》2002 年第 5 期。

[225] Abel, A., 1990a, Asset Prices Under Habit Formation and Catching up with the Jones, *American Economic Review*, Vol. 80.

[226] Acemoglu, Daron and Guerrieri Veronica, 2007, Capital Deepening and Non-Balanced Economic Growth, Unpublished Paper, http//www. aeaweb. org/annual_mtg_papers/2007/0105_1015_0801. pdf.

[227] Adelman, Irma and Griliches, Zvi, 1961, On an Index of Quality Change, *Journal of the American Statistical Association*, Vol. 295, No. 56.

[228] Aghion, Philippe and Howitt, Peter, 1992, Growth and Creative Destruction, *Econometrica*, Vol. 60, No. 2.

[229] Agnar Sandmo, 1970, The effect of uncertainty on saving decisions, *The Review of Economic Studies.*

[230] Ainslie, George, 1992, *Picoeconomics*, Cambridge: Cambridge University Press.

[231] Akerlof, George A., 1991, Procrastination and Obedience. *American Economic Review*, Vol. 81, No. 2.

[232] Alfonso, G. and Salvatore, T., 1998, Does technological convergence imply convergence in markets? Evidence form the electronics Industry, *Research Policy*, Vol. 27.

[233] AliH, Mokdad et al., 1997, Health Insurance and the Demand for Medical Care: Evidence from a Randomized Experiment. *American Economic Review*, Vol. 107.

[234] Alonso, W., 1964, *Location and Land Use: Toward a General Theory of*

Land Rent, Cambridge MA: Harvard University Press.

[235] Alvarez, Fernando and Urban J. Jermann, 2000, Efficiency, Equilibrium, and Asset Pricing with Risk of Default, *Econometrica*, Vol. 68.

[236] Andreosso—O'Callaghan, B. and Yue, G., 2002, 1987 - 1997: Sources of Output Change in China: Application of a Structural Decomposition Analysis, *Aplied Economics*, Vol. 134.

[237] Angeletos George-Marios, Laibson David, Repetto Andrea, Tobacman Jeremy, Weinberg, 2001, The Hyperbolic Consumption Model: Calibration, Simulation, and Empirical Evaluation. *Journal of Economic Perspectives*. Vol. 15, No. 3.

[238] Angus Deaton, John Muellbauer, 1980, An Almost Ideal Demand System, *The American Economic Review*, Vol. 70, No. 3.

[239] Angus Deaton, John Muellbauer, 1980, *Economics and Consumer Behavior*, Cambridge University Press.

[240] Araujo and Ricardo Azevedo, 2002, Structural change and decisions on investment allocation, *structural change and economic dynamics*, Vol. 13.

[241] Arimah, Ben C., 1992, An Empirical Analysis of the Demand for Housing Attributes in a Third World City, *Land Economics*, Vol. 68.

[242] Atkeson, A. and R. Lucas, 1992, On Efficient Distribution with Private Information, *Review of Economic Studies*, Vol. 59.

[243] Atkeson, A. and R. Lucas, 1995, Efficiency and Equality in a Simple Model of Efficient Unemployment Insurance, *Journal of Economic Theory*, Vol. 66.

[244] Atkinson A. and J. Stiglitz, 1980, Lecture on Public Economics, New York: Mc-Graw Hill.

[245] Atsushi Maki, 2006, Changes in Japanese household consumption and saving behavior before, during and after the Bubble era: empirical analysis using NSFIE micro—data sets, *Japan and the World Economy*, Vol. 18.

[246] Attanasio, O. and S. Davis, 1996, Relative Wage Movements and the Distribution of Consumption, *Journal of Political Economy*, Vol. 104.

[247] Attanasio, O. P., 2000, Consumer Durables and Inertial Behavior: Estimation and Aggregation of (S, s) Rules for Automobile Purchases, *Review of Economic Studies*, Vol. 67, No. 4.

[248] Bandeen Robert, A., 1957, Automobile Consumption, 1940 - 1950. *Econometrica*, Vol. 25, No. 2.

[249] Bar-Ilan, A., and A. Blinder, 1988, The Life-Cycle Permanent-Income

Model and Consumer Durables, *Annales d'Ecomomies et de Statistique*, Jan. -Mar..

[250] Barsky, Robert B., N. Gregory Mankiw, and Stephen P. Zeldes, 1986, Ricardian Consumers with Keynesian Propensities, *American Economic Review*, Vol. 76.

[251] Baxter Marianne, 1996, Are Consumer Durables Important for Business Cycles?. *Review of Economics and Statistics*, Vol. 78, No. 1.

[252] Ben S. Bernanke, 1984, Permanent Income, Liquidity, and Expenditure on Automobiles: Evidence From Panel Data, *The Quarterly Journal of Economics*, Vol. 99, No. 3

[253] Benabou, Roland and Jean Tirole, 2000, Will-power and Personal Rules. Mimeo.

[254] Berkovec, James and Don Fullerton, 1989, The General Equilibrium Effects of Inflation on Housing Consumption and Investment, *American Economic Review*, Vol. 79.

[255] Berkovec, James and Don Fullerton, 1992, A General Equilibrium Model of Housing, Taxes, and Portfolio Choice, *Journal of Political Economy*, Vol. 100.

[256] Bils Mark and Klenow, Peter, J., 2001, Quantifying Quality Growth, *American Economic Review*, Vol. 91, No. 4.

[257] Bils Mark, Klenow Peter, J., 1998, Using Consumer Theory to Test Competing Business Cycle Models, *Journal of Political Economy*, Vol. 106, No. 2.

[258] Blundell, Richard, Martin Browning and Cos-tas Meghir, 1994, Consumer Demand and the Life-Cycle Allocation of Household Expendi-tures. *Review of Economic Studies*, Vol. 61. No. 1.

[259] Boskin, Michael J., Dulberger, Ellen R., Gordon, Robert J., Griliches, Zvi and Jorgenson, Dale, 1996, *Toward a More Accurate Measure of the Cost of Living*, Final Report to the Senate Finance Committee, December 4.

[260] Bovenberg, A. L. and L. H. Goulder, 1996, Optimal Environmental Taxation in the Presence of Other Taxes: General-Equilibrium Analysess, *American Economic Review*, Vol. 86.

[261] Breeden, D., 1979, An Intertemporal Asset Pricing Model with Stochastic Consumption and Investment Oportunities, *Journal of Financial Economics*, Vol. 7.

[262] Breyer, F., 1994, The Political Economy of Intergenerational Redistribution, *European Journal of Political Econom*, Vol. 10.

[263] Browning Martin, 1989, The Intertemporal Allocation of Expenditure on

Non—Durables, Services, and Durables. *The Canadian Journal of Economics/Revue canadienne d'Economique*, Vol. 22, No. 1.

[264] Browning, E. K., 1975, Why the Social Insurance Budget is Too Large in a Democracy, *Economic Inquiry*, Vol. 13.

[265] Bryant, W. K., and Wang, Y., 1990, American consumption patterns and the price of time: A time-series analysis, *The Journal of Consumer Affairs*, Vol. 24.

[266] Buchanan, J. M., 1965, An Economic Theory of Clubs, *Economica*, Vol. 32.

[267] Caballero Richardo J., 1990, Expenditure on Durable Goods: A Case for Slow Adjustment. *Quarterly Journal of Economics*, Vol. 105, No. 3.

[268] Caballero Richardo J., 1993, An Explanation for Their Slow Adjustment, *Journal of Political Economy*, Vol. 101, No. 2.

[269] Caballero, Ricardo J. 1993, Durable Goods: An Explanation for Their Slow Adjustment, *Journal of Political Economy*. Vol. 101.

[270] Campbell, J. and J. Cochrane, 1999, By Force of Habit: A Consumption-based Explanation of Aggregate Stock Market Behavior, *Journal of Political Economics*, Vol. 107.

[271] Campbell, J. and L. Viceira, 2001, Who Should Buy Long-term Bonds?, *American Economic Review*, Vol. 91, No. 1.

[272] Campbell, J. and Mankiw, G., 1989, Consumption, Income, and Interest Rates: Reinterpreting the Time Series Evidence. *NBER Macroeconomics Annual*, The MIT Press.

[273] Campbell, J., 1993, Intertemporal Asset Pricing without Consumption Data, *American Economic Review*, Vol. 83.

[274] Campbell, J., 1996, Understanding Risk and Return, *Journal of Political Economy*, Vol. 4.

[275] Campbell, J. and J. Cochrane, 1999, By Force of Habit: A Consumption-based Explanation of Aggregate Stock Market Behavior, *Journal of Political Economics*, Vol. 107.

[276] Campbell, John Y. and João F. Cocco, 2005, How Do House Prices Affect Consumption? Evidence from Micro Data, NBER Working Paper, No. 11534.

[277] Canner, N. and N. Mankiw, and D. Weil, 1997, An Asset Allocation Puzzle, *American Economic Review*, Vol. 87.

[278] Carroll, C. , 1997, Buffer-Stock Saving and the Life Cycle/Permanent Income Hypothesis, *Quarterly Journal of Economics*, Vol. 112.

[279] Case, Karl E. , J. Quigley and Robert J. Shiller, 2003, Comparing Wealth Effects: The Stock Market Versus the Housing Market.

[280] Cass, David, 1965, Optimum Growth in an Aggregative Model of Capital Accumulation, *Review of Economic Studies* Vol. 32.

[281] Catherine Halbrendt, Francis Tuan, Conrado Gempesaw, and Dimphna Dolk-etz, 1994, Rural Chinese Food Consumption: the Case of Guangdong, Amer. J. Agr. Econ, Vol. 76.

[282] Chai, Knight, and Song, 1996, The Rural Labor Force Survey for China, 1994, The Main Results, Draft.

[283] Chamberlain, G. and C. Wilson, 2000, Optimal Intertemporal Consumption under Uncertainty, *Review of Economic Dynamics*, Vol. 3.

[284] Chambers, Marcus J. , 1992, Estimation of a Continuous-Time Dynamic Demand System. *Journal of Applied Econometrics*, Vol. 7, No. 1.

[285] Chee Kong Wong, 2004, Information Technology, Productivity and Economic Growth in China, http: //msc. uwa. edu. au/? f = 151011.

[286] Chen, Z. and L. Epstein, 2001, Ambiguity, Risk and Asset Returns in Continuous Time, *Econometrica*, Vol. 70.

[287] Chenery, H. B. , 1960, Patterns of Industrial Growth, *The American Economic Review*, Vol. 50.

[288] Chenery, Hollis B. , Shuntaro Shishido and Tsuenhiko Watanable, 1962, The Pattern of Japanese Growth, 1914 – 1954, *Econometrica*, Vol. 30.

[289] Chow, Gregory C. and Yan Shen, 2006, Demand for education in China, *International Economic Journal* , Vol. 23.

[290] Christopher Pissarides and Liwa Rachel Ngai, 2005, Structural Change and Aggregate Employment with Mobility Barriers, Meeting Papers 587, *Society for Economic Dynamics.*

[291] Chung, Shin-Ho and Richard J. Herrnstein, 1961, Relative and Absolute Strengths of Re-sponse as a Function of Frequency of Reinforce-ment. *Journal of the Experimental Analysis of Ani-mal Behavior* . Vol. 4.

[292] Clark, C. G. , 1946, *The conditions of economic progress*, Oxford: Oxford University Press.

[293] Clarke, E. , 1971, Multipart Pricing of Public Goods, Public Choice 11.

[294] Clarke, E., 1972, Multipart Pricing of Public Goods: An Example, in S. Mushkin, ed., Public Prices for Public Products, Urban Institute, Washington D. C.

[295] Cochrane, J., 1991, A Simple Test of Consumption Insurance, *Journal of Political Economy*, Vol. 99.

[296] Cole Arthur H., 1962, Durable Consumer Goods and American Economic Growth, *The Quarterly Journal of Economics*, Vol. 76, No. 3.

[297] Constantinides, George M., 1982, Intertemporal Asset Pricing with Heterogeneous Consumers and without Demand Aggregation, *Journal of Business*, Vol. 55.

[298] Corchon, Luis C., Isabel Fradera, 2002, Comparative Statics in Cournot Free Entry Equilibrium, *Mathematical Social Sciences*, Vol. 44.

[299] Cox, J. C., J. E. Ingersoll, JR and S. A. Ross, 1985, An Intertemporal General Equilibrium Model of Asset Prices, *Econometrica*, Vol. 53.

[300] Dasgupta, P. and Stiglitz, J., 1980, Industrial Structure and the Nature of Innovative Activity, *Economic Journal*, Vol. 90.

[301] Deaton, A., 1991, Saving and Liquidity Constraints, *Econometrica*, Vol. 59.

[302] Deaton, Angus, 2003, Health, inequality and economic development, *Journal of Economic Literature*, Vol. 41.

[303] Dixit, A. and Stigliz, J. E, 1977, Monopolistic Competition and Product Diversity, *American Economic Review* Vol. 67.

[304] Djaji Slobodan and Kierzkowski Henryk, 1989, Goods, Services and Trade, *Economica*, New Series, Vol. 56, No. 221.

[305] Dolde, 1971, Wealth, Liquidity, and Consumption, Cowles Foundation Discussion Papers.

[306] Donald R. Davis, 1997, The Home Market, Trade and Industrial Structure, NBER Working Papers 6076, *National Bureau of Economic Research.*

[307] Douglas Nelson, 1989, Domestic Political Preconditions of US Trade Policy: Liberal Structure and Protectionist Dynamics, *Journal of Public Policy*, Vol. 9, No. 1.

[308] Duesenberry, J. S., 1949, Income, Saving and the Theory of Consumer Behavior. Harvard University Press.

[309] Dunn, Kenneth B. and Singleton, Kenneth J., 1986, Modeling the Term Structure of Interest Rate under Non—separable Utility and Durability of Goods, Jour-

nal of Financial Economics, Vol. 17.

[310] Duysters, G. and Hagedoorn, J., 1998, Technological Convergence in the IT Industry: The Role of Strategic Technology Alliances and Technological Competencies. *International Journal of the Economics of Business*, Vol. 5, No. 3.

[311] Dynan and Karen, 2000, Habit Formation in Consumer Preference: Evidence from Panel Data, *The American Economic Review.*

[312] Eberly, J. C., 1994, Adjustment of Consumers' Durables Stocks: Evidence from Automobile Purchases, *Journal of Political Economy*, Vol. 102, No. 3.

[313] Echevarria, Cristina, 1997, Changes in Sectoral Composition Associated with Economic Growth, *International Economic Review*, Vol. 38, No. 2.

[314] Edward Lazear, 1977, Education: Consumption or Production?, *The Journal of Political Economy*, Vol. 85, No. 3.

[315] Egon Kalotay, Philip Gray, Samantha Sin, 2007, Consumer expectations and short-horizon return predictability. *Journal of Banking & Finance*, Vol 31.

[316] Eichenbaum, Martin and Hansen. Lars Peter, 1990, Estimating Models with Intertemporal Substitution Using Aggregate Time Series Data, *Journal of Business and Economics Statistics*, Vol 8.

[317] Eichenbaum, Martin S., Lars Peter Hansen and Scott Richard, 1987, Aggregation, Durable Goods, and Nonseparable Preferences in an Equilibrium Asset Pricing Model, Chicago: National Opinion Research Center, *Working Paper*, No. 879.

[318] Ellision, S. F., I. Cockburn and Z. Griliches, J. Hausman, 1997, Charicateristics of Demand for Pharmaceutical Products: An Examination of Four Cephalosporins, Rand Journal of Economics, Autumn, Vol. 28.

[319] Epstein, L. and T. Wang, 1994, Intertemporal Asset Pricing under Knightian Uncertainty, *Econometrica*, Vol. 62.

[320] Epstein, L. and S. Zin, 1989, Substitution, Risk Aversion and the Temporal Behavior of Consumption and Asset Returns: A Theoretical Framework, *Econometrica*, Vol. 57.

[321] Erica Mina Okada, 2001, Trade-Ins, Mental Accounting, and Product Replacement Decisions, *The Journal of Consumer Research*, Vol. 27, No. 4.

[322] Ernst, D. and Naughton, B., 2005, China's Emerging Industrial Economy – Insights from the IT Industry, *Paper prepared for the East-West Center Conference on China's Emerging Capitalist System*, Honolulu, Hawaii, Draft version.

[323] Esptein, L. and J. Miao, 2003, A two-person Dynamic Equilibrium under Ambiguity, *Journal of Economics and Dynamic Control*, Vol. 27.

[324] Ethier, W. J., 1982, National and International Returns to Scale in the Modern Theory of International Trade, *American Economic Review*, Vol. 72.

[325] Euan Phimister, 1995, Farm Consumption Behavior in the Presence of Uncertainty and Restrictions on Credit, *American Journal of Agricultural Economics*, Vol. 77, No. 4.

[326] Fama, Eugene F. and Kenneth R. French, 1988, Permanent and Temporary Components of Stock Returns, *Journal of Political Economy*, Vol. 96.

[327] Farkas, Steve and Jean Johnson, 1997, *Miles to Go: A Status Report on Americans' Plans for Retirement*, New York: Public Agenda.

[328] Fauvel Yvon, Samson Lucie. 1991, Intertemporal Substitution and Durable Goods: An Empirical Analysis. *The Canadian Journal of Economics/Revue canadienne d'Economique*, Vol. 248, No. 1.

[329] Fernandez, R. and R. Rogerson, 1995, On the Political Economy of Education Subsidies, *Review of Economic Studies* Vol. 62.

[330] Flemming, T. H., 1973, Numbers of Mammal Species in North and Central American Forest Communities, *Journal of Ecology*, Vol. 54, No. 3.

[331] Fowler. Thomas B., 2002, Convergence in the Information Technology and Telecommunications World, Separating Reality From Hype, *The Telecommunications Review*, Available at: http://www.noblis.org/Publications/Fowler_03. Pdf.

[332] Franco Modigliani, 1972, An Alternative Model of Business Investment Spending, *Brookings Papers on Economic Activity*, Vol. 1972, No. 3.

[333] Frank Kleemann and G. Günter Voß, 2008, Under paid Innovators: The Commercial Utilization of Consumer Work through Crowdsourcing, *Science, Technology & Innovation Studies*, Vol. 4, No. 1.

[334] Frano Modigliani & Richard Brumberg, 1954, The Determinants of Aggregate Consumption, *The Review of Economic Studies.*

[335] Frederick Shane, Loewenstein George, O'Donoghue Ted. 2002, Time Discounting and Time Preference: A Critical Review. *Journal of Economic Literature*, Vol. 40, No. 2.

[336] Friedman, Milton, 1957, *A Theory of the Consumption Function*. Princeton, NJ: Princeton University.

[337] George G. Daly, Thomas H. Mayor, 1983, Reason and Rationality during

Energy Crises, *The Journal of Political Economy*, Vol. 91, No. 1.

[338] George Loewenstein, Drazen Prelec, 1992, Anomalies in Intertemporal Choice: Evidence and an Interpretation, *The Quarterly Journal of Economics*, Vol. 107, No. 2.

[339] Goldberg and Pinelopi Koujianou., 1996, Dealer Price Discrimination in New Car Purchases: Evidence from the Consumer Expenditure Survey, *Journal of Political Economy*, Vol. 104, No. 3.

[340] Gollin, Douglas, Parente, Stephen and Rogerson, Richard, 2002, The Role of Agriculture in Development., *American Economic Review*.

[341] Gong Liutang, Smith William, Zou Heng-fu, 2007, Consumption and Risk with hyperbolic discounting, *Economics Letters*, Vol 96.

[342] Gordon and Robert, J., 1990, *The measurement of durable goods prices*, Chicago: University of Chicago Press.

[343] Gordon Mills, 1976, Public Utility Pricing for Joint Demand Involving a Durable Good, *The Bell Journal of Economics*, Vol. 7, No. 1.

[344] Goulder, L., 2002, *Environmental Policy Making in Economies with Prior Tax Distortions*. Northampton MA: Edward Elgar.

[345] Green, E., Lending and the Smoothing of Uninsurable Income, Prescott, E. and N. Wallace, 1987, Contractual Arrangements for Intertemporal Trade, University of Minnesota Press.

[346] Greenstein, S. and Khanna, T., 1997, What does Industry Mean? *In Yoffie ed.*, *Competing in the age of digital convergence*, U. S. The President and Fellow of Harvard Press.

[347] Gregorio José De, Guidotti and Pablo E. Végh Carlos A., 1998, Inflation Stabilisation and the Consumption of Durable Goods, *The Economic Journal*, Vol. 108, No. 446.

[348] Griliches, Zvi and Cockburn, Iain, 1994, Generics and New Goods in Pharmaceutical Price Indexes, *American Economic Review*, Vol. 84, No. 5.

[349] Grossman Sanford J. and Laroque Guy, 1990, Asset Pricing and Optimal Portfolio Choice in the Presence of Illiquid Durable Consumption Goods, *Econometrica*, Vol. 58, No. 1.

[350] Grossman, G. M. and Helpman, E., 1991a, Quality ladders in the Theory of Growth, *Review of Economic Studies*, Vol. 58.

[351] Grossman, G. M. and Helpman, E., 1991b, Quality Ladder and Prod-

uct Cycles, *Quarterly Journal of Economics*, Vol. 106.

[352] Grossman, G. M. and Helpman, E., 1991c, Innovation and Growth in the Global Economy, Massachusetts Institute of Technology.

[353] Gunning, J. W. and M. Keyzer, 1995, Applied General Equilibrium Models for Policy Analysis, J. Behrman and T. N. Srinivasan. Handbook of Development Economics Vol. III-A. Amsterdam: Elsevier.

[354] H. Youn Kim, 1988, the consumer demand for education, *the Journal of Human Resources*, Vol. 23, No. 2.

[355] Hall, R. E. Stochastic, 1978, Implication of the Life Cycle-Permanent Income Hypothesis: Theory and Evidence, *Journal of Political Economy*, Vol. 86.

[356] Hall, Robert E., 1988, Intertemporal Substitution in Consumption, *Journal of Political Economy*, Vol. 96.

[357] Hansen, Lars Peter and Singleton, Kenneth J., 1996, Efficient Estimation of Linear Asset-Pricing Models with Moving Average Errors, *Journal of Business and Economics Statistics*, Vol. 14.

[358] Hansen, L. and R. Jagannathan, 1991, Restrictions on Intertemporal Marginal Rates of Substitution Implied by Asset Returns, *Journal of Political Economy*, Vol. 99.

[359] Harrison, G. W., T. F. Rutherford and D. G. Tarr, 1997, Quantifying the Uruguay Round, *Economic Journal*, Vol. 107.

[360] Hayashi, F., J. Altonji and L. Kotlikoff, 1996, Risk Sharing Between and Within Families. *Econometrica*, Vol. 64.

[361] Hayne E. Leland, 1968, Saving and Uncertainty: The Precautionary Demand for Saving, *The Quarterly Journal of Economics*, Vol. 82, No. 3.

[362] Heaton, J. and D. Lucas, 1997, Market Frictions, Saving Behavior and Portfolio Choice, *Macroeconomic Dynamics*, Vol. 1.

[363] Heaton, John, 1991, The Interaction between Time-Nonseparable Preferences and Time Aggregation. Working Paper, No. 3376 – 92 – EFA. Cambridge: Massachusetts Inst. Tech., Sloan School.

[364] Hideyuki Adachi, 1974, Factor Substitution and Durability of Capital in a Two-Sector Putty-Clay Model, *Econometrica*, Vol. 42, No. 5.

[365] Hitschler, 1993, Spending by older consumers: 1980 and 1990 compared, *Monthly Lab*, *Rev.* Vol. 5.

[366] Holland Hunter, 1965, Transport in Soviet and Chinese Development,

Economic Development and Cultural Change, Vol. 14, No. 1.

[367] Houthakker, H. S. and L. D. Taylor, 1970, *Consumer Demand in the U. S.* 1929 – 70. Cambridge: Harvard University Press.

[368] Huang S. , Yang Y. , Anderson, K. , 2001, A Theory of Finitely Durable Goods Monopoly with Used-Goods Market and Transaction Costs, *Management Science*, Vol. 47, No. 11.

[369] Irwin Friend and Irving B. Kravis, 1957, New Light on The Consumer Market, *Harvard Business Review*, Vol. 35.

[370] J. Norum, E. A. Wist, 1996, Quality of Life in Survivors of Hodgkin's Disease, *Quality of Life Research*, Vol. 5, No. 3.

[371] Jappelli, 1990, Who is Credit Constrained in the U. S. Economy? *The Quarterly Journal of Economics*, Vol. 105, No. 1.

[372] Jason Dedrick, Vijay Gurbaxani and Kenneth L. Kraemer, 2003, Information Technology and Economic Performance: A Critical Review of the Empirical Evidence, ACM Computing Surveys, Vol. 35, No. 1, available at: http: //www. it. jcu. edu. au/Subjects/cp5080/2004 – 1/resources/papers/p1-dedrick. pdf.

[373] Jian Wu and Callahan, J. , 2005, Motive, Form and Function of International R&D Alliances: Evidence from the Chinese IT Industry, *The Journal of High Technology Management Research*, Vol. 16, No. 2.

[374] John C. H. Fei and Ranis, 1964, Develpoment of the Labor SuPrlus Eeonomy: Theory and Policy, Irwin Homewood.

[375] John E. Kwoka, Christopher M. Snyder, 2004, Dynamic Adjustment in the U. S. Higher Education Industry, 1955 – 1997, *Review of Industrial Organization*, Vol. 24.

[376] John Hassler, 2001, Uncertainty and the Timing of Automobile Purchases, *The Scandinavian Journal of Economics*, Vol. 103, No. 2.

[377] John Heaton, 1993, The Interaction Between Time-Nonseparable Preferences and Time Aggregation, *Econometrica*, Vol. 61, No. 2.

[378] Jonas, L. , 2005, Ubiquitous Convergence : Market Redefinitions Generated by Technological Change and the Industry Life Cycle. *Paper for the DRUID Academy Winter* 2005 *Conference.*

[379] Joseph P. Newhouse, 1977, Medical care expenditure: A Cross-National Survey, *Journal of Human Resources*, Vol. 12, No. 1.

[380] Justin Yifu Lin, 2007, Development Strategy, Optimal Industrial Struc-

ture and Economic Growth in Less Developed Countries, http: //www. ccer. edu. cn/ download/8051 - 1. pdf.

[381] K. Conrad, M. Schröder, 1991, Demand for Durable and Nondurable Goods, Environmental Policy and Consumer Welfare, *Journal of Applied Econometrics*, Vol. 6, No. 3.

[382] Kaldor, Nicholas, 2001, Capital Accumulation and Economic Growth, The Theory of Capital, New York: St. Martin's Press, Kongsamut, Piyabha; Rebelo, Sergio and Xie, Danyang, Beyond Balanced Growth, *Review of Economic Studies*, Vol. 68.

[383] Kehoe, Timothy J. and David K. Levine, 1993, Debt Constrained Asset Markets, UCLA Department of Economics, Levine's Working Paper Archive 1276.

[384] Keynes, J. M., 1936, The General Theory of Employment, Interest and Money, Champaign, IL: New York, Harcourt, Brace.

[385] Kihlstrom, Richard, and Pauly, Mark, 1971, The Role of Insurance in the Allocation of Risk, *American Economic Review*, Vol. 61.

[386] Kimball, M., 1990, Precautionary Saving in the Small and in the Large, *Econometrica*, Vol. 58.

[387] Kocherlakota, N., 1996, Implications of Efficient Risk Sharing without Commitment, *Review of Economic Studies*, Vol. 63.

[388] Kojima, Kiyoshi, 2000, The Flying Geese Model of Asian Economic Development: Origin, Theoretical Extensions, and Regional Policy Implications, *Journal of Asian Economics*, Vol. 11.

[389] Koopmans, Tjalling C., 1965, On the Concept of Optimal Economic Growth, In The Economic Approach to Development Planning, Amsterdam: Elsevier.

[390] Kornai Janos, 1994, Transformational Recession: the Main Causes, *Journal of Comparative Economics*, Vol. 19.

[391] Kremer, M., 1993, Population Growth and Technological Change: One Million B. C. to 1990, *The Quarterly Journal of Economics*, Vol. 108, No. 3.

[392] Krishna Kala and Yavas Cemile, 2004, Lumpy Consumer Durables, Market Power, and Endogenous Business Cycles, *The Canadian Journal of Economics/Revue Canadienne d'Economique*, Vol. 37, No. 2.

[393] Krueger, D., 2007, *Consumption and Saving: Theory and Evidence*, University of Pennsylvania.

[394] Krugman, P., 1994, November/December: The Myth of Asia's Mira-

cle, Foreign Affairs.

[395] Kuznets, S., 1953, International Differences in Income Levels: Reflections on Their Causes, *Economic Development and Cultural Change*, Vol. 2, No. 1.

[396] Kuznets, Simon, 1966, Modern Economic Growth: Rate, Structure, and Spread, *New Haven: Yale University Press.*

[397] Laibson, David I., 1994, Self-Control and Sav-ings. Ph. D. Dissertation, Massachusetts Institute of Technology.

[398] Laibson, David I. 1996, *Hyperbolic Discount-ing, Undersaving, and Savings Policy.* Working Paper 5635. Cambridge, Mass: National Bureau of Economic Research.

[399] Laibson, David I., 1997a, Golden Eggs and Hyperbolic Discounting. *Quarterly Journal of Economics*. Vol. 62. No. 2.

[400] Laibson, David I., 1997b, Hyperbolic Discount Functions and Time Preference Heterogeneity. Mimeo, Harvard.

[401] Laibson, David I., Andrea Repetto and Jeremy Tobacman, 1998, Self-Control and Saving for Retirement. *Brookings Papers on Economic Activity.* Vol. 1.

[402] Laitner, John, 2000, Structural Change and Economic Growth, *Review of Economic Studies*, Vol. 67.

[403] Lakshmanan, T. R., Lata Chatterjee and Peter Kroll, 1978, Housing Consumption and Level of Development: A Cross-National Comparison. *Economic Geography*, Vol. 54.

[404] Lam, P., 1991, Permanent Income, Liquidity, and Adjustments of Automobile Stocks : Evidence from Panel Data, *Quarterly Journal of Economics*, Vol. 106, No. 1.

[405] Lars-Hendrik Röller and Leonard Waverman, 2001, Telecommunications Infrastructure and Economic Development: A Simultaneous Aproach, *The American Economic Review*, Vol. 91, No. 4.

[406] Lawrence J. Lau, Wuu—Long Lin, Pan A. Yotopoulos, 1978, The Linear Logarithmic Expenditure System: An Aplication to Consumption—Leisure Choice, Econometrica, Vol. 46, No. 4.

[407] Lee Maw Lin, 1962, An Analysis of Instalment Borrowing by Durable Goods Buyers, *Econometrica*, Vol. 30, No. 4.

[408] Leontif, W., 1955, Input—Output Analysis and the General Equilibrium, Structural Interdependence of the Economy, ed. by J. Barna, New York.

[409] Lewis, W. A. , 1958, Economic Development with Unlimited Supliesof Labor, The Economics of Under development, *Bombay* : *Oxford University Press.*

[410] Liuch, C. and R. Williams, 1974, Consumer Demand Systems and Aggregate Consumption in the U. S. A. : An Application of the Extended Linear Expenditure System, *Canadian Journal of Economics*, Vol. 8.

[411] Lucas, R. E. Jr. , 1988, On the Mechanics of Economic Development, *Journal of Monetary Economics*, Vol. 22.

[412] Lucas, Robert E. Jr. , 1978, Asset Prices in an Exchange Economy, *Econometrica*, Vol. 46.

[413] M. Manacorda and F. Rosati, Industrial Structure and Child Labour, Evidence from Brazil, 2008, http: //ucw-project. org/pdf/publications/standard _ scaramozzino_schoolToWork. pdf.

[414] Mace, B. , 1991, Full Insurance in the Presence of Aggregate Uncertainty, *Journal of Political Economy*, Vol. 99.

[145] Maddison, Angus, 1998, Chinese Economic Performance In the Long Run, Paris: OECD.

[416] Mankiw N. Gregory, 1985, Consumer Durables and the Real Interest Rate, *The Review of Economics and Statistics*, Vol. 67, No. 3.

[417] Mankiw, N. G. , Zeldes, S. P. , 1991, The Consumption of Stock Holders and Non-stock Holders, *Journal of Financial Economics* Vol. 29.

[418] Mankiw, N. Gregory, 1982, Hall's Consumption Hypothesis and Durable Goods. *Monetary Econ.* Vol. 23.

[419] Marcus Alexis, 1962, Some Negro—White Differences in Consumption, *American Journal of Economics and Sociology*, Vol. 21, No. 1.

[420] Maria Isabel Garcia, Yolanda Fernandez and Jose Luis Zofio, 2003, The Economic Dimension of the Culture and Leisure Industry in Spain: National, Sectoral and Regional Analysis, *Journal of Cultural Economics*, Vol. 27.

[421] Martin, W. and L. A. Winters, 1996, *The Uruguay Round and the Developing Economies*, New York: Cambridge University Press.

[422] McMillen, D. P. , and Jr. L. D. Singell, 1992, Work Location, Residence Location, and the Intraurban Wage Gradient, *Journal of Urban Economics*, Vol. 32.

[423] Michael Grossman, 1972, *The Demand for Health: A Theoretical and Empirical Investigation*, New York: Columbia University Press.

[424] Mills, E. S., 1972, Studies in the Structure of the Urban Economy, Baltimore MD: Johns Hopkins University Press.

[425] Modigliani, Franco, and Brumberg, Richard, 1954, *Utility Analysis and the Consumption Function: An Interpretation of Cross-Section Data, Kurihara, Kenneth K., Post-Keynesian Economics, New Brunswick*, NJ: Rutgers University Press.

[426] Mokhtari, M., 1992, An Alternative Model of U. S. Clothing Expenditures: Aplication of Cointegration Techniques, *Journal of Consumer Affairs*, Vol. 26.

[427] Morrison Catherine J., 1997, Assessing the Productivity of Information Technology Equipment in U. S. Manufacturing Industries. *The Review of Economics and Statistics*, Vol. 79, No. 3.

[428] Muellbauer, John and Anthony Murphy, 1990, Is the UK Balance of Payments Sustainable? *Economic Policy*, Vol. 11.

[429] Mueller, D., 1989, *Public Choice II*, Cambridge: Cambridge Press.

[430] Muth, R., 1969, *Cities and Housing*, University of Chicago Press.

[431] Nickell, S., 1985, Error Correction, Partial Adjustment and All That: An Expository Note, Oxford bulletin of economics and statistics, Vol. 47.

[432] Ogaki Masao and Reinhart, Carmen M., 1998, Measuring Intertemporal Substitution: The Role of Durable Goods, *Journal of Political Economy*, Vol. 106, No. 5.

[433] Ogaki, Masao, Ostry, Jonathan D. and Reinhart, Carmen M., 1996, Saving Behavior in Low-and Middle-Income Developing Countries: A Comparsion, IMF Staff Papers. Vol. 43.

[434] Ogaki, Masao and Reinhart, Carmen M., 1997, Measuring Intertemporal Substitution: The Role of Durable Goods, Working Paper No. 97 – 06. Columbus: Ohio State University., Department of Economics.

[435] Ostry, Jonathan D. and Reinhart, Carmen M., 1992, Private Saving and Terms of Trade Shocks: Evidence from Developing Countries, IMF Staff Papers, Vol. 39.

[436] Paroush Jacob, 1965, The Order of Acquisition of Consumer Durables, *Econometrica*, Vol. 33, No. 1.

[437] Paul Krugman and Anthony, J., 1995, Venables Globalization and the Inequality of Nations, NBER Working Papers 5098, *National Bureau of Economic Research*.

[438] Paul Romer, 2001, Comment on It's Not Factor Accumulation: Stylized Facts and Growth Models, by William Easterly and Ross Levine, *The word bank economic review*.

[439] Paul Whitla, 2009, Crowd Sourcing and Its Aplication in Marketing Activities, Contemporary Management Research, Vol. 5, No. 1.

[440] Pennings Johannes M. and Puranam, P., 2001, Market Convergence & Firm Strategy: New Directions for Theory and Research. *Paper presented at the ECIS Conference*, *The Future of Innovation Studies*, Eindhoven, Netherlands.

[441] Perry, G., J. Whalley and G. McMahon, 2001, *Fiscal Reform and Structural Change in Developing Countries*, NewYork: Palgrave-Macmillan.

[442] Phelan, C. and R. M. Townsend, 1991, Computing multi-period, information-constrained optima, *Review of Economic Studies*, Vol. 58.

[443] Philippe Aghion, Peter Howitt, 1992, A Model of Growth Through Creative Destruction, *Econometrica*, Vol. 60, No. 2.

[444] Piazzesi, Monika, Martin Schneider and Selale Tuzel, 2007, Housing, Consumption and Asset Pricing, *Journal of Financial Economics*, Vol. 83.

[445] Rachel Ngai and Christopher A. Pissarides, 2007, Structural Change in a Multisector Model of Growth, American Economic Review, *American Economic Association*, Vol. 97, No. 1.

[446] Rachel Ngai and Roberto M. Samaniego, 2006, An R&D—Based Model of Multi—Sector Growth, CEP Discussion Papersdp 0762, *Centre for Economic Performance*, *LSE*.

[447] Ramsey, F. P., 1928, A Mathematical Theory of Saving, *Economic Journal*, Vol. 38.

[448] Raviv Artur, Zemel. Eitan, 1977, Durability of Capital Goods: Taxes and Market Structure, *Econometrica*, Vol. 45, No. 3.

[449] Renkow, M. and D. Hoover, 2000, Commuting, Migration, and Rural-Urban Population Dynamics, *Journal of Regional Science*, Vol. 40.

[450] Reto Foellmi and Josef Zweilmueller, 2009, Structural Change and the Kaldor Facts of Economic Growth, http: //www. iew. unizh. ch/wp/iewwp111. pdf.

[451] Richard Stone, 1954, Linear Expenditure Systems and Demand Analysis: An Aplication to the Pattern of British Demand, *The Economic Journal*, Vol. 64, No. 255.

[452] Richard Thaler, 1985, Mental Accounting and Consumer Choice, *Mar-*

keting Science, Vol. 4, No. 3.

[453] Robert Campbell and Barry N. Siegel, 1967, The Demand for Higher Education in the United States, 1919 - 1964, *The American Economic Review*, Vol. 57, No. 3.

[454] Robert S. Pindyck, 1991, Irreversibility, Uncertainty, and Investment, *Journal of Economic Literature*, Vol. 29, No. 3.

[455] Robert S. Pindyck, 1994, Inventories and the Short-Run Dynamics of Commodity Prices, *The RAND Journal of Economics*, Vol. 25, No. 1.

[456] Romer, P. M., 1986, Increasing Returns and Long—Run Growth, *The Journal of Political Economy*, Vol. 94, No. 5.

[457] Rose M. Rubin, Bobye J. Riney, David J. Molina, 1990, Expenditure Pattern Differentials between One-Earner and Dual-Earner Households: 1972 - 1973 and 1984, *The Journal of Consumer Research*, Vol. 17, No. 1.

[458] Rosen, S., 1974, Hedonic Prices and Implicit Markets: Product Differentiation in Pure Competition. *Journal of Political Economy*, Vol. 82.

[459] Samuelson, P., 1954, The Pure Theory of Public Expenditure, *Review of Economic and Statistics*, Vol. 36.

[460] Samuelson, P., 1955, Diagrammatic Exposition of a Theory of Public Expenditure, *Review of Economic and Statistics*, Vol. 37.

[461] Sandler, T. and J. Tschirhart, 1980, The Economic Theory of Clubs: An Evaluative Survey, *Journal of Economic Literature*, Vol. 18.

[462] Schechtman, J., 1976, An Income Fluctuation Problem, *Journal of Economic Theory*, Vol. 12.

[463] Schechtman, J. and V. Escudero, 1977, Some Results on an Income Fluctuation Problem, *Journal of Economic Theory*, Vol. 16.

[464] Scheinkman, Jose A., 1984, General Equilibrium Models of Economic Fluctuations: A Survey of Theory, Univ. Chicago.

[465] Serena Ng, 1997, Excess Sensitivity and Asymmetries in Consumption: An Empirical Investigation, *Journal of Money, Credit and Banking*, Vol. 29, No. 2.

[466] Shapiro, Matthew D. and Wilcox, David W., 1996, Mismeasurement in the Consumer Price Index: An Evaluation, in Ben S. Bernanke and Julio J. Rotemberg, eds., *NBER Macroeconomics Annual*, Cambridge: MIT Press.

[467] Shea, J., 1995, Union Contracts and the Life-Cycle Permanent Income Hypothesis, *American Economic Review*, Vol. 85.

[468] Sheng Cheng Hu, 1980, Imperfect Capital Markets, Demand for Durables, and the Consumer Lifetime Allocation Process, *Econometrica*, Vol. 48, No. 3.

[469] Shields, C. R. and J. F. François, 1994, Modeling Trade Policy: Aplied General Equilibrium Assessments of North American Free Trade, Cambridge University Press.

[470] Skinner, 1988, Risky income, life cycle consumption, and precautionary savings, *Journal of Monetary Economics.*

[471] Slemrod, Joel, 1982, Tax Effects on the Allocation of Capital among Sectors and among Individuals: A Portfolio Aproach, *NBER Working Paper*, No. 951.

[472] So, Kim S., Peter F. Orazem and Daniel M. Otto, 2001, The Effects of Housing Prices, Wages, and Commuting Time on Joint Residential and Job Location Choices, *American Journal of Agricultural Economics*, Vol. 83.

[473] Solow, Rorbert M., 1956, A Contribution to the Theory of Economic Growth, *Quarterly Journal of Economics*, Vol. 70.

[474] Sonis, M., Hewings G. J. D. and Guo J., 1996, Sources of structural change in input—output systems: a field of influence aproach. Economic Systems Research, Vol. 8.

[475] Sotomayor, M. A., 1984, On Income Fluctuations and Capital Gains, *Journal of Economic Theory*, Vol. 32.

[476] Stark, Oded & Yitzhaki, Shlomo, 1982, Migration, growth, distribution and welfare, Economics Letters, Elsevier, Vol. 10.

[477] Startz Richard, 1989, The Stochastic Behavior of Durable and Nondurable Consumption, *Review of Economics and Statistics*, Vol. 71, No. 2.

[478] Stieglitz, N., 2003, Digital Dynamics and Types of Industry Convergence—The Evolution of the Handheld Computers Market in the 1990s and beyond, *in J. F. Christensen, P. Maskell (eds.): The Industrial Dynamics of the New Digital Economy*, Edward Elgar.

[479] Stone Richard and Rowe D. A., 1957, The Market Demand for Durable Goods, *Econometrica*, Vol. 25, No. 3.

[480] Sung-Bae Mun, M. Ishaq Nadiri, 2002, Information Technology Externalities: Empirical Evidence From 42 U. S. Industries, NBER Working Paper Series, October 2002, available at: http://www.brousseau.info/semnum/pdf/2003-06-16_Mun.pdf.

[481] Svein Olav Nås, 2002, Industrial Structure, Business Demography and In-

novation, http: //www. tik. uio. no/InnoWP/Naas% 20working% 20paper% 20WPready. pdf.

[482] Syrquin, M., 1976, Sources of Industrial Growth and Change: An Alternative Measure, Paper read at the European Meeting of the Econometric Society, Helsinki, Finland.

[483] Tabellini, G., 1991, The Politics of Intergenerational Redistribution, *Journal of Political Economy*, Vol. 99.

[484] Tabellini, G., 1990, A Positive Theory of Social Security, *NBER Working Paper* 3272.

[485] Theodore W., Schultz, 1959, II: Human Wealth and Economic Growth, *The Humanist.*

[486] Thomas, Jonathan and Tim Worrall, 1990, Income Fluctuation and Asymmetric Information: An Example of a Repeated Principal-Agent Problem, *Journal of Economic Theory*, Vol. 51.

[487] Townsend, R., 1994, Risk and Insurance in Village India. *Econometrica*, Vol. 62.

[488] Townsend, Robert M., 1987, *Arrow-Debreu Programs as Microfoundations of Macroeconomics*, *Bewley*, *Truman*, *Advances in Economic Theory*: *Fifth World Congress.* New York: Cambridge Univ. Press.

[489] Trevor A. Reeve, 2002, Factor Endowments and Industrial Structure, http: //www. federalreserve. gov/pubs/ifdp/2002/731/ifdp731. pdf.

[490] U. S. Department of Justice, 1982, Merger Guidelines, Note 6. Available at http: //www. usdoj. gov/atr/hmerger/11248. Htm.

[491] UN, 2006, Structural Change and Economic Growth, http: //www. un. org/esa/policy/wess/wess2006files/chap2. pdf.

[492] W. Kenneth Richmond, 1969, The Education Industry, Methuen and Co Ltd.

[493] W. Leontief, 1953, Quantitative Input-output Analysis in the Economic System of the United States, *The review of economics and statistics*, Vol. 18, No. 3.

[494] Weyant, J., 1999, The Costs of the Kyoto Protocol: a Multi-Model Evaluation, *Energy Journal special issue.*

[495] Whelan Karl, 2003, A Two—Sector Aproach to Modeling U. S. NIPA Data, *Journal of Money*, *Credit and Banking*, Vol. 35, No. 4.

[496] Wilson, R., 1968, The Theory of Syndicates. *Econometrica*, Vol. 36.

[497] Win Lin Chou, 2007, Explaining China's Regional Health Expenditures Using LM—type Unit Root Tests. *Journal of Health Economics*, Vol. 26.

[498] World Bank., 1974, Fiancing Health Care: Issues and Options for China, Washington, D. C: The International Bank for Reconstruction and Development, 1997, *Journal of Political Economy*, Vol. 82.

[499] World Bank, 1994, *World Development* 1994, *Infrastructure for Development*, New York, Oxford University Press.

[500] World Bank, 1999, World Development Report 1998/1999: Knowledge for Development, The World Bank, Washington, D. C.

[501] World Bank, China 2020, 1997, Development Challenges in the New Century, Washington, DC: World Bank. Whelan Karl, 2003: A Two—Sector Aproach to Modeling U. S. NIPA Data, *Journal of Money*, *Credit and Banking*, Vol. 35, No. 4.

[502] Yaari, Menahem, 1976, A Law of Large Numbers in the Theory of Consumer's Choice under Uncertainty, *Journal of Economic Theory*, Vol. 12.

[503] Yoffie, David. B., 1997, *Competing in the age of digital convergence*, *U. S.* The President and Fellows of Harvard Press, Boston.

[504] Zeldes, S., 1989, Consumption and Liquidity Constraints: an Empirical Investigation, *Journal of Political Economy*, Vol. 97.

教育部哲学社會科学研究重大課題攻關項目
成果出版列表

书　名	首席专家
《马克思主义基础理论若干重大问题研究》	陈先达
《马克思主义理论学科体系建构与建设研究》	张雷声
《马克思主义整体性研究》	逄锦聚
《人文社会科学研究成果评价体系研究》	刘大椿
《中国工业化、城镇化进程中的农村土地问题研究》	曲福田
《东北老工业基地改造与振兴研究》	程　伟
《全面建设小康社会进程中的我国就业发展战略研究》	曾湘泉
《自主创新战略与国际竞争力研究》	吴贵生
《转轨经济中的反行政性垄断与促进竞争政策研究》	于良春
《中国现代服务经济理论与发展战略研究》	陈　宪
《当代中国人精神生活研究》	童世骏
《弘扬与培育民族精神研究》	杨叔子
《当代科学哲学的发展趋势》	郭贵春
《面向知识表示与推理的自然语言逻辑》	鞠实儿
《当代宗教冲突与对话研究》	张志刚
《马克思主义文艺理论中国化研究》	朱立元
《历史题材创新和改编中的重大问题研究》	童庆炳
《现代中西高校公共艺术教育比较研究》	曾繁仁
《楚地出土戰國簡册［十四種］》	陳　偉
《中国市场经济发展研究》	刘　伟
《全球经济调整中的中国经济增长与宏观调控体系研究》	黄　达
《中国特大都市圈与世界制造业中心研究》	李廉水
《中国产业竞争力研究》	赵彦云
《东北老工业基地资源型城市发展接续产业问题研究》	宋冬林
《转型时期消费需求升级与产业发展研究》	臧旭恒
《中国民营经济制度创新与发展》	李维安
《中国现代服务经济理论与发展战略研究》	陈　宪
《中国转型期的社会风险及公共危机管理研究》	丁烈云
《面向公共服务的电子政务管理体系研究》	孙宝文

书　名	首席专家
《中国加入区域经济一体化研究》	黄卫平
《金融体制改革和货币问题研究》	王广谦
《人民币均衡汇率问题研究》	姜波克
《我国土地制度与社会经济协调发展研究》	黄祖辉
《南水北调工程与中部地区经济社会可持续发展研究》	杨云彦
《产业集聚与区域经济协调发展研究》	王　珺
《我国民法典体系问题研究》	王利明
《中国司法制度的基础理论问题研究》	陈光中
《多元化纠纷解决机制与和谐社会的构建》	范　愉
《中国和平发展的重大国际法律问题研究》	曾令良
《中国法制现代化的理论与实践》	徐显明
《农村土地问题立法研究》	陈小君
《生活质量的指标构建与现状评价》	周长城
《中国公民人文素质研究》	石亚军
《城市化进程中的重大社会问题及其对策研究》	李　强
《中国农村与农民问题前沿研究》	徐　勇
《西部开发中的人口流动与族际交往研究》	马　戎
《中国边疆治理研究》	周　平
《中国大众媒介的传播效果与公信力研究》	喻国明
《媒介素养：理念、认知、参与》	陆　晔
《创新型国家的知识信息服务体系研究》	胡昌平
《数字信息资源规划、管理与利用研究》	马费成
《新闻传媒发展与建构和谐社会关系研究》	罗以澄
《数字传播技术与媒体产业发展研究》	黄升民
《教育投入、资源配置与人力资本收益》	闵维方
《创新人才与教育创新研究》	林崇德
《中国农村教育发展指标体系研究》	袁桂林
《高校思想政治理论课程建设研究》	顾海良
《网络思想政治教育研究》	张再兴
《高校招生考试制度改革研究》	刘海峰
《基础教育改革与中国教育学理论重建研究》	叶　澜

书　名	首席专家
《公共财政框架下公共教育财政制度研究》	王善迈
《中国青少年心理健康素质调查研究》	沈德立
《处境不利儿童的心理发展现状与教育对策研究》	申继亮
《学习过程与机制研究》	莫　磊
《WTO 主要成员贸易政策体系与对策研究》	张汉林
《中国和平发展的国际环境分析》	叶自成
*《改革开放以来马克思主义在中国的发展》	顾钰民
*《西方文论中国化与中国文论建设》	王一川
*《中国抗战在世界反法西斯战争中的历史地位》	胡德坤
*《近代中国的知识与制度转型》	桑　兵
*《中国水资源的经济学思考》	伍新林
*《京津冀都市圈的崛起与中国经济发展》	周立群
*《中国金融国际化中的风险防范与金融安全研究》	刘锡良
*《金融市场全球化下的中国监管体系研究》	曹凤岐
*《中部崛起过程中的新型工业化研究》	陈晓红
*《中国政治文明与宪法建设》	谢庆奎
*《地方政府改革与深化行政管理体制改革研究》	沈荣华
*《知识产权制度的变革与发展研究》	吴汉东
*《中国能源安全若干法律与政府问题研究》	黄　进
*《我国地方法制建设理论与实践研究》	葛洪义
*《我国资源、环境、人口与经济承载能力研究》	邱　东
*《产权理论比较与中国产权制度变革》	黄少安
*《中国独生子女问题研究》	风笑天
*《当代大学生诚信制度建设及加加强大学生思想政治工作研究》	黄蓉生
*《农民工子女问题研究》	袁振国
*《中国艺术学科体系建设研究》	黄会林
*《边疆多民族地区构建社会主义和谐社会研究》	张先亮
*《非传统安全合作与中俄关系》	冯绍雷
*《中国的中亚区域经济与能源合作战略研究》	安尼瓦尔·阿木提
*《冷战时期美国重大外交政策研究》	沈志华
……	

*为即将出版图书